HUGO VON HOFMANNSTHAL

GESAMMELTE WERKE

IN ZEHN EINZELBÄNDEN

FISCHER TASCHENBUCH VERLAG

HUGO VON HOFMANNSTHAL

REDEN UND AUFSÄTZE I
1891–1913

FISCHER TASCHENBUCH VERLAG

Herausgegeben von Bernd Schoeller
in Beratung mit Rudolf Hirsch

Fischer Taschenbuch Verlag
Juni 1979
Ungekürzte, neu geordnete,
um einige Texte erweiterte Ausgabe der 15 Bände
H. v. H. Gesammelte Werke in Einzelausgaben,
herausgegeben von Herbert Steiner
S. Fischer Verlag GmbH, Frankfurt am Main

Umschlagentwurf: Jan Buchholz/Reni Hinsch
Satzherstellung: Otto Gutfreund & Sohn, Darmstadt
Druck und Bindung: Clausen & Bosse, Leck
Papier: Scheufelen, Lenningen
Printed in Germany
1980-ISBN-3-596-22166-8

REDEN UND AUFSÄTZE I
1891–1913

INHALT DER ZEHN BÄNDE

INHALT

REDEN

POESIE UND LEBEN

Sie haben mich kommen lassen, damit ich Ihnen etwas über einen Dichter dieser Zeit erzähle, oder auch über einige Dichter oder über die Dichtung überhaupt. Sie hören gern, wovon ich, muß man denken, gerne reden mag; wir sind alle jung, und so kann es dem Anscheine nach nichts Bequemeres und Harmloseres geben. Ich glaube wirklich, es würde mir nicht sehr schwer werden, ein paar hundert Adjektiva und Zeitwörter so zusammenzustellen, daß sie Ihnen eine Viertelstunde lang Vergnügen machen würden; hauptsächlich darum eben glaube ich das, weil ich weiß, daß wir alle jung sind, und mir ungefähr denken kann, zu welcher Pfeife Sie gerne tanzen. Es ist ziemlich leicht, sich bei der Generation einzuschmeicheln, der man angehört. »Wir« ist ein schönes Wort, die Länder der Mitlebenden rollen sich als große Hintergründe auf bis an die Meere, ja bis an die Sterne, und unter den Füßen liegen die Vergangenheiten, in durchsichtigen Abgründen gelagert wie Gefangene. Und von der Dichtung der Gegenwart zu sprechen, gibt es mehrere falsche Arten, die gefällig sind. Und Sie besonders sind ja so gewohnt, über die Künste reden zu hören. Unglaublich viele Schlagworte und Eigennamen haben Sie in Ihrem Gedächtnis, und alle sagen Ihnen etwas. Sie sind so weit gekommen, daß Ihnen überhaupt nichts mehr mißfällt. Ich müßte Ihnen allerdings verschweigen, daß mir die meisten Namen nichts, rein gar nichts sagen; daß mich von dem, was mit diesen Namen unterzeichnet wird, auch nicht der geringste Teil irgendwie befriedigt. Ich müßte Ihnen verschweigen, daß ich ernsthaft erkannt zu haben glaube, daß man über die Künste überhaupt fast gar nicht reden soll, fast gar nicht reden kann, daß es nur das Unwesentliche und Wertlose an den Künsten ist, was sich der Beredung nicht durch sein stummes Wesen ganz von selber entzieht, und daß man desto schweigsamer wird, je tiefer man einmal in die Ingründe der Künste hineingekommen ist.

Über eine große Verschiedenheit in unserer Art zu denken müßte ich Sie also hinwegtäuschen. Aber der Frühling draußen und die Stadt, in der wir leben, mit den vielen Kirchen und den vielen Gärten und den vielerlei Arten von Menschen, und das sonderbare, betrügerische, jasagende Element des Lebens kämen mir mit so vielen bunten Schleiern zu Hilfe, daß Sie glauben würden, ich habe mit Ihnen geopfert, wo ich gegen Sie geopfert habe, und mich loben würden.

Andererseits glaube ich, es könnte mir nicht gar sehr schwer fallen, mich zu Ihrem Geschmack und Ihren ästhetischen Gewohnheiten in einen unerwarteten und quasi unterhaltenden Gegensatz zu bringen. Aber ob Sie zu den Sätzen, in denen ich versuchen könnte, etwas derartiges auseinanderzulegen, mit dem Lächeln der Auguren und allzu geübten Feuilletonleser lächeln oder ob Sie mich mit verhaltenem Widerwillen anhören würden, auf keinen Fall würde ich mir schmeicheln, von Ihnen verstanden worden zu sein, auf keinen Fall würde ich annehmen, daß Sie meine Meinung anders als formal und scheinmäßig zur Kenntnis genommen hätten. Ich würde mich angegriffen sehen mit Argumenten, die mich nicht treffen, und in Schutz genommen von Argumenten, die mich nicht decken. Ich würde mir manchmal hilflos vorkommen wie ein unmündiges Kind und dann wieder der Verständigung entwachsen wie ein zu alter Mann: und das alles auf meinem eigenen Feld, in der einzigen Sache, von der ich möglicherweise etwas verstehe. Denn eine Art von Wohlerzogenheit würde Ihnen ja verbieten, den Streit auf die benachbarten, mir durch meine Unkenntnisse ganz verwehrten Gebiete, wie Geschichte, Sittengeschichte oder Soziologie, hinüberzudrängen. Aber auf meinem eigenen kleinen Felde würde ich Sie mit schweren Waffen gegen das kämpfen sehen, was ich für Vogelscheuchen ansehe, und heiter über Bäche streben, die ich für abgrundtiefe und tödlich starke, ewige Grenzen halte. Das größte Mißtrauen aber würde mich erfüllen, falls Sie mir etwa zustimmten; dann wäre ich doppelt überzeugt, daß Sie alles bildlich genommen hätten, was ich wörtlich gemeint hätte, oder daß irgendeine andere Täuschung geschehen wäre.

Alles Lob, das ich meinem Dichter spenden kann, wird Ihnen dürftig vorkommen: nur dünn und schwach wird es über eine breite Kluft des Schweigens zu Ihnen hintönen. Ihre Kritiker und Kunstrichter nehmen, wenn sie loben, den Mund voll wie wasserspeiende Tritonen: aber ihr Lob geht auf Trümmer und Teile, meines auf das Ganze, ihre Bewunderung aufs Relative, meine aufs Absolute.

Ich glaube, daß der Begriff des Ganzen in der Kunst überhaupt verlorengegangen ist. Man hat Natur und Nachbildung zu einem unheimlichen Zwitterding zusammengesetzt, wie in den Panoramen und Kabinetten mit Wachsfiguren. Man hat den Begriff der Dichtung erniedrigt zu dem eines verzierten Bekenntnisses. Eine ungeheure Verwirrung haben gewisse Worte Goethes verschuldet, von einer zu feinen Bildlichkeit, um von Biographen und Notenschreibern richtig gefaßt zu werden. Man erinnert sich an die gefährlichen Gleichnisse vom Gelegenheitsgedicht und von dem »sich etwas von der Seele Schreiben«. Ich weiß nicht, was einem Panorama ähnlicher wäre, als wie man den »Werther« in den Goethebiographien hergerichtet hat, mit jenen unverschämten Angaben, wie weit das Materielle des Erlebnisses reiche und wo der gemalte Hintergrund anfange. Damit hat man sich ein neues Organ geschaffen, das Formlose zu genießen. Die Zersetzung des Geistigen in der Kunst ist in den letzten Jahrzehnten von den Philologen, den Zeitungschreibern und den Scheindichtern gemeinsam betrieben worden. Daß wir einander heute so gar nicht verstehen, daß ich zu Ihnen minder leicht über einen Dichter Ihrer Zeit und Ihrer Sprache reden kann, als Ihnen ein englischer Reisender über die Gebräuche und die Weltanschauung eines asiatischen Volkes etwas wirklich zur Kenntnis bringen könnte, das kommt von einer großen Schwere und Häßlichkeit, die viele staubfressende Geister in unsere Kultur gebracht haben.

Ich weiß nicht, ob Ihnen unter all dem ermüdenden Geschwätz von Individualität, Stil, Gesinnung, Stimmung und so fort nicht das Bewußtsein dafür abhanden gekommen ist, daß das Material der Poesie die Worte sind, daß ein Gedicht ein gewichtloses Gewebe aus Worten ist, die durch ihre Anordnung, ihren Klang und ihren Inhalt, indem sie die Erinnerung an Sichtbares und die Erinnerung an Hörbares mit dem Element der Bewegung verbinden, einen genau umschriebenen, traumhaft deutlichen, flüchtigen Seelenzustand hervorrufen, den wir Stimmung nennen. Wenn Sie sich zu dieser Definition der leichtesten der Künste zurückfinden können, werden Sie etwas wie eine verworrene Last des Gewissens von sich abgetan haben. Die Worte sind alles, die Worte, mit denen man Gesehenes und Gehörtes zu einem neuen Dasein hervorrufen und nach inspirierten Gesetzen als ein Bewegtes vorspiegeln kann. Es führt von der Poesie kein direkter Weg ins Leben, aus dem Leben keiner in die Poesie. Das Wort als Träger eines Lebensinhaltes und das traumhafte Bruderwort, welches in einem Gedicht stehen kann, streben auseinander und schweben fremd aneinander vorüber, wie die beiden Eimer eines Brunnens. Kein äußerliches Gesetz verbannt aus der Kunst alles Vernünfteln, alles Hadern mit dem Leben, jeden unmittelbaren Bezug auf das Leben und jede direkte Nachahmung des Lebens, sondern die einfache Unmöglichkeit: diese schweren Dinge können dort ebensowenig leben als eine Kuh in den Wipfeln der Bäume.

»Den Wert der Dichtung« – ich bediene mich der Worte eines mir unbekannten aber wertvollen Verfassers – »den Wert der Dichtung entscheidet nicht der Sinn (sonst wäre sie etwa Weisheit, Gelahrtheit), sondern die Form, das heißt durchaus nichts Äußerliches, sondern jenes tief Erregende in Maß und Klang, wodurch zu allen Zeiten die Ursprünglichen, die Meister sich von den Nachfahren, den Künstlern zweiter Ordnung unterschieden haben. Der Wert einer Dichtung ist auch nicht bestimmt durch einen einzelnen, wenn auch noch so glücklichen Fund in Zeile, Strophe oder größerem Abschnitt. Die Zusammenstellung, das Verhältnis der einzelnen Teile zueinander, die notwendige Folge des einen aus dem andern kennzeichnet erst die hohe Dichtung.«

Ich füge zwei Bemerkungen hinzu, die sich beinahe von selbst ergeben:

Das Rhetorische, wobei das Leben als Materie auftritt, und jene Reflexionen in getragener Sprache haben auf den Namen Gedicht keinen Anspruch.

Über das allein Ausschlaggebende, die Wahl der Worte und wie sie gesetzt werden müssen (Rhythmus), wird immer zuletzt beim Künstler der Takt, beim Hörer die Empfänglichkeit zu urteilen haben.

Dies, was allein das Wesen der Dichtung ausmacht, wird am meisten verkannt. Ich kenne in keinem Kunststil ein Element, das schmählicher verwahrlost wäre als das Eigenschaftswort bei den neueren deutschen sogenannten Dichtern. Es wird gedankenlos hingesetzt oder mit einer absichtlichen Grellmalerei, die alles lähmt. Die Unzulänglichkeit des rhythmischen Gefühles aber ist ärger. Es scheint beinahe niemand mehr zu wissen, daß das der Hebel aller Wirkung ist. Es hieße einen Dichter über alle Deutschen der letzten Jahrzehnte stellen, wenn man von ihm sagen könnte: Er hat die Adjektiva, die nicht totgeboren sind, und seine Rhythmen gehen nirgends gegen seinen Willen.

Jeder Rhythmus trägt in sich die unsichtbare Linie jener Bewegung, die er hervorrufen kann; wenn die Rhythmen erstarren, wird die in ihnen verborgene Gebärde der Leidenschaft zur Tradition, wie die, aus welchen das gewöhnliche unbedeutende Ballett zusammengesetzt ist.

Ich kann die »Individualitäten« nicht gut begreifen, die keinen eigenen Ton haben, deren innere Bewegungen sich einem beiläufigen Rhythmus anpassen. Ich kann ihre Uhlandschen, ihre Eichendorffschen Maße nicht mehr hören und beneide niemanden, der es noch kann, um seine groben Ohren.

Der eigene Ton ist alles; wer den nicht hält, begibt sich der inneren Freiheit, die erst das Werk möglich machen kann. Der Mutigste und der Stärkste ist der, der seine Worte am freiesten zu stellen vermag; denn es ist nichts so schwer, als sie aus ihren festen, falschen Verbindungen zu reißen. Eine neue und kühne Verbindung von Worten ist das wundervollste Geschenk für die Seelen und nichts Geringeres als ein Standbild des Knaben Antinous oder eine große gewölbte Pforte.

Man lasse uns Künstler in Worten sein, wie andere in den weißen und farbigen Steinen, in getriebenem Erz, in den gereinigten Tönen oder im Tanz. Man preise uns für unsere

Kunst, die Rhetoren aber für ihre Gesinnung und ihre Wucht, die Weisheitslehrer für ihre Weisheit, die Mystiker für ihre Erleuchtungen. Wenn man aber wiederum Bekenntnisse will, so sind sie in den Denkwürdigkeiten der Staatsmänner und Literaten, in den Geständnissen der Ärzte, der Tänzerinnen und Opiumesser zu finden: für Menschen, die das Stoffliche nicht vom Künstlerischen zu unterscheiden wissen, ist die Kunst überhaupt nicht vorhanden; aber freilich auch für sie gibt es Geschriebenes genug.

Sie wundern sich über mich. Sie sind enttäuscht und finden, daß ich Ihnen das Leben aus der Poesie vertreibe.

Sie wundern sich, daß Ihnen ein Dichter die Regeln lobt und in Wortfolgen und Maßen das Ganze der Poesie sieht. Es gibt aber schon zu viele Dilettanten, welche die Intentionen loben, und das ganze Wertlose hat Diener an allen schweren Köpfen. Auch seien Sie unbesorgt: ich werde Ihnen das Leben wiedergeben. Ich weiß, was das Leben mit der Kunst zu schaffen hat. Ich liebe das Leben, vielmehr ich liebe nichts als das Leben. Aber ich liebe nicht, daß man gemalten Menschen elfenbeinene Zähne einzusetzen wünscht und marmorne Figuren auf die Steinbänke eines Gartens setzt, als wären es Spaziergänger. Sie müssen sich abgewöhnen, zu verlangen, daß man mit roter Tinte schreibt, um glauben zu machen, man schreibe mit Blut.

Ich habe Ihnen zu viel von Wirkung versprochen und zu wenig von Seele. Ja, denn ich halte Wirkung für die Seele der Kunst, für ihre Seele und ihren Leib, für ihren Kern und ihre Schale, für ihr ganzes völliges Wesen. Wenn sie nicht wirkte, wüßte ich nicht, wozu sie da wäre. Wenn sie aber durch das Leben wirkte, durch das Stoffliche in ihr, wüßte ich wieder nicht, wozu sie da wäre. Man hat gesagt, daß unter den Künsten ein wechselseitiges Bestreben fühlbar sei, die eigene Sphäre der Wirkung zu verlassen und den Wirkungen einer Schwesterkunst nachzuhängen: als das gemeinsame Ziel alles solchen Andersstrebens aber hebt sich deutlich die Musik hervor, denn das ist die Kunst, in der das Stoffliche bis zur Vergessenheit überwunden ist.

Das Element der Dichtkunst ist ein Geistiges, es sind die

schwebenden, die unendlich vieldeutigen, die zwischen Gott und Geschöpf hangenden Worte. Eine schöngesinnte Dichterschule der halbvergangenen Zeit hat viel Starrheit und enges Verstehen verschuldet, indem sie zu reichlich war im Vergleichen der Gedichte mit geschnittenen Steinen, Büsten, Juwelen und Bauwerken.

Mit dem obigen aber ist gesagt, warum die Gedichte sind wie die unscheinbaren aber verzauberten Becher, in denen jeder den Reichtum seiner Seele sieht, die dürftigen Seelen aber fast nichts.

Von den Veden, von der Bibel angefangen, können alle Gedichte nur von Lebendigen ergriffen, nur von Lebendigen genossen werden. Ein geschnittener Stein, ein schönes Gewebe gibt sich immer her, ein Gedicht vielleicht einmal im Leben.

Ein großer Sophist hat an den Dichtern dieser Zeit getadelt, daß sie zu wenig von der Innigkeit der Worte wissen. Aber was wissen die Menschen dieser Zeit von der Innigkeit des Lebens! Die nicht Einsam-sein kennen und nicht Miteinander-sein, nicht Stolz-sein und nicht Demütig-sein, nicht Schwächer-sein und nicht Stärker-sein, wie sollen die in den Gedichten die Zeichen der Einsamkeit und der Demut und der Stärke erkennen? Je besser einer reden kann und je stärker in ihm das scheinhafte Denken ist, desto weiter ist er von den Anfängen der Wege des Lebens entfernt. Und nur mit dem Gehen der Wege des Lebens, mit den Müdigkeiten ihrer Abgründe und den Müdigkeiten ihrer Gipfel wird das Verstehen der geistigen Kunst erkauft. Aber die Wege sind so weit, ihre unaufhörlichen Erlebnisse zehren einander so unerbittlich auf, daß die Sinnlosigkeit alles Erklärens, alles Beredens sich auf die Herzen legt, wie eine tödliche und doch göttliche Lähmung, und die wahrhaft Verstehenden sind wiederum schweigsam wie die wahrhaft Schaffenden.

Sie haben mich kommen lassen, damit ich Ihnen von einem Dichter erzähle. Aber ich kann Ihnen nichts erzählen, was Ihnen seine Gedichte nicht erzählen können, weder über ihn, noch über andere Dichter, noch über Dichtung überhaupt. Was das Meer ist, darum darf man am wenigsten die Fische fragen. Nur höchstens, daß es nicht von Holz ist, erfährt man von ihnen.

Es war der freundliche Wunsch des Hausherrn, daß ich zu
Ihnen einige wenige unzulängliche Sätze spräche, bevor wir
uns in den Räumen dieses Hauses zerstreuen, um seinen Inhalt
zu genießen.

Lassen Sie mich das, was ich zu Ihnen sprechen will, und woraus Sie keinerlei Belehrung, welcher Art immer, schöpfen
werden, mit wenigen Takten einer bescheidenen Musik vergleichen, nicht so stark, daß sie um ihrer selbst willen beachtet
zu werden brauchte, aber harmonisch genug, um die Sinne
der Hörenden sanft aufzuregen und sie bereiter zu machen,
das Schöne zu empfinden.

Denn es ist mir oft erschienen, daß Musik eine solche Gewalt
hat, schöne Gebilde leben zu machen. Sie sind wie die Schatten, die den Odysseus umlagern und alle vom Blut trinken
wollen, lautlos, gierig aneinandergedrängt, ihren dunklen
hohlen Blick auf den Lebenden geheftet. Sie wollen ihren Anteil haben am Leben. Ja, sie scheinen von einer eigenen verhal-
tenen Energie zu erglühen und zu erzittern, wenn man sie
nicht beachtet.

Man redet, und hinter dem Rücken der Redenden, auf dem
Gobelin, blähen sich die Fruchtgewinde vor Leben und scheinen aus dem Gewebe vorzuquellen.

Und das Getäfel der Wände nimmt manchmal, während
niemand es beachtet, unter dem goldroten Abendschein, der
von draußen hereinfällt, sein ganzes Wesen an und den geisterhaften Anschein seines Wesens: es läßt den Baum ahnen,
aus dessen Holz es geschnitten wurde: einen Augenblick zittert seine Wesenheit darüber hin. Und so vermag ein hangen-
des, ein hingebreitetes Gewebe für einen Augenblick gleichsam seinen Geist auszuhauchen: während es einer, unterm
Reden, unterm Schweigen, starr ansieht, wird sich ihm auf
einmal offenbaren, daß da Geknüpftes ist, von Men-
schenfingern in endlosen Stunden zu Tausenden von Knoten

Zusammengeknüpftes, und einen Augenblick wird dies tausendfach Geknüpfte aufleuchten und die erstarrte Lebendigkeit, die Form gewordene Willkür der zusammentretenden Farben und Schattierungen erkennen lassen, wie eine nächtliche Landschaft unter einem großen Blitz die Verknüpfung der Straßen und das Zusammentreten der Hügel für einen Augenblick erkennen und dann wieder ins Dunkel zusammensinken läßt.

Aber am stärksten leben die stummen Dinge unter der Faszination der Musik. Sie macht die Dimensionen fühlbar: das Hohe, das Tiefe. Sie leitet den Blick zum Fenster, zur Nische, an die Wölbung. Sie läßt die Statuen in ihren Nischen horchend leben. Sie gibt den Schatten ein Dasein. Sie stellt ein wunderbares Verhältnis zwischen Blumen und Steinen her; und zwischen den Blumen und dem Licht; zwischen den Farben, die hervorquellen, und der leeren Luft, in die sie sich ergießen wollen.

Die Gewalt der Musik über einen schönen Raum ist sehr groß. Aber manchmal gelingt es einer Stunde der Einsamkeit, über uns und über die stummen Dinge um uns eine noch größere Gewalt auszuüben. Es gibt Momente, und sie sind fast beängstigend, wo alles rings um uns sein ganzes starkes Leben annehmen will. Wo wir sie alle, die stummen schönen Dinge, neben uns leben fühlen und unser Leben mehr in ihnen ist als in uns selber.

Sie kennen ein jedes seinen Augenblick, sich auf uns zu werfen. Einmal hat sich ein jedes von ihnen unserer innersten Aufmerksamkeit bemächtigt, und dann leben sie in uns, sind in uns als unsre Träume, lange verborgen, oft vergessen, und doch fähig, in irgend einer Stunde aus unsrem Inneren heraus so stark zu leben, daß wir nur mehr wie der hohle Baum sind, und sie wie die Dryade, die im Baume haust.

In jedem von uns lebt ihresgleichen. Jeder von uns, auch wenn er dieses Haus nie betreten hat, wird hier herumgehen wie in der Heimat seiner Träume. Denn unsere Existenzen sind mit den Existenzen dieser Gebilde durchwachsen.

Wer ist unter uns, der sagen könnte: »Was gehen sie mich an?«

Wer könnte sie aus seinem Fühlen und Denken leichter her-
ausschneiden als ein Stück Fleisch aus seinem Körper?
Es stehen dort oben irgendwo Steingebilde. Ob sie das abge-
schlagene Haupt eines ernsten Gottes sind oder der biegsame
Leib eines Knaben, der in den Spielen siegte, oder Trümmer
eines Ungetüms aus Poseidons Gefolge: wie sie da stehen,
umwebt vom Geheimnis der ungeheuren hinabgesunkenen
Zeit, sie fassen uns dämonisch an: und jedes ist eine Welt und
alle sind sie aus einer Welt, die uns durch sie anrührt und anschauert bis ins Mark.

Und die Gewebe hangen still, und lautlos leben in ihnen die
Gestalten. Sie scheinen nicht so mächtig, sich unser zu bemei-
stern, und sind es doch, wie sehr! Was für ein sonderbarer
Traum ist ein früher Gobelin! Welche ganz gebundene, besondere Welt! Welche Möglichkeit, den Engel so zu behandeln wie die Blume, die Gebärde einer Jungfrau mit den Biegungen eines Lilienstengels in geheime Harmonie zu bringen,
die Wappenbilder auf einem Schild in rätselhafte Konkordanz
mit dem Lächeln eines Gesichtes! Und auch dafür haben wir
ein Organ. Es lebt für uns, es lebt durch uns. Es ist etwas in
uns, das diesem Weltbild antwortet.

Oder aber Sie finden, wieder in einem andern Raume dieses
Hauses, Möbel, deren Tapisserie Tierstücke nach den Fabeln
La Fontaines bilden: der Tiere Wesen, von einem unendlich
klugen Auge beobachtet: unendliche Nuancen menschlicher
Erfahrung im Material des Tierischen ausgedrückt: das sind
die Fabeln von La Fontaine. Und nun der Inhalt dieser Dichtungen wieder umgesetzt in Bilder, in Tiergestalten, deren
Gebärdenspiel, indem es Menschliches anklingen läßt, tierische Wahrheit ist: ein Durcheinanderspielen zweier Gestal-
tenreiche, wie es traumhafter kaum gedacht werden kann.

Und nun die endlose Welt der Gemälde: sie hängen da, und
immerfort ergießt sich aus ihnen in uns, wie in ein geräumiges Becken, ein Längstvergangenes als Gegenwärtiges. Wie
der Strahl eines Sternes, der längst zerstäubt ist, so trifft uns
mit diesen Farben die Spiegelung einer längst versunkenen
Vergangenheit in einem längst aufgelösten Gemüt.

Ihm, der ein Gemälde schuf, setzte sich eine Welt, alles, was sein Dasein umflutete, in zitternde Wellen, die eine feste Insel, sein Ich, umgaben, dies alles setzte sich ihm in die Vision um. In Farben und in Schatten, welche mehr als Farbe unter ihrem Schleier bergen. In Formen, welche durch die Zusammenballung und die Kontraste dieser Farben entstehen.

Wie aber könnte ich es wagen, umschreiben zu wollen, was Gemälde uns zu geben imstande sind!

Ist es doch die Natur in ihrer Totalität, die sich durch die Farbe dem Auge zu offenbaren strebt. Spricht sie doch zu dem Maler, wie zu dem Dichter, eine Sprache, so mannigfaltig, so verwickelt, mit tausendfältigem Hüben und Drüben, Oben und Unten, Zuvor und Hernach; mit unablässigem Mehr und Weniger unablässig auf ihn eindringend, vor ihm sich entrollend in Wirken und Widerstreben, Zurückhalten und Heftigkeit, männlichem und weiblichem Wesen.

Absichtlich will ich Ihnen hier nichts Einzelnes ins Gedächtnis rufen; denn indem ich einen Namen nennte, stünden Ihnen Hunderte von Visionen vor dem inneren Auge, und schon bin ich mir bewußt, wenn ich Ihnen auch die ganze endlose Welt der Gemälde hervorrufen könnte, noch den Kreis zu eng gezogen zu haben.

Denn was an der Natur wäre nicht Form geworden?

Woraus hätte der unerschöpfliche Osten in ungeheuern Träumen, an denen, wie an riesigen Stickereien, Tausende mitgeträumt, woraus hätte er *nicht* Form geschaffen?

Ist nicht jegliches Gebild der Natur, ist nicht ihr Ganzes selbst, ihr Lastendes und ihr Zerfließendes, ihr Wogendes und ihr Schwebendes, ihr Starres und ihr Wolkiges, ihr Beharrendes und ihr Gärendes, ihr Verwesendes und ihr Keimendes, ist nicht ihr Ein und Alles Form geworden?

Denken Sie an die ungeheuern symbolischen Gebilde des Orients. Denken Sie an das, was wir aus den Tempeln und Pagoden in ungezählten Frachten herübergetragen, aus den geheimsten Kammern, aus dem Innersten der Heiligtümer herausgebrochen haben: an jenen Wald von Gestalten, jenes Chaos von Erscheinungen; an die Gottheiten, welche ihre träumerischen Glieder auf Lotosblüten wiegen; welche auf dem symbolischen Pfau, auf der heiligen Schildkröte einher-

geschwebt kommen; an jene, welche den zackigen Blitz in
Händen haben, und jene, welche von Flammen wie mit einem
Mantel umgeben sind; und an jene Dämonen, deren Leiber in
Schnäbel und Flügel und Krallen auslaufen.
Ja, geformt haben Tausende, haben die Einzelnen und die
Völker, und was sie zur Form emportreiben konnten, das lebt
ewig: Kunstwerk, Symbol, Mythos, Religion.
Wirklich, wir stehen hier vor dem Reiche der Kunst wie vor
dem der Natur, als vor einem schlechthin unendlichen.
Es dringen mit beängstigendem Flügelrauschen die ganzen
Geisterschwärme auf uns ein. Es sind die Geister der Völker,
die Geister der Zeiten, die uns umwölkend in uns niedertau-
chen, um von unserem Blut zu trinken.
Denn wenn es uns versagt ist, den Geist der Zeiten betrachtend zu *erkennen,* so ist uns dafür gegeben, ihn zu *fühlen,*
wenn er fordernd uns überfällt, mit dem Anhauch des Anders-
Seins uns verlockend und quälend, beklemmend und bezaubernd.
Und so tritt eine unendliche Forderung an uns heran, dem inneren Gleichgewicht höchst bedrohlich: die Forderung, mit
tausendfachen Phantomen der Vergangenheit uns abzufinden, die von uns genährt sein wollen.
Denn ein solches Anrecht, aus unserem Innern sich zu nähren,
räumen wir ihnen ein, indem wir sie »*schön*« nennen. Es gibt
kein stolzeres, kein gefährlicheres Wort. Es ist das Wort, das
am tiefsten verpflichtet.
Wir haben gelernt, es vor allen Gebilden der Natur auszusprechen, von der fein gewölbten, rosenlippigen Muschel bis
hinauf zur schauerlichen Erhabenheit der Milchstraße.
Und wir haben gelernt, es vor den Gebilden der zweiten
Natur, der Kunst, auszusprechen.
Indem wir dieses Wort aussprechen, sagen wir, daß etwas in
uns durch das Kunstgebilde erregt wird, wie nur Gleiches
durch Gleiches erregt werden kann.
Und indem unser Mund es wieder und wieder auszusprechen
von einer tiefen Magie gezwungen wird, nehmen wir an dem
ungeheuren Reich der Kunst einen so ungeheuern Anteil, als
wären es tausende Seelen in uns, die sich im Akte des ästheti-

schen Genießens regen, mit Regungen, die zu umschreiben
ich wiederum vermeide, weil ich alle Skalen der psychologischen und der geschichtsphilosophischen Terminologie
durchlaufen müßte.

Aber beruhigen wir uns: die Forderung, welche die Welt des
Schönen an uns stellt, jenes dämonische Aus-uns-Herauslok-
ken ganzer Welten des Fühlens, diese Forderung ist nur so
gigantisch, weil das, was in uns ihr zu entsprechen bereit ist,
so grenzenlos groß ist: die aufgesammelte Kraft der geheimnisvollen Ahnenreihe in uns, die übereinandergetürmten
Schichten der aufgestapelten überindividuellen Erinnerung.

Lassen Sie mich hoffen, es könnte mir durch diese wenigen
und lockeren Sätze, oder vielmehr durch die Gesinnung, aus
der heraus ich zu Ihnen gesprochen habe, gelungen sein, Sie
gegenüber den Kunstschätzen, die wir zusammen genießen
sollen, in jenen Zustand des guten Willens versetzt zu haben,
den ich eine vorweggenommene Begeisterung nennen
möchte.

Denn »die Kunst«, sagt Goethe, »läßt sich ohne Enthusiasmus weder fassen noch begreifen. Wer nicht mit Erstaunen
und Bewunderung anfangen will, der findet nicht den Zu-
gang in das innere Heiligtum. Und der Kopf allein faßt kein
Kunstprodukt, als nur in Gesellschaft mit dem Herzen«.

[NOTIZEN ZU EINEM GRILLPARZERVORTRAG]

Ich komme unvorbereitet oder übermäßig vorbereitet. Ich wollte zu Ihnen über die Figuren in Grillparzers Dramen sprechen. Figuren sind wirklich wie astrologische oder alchimistische Figuren, mit denen man Geister beschwört: partielle Vermummungen, Metempsychosen bei lebendigem Leib. Und ich wollte diese Figuren sich röten lassen vom Blut des Lebens, sie glühen machen, schon glaubte ich den Schlüssel Salomonis, der das Ganze aufsperrt, [zu fassen] – da erging es mir wie in dem Epigramm von Hebbel: der Schlüssel fiel auseinander, es waren wieder Figuren, das Alphabet aber hatte sich erhöht.

Dieses Leben ist zu einem unglaublichen Grade ohne innere Form. Das Leben pflegt Blüten zu treiben, Anekdoten von denen man sich sagt: ich hätte nicht sterben können, ohne das gehört zu haben. Wie voll Form ist ein so schlichtes Leben wie das Ferdinand Raimunds. Dagegen Grillparzers Leben: die Tagebücher medusenhaft: man weiß nie recht, von welcher Zeit seines Lebens die Rede. (Alle Lebensalter spielen durcheinander, er ruft sich selber an.) – (Das Leben. Säen, – ernten, – bauen, – Gebautes einreißen –: ist alles eitel.)

Zerstörbarkeit des geistigen Besitzes: sobald die Seelen gestorben waren, sanken die Kunstwerke, die für sie geschaffen waren, in Schutt und Staub. – Leben im Gedächtnis der Menschen oder in den Rezeptakeln der Gelehrten ist zweierlei. – Nach einem Hauptwerk Watteaus ließ David seine Schüler mit Brotkugeln schießen. – Wann hat Grillparzer je gelebt? Urteile: Börne, Tieck, Byron, Hebbel... – Die »Verehrer«, – der achtzigste Geburtstag, Geschenk der Kathi: das Buch worin der Vater eintrug (Geburten): da hatte er sein ganzes Leben in der Hand. – So gibt die Tradition auch uns sein ganzes Leben in die Hand: die Forschung, die Pietät reicht es uns dar: und nun sehen wir es an. Ist es ein Schlüssel, der uns die Poesie aufschließt? oder... – Ängstlich laufen wir hin und

wider, von einer verschlossenen Tür (hinter der unerlöstes
Leben zu winseln scheint) zur andern...

EINLEITUNG

*al' oblio non sono
nè barche nè cavalli di ritorno*

Lichtenberg über Wieland: Er spricht Empfindungen aus,
daß sie wieder Empfindungen werden (in solchen die sie nicht
selbständig haben oder sich ihrer nicht bewußt zu werden
vermögen). – Lichtwark über Böcklin: Das Kunstwerk geht
als Realität zugrunde, wenn die Seelen nicht mehr da sind, die
es aufnehmen können (– und kann ebenso leicht verschwinden, wenn sie noch nicht da sind). – So betrachten Sie nun
auch Grillparzer und Hebbel als keinen festen Besitz. Solche
Sterbetage müssen gefeiert werden, um das Noch–nicht–
Vergehende wieder mit Lebensluft anzuhauchen. – Um aber
sagen zu können: Grillparzer ist für uns lebendig, müssen wir
uns fragen: Was ist uns Grillparzer?
Sie haben mich gerufen, um vom Flötenspieler zu erfahren,
wie Flötenspiel schmeckt. Solche Betrachtungen nur erträglich, wenn sie zu einem intensiven Genießen führen, wo man
auch die Schwäche, die Verwirrung noch als Zauber mitge-
nießt, wie der kurzsichtige Kipling.
Shakespeare: man hat aus dem Werk, einzig aus den verschiedenen Spiegelungen sich eine wundervolle Sonnenuhr kon-
struieren können. Man hat eine entzückende Frische und
ungebrochene Wildheit in den Anfang gestellt: einen entzük-
kenden Glauben an die süße Wirrnis des Lebens. Die Werke
der Reife: diese majestätischen Gewitter. »Maß für Maß«,
»Timon«, an denen man einen unheimlichen Pulsschlag gewahrt. Man hat einen Roman gemacht, der eine wundervolle
Wahrheit ist. Und dieses mit Worten nicht zu nennende Wesen, da gibt es ein Buch, darin legt es alle seine Gewänder ab,
es zeigt sich hüllenlos, es weint: die Sonette: es spricht: ich bin
deiner nicht würdig, ich werde vergehen und du wirst blei-

ben. Das ist ein so ungeheueres Schauspiel, daß man den Mut
nicht hat, es zu glauben. »Unmöglich scheint immer die
Rose, Unbegreiflich die Nachtigall.«
Und Goethe: wie wundervoll dieses Leben in den vier Bänden der Briefe. – Jugend, dampfender Morgen: alles erreichen, alles vereinen. Ungeheueres Gefühl des Momentes.
1779. »Aber leider fühl ich meine dreißig Jahr und – Weltwesen! – schon einige Ferne von dem Werdenden sich Ent-
faltenden: ich erkenns noch mit Vergnügen, mein Geist ist
ihm nah, aber mein Herz ist fremd. Große Gedanken, die dem
Jüngling ganz fremd sind, füllen jetzt meine Seele, beschäftigen sie in einem neuen Reiche, und so kann ich nicht als
nur geborgt wieder ins Tal des Taus und der Morgenbegat-
tung lieblicher Turteltauben.« – Das ist ungeheuer: Gefühl
einer Lebensepoche haben. Dichter sind es, die die Epochen
und die Gefühle der Epochen schaffen. – Die zweite Epoche:
Weimar und italienische Reise: zuerst alles bedingt, dann es
beziehen dürfen aufs Ewige. Dritte: zurück, einsam, nur
Schiller. Vierte: großartiges Greisentum: möchte wünschen,
Panama und Rhein und Donau und Suez zu erleben: sich
selber ehrwürdig Bild.
Und nun Hebbel: welche heroische Bestimmtheit von An-
fang an: sich verbrennen als eine reine Flamme, oder alles
opfern der düstern Flamme. Jede Seite der Tagebücher, jedes
Werk sagt: ich kann vorwärts, aufwärts, nicht zurück. – Das
Kind, Kind der Schmerzen und der Finsternis, erlöst den eig-
nen Vater – »und für die Schüssel Voll Bluts, die er vergießt,
Ihm dankt mit einem Schlüssel, Der ihm das All erschließt«.
Die Welt seine Werkstatt, beinahe seine Werkstatt die Welt.
Und Raimund. Berufswahl, Verheiratung, Unglück, Tod.

Das Medusenhafte der Tagebücher recht das Unheimliche
eines langen Lebens.
Goethe: Formen, Hofrat – das ist es nicht. – Radetzky: die
Begegnung – das ist es nicht. – Italienische Reise: Kranken-
wärter. – Freunde: Bauernfeld… – Orient: sehen, nicht
sehen. – Revolution: Befreiung Phrase. – Fräulein B., Frau
Daffinger, Kathi, achtzigster Geburtstag.

Radetzky: 1849 »Bin beim Marschall Radetzky gewesen und nichts weniger als befriedigt fortgegangen. Nach all dem Geschreibe, Gepreise und Gerede über jenes, für Österreich wenigstens historisch gewordene Gedicht, hatte ich ihn mir wenigstens warm vorgestellt. Er hat mich auch wirklich umarmt, geküßt, hat geweint, aber trotz dieses Rührungsbeiwerks war die Mitte leer und kalt« –
(Lenaus Gedicht: es war halt nichts.)
1832. »Bauernfeld schickt mir meine Bücher zurück. Der halb natürliche, halb gemachte Leichtsinn dieses Menschen, den ich sehr geliebt habe, wird mir nachgerade widerlich. Ich betrachte ihn für verloren.«
1832. »Ich habe nun durch ein halbes Jahr wie vergessen, daß ich derselbe bin, der einst Miene machte, sich unter die ersten Dichter seiner Zeit zu stellen und, sage ichs nur, sich von demselben Stoffe glauben durfte, aus dem Erfolg die Byrons macht. Was habe ich denn in den letzten vier Tagen getan? Mein Bruder Camillo ist hier, und wahrhaftig mir sehr zur Last. Ich habe kaum ein Herz zu ihm. O verkehrte Söhne eines Vaters, so muß denn jeder auf eine andere Art sich zwecklos abmartern.«
1832. Frau Daffinger. D. kommt, ihn zum Schiedsrichter zu machen. »Ich ging hin, zu ihr, die mir selbst einmal wohlgefiel... Damals... fiel es mir doch schwer aufs Herz... es war eben die Trennung von dem letzten wohltuenden Lebens-Gefühl.«

Was ist die Signatur von Grillparzers Leben? – sich selber nicht besitzen. Seine Gaben wechseln, alle Fertigkeiten schwinden; die Frauen... Nur Kathi: sich versagen, um sichs zu bewahren. – Die Glücklichen, großes Problem seines Lebens. – (Empfindung an der Schwelle des Alters.) »Ihr naht euch wieder schwankende Gestalten« [–] »Wenn erst ich das Verlorne wieder hätte«.

Und also sitz' ich an derselben Stätte,
Wo schon der Knabe träumte, saß und sann;
Wenn erst ich das Verlorne wieder hätte,
Wie gäb ich gern was ich seitdem gewann!

Direkt durchs Tor der Poesie eingehen, wie jener Knabe bei
Hebbel, der zeichnet.

> Ungenügsam Herz, warum bist du beklommen?
> Was du so heiß ersehnet, stehet da!
> Die Stunde der Erfüllung ist gekommen,
> Du *hast* es, was dein Wunsch in weiter Ferne sah!

> Wie? oder war der bunten Bilder Fülle
> Der Inhalt nicht von dem, was du begehrt?
> War nur der tiefern Sehnsucht äußre Hülle,
> Das Kleid nur dessen, was dir wünschenswert?

> Hast Schönes du vielleicht gestrebt zu bilden,
> Um schöner dich zu fühlen selber mit?
> War Schreiten in des Wissens Lichtgebilden
> Im Land des Wollens dir zugleich ein Schritt?

> O Trügerin von Anfang du, o Leben!

Hier ist nun das Geheimnis dieses Lebens. Er suchte die Form
nicht im Leben, sondern durchs Leben hindurch, nicht wie
die Romantiker in der Nacht, im Wandern, im Halbtraum,
sondern in der süßen Harmonie des Daseins.
Wir sind nur Tasten, auf denen eine ungeheure Melodie gespielt wird. – Auch er wollte auf sich nicht den Goethe spielen
sondern den lieben Gott. (Er verzichtete, seine plastische
Kraft auf sein Leben wirken zu lassen. Eine Art Keuschheit,
Schamhaftigkeit.)
Seine Gedichte sind seine Biographie. – Auch den Gedichten
mangelt die Stufenleiter aus einer Periode in die andere. Die
Jugendgedichte, sagt Emil Kuh, sind nicht gaukelnd und
nicht auslugend, die Gedichte der reifen Epoche nicht befriedigt und nicht gesättigt.
Der arme Spielmann: »Da fiel mir meine Geige in die Augen.
Ich griff darnach, und – es mochte wohl der Bediente sie be-
nützt haben – sie fand sich richtig gestimmt. Als ich nun mit
dem Bogen über die Saiten fuhr, Herr, da war es, als ob Got-

tes Finger mich angerührt hätte. Der Ton drang in mein Inneres hinein und aus dem Inneren wiederum heraus.

Sie spielen den Wolfgang Amadeus Mozart und den Sebastian Bach, aber den lieben Gott spielt keiner. Die ewige Wohltat und Gnade des Tons und Klangs, seine wundertätige Übereinstimmung mit dem durstigen zerlechzenden Ohr, daß – fuhr er leise und schamrot fort – der dritte Ton zusammenstimmt mit dem ersten und der fünfte desgleichen und die nota sensibilis hinaufsteigt, wie eine erfüllte Hoffnung, die Dissonanz herabgebeugt wird als wissentliche Bosheit oder vermessener Stolz, und die Wunder der Bindung und Umkehrung, wodurch auch die Sekunde zur Gnade gelangt in den Schoß des Wohlklangs.«

Grillparzer macht sich Musik wie der arme Spielmann: webt das Geheimste hinein, sagt sich: in primitiven Akkordfolgen liegt eine mystische Süßigkeit: es gibt das Süße. – Es gibt in der Musik Momente, die das Besitzen und das Sich-Versagen eines Weibes zugleich ausdrücken. – Die Musik war ihm die Poesie der Poesie. – Wie Musiker die Existenz anfassen (Beethoven, Bach, Wagner); wie dieser Nicht-Musiker, sondern Musik-Genießer, Musik-Anbeter das Leben anfaßt.

Kernpunkt: Begriff *Besitz*. Sich besitzen, sich genießen; ein Weib besitzen, ein Weib genießen.

Wurzel seines Talentes: das Gefühl für Harmonie: »Des Meeres und der Liebe Wellen«: die Lampe –, »Weh! hätt ich mein Oberkleid«. – Kaiser Rudolf.

Kern: alle anderen Wege verschmähen zu wollen, direkt das Poetische rücklings erlegen zu wollen, wie einen heißen Quell es rein aus den Eingeweiden der Erde hervorzuspülen... – So im Gedicht: nicht den Dunstkreis erst herstellen, geradezu mit dürren Worten das Unsagbare sagen zu wollen, welch ein Künstlerstolz darin. – Direkt: in dem Haus des Lebens die Tür der Poesie finden zu wollen. –

(Spiegelbild der arme Spielmann, den die nota sensibilis *an sich* freut aufsteigen zu lassen.)

Was Grillparzers Tragik nicht ist (cf. Kuh). Was sie ist: mit
Hebbel verglichen setzt sie das Tragische weiter zurück in die
Gebundenheit der menschlichen Natur: diese Werke sind
mehr eine Welt, jene mehr eine Uhr.

Im Verschmelzen des Sinnlichen und des Seelischen ist er
Meister: er wollte das Seelische direkt durch das Sinnliche geben. Das macht auch die Einzigkeit seiner Ästhetik aus. – Bei
ihm trennt sich nie der Geist von den Fühl-Organen.

Der starke Punkt seiner Sachen: sie sind unglaublich gefühlt.
»Argonauten« IV, der Raub des Vließes: wie hier Liebe und
Grausen gemischt sind, ihre Angst sie in dem Drachen *sein*
Symbol erblicken läßt – jenes große Fieber des Lebens wo das
Leben auf einmal materia liquida wird –, Jason ausruft: »Mein
Geist geht unter in des deinen Wogen«. (Medeas Niedersin-
ken vor der Eisentür.)

Dieses Ausschöpfen des tragischen Gehalts uralter Mythen:
warum ließen die Griechen Furchtbares hervorgehen aus
einer Jagd nach dem Glänzenden; dergleichen wird furchtbar rationalisiert in Konzeptionen wie die Wagnersche.

Aus dem Empfinden der dunklen unentrinnbaren Notwendigkeit des eigenen Schicksals quillt der tragische Schauder…

SHAKESPEARES
KÖNIGE UND GROSSE HERREN

EIN FESTVORTRAG

Ich glaube zu wissen, was Sie bewogen haben kann, mich hierher zu rufen, damit ich vor Ihnen spreche. Es war keinesfalls der Drang, etwas Neues zu erfahren; keinesfalls konnten Sie erwarten, daß ich den Lasten des Wissens um Shakespeare, mit denen Ihre Speicher überfüllt und Ihre Schiffe bis zum Sinken überfrachtet sind, auch nur eine Handvoll des Meinigen als einen substantiellen Gewinn hinzufügen könnte; keine der Dunkelheiten, wofern es noch Dunkelheiten gibt, mit denen Sie ringen, konnte von mir ihre Durchleuchtung erhoffen, keine der Feststellungen, welche Sie von früheren Generationen übernommen haben und den Generationen hinter uns gereinigt und vertieft hinterlassen, konnte aus meinem Munde ihre Bekräftigung zu empfangen wünschen. Aber vielleicht fühlen Sie sich beengt und beinahe geängstigt durch soviel aufgestapelten Reichtum; vielleicht betäubt Sie manchmal der ungeheure Strom einer Tradition, in dessen verworrenem Rauschen sich die Stimme Herders mit der Stimme von Sarah Siddons vermengt. Und eine Stimme in Ihnen – war es Erinnerung oder Intuition? – gemahnte Sie, daß es neben der reinen Leidenschaft des Verstehens noch eines zweideutigen Elementes, eines geheimnisvollen hybriden Organs bedürfe, um den rechten Zauber zu wirken: da traten Sie aus dem stillen Gemach des Forschers heraus in den Wald des Lebens, und, wie der Zauberer nach dem Alräunchen, griffen Sie nach irgendeinem Lebendigen, griffen Sie nach mir und stellten mich in diesen Kreis. Gewohnt, das wundervolle Phänomen in seine Elemente zu zerlegen und in den flutenden Strömen seines geteilten Lichtes mit Ihrem Denken zu wohnen, verlangt es Sie manchmal, einen Lebenden von draußen hereinzurufen, in dessen Seele dies unzerlegte Ganze Shakespeare anpocht, wie das einlaßbegehrende Schicksal; für dessen Augen dies ungeteilte Licht die Abgründe und die Gipfel des Daseins bestrahlt. Und in Ihrem Gedächtnis, in dem eine fast grenzenlose Tradition lebendig ist, regt sich ein altes Wort, zuweilen verdunkelt und doch nie ganz vergessen: es seien dies die wahren Leser Shakespeares und in ihnen Shakespeare auch einzig wahrhaft lebendig, die eine Bühne in sich trügen.

»Die Gabe der inneren Darstellung... die ganz bestimmte Produktivität: die Aktion, wie sie auf dem Papier, in sich selbst als eigenstes Erlebnis hervorzubringen«, um dieses Dinges willen – und die Worte, mit denen ich es umschreibe, sind Worte eines aus Ihrer Mitte –, lassen Sie mich glauben, daß Sie mich hergerufen haben. Um dieses Dinges willen, und weiter mit den Worten Karl Werders: »Shakespeares Sachen sind Darstellung, nicht bloße Schilderung. Wer sich von ihm nur erzählen lassen will, der mißversteht ihn. Wer ihn nur hört, indem er ihn liest, liest ihn nur halb und mißhört ihn darum. Gespielt will er sein: weil dann das mitgehört und mitgesehen wird, was er nicht sagt und nicht sagen darf – wenn er so echt und groß sein will, wie er ist. Wollte er sagen, was für jene Unproduktiven nötig wäre, um ihn, ohne daß er ihnen vorgespielt würde, zu verstehen, so müßte er aufhören, Shakespeare zu sein.«

Wenn ich mich an diese Worte halte und bedenke, daß sie bei Ihnen Tradition sind, unverlierbare Tradition wie alles definitiv Wahre und Kluge, das einer der Männer ihres Faches jemals hingeschrieben hat, und wenn ich mich zugleich des Abschnittes aus Otto Ludwigs Studien erinnere, dessen erste Zeile lautet: »Shakespeare hat seine Stücke aus dem Herzen der Schauspielkunst herausgeschrieben« und dessen spätere Sätze die tiefsten dichterischen Probleme streifen, so ist es mir völlig durchsichtig, was Sie bewogen haben kann, mich hierher zu rufen: Sie vermuteten, ich müsse es verstehen, Shakespeare mit der Phantasie zu lesen. Um den Leser Shakespeares war Ihnen zu tun, um einen, von dem Sie jene »ganz bestimmte Produktivität« voraussetzen und fordern dürften; und mir ist, wenn ich Ihre Nachsicht nicht verscherzen will, so darf ich Ihnen von nichts sprechen als von dem, was eine Lust ist und eine Leidenschaft, eine bewußte empfangene Gabe, eine angeborene Kunst vielleicht wie Flötenspielen

oder Tanzen, eine zerrüttende und stumme innere Orgie:
vom Lesen Shakespeares.

Ich spreche nicht von denen, die Shakespeare lesen wie die
Bibel oder sonst ein wahres oder großes Buch. Nicht von denen, die ihre vom Leben ermüdeten und gewelkten Gesichter
über diesen tiefen Spiegel beugen, um zu sehen: »So war es
immer, so ging es stets« und sich die »Brust des argen Stoffes
zu entladen«. Nicht von denen, deren Herz voll ist mit »dem
Schimpf, der auf dem armen Manne haftet«, mit »des Rechts
Verzögerung, der Ämter Frechheit«, mit all den übrigen so
furchtbar wirklichen Übeln aus Hamlets Monolog. Ich spreche nicht von allen diesen, die zu den weisesten aller Bücher
sich kehren, schutzsuchend, wenn sich vor ihrem empörten
Auge der Lauf der Welt gräßlich verrenkt hat. Aus ihnen zwar
scheint sich mir das innere Mark von Shakespeares Werk stetig zu ernähren. Aber die, von denen ich sprechen will, sind
es, aus denen sich auch die blühende Haut ernährt und immerfort den ganzen gespannten Glanz der Jugend behält. Es
sind die, für deren Leidenschaft in jedem Werk Shakespeares
ein Ganzes lebt. Jene andern, welche die Erfahrung zu Shakespeare zurückgetrieben hat, sind mit ihrer Seele, die vom
Schmerz und der Härte des Lebens gewaltsam gekrümmt ist,
wie der Körper eines Musikinstrumentes, der wundervolle
Resonanzboden für den Fall der Hoheit, Erniedrigung der
Guten, die Selbstzerstörung der Edlen und das gräßliche Geschick des zarten dem Leben preisgegebenen Geistes. Aber
die, von denen ich sprechen will, sind ein Resonanzboden
nicht nur für dies allein, sondern noch für tausend viel zartere
und viel verstecktere, viel sinnlichere und viel symbolhaftere
Dinge, aus deren verflochtener Vielfalt sich die geheimnisvolle Einheit zusammensetzt, deren leidenschaftliche Diener
sie sind. Für sie existieren nicht bloß die großen Geschicke,
die jähen Wendungen des Schicksals, die riesenhaften Zu-
sammenbrüche – wenn die Töchter Lears in die Burg hinein-
gehen, weil ein rauhes Wetter losbricht, und die schwere Tür
hinter ihnen sich dröhnend schließt, und der alte Mann dasteht, preisgegeben sein weißes Haar dem Sturm und schweren Regen, sein Herz der finstern Nacht und dem Taumel

des hilflosen Zorns; wenn Macbeth und seine Frau im dämmernden Burghof die Blicke ineinanderbohren und halbe Worte tauschen; wenn Othello immer wieder aus einer Tür heraustritt in den Hof, oder aus einer andern Tür auf den Wall, und Jago ist immer einen Schritt hinter ihm, immer dicht an ihm, und die Rede fließt aus seinem Mund wie ein fressendes Gift, wie ein verzehrendes, nicht zu löschendes Feuergift, das durch die Knochen ins Mark frißt, und der andere horcht immer und gibt mit schwerer Zunge, mit einer Zunge, die sich im Mund windet wie ein Schlachtopfer, die Einreden, und sein Aug wälzt sich blutunterlaufen, so hilflos wie eines gemarterten Stieres Aug in der Höhlung, und der andere hat immerfort die Fänge in seinen Eingeweiden, und so schleift er ihn hinter sich, der Stier den Hund, durch Zimmer und Gänge, Türen und Höfe, und nie kommen sie auseinander, als bis zuletzt im Todeskampf... für die unablässige Bewunderung derer, von denen ich Ihnen spreche, sind diese Dinge, obgleich sich nichts von Menschen Geschaffenes mit ihnen vergleichen läßt, nicht das Einzige, um dessentwillen sie sich in diese von einem Geist erbaute Welt verlieren. Für sie gibt es hier noch unbegrenzte andere Begegnungen, bei denen nicht die Seele sich angstvoll ins Dunkel drückt und zu sich selber ruft: Guarda e passa! Diese Gedichte sind nicht einzig erfüllt mit Dingen, deren Anblick aus der gleichen Ordnung der Dinge ist wie der Maelstrom, das brandende, finstere Meer, der Bergsturz oder das im Tode erstarrende menschliche Gesicht. Nicht alles in ihnen haucht die grauenvolle Einsamkeit aus, welche um die ungeheuersten Geschicke herumschwebt wie um die Wipfel der eisigen Berge. Zuweilen sind in einem dieser Gedichte die menschlichen Geschicke, die dunklen und die schimmernden, ja selbst die Qualen der Erniedrigung und die Bitternis der Todesstunde zu einem solchen Ganzen verflochten, daß gerade ihr Nebeneinandersein, ihr Ineinanderübergehen, Ineinanderaufgehen etwas wie eine tief ergreifende, feierlich-wehmütige Musik macht, wie in »Heinrich VIII.« der Sturz Wolseys und dann seine Fassung, der reine Klang seiner großen resignierten Worte, mit dem Sterben der Königin Katharina, diesem Verklingen einer sanften, leidenden Stimme, und der Festmusik, die um den König und die neue Königin herum ist, sich unlöslich zu einem melodischen Ganzen verbindet, das einer Sonate von Beethoven in der Führung des Themas und in den pathetischen Bestandteilen man kann kaum sagen wie nahe verwandt ist. Und in den romantischen Stücken, im »Sturm«, in »Cymbeline«, in »Maß für Maß«, »Wie es euch gefällt«, im »Wintermärchen«, ist das Ganze so durchwoben von dieser Musik, vielmehr es mündet alles in sie hinein, es gibt sich alles an sie hin, alles was nebeneinander steht, was gegeneinander atmet und seinen Atem in Haß oder Liebe vermischt, was aneinander vorüberstreift, was sich aneinander entzückt oder entsetzt, was lieblich und was lächerlich ist, ja was da ist und was nicht da ist – soferne ja in jedem Gedichte auch die Dinge mitspielen, die nicht in ihm vorkommen, indem sie rings um das Ganze ihre Schatten legen – alles miteinander gibt erst die unnennbar süße Musik des Ganzen, und eben von dem, der diese hört, wollte ich Ihnen ja sprechen. Denn er ist es, der Shakespeare mit der ganzen Seele, mit dem ganzen Gemüt und aus allen seinen Kräften liest, und von ihm, in dem diese Leidenschaft wohnt, lassen Sie mich sprechen wie von einer Figur, so sprechen wie Milton in seinen Versen von dem Leichtherzigen und dem Schwermütigen spricht, oder La Bruyère von dem Zerstreuten und dem Ehrgeizigen. Mir ist, als hätten diese Stücke wie »Cymbeline« und »Der Sturm« und die anderen die Kraft, sich immer wieder in der Phantasie eines schöpferischen Lesers eine innere Bühne zu schaffen, auf der ihr Ganzes leben und ihre Musik tönen kann, so wie sich die Gestalten des Lear und des Shylock, des Macbeth und der Julia immer wieder den Leib eines genialen Schauspielers unterjochen, um in diesem zu leben und zu sterben, und wirklich sind der Leser Shakespeares und der Schauspieler Shakespeares nahe verwandt. Nur daß um den einen sich *eine* der Gestalten herumlegt wie eine Haut, und in dem anderen alle gleichzeitig leben wollen. Dem einen winkt ein Schatten abseits: »Gib mir dein ganzes Blut zu trinken«, den andern umdrängt ein ganzer Schwarm. Ich glaube genau so, mit dem geheimnisvollen Erwachen einer »bestimmten Produktivität«, an einem Tage, der nicht wie alle Tage ist, unter einem Wind und Wetter, das nicht ist wie sonst Wind und Wetter, erzwingt sich die Gestalt, vom Schauspieler gespielt zu werden – und er spürt, ohne Willen, diese muß er, einmal muß er sie spielen –, und erzwingt sich das Stück: »Heute liest du mich und ich lebe in dir.« Ich glaube nicht, daß einer, »der eine Bühne in sich trägt«, an dem Tage hätte »Romeo und Julia« lesen können, wo es ihm bestimmt war, den »Sturm« zu lesen. Vielleicht griff er nach »Romeo und Julia«; er blätterte darin, aber das Buch ließ ihn kalt. Es verlockte ihn nicht. Die Reihen der Verse, auf die sein Auge fiel, waren ihm heute stumpf und nicht wie lebendige Augen, nicht wie Blumenkelche, in die man hinabschauen kann bis auf den Grund. Die Überschriften des Aktes und der Auftritte, auf die sein Auge fiel, waren ihm heute nicht wie ein verstecktes Pförtchen in einer geheimnisvollen Mauer, nicht wie schmale Lichtungen, die sich auftun und ins dämmernde Herz des Waldes führen. Er legte den Band wieder hin und schon wollte er ohne Shakespeare ins Freie gehen. Da fiel sein Blick auf dieses Wort: »The Tempest«. Und er wußte in einem Blitz: »Ich vermag Leben zu spenden. Ich vermag heute diese Wesen Prospero und Miranda und Ariel und Caliban in mir stärker aufleben zu lassen, als ein Wasser verwelkte Blumen aufleben macht. Heute oder nie bin ich die Insel, auf der diese alle gelebt haben. Heute oder nie trage ich die Höhle in mir, vor deren Eingang Caliban sich sonnt, das Dickicht von hohen unglaublichen Bäumen, in deren Wipfeln Ariel hingleitet wie ein zauberhafter Vogel, die Luft dieser Insel, eine südliche Abendluft aus Gold und Bläue, in der Mirandas Schönheit schwimmt wie ein Meereswunder in seinem Element. Heute oder nie bin ich alle diese zugleich, bin Prosperos Hoheit und Ferdinands Jugend, Ariels geisterhafte dienende Liebe und Calibans Haß, bin Antonio der Böse, Gonzalo der Ehrliche, Stephano der betrunkene Schuft. Warum auch sollte ich nicht alle diese sein? In mir sind so viele. In mir begegnen sich so viele.« – Wirklich, in jedem von uns leben mehr Wesen, als die wir uns eingestehen wollen. Irgendwo in uns liegen immer die Schatten knabenhafter, grausiger

Dämmerstunden und bilden eine Höhle, in der Caliban wohnt. Es ist soviel Raum in uns: wir haben über manches, das in uns herumtreibt, nicht mehr Gewalt als der Reeder gegen seine übers Meer taumelnden Schiffe. –

So geht er hinaus und hat den »Sturm« in der Tasche. Die Wiese ist zu nah der Straße, der Wald ist schon zu dunkel. Lange schlendert er hin und her, lange kann er sich nicht entschließen, bevor er auf einem Baumstamm sich hinläßt und zwischen Sommerfäden und moosige Zweige das magische Theater projiziert. Noch bedarf es einer letzten Steigerung innerer Kräfte, er muß sich selber verlöschen, sich selber versinken, ganz leer sein, ganz Schauplatz, ganz jene Insel, ganz Bühne. Da tritt Prospero aus der Höhle, ein Schatten von Müdigkeit ist auf seinem adeligen Gesicht, und Mirandas Blumenhände greifen nach der Spange, ihm den dunklen Zaubermantel von der Schulter zu lösen. Und nun ist er, der Leser, nur ein Instrument: nun spielt das Buch auf ihm.

Sie werden mir sagen, daß mein Leser Charles Lamb oder Théophile Gautier heißt, daß er ein Dichter ist, in welchem fremde Gedichte nochmals lebendig werden. Aber dies ist ganz gleich. Worauf es ankommt, das ist die Musik Shakespeares und daß immer wieder welche da sein müssen, denen es verliehen ist, die ganze Musik dieser Gedichte zu hören. Aber die ganze, die ganze. – Da ist »Maß für Maß«. Ein Ding voll Härte, mit finsteren Stellen, mit einer sonderbaren spröden Mischung des Hohen und des Niedrigen. Schwieriger in den Worten, minder schnell uns ergreifend in den Motiven als die übrigen. Ein Ding, das erst lebt, wenn man seine ganze Musik einmal gehört hat. Es gleicht den Gesichtern gewisser seltener Frauen, deren Schönheit nur der weiß, der mit ihnen glücklich war. Wie furchtbar ist dieser Vorgang an sich, diese Geschichte von dem ungetreuen Richter, ungetreu seinem Amt, ungetreu dem armen Verurteilten, ungetreu der guten Schwester, wie hart und finster ist dies alles, wie das Herz zusammendrückend, empörend, aufreizend, abstoßend. Wie hart und finster, wie wehtuend ist Claudios Geschick, seine Todesangst, das Anklammern an den Strohhalm, der ihn retten kann. Und dies alles um eines unsinnigen Gesetzes willen, um einer Sache willen, die nicht besser ist als ein alberner Zufall, eine »Niete in der Lotterie«. Und auf dies Unheil, das uns aufreizt, wieder Unheil gepfropft. Und welch ein wundervolles Ganzes aus alledem! Welche Lichter auf dem Finsteren, welches Leben des Schattens durch das Licht. In dem Mund dessen, der sterben soll, und der Angst hat vor dem Sterben, welche Töne, welche Beredsamkeit, welche Worte, klüger als er selbst, tiefer als seine seichte Tugend – wie preßt der Tod den besten Saft aus ihm heraus. Und in dem Mund des Mädchens, das hilflos ist, das verraten ist, welche Kraft, welches Schwert Gottes auf einmal in ihrer Hand! Und nun die vielen anderen. Wie sie durcheinander hinleben, wie ihr bloßes Auch-da-Sein die Luft anders macht: das Dasein dieses alten Mörders Barnardine, der seit sieben Jahren zum Tode verurteilt ist, neben diesem Knaben Claudio, der es seit vierundzwanzig Stunden ist. Und das Dasein des stillen Klosters mit Bruder Thomas und Bruder Peter, mit soviel Ruhe, soviel Geborgenheit neben diesem Kerker, neben dem Palast, darin der böse Angelo haust wie die giftige Spinne im Mauerwerk. Und auf einmal sind wir draußen aus der Stadt, da sitzt Mariana vor dem »Meierhof, um den ein Graben läuft«, und eines Knaben Stimme singt das süße Lied: »Heb, o heb die Lippen weg!«... Und zwischen diesem und jenem, der alles verbindet wie ein Chorus, der verkleidete Herzog, der hier die leben sieht, die er sonst nur von oben, von ferne gesehen hat, er, dessen Anwesenheit unser Herz beruhigt wie im bangen Traum ein tiefes Wissen: wir träumen nur, und aus dessen Mund Worte fallen, so mit nichts zu vergleichende Worte über das Leben und das Sterben. Und zwischen diesen Gestalten, damit noch überall Leben ist und das Licht überall über lebendes Fleisch hinspielt und der Schatten überall Lebendes modelliert, noch diese ganze Gesellschaft von gemeineren, niedrigeren Menschen, und doch auch der mindeste von ihnen nicht ganz entblößt von irgend einer Güte oder Witz, oder einer Art von Grazie oder Höflichkeit, nicht ganz ohne die Fähigkeit, Sympathie zu äußern oder etwas Gutes zu sagen oder einen guten Vergleich zu machen, und zwischen allen diesen Gestalten welche Lebensluft, welch ein Mitein-

ander-auf-der-Welt-Sein, welche kleine und doch unermeß-
bar tiefe Zartheiten gegeneinander, welcher Austausch von
Blicken voll Mitleid oder Spott – welch ein Ganzes, nicht der
Berechnung, nicht des Verstandes, nicht einmal der Emotionen, ein Ganzes nicht aus dem Gesichtspunkt der Farben allein, nicht aus dem der Moral allein, nicht aus dem der Abwechslung von Schwer und Leicht, von Traurig und Heiter
allein, sondern aus allem diesen zusammen welch ein Ganzes
»vor Gott«, welch eine Musik!

In der Aufführung von »Was ihr wollt« durch Beerbohm
Tree und seine Truppe endet das Stück – und man sagt, das ist
nicht der geniale Einfall eines Regisseurs, sondern eine alte
englische Bühnentradition – so, daß jeder Herr seiner Dame
die Hand reicht, und so, paarweise, der Herzog und Viola und
Olivia und Sebastian und hinter ihnen drein das Gefolge, tanzen sie über die Bühne hinaus, Hand in Hand, die einander
entzündet und gequält, einander gesucht und getäuscht und
beglückt, und so waren alle nur die Figuren eines Tanzes mit
Suchen und Nichtfinden, mit dem Haschen nach dem Falschen und dem Fliehen des Richtigen, und dies ist nun die
letzte Figur und einen Augenblick weht etwas darüber hin
wie ein Schatten, der Schatten eines Denkens an den Toten-
tanz, der auch alles gleichmacht, wie hier alles gleich ist und alles zusammen, die Hände in den Händen, eine doppelte Kette
macht, eine »Figur«, in der das einzelne Schicksal nur soviel
Wert hat wie der bunte Fleck in einem Ornament, wie das
einzelne Thema in einer großen Musik. Und wenn diese aus
einer alten Tradition geschöpft ist, so war es doch einmal,
beim erstenmal, der geniale Einfall eines Regisseurs, der dieses wundervolle Symbol erfunden hat, die menschlichen
Körper, in deren Gebärden er fünf Akte lang das Erlebnis jedes einzelnen ausgedrückt hatte, im letzten Augenblick durch
einen Rhythmus zusammenzubinden und in ihnen die Ganzheit dieses Ganzen auszudrücken. Und auch dieser Regisseur,
werden Sie sagen, war ein Dichter. Aber das ist er immer, jeder schöpferische Regisseur ist ein Dichter und immer wieder
von Zeit zu Zeit nimmt das Schicksal aus denen, die »eine
Bühne in sich tragen« und in schwelgerischer Einsamkeit

Shakespeare für sich spielen, einen heraus und gibt ihm eine
wirkliche Bühne. Und so blitzt unter den hunderten Bühnen,
auf denen Shakespeare zum Schein gespielt wird – ich meine,
auf denen er gespielt wird, weil es so hergebracht ist, oder
weil er zum Bestand des Repertoires gehört, oder weil er gute
Rollen enthält –, eine Bühne auf, wo er aus Leidenschaft gespielt wird, und wie Macbeth und Shylock und Othello und
Julia immer wieder die Seele und den Leib eines genialen
Schauspielers unterjochen, so unterjocht die Musik der ganzen Stücke immer wieder die Seele eines schöpferischen Regisseurs und das Gerüst einer jungen Bühne und lebt aufs
neue. Denn das Lebendige lebt nur vom Lebendigen und
Flamme nur von dem, was verbrennen will.

Da ich ankündigen ließ, ich wolle Ihnen von den Königen
und den großen Herren bei Shakespeare sprechen, so war
damit eingestanden, daß ich Ihnen von nichts anderem sprechen will als von dem Ganzen in Shakespeares Werk. Es ist,
als hätte ich gesagt, ich wollte von feierlichen und erhabenen
Tönen in Beethovens Symphonien, oder ich wollte vom
Licht und den Farben bei Rubens sprechen. Denn wie ich dies
ausspreche: »Könige und große Herren«, so überflutet sich
Ihr Gedächtnis mit einem Gedränge von Gestalten und Gebärden, dem keine Vision zu vergleichen ist, es wäre denn die
jenen Greisen auf den Mauern von Troja zuteil wurde, als sich
vor ihren Augen die Staubwolken teilten und die Sonne auf
den Harnischen und den Gesichtern der unzählbaren den
Göttern nahverwandten Helden brannte. In Ihnen drängt
mehr an Gestalten, an Bildern, an Gefühlen herauf, als Sie fassen können. Sie fühlen sich zugleich an Lear erinnert, der ein
König, jeder Zoll ein König, und an Hamlet, der ein Prinz, so
durch und durch ein Prinz ist; und wie sehr an Richard II., diesen älteren Bruder Hamlets, der so viel von seinem königlichen Blut spricht, um dessen Schultern der Königsmantel
hängt, qualvoll wie jenes Kleid, getaucht in das Blut des Nes-
sus, das endlich herabgerissen wird, und da erst recht den Tod
bringt. Und das Gesicht Heinrichs VI., bleich, als wäre der
Kopf abgehauen und auf eine Zinne gepflanzt, ist einen Augenblick in Ihnen, und das Gesicht des milden Duncan. Sie

sehen blitzschnell irgend eine gebietende, mehr als königliche Gebärde des Antonius, und es weht Sie ein Hauch an von dem Geisterkönigtum Prosperos auf seiner Insel und dem Märchenkönigtum jener idyllischen Könige im roten langen Mantel mit Herrscherstäben in den Händen, Leontes von Sizilien und Polyxenes von Arkadien und Cymbeline und Theseus. Aber diese Flut steigt immer höher, und Sie sehen in ein Gewirr adeliger Gebärden hinein, daß Ihnen schwindelt. Die Gebärden des Gebietens und der Verachtung, des hochfahrenden Trotzes und des Edelmutes funkeln vor Ihren Augen wie tausend sich kreuzende Blitze. Diese Worte »Könige und große Herren« haben auf ein Gedächtnis, dessen Tiefen mit Shakespeare getränkt sind, eine Macht, immer wieder neue Fluten aus allen Brunnen emporsteigen zu lassen. Überschwemmt von Gestalten und nicht mehr zu gestaltenden Visionen werden Sie in sich nach einem Wort suchen, um diese ganze Geisterwelt wieder in einen Begriff zusammenzuballen. Sie fühlen, daß jene Worte nicht nur drei Viertel aller Gestalten heraufbeschwören, die Shakespeare geschaffen hat, sondern auch das, was zwischen diesen Gestalten vorgeht, und auch zwischen diesen Gestalten und den niedrigeren, die neben ihnen da sind; daß diese Worte nicht nur auf die Gestalten selbst Bezug haben, sondern auch auf den leeren Raum, der um sie herum ist, und auf das, was diesen leeren Raum erfüllt und was die Italiener »l'ambiente«, das Ringsherumgehende, nennen. Sie werden gewahr, daß es wirklich etwas gibt, das in dieser Welt Shakespeare von einem Punkt zum anderen hinüberleitet, wirklich etwas Gemeinsames zwischen der Szene, da Kent, der Unerkannte, dem Lear seine Dienste anbietet, »weil in diesem Gesicht etwas sei, dem er dienen möchte«, und jener Waldidylle von den Söhnen des Königs Cymbeline, die in der Höhle aufwachsen, fessellos wie junge schöne Tiere und doch von königlichem Blut; zwischen dem finsteren Gegeneinanderstehen der englischen Barone in den Königsdramen und dem gütigen Gebieterton, in dem der edle Brutus zu seinem Pagen Lucius redet; zwischen dem Ton des adeligen Feldhauptmanns Othello, ja zwischen Cleopatra, die eine Königin, und Falstaff, der – after all – ein Edelmann ist. Sie fühlen wie ich dies Unwägbare, Ungreifbare, ein Nichts, das doch alles ist, und Sie nehmen mir das Wort von den Lippen, womit ich es benennen möchte: die Atmosphäre von Shakespeares Werk. Dies Wort ist so vag wie möglich, und doch gehört es vielleicht zu denen, von denen wir lernen müssen, einen sehr bestimmten und sehr fruchtbaren Gebrauch zu machen.

Aber zu keiner andern Zeit des Jahres vielleicht hätte ich gewagt, vor Ihnen von etwas so Vagem zu reden und darin etwas so Großes, ja eigentlich das Allergrößte zu suchen, als jetzt, da Frühling ist.

Now with the drops of this most balmy time
My love looks fresh;

und größer als sonst ist jetzt der Mut, alle schönen Dinge frisch zu sehen, auch diese Dinge, und von dem an ihnen, wovon immer gesprochen zu werden pflegt, von den Charakteren, von der Handlung und ihrer Idee, von allen diesen fester umschriebenen Dingen nicht zu sprechen und jener fließenden, kaum greifbaren Wahrheit, die sich aber wie keine zweite auf das Ganze von Shakespeares Werk bezieht, nachzugehen.

Der Augenblick selbst hat so viel Atmosphäre. Ich meine diesen Augenblick im Leben der Natur, diesen Augenblick des noch nicht voll erwachten, noch nicht üppigen, noch von Sehnsucht durchhauchten Frühlings, an welchem der Todestag eines menschlichen Wesens, das uns fast mythisch geworden ist, und von dem wir kaum mehr zu fassen vermögen, daß es jemals sterblichen Menschen ein Gegenwärtiges war, Sie hier vereinigt. Ich kann nicht sagen, daß es mir als etwas wesentlich anderes erscheint: die Atmosphäre des Frühlings zu spüren oder die Atmosphäre eines Dramas von Shakespeare oder eines Bildes von Rembrandt. Hier wie dort fühle ich ein ungeheures Ensemble. (Lassen Sie mich lieber dieses kühle, aus dem Technischen der Malerei genommene Wort gebrauchen als irgend ein anderes. Ich hätte so viele zur Verfügung: ich könnte von einer Musik des Ganzen sprechen, von einer Harmonie, einer Durchseelung, aber alle diese Worte scheinen mir etwas befleckt, etwas welk und voll der Spuren menschlicher Hände.) Ein Ensemble, worin der Unterschied zwischen Groß und Klein aufgehoben ist, insofern eines um des andern willen da ist, das Große um des Kleinen willen, das Finstere um des Hellen willen, eines das andere sucht, eines das andere betont und dämpft, färbt und entfärbt, und für die Seele schließlich nur das Ganze da ist, das unzerlegbare, ungreifbare, unwägbare Ganze. Die Atmosphäre des Frühlings zu zerlegen, war immer die Leidenschaft der lyrischen Dichter. Aber ihr Wesentliches ist eben Ensemble. Überall vollzieht sich etwas, brütet etwas. Die Ferne und die Nähe flüstern zueinander, der laue Wind, der über den noch nackten Boden hinschleicht, haucht gleichzeitig eine dumpfe Beklommenheit und eine dumpfe Luft. Das Licht ist überall gelöst, wie das Wasser, aber kein Augenblick ist trächtiger mit der Fülle des Frühlings, als wenn es mitten im Tag sehr finster wird, schwere dunkle Wolken über den wie von innen leuchtenden erdbraunen Hügeln brüten und aus den nackten Ästen die Orgie der fast delirierenden Vogelstimmen in das Dunkel hinaufdringt. Hier ist unter einer unfaßbaren Phantasmagorie alles verändert. Das Kahle, das immer öde und traurig schien, ist voll Wollust. Die Finsternis drückt nicht, sie macht jauchzen. Die Nähe ist so geheimnisvoll wie die Ferne. Und der einzelne kleine dunkle Vogel auf nacktem Ast arbeitet aus seiner Brust so viel von der Seele des Ganzen hervor wie der tiefe dunkle Wald, der dem Wind den Geruch feuchter Erde und des knospenden Grüns mitgibt.

Ich könnte Ihnen immer wieder diesen Begriff der Atmosphäre hinreichen, wenn ich nicht sicher wäre, daß Sie mich sogleich und völlig verstanden haben, und wenn ich nicht fürchten müßte, Sie zu ermüden. Der Tod eines Menschen hat um sich seine Atmosphäre, wie der Frühling. Die Gesichter derer, in deren Armen einer gestorben, sprechen eine Sprache, die über alle Worte ist. Und in ihrer Nähe sprechen die unbelebten Dinge diese Sprache mit. Das Dastehen eines Stuhles, der immer woanders stand, das Offenstehen eines Schrankes, der niemals für lange offenstand, und tausend Dinge, die in einem solchen Augenblick auf einmal da sind, wie Spuren von Geisterhänden: dies ist die Welt, die an den

Fensterscheiben endet. Aber das Draußen hat irgendwie auch
dieses fatale, im tiefsten mitwissende Gesicht. Die Laternen,
die brennen wie alle Tage; das Vorbeigehen der ahnungslosen
fremden Menschen, die um die Ecke biegen und unten vor-
überkommen und wieder um eine andere Ecke biegen: dies
verdichtet sich zu etwas, was sich vorüberzieht wie eine gräßliche eiserne Kette. Und, in diesen Augenblicken, das Wiederkommen der lange vergessenen Menschen. Das Auftauchen von solchen, die sonderbar, verbittert oder ganz fremd
geworden sind und aus denen doch jetzt Worte und Blicke
hervorbrechen, die sonst nie an den Tag kommen. Das plötzliche Staunen: Wie kamen wir auseinander? wie ging dies alles
zu? Das plötzliche Erkennen: Wie nichtig ist alles! wie ähnlich
sind wir alle untereinander, wie gleich! Auch dies ist Atmosphäre. Auch hier knüpft ein Etwas das Nahe und Ferne, das
Große und Kleine aneinander, rückt eines durchs andere in
sein Licht, verstärkt und dämpft, färbt und entfärbt eins
durchs andre, hebt alle Grenzen zwischen dem scheinbar
Wichtigen und dem scheinbar Unwichtigen, dem Gemeinen
und Ungemeinen auf und schafft das Ensemble aus dem ganzen Material des Vorhandenen, ohne irgendwelche Elemente
disparat zu finden.

Die Atmosphäre im Werk Shakespeares ist Adel. (Der König
ist nur der größte Herr unter den großen Herren, und jeder
von ihnen ist ein Stück von einem König.) Dies alles im Sinne
des Cinquecento, das heißt, unendlich freier, unendlich
menschlicher, unendlich farbiger als irgend etwas, womit wir
diese Begriffe zu verbinden pflegen. Und dann das Ganze aus
Shakespeares Seele herausgeboren, nicht nur die Gestalten
und ihre Gefühle, sondern eben vor allem die Atmosphäre,
die Luft des Lebens, ce grand air – wenn dieses Wortspiel erlaubt wäre –, die alles umfließt. Nur so läßt sich von dieser
Atmosphäre sprechen wie von etwas Gegebenem: alle diese
Gestalten (das dumpfere Viertel, das nicht zu ihnen gehört, ist
nur da, um ihnen den Kontrast zu geben) lösen sich in dem
Gefühl ihres Adels auf, wie die Figuren auf den Bildern Tizians und Giorgiones in dem goldenen leuchtenden Element.
In ihm bewegen sich solche Gruppen wie Romeo, Mercutio,

Benvolio, Tybalt, solche wie Antonio, der adelige Kauf-
mann, und seine Freunde; der verbannte Herzog in den Ar-
dennen ist mit all den Seinen von diesem Fluidum umflossen,
und – wie sehr! – Brutus und sein ganzes Haus. Um alle diese
herum ist dieses Licht und diese Luft so voll und so stark, daß
es niemals möglich war, es zu übersehen. Ein adeliges Bewußtsein, nein tiefer als das, ein adeliges Sein unter der
Schwelle des Bewußtseins, ein adeliges Atmen; damit ver-
schwistert ein bewunderswert zartes und starkes Fühlen des
andern, eine gegenseitige, fast unpersönliche, dem Menschlichen geltende Neigung, Zärtlichkeit, Ehrfurcht: habe ich Ihnen mit diesen Worten – schwächlich wie sie sind, um das
namenlos Lebendige auszudrücken – nicht ins Gedächtnis gerufen, was allen diesen so verschiedenartigen jungen Menschen gemeinsam ist, dem melancholischen Jacques wie dem
leichtherzigen Bassanio, dem tiefen heißen Romeo wie dem
spröden klugen Mercutio? Das Element, in dem diese Wesen
gezüchtet sind, ist wundervoll zwischen Anmaßung und
Höflichkeit. Ein junges Atmen voll Trotz und doch Erschrecken bei dem Gedanken, verletzt zu haben, ein Sich-An-
schließen, Sich-Aufschließen und doch In-sich-geschlos-
sen-Bleiben. Ihr Gleichgewicht ist das schönste Ding, das ich
kenne. Wie schöne, gutgebaute leichte Schiffe liegen sie
schaukelnd auf der Flut des Lebens über ihrem eigenen Schatten. Etwas Überströmendes ist an ihnen, etwas Expansives,
in die Luft Überflutendes, ein Luxus des Lebens, eine Verherrlichung des Lebens an sich, etwas unbedingt das Leben
Grüßendes, etwas, das die pythischen und nemeischen Oden
des Pindar heraufbeschwört, diese strahlendsten Siegerbe-
grüßungen. Und schließlich ist nicht nur Prinz Heinz ihr
Bruder, sondern ein wenig auch Falstaff. Aber lassen wir sie,
obwohl es schwer ist, sich von ihnen zu trennen. (Wie nehmen sich neben dem lässigen Luxus ihrer Reden die Reden in
fast allen anderen Dramen aus, wie dürr, wie gierig nach einem Ziel, wie die Rede von Pfaffen oder Advokaten oder von
Verzückten oder von Monomanen.) Sie sind Jünglinge; und
Brutus ist ein Mann. Sie sind ohne ein anderes Schicksal als
die Liebe, sie scheinen wirklich nur zur Verherrlichung des

Lebens in diese Bilder gesetzt, wie ein glühendes Rot, ein prangendes Gelb; und Brutus hat ein inneres Schicksal voll Erhabenheit. Aber er ist ganz auf dasselbe gestellt wie sie; nur in reiferer Weise. Nicht die Interpretation, die seine Seele den Dingen gibt, sondern die Haltung im Dasein, dies Adelige ohne Härte, voll Generosität, voll Güte und Zartheit meine ich, diesen Ton, dessen Wohllaut nur aus einer Seele hervordringen kann, in deren Grund die tiefste Selbstachtung eingesenkt ist. Abgesehen von seinem Schicksal, das sich in ihm vollzieht und ihn – »nach düsterem Ratschlag, gepflogen vom Genius mit seinen dienenden Organen« – zu der großen Tat seines Lebens treibt, der dann alles weitere, und auch der Tod, folgt wie das Wasser dem Wasser, wenn die Schleuse geöffnet ist; abgesehen von seinem inneren Schicksal, ist dies Trauerspiel, dessen Held Brutus ist, fast allein erfüllt mit dem Licht dieses adeligen Wesens, in dessen Strahl alle anderen Figuren sich modellieren, indem sie nahe an Brutus herantreten. Was zwischen ihm und Cassius vorgeht, ist nichts anderes als das Reagieren des Cassius, der minder edel ist und sich minder edel weiß – (dies beides ist unlöslich verbunden: »Sich wissen in dem Stande der Erwählten«, dies ist alles) –, gegen die Atmosphäre, die um Brutus herum ist. Von ihm zu Brutus nichts als ein vergebliches – inneres, stummes – Werben, ein Werben mit allen Qualen der Eifersucht, das Cassius vor sich selber verhehlt, das vielleicht auch Brutus, wenn er es durchblickt, vor sich selber verhehlt, nicht wissen will, nicht analysieren will, sicherlich. Und von Brutus zu Cassius eine unglaubliche Schonung, ein zartes Sich-Gleichstellen, bis zu dem Augenblick jenes einzigen Losbrechens; und da sind es seine Nerven, die losbrechen, nicht sein Wille. (Er hat vor einer Stunde den Brief bekommen, daß Portia tot ist, und er spricht nicht davon.) Und dann, beim Abschied, nochmals: »Noble, noble Cassius«. Daß er es sagt, er, der wirklich zweifach edel ist, zu dem minder Edlen, daß es ihn treibt, das zweimal zu sagen! So steht Brutus zu Cassius. Und Portia! Sie hat nur diese eine, nie zu vergessende Szene. Sie ist ganz umwoben von Brutus' Atmosphäre. Ganz aus diesem Licht, das von ihm ausstrahlt, ist ihr edles Gesicht modelliert. Oder strahlt das Licht von anderswo her, und sind beide, Brutus und Portia, aus diesem Licht und seinem Dunkel modelliert? Wer kann vor einem Rembrandt sagen, ob die Atmosphäre um der Gestalten willen da ist, oder die Gestalten um der Atmosphäre willen? Aber es gibt einige Stellen, die sichtlich nur da sind, um das ganze Licht zu fangen, das die Seele dieser Atmosphäre ist. Ich meine die Auftritte mit dem Knaben Lucius und den anderen Dienern. Sein Ton zu Lucius. (In den Szenen Prosperos mit Ariel kommt dieser Ton wieder.) Wie er sich entschuldigt, daß er ihm den Schlaf verkürzt, auf den seine Jugend so viel Anrecht hat. Und dies: »Schau, da ist das Buch, das ich dich suchen hieß. Es war in meinem Oberkleid. Du mußt Geduld mit mir haben. Bear with me, gentle boy«. Dann, wie Lucius unterm Stimmen der Laute einschläft und Brutus hingeht, die Laute wegzunehmen, auf die sein Arm im Schlummer gesunken ist, »damit er sie nicht bricht«. Ich weiß nicht, was einem Menschen, der liest, die Tränen in die Augen treiben kann, wenn es nicht ein solches Detail ist. Das ist der Mann, der Cäsars Mörder war. Es ist der Feldherr in seinem Zelt. Es ist der letzte Römer; und er wird morgen bei Philippi sterben. Und jetzt geht er hin, bückt sich und zieht unter einem Schlafenden eine Laute weg, damit sie nicht verdorben wird. In dem Augenblick, da er dies tut, diese kleine Handlung, diese bürgerliche, weibliche kleine Handlung – dies, was einer Frau naheläge zu tun, einer Hausfrau, einer guten Mutter –, in diesem Augenblick, so nahe am Tode (Cäsars Geist steht schon im Finstern da), sehe ich sein Gesicht: es ist ein Gesicht, das er nie vorher hatte, ein zweites wie von innen heraus entstandenes Gesicht, ein Gesicht, in dem sich männliche mit weiblichen Zügen mischen wie in den Totenmasken von Napoleon und von Beethoven. Hier kann man weinen, nicht bei Lears Flüchen, und nicht, wenn Macbeth, in seine eisernen Qualen eingeschnallt wie in einen zentnerschweren Panzer, den Blick auf uns richtet, der uns das Herz zusammenschnürt. Von solchen kleinen Zügen muß eine bis zur Anbetung gesteigerte Bewunderung Shakespeares immer wieder aufleben. Denn es gibt doch, es gibt doch in einem Kunstwerk nichts Großes und Kleines; und hier, wie Brutus, der Mörder Cäsars, die Laute aufhebt, damit sie nicht zerbrochen wird, hier wie nirgends ist der Wirbel des Daseins und reißt uns in sich. Dies sind die Blitze, in denen ein Herz sich ganz enthüllt. Wie Ottilie in den »Wahlverwandtschaften« die alte Anekdote nie mehr vergessen kann, daß Karl I. von England, schon entthront und von seinen Feinden umgeben, da der Knopf von seinem Stock ihm hinunterfällt, um sich sieht und gar nicht begreift, daß sich niemand für ihn bückt, und sich dann selbst bückt, zum erstenmal in seinem Leben, und wie dieser Zug in ihrem Herzen sich eingräbt, daß sie sich immer bückt, auch wenn einem Mann etwas auf den Boden fällt – dies, oder in »Krieg und Frieden« der Schrei, den bei der Hasenhetze Natascha auf einmal ausstößt, dieser wilde Triumphschrei eines jagenden Tieres aus der Kehle einer eleganten Dame: dies sind solche Blitze. Aber bei Shakespeare sind sie überall. Sie sind die Entladungen seiner Atmosphäre.

Ich weiß nichts, das ans Herz greift wie der Ton Lears, wenn er zu Edgar spricht. Zu seinen Töchtern spricht er wie ein wütender Prophet oder wie ein vor Schmerz trunkener Patriarch. Zu seinem Narren spricht er hart. Aber zu Edgar, diesem nackten Verrückten, den er in einer Höhle gefunden hat, spricht er in einem Ton – freilich, es ist etwas von Wahnsinn in diesem Ton –, aber der Grundton ist eine unglaubliche Höflichkeit des Herzens, eine unbeschreibliche Courtoisie, und man ahnt, wie dieser König manchmal beglücken konnte, wenn er gnädig gelaunt war. Es ist die gleiche Höflichkeit, deren Schein den milden Duncan umfließt, wie er ankommt und dies sagt von der guten Luft, die um Macbeths Burg sein muß, weil die Mauerschwalbe hier nistet. Und das gleiche Licht ist auf der kleinen Szene Richards II. mit dem Stallknecht (kurz vor seinem Tode); und das gleiche, aber stärker, südlicher, prangender, in jeder Szene zwischen Antonius und Cleopatra, und zwischen Antonius und seinen Dienern, und zwischen Cleopatra und ihren Dienerinnen: welche Ehrfurcht vor sich selbst und vor der Größe ihres Daseins, welche »olympische Luft«, welche Allüre, wenn die Geschäfte einer Welt im Vorgemach harren müssen, indessen sie einander

umarmen: »Das Leben adeln heißt so tun«...; und das gleiche
Licht, nur wie mit zornigen Blitzen zwischen geballten Wet-
terwolken durchdringend, auf den hundert Gestalten der
stolzen Peers von England, deren Gefühl von sich selbst (das,
was einer von ihnen ausspricht: »our stately presence«) in
weiten Falten um sie fällt, pompöser, wilder, wirklicher, als
ein Mantel mit Hermelin verbrämt. Aber ich könnte ohne
Aufhören sagen: »Es ist hier« und »Es ist dort«; denn ich sehe
es ja überall. Und ich könnte eine frische Stunde lang zu Ihnen
sprechen, wollte ich zeigen, wie ich in diesem Fluidum die
Gestalten aller dieser königlichen und adeligen Frauen leben
fühle, von Cleopatra bis zu Imogen. Ja, so sehr sehe ich es
überall, daß ich im tiefsten betroffen werde, wenn ich eine
Gestalt erblicke wie Macbeth, die fast nichts von dieser Atmosphäre um sich hat. Mir ist dann, Shakespeare habe ihn mit
einer besonderen Furchtbarkeit umgeben, wie eine eisige Todesluft um ihn streichen lassen – einen gräßlichen Anhauch
der Hekate –, die rings um die Gestalt alles Lebendige,
Leicht-Vermittelnde, mit Menschen Verbindende wegge-
zehrt hat, alles das, was um Hamlet als eine Lebensluft so sehr
herum ist, in der Szene mit den Schauspielern so sehr als eine
Expansion seines ganzen Wesens, als ein prinzlich-gnädiges
Sich-gehen-Lassen, in den Szenen mit Polonius und mit Ro-
senkranz und Güldenstern als ein bewußtes Gebrauchen seiner prinzlichen Übermacht, ein ironisches und schmerzliches
Ausspielen seiner Überlegenheit – auch dieser Vorrang nichts
wert, auch diese Gabe nichts nütz, als sich selbst damit zu quä-
len.
Meine Herren! Die Dinge, von denen ich Ihnen sprach, scheinen es mir zu sein, die das Ganze von Shakespeares Werk zusammenhalten. Sie sind ein Geheimnisvolles und das Wort
»Atmosphäre« bezeichnet sie in ebenso unzulänglicher, fast
leichtfertiger Weise wie das Wort »Helldunkel« ein gleich
Geheimnisvolles in Rembrandts Werk. Dächte ich an die Figuren allein – und es sind die Figuren allein, als stünden sie im
luftlosen Raum, die man gewöhnlich zum Gegenstand der
Betrachtung macht –, so hätte ich versucht, von der shakespearischen »Haltung« zu sprechen. Denn es handelt sich

darum, das Gemeinsame zu sehen oder zu fühlen in dem, wie
alle diese Figuren im Dasein stehen. Die Figuren Dantes sind
in eine ungeheure Architektonik hingestellt, und der Platz,
auf dem jede steht, ist *ihr Platz* nach mystischen Entwürfen.
Die Gestalten Shakespeares sind nicht nach den Sternen
orientiert, sondern nach sich selber; und sie tragen in sich selber Hölle, Fegefeuer und Himmel und anstatt ihres Platzes im
Dasein haben sie ihre Haltung. Aber ich sehe diese Figuren
nicht jede für sich, sondern ich sehe sie jede in bezug auf alle
andern und zwischen ihnen keinen leblosen, sondern einen
mystisch lebenden Raum. Ich sehe sie nicht unverbunden nebeneinander dastehen wie die Figuren der Heiligen auf der
Tafel eines Primitiven, sondern aus einem gemeinsamen
Element heraustreten wie die Menschen, Engel und Tiere auf
den Bildern Rembrandts.

Das Drama, ich meine nicht nur das Drama Shakespeares, ist
ebensosehr ein Bild der unbedingten Einsamkeit des Individuums wie ein Bild des Mit-Einander-da-Seins der Menschen. In den Dramen, die Kleists kochende Seele in ihren
Eruptionen herausgeschleudert hat, ist diese Atmosphäre,
dieses Mit-Einander der Gestalten vielleicht das Schönste des
Ganzen. Wie es diese Kreaturen fortwährend nacheinander
gelüstet, wie sie die Anrede wechseln, anstatt der fremderen
plötzlich das nackte Du auf den Lippen haben, einander mit
Liebesblicken ansehen, einander an sich reißen, sich eins ins
andere hineinsehnen, und dann wieder erstarren gegeneinander, fremd auseinanderfahren, um einander wieder glühend
zu suchen: dies erfüllt den Raum mit glühendem Leben und
Weben und macht aus dem Unmöglichen ein Lebendiges.

Darum, weil auch das, was zwischen den Gestalten vorgeht,
für mein Auge von einem Leben erfüllt ist, das aus gleich geheimnisvollen Quellen herflutet wie die Gestalten selbst, weil
dies Einander-Bespiegeln, Einander-Erniedrigen und -Erhö-
hen, Einander-Dämpfen und -Verstärken für mich nicht
weniger das Werk einer ungeheuren Hand ist als die Figuren
selber, vielmehr, weil ich hier so wenig wie bei Rembrandt
eine wirkliche Grenze sehen und zugestehen kann zwischen
den Gestalten und dem Teil des Bildes, wo keine Gestalten

sind, darum habe ich nach dem Wort »Atmosphäre« ge-
griffen, weil die Kürze der Zeit und die Notwendigkeit, uns
schnell, in festlicher Schnelle zu verstehen, mir verwehrt hat,
ein größeres und geheimnisvolleres Wort zu gebrauchen –
Mythos.

Denn wenn es mir möglich gewesen wäre, mit noch ganz anderer Eindringlichkeit als heute die Gewalt Rembrandts in Ihrem Innern heraufzurufen und zugleich und mit der gleichen
Eindringlichkeit die Gewalt Homers, dann wären diese drei
Urgewalten, die Atmosphäre Shakespeares, das Helldunkel
Rembrandts, der Mythos Homers, für einen Augenblick in
eins zusammengeflossen, wir wären, diesen glühenden
Schlüssel mit der Hand umklammernd, zu den Müttern hin-
abgesunken und hätten dort, wo »nicht Raum, noch weniger
eine Zeit«, in eins verflochten mit jenem tiefsten Dichten und
Trachten ferner Genien, schemenhaft, das tiefste Dichten und
Trachten der eigenen Zeit erblickt: zu schaffen ihrem Da-Sein
Atmosphäre, ihren Gestalten den hellen und dunklen Raum
des Lebens, ihrem Atmen den Mythos.

DER DICHTER UND DIESE ZEIT

EIN VORTRAG

Man hat Ihnen angekündigt, daß ich zu Ihnen über den Dichter und diese Zeit sprechen will, über das Dasein des Dichters oder des dichterischen Elementes in dieser unserer Zeit, und manche Ankündigungen, höre ich, formulieren das Thema noch ernsthafter, indem sie von dem Problem des dichterischen Daseins in der Gegenwart sprechen. Diese Kunstworte streifen schon das Gebiet des Technisch-Philosophischen und zwingen mich im vorhinein, alle nach dieser Richtung orientierten Erwartungen zu zerstören, die ich sonst im Verlauf dieser Stunde grausam enttäuschen müßte. Es fehlen mir völlig die Mittel und ebensosehr die Absicht, in irgendwelcher Weise Philosophie der Kunst zu treiben. Ich werde es nicht unternehmen, den Schatz Ihrer Begriffe um einen, auch nur einen neuen Begriff zu bereichern. Und ebensowenig werde ich an einem der festen Begriffe, auf denen Ihre Anschauung dieser ästhetischen Dinge ruhen mag, woanders sie auf Begriffen ruht und nicht, wie ich heimlich und bestimmt hoffe, auf einem chaotischen Gemenge von verworrenen, komplexen und inkommensurablen inneren Erlebnissen, ... keineswegs, sagte ich, werde ich an einem dieser Begriffe Kritik zu üben versuchen. Diese Mauern irgend zu versetzen, ist nicht mein Ehrgeiz; mein Ehrgeiz ist nur, aus ihnen an so verschiedenartigen Punkten als möglich, und an möglichst unerwarteten, wieder hervorzutreten und Sie dadurch in einer nicht unangenehmen Weise zu befremden. Ich meine einfach: es würde mich freuen, wenn es mir gelänge, Ihnen fühlbar zu machen, daß dieses Thema nicht nur in dieser Stunde in der Atmosphäre dieser Versammlung, in diesem künstlichen Licht einen künstlichen und nach Minuten gemessenen Bestand hat, sondern daß es sich um ein Element Ihres geistigen Daseins handelt, das nicht als gewußtes, sondern als gefühltes, gelebtes, in Tausenden von Momenten Ihres Daseins da ist und Wirkung ausstrahlt.

Über den Begriff der Gegenwart sind wir jeder Verständigung enthoben: Sie wie ich sind Bürger dieser Zeit, ihre Myriaden sich kreuzender Schwingungen bilden die Atmosphäre, in der ich zu Ihnen spreche, Sie mich hören, und in die wir wiederum hinaustreten, wenn wir diesen Saal verlassen. Ja sie regiert noch unsere Träume und gibt ihnen die Mischung ihrer Farben und nur im tiefen todesähnlichen Schlaf meinen wir zu sein, wo sie nicht ist. Den Begriff des Dichters bringen Sie mir, das weiß ich, als einen sicher in Ihnen ruhenden und reich erfüllten entgegen. Es schwingt in ihm etwas von der Fassung, die die deutschen Dichter zu Anfang des letztvergangenen Jahrhunderts ihm gegeben haben (die man nicht immerfort mit einem so unzulänglichen und abstumpfenden Wort die »romantischen« nennen sollte); aber die Gewalt, die der ungeheure Gedanke »Goethe« über Ihre Seele besitzt, schnellt seine Grenzen hinaus ins kaum mehr Absehbare; und es ist etwas von der pathetischen Erscheinung Hölderlins unter den Elementen, die in Ihnen oszillierend dies Gedankending »Dichter« zusammensetzen, und etwas von der nicht zu vergessenden Allüre Byrons; etwas von dem verschwundenen namenlosen Finder eines alten deutschen Liedchens und etwas von Pindar. Sie denken »Shakespeare« und daneben ist für einen inneren Augenblick alles andere verloschen, aber der nächste Augenblick stellt das unendlich komplexe oszillierende Gedankending wieder her und Sie denken ohne zu trennen ein amalgamiertes Etwas aus Dante, Lenau und dem Verfasser einer rührenden Geschichte, die Sie mit vierzehn Jahren gelesen haben.

An dies Gewebe aus den Erinnerungsbildern der subtilsten Erlebnisse, an dies in Ihnen appelliere ich, an dies Unausgewickelte und an keinen geklärten Begriff, keine abgezogene Formel. Dies in Ihnen ist lebendig und dem Lebendigen möchte ich diese Stunde hindurch verbunden bleiben. Diesem lebendigen Begriff denke ich nichts hinzuzufügen und noch weniger meine ich ihn einzuschränken. Ich selber trage ihn in mir ebenso unausgewickelt, wie ich ihn bei Ihnen voraussetze. Am wenigsten wüßte ich ihn von vorneherein nach unten abzugrenzen, ja diese haarscharfe Absonderung des

Dichters vom Nicht-Dichter erscheint mir gar nicht möglich.
Ich würde mir sagen müssen, daß die Produkte von Menschen, die kaum Dichter zu nennen sind, manchmal nicht
ganz des Dichterischen entbehren, und umgekehrt scheint
mir zuweilen das, was sehr hohe und unzweifelhafte Dichter
geschaffen haben, nicht frei von undichterischen Elementen.
Es scheint mir in diesen Dingen eine illiberale Auffassung
nicht möglich und immer ziemlich nah am Lächerlichen. Ich
frage mich, ob Boileau dem Mann, der die Manon Lescaut
schuf, wenn er ihn erlebt hätte, ja ich frage mich, ob Lessing,
der sein Zeitgenosse war, diesem Manne den Namen eines
Dichters konzediert hätte, und ich sehe, wie unbedeutend,
wie unhaltbar diese Scheidungen sind, die der Zeitgeschmack
oder der persönliche Hochmut der Produzierenden zwischen
dem Dichter und dem bloßen Schriftsteller anstellt. Und
doch ist es mir in anderen Augenblicken und in einem anderen Zusammenhang völlig klargeworden, daß jene strengste
Goethesche Erkenntnis wahr ist und daß ein unvollkommenes Kunstwerk nichts ist; daß in einem höheren Sinn nur die
vollkommenen Kunstwerke, diese seltenen Hervorbringungen des Genius existieren. Sie werden sich fragen, wie diese
Erkenntnis und jene Duldung beieinanderwohnen können,
aber doch können sie das; es gibt Anschauungen, die zwischen ihnen vermitteln, und es erfordert nur eine gewisse Reife, sie in sich zu vereinen – aber nur dieser Duldung, dieser
Nichtabgrenzung werde ich mich in unserer Unterhaltung zu
bedienen haben. Ich werde es hier nicht zu berühren brauchen, ob ich vielleicht einen einzigen Menschen in dieser
Epoche für einen ganzen Dichter halte und die anderen nur
für die Möglichkeiten von Dichtern, für dichterisch veranlagte Individuen, für dichterische Materie. Denn mir ist es nur
um das Dasein des dichterischen Wesens in unserer Epoche zu
tun.

Ich glaube, vielmehr ich weiß es, daß der Dichter, oder die
dichterische Kraft, in einem weitherzigen Sinn genommen, in
dieser Epoche da ist, wie sie in jeder anderen da war. Und ich
weiß, daß Sie mit dieser Kraft und ihren Wirkungen unauf-

hörlich rechnen, vielleicht ohne es Wort zu haben. Es ist dies das Geheimnis, es ist eines von den Geheimnissen, aus denen sich die Form unserer Zeit zusammensetzt: daß in ihr alles zugleich da ist und nicht da ist. Sie ist voll von Dingen, die lebendig scheinen und tot sind, und voll von solchen, die für tot gelten und höchst lebendig sind. Von ihren Phänomenen scheinen mir fast immer die außer dem Spiele, welche nach der allgemeinen Annahme im Spiele wären, und die, welche verleugnet werden, höchst gegenwärtig und wirksam. Diese Zeit ist bis zur Krankheit voll unrealisierter Möglichkeiten und zugleich ist sie starrend voll von Dingen, die nur um ihres Lebensgehaltes willen zu bestehen scheinen und die doch nicht Leben in sich tragen. Es ist das Wesen dieser Zeit, daß nichts, was wirkliche Gewalt hat über die Menschen, sich metaphorisch nach außen ausspricht, sondern alles ins Innere genommen ist, während etwa die Zeit, die wir das Mittelalter nennen und deren Trümmer und Phantome in unsere hineinragen, alles, was sie in sich trug, zu einem ungeheuren Dom von Metaphern ausgebildet aus sich ins Freie emportrieb.

Waren sonst Priester, Berechtigte, Auserwählte die Hüter dieser Sitte, jener Kenntnis, so ruht dies alles jetzt potentiell in allen: wir könnten manches ins Leben werfen, wofern wir ganz zu uns selbst kämen... wir könnten dies und jenes wissen... wir könnten dies und jenes tun. Keine eleusinischen Weihen und keine sieben Sakramente helfen uns empor: in uns selber müssen wir uns in höheren Stand erheben, wo uns dies und jenes zu tun nicht mehr möglich, ja auch dies und jenes zu wissen nicht mehr möglich: dafür aber dies und jenes sichtbar, verknüpfbar, möglich, ja greifbar, was allen anderen verborgen. Dies alles geht lautlos vor sich und so wie zwischen den Dingen. Es fehlt in unserer Zeit den repräsentativen Dingen an Geist, und den geistigen an Relief.

Wofern das Wort Dichter, die Erscheinung des Dichters in der Atmosphäre unserer Zeit irgendein Relief nimmt, so ist es kein angenehmes. Man fühlt dann etwas Gequollenes, Aufgedunsenes, etwas, das mehr von Bildungsgefühlen getragen ist als von irgendwelcher Intuition. Man wünscht sich diesen Begriff ins Leben zurückzuholen, ihn zu »dephlegma-

tisieren«, zu »vivifizieren«, wie die beiden schönen Kunstworte des Novalis heißen. Welchen lebhaften und liebenswürdigen Gebrauch machte nicht eine frühere deutsche Epoche (ich denke an die jungen Männer und Frauen von 1770)
von dem Worte Genie, mit dem sie das gleiche bezeichnen
wollte: das dichterische Wesen. Denn sie dachten dabei keineswegs an das Genie der Tat und nie und nimmer hätten sie
ihr Lieblingswort auf den angewandt, der vor allem würdig
war, es zu tragen in seiner funkelndsten und unheimlichsten
Bedeutung: auf Friedrich den Großen. Welchen lebensvollen
und imponierenden Gebrauch macht der Engländer heute,
und macht ihn seit sechs Generationen, von seinem »man of
genius«. Er schränkt ihn nicht auf seine Dichter ein; und doch
haftet allen denen, von denen er ihn braucht, etwas Dichterisches an, ihnen oder ihren Schicksalen. Er bedenkt sich nicht,
ihn auch auf einen Mann anzuwenden, der nicht von der aller-
seltensten geistigen Universalität ist. Aber es muß eine Gestalt sein, aus der etwas Außerordentliches hervorblitzt, etwas Unvergleichliches von Kühnheit, von Glück, von Gei-
steskraft oder von Hingabe. Es ist etwas Grandioses um einen
Begriff, unter dem der Sprachgeist Milton und Nelson zusammenzufassen gestattet, Lord Clive und Samuel Johnson,
Byron und Warren Hastings, den jüngeren Pitt und Cecil
Rhodes.
Es kommt so wenig auf die Worte an und so viel auf die Prägung, die der Sprachgeist eines Volkes ihnen aufdrückt. Wie
kraftlos nimmt sich neben »man of genius« und dem Ton,
den sie in das Wort zu legen wissen, dem männlichen, selbst-
sicheren, ich möchte sagen, dem soldatischen oder seemän-
nisch stolzen Ton, wie kraftlos nimmt sich daneben unser
»Genie« aus, wie gelehrtenhaft, wie engbrüstig-pathetisch,
vorgebracht mit der heuchlerischen Exaltation der Schulstu-
be. Es haftet dem Wort in unserem Sprachgebrauch etwas an,
als vertrüge es die freie Luft nicht, und doch ist es das einzige
Wort, unter dem wir Johann Sebastian Bach und Kant und
Bismarck, Kleist, Beethoven und Friedrich den Zweiten zusammen begreifen können. Aber es bleibt empfindlichen Ohren ein fatales Wort. Es hat ganz und gar nicht mehr den ju-

gendlichen Glanz von 1770 und es hat auch nicht den dunklen
ehernen Glanz, vergleichbar dem finsteren Schimmer alter
Waffen, den die Abnützung des großen Lebens den feierlichen und ehrwürdigen Worten großer Nationen zu geben
vermag und der die einfachen Bezeichnungen der Ämter, die
trockensten Überschriften und Inschriften Roms mit einer
Größe umwittert, die uns das Herz klopfen macht. Dieses
Wort »Genie«, wenn man es in unseren Zeitungen findet, in
den Nekrologen oder Würdigungen von toten Dichtern oder
Philosophen, wo es das höchste Lob bedeuten soll, so erscheint es mir – ich meine auch dort, wo es an seinem Platz ist
– undefinierbar dünn, würdelos, kraftlos. Es ist ein höchst un-
sicheres Wort, und es ist, als würde es immer von Leuten mit
schlechtem Gewissen gebraucht. Es ist nahe daran, ein prosti-
tuiertes Wort zu sein, dieses Wort, das die höchste geistige Erscheinung bezeichnen soll – ist dies nicht seltsam?
Wenn ich es gebraucht finde in seiner Distanzlosigkeit (und in
»man of genius« liegt immer soviel Distanz zwischen einem
großen Volk und einem großen einzelnen), so fällt mir immer
zugleich um des Gegensatzes willen die schöne, jede Distanzlosigkeit ablehnende methodistische Maxime ein: »Vergiß
nicht, mein Freund: ein Mann kann weder gelobt noch her-
abgesetzt werden«, »my friend, a man can neither be praised
nor insulted«. Es scheint mir, wenn die Deutschen von ihren
Dichtern sprechen, sowohl von denen, die unter ihnen leben,
als von denen, die tot sind und ihr zweites strahlendes Leben
unter uns führen, so sagen sie viel Schönes und zuweilen
bricht aus breiten, etwas schlaffen Äußerungen ein Funken
des glühendsten Verständnisses hervor; aber irgend etwas,
ein Ton, der mehr wäre als alles gehäufte Lob und alle ein-
dringende Subtilität, scheint mir zu fehlen: ein menschlicher
Ton, ein männlicher Ton, ein Ton des Zutrauens und der
freien ungekünstelten Ehrfurcht, eine Betonung dessen, was
Männer an Männern am höchsten stellen müssen: Führerschaft. Selbst Goethe gegenüber, selbst ihm gegenüber sind es
einzelne, die sich diese Haltung in sich selbst erobern, und
diesen einzig möglichen, einzig würdigen Ton in sich ausbilden, welcher nicht der Ton von Schulmeistern ist, sondern

der Ton von Gentlemen. Denn vor allem ist es unter der Würde toter wie lebendiger Dichter, ein anderes Lob anzunehmen als das reelle des Zutrauens lebendiger Menschen. Aber das Wesen unserer Epoche ist Vieldeutigkeit und Unbestimmtheit. Sie kann nur auf Gleitendem ausruhen und ist sich bewußt, daß es Gleitendes ist, wo andere Generationen an das Feste glaubten. Ein leiser chronischer Schwindel vibriert in ihr. Es ist in ihr vieles da, was nur wenigen sich ankündigt, und vieles nicht da, wovon viele glauben, es wäre da. So möchten sich die Dichter zuweilen fragen, ob sie da sind, ob sie für ihre Epoche denn irgend wirklich da sind. Ob, bei so manchem hergebrachten, schematischen Lob, das für sie abfällt, das einzige reelle Lob, das anzunehmen nicht unter ihrer Würde ist, das Zutrauen der lebendigen Menschen, die Anerkennung irgend einer Führerschaft in ihnen, irgendwo für sie bereitliegt. Aber es könnte auch sein, und das wäre um so schöner, wäre einer Zeit, die jede Ostentation und jede Rhetorik von sich abgetan hat, um so würdiger, daß dieses einzige reelle Lob den Dichtern gerade in unserer Zeit unaufhörlich dargebracht würde, aber in einer so versteckten, so indirekten Weise, daß es erst einigen Nachdenkens, einiger Welterfahrung bedürfte, um dies versteckte Rechnen mit dem Dichter, dies versteckte Ersehnen des Dichters, dies versteckte Flüchten zu dem Dichter wahrzunehmen. Und es ist heute an dem, daß die Dinge so liegen, wenn ich nicht irre. Und hier zwingt mich meine Art, wie ich diese Dinge sehe, Sie zunächst sicherlich zu befremden durch die Behauptung, daß das Lesen, die maßlose Gewohnheit, die ungeheuere Krankheit, wenn Sie wollen, des Lesens, dieses Phänomen unserer Zeit, das man zu sehr der Statistik und Handelskunde überläßt und dessen subtilere Seiten man zu wenig betrachtet, nichts anderes ausdrückt als eine unstillbare Sehnsucht nach dem Genießen von Poesie. Dies muß Sie befremden und Sie sagen mir, daß in keiner früheren Zeit das Poetische eine so bescheidene Rolle gespielt hätte, als es in der Lektüre unserer Zeit spielt, wo es verschwindet unter der ungeheueren Masse dessen, was gelesen wird. Sie sagen mir, daß meine Behauptung vielleicht auf die Zuhörer der arabischen Märchenerzähler passe oder allenfalls auf die Zeitgenossen der »Prinzessin von Clèves« oder die Generation des Werther, doch sicherlich gerade am wenigsten auf unsere Zeit, die Zeit der wissenschaftlichen Handbücher, der Reallexika und der unzählbaren Zeitschriften, in denen für Poesie kein Raum ist. Sie erinnern mich, daß es die Kinder und die Frauen sind, die heute Dramen und Gedichte lesen. Aber ich habe um die Erlaubnis gebeten, von Dingen zu sprechen, die nicht ganz an der Oberfläche liegen, und ich möchte, daß wir für einen Augenblick daran denken, wie verschieden das Lesen unserer Zeit von dem ist, wie frühere Zeiten gelesen haben. Um so ruheloser, zielloser, unvernünftiger das Lesen unserer Zeit ist, um so merkwürdiger scheint es mir. Wir sind unendlich weit entfernt von dem ruhigen Liebhaber der schönen Literatur, von dem Amateur einer populären Wissenschaft, von dem Romanleser, dem Memoirenleser einer früheren, ruhigeren Zeit. Gerade durch sein Fieberhaftes, durch seine Wahllosigkeit, durch das rastlose Wieder-aus-der-Hand-Legen der Bücher, durch das Wühlende, Suchende scheint mir das Lesen in unserer Epoche eine Lebenshandlung, eine des Beachtens werte Haltung, eine Geste.

Ich sehe beinahe als die Geste unserer Zeit den Menschen mit dem Buch in der Hand, wie der kniende Mensch mit gefalteten Händen die Geste einer anderen Zeit war. Natürlich denke ich nicht an die, die aus bestimmten Büchern etwas Bestimmtes lernen wollen. Ich rede von denen, die je nach der verschiedenen Stufe ihrer Kenntnisse ganz verschiedene Bücher lesen, ohne bestimmten Plan, unaufhörlich wechselnd, selten in einem Buch lang ausruhend, getrieben von einer unausgesetzten, nie recht gestillten Sehnsucht. Aber die Sehnsucht dieser, möchte es scheinen, geht durchaus nicht auf den Dichter. Es ist der Mann der Wissenschaft, der diese Sehnsucht zu stillen vermag, oder für neunzig auf hundert unter ihnen der Journalist. Sie lesen noch lieber Zeitungen als Bücher, und obwohl sie nicht bestimmt wissen, was sie suchen, so ist es doch sicherlich keineswegs Poesie, sondern es sind seichte, für den Moment beruhigende Aufschlüsse, es sind die Zusammenstellungen realer Fakten, es sind faßliche und zum

Schein neue »Wahrheiten«, es ist die rohe Materie des Daseins. Ich sage dies so, wie wir es geläufig sagen und leichthin
glauben; aber ich glaube, nein ich weiß, daß dies nur der
Schein ist. Denn sie suchen mehr, sie suchen etwas anderes,
diese Hunderttausende, in den Tausenden von Büchern, die
sich von Hand zu Hand weiter geben, bis sie beschmutzt und
zerlesen auseinanderfallen: sie suchen etwas anderes als die
einzelnen Dinge, die in der Luft hängenden kurzatmigen
Theorien, die ihnen ein Buch nach dem anderen darbietet: sie
suchen, aber es ist ihnen keine Dialektik gegeben, subtil genug, um sich zu fragen und zu sagen, was sie suchen; keine
Übersicht, keine Kraft der Zusammenfassung: das einzige,
wodurch sie ausdrücken können, was in ihnen vorgeht, ist die
stumme beredte Gebärde, mit der sie das aufgeschlagene
Buch aus der Hand legen und ein neues aufschlagen. Und dies
muß so weitergehen: denn sie suchen ja von Buch zu Buch,
was der Inhalt keines ihrer tausend Bücher ihnen geben kann:
sie suchen etwas, was zwischen den Inhalten aller einzelnen
Bücher schwebt, was diese Inhalte in eins zu verknüpfen
vermöchte. Sie schlingen die realsten, die entseelteste aller Literaturen hinunter und suchen etwas höchst Seelenhaftes. Sie
suchen immerfort etwas, was ihr Leben mit den Adern des
großen Lebens verbände in einer zauberhaften Transfusion
lebendigen Blutes. Sie suchen in den Büchern, was sie einst
vor den rauchenden Altären suchten, einst in dämmernden
von Sehnsucht nach oben gerissenen Kirchen. Sie suchen,
was je stärker als alles mit der Welt verknüpfe, und zugleich
den Druck der Welt mit eins von ihnen nehme. Sie suchen ein
Ich, an dessen Brust gelehnt ihr Ich sich beruhige. Sie suchen,
mit einem Wort, die ganze Bezauberung der Poesie. Aber es
ist nicht ihre Sache, sich dessen Rechenschaft zu geben, noch
auch ist es ihre Sache, zu wissen, daß es der Dichter ist, den sie
hinter dem Tagesschriftsteller, hinter dem Journalisten suchen. Denn wo sie suchen, dort finden sie auch, und der Ro-
manschreiber, der sie bezaubert, der Journalist, der ihnen das
eigene Leben schmackhaft macht und die grellen Lichter des
großen Lebens über den Weg wirft, den sie täglich früh und
abends gehen – ich habe wirklich nicht den Mut und nicht den

Wunsch, ihn von dem Dichter zu sondern. Ich weiß keinen Zeilenschreiber, den elendsten seines Metiers, auf dessen Produkte nicht, so unwürdig er dieses Lichtes sein mag, für ein völlig unverwöhntes Auge, für eine in der Trockenheit des harten Lebens erstickende Phantasie etwas vom Glanz der Dichterschaft fiele, einfach dadurch, daß er sich, und wäre es in der stümperhaftesten Weise, des wundervollsten Instrumentes bedient: einer lebendigen Sprache. Freilich, er erniedrigt sie wieder, er nimmt ihr soviel von ihrer Hoheit, ihrem Glanz, ihrem Leben als er kann; aber er kann sie niemals so sehr erniedrigen, daß nicht die zerbrochenen Rhythmen, die Wortverbindungen, die seiner Feder, ihm zu Trotz, zur Verfügung stehen, die Bilder, die in seinem Geschreibe freilich das Prangerstehen lernen, noch da und dort in eine ganz junge, eine ganz rohe Seele wie Zauberstrahlen fallen könnten. (Und gibt es nicht ihrer mehr Jugendschicksale, die denen Kaspar Hausers gleichen, als man ahnen möchte, in den ungeheueren Einöden, die unsere menschenwimmelnden Städte sind?)

Da ich an das mächtige Geheimnis der Sprache erinnert habe, so habe ich mit einem Mal das enthüllt, worauf ich Sie führen wollte. Vermöge der Sprache ist es, daß der Dichter aus dem Verborgenen eine Welt regiert, deren einzelne Glieder ihn verleugnen mögen, seine Existenz mögen vergessen haben. Und doch ist er es, der ihre Gedanken zueinander und auseinander führt, ihre Phantasie beherrscht und gängelt; ja noch ihre Willkürlichkeiten, ihre grotesken Sprünge leben von seinen Gnaden. Diese stumme Magie wirkt unerbittlich wie alle wirklichen Gewalten. Alles, was in einer Sprache geschrieben wird, und, wagen wir das Wort, alles, was in ihr gedacht wird, deszendiert von den Produkten der wenigen, die jemals mit dieser Sprache schöpferisch geschaltet haben. Und alles, was man im breitesten und wahllosesten Sinn Literatur nennt, bis zum Operntextbuch der vierziger Jahre, bis hinunter zum Kolportageroman, alles deszendiert von den wenigen großen Büchern der Weltliteratur. Es ist eine erniedrigte, durch zuchtlose Mischungen bis zum Grotesken entstellte Deszendenz, aber es ist Deszendenz in direkter Linie. So sind es doch wirklich die Dichter, immer nur die Dichter, die Worte, die ihr Hirn für immer vermählt, für immer zu Antithesen auseinander gestellt hat, die Figuren, die Situationen, in denen sie das ewige Geschehen symbolisierten, so sind es immer nur die Dichter, mit denen es die Phantasie der Hunderttausende zu tun hat, und der Mann auf dem Omnibus, der die halbgelesene Zeitung in der Arbeiterbluse stecken hat, und der Ladenschwengel und das Nähmädchen, die einander den Kolportageroman leihen, und alle die unzähligen Leser der wertlosen Bücher, ist es nicht seltsam zu denken, daß sie doch irgendwie in diesen Stunden, wo ihr Auge über die schwarzen Zeilen fliegt, mit den Dichtern sich abgeben, die Gewalt der Dichter erleiden, der einsamen Seelen, von deren Existenz sie nichts ahnen, von deren wirklichen Produkten ein so tiefer Abgrund sie und ihresgleichen trennt! Und deren Seelenhaftes, deren Wärme, bindend die auseinanderfliegenden Atome, deren Magie doch das einzige ist, was auch noch diese Bücher zusammenhält, aus jedem von ihnen eine Welt für sich macht, eine Insel, auf der die Phantasie wohnen kann. Denn ohne diese Magie, die ihnen einen Schein von Form gibt, fielen sie auseinander, wären tote Materie und auch nicht die Hand des Rohesten griffe nach ihnen.

Aber nach den Büchern, in denen die Wissenschaft die Ernte ihrer arbeitsamen Tage und Nächte aufhäuft, greifen Tausende von Händen unaufhörlich; diese Bücher und ihre Deszendenz scheinen es vor allen zu sein, die aus den feineren, den zusammengesetzteren Köpfen ihre Adepten gemacht haben. Und gehe ich nicht zu weit, wenn ich hier abermals eine versteckte Sehnsucht nach dem Dichter wahrzunehmen behaupte, eine Sehnsucht, die, so widersinnig wie manche Regungen der Liebe, von dem Gegenstand ihres heimlichen Wünschens sich gerade abzukehren, ihm für immer den Rücken zu wenden vorgibt? Aber sind es denn nicht wirklich nur und allein die wenigen, welche in einer Wissenschaft arbeiten, die ihr wirkliches Wesen in ihr suchen, ihr strenges, abgeschlossenes, von einem Abgrund ewiger Kälte umflossenes Dasein – und wäre für die unerprobten suchenden Seelen der vielen diese Kälte nicht so fürchterlich, daß sie sich daran verbrennen würden, und für ewig diesen Ort meiden?

Daß es Menschen gibt, die zu leben vermögen in einer Luft, die von der Eiseskälte des unendlichen Raumes beleckt wird, ist ein Geheimnis des Geistes, ein Geheimnis, wie es andererseits die Existenz der Dichter ist und daß es Geister gibt, die unter dem ungeheueren Druck des ganzen angesammelten Daseins zu leben vermögen – wie ja die Dichter tun. Aber es ist nicht die Sache der vielen, es kann nicht ihre Sache sein. Denn sie stehen im Leben und aus der Wissenschaft, in ihrem reinen strengen Sinn genommen, führt kein Weg ins Leben zurück. Ihr wohnt ein Streben inne, wie den Künsten ein Streben innewohnt, reine Kunst zu werden, wofür man (aber es ist nur gleichnisweise zu verstehen) gesagt hat: sie streben danach, Musik zu werden. Dies Streben, sich zur Mathematik emporzuläutern, dies, wenn Sie wollen, ist das einzig noch Menschliche an den Wissenschaften, dies ist, wenn Sie wollen, ihre bleibende Durchseelung mit Menschlichkeit: denn so tragen sie das menschliche Messen ins Universum, und es bleibt, wie in dem alten Axiom, der Mensch das Maß aller Dinge. Aber hier auch schon schwingt sich der Weg ins Eisige und Einsame. Und nicht nach glühendem Frost der Ewigkeit treibt es die vielen, die nach diesen Büchern greifen und wiederum greifen; sie sind keine Adepten und auf ewig sind ihrem ruhelosen fragenden begierigen Gewimmel die Vorhöfe zugewiesen. Wonach ihre Sehnsucht geht, das sind die verknüpfenden Gefühle; die Weltgefühle, die Gedankengefühle sind es, gerade jene, welche auf ewig die wahre strenge Wissenschaft sich versagen muß, gerade jene, die allein der Dichter gibt. Sie, die nach den Büchern der Wissenschaft und der Halbwissenschaft greifen, so wie jene anderen nach den Romanen greifen, nach dem Zeitungsblatt, nach jedem bedruckten Fetzen, sie wollen nicht schaudernd dastehen in ihrer Blöße unter den Sternen. Sie ersehnen, was nur der Dichter ihnen geben kann, wenn er um ihre Blöße die Falten seines Gewandes schlägt. Denn Dichten, das Wort steht irgendwo in Hebbels Tagebüchern, Dichten heißt die Welt wie einen Mantel um sich schlagen und sich wärmen. Und an dieser

Wärme wollen sie teilhaben und darum sind es die Trümmer des Dichterischen, nach denen sie haschen, wo sie der Wissenschaft zu huldigen meinen; nach fühlendem Denken, denkendem Fühlen steht ihr Sinn, nach Vermittlung dessen, was die Wissenschaft in grandioser Entsagung als unvermittelbar hinnimmt. Sie aber suchen den Dichter und nennen ihn nicht.

So ist der Dichter da, wo er nicht da zu sein scheint, und ist immer an einer anderen Stelle als er vermeint wird. Seltsam wohnt er im Haus der Zeit, unter der Stiege, wo alle an ihm vorüber müssen und keiner ihn achtet. Gleicht er nicht dem fürstlichen Pilger aus der alten Legende, dem auferlegt war, sein fürstliches Haus und Frau und Kinder zu lassen und nach dem Heiligen Lande zu ziehen; und er kehrte wieder, aber ehe er die Schwelle betrat, wurde ihm auferlegt, nun als ein unerkannter Bettler sein eigenes Haus zu betreten und zu wohnen, wo das Gesinde ihn wiese. Das Gesinde wies ihn unter die Treppe, wo nachts der Platz der Hunde ist. Dort haust er und hört und sieht seine Frau und seine Brüder und seine Kinder, wie sie die Treppe auf und nieder steigen, wie sie von ihm als einem Verschwundenen, wohl gar einem Toten sprechen und um ihn trauern. Aber ihm ist auferlegt, sich nicht zu erkennen zu geben, und so wohnt er unerkannt unter der Stiege seines eigenen Hauses.

Dies unerkannte Wohnen im eigenen Haus, unter der Stiege, im Dunkel, bei den Hunden; fremd und doch daheim: als ein Toter, als ein Phantom im Munde aller, ein Gebieter ihrer Tränen, gebettet in Liebe und Ehrfurcht; als ein Lebendiger gestoßen von der letzten Magd und gewiesen zu den Hunden; und ohne Amt in diesem Haus, ohne Dienst, ohne Recht, ohne Pflicht, als nur zu lungern und zu liegen und in sich dies alles auf einer unsichtbaren Waage abzuwiegen, dies alles immerfort bei Tag und Nacht abzuwiegen und ein ungeheueres Leiden, ungeheures Genießen zu durchleben, dies alles zu besitzen wie niemals ein Hausherr sein Haus besitzt – denn besitzt der die Finsternis, die nachts auf der Stiege liegt, besitzt er die Frechheit des Koches, den Hochmut des Stallmeisters, die Seufzer der niedrigsten Magd? Er aber, der gespenstisch im Dunkeln liegt, besitzt alles dies: denn jedes von diesen ist eine offene Wunde an seiner Seele und glüht einmal als ein Karfunkelstein an seinem himmlischen Gewand – dies unerkannte Wohnen, es ist nichts als ein Gleichnis, ein Gleichnis, das mir zugeflogen ist, weil ich vor nicht vielen Wochen diese Legende in dem alten Buch »Die Taten der Römer« gelesen habe, – aber ich glaube, es hat die Kraft, uns hinüberzuleiten, daß ich Ihnen von dem spreche, was nicht minder phantastisch ist und doch so ganz zu dem gehört, was wir Wirklichkeit, was wir Gegenwart zu nennen uns beruhigen: zu dem, wie ich den Dichter wohnen sehe im Haus dieser Zeit, wie ich ihn hausen und leben fühle in dieser Gegenwart, dieser Wirklichkeit, die zu bewohnen uns gegeben ist.

Er ist da, und es ist niemandes Sache, sich um seine Anwesenheit zu bekümmern. Er ist da und wechselt lautlos seine Stelle und ist nichts als Auge und Ohr und nimmt seine Farbe von den Dingen, auf denen er ruht. Er ist der Zuseher, nein, der versteckte Genosse, der lautlose Bruder aller Dinge, und das Wechseln seiner Farbe ist eine innige Qual: denn er leidet an allen Dingen, und indem er an ihnen leidet, genießt er sie. Dies Leidend-Genießen, dies ist der ganze Inhalt seines Lebens. Er leidet, sie so sehr zu fühlen. Und er leidet an dem einzelnen so sehr als an der Masse; er leidet ihre Einzelheit und leidet ihren Zusammenhang; das Hohe und das Wertlose, das Sublime und das Gemeine; er leidet ihre Zustände und ihre Gedanken; ja bloße Gedankendinge, Phantome, die wesenlosen Ausgeburten der Zeit leidet er, als wären sie Menschen. Denn ihm sind Menschen und Dinge und Gedanken und Träume völlig eins: er kennt nur Erscheinungen, die vor ihm auftauchen und an denen er leidet und leidend sich beglückt. Er sieht und fühlt; sein Erkennen hat die Betonung des Fühlens, sein Fühlen die Scharfsichtigkeit des Erkennens. Er kann nichts auslassen. Keinem Wesen, keinem Ding, keinem Phantom, keiner Spukgeburt eines menschlichen Hirns darf er seine Augen verschließen. Es ist als hätten seine Augen keine Lider. Keinen Gedanken, der sich an ihn drängt, darf er von sich scheuchen, als sei er aus einer anderen Ordnung der Din-

ge. Denn in seine Ordnung der Dinge muß jedes Ding hin-
einpassen. In ihm muß und will alles zusammenkommen. Er
ist es, der in sich die Elemente der Zeit verknüpft. In ihm oder
nirgends ist Gegenwart.

Aber die Gewebe sind durchsetzt mit noch feineren Fäden,
und wenn kein Auge sie wahrnimmt, sein Auge darf sie nie
verleugnen. Ihm ist die Gegenwart in einer unbeschreiblichen
Weise durchwoben mit Vergangenheit: in den Poren seines
Leibes spürt er das Herübergelebte von vergangenen Tagen,
von fernen nie gekannten Vätern und Urvätern, verschwundenen Völkern, abgelebten Zeiten; sein Auge, wenn sonst
keines, trifft noch – wie könnte er es wehren? – das lebendige
Feuer von Sternen, die längst der eisige Raum hinweggezehrt
hat. Denn dies ist das einzige Gesetz, unter dem er steht: keinem Ding den Eintritt in seine Seele zu wehren, und was ein
Mensch ist, ein lebendiger, der die Hände gegen ihn reckt, das
ist ihm, nichts Fremderes, der flimmernde Sternenstrahl, den
vor dreitausend Jahren eine Welt entsandt und der heute das
Auge ihm trifft, und im Gewebe seines Leibes das Nachzuk-
ken uralter, kaum mehr zu messender Regung. Wie der inner-
ste Sinn aller Menschen Zeit und Raum und die Welt der
Dinge um sie her schafft, so schafft er aus Vergangenheit und
Gegenwart, aus Tier und Mensch und Traum und Ding, aus
Groß und Klein, aus Erhabenem und Nichtigem die Welt der
Bezüge.

Er schafft. Dumpfe Schmerzen, eingeschränkte Schicksale
können sich für lange auf seine Seele legen und sie mit Leid
innig durchtränken und zu einer anderen Stunde wird er den
gestirnten Himmel in seiner aufgeschlossenen Seele spiegeln.
Er ist der Liebhaber der Leiden und der Liebhaber des Glücks.
Er ist der Entzückte der großen Städte und der Entzückte der
Einsamkeit. Er ist der leidenschaftliche Bewunderer der Dinge, die von ewig sind, und der Dinge, die von heute sind.
London im Nebel mit gespenstigen Prozessionen von Arbeits-
losen, die Tempeltrümmer von Luxor, das Plätschern einer
einsamen Waldquelle, das Gebrüll ungeheuerer Maschinen:
die Übergänge sind niemals schwer für ihn und er überläßt
das vereinzelte Staunen denen, deren Phantasie schwerfälliger

ist – denn er staunt immer, aber er ist nie überrascht, denn nichts tritt völlig unerwartet vor ihn, alles ist, als wäre es schon immer dagewesen, und alles ist auch da, alles ist zugleich da. Er kann kein Ding entbehren, aber eigentlich kann er auch nichts verlieren, nicht einmal durch den Tod. Die Toten stehen ihm auf, nicht wann er will, aber wann sie wollen, und immerhin, sie stehen ihm auf. Sein Hirn ist der einzige Ort, wo sie für ein Zeitatom nochmals leben dürfen und wo ihnen, die vielleicht in erstarrender Einsamkeit hausen, das grenzenlose Glück der Lebendigen zuteil wird: sich mit allem, was lebt, zu begegnen.

Die Toten leben in ihm, denn für seine Sucht, zu bewundern, zu bestaunen, zu begreifen, ist dies Fortsein keine Schranke. Er vermag nichts, wovon er einmal gehört, wovon ein Wort, ein Name, eine Andeutung, eine Anekdote, ein Bild, ein Schatten je in seine Seele gefallen, jemals völlig zu vergessen. Er vermag nichts in der Welt und zwischen den Welten als non avenu zu betrachten. Was ihn angehaucht hat und wäre es aus dem Grab, darum buhlt er im stillen. Es ist ihm natürlich, Mirabeau um seiner Beredsamkeit willen und Friedrich den Zweiten um seiner grandiosen Einsamkeit willen und Warren Hastings um seines Mutes willen und den Prinzen von Ligne um seiner Höflichkeit willen zu lieben, und Maria Antoinette um des Schafottes willen und den heiligen Sebastian um der Pfeile willen. Aber daneben läuft seine Phantasie noch jedem obskuren Abenteuerer, von dem das Zeitungsblatt meldet, um seiner Abenteuer willen nach, dem Reichen um seines Reichtums, dem Armen um seiner Armut willen. Jeder Stand wünscht seinen Pindar, aber er hat ihn auch. Der Dichter, wenn er an dem Haus des Töpfers vorüberkommt oder an dem Haus des Schusters und durchs Fenster hineinsieht, ist so verliebt ins Handwerk des Töpfers oder des Schusters, daß er nie von dem Fenster fortkäme, wäre es nicht, weil er dann wieder dem Jäger zusehen muß oder dem Fischer oder dem Fleischhauer.

Ich höre manchmal im Gespräch oder in einer Zeitung klagen, daß einzelnes, was des Schilderns wert wäre, von den Dichtern unserer Zeit nicht geschildert werde, zum Beispiel die Inhalte mancher Industrien oder dergleichen. Aber wofern in diesen Betrieben das Leben eine eigene Form annimmt, einen neuen Rhythmus durch ein besonderes Zusammensein oder ein besonderes Isoliertsein der Menschen, wofern in diesen Betrieben die einzelnen Menschen oder viele zugleich in ein besonderes Verhältnis zur Natur treten, besondere Lichter auf sie fallen, die unendliche Symbolhaftigkeit der Materie neue unerwartete Schatten und Scheine auf die Menschen gießt, so werden sich die Dichter auf dies neue Ding, auf dies neue Gewebe von Dingen stürzen, vermöge der tiefen Leidenschaft, die sie treibt, jedes neue Ding dem Ganzen, das sie in sich tragen, einzuordnen, vermöge ihrer unbezähmbaren Leidenschaft, alles was da ist in ein Verhältnis zu bringen. Denn sie sind solche Schattenbeschwörer ohne Maß, sie machen ihren Helden nicht mehr bloß aus Alexander und Cäsar, nicht mehr bloß aus der neuen Heloise und dem Werther, nein: das unscheinbarste Dasein, die dürftigste Situation wird ihren immer schärferen Sinnen seelenhaft; wo nur aus fast Wesenlosem die schwächste Flamme eines eigenen Daseins, eines besonderen Leidens schlägt, sind sie nahe und weben sich das Unbelebte und den Dunstkreis, der es umschwimmt, zu einer gespenstigen Wesenheit zusammen.

[Da ich ein Kind war, ich denke es wie heute, brachte ich meine Einbildung oft stundenlang nicht los von der Qual von Tieren, von mißhandelten Pferden, eingesperrten Tieren, großen traurig blickenden Gefangenen, die immer herumgehen zwischen dem Gitter und der Wand. Und ich sann etwas aus, aber vergaß es später wieder völlig, von einem Tierbändiger, der seine Löwen tötet, ihnen vergiftetes Fleisch hinwirft. Es geschah in einer solchen Sphäre des kinderhaften dumpfen, starken Fühlens, dies Aussinnen, es war auch nicht so deutlich wie diese Worte es darstellen, es war nichts als ein dumpfer Schmerz und das mitleidige halb grausende Ausmalen einer Situation, in der etwas Quälendes und etwas Erlösendes sich mischten. Es kamen andere Jahre und ich vergaß dies völlig. Tausende von Kindern leiden mehr als sie jemals ahnen lassen unter der Qual von Tieren. Solche dumpfe

Schmerzen liegen in der Zeit wie andere in anderen Zeiten. Aber ist es nicht seltsam, daß sie alle ihren Ausdruck finden, alle den Dichter, der sie erlöst, früher oder später? Dies dumpf Ausgesonnene des Kindes sollte ich auf einmal wiederfinden, ausgedrückt in einem Buch, die ganze unbeschreibliche Traurigkeit des Löwenbändigers, der seine Tiere tötet, seine Tiere, die er liebt. (Eines Abends wirft er ihnen vergiftetes Fleisch hin – aus irgendeinem Grunde ist er gezwungen dies zu tun und sie verenden langsam in dem menschenleeren Zirkus beim Schein einer Gasflamme.) Es ist das Buch eines dänischen Schriftstellers, und es hätte mir sehr leicht niemals in die Hand kommen können – aber es geschah nur das Selbstverständliche, daß ein Dichter sich weidete an einer unbeschreiblichen, unfaßlichen Traurigkeit, deren Wirkliches gegeben ist in dem Leben, das wir leben. Es sind noch andere ähnliche Dinge in dem gleichen Buch. Das Häßliche und Triste an der Existenz von Kellnern, das Entwürdigende darin, das Groteske – jeder Mensch denkt das irgendeinmal und es verwischt sich wieder in ihm. In diesem dänischen Buch ist auch daraus eine solche Erzählung gemacht. Diese Erzählungen sind wie seltsame, konzentrierte Destillate, gewonnen aus den Giften, die der Körper der Gesellschaft in sich absondert, seine Ermüdungsgifte, seine leisen chronischen Vergiftungen. Aber der Liebhaber aller Dinge, der Liebhaber aller Schmerzen muß diese Dinge pflücken wie Blumen, er kann nicht anders, es ist stärker als er. Das Sterben der vergifteten Tiere, der sonderbare gierige Hunger des Kellners, ihn locken sie, wie einen andern die Taten des Achilles gelockt haben und die Fahrten und Leiden des vielerfahrenen Odysseus. An welchem menschlichen Tun könnte der Dichter auf die Dauer stumpf und ungerührt vorübergehen, er, der unaufhörlich dem eigenen ewig unverkörperten Tun ein Gleichnis sucht. Mit einer Sicherheit, die seiner Begabung proportional ist, wird er das an der Betätigung weglassen, was Materie ist, aber an dem Eigentlichen, dem Seelenhaften, dem Schöpferischen, an dem Abenteuer, dem Heldentum, dem Leiden, dem Schicksal, das in jeder Arbeit liegt, an dem Abenteuer und dem eigentlichen magischen Erlebnis im Leben des Kauf-

mannes, des Chemikers, des Geldmenschen – wie könnte er
an denen vorüber?]*

Er kann ja an keinem noch so unscheinbaren Ding vorüber:
daß es etwas in der Welt gibt wie das Morphium, und daß es je
etwas gegeben hat wie Athen und Rom und Karthago, daß es
Märkte von Menschen gegeben hat und Märkte von Menschen gibt, das Dasein Asiens und das Dasein von Tahiti, die
Existenz der ultravioletten Strahlen und die Skelette der vor-
weltlichen Tiere, diese Handvoll Tatsachen und die Myriaden solcher Tatsachen aus allen Ordnungen der Dinge sind
für ihn immer irgendwie da, stehen irgendwo im Dunkel und
warten auf ihn und er muß mit ihnen rechnen. Er lebt, und das
unaufhörlich, unter einem Druck unmeßbarer Atmosphären,
wie der Taucher in der Tiefe des Meeres, und es ist die seltsamste Organisation einer Seele, daß sie diesem Druck standhält. Er darf nichts von sich ablehnen. Er ist der Ort, an dem
die Kräfte der Zeit einander auszugleichen verlangen. Er
gleicht dem Seismographen, den jedes Beben, und wäre es auf
Tausende von Meilen, in Vibrationen versetzt. Es ist nicht,
daß er unaufhörlich an alle Dinge der Welt dächte. Aber sie
denken an ihn. Sie sind in ihm, so beherrschen sie ihn. Seine
dumpfen Stunden selbst, seine Depressionen, seine Verwor-
renheiten sind unpersönliche Zustände, sie gleichen den Zuk-
kungen des Seismographen, und ein Blick, der tief genug
wäre, könnte in ihnen Geheimnisvolleres lesen als in seinen
Gedichten. Seine Schmerzen sind innere Konstellationen,
Konfigurationen der Dinge in ihm, die er nicht die Kraft hat
zu entziffern. Sein unaufhörliches Tun ist ein Suchen von
Harmonien in sich, ein Harmonisieren der Welt, die er in sich
trägt. In seinen höchsten Stunden braucht er nur zusammenzustellen, und was er nebeneinanderstellt wird harmonisch.

Aber Sie wollen diese Harmonie genießen, und die Dichter
dieser Zeit, möchte es Ihnen manchmal scheinen, bleiben sie
Ihnen schuldig. Die Dichter, hören Sie mich versichern, führen alle Dinge zusammen, sie reinigen die dumpfen Schmer-

---

* […] Nur im Erstdruck.

zen der Zeit, unter ihnen wird alles zum Klang und alle Klänge verbinden sich: und doch – Sie haben allzu viele dieser Bücher gelesen, es waren dichterische Bücher, es war die Materie des Dichters in ihnen, aber nichts von dieser höchsten Magie. Den zersplitterten Zustand dieser Welt wollten Sie fliehen und fanden wieder Zersplittertes. Sie fanden alle Elemente des Daseins bloßgelegt: den Mechanismus des Geistes, körperliche Zustände, die zweideutigen Verhältnisse der Existenz, alles wüst daliegend wie den Materialhaufen zu einem Hausbau. Sie fanden in diesen Büchern die gleiche Atomisierung, Zersetzung des Menschlichen in seine Elemente, Disintegration dessen, was zusammen den hohen Menschen bildet, und Sie wollten doch in den Zauberspiegel sehen, aus dem Ihnen das Wüste als ein Gebautes, das Tote als ein Lebendiges, das Zerfallene als ein Ewigblühendes entgegenblicken sollte. Das Dichterische in allen diesen Versuchen fühlen Sie wohl, aber wie, fragen Sie sich, wäre damit schon Dichterschaft beglaubigt?

Geht nicht von diesen dichterischen Seelen noch größere fieberhaftere Unruhe aus, anstatt Beruhigung? sind sie nicht wie sensible Organe dieses großen Leibes, vermöge welcher die disparaten anstürmenden Forderungen noch wilder die Seele zerwühlen? schaffen sie nicht Phantome, wo sie hinblicken, und beseelen verwirrend und unheimlich auch die zerfallenden Teile der Gebilde? Dies fragen Sie sich immer lauter, während Sie das Geschriebene aufnehmen, und mit Ungeduld, und fühlen sich gewaltsam herausgefordert, »auf die dürftige Geburt der Zeit den Maßstab des Unbedingten anzuwenden« und von denen, die die Dichter ihrer Zeit sein möchten, die höchste, die einzig unerläßliche dichterische Leistung zu verlangen, die Synthese des Inhaltes der Zeit. Dem dichterischen Element, der dichterischen Essenz, womit, Sie gestehen es mir gerne zu, diese Epoche nicht minder durchsetzt sein mag als eine andere, wollen Sie nicht länger Ihr bloßes Vorhandensein zugute halten – und Sie verlangen Resultate.

Sie finden in dem Werke Schillers, Sie finden, wenn auch minder leicht zu dechiffrieren, in dem Werk Hebbels jeweils

die Summe einer Epoche gezogen, Sie sind nahe dem Punkte,
wo Sie dem geheimnisvollen Novalis das gleiche zugestehen
werden – und Sie begreifen es durchaus, daß ich von Goethe
in diesem Zusammenhang nur darum nicht spreche, sein
Werk nicht zuerst hier genannt habe, weil es nicht bloß die
Synthese einer begrenzten Epoche, sondern zweier zusam-
menstoßender Zeitalter vollzieht und in diesem Betracht uns
heute noch unabsehbar ist. Aber ein Gleiches, wohin Sie sich
wenden, bleiben die Dichter dieser Zeit Ihnen schuldig. Und
es möchte Ihnen scheinen, als wäre diesem Schuldigbleiben
noch ein eigentümlich leichter Trotz beigemengt, ein bewußter Egoismus der Haltung, ein Sich-Wegwenden von dem,
was die lautesten Fragen der Zeit zu sein scheinen, ein Ver-
steckenspiel. Sie sehen, und sehen mit Befremden, wie wenig
sich die Dichter ihres Amtes zu erinnern scheinen; wie sie es,
mit einem Hochmut, an dem etwas wie Verachtung haftet,
anderen Personen überlassen, für Augenblicke den Anwalt
und den Rhetor der Zeit zu spielen. Es ist, als läge ein Abgrund zwischen ihrer Haltung und der Haltung Schillers, der
so sehr der beredte, der bewußte Herold seiner Epoche war,
zwischen ihrer Haltung und der Hebbels, der, schlaflosen
Auges im Dunkel stehend, stets die Waage der Werte in seiner
Hand auf und nieder gehen fühlte. Es ist, als seien sie sich in
einer seltsamen Begrenztheit nur des unerschöpflichen Erlebnisses ihrer Dichterschaft bewußt und nie und nimmer des
Amtes, das auf sie gelegt ist. Als sei ihnen, wenn sie ihre
Werke schaffen, nur und einzig um die allergeheimnisvollste
persönlichste Lust zu tun, um ein hastiges Baden im Leben,
ein Ansichreißen und Wiederfahrenlassen der funkelnden
Welle des Lebens. Als suchten sie in ihrem Schaffen – wenn
wir die abgewandte, geheimnisvoll beleuchtete Seite dieser
Dinge betrachten wollen – nur ein Ausruhen, ein krankhaftes
Sich-in-irgendein-Bett-Werfen, nach endlosem Umherge-
wirbeltwerden; wie der Satan Karamasows sich sehnte, im
Leib einer dicken dritthalb Zentner schweren Kaufmannsfrau
sich zu verkörpern und an alles zu glauben, woran sie
glaubt.
Diese Art, dies zu sehen, diese mehr gefühlte als gedanken-

hafte Abneigung – mir ist manchmal, als fühlte ich sie schweben, diese leise Spannung der Ungeduld, dies unausgesprochene Urteil einer Zeit über ihre Dichter, die da sind und die doch nicht für sie da zu sein scheinen. Die unaufhörlich in den Elementen der Zeit untertauchen und sich niemals über die Elemente zu erheben scheinen. Deren ewige Hingabe an den Stoff (und es macht so wenig Unterschied, ob es sich um den Stoff der äußeren Welt oder der inneren handelt) etwas ausdrückt wie ein Verzichten auf Synthese, ein Sich-Entziehen, eine unwürdige und unbegreifliche Resignation.

Mir ist manchmal, als ruhte das Auge der Zeit, ein strenger, fragender, schwer zu ertragender Blick, auf dem Dasein der vielen Dichter wie auf einer seltsamen unheimlichen Vision. Und als fühlten die Dichter diesen Blick auf sich, fühlten ihre Vielzahl, ihre Gemeinsamkeit, ihre Schicksalsverkettung und die Unbegreiflichkeit und doch die dumpfe Notwendigkeit ihres Tuns. Und diesem Tun ist keine Formel zu finden, aber es steht unter dem Befehl der Notwendigkeit, und es ist, als bauten sie alle an einer Pyramide, dem ungeheuren Wohnhaus eines toten Königs oder eines ungeborenen Gottes.

Denn sie sind nun einmal da. Sind da und sind auf eine Sache in der Welt gestellt: die Unendlichkeit der Erscheinungen leidend zu genießen und aus leidendem Genießen heraus die Vision zu schaffen; zu schaffen in jeder Sekunde, mit jedem Pulsschlag, unter einem Druck, als liege der Ozean über ihnen, zu schaffen, von keinem Licht angeleuchtet, auch von keinem Grubenlämpchen, zu schaffen, umtost von höhnenden, verwirrenden Stimmen; zu schaffen aus keinem anderen Antrieb heraus als aus dem Grundtrieb ihres Wesens, zu schaffen den Zusammenhang des Erlebten, den erträglichen Einklang der Erscheinungen, zu schaffen wie die Ameisen, wieder verstört, wieder schaffend, zu schaffen wie die Spinne, aus dem eigenen Leib den Faden hervorspinnend, der über den Abgrund des Daseins sie trägt.

Aber dies ist, was jeder für sich zu geben hat – doch ihrer sind viele und sie fühlen einander (wie könnten sie einander nicht fühlen, da sie jeden Druck der Luft fühlen, da sie das Wehen des Atems von einem fühlen, der seit tausend Jahren tot ist?), sie fühlen einander leben, fühlen ihrer aller Hände gemeinsam an einem Gewebe, ihrer tausend Hände nebeneinander im Dunkeln, ziehend an einem endlosen Seil. Und diesem Tun ist keine Formel zu finden, aber es steht unter dem Befehl der Notwendigkeit. Und auf diesem ganzen lautlosen Tun und Treiben ruht, möchte es uns scheinen, der strenge fragende Blick der Zeit... Wie aber, wenn niemand diesen Blick zu erwidern hätte, niemand nicht heute und nicht späterhin dieser Frage eine Antwort schuldig wäre?

Wachen wir nicht manchmal aus dem Schlaf auf, meinen aufzuwachen, hören alles, sehen alles, und sind doch im Tiefsten betäubt, von den geheimen heilsamen Giften des Schlafes erfüllt, und liegen eine kurze Weile und unser zum Schein so waches Denken starrt in irgend eine Tiefe unseres Daseins mit einem furchtbaren eisernen qualvollen Blick? Nichts hält diesem Blicke stand. Wie trag ich das? fragt eine Stimme gräßlich in uns. Wie leb ich und trage das und mache ein Ende mit mir? Denn es gibt keine erträgliche Antwort. Der Tag wird kommen, mit Morgenglocken und Vogelstimmen, das Licht wird lebendig werden, doch dies wird nicht anders sein. Aber ein einziges Wiedereinschlafen und dies ist fort, weggetilgt mit süßem Balsam des Lebens. So ist es mir, als schlüge aus einem Schlaf, im Innersten. von geheimnisvoll wirksamen Giften betäubt, nur dann und wann die Zeit die Augen auf und heftete diesen furchtbaren fragenden Blick auf dies alles. Aber es ist der bohrende Blick eines Schlafenden und niemand, weder heute noch späterhin, wird ihm Antwort schuldig sein.

Niemals wieder wird eine erwachte Zeit von den Dichtern, weder von einem einzelnen, noch von ihnen allen zusammen, ihren erschöpfenden rhetorischen Ausdruck, ihre in begrifflichen Formeln gezogene Summe verlangen. Dazu hat das Jahrhundert, dem wir uns entwinden, uns die Phänomene zu stark gemacht; zu gewaltig angefacht den Larventanz der stummen Erscheinungen; zu mächtig hat sich das wortlose Geheimnis der Natur und der stille Schatten der Vergangenheit gegen uns hereinbewegt. Eine erwachte Zeit wird von den Dichtern mehr und Geheimnisvolleres verlangen. Ein

ungeheuerer Prozeß hat das Erlebnis des Dichters neu geprägt und damit zugleich das Erlebnis jenes, um dessen Willen der Dichter da ist: des einzelnen. Der Dichter und der, für
den Gedichtetes da ist, sie gleichen beide nicht mehr denselben Figuren aus irgendwelcher vergangenen Epoche. Ich will
nicht sagen, wieweit sie mehr dem Priester und dem Gläubi-
gen zu gleichen scheinen oder dem Geliebten und dem Liebenden nach dem Sinne Platons oder dem Zauberer und dem
Bezauberten. Denn diese Vergleiche verdecken soviel als sie
enthüllen von einem unfaßlichen Verhältnis, in dem die so
verschiedenen Magien aller dieser Verhältnisse sich mischen
mit noch anderen namenlosen Elementen, die dem heutigen
Tag allein gehören.
Aber dies unfaßliche Verhältnis ist da. Das Buch ist da, voll
seiner Gewalt über die Seele, über die Sinne. Das Buch ist da
und flüstert, wo Lust aus dem Leben zu gewinnen ist und wie
Lust zerrinnt, wie Herrschaft über die Menschen gewonnen
wird und wie die Stunde des Todes soll ertragen werden. Das
Buch ist da und in ihm der Inbegriff der Weisheit und der Inbegriff der Verführung. Es liegt da und schweigt und redet
und ist um soviel zweideutiger, gefährlicher, geheimnisvoller, als alles zweideutiger, machtvoller und geheimnisvoller
ist in dieser über alle Maßen unfaßlichen, dieser im höchsten
Sinne poetischen Zeit. Es hat keinen Sinn, eine wohlfeile Antithese zu machen und den Büchern das Leben entgegenzustellen. Denn wären die Bücher nicht ein Element des Lebens,
ein höchst zweideutiges, entschlüpfendes, gefährliches, magisches Element des Lebens, so wären sie gar nichts und es
wäre nicht des Atems wert, über sie zu reden. Aber sie sind in
der Hand eines jeden etwas anderes, und sie leben erst, wenn
sie mit einer lebendigen Seele zusammenkommen. Sie reden
nicht, sondern sie antworten, dies macht Dämonen aus ihnen.
Die Zeit kommt um ihre Synthese, aber in tausend dunklen
Stunden versagen sich dem einzelnen nicht die tiefentsprun-
genen Quellen, – und ich weiß es schon nicht mehr, wenn ich
diese Dinge in ihrem geheimen, schöneren Zusammenhang
betrachte, ob ich noch von dürftigen Geburten sprechen darf,
wo immerhin nach öden Zeiten aus der Seele Geborenes wie-

derum auf die Seele wirkt. Nie haben vor diesen Tagen For-
dernde so ihr ganzes Ich herangetragen an Gedichtetes; so wie
auf den Dichtern selbst liegt auch auf ihnen der Zwang, nichts
draußen zu lassen. Es ist ein Ringen, ein Chaos, das sich gebären will in denen, die sich gierigen Auges auf die Bücher nie-
derbeugen, wie in denen, die die Bücher hervorgebracht haben. In den Lesenden, von denen ich rede (den Einzelnen, Seltenen und doch nicht so Seltenen, wie man denken möchte),
auch in ihnen will, als wäre es in einem Lebensbade, alles
Dunkle sich erlösen, alle Zwiespältige sich vergessen, will alles zusammenkommen. Auch ihnen erlöst sich, wie dem
Schaffenden, die Seele vom Stofflichen, nicht indem sie es
verschmäht, sondern indem sie es mit solcher Intensität erfaßt, daß sie hindurchdringt. Auch ihnen ist in ihren höchsten
Augenblicken nichts fern, nichts nah, kein Stand der Seele
unerreichbar, kein Niedriges niedrig. Auch ihnen widerfährts
wie dem Dichter und ihr Atmen in solchen Augenblicken ist
schöpferische Gewalt. Auch sie lesen in diesen seltenen Stunden, die ein Erlebnis sind, und die nicht gewollt werden können, nichts, woran sie nicht glauben, wie die Dichter es nicht
ertragen, zu gestalten, woran sie nicht glauben. Ich sage
»glauben« und ich sage es in einem tieferen Sinn, als in dem es,
fürchte ich, in der Hast dieser ihrem Ende zustrebenden Rede
zu Ihnen hinklingt. Ich meine es nicht als das Sich-Verlieren
in der phantastischen Bezauberung des Gedichteten, als ein
Vergessen des eigenen Daseins über dem Buche, eine kurze
und schale Faszination. Es ist das Gegenteil, was ich zu sagen
meinte: ich dachte das Wort in der ganzen Tiefe seines Sinnes
zu nehmen. In seiner vollen religiösen Bedeutung meine ich
es: als ein Fürwahrhalten über allen Schein der Wirklichkeit,
ein Eingreifen und Ergriffensein in tiefster Seele, ein Ausruhen im Wirbel des Daseins. So glauben die Dichter das was sie
gestalten, und gestalten das was sie glauben. Das All stürzt
dahin, aber ihre Visionen sind die Punkte, die ihnen das Welt-
gebäude tragen. Dies Wort Visionen aber hinzunehmen, wie
ich es gebe, es an keinen vorgefaßten Begriff zu binden, die
wahre Durchdringung der engsten Materie ebenso unter diesen Begriff zu fassen wie das ungeheure zusammenfassende

Schauen des kosmischen Geschehens – dies muß ich Ihnen anvertrauen: denn Sie sitzen vor mir, viele Menschen, und ich weiß nicht, zu wem ich rede: aber ich rede nur für die, die mit mir gehen wollen, und nicht für den, der sich sein Wort gegeben hat, dies alles von sich abzulehnen. Ich kann nur für die reden, für die Gedichtetes da ist. Die, durch deren Dasein die Dichter erst ein Leben bekommen. Denn sie sind ewige Antwortende und ohne die Fragenden ist der Antwortende ein Schatten. Freilich, es handelt sich vor allem um das Leben und um die Lebendigen, um die Männer und Frauen dieser Zeit handelt es sich, die einzigen, die für uns wirklich sind; um deren willen allein die Vergangenheit und Zukunft da zu sein scheint; um deren willen Sonnen verglüht sind und Sonnen sich gebildet haben; um deren willen Urzeiten waren und ungeheuere Wälder und Tiere ohne Maß; um deren willen Rom hingestürzt ist und Karthago, damit sie heute leben sollten und atmen wie sie leben und atmen, und gehüllt sein in dies lebendige Fleisch und das Feuchte ihrer Augen glänzend an ihnen und ihr Haar um ihre Stirn in solcher Weise gelegt, wie es nun gelegt ist. Um diese handelt es sich und ihre Schmerzen und ihre Lust, ihre Verschlingungen und ihre Einsamkeiten. Aber es ist eine sinnlose Antithese, diesen, die leben, das Gedichtete gegenüberzustellen als ein Fremdes, da doch das Gedichtete nichts ist als eine Funktion der Lebendigen. Denn es lebt nicht: es wird gelebt. Für die aber, die jemals hundert Seiten von Dostojewski gelebt haben oder gelebt die Gestalt der Ottilie in den »Wahlverwandtschaften« oder gelebt ein Gedicht von Goethe oder ein Gedicht von Stefan George, für die sage ich nichts Befremdliches, wenn ich ihnen von diesem Erlebnis spreche als von dem religiösen Erlebnis, dem einzigen religiösen Erlebnis vielleicht, das ihnen je bewußt geworden ist. Aber dies Erlebnis ist unzerlegbar und unbeschreiblich. Man kann daran erinnern, aber nicht es dem Unberührten nahebringen. Wer zu lesen versteht, liest gläubig. Denn er ruht mit ganzer Seele in der Vision. Er läßt nichts von sich draußen. Für einen bezauberten Augenblick ist ihm alles gleich nah, alles gleich fern: denn er fühlt zu allem einen Bezug. Er hat nichts an die Vergangenheit verloren, nichts hat ihm die Zukunft zu bringen. Er ist für einen bezauberten Augenblick der Überwinder der Zeit. Wo er ist, ist alles bei ihm und alles von jedem Zwiespalt erlöst. Das einzelne ist ihm für vieles: denn er sieht es symbolhaft, ja das eine ist ihm für alles, und er ist glücklich ohne den Stachel der Hoffnung. Er vergißt sich nicht, er hat sich ganz, diesen einzigen Augenblick: er ist sich selber gleich.

Ich höre des öfteren, man nennt irgendwelche Bücher naturalistische und irgendwelche psychologische und andere symbolistische, und noch andere ebenso nichtssagende Namen. Ich glaube nicht, daß irgend eine dieser Bezeichnungen den leisesten Sinn hat für einen, der zu lesen versteht. Ich glaube auch nicht, daß ein anderer Streit, mit dem die Luft erschüttert wird, irgend eine Bedeutung für das innere Leben der lebendigen Menschen hat, ich meine den Streit über die Größe und die Kleinheit der einzelnen Dichter, über die Abstufungen unter ihnen, und darüber, ob die lebendigen Dichter um so viel geringer sind als die toten. Denn ich glaube, für den einzelnen, für den, der das Erlebnis des Lesenden kennt, für ihn wandeln tote Dichter mitten unter den Lebendigen und führen ihr zweites Leben. Für ihn gibt es *ein* Zeichen, das dem dichterischen Gebilde aufgeprägt ist: daß es geboren ist aus der Vision. Sonst kümmern ihn keine Unterscheidungen. Er wartet nicht auf den großen Dichter. Für ihn ist immer der Dichter groß, der seine Seele mit dem Unmeßbaren beschenkt. Die einzige Unterscheidung, die er fällt, ist die zwischen dichterischen Büchern und den unzähligen anderen Büchern, den sonderbaren Geburten der Nachahmung und der Verworrenheit. Aber auch in ihnen noch ehrt er die Spur des dichterischen Geistes und die Möglichkeit, daß aus ihnen in ganz junge, ganz rohe Seelen ein Strahl sich senke. Er wartet nicht, daß die Zeit in einem beredten Dichter, einem Beantworter aller Fragen, einem Herold und einem Anwalt, ihre für immer gültige Synthese finde. Denn in ihm und seinesgleichen, an tausend verborgenen Punkten vollzieht sich diese Synthese: und da er sich bewußt ist, die Zeit in sich zu tragen, einer zu sein wie alle, einer für alle, ein Mensch, ein einzelner und ein Symbol zugleich, so dünkt ihm, daß, wo er trinkt, auch das Dürsten der Zeit sich stillen muß. Ja, indem er der Vision sich hingibt und zu glauben vermag an das, was ein Dichter ihn schauen läßt – sei es menschliche Gestalt, dumpfe Materie des Lebens, innig durchdrungen, oder ungeheuere Erscheinung orphischen Gesichtes –, indem er symbolhaft zu erleben vermag die geheimnisvollste Ausgeburt der Zeit, das Entstandene unter dem Druck der ganzen Welt, das, worauf der Schatten der Vergangenheit liegt und was zuckt unter dem Geheimnis der drängenden Gegenwart, indem er es erlebt, das Gedicht, das seismographische Gebilde, das heimliche Werk dessen, der ein Sklave ist aller lebendigen Dinge und ein Spiel von jedem Druck der Luft: indem er an solchem innersten Gebilde der Zeit die Beglückung erlebt, sein Ich sich selber gleich zu fühlen und sicher zu schweben im Sturz des Daseins, entschwindet ihm der Begriff der Zeit und Zukunft geht ihm wie Vergangenheit in einzige Gegenwart herüber.

I.

Von der Erscheinung des Dichters, vom dichterischen Dasein
will ich zu Ihnen reden: so muß ich versichert sein, daß Sie
mir einen hohen und reicherfüllten Begriff dieses Phänomens
entgegenbringen – sonst dürfte ich es nicht unternehmen.
Dieser Begriff steigt, darf ich mir sagen, aus Ihrer lebendigen
Erfahrung: und seine Elemente sind die großen deutschen
Dichter, die vor etwas über hundert Jahren im sterblichen
Sinne nebeneinander lebendig waren, im unsterblichen Sinne
aber niemals früher so lebendig, so glühend, so ausgreifend
lebendig als in dieser unserer Zeit. An das zweite Leben Goethes, an diesen ungeheueren Prozeß, den größten aller Vorgänge unseres ganzen geistigen Lebens, darf ich Sie nur mit
einem Worte erinnern: denn dieser Gegenstand hat keine
Grenzen, Abende und Abende, wie der heutige, aneinandergereiht, würden nicht hinreichen, diese Grenzen auch nur mit
der Ahnung abzustecken, oder die Fäden einzeln zu fassen, die
hier zum ungeheuersten Gewebe aufeinanderlaufen. Aber die
hohe aneignende Kraft, mit der unsere Generation zu geheimnisvollen Zwecken begabt worden ist, beruhigt sich
nicht an der einen größten Gestalt: überspringend hat sie mit
dem Feuer der zweiten Belebung neben Goethe solche ergriffen, die durch drei Lebensalter in der schlaffen Erinnerung
der Deutschen ein mühseliges Schattendasein führten: Novalis, Hölderlin treten hervor in einem starken, steten Licht, das
nun nicht so leicht von ihnen schwinden wird: besonderstes
Schicksal und hohe Dichterschaft in eins verschmolzen, ruhen sie vor unserem Blick, wundervolle Standbilder ihrer
selbst, und welches Bild aus Stein oder Metall wäre da nicht
gering, nicht überflüssig?

2.

Wie hohe Zinken fernen Gebirges, blühend im Lichte und genährt von der reinen Atmosphäre, liegen diese vor uns und unser Auge läuft zu ihnen und so haben wir Anteil an ihrem Leben. Durch ihre Klarheit hindurch sehen wir hinab in die Zeit, in der ihr Fuß wurzelt. Und auch dieser Untergrund ihres Daseins wird uns durchsichtig und schön und sein Gehalt ruht in ihm wie Adern von Erz. Was sie ahnten und was sie entbehrten, zwei Unendlichkeiten zwischen denen sie erbangend und mutig hingen, uns ist beides durch die Kraft ihrer Seelen aufgebaut und umschließt uns, wo wir ihnen nahen, als eine klingende kristallene Welt. Was sie litten, was sie klagten, weht als ein sanfter Wohlklang auf uns ein. Und nicht vereinzelt zieht der Klang durch eine stumpfe Atmosphäre, sondern er findet sich mit tausend seinesgleichen zu wundervollen Harmonien: denn unendlich sind in einer dichterisch beseelten Zeit die Zusammenhänge, ein Wort weckt das andere auf, der Gedanke lebt mit seinen Brüdern, Ahnung entzündet sich an Ahnung, ein Mut beschwingt den anderen. Aus Goethe, der baut und bildet, begreifen wir Novalis, der schweift und ahnt. Wir hören Schiller, und Kant rührt aus ihm unsere Seele an. Uralt überlieferte Rhythmen, von Goethe mit allem Leben der großen Seele, der frischen Sprache erfüllt, Hölderlin bemächtigt sich ihrer und durchtränkt sie mit zarten unendlichen Schmerzen. Zwischen einem geistigen gesteigerten Dasein und einer mit dem höchsten Leben erfüllten Dichtungswelt ist die Brücke immer offen. Wilhelm und Tasso treten ins Leben, und Hardenbergs und Hölderlins Dasein wird immer mehr zum Gedicht. Höchste geistige Wirkung scheint jeden Widerstand der Materie aufzuzehren. Über dumpfen Hemmungen, die wir nicht mehr ermessen können, über Qualen einer zweideutigen Gegenwart baute sich damals in Lüften eine geistige Welt und steht heute über jener Ferne, eine Fata Morgana, aber ohne Trug und Tücke, niemals dem Auge zerrinnend. So ahnen wir, was wir nicht haben, und können doch genießen, was uns nicht gegeben ist, und einen hohen Begriff in unserer Seele uns bilden.

3.

Wir tragen einen Begriff in uns und sind ein dichterisches
Zeitalter gewahr geworden und ahnen einen Zustand der
Welt und der Gemüter, der diese kurze Blüte unglaublicher
Geistigkeit aus sich hervorbrachte, und wenden uns zurück
und stehen in einem Weltzustand, so ungleich jenem, als
Worte auszusprechen vermögen. Eine mittlere Zeit, zwischen uns und jener leuchtenden Epoche lagernd, die ganze
Lebenszeit unserer Väter, ist uns mehr als fremd. Wie das Geistige, das in uns lebt, von jenen durch diese zu uns gelangen
konnte, ist uns der dunkelste aller Prozesse. Der seltsame
Schauder, mit dem wir gegen die halbvergangene Zeit stehen, bildet einen Teil unserer Verfassung, und mir ist, ich
könnte an einer späteren Stelle dieser Betrachtungen dieses
schaudernde Gefühl begreiflich machen als ein Verwandtes
jenen Unwillkürlichkeiten, mit denen der Organismus seine
dunkelsten Krisen, Absterben und Umbildung, warnend begleitet, ja noch in der Erinnerung durch ein leises beharrendes
Grauen die zurückstrebenden Gedanken von ihnen weg-
scheucht.

4.

Die Grundlage unserer Bildung ruht auf jenen kurzen Dezennien zwischen 1790 und 1820, in denen ohne Handelsgeist,
Spekulationsgeist, politischen Geist »sich der Deutsche mit
allem Fleiß zum Genossen einer höheren Epoche der Kultur
bildet«, aber wie völlig anders ist der Gang, den der Geist der
Deutschen genommen hat, als damals der bedeutendste, der
synthetischeste Kopf ihn sich vorausahnen mochte. Während
jene Epoche mit ungeduldig vorwärtsdringender Vernunft
gegen die Natur hinausstrebte oder über der gebändigten, un-
terworfenen den Zauberstab der Philosophie zu halten meinte, hat sie sich furchtbar wiederum gegen uns hereinbewegt.
Geheimnisvoll umgab sie, lockend und manchmal grausig,
die dichterische, die menschliche Welt. Die Dichter standen

zu ihr wie Kinder, Novalis wie ein junger suchender Magier,
Goethe wie der einzige ihrer Eingeweihten; er entnahm ihrer
unerschöpflichen Tiefe Gesteine, Muscheln, Erden, ewige
Gesetze, innerste Wahrheiten, Gleichnisse, deren Grund das
Senkblei nicht erreicht. Nach ihrem Rhythmus ging der
Rhythmus seines großen Lebens. Er war ganz in ihr und ganz
im Menschlichem. Der Punkt, wo er da stand, ist ein Geheimnis, wie alles an dem Vollendeten. Aber auch ihm war
nicht gegeben, zu ahnen, wohin der ungeheuere Prozeß ihrer
gewaltsamen Entschleierung uns Nachgeborene führen
würde. Die unlöslich-verschlungenen Leiden, geistig-sinnlichen Gefahren, denen Generation auf Generation sich preis-
gab, nachdem er die Augen geschlossen hatte, sich vorahnend
zu definieren, lag nicht in seinen Möglichkeiten. Aber hätte er
sie sich heraufrufen können, so entspricht es seiner Gesinnung, daß er sie dennoch, als Bevollmächtigter der Menschheit den großen Handel mit einem kühnen Federzug ab-
schließend, in Kauf genommen hätte.

5.

Hier bin ich nun bei dem eigentlichen Gegenstande meines
Vortrags: daß ich versuchen will Ihnen zu zeigen, wie ich
spüre, daß der dichterische Trieb, die dichterische Kraft sich
erhält und geltend macht in einem Weltzustande, der dadurch
zustande gekommen ist, daß drei Menschenalter nacheinander, von innerlichster dämonischer Gewalt getrieben, das Gefühl der Seele, das eigentliche Menschengefühl, mit schran-
kenloser Empirie überwältigt haben: ein Weltzustand, in
welchem die ins Grenzenlose getriebene Mechanik, des Denkens sowohl wie des Lebens, sowie die ungeheuerlich gesteigerte Aneignung des Vergangenen und Gegenwärtigen,
den Menschen in seinem eigentlichen Lebenspunkt, im Sitz
seiner seelischen Herrschaft über das Dasein, enteignet und
die den Lebenspunkt suchenden Kräfte ihm gelähmt und betäubt, die vom Zentrum fliehenden bis zu seiner Zerrüttung
aufgeregt haben. Ihnen diesen Zustand zu malen, ginge über

meine Kräfte, sein allmähliches Entstehen durch das Ineinan-
derspiel aller Betätigungen Ihnen zusammenhängend zu
entwickeln, überstiege bei weitem den Umfang meiner
Kenntnisse. Aber ich bin dieser Ausmalung, dieser folgerech-
ten Entwicklung überhoben: denn der Zustand, von dem ich
Ihnen spreche, ist der, den Sie als Bürger dieser Zeit mit mir
teilen, es ist der nämliche, der hier das Medium unserer Unterredung bildet, und in den wir alle hinaustreten, wenn wir
diesen Saal verlassen. Es sitzt unter Ihnen der Beamte, an dem
die Unabsehbarkeit unserer Betriebe nichts als den tabellari-
schen Verstand, nichts als die mechanische Fähigkeit übrig
läßt, daß er darüber sich zur Maschine werden fühlt und
krank werden möchte über sich selber; es sitzt unter Ihnen der
Geschäftsmann, dessen ganze Kräfte dem Wirbel des schrankenlosen Geldwesens hingegeben, mitwirken, eine inkalku-
lable Welt auf kalkulable Werte zu reduzieren und würde ihr
Kreislauf darüber zum Hirn-verzehrenden wesenlosen Larventanz; der Mann der Wissenschaft, dem in einer Welt, in der
alle Begriffe sich in unendliche Relativitäten auflösen, sein
Hirn zu schwimmen beginnt und der mit gebanntem Blick
auf ein armseliges Teilresultat starrt, wie der Seekranke auf
die *eine* Schraube an der Wand seiner Koje, die allein vor seinen schwindelnden Augen nicht zu kreisen scheint; es sitzt
unter Ihnen der Journalist, dessen Einbildungskraft zum Ber-
sten überfüllt ist mit den Worten einer überreifen Begriffskul-
tur, von dem die Stunde verlangt, daß er wirke, indes in seinem Inneren jedes sichere Gefühl, auf dem Gesinnung ruhen
könnte, aufgelöst ist, aufgelöst gerade in dem Klügsten,
durch ein unabsehbares Hereinströmen der Vergangenheit,
unabsehbares Hereinströmen der inkongruenten ungeheueren Gegenwart selbst das bare Zeitgefühl, aufgelöst, wie die
geistigen Welten unheimlich ineinanderstürzen, selbst das
Gefühl seines Europäertums; es sitzt unter Ihnen der Reiche,
der besessen wird von seinem Besitz, der Adlige, der in sich
die Daseinsgefühle seines Standes unreell werden fühlt, als
wären sie von der bloßen Luft der unreellsten aller Welten
vergiftet; und es sitzt unter Ihnen der Arzt, der unter seinen
Händen das leidende Geschöpf zerfallen sieht in seine Teile,

daß ihm der Name in-dividuum wie ein Hohn entgegen-
sticht, und die Worte »Gesundheit«, »Krankheit«, ja, »Leben«, »Wesen«, »Wille« ihm zu Wirbeln werden, in denen
sein Verstand sich zu drehen beginnt. Was zähle ich Ihnen
länger und immer unvollständig die geistigen Elemente einer
Welt auf, in der wir alle leben und sterben, in welcher aber
keinem wohl sein kann, als wer die unheimliche Kraft hätte,
das ganze Weltbild sich aufzulösen in Beziehungen und mit
dem Begriff, daß alles schwebe und schwebend sich trage,
hauszuhalten.

AUFSÄTZE

LITERATUR

ZUR PHYSIOLOGIE DER MODERNEN LIEBE

»PHYSIOLOGIE DE L'AMOUR MODERNE.
FRAGMENTS POSTHUMES D'UN OUVRAGE DE CLAUDE LARCHER,
RECUEILLIS ET PUBLIÉS PAR PAUL BOURGET, SON EXÉCUTEUR
TESTAMENTAIRE. «

Paul Bourgets künstlerische Entwickelung ist kein Weitergehen von Problem zu Problem, sondern ein Tieferwerden
im Erfassen eines Phänomens: des doppelten Willens im Menschen. Fassen wir jedes menschliche Wissen als Erkenntnis
des Zusammenhangs der Dinge, so ist auch jeder beliebige
Angriffspunkt der Analyse ein Knotenpunkt aller Fäden; man
kann nicht eine Saite berühren, ohne daß alle mitklingen, jede
einzelne Willensäußerung des Individuums steht in geheim-
nisvoll-unlöslicher Verbindung mit allen Willensäußerungen
desselben. Das ist die moderne Vertiefung des alten Künst-
lerworts: ex ungue leonem. Die kaum merkliche gleichartige
Atmosphäre, in welcher sich alle Figuren eines Romanes bewegen, die ätherfeinen geistigen Schwingungen, welche sich
aus dem Auge des Schauenden, des Autors, in das Geschaute, die dargestellten Seelenzustände, hinüberziehen und die
auch das vollkommenste, naturalistisch vollendetste Kunstwerk vom wirklichen Leben unterscheiden müssen, an dem
wir diese Schwingungen, eben weil sie aus unserem eigenen
Auge kommen, nicht wahrnehmen: das nennen wir die Seele
des Buches, und diese Individualität, die des Autors, können
wir auch allein daraus erkennen, die der dargestellten Personen nur insofern, als der Dichter ein mehr oder minder un-
wahrscheinlich losgerissenes Werk seiner Individualität in sie
gelegt hat. Dies ist der Grund (neben den von Hermann Bahr
in seiner Abhandlung über die »neue Psychologie«[1] ange-
führten technischen Vorteilen), weshalb die modernen, analytischen Novellisten sich mit Vorliebe in ihren Romanen der
Ichform bedienen. Mit dieser einen Silbe sagen sie uns, daß
wir einen handelnden, leidenden, werdenden, räsonierenden

---

[1] »Moderne Dichtung« 1890, 9. u. 10. Heft

oder verfaulenden Mikrokosmos vor uns haben, der für uns
ein paar Stunden lang den Mittelpunkt des Makrokosmos
vorstellt, dem zu Gefallen andere Menschen – die Statisten –
nach Bedürfnis auf die Welt kommen, schwatzen, fluchen,
sterben oder gemein sein werden, während die Staffage –
Sonne, Sterne, Milieu, Religion, Liebe, soziale Frage – die
Ehre haben wird, ihm als Thema für Gespräche, Gefühle oder
Nerveneindrücke zu dienen. Von den »Confessiones« des
heiligen Augustinus zu denen Rousseaus und vom »Werther«
zur »Kreutzersonate« waren das die Bücher, die am meisten
von sich reden und über sich denken machten. Die Seele ist
unerschöpflich, weil sie zugleich Beobachter und Objekt ist;
das ist ein Thema, das man nicht ausschreiben und nicht aussprechen, weil nicht ausdenken kann.

Die »Physiologie« ist, wie »Werthers Leiden«, eine Auflö-
sungsgeschichte, ihr Held, Claude Larcher aus den »Menson-
ges«, wie Werther eine Halbnatur mit Dilettantenkräften und
überkünstlerischer Sensibilität, die Form die denkbar ver-
nünftigste für den Ichroman, keine Korrespondenz mit dem
»Freund« qui tient le crachoir des sentiments, kein Tagebuch
in der linken Lade eines kleinen Rokokoschreibtisches, einfach ein Buch für den Druck bestimmt, Todeskampf im
Dreiviertelprofil, der stille Lebenswunsch des Hamlet journaliste.

Claude Larcher schreibt mit der Hamletseele, der geistfun-
kelnden, zynischen, schillernden, sentimentalen, »oberen«
Seele; und stirbt an der »unteren«, der Tierseele, dem kranken
Willen des Körpers, der seine eigene Angst und Eifersucht,
seine eigene Eitelkeit und Erinnerung hat: nur der Tod ist
beiden gemeinsam. Das ist die grauenhafte Allegorie des Mittelalters von dem Königssohn, der blutleer dahinfriert, bis
ihm die Ärzte Blut aus dem Leib eines starken Knechts in die
Adern leiten; und wie er dann weiterlebt und das Bauernblut
ihm die Königsgedanken mit Tierinstinkten durchtränkt;
und wie er endlich stirbt an der Wunde, die zur selben Stunde
eine Dirne dem Knecht in den Hals gebissen – – –

Fühlen, wie die eine Hälfte unseres Ich die andere mitleidlos
niederzerrt, den ganzen Haß zweier Individuen, die sich nicht

verstehen, in sich tragen, das führt bei der krankhaften Hell-
sichtigkeit des Neuropathen schließlich zur Erkenntnis eines
Kampfes aller gegen alle: keine Verständigung möglich zwischen Menschen, kein Gespräch, kein Zusammenhang zwischen heute und gestern: Worte lügen, Gefühle lügen, auch
das Selbstbewußtsein lügt. Dieser Kampf des Willens endigt
jenseits von Gut und Böse, von Genuß und Qual: denn sind
Genuß und Qual nicht sinnlose Worte, wenn das heißeste,
wahnsinnige Begehren zugleich wütender Haß, wollüstiger
Zerstörungstrieb und die sublimste Pose der Eitelkeit die der
ekelhaften Selbstzerfleischung ist? Man erkennt solche Dinge, und man stirbt nicht daran. Die Ärzte beruhigen uns damit, daß wir nur nervenleidend sind, und vergleichen unser
Gefühl mit dem Alpdruck, den ja auch eine lächerlich gering-
fügige Ursache hervorbringt; als ob es besonders angenehm
wäre, jahrelang mit der Empfindung spazierenzugehen, daß
wir mit dem Kopf nach abwärts aus einem Luftballon hängen, an den uns nur ein dünner Faden bindet.
Sie raten uns auch, »jede Aufregung zu meiden« und »über
unseren Zustand nicht nachzudenken«. Nun, Claude Larcher
hat sich die letztere so zu Herzen genommen, que – croyant,
en effet, devoir à ses désillusions de se livrer à l'alcool –, il ne
sortit plus de deux ou trois bars anglais où il s'intoxicait de
cocktails. – – – Und bei alledem der seltsame Hochmut, sich
nicht gestehen zu wollen, daß es der Körper ist, an dem die
Seele leidet; diese Scheu vor dem »Materialismus«! Welche
Welle atavistischer Christlichkeit schlägt da durch die blagu-
ierende Zynik, durch die dekadente Koketterie dieser »con-
fessions de souffrance«? »L'âme seule agit sur l'âme«! Das ist
eine Lüge, schlimmer als das: es ist eine Plattheit.
Wenn wir am Körper sterben können, so danken wir auch
dem Körper, den Sinnen, die Grundlage aller Poesie, von der
ersten Ahnung, den Spuren des Frühlings in unserer Lyrik,
bis zum bebenden Ahnen der Verwesung im Grab. Es zittert
viel freies Christentum mit Klostersehnsucht durch Paul
Bourgets letzte Bücher. Mir ist Tolstois demütig-proletari-
sche Christlichkeit lieber. Sie ist überzeugender.
Es gibt vielleicht noch einen anderen Heilsweg aus der »mou-

rance« heraus als den hinter die Klostermauern: die Reflexion
vernichtet, Naivetät erhält, selbst Naivetät des Lasters; Naivetät, ingénuité, simplicitas, die Einfachheit, Einheit der Seele
im Gegensatz zur Zweiseelenkrankheit, also Selbsterziehung
zum ganzen Menschen, zum Individuum Nietzsches. Das
sagt der Moralist Bourget nicht, obwohl in seinen Aphorismen viel Nietzsche steckt – wohl unbewußt, weils eben in der
Luft liegt –, aber der Künstler Bourget sagt es um so deutlicher. Drei ganzen Menschen begegnet Claude auf seiner Lei-
densfahrt: Die erste Geschichte ist rührend gewöhnlich: Ein
Mann, der am Krebs leidet und den Doktor bittet, ihm die
Wahrheit zu sagen, damit er seine Angelegenheiten in Ordnung bringen könne. »Sie haben einen Monat Zeit; ich habe
es ihm gesagt«, erzählt der Arzt, »das ist das härteste in unserem Beruf. Er drückte die Hände vors Gesicht und weinte
stumm große Tränen, die auf das Tischtuch niederfielen.
Dann dankte er mir und bat mich, es seiner Frau zu verheimli-
chen… Als sie eintrat, plauderte er lächelnd mit mir. – Es ist
doch etwas Schönes, ein Charakter.«
Der zweite ist ein Gewohnheitsspieler, mit dem großen Zug
der gewaltigen Leidenschaft auf den unbeweglichen Zügen;
»er wird sich früher oder später erschießen, mit derselben
Ruhe, mit der er jetzt 10000 Frank dubliert, – aber er wird gelebt haben.«
Der dritte ist Raymond Casal, der vollendetste Gentleman
unter den Gestalten Bourgets, der viveur im großen Stil, der
echte homme à femmes… Il comprenait, en regardant ces
hommes, qu'il y a dans toute passion vraiment complète une
poésie, un je ne sais quoi de tragique et de grandiose… et je
l'enviai à l'idée que je ne lui ressemblerai jamais.
Es gibt auch eine Idee, eine Verpflichtung, die das Leben so
ganz ausfüllen kann: Das Recht auf die Pflicht wird ebensosehr verkannt, als es das Recht auf Arbeit so lange wurde. Das
Recht auf Arbeit gehört in die Soziologie und hat seine Märtyrer auf den Barrikaden gehabt; für das Recht auf die Pflicht
kämpft man in sich selbst und stirbt an Leberleiden oder Rük-
kenmarksschwindsucht, das heißt an den Folgen des ungesunden Milieus und des verfehlten Berufes.

Viele Leute, denen man zu nahe treten würde, wenn man ihnen für gewöhnlich ernste Lektüre zumuten wollte, werden trotzdem dieses ernste Buch lesen. Ich sehe schon auf dem gelben Umschlag das 72me mille prangen. Ob das etwas beweist?

Vielleicht, nachdem Bourget schon einmal die supercherie gehabt, das Buch unter einem falschen Namen herauszugeben, vielleicht begeht er auch noch die zweite, in Nachahmung von Molières »Critique de l'École des Femmes« eine »Physiologie des admirateurs de Claude Larcher« zu schreiben. Vielleicht werden dabei – geistreiche Schriftsteller kokettieren ja gern mit ein wenig Selbstironie – die Käufer von siebzig Zweiundsiebzigstel nicht allzu gut wegkommen. Es weht ein so aristokratisches Parfum nach cercle und mirliton, bookmakers und Marquisen in dem Buch; es ist eine so verzeihliche Schwäche, gern in Gesellschaft von Raymond Casal, François Coppée, Maurice Barrès und anderer Sterne der literarischen gomme zu rauchen, zu blaguieren und zu lieben, man speist und küßt dort so raffiniert geistreich – das dürfte die great attraction für die ersten Siebzigtausend sein. Unter den zweitausend übrigen dürften neben den Herrn Kollegen, die diese Schatzkammer psychologischer Detailbeobachtung mit dem wohlwollenden Lächeln innerlichen Ärgers über den Reichtum derselben kritisierend durchstöbern, auch ein paar Dilettanten – im alten hübschen Sinn dilettanti – sein, die darin nichts suchen als eine Seele, qui aiment à sentir sentir, wie der arme Claude so hübsch sagt. Wenn man heute, nachdem die Epidemie des Historismus so ziemlich vorüber ist, die großen epochemachenden Bücher der Bewegung durchblättert – etwa Taines »Histoire de la littérature en Angleterre« oder Carlyles »Cromwell« –, was durchströmt sie anders als diese Sehnsucht, hinauszuflüchten aus der verknöcherten Schablonenleidenschaft der Gegenwart, Menschen, versunkene Geschlechter, lieben und fluchen zu hören, rauschendes, lebendes Blut zu fühlen: à sentir sentir. Björnson wollte einen Dramenzyklus, die »Überspannung menschlicher Kräfte«, schreiben. Den Priester, der Wunder tun soll, an die er selbst nicht mehr glaubt, hat er ausgeführt. Den Zyklus aber werden vielleicht kommende Jahrzehnte fertigschreiben; die Aufgabe ist Gemeingut, wie alles wahrhaft Zeitgemäße, das heißt Unzeitgemäße. Zolas »L'Oeuvre«, Bahrs »Gute Schule«, Albertis »Alte und Junge« und Bourgets »Claude Larcher« sind Variationen des zweiten Typus, des Künstlers, der über die Kraft hinaus will. Johannes Rosmer ist der dritte Typus, der Reformator.

Daß das Leitmotiv in der »Physiologie« so bescheiden auftritt, daß nicht so viel von Kunst gesprochen oder besser über Kunst abgehandelt wird wie in den deutschen Büchern, sondern den meisten Raum psychologische Paradoxe, Theaterklatsch, Analyse des modernsten Gesellschaftstones mit seinen Anglizismen und dekadenten Neubildungen einnehmen, beweist mir, daß der Realismus Bourgets vollständiger sieht.

Man denkt manchmal über allerlei Tiefstes, aber während es einem durch die Seele zuckt, steht man ganz ruhig vor der Affiche eines café chantant oder sieht zu, wie eine hübsche Frau dem Wagen entsteigt, große Gedanken, die eigentlichen Lebensgedanken der »oberen Seele« stimmen die »untere« *nicht* weihevoll, und wir können ganz gut einer abgebrochenen Gedankenreihe Nietzsches nachspüren und zugleich einen blöden crevé um sein englisches smoking beneiden. Darum begegnen uns bei Paul Bourget so viel Teetische von Leukkars, Toiletten von Doucet und Statuetten aus dem allerletzten Salon.

THÉODORE DE BANVILLE †

Mort, à Paris, Théodore de Banville (geb. 1823), der Watteau des romantisme. In seinen Gedichten (»Odes funambulesques«, »Ballades joyeuses«, »Occidentales«) Formkünstler, ja eigentlicher Virtuos des unmöglichen Reimes, des goldenen Rhythmus, der anmutigsten Kadenz, die Grazie der Romantik, wie Gautier ihre Pracht, Hugo ihre Größe und Musset ihr Gefühl. In seinen dramatischen Märchen (»Fourberies de Nérine«, »Diane au bois«, »Gringoire«, »Deïdamia« etc.) reinste Traumpoesie, Hinausflüchten aus der Welt in eine rosig angehauchte, grazieatmende Transfiguration der griechischen Idyllenwelt, wie sie Chénier aus den Lyrikern der griechischen Dekadenz herausgedichtet hat. Er leugnet die Natur und läßt nur den Traum über die Natur gelten. Dabei als Redakteur des dramatischen Feuilletons im »National« eine ebenso erdenfremde Liebenswürdigkeit, ein idyllisches Allesgeltenlassen, freundlichstes Entgegenkommen allen noch so entgegengesetzten Bestrebungen: ein Mensch, mit dem man so wenig streiten konnte wie mit den Sternen, weil er ebensoweit weg war. Romantique impénitent und dabei von Zola und Zolaisten mit anerkennender Verehrung behandelt. Zu liebenswürdig, um einer Partei anzugehören, und zu sehr Künstler, um nicht von allen verstanden zu werden. Mögen auf seinem Grabe seine zierlichen Lieblingsblumen, die Gardenien, nie verwelken!

Hermann Bahr ist der lebendigste unter uns allen. Keine Prophetennatur, keine Flamme und auch kein Schwert. Er predigt nicht. Er zersetzt nicht. Er reformiert nicht. – Er kämpft nicht. Er hat sogar aufgehört zu suchen. – Er lebt sein Leben, wie man ein entdecktes, erworbenes, teuer erkauftes genießt; er trinkt es, langsam schlürfend, vollbewußt. Er setzt sich in Szene; *nicht* im großen und ganzen, wie die andern, nein, Tag für Tag, Stimmung für Stimmung, jeden Übergang, jede Nuance, jede Erfahrung, jedes Existenzatom. Wie die andern mit der Lebensverneinung, kokettiert er mit der Lebensbejahung. Er kann aus der Renaissance nicht herauskommen, nicht über eine Phase seines Entwicklungsprozesses hinweg. Es ist ein Unüberwundenes in ihm, etwas, wovon er sich nicht gesundschreiben kann: daß dieses Leben mit seinen starren Formen und Formeln, dies System gedankenlos ineinandergreifender Räder und Rädchen, diese selbstverständliche Aufeinanderfolge entseelter Erscheinungen eigentlich etwas Großes, etwas Wirkliches ist, ein unbegreiflich hohes Wunder: diese Erkenntnis des lebendigen Lebens, die eine Wiedergeburt ist aus dem Feuer und dem heiligen Geist, die hat Bahr erfahren – und seither hat er nichts erfahren. Seither ward ihm sein Leben Ereignis, Vorwurf zugleich und Instrument, und in tausend Formen hat das Instrument den Vorwurf variiert. Bahr in Wien, Bahr in Berlin, Bahr in Paris, Bahr bei Ibsen, Bahr im Louvre, lauter kleine lebenfunkelnde, gegenwartsfreudige Ichdramen... so entstand die »Kritik der Moderne«[1]. Diese Kritik ist Mitempfinden, stürmisches Erobern, frei und zugänglich für alles Lebendige, atemloses Mitjubeln bei fremden Siegen, klirrendes Mitkämpfen fremder Kämpfe, ein Blick in die ganze weite Welt voll reicher

[1] Hermann Bahr, »Zur Kritik der Moderne«. Gesammelte Aufsätze. Erste Reihe

Formen, voll Gegenwartslust und Zukunftsarbeit. Und
darum ist es ein so wohltuendes Buch, aufregend und befrei-
end zugleich; denn es ist die starke Bewegung der Zeit darin.
Er sieht allerlei Besonderes, aber er sieht es nicht besonders, er
will es nur entdecken, für sich und die Welt, alles entdecken:
die alte herrliche Burgtheaterkunst und die neue unfertige
Kunst, die er mehr fühlt als kennt; und die phantastisch-lo-
kalgefärbte Künstlerkneipe Au Chat noir; und die hehre mystische Kunst des Puvis de Chavannes, dieses »Lied von ganz
hohen fein gestrichenen zitternden Geigentönen, süß und
schmerzlich zugleich, von den schwarzen Wogen einer kla-
genden Harfe getragen«, und noch tausend anderes, neue
neue schwirrende Namen, neue Töne, neue Farben. »Choses vues«
hat Victor Hugo auf sein Lebensausgangsbuch geschrieben,
»Choses entrevues« könnte auf diesem erwartungsreichen
Lebenseingangsbuch stehen.
Damals war Bahr ein Herold: auf seinen Wanderungen
knüpfte er Kulturfäden aneinander, ließ sich in wechselnder
Begeisterung von tausend Strömen treiben, war ungerecht,
inkonsequent und anregend wie das Leben selber. Er hatte
kein Vorurteil, keine Ansicht, kaum einen Stil. Die Dinge
sprachen mit ihm ihre eigene Sprache. Er schreibt in Deutschland, über Deutschland in dem romantischen, schillernden,
hüpfenden, ironischen Stil der »Reisebilder«, in Frankreich
im rollenden Triumph Victor-Hugoesquer Perioden und mit
dem aufregenden Pomp der rhetorischen Nation.
Damals war Hermann Bahr noch sehr jung und der deutsche
Naturalismus noch jünger, beide in froher Erwartung. Bahr
ist älter geworden: er hat seinen Geist, der doch eine so große
Flamme werden sollte, in tausend eigensinnigen Funken ver-
sprühen lassen; er hat seinen Geist, der doch ein großer Le-
bensspiegel hätte werden können, in tausend blitzende
Scherben zerschlagen. Und der deutsche Naturalismus ist
heute noch ein Kind: aber aus einem demütigen, hoffenden
Kind ist er ein krankes, fieberndes, ungeduldiges geworden.
Aber beide sind ja noch so jung, sehr, sehr jung – hoffentlich.

Die handelnden Menschen in Bahrs neuestem Buch »Mutter«
sind, was er selbst, Künstler des gesteigerten Lebens, der
raffinierten Empfindung, der potenzierten Sensation. »Mutter« ist modern und romantisch zugleich, indem es moderne
Motive ins Romantische zuspitzt, verzerrt, hinüberbildet.
Denn Romantik ist ja gar nichts Selbständiges, sie ist Krankheit der reinen Kunst, wie der Dilettantismus, das An-
empfindungsvermögen, Krankheit des Empfindungsver-
mögens ist. Und die beiden, Romantik und Dilettantismus,
sind immer zusammengegangen. Als das Altertum seine
große romantische Periode hatte, als der Hellenismus der
Diadochenzeit mit dem cäsarischen Universalismus Roms zu
einem formlosen Meer von Kulturelementen zusammen-
rann, in jener Periode »religiösen und metaphysischen Irr-
sinns, wo alles zu allem wurde, wo man Mâjâ und Sophia,
Mithra und Christus, Virâf und Jesaias, Belus, Zarva und
Kronos in ein einziges System bodenloser Spekulation zu-
sammenbraute«[1], da dilettierte man auch auf allen Gebieten,
freute sich, die Resultate tausendjähriger Kulturarbeit in sich
aufzunehmen, und spielte dasselbe gefährliche Spiel mit seiner Elastizität, wie wir es spielen; man kokettierte mit der
romantischen Räuberwelt Halb- und Ganzasiens wie nur je
dies west-östliche Jahrhundert der »Orientales« und des
»Childe Harold«; der kosmopolitische Kaiser Hadrian be-
treibt keinen minder raffinierten Exotismus wie der kosmopolitische Physiolog Stendhal; Bibelotstil und Meiningerei
machen aus jeder Villa in Puteoli ein ebenso verwirrendes
Disparitätenkabinett, wie es das »Haus eines Künstlers im
neunzehnten Jahrhundert« ist[2], und Varro ist ein ebenso vor-
nehm parteiloser Religionskritiker wie Ernest Renan.
»Mutter« führt aus dem Dilettantismus an der Kunst vorbei
in die Romantik.
Man kann sich kein Milieu erschaffen, wie man sich keine
Heimat machen kann; man kann keine fremden, angefühlten
Empfindungen künstlerisch gestalten. Der Dilettantismus

[1] Max Müller, »Essays zur vergleichenden Religionsgeschichte«
[2] Goncourt

will beides. Er hat sich im archaistischen Roman an der Wiederbeseelung des Ausgelebten versucht, im Baudelairismus an der Darstellung des Angelebten. In »Mutter« spielen die Milieus seltsam und zerstörend durcheinander. Die Gestalt der »Mutter« selbst und was sie unmittelbar umgibt, weist auf *ein* Land, Frankreich, auf *eine* Stadt, Paris, beinahe auf *eine* Person, die Sarah Bernhardt. So atmet und vibriert die Zentrale des Weltnervensystems, so komponiert Berlioz, so malt Rochegrosse. Diese Virtuosität der Nervenerregung, dieses zuckende Arrangement der suprême sensation, das Interieur dieser Schauspielerin, ihr Altar, ihr Kostüm, ihr Sohn und ihre Rolle, diese Frédégonde, vorweggenommener Sardou, dies erzählte Szenenbild: »Denk dir den Thron von verloschener Malvenfarbe – und nun ich in diesem Purpur, hoch ausgestreckt, steil und starr wie eine Säule, und unten das heulende Getümmel meiner jauchzenden Krieger und zwischendurch die schlanken Tänzerinnen in bacchantischen Sprüngen – und über allem immer ich, steil und starr zum Himmel hinauf, und mein Blick duckt alle Wildheit, und mein Purpur verschlingt alle Farben... Weißt du, es muß eine Mischung von Brutalität und Raffinement werden – so wüst und jähe, so...!« Das ist Paris.

Dann, diesem paquet de nerfs gegenüber, die Geliebte des Sohnes, Terka, mit breiten plumpen Zügen; ihr Boudoir teure, schreiende Tapezierereleganz, voll Zigarettendunst und Patschuli, am Schaukelstuhl eine Reitpeitsche. Das ist Berlin, die Parvenügroßstadt; diese Einrichtung kommt aus den grellen Riesenläden der Leipziger Straße, diese Atmosphäre hat Conrad Alberti gemalt, diese Reitpeitsche hat in ein paar Gardeoffiziersskandalen eine Rolle gespielt.

Es gibt beinahe noch ein drittes Milieu in dem Stück. Es liegt freilich in der Vorfabel und spielt nur in seinen Nachwirkungen herein. Das ist Rumänien, die interessante, exotische Halbzivilisation. Da ist der totgelebte Mann der Mutter her, ein Modegenosse des Prinzen Sergius Panin, der illyrischen Gesellschaft der »Rois en exil« und des buckligen Staatsanwalts Pantasie Tschuku. Das ist auch eine Slaveninvasion und auch ein Zeichen der Zeit.

Die Menschen aus diesen zweieinhalb Welten sprechen ein seltsames Gemisch von Sprachen: bald die schmiegende, vibrierende Sprache Bahrs, bald ein wolkenlyrisches Pathos, gewolltes falsches Theaterpathos, für die Schauspielerin außer der Bühne übercharakteristisch, darum uncharakteristisch, dann wieder Berliner und Wiener Lokalismen von beängstigender Plattheit. Zugegeben, wir haben keinen allgemeingültigen Gesprächston, weil wir keine Gesellschaft und kein Gespräch, wie wir keinen Stil und keine Kultur haben: aber es gibt richtigere Näherungswerte an die Umgangssprache.

So versündigt sich der Dilettantismus gegen unanfechtbare Forderungen naturalistischer Kunsttheorie.

Der dargestellte Vorgang, eine Synthese von brutaler Realität und lyrischem Raffinement, ist fast ein Symbol der heutigen Kunstaufgabe überhaupt. So hat Bahr selbst das Problem gefaßt: aus Zolaismus und Romantik, aus der Epik der Straße und der Lyrik des Traumes soll die große, die neue, die mystische Einheit werden.

An diesem großen Kunstproblem führt die »Mutter« vorbei, sie streift es nur. Bahr scheitert in der »Mutter« am Zuvielwollen, wie Claude im »Oeuvre«. Mit allen Mitteln des lebendigen Vorganges, der episch-detailliertesten Charakteristik, mit Bild, Ton, Wortschattierung, Stimmungsmalerei ringt er nach einer überkünstlerischen unmöglichen Deutlichkeit der Sensation, nach einem Letzten, Feinsten und Stärksten des Eindrucks, den die Absicht nie erzwingt. An diesem Nichtweiter-, Nichttieferkönnen geht Claude zugrunde; in Bahr geht der naive Künstler unter, der romantische bleibt. Alle Kunstmittel der Romantik rollen sich klirrend, dissonierend, blendend auf, um dieses Letzte, Stärkste, Feinste, ewig Versagte zu erreichen. Es wird Nacht. Der Ton steigert sich zum gewollten Fieber, zum gemachten Krampf, zum Lallen, zum Gurgeln, zum Röcheln. Romantisch absichtliche Kontraste zersprengen die Einheit der Stimmung. Neben dem Altar hängt eine Watteauszene; neben die purpurne Frédégonde tritt der Clown mit seinen Zirkusmätzchen; die Motive, unnatürlich gesteigert, verzerren sich: die Romantik des Todes

wird herbeigerufen, der Sohn stirbt vor dem Bild des Vaters,
dessen Todesgeheimnis sich grauenvoll enthüllt; nichts bleibt
uns geschenkt, nicht der Wind, der, am Fenster rüttelnd, die
irren Reden des Sterbenden begleitet, nicht der unsicher über
des Vaters Bild hinflackernde Schein der erlöschenden Lampe, nicht das Ausklingen in ein Wahnsinnsgelächter. Da tritt
der Dichter ganz aus dem Kunstwerk heraus, und indem er in
dieser Szene des Grauens dem Clown, dem lebendigen Kontrast, das letzte Wort läßt, mit souveräner Ironie die selbstge-
schaffene Stimmung zerstörend, ist er ganz Romantiker, ganz
Individualist, ganz 1830. –

Wie Heine seine großen Schmerzen, so können wir dieser
Romantik ihre leidenden Menschen nicht glauben. Und doch
hat Heine gelitten, und doch ist in der »Mutter« ein Wort aus
der qualvollsten und wahrsten Stimmung heraus geschrieben. Ich meine den Wunsch, den traurigen Wunsch: »Komm,
Mama, erzähle. So, weißt du, ja, so etwas recht Gutes und
Ruhiges! Weißt du, von ganz dummen Leuten – die sind
glücklich; weit draußen, ganz am Ende… ja, sie wissen nichts
und sind schlecht frisiert und haben keinen Geschmack, sondern häßliche, rote Hände, und wenn sie am Sonntag spazierengehen, dann lachen wir sie aus – aber die sind glücklich!«
Das ist furchtbar wahr. Und doch, wie man einem Künstler
ein wahres, reines, ganzes Kunstwerk glaubt, gleichviel welcher Form, welcher Schule, nur etwas Wirkliches, Lebendiges, *so* glaube ich Hermann Bahr seine »Mutter« nicht. Ob
daran etwas liegt? Ihm selbst wohl kaum… Glaubt er denn an
sein *Gestern* selber noch?!… Und an sein *Morgen* glauben ja
auch wir.

DAS TAGEBUCH EINES WILLENSKRANKEN

HENRI–FRÉDÉRIC AMIEL, »FRAGMENTS D'UN JOURNAL INTIME«

> Oh, qu'un peu de bonheur naïf est une douce chose!
> *Amiels Tagebuch, 16. April 1855*

Die einzelnen sind es, welche die Leiden der Zeit leiden und die Gedanken der Zeit denken. Und Bücher, aus denen solch ein Schmerz der Zeit spricht, sind die traurigsten und werden sehr berühmt, weil es die einzigen sind, die wir beinahe ganz verstehen können. Was in uns ist von vagem Schmerz, von verborgener Qual und verwischtem Sehnen, jedes erstickte Anderswollen und alle Disharmonien, die der Wille zur Erhaltung übertäubt hat, sie erwachen zu einem unbestimmten Leben und leben auf im Mitleid des Tat twam asi. In Qualen wird das »gute Europäertum«, die vaterlandslose Klarheit von morgen errungen; den Geschlechtern von gestern und heute, zwei Generationen von Schwankenden und Halben, war der Weg zu rauh. Nach rückwärts zieht die Verführung, die nervenbezwingende Nostalgie, die Sehnsucht nach der Heimat: sie ist das Nationalitätenfieber, sie Heilsarmee und neues Christentum, sie ringt in Tönen nach dem Gral, zu dem keiner zurückfindet, sie ist das Letzte aller Ermatteten, Wagners letzte Oper, Leo Tolstois letztes Lebenswerk, der deutschen Bismarck-Politik letzter Gedanke, die letzte Zuflucht in Henri-Frédéric Amiels Bekenntnissen. Zurück zur Kindheit, zum Vaterland, zum Glaubenkönnen, zum Liebenkönnen, zur verlorenen Naivetät: Rückkehr zum Unwiederbringlichen. Ich sehe keinen anderen Gedanken in Amiels Tagebuch, diesem großen und schmerzlichen Buch, das ein Mensch geschrieben hat mit der Gabe französischer Selbstbeobachtung und Zerlegungssucht und der Gabe deutscher grenzenloser Aufnahmsfähigkeit, in dem zweierlei Moral, zwei Zivilisationen, zwei Weltanschauungen miteinander ringen, bis seine Willenskraft erloschen ist und über dem Dämmern einer weichen, träumerischen Molluskenseele in ruhelosen Schwin-

gungen ein ererbter Wille schwebt, ein mechanisches qualvolles Wiederholen atavistischer Forderungen, ein sich selbst
tote unverständliche Pflichten Aufzwingenwollen, ein Ringen um die verlorene Fähigkeit sich selbst zu begrenzen, einfach zu denken und wollen zu können.

Amiels Leiden sind die ewigen Leiden des enttäuschten Idea-
listen, auf einen bestimmten, modernen Fall übertragen.
Seine Leiden sind komplizierter als die anderer Denker, die
aus den ererbten Formen heraustraten, denn das Feindliche,
das für jeden Märtyrer des Gedankens die Erscheinungswelt,
die Welt der verdorbenen Ideen, der Konzessionen, der
Bourgeoisie und des cant ist, das lag für Amiel in ihm selbst.
Er wollte die Traumfreiheit des deutschen Philosophen und
will doch auch christliche Askese und pascalische Gewissens-
pein; es ist die Künstlerseele mit der Gabe der freien hellen
Verachtung und ist doch ein Etwas zwischen Monsieur
Prudhomme und Middlesex gentleman, ein Etwas mit gentility, Takt und wohlerzogener Mittelmäßigkeit; in ihm ist
Stoff für den Märtyrer des geächteten Gedankens und für die
sancta simplicitas, die Stroh zum Scheiterhaufen trägt. Er ist
eine Antithese, das ist das Französische an ihm; eine Hamlet-
variation, das ist das Moderne.

I

Henri-Frédéric Amiel ist 1821 zu Genf geboren; 1821, zu einer Zeit des Überganges, da eben eine Gruppe junger Goe-
theschwärmer angefangen hatte, in der »Revue des Deux
Mondes« das neue Evangelium deutschen Geistes zu verkünden, deutsche Ideen in Umlauf zu setzen, zu Genf, in der Stadt
des Überganges, wo sich die Alpen zur Ebene niedersenken,
wo sich das Erhabene zum Anmutigen mildert, deutsches
und welsches Wesen ineinander überfließt, zu Genf, der halb
calvinischen, halb katholischen Stadt, deren politische Vergangenheit ein geschicktes Balancieren zwischen übermächtigen Nachbarn und feindlichen Kulturströmungen war. Er
ist herangewachsen in einem Milieu der abgetönten, halben

Farben, der Montblanc bläulich verschwimmend im Hintergrund, im Westen Frankreich, die fröhliche Klarheit des Beschränkten, im Osten Deutschland, wogend und dämmernd, rätselhaft anziehend wie die Unendlichkeit; hier klang ihm eine Sprache entgegen, die das Resultat festhält, klärt und sondert, auch das Unendliche begrenzen möchte, die gewordenen Dinge darstellt, dort eine Sprache des Werdens der Dinge, vag, formlos und träumerisch. In dem engen republikanischen Gemeinwesen, wo – eine Frucht jahrhundertalter politischer und religiöser Mündigkeit – jeder frühzeitig angehalten wird, sich über die großen Streitfragen, ob Demokratie oder Aristokratie, »orthodoxes« oder »liberales« Christentum, ein Urteil nicht nur zu bilden, sondern dieses auch in fester, zur Verteidigung handlicher Form immer gegenwärtig zu haben, stelle ich mir Amiels frühe Entwicklung gern so ähnlich vor, wie die des »grünen Heinrich«, der ja auch, ein grübelnder Knabe, sich zwischen feste, formelhafte Weltanschauungen, Parteiprogramme und geheimnisvoll anlockende Schlagworte hineingestellt sah. Namentlich in seinem mühseligen Ringen, sein Verhältnis zu Gott in allen wechselnden Phasen so recht klarzustellen, hat Kellers dilettantischer Maler viel Verwandtes mit Amiel, dem dilettantischen Dichter. In der Demokratie mußte ihn das abstoßen, was er »Amerikanismus« nennt, worunter er mit nervöser Frauenlogik alles ihn Irritierende, Egalitarismus, Maschinenlärm, Parvenütum und Egoismus begreift; so wandte sich sein Sinn einem weichen, passiven Aristokratismus zu, der sich zum radikalen von heute verhält wie Amiels abgetönte Lieblingsfarben, das lichte Grau, das verhauchende Lila, zum herrischen Rot und zum vollen Gelb, die wir wieder lieben.

Aus dem Grübeln über die Glaubensform trug seine Seele ein Doppeltes davon: die katholische Sehnsucht nach dem Unfaßbaren, nach mystischer Musik, nach der Wollust der Zerknirschung und des Entsagens, dem Kultus des Mitleids und der Träne, und vom Protestantismus die Neigung zur frommen Pose, die Anhänglichkeit an die großen Worte, die verführerischen Formeln, die so schön klingen und beinahe trösten. In ihm ist ein katholischer Träumer und ein »protestantischer Hamlet«; in seiner grübelnden und sensitiven Seele hat sich die ererbte Nostalgie nach dem katholischen Gemütskultus zu einem Kultus der zarten Empfindung, zu einer Schwärmerei für gemütvolle Landschaft und rührende, einfache Akkorde umgebildet. Wir werden sehen, daß er Wagner nicht versteht und Goethe kalt findet. Dazu der Schweizer Hang zum Kalkulieren und Formulieren, eine Virtuosität der überfeinen Unterscheidung und des aphoristischen Worts. Von der Natur also scheinbar bestimmt, eine weiche, aufnahmsfähige und zartgestimmte Individualität zu liebenswürdiger Mittelmäßigkeit auszubilden, befangen in dem seiner Rasse eigenen grundlateinischen Dualismus der Weltauffassung, der Spaltung zwischen Gott und Welt, Geist und Körper, Gnade und Sünde, Gut und Böse, tritt Amiel den Weg nach Deutschland an, aus dem Land der Antithese, des klassischen Alexandriners in das des freien Rhythmus, aus der analytischen, rhetorischen Welt in die synthetische, poetische; von Condillac zu Hegel, von Paul-Louis Courier, dem Klassiker der reinen Form, zu Jean Paul, dem Klassiker der Formlosigkeit. Das Frankreich, das er verließ, hatte eben (1840) den vollendetsten Ausdruck seiner romantischen Leiden in Mussets todestraurigem Liedchen »Tristesse« gefunden:

Dieu parle, il faut qu'on lui réponde;
Le seul bien qui me reste au monde
Est d'avoir quelquefois pleuré.

Das Deutschland, das er betrat, war erfüllt von den Triumphen universalistischen Geistes, durchhallt von einem Weltgespräche; stolz darauf, jeder Zivilisation, jeder Epoche, jeder Eigenart volles, selbstvergessenes Verständnis zu bieten. Damals vor allem hieß deutsch sein kosmopolitisch denken und weltumfassend träumen, Milieu, Zeit und Eigenart vergessen, jedes Alter, jede Erscheinungsform annehmen können. Goethes großes Beispiel war lebendig; die Romantik, die in der Zeit lag, kam ihm entgegen, alle Fachwissenschaften schienen der Zentralwissenschaft, der wahren Philosophie, zuzuströmen. Einen »Einungskünstler« hatte Goethe der ganzen Welt gewünscht und war selbst einer geworden. »Le génie est un simplificateur« ist vielleicht die schlagendste unter Amiels zahllosen Definitionen. Ihn, den dilettantenhaft eindrucksfähigen französischen Studenten der Universitäten Berlin und Heidelberg, berührte dies Beziehen von allem auf alles, dies tiefe und kühne Erfassen der Alleinheit der Dinge, der Weltenharmonie, wie eine Offenbarung, nicht der Wissenschaften, sondern der Religion: vielmehr Forschung und Gottesdienst war jetzt eines geworden, er war in einem Ideenkreise, wo die Worte ihre Bedeutung, die Antithesen, die er aus der Heimat mitgebracht hatte, ihre Starrheit verloren hatten: er dachte mit dem Herzen und fühlte mit dem Geist: »Jede tiefste Freude«, schreibt er nach der Rückkehr von Berlin, »habe ich durchmessen... die heitere Klarheit mathematischer Betrachtung, das teilnahmsvolle und leidenschaftliche Sichversenken des Historikers, die Sammlung des Weisen, den ehrfurchtsvollen und glühenden Naturdienst des Forschers, alle Phasen einer Liebe ohne Grenzen, die Wonne des Künstler-Schöpfers, das harmonische Zusammenbeben aller Saiten«... Die Wonnen des Künstler-Schöpfers?... Ihrer war nie ein Mensch weniger würdig. Gleichviel; alles, was die Natur einem empfänglichen, nachschaffenden Geist gewähren kann, durchströmte ihn, wenn er vor Tagesanbruch aufstand, um vor seinem Pult in stiller Ruhe Weltenreisen und Jahrtausende zu durchfliegen, in immer höheren und reineren Kreisen zu schweben, von der historischen Betrachtung zur geologischen, höher, zur astronomischen, höher, zur theosophischen Vision. Aber getrieben von dem Durste nach Unendlichkeit, von einem unstillbaren Bedürfnis nach dem Absoluten, nach der Totalität, hatte er den Boden verloren. Wie die Elfen, die nach dem nächtlichen Reigen ihr Federnkleid nicht finden, in dem allein sie das Tageslicht ertragen können, findet seine Seele sich in die Beschränkung, die im Einzeldasein, in der Persönlichkeit, in dem zufällig zugefallenen Menschenlos, der Tyche, liegt, nicht mehr hinein: »Nur ans Unendliche und ans Absolute gilt es sich anzuschließen... und im Absoluten ist Ruhe für den Geist, und im Göttlichen für die Seele. Nichts Begrenztes ist wahr, meiner Betrachtung würdig, wert mich festzuhalten. Alles Besondere ist unvollkommen. Es gibt nichts Vollkommenes als das All.« Und dann: »Das Chaos, die Maja der Bilder, Formen, Wesen, die in meinem Innern auf- und niederströmen, verwirrt mich zuweilen bis zum Rausch, zum Schwindel.« Es scheint ihm unmöglich, sich wieder zurückzufinden in das Spiel der Maja, resigniert eine Rolle in der phantastischen Tragikomödie des Daseins zu unternehmen. »Maja«, dieses Wort der indischen Philosophie kehrt bei Amiel so oft wieder wie bei Schopenhauer; und nicht nur das Wort, auch der Prozeß, aus dem es hervorgegangen ist, ist derselbe. Was die Arier empfanden, als sie aus dem Hochland von Iran mit seiner dualistischen Welt von Segen und Dürre, Ahriman und Ormuzd, hinüberwanderten in das Gangesland mit seiner allgleichenden Üppigkeit, mit der überwältigenden Fülle seiner Formen und Farben, der Vielheit seiner Göttergestalten, dem ewig einen Kreislauf von Keimen, Blühen und Welken... das alles hat Amiel in der Gedankenwelt durchgemacht; und wie dort das Volk zu einem neuen, dem Brahmaglauben, so gelangte er, im Herzen dualistisch-christlich, zu einem neuen Glauben der Gedanken: hinter der Maja, dem trüglichen Schleier der Erscheinungswelt, mußte er seinen Gott suchen, den ihn sein alter Glaube in der Erscheinung geoffenbart erkennen hieß, er mußte die Welt als Trugwerk verachten, an die ihn Pflichtgefühl und Neigung band. Aus diesem Zwiespalt entsteht vielleicht der längste und martervollste Kampf, den je die Gedanken eines Menschen untereinander geführt haben, und so wird Amiels Tagebuch die peinlichste und vollständigste Exemplifikation von Schopenhauers Viertem Buch, das überschrieben ist »Von der Bejahung und Verneinung des Willens zum Leben«, indem es einen Kampf zwischen dem Willen zur Bejahung und dem Willen zur Verneinung innerhalb einer Menschenseele zeigt.

II

Nach der Rückkehr aus Deutschland bietet sich dem noch nicht Dreißigjährigen eine Lehrstelle an der Univesität Genf. Er hat sie angenommen und sein Leben lang Schulphilosophie und Literaturgeschichte tradiert; in mühseligen Qualen freilich, und gewiß ein unerfreulicher Lehrer: was kann der gestalten, dem alles zu allem verwogt und zerrinnt, was kann der Besonderes lehren, dem seine Besonderheit, sein Ich, sein Schicksal (Tyche nannten es die Hellenen, das zufällig Zugefallene) verdampft wie ein Tropfen auf heißem Eisen? der schwelgend im Ausschöpfen des Unausschöpflichen, im Durchträumen der Möglichkeiten das Zufallskind Wirklichkeit verachtet? der überhistorischen Geistes nach dem Ewig-Unbedingten ringt, dem »teres atque rotundum«, der mystischen Kugel, dem Allumfassen? Aber sein Lehramt ist ihm eine liebe Pflicht; denn er liebt die Pflicht, jede Pflicht. Er liebt sie wie ein Zauberwort, mit dem er jeden schlimmen Zweifel, jedes allzufeine Fragen verscheuchen kann; er will sie lieben; er klammert sich an dieses Wort; er spricht es aus wie ein geängstigtes Kind, das sich durch den Klang der eigenen Stimme mutig machen will; er schreibt es nieder, es klingt so voll, so altehrwürdig, es muß sich ja daran glauben lassen: »Ja, gottlob, ich glaube an Liebe, an Aufopferung, an Ehre. Ich glaube an die Pflicht und an das moralische Gewissen«, und immer wieder: »Ich glaube an die Pflicht, ich muß an die Pflicht glauben, wenn ich nicht zugrunde gehen soll… Fais ce que dois, advienne que pourra.« Er glaubt also an die Pflicht. Er erfüllt Freundespflichten und Bürgerpflichten. Er sehnt sich nach den höheren, nach den Pflichten des Gatten und Vaters, nach immer neuen, immer schwereren, sich darin zu vergraben, wie der Strauß den Kopf im Sand vergräbt: vor der qualvollen Angst, der sinnlosen Angst, dem Alpdruck der Verantwortlichkeit. »Comment retrouver le courage de l'action?« ist denn die Tat nicht Mord, das Wort nicht tausendfältige Verführung? ist denn der Entschluß nicht ein Teufelspakt, die Wahl nicht eine Quelle ewiger Reue? Dieses Abbröckeln des Willens zerstört nicht nur jedes kleinste Glück,

ja die Fähigkeit zum Glück: sie läßt ihn auch nicht sagen, was
er leidet. – Amiel hat zum großen Künstler nur eines gefehlt.
Die tiefen Schmerzen gewiß nicht, die vibrierende Feinheit
der Empfindungen gewiß nicht, noch auch der Mut der
schärfsten Zergliederung. Suggestionskunst, l'art d'évoquer,
die große Herrenkunst, hätte er vielleicht nie errungen; er läßt
sich beherrschen, ist Saitenspiel und empfindliche Platte; aber
er hat die zweite Poetengabe, die Proteusgabe: aus dem erhaschten Duft wird ihm Pflanze und Wald, der Landschaft
lauscht er ihre zarteste Stimmung ab und empfindet sich hinein
in die Seelen der Dinge; »éprouvé ce matin l'influence du cli-
mat sur l'état de l'âme; j'ai été italien et espagnol«, heißt es
einmal im Sommer, und ein anderes Mal im Spätherbst ruft in
ihm ein Nichts, ein bereiftes Spinnennetz, nordische Bilder
hervor, er fühlt wie einen Hauch von Island und den Hebri-
den, Ossian und Frithjofsaga. Der halben, heimlichen Gefühle, der kaumbewußten, ist sein Buch suggestivste Fundgrube;
»l'abîme de l'irrévélé, le moi obscur, la subjectivité pure, in-
capable de s'objectiver en esprit«, der »Weg ins Unbetretene,
nicht zu Betretende«, das schattenhafte Reich der Mütter, das
ist sein Weg und sein Reich, sein eigenes reiches Reich. Er hat
auch die Gabe des Wortes, der funkelnden Sentenz, der glücklichen Knappheit. Eben dem mot, der allerfranzösischesten
Gabe, verdankt er seine posthume Berühmtheit in Frankreich: eines, »Tout paysage est un état de l'âme«, und ein anderes, »La rêverie est le dimanche de la pensée«, sind »Volks-
definitionen« geworden; man zitiert sie schon, wie Volkspoe-
sie, ohne den Autor zu kennen. Er hat den Dichterfeinsinn für
Nuancen, für das Undefinierbare, für verschwimmende, neue
und heimliche Farben: »il y a deux formes d'automne: le type
vaporeux et rêveur, le type coloré et vif; automne vermeil, automne cendré, saison bisexuelle«... »je trouve du charme aux
vues de pluie; les couleurs sourdes en sont plus veloutées,
les tons mats en deviennent attendris. Le paysage est
alors comme un visage qui a pleuré.«... »Gesteigerte
Empfindungsfähigkeit, zähes Durchdenken, Kraft des Ver-
bindens, des Einteilens, Scheidens und Zersetzens, ein starker
Wille zum System, zur Ganzheit, der Ausdruck schwerflüssig

und ängstlich, der Charakter schüchtern, mißtrauisch, despo-
tisch, die Seele weich bis zum Mystizismus«, so macht Amiel
das Inventar seines Selbst. *Fast* eine Künstlerseele; eines fehlt:
Können. Er hat auch das erkannt mit dem unerbittlichen, klaren Blick des Kranken: »Meiner Kraft, des Instrumentes, wenig sicher, lieb ich es, mich ihrer durch Virtuosenkünste zu
vergewissern. Ich spiele Skalen, schmeidige mir die Hand
und versichere mich der Möglichkeit des Vollbringens, aber
das Werk bleibt aus. Mein Aufschwung erstirbt, des Könnens
froh, ohne ans Wollen zu reichen.« Initiative Anfangskraft
fehlt. »Ich warte immer auf die Frau, auf das Werk, groß genug, meine Seele zu erfüllen und mir Ziel zu werden.« Das ist
das ewige, symbolische Warten, der große Trugschluß aller
Raphaels ohne Hände, der »Künstler« von Gotthold Ephraim
Lessings Gnaden.
Dieser Überreichtum ist eigentlich Mangel; dieses Alleswol-
len nichts als die hilflose Unfähigkeit, sich zu beschränken.
Kritischer, nicht schöpferischer Geist dünkt sich künstlerischer als der könnende, göttlicher als Gott, der ja die Welt, ein
Unvollkommenes, zu schaffen sich entschloß; formloses
Fluidum, der Gestaltung unfähig, dünkt sich eben darum aller
Formen, der unendlichen Mannigfaltigkeit des Möglichen,
voll und verachtet den gestalteten Marmor, weil jeder Mei-
ßelstoß ein Verzichtleisten, ein Einengen der Möglichkeiten, ein Unfreiwerden ist. »Cette espèce d'effronterie«, die
freie Unbefangenheit des Schaffenden, der, im Rausch des
Schaffens wenigstens, die Augen zudrückt und ganz will, sie
ist vielleicht eine Offenbarung, wie es denen ist, die immer
ganz wollen und sich nie zusehen, den sehr naiven und sehr
freien Geistern. Ihrer war Amiels vermorschter Wille nie fähig. Seine Poesie kommt nicht von ποιεῖν, schaffen: »Zer-
mahlene Körner«, »Fremde Töne«, »Buch des Nachdenklichen«[1], das sind die rechten Namen für seine Bücher voll
mühseliger Filigranarbeit, voll melodieloser Trauer und

---

[1] Über Amiels Gedichtsammlungen: »Grains de mil«, »Jour à jour«, »Les
Etrangères«, »Penseroso«... näheres in Edmond Scherers Biographie, als Vorrede zum Tagebuch Amiels, und Paul Bourgets Essay über Amiel (»Nouveaux
essais de psychologie contemporaine«).

peinlicher, unfroher Wortkunst. Unbefriedigt schrieb er sie
und ließ die unbefriedigten Freunde warten, endlos warten
auf das große Werk, auf das er selbst wartete. So, in
hoffnungsloser Erwartung und unbedeutendem Vollbrin-
gen, verrann sein Leben, ein schattenhaftes Gedankenleben.
»Grübeln sein Tagewerk, Träumen seine Sonntagsfeier.« Er
ist den Freunden, klugen Literaten wie Edmond Scherer, Le
Coultre, Naville, die ihn nicht verstehen, den Frauen, über die
sein (veröffentlichtes) Tagebuch schweigt, den Schülern, die
seine tiefsten Gedanken nicht kennenlernen, kurz aller Welt
und in guten Stunden sich selber ein lieber, sanfter, feinfühliger, stiller Mensch: manchmal recht heiter, ein wenig, ein
klein wenig pedantesque mit einem Hang zur Bourgeois-
Sentimentalität, zum Garten »Joli« und zum Fluß »Tendre«
der seligen alten Scudéry. Er spricht viel, gut und salbungs-
voll; er ist nicht umsonst ein protestantischer Sohn des rhetorischen Volkes. Er liebt die preziösen und moralischen Vergleiche: fallende Blätter und ähnliche Banalitäten der Natur
verfehlen nie ihn dazu anzuregen. Er nimmt von seinem alten
Plaid, diesem »einzigen ritterlichen Kleidungsstück« unserer
Zeit, auf vier Druckseiten Abschied. Er liebt auch die alten
Formeln, die im Munde Bossuets so schön geklungen haben.
Er ist manchmal ein sehr gewöhnlicher Mensch. Aber er leidet viel. Und er hat frühzeitig einen grausamen Gedanken
und dieser Gedanke wird ihn vielleicht unsterblich machen,
hat ihn schon zum Rang »eines vollkommenen Beispiels für
eine gewisse Varietät moderner Seelen« erhoben[1]. Und das
ist dieser Gedanke: »Fais le testament de ta pensée et de ton
cœur; c'est ce que tu peux faire de plus utile.«
Was die Freunde nach des Verfassers Tod (1881) von diesem
Testament der Öffentlichkeit übergeben haben, ist die Lei-
densgeschichte eines gespaltenen Ich, eines, »der in sich selbst
heimatlos ist«[2]. »Heidengeist, christlich Herz« ist eine von
Amiels unzähligen Selbstcharakteristiken. Das christliche
Herz, der Wille zum Leben, klammert sich an jedes teuere

---

[1] Bourget a. a. O.
[2] Ola Hansson, »Parias«

Erbe, jedes ehrwürdige Wort, will wollen, will hoffen, will glauben. Der heidnische Geist, die Erkenntnis, drängt zum Pessimismus, zum Quietismus, zum Nirwana. Sie ringen miteinander, und jede Kraft und Begabung, Schärfe des Blicks und Macht der Dialektik, deutsche Philosophie und universalistische Bildung, wirken mit, diesen Kampf qualvoller zu gestalten. Hundertmal beginnt der Wille eine ohnmächtige Beweisführung, sich selbst zurückzuzwingen in die verlorene Naivetät, sich zum Vorurteil, zur Nation, zur Individualität zurückzuzwängen, hundertmal schlagen die Wogen eines alldurchschauenden, trostlosen Erkennens über dem wankenden Gebäude von erstorbenen Begriffen zusammen: »Nada« klingt es aus, »Nirwana«, »Nichts«, »Leere«. Das Herz will Folgerungen aus Urteilen, aus »Wahrheiten« ziehen, an die der Kopf nicht mehr glaubt: daraus kann nur Krankheit entstehen, wie aus einem körperlichen Mißverhältnis. Aber die dumpf empfundene Krankheit ist nicht die schlimmste; erkannt erst wird sie doppelt gefühlt; es entspinnt sich eine furchtbare Wechselwirkung zwischen Objekt und Subjekt des Erkennens, zwischen dem Ich, das leidet, und dem Ich, das leiden zusieht. Pascal war vielleicht nie so elend, als da er das Wort schrieb: »Die Krankheit ist des Christen natürlicher Zustand«, und hundert ähnliche Worte hat Amiel über sich geschrieben. Und er leidet so viel, daß er wirklich groß wird, groß durch die »Gabe des Leides«[1], wie ein anderer durch eine starke Leidenschaft, durch irgend etwas Wirkliches und Tiefes. Je höher die Gedanken kreisen, ins Jenseits von Gut und Böse, von Genuß und Qual, desto banger tastet das wunde Herz nach Güte; olympische Klarheit und jedes ruhige, halkyonische Sein schmerzt ihn wie eine Roheit: Goethe hat »wenig Seele, ihm fehlt der glühende Edelmut«… Schopenhauer »entbehrt jeder menschlichen Milde, jeder Sympathie«… Taines Geist empfindet er wie etwas Rauhes, Verletzendes, Unedles.

Trostsuchend bei Wissenden, tastet er in der Erfassung der Wissenschaften von Grad zu Grad: »so scheint die Weltge-

---

[1] Ibsen, »Kronprätendenten«

schichte dem ersten Blick nichts als Unordnung und Zufall, dem zweiten Logik und Notwendigkeit, dem dritten ein Gemisch von Notwendigkeit und Freiheit, bei der vierten Prüfung weiß man nicht mehr, was man denken soll«... und das gilt für jede Wissenschaft wie für die eine. Hier kein Trost, weil keine Wahl; er kann sich nicht entscheiden, nicht entsagen. Ein Fluidum, das keine Temperatur zu kristalisieren vermag: es wird endlich verdampfen. »Wie ein Traum, der beim Morgengrauen zittert und verweht, so verweht von meinem Bewußtsein aufgelöst in Luft all meine Vergangenheit, all meine Gegenwart. Reisen, Pläne, Bücher, Studien, Hoffnungen, alles verwischt sich in meinem Denken.« Er sieht sich selbst zerfallen zu. »Ich vergesse noch mehr, als ich vergessen werde. Lebendig sinke ich sanft in den Sarg. Ich empfinde wie den ungestörten Frieden des Nichtseins und die wogende Ruhe des Nirwana; vor mir, in mir wogt der Strom der Zeit, gleiten unfühlbar die Schatten des Lebens«... er hört, »wie die Tropfen seines Lebens in den Abgrund rieseln«... Er ist der Ruhe so nahe, daß ihn jede starke Willensäußerung, den Willenlosen, mit mitleidigem Schmerz erfüllt: betrunkene Bauern, lärmend in der Nacht, werden ihm zum ekelhaften Bild der im Trug der Maja befangenen Kreatur; sie johlen und kreischen... »Hört ihr, was auf dem Grund dieser Freude liegt? Ein Echo des Satans, die Versuchung sich zum Mittelpunkt zu machen, zu sein wie Elohim, die große Empörung!«... »moi affranchi par le rire, libre comme un démon, moi maître de moi, moi pour moi!« So haben Heilige die Welt angeschaut, Heilige der Thebaïs und des Ganges, Heilige aller Geschlechter, aller traurigen Geschlechter, die Nein sagten zum Leben.

19. April 1881: »Accablement... langueur de la chair et de l'esprit...

Que vivre est difficile, ô mon cœur fatigué!«

Ein paar Tage später ist Henri-Frédéric Amiel gestorben.

MAURICE BARRÈS

»SOUS L'OEIL DES BARBARES« »UN HOMME LIBRE«
»LE JARDIN DE BÉRÉNICE«

I

Es ist beinahe Unrecht, Herrn Maurice Barrès einen homme
de lettres zu nennen, und noch weniger ziemt ihm der Name
Romancier. Er hat nie einen Roman im landläufigen Sinne
geschrieben, er gehört keiner literarischen Clique an; er ist
um Schönheit der Form unbekümmert, er hat fast keinen Stil.
Ihm ist es darum zu tun, seltene, widerspenstige und wichtige
Gedanken klar und verständlich auszudrücken, wo andere
mit Wortmusik und Wortmalerei Stimmungen suggerieren
wollen; er bedient sich der Formel wie der Ziffer, der pedanti-
schen Aufzählung wie des lateinischen Zitats. Er schreibt fast
unmodern, fast unfranzösisch; aber seine seltsamen Bücher,
die nicht reizen und nicht rühren und nicht spannen, haben
ihn sehr berühmt gemacht. Seine seltsamen Bücher bilden *ein*
Werk, enthalten ein System; sein Ruhm ist der Ruhm eines
Philosophen.

Herr Maurice Barrès hat den ehrenwerten und achtbaren
Versuch gemacht, in seine, eines modernen Franzosen, Existenz Klarheit, Einheit, philosophische Lebensauffassung zu
bringen, eine Übereinstimmung zwischen äußerem und innerem Leben herbeizuführen. Der Darstellung dieses Versu-
ches sind seine drei Bücher gewidmet. Was er getan hat,
haben andere vor ihm getan, so die meisten Philosophen des
Altertums, manche Heilige der christlichen Kirche, in gewissem
Sinne auch der Verfasser des »Wilhelm Meister«. Immerhin
bleibt sein Versuch wertvoll und ehrwürdig. Uns pflegt
Glaube und Bildung, die den Glauben ersetzt, gleichmäßig zu
fehlen. Ein Mittelpunkt fehlt, es fehlt die Form, der Stil. Das
Leben ist uns ein Gewirre zusammenhangloser Erscheinungen; froh, eine tote Berufspflicht zu erfüllen, fragt keiner weiter. Erstarrte Formeln stehen bereit, durchs ganze Leben trägt
uns der Strom des Überlieferten. Zufall nährt uns, Zufall

lehrt uns; dankbar genießen wir, was Zufall bietet, entbehren klaglos, was Zufall entzieht. Wir denken die bequemen Gedanken der andern und fühlens nicht, daß unser bestes Selbst allmählich abstirbt. Wir leben ein totes Leben. Wir ersticken unser Ich. Man kann ganz glücklich sein in solchem Leben, aber man ist doch furchtbar elend. Man ist ein Schatten, belebt von fremdem Blut, ein fremder Sklave unter dem Auge der Herren, der Barbaren.

Diesen Zustand nannten die heiligen Väter das Leben ohne Gnade, ein dürres, kahles und taubes Dasein, einen lebendigen Tod. Solches Sein, unser aller Sein, schildert das erste Buch: »Sous l'œil des Barbares«. Es erschien 1888 und ging fast unbeachtet vorüber. Es war nichts als eine Vorbereitung, die erste Stufe eines Lehrgebäudes.

»Un homme libre« enthält die Methode. Es handelt von dem »einen Notwendigen«. Es ist ein regelrechtes Erbauungsbuch. Es ist verwandt mit der »Imitatio« des vierzehnten Jahrhunderts und den »Geistlichen Übungen« des Ignatius von Loyola. Nur, daß es sich nicht an gläubige Christen richtet, sondern an moderne Menschen.

Es ist die Systematik des heutigen Lebens, die Ethik der modernen Nerven. Es lehrt leben. Es hat die Form einer langen Gewissenserforschung, einer psychologischen Beichte. Gebete enthält es und Anrufungen, mit katholischen Formeln sind die Kapitel überschrieben, oratio, meditatio und colloquium gemahnen an eine Klosterregel. Und Klosterleben, das heilige, philosophische, christliche Leben, wonach unklare nostalgie schon lange durch die Bücher fliegt, ist des neuen Lebens, des »freien Menschen«-Lebens Symbol. Es ist die Maske, die Nietzsche rät, auch wohl die Allegorie, wodurch sich Schwerverständliches offenbaren und einprägen soll. »Ich habe meine Methode im Rahmen einer Erdichtung entwickelt und gerechtfertigt. Ich hätte sie gern in irgendwelches Symbol geprägt, sie gerne auf ein paar Bogen gelehrten, dunklen und traurigen Inhalts ausgesprochen. Aber ich wollte nichts als nützen, und ich erwählte die kindlich einfachste Form der Bekenntnisse.«

Der einsame Mensch, dessen Monolog wir lesen, schaut in

sich und will seine Seele erkennen, ganz erkennen vom kleinsten bis zum größten. Er will sie erkennen, bis er sie besitzt,
um sich ein Leben der Herrlichkeit zu gründen, Herr seines
Ich und Wissender seines Empfindens. Er prüft, sein eigener
Arzt, den Leib in ruhigem Erwägen, zu erfahren, was ihm gut
ist. Er prüft seine Seele, sein eigener Beichtiger. 1. Gedankensünden sind die schwersten, denn der Gedanke ist unser wahres Selbst. 2. Gefährlich sind die Sünden des Mundes, denn
unsere Rede wirkt verderblich zurück auf unser Denken. Gefährlich ist es, seine Seele zu verleugnen, und verlangt ein unermeßliches Zartgefühl; denn nur, wenn die Seele sich selbst
setzt und durchsetzt, bleibt sie rein. 3. Leichte Sünde ist die
Sünde in Werken, wofern nur die Gedanken protestieren.
Beichtend und büßend ringt die Seele um die Gnade: die
Gnade ist das Ausleben der Eigenart, der Besitz des Ich. Und
»Traité de la Culture du Moi« ist des Werkes bester Name.
Mittler werden angerufen, erleuchtete Geister, die Teile unseres Wesens ausdrücken, Stimmungen unserer Seele symbolisieren: Benjamin Constant, Fanatiker und Dilettant zugleich,
Sainte-Beuve, der junge, hochmütige, empfindungsfeine der
Joseph-Delorme-Zeit; ein anderes Mal etwa Nero, der gekrönte Schutzpatron des Dilettantismus, oder Ignatius von
Loyola oder Marie Bashkirtseff. Wertvollere Aufschlüsse
gibt dem Ichsuchenden der verwandte Boden, die Geschichte, die Kunst der Heimat. Er durchstreift sein Lothringen und
entdeckt unbekannte Gebiete seiner Seele. Was Lothringens
mittelalterliche Überreste begonnen, vollendet Venedig, die
verwandte Zivilisation. In Statuen und Legenden, Stimmungen und Bildern findet er Licht über sein Selbst, erschließt
sich ihm sein inneres Reich. »Il faut que je respecte tout ce qui
est en moi; il ne convient pas que rien avorte.« Unablässig
steigert und schärft er seine Empfindungsfähigkeit: »mon
âme mécanisée sera toute en ma main, prête à me fournir les
plus rares émotions.« Jeder Stunde eine Sensation, jedem
Nerv ein Schauder, das ist das Ziel des wissenden, des systematischen Lebens.
»Aujourd'hui j'habite un rêve fait d'élégance morale et de
clairvoyance.« Tausend Seelen in ihm, jede der andern fremd,

jede eine Quelle des Genießens, darf er, eine triumphierende
Kirche, hinaustreten ins Leben, ins Säkulum. Die Gemeinheit
der Barbaren kann ihn nicht berühren; denn er weiß, daß die
Taten nichts bedeuten, als was man durch Interpretation hin-
einlegt; er hat keine bleibende Wohnung, er erträgt es nicht,
seine Vergangenheit um sich in tausend Symbolen ausgedrückt zu sehen; er lebt im Heute, fürs Heute. »Stets wachsende Summe empfindender und methodisch beherrschter
Seelen, ich will dein Streben nicht länger schildern; ich werde
nicht aufhören, Dich, o mein allumfassendes Ich, zu erwei-
tern und zu verschönern. Aber geheim, denn meine Lehre ist
vollendet... je me contenterai de faire connaître quelques-uns
des rêves de bonheur les plus élégants que tu imagineras.« So
schließt das Buch der Lehre und verheißt ein Buch der Ausübung.

II

Zweierlei Grundton klingt durch die pantheistischen Monologe des dritten Buches: lebensverneinend der eine, bejahend
der andere; der eine gehört dem Ideenkreise Schopenhauers,
dem Goethes der andere an; wesensgleich und doch grund-
verschieden, tönt der eine durch alle ersterbenden Klagen, der
andere durch alle triumphierenden Erkenntnisse der modernen Menschheit. Jeder hat in Systemen seine Entwicklung, in
unzähligen lebendigen Formeln seinen Ausdruck gefunden.
Den einen, den traurigen, drückt vielleicht am deutlichsten
ein Wort aus Henri Amiels pessimistischem Tagebuch aus:
»La responsabilité c'est mon cauchemar invisible; j'ai l'hor-
reur du meurtre inconscient.« Den andern, den aktiven, cha-
rakterisieren unzählige Worte Goethes: »Der Gott und die
Bajadere« mag für seinen parabolischen Ausdruck gelten; er
gemahnt an die antike pietas, jener andere mehr an das indische Mitleid. Wir Menschen mit sehr entwickelten Nerven
und   geschwächtem   Willen   pflegen   zwischen   beiden
Empfindungsgruppen nicht streng zu unterscheiden. Sie sind
in uns, sie sind der mystische Kern der nationalen, der Volks-

seelenpolitik, werdende Diktatoren und neue Herren rechnen
mit ihnen, sie beseelen Altruismus und Tierschutz, sie drohen
die Kriminalgesetzgebung der Welt durch eine Reform der
Verantwortlichkeitsfrage zu erschüttern, Lombroso hat ihnen lärmenden, Taine höchst weisen Ausdruck gegeben;
Bourgets Werk ruht auf ihnen, Dostojewsky wird von ihnen
beherrscht. Nietzsche hat sie überwunden. Er bekämpft sie.
Philippe (so heißt die monologisierende Seele der drei Bücher
Barrès') ist von ihnen erfüllt. Er fühlt die große Einheit des
Alls, fühlt sich verwandt allen Geschöpfen, berufen alle zu
verstehen; ihn verlangt, dem individuellen Wollen zu entflie-
hen, unterzutauchen ins Allgemeine, aufzugehen im Geist der
Epoche, im Unbewußten, »mitzuschwingen im Rhythmus
des Universums«.

Ein Verlangen bedarf des Objekts; das System heißt ihn nach
dem geeignetsten suchen, damit nichts von der lebendigen
Kraft des Inneren verlorengehe, kein Schwung ungenützt,
kein Enthusiasmus ungenossen ersterbe. »Une force s'était
ainsi amassée en moi… où la dépenserai-je?« Er ist erfüllt mit
Hochachtung vor allem Instinktiven und Ursprünglichen,
vor dem Volkstümlichen, den ungezügelten Trieben, den natürlichen Bedürfnissen, der natürlichen Entwicklung. Und
es gibt eine volkstümliche Entwicklung, die man fördern,
eine populäre Strömung, in der man sich gesundbaden, eine
nationale, unbestimmt strebende, instinktiv tastende Partei,
der man sich anschließen kann: Philippe wird Kandidat des
boulangistischen Parteiprogramms, wie er unter andern Verhältnissen Sozialist geworden wäre oder Volontär der Heilsarmee: »en ne mettant dans ces besognes que la partie de moi-
même qui m'est commune avec le reste des hommes«, ohne
das Heiligtum seines Ich den Barbaren preiszugeben, und
»uniquement pour dépenser la force amassée en moi«. Das
Land, dessen ehrwürdige Entwicklung er wahren, dessen
stumme Wünsche er deuten, das er von unnatürlichen Re-
formen und von einer brutalen Durchschnittsbehandlung befreien will, ist ihm ein Bild der eigenen, den Händen der Barbaren entzogenen, befreiten Seele. Das Rhôneland, das alte
Arelat ist das *Objekt*.

Charles Martin, der »Widersacher«, ist eine Verkörperung des feindlichen Prinzips, in der Mitte zwischen snob und Bildungsphilister. Er repräsentiert den »aufgeklärten Mittelstand«. Egalisierungssucht und borniere Mittelmäßigkeit, Eigendünkel, die »große Leichtfertigkeit des Schematisierens«, alles was wir hassen. Er ist der republikanische Gegenkandidat des Boulangisten Philippe; ihm feindlich wie die Idee der Katze der Idee des Hundes. Ihr Ringen um die Gunst des Landes spiegelt sich in Nebenbuhlerschaft um die Gunst einer Frau.

Wie die Naturgottheiten der Anfangspoesie, des Mythos, wie die Verkörperungen der flüsternden Bäume und der plätschernden, lachenden Wellen, wie die Trägerinnen lokaler Poesie, die lebendig gewordenen Symbole einer lokalen Stimmung, eines Zeitgeists... eine Schwester der Najaden und Dryaden, der Loreleien und Melusinen: so ist Bérénice entstanden, die Herrin des Gartens, die projizierte Seele des Landes. Sie ist die Verkörperung alles Unbewußten, Melancholischen und Zarten, was da in der Luft liegt. Von ihrem Garten getrennt, würde sie unverständlich, ein blutleeres Phantom: Lorelei kann den Felsen nicht entbehren, Melusine nicht den Quell, mit dem ihr Wesen eins ist.

In einem Landesmuseum, einem Bilderbuch der nationalen Entwicklung ist sie, ein blasses, frühreifes Kind, aufgewachsen. Zarte, verblichene Farben und gebrechliche, ehrwürdige Dinge haben ihrem Wesen den Duft gegeben. Ihr Lächeln ist ein feines und seltsames Kunstwerk. Ihre Puppe war eine vergoldete Muttergottes, gemeißelte Affen ihre Lehrer im Weltlichen. Ihre frühe frauenhafte Seele übersetzte die Dinge in Empfindungen. Sie hat eine unbestimmte melancholische Sehnsucht nach einer fernen Vergangenheit.

Eine solche zarte und rätselhafte Harmonie mit der Umgebung erinnert an die Pflanzenentwicklung Virginies unter den Zweigen des Tropenwaldes; es ist Virginie, versetzt in die parfümschwere Atmosphäre fanierter, künstlicher und seltener Dinge, wie Baudelaire sie liebt.

Sie bewohnt ein kleines Haus an der Landstraße, wie eine Märchenprinzessin; ihr Geliebter hat es ihr geschenkt, ihr Geliebter ist gestorben, und sie weint um ihn. Er hat ihr die Gabe des Leidens hinterlassen, die eine Verklärung ist. Monsieur de Transe nennt ihn das Buch, den Quell der Qualen, und das Haus, wo sie weint, heißt Aigues-Mortes: es ist Stimmungssymbolik in allen Namen, das ganze Buch hindurch, dem »Teuerdank« vergleichbar oder dem »Pilgrim's Progress«.

Fieberduftige Teiche umgeben Aigues-Mortes, das blasse Haus der Berenike; unter den hageren Bäumen des Gartens (Stil der Miniaturen zu Handschriften des »Roman de la Rose« oder der »Miracles de Notre Dame«) grast ein Esel mit wehmütigen Augen, kleine ängstliche Enten um ihn. Die schweigende Landschaft atmet vages Leid. Sie hat die unsäglich zarten Farben venezianischer und holländischer Stimmungsbilder: das Gelb toter Blätter, Teichgrün, Violett, Braunrot, vieux rose.

In gleichgetönten Farben tritt uns Bérénice entgegen: sie ist eins mit ihrem Garten, jedes des anderen Bild und Symbol, und ihr Garten ist alles Land. Darwinscher Einfluß auf die Poesie, Mimikry, Determinismus, Zolas u. a. Milieutheorie fliegt uns hier durchs Gedächtnis.

Für Philippe ist die ganze Welt nur eine ideologische Karte: ein Schlüssel der Analogie, der ihm sein Inneres deuten hilft: Bérénice und ihr Garten sind ihm, dem Erkennenden sub specie aeternitatis, der Typus einer bestimmten Kulturepoche. Sie repräsentieren ihm ein Mittelalter, das in ihm war vor dem Einfall der »Barbaren«. Er verehrt in ihnen die einheitlich ungebrochene Entwicklung, die Harmonie mit der Vergangenheit, die Naivetät der Stimmung, die er selbst verloren hat. Bérénice und ihr Garten verkörpern ihm ein in die Vergangenheit verlegtes Ideal, ein verlorenes Paradies. Bourgets nostalgie du passé, Lotis, Jacobsens Kult des Gedenkens klingen an. Er liebt sie mit wehmütiger Liebe, wie man das Gedächtnis seiner Kindheit liebt. Er möchte sie trösten, aber ihr Schmerz ist ihm ein Quell der Stimmungen: sein Stilgefühl bangt vor dem Versiegen der Gabe des Leidens, die Bérénices mystische Schönheit ausmacht. In ihren Augen *muß* Trauer sein, Heimweh nach einem verlorenen geliebten Glück, la vague souffrance de l'inconscient: in der ersten Stunde, wo sie lacht, wo sie aus ihrem Stil fällt, hört sie auf, ein elegantes und stimmungsvolles bibelot seiner inneren Einrichtung zu sein. Er erhält sie also künstlich in der Stimmung, die ihm die Stimmung des Gartens, des Landes darstellt, die allein das würdige Objekt seiner Liebe ist; er vertieft und erfrischt ihren Schmerz um François de Transe mit allen raffinierten Mitteln der »Methode«, mit der ganzen Mnemotechnik der Sensationen, welche die culture du moi vorschreibt.

Potentielle Liebe, angesammelte Fähigkeit zu empfinden, bedarf des Akkumulators, um sich selbst zu genießen: Liebe als Zustand will Liebe als Neigung werden und konstruiert sich ein Objekt der Neigung. Das Verfahren ist allgemein in Anwendung: die Systematisierung ist neu.

Die Neigung selbst schwankt wieder zwischen Goethescher Religion der Harmonie mit der gesunden Natur und indisch-christlichem Kult des Leidens.

Philippe ahnt ein Aufgehen im All-Erkennen, wo sich die traurigen Tiere, Bérénice und ihr Garten, ja selbst der »Widersacher« als Stufen einer einzigen durchlaufenen Entwicklung enthüllen. Das stumm sehnende Land, das unklare Leiden in Bérénice scheinen eines Vertrauten zu bedürfen, eines sehenden Interpreten der eigenen dumpf keimenden Entwicklung. Man wird an Wilhelm Jordan[1] erinnert, auch etwa an Jakob Böhme oder an eine Stelle bei Augustinus: »Arbusta formas suas varias sentiendas sensibus praebent, ut, pro eo quod nosse non possent, quasi innotescere velle videantur.«[2] Und er flüchtet ins Ewige, »teilhaftig der großen und allgemeinen Liebe«, er erreicht den erhabenen Egoismus, der alles umschließt, »qui fait l'unité par l'omnipotence«. Ihm sind die Menschen und die Dinge »des émotions à s'assimiler pour s'en augmenter«; sein Selbst erlischt, jede individuelle Leidenschaft erstirbt: das Ich, Möglichkeit alles Empfindens, wird zum Ich, Totalität alles Erkannten. Das Werk ist abgeschlossen. Wenn Herr Barrès sich nächst einer Prüfung dieses

[1] »Strophen und Stäbe«: »Der Dichter und die Pflanze«
[2] »De civitate Dei« XI. 27. Bei Schopenhauer, »Welt als Wille und Vorstellung«, Drittes Buch

Werkes mit Herausgabe der »Geistlichen Übungen« des Ignatius beschäftigt, wenn Maurice Maeterlinck einen christlichen Mystiker des Mittelalters erweckt, wenn Leo Tolstoi und ein unbefangener deutscher Offizier gleichzeitig auf das »eine Notwendige« hinweisen, so beweist das nicht, daß die Welt christlich werden will, wohl aber, daß sie sich nach dem Erkennen des Zieles sehnt, zu dem der Autor der »Anna Karenina« und der Autor der »Nachfolge Christi«, zu dem Herr Barrès und Herr von Egidy, Clemens Alexandrinus und Platon, der Sohn des Ariston, gleichwertige Führer sind.

Denn dieses Wort des Barrès könnte aus jeder Seele gesagt sein: »Je suis perdu dans le vagabondage, ne sachant où retrouver l'unité de ma vie.«

ENGLISCHES LEBEN

MEMOIR OF THE LIFE OF LAURENCE OLIPHANT AND OF
ALICE OLIPHANT, HIS WIFE.
BY MARGARET OLIPHANT W. OLIPHANT

I

»Altiora peto«
Wappendevise der Oliphants of Condie

Im Herbst 1888 starb, in freudiger Gottergebenheit, die Worte eines Quäkerliedes auf den Lippen, Laurence Oliphant, einer der außerordentlichsten Engländer des Victorian Age, das nun zu Ende gehen will, ein Gentleman und ein Fanatiker, ein furchtloser Abenteurer und ein verwegener Satiriker, Journalist und Religionsstifter, Gesandtschafts-Attaché, Prophet, Politiker...

Mrs. Margaret Oliphant, die bekannte Romanschriftstellerin, hat die Geschichte dieses Lebens geschrieben, und dieses Buch ist von England aufgenommen worden wie keine zweite Biographie seit jener höchstberühmten des George Stephenson von Smiles (1857), die ein Volksbuch geworden ist neben Bibel und »Robinson«. Ist diese englischem Sinn unschätzbar als Beispiel, »wie eine große Idee, getragen von eiserner Willenskraft, über öffentliche Unwissenheit, Vorurteile und privilegierte Interessen triumphiert«, so bietet anderseits das Leben Laurence Oliphants buntesten Reichtum von historischen, sozialen und religiösen Ereignissen, Tatsachen, »facts«, mit einem tiefen und bedeutungsvollen geistigen, das heißt auf englisch: religiös-moralischen Hintergrund.

An dem großen Ruhm des Buches hat die Verfasserin sehr geringen Anteil. Das Material, private und offizielle Dokumente, überreiche autobiographische Einzelheiten in Oliphants Büchern, Broschüren und Zeitungsartikeln, mußte ihr, der Verwandten, doppelt leicht zugänglich sein. Ihr Geschick, Ereignisse zu erzählen, ist nicht hervorragend, dafür mißversteht sie kompliziertere Seelenvorgänge und interpretiert sie

gemein, »populär« und gedankenlos. Sie ist ebenso langweilig wie oberflächlich, vereinigt also das Angenehme mit dem
Nützlichen. Aus beneidenswerten persönlichen Beziehungen
zu Laurence hat sie künstlerisch so gut wie nichts zu machen
verstanden. Ihre fünfundvierzig Romane und Novellen sollen auch in Deutschland viel gelesen werden: hoffentlich nur
von English nurses.

Außerdem hat sie sich mit der großen Unbefangenheit der
Höchstmittelmäßigen an die Lebensschilderung der folgenden tiefen und stets unfaßbaren Menschen gemacht: Francis-
cus von Assisi – Dante – Molière – Cervantes – Rev. Edward
Irving, der große Prediger – und Montalembert. Im übrigen
ist sie gewiß eine treffliche, wohlwollende und belesene Frau,
und es mag keine edeldenkendere Präsidentin humanitärer
Klubs und moralischer Meetings geben als Margaret Oliphant W. Oliphant. – In ihrem letzten Buch aber hat England
sich selbst erkannt, und darum preisen sie es und lieben es und
stellen es unter die »good books«, dahin, wo die zarten und
edlen Verse Tennysons stehen, und die treffliche Gemeinmo-
ral des trefflichen Smiles, und die gottselige »Weite, weite
Welt«, der gottseligen Elisabeth Wetherell, wo aber kein
Platz ist für die hehre geächtete Hoheit Shelleys, noch für
Swinburnes glühende, prangende Pracht, noch auch für deine
hohe Satire, William Makepeace Thackeray!

Denn Englands Geist geht ganz durch dieses Buch: all seine
großen Namen klingen da, und der unendliche Schauplatz
offenbart Englands ganze umfassende Weltpolitik: Disraeli,
der große Rhetor, und Faraday und Owen, die großen Forscher, Lord Raglan, der Varus des Krimkrieges, und Speke,
der Entdecker der Nilquellen, und Gordon, der Märtyrer von
Khartum, heute dem Volk eine Legende, den Mächtigen ein
böser Schatten, und Madame Blavatsky, heute eine Sensation
von gestern, und der Prinz von Wales – heute noch immer
Prinz von Wales –, das sind die Statisten der großen Pantomime, und im Hintergrund ist Krimkrieg und Kanton, Se-
poy-Aufstand und Reform-Bill.

Und neben den großen Staatsaktionen stehen zierliche Gen-
rebildchen: englisches Familienleben, *ihr* bestes Kunstwerk,

das lichte Lachen junger Mädchen, die unübersetzbaren Reize des home, der gentility. Der Vergleich mit dem cäsarischen Rom drängt sich auf: hier wie dort eine Aristokratie, die es verstanden hat, sich den Forderungen der Zeit anzupassen: eine Clique, die so groß ist, daß sie es nicht notwendig hat, engherzig zu sein, und die wirklich zu herrschen verdient, weil sie alle Herrschergaben in sich vereinigt: den Landbesitz, der die Fühlung mit dem Volk, und die Verwaltungsstellen, welche die universellste Erziehung bedeuten, die natürliche Führerschaft in politischen und die erworbenen in praktischen Fragen.

Alle glänzendsten Eigenschaften dieser Aristokratie, der er – einem alten bescheidenen Geschlechte schottischer Landgentlemen entsprossen – angehört, vereinigt Laurence Oliphant: die eiserne Willenskraft und niegeschwächte Elastizität, die vollkommene Beherrschung des Körpers, Selbstvertrauen, den scharfen, schnellen Blick und den glücklichen, durch lange Geschlechter gezüchteten Katzeninstinkt, »immer auf seine Beine zu fallen«. Dazu die nützliche Gabe einer nach außen gewandten Seele, jedermann zu gewinnen. Der seltsame Zauber, dem junge Mädchen und alte Männer, Fürsten und Politiker unterliegen, war dem blutjungen Privatsekretär von 1854 eigen und ist dem greisen Propheten eines weltfremden Glaubens von 1885 geblieben. Er kennt seine Kraft und kokettiert mit ihr, wie jeder Mensch mit seinen Kräften und die feineren auch mit ihren Schwächen. Zwischen einer Tigerjagd und einer Weltreise verrückt er irgendeinem kleinen Mädchen in irgendeiner Kolonie den Kopf; im Kanonendonner einer Belagerung arrangiert er einen Ball. Der berühmteste Kenner auswärtiger Politik, einer der glänzendsten Schriftsteller des Tages, war er gleichzeitig auch der tadelloseste Dandy in wirklich großem Stil. Daß die Königin ihn nach Windsor reisen läßt, um sich von ihm die schleswig-holsteinische Frage erklären zu lassen, macht ihm nicht so viel Vergnügen, als daß er ein Ereignis von Hydepark und Piccadilly geworden ist. Er hat Ehrgeiz, einen unbestimmten Drang, nicht so sehr etwas zu bedeuten, als zu glänzen. Er sucht nach der zeitgemäßen Reise, dem Stoff für ein Buch, das

Lärm machen muß. Auf augenblickliche Geltung ist es ihm
abgesehen. Es ist etwas fieberhaft Treibendes, dämonisch Gärendes in dieser Entwicklung: ein titanischer Durst nach Aufregung, nach aktivem Leben, nach äußerem, tätigem Heldentum, nach Lärm, nach Kampf, nach dem Getöse der Menge.
»A life made up of excitement and reaction«, das ist das dritte
wahrhaft Englische an ihm. Darin ist er den Größten seines
Volkes verwandt, Byron, Swift, Christopher Marlowe, düsteren und gewaltigen Geistern, deren Element der Kampf
war, ihr Leben ein unausgesetztes Bacchanal von inneren und
äußeren Kämpfen, tollen lyrischen Wirbeln, erhabenen und
grotesken Gedanken, gigantischen Dramen, ein fortwährendes Anspannen der Kräfte und ein Genießen dieser Spannung.

Das Durchfliegen ungeheurer Entfernungen, die Aufregung
der Gefahr, die Sensationen, welche die Dinge gewähren,
sind ihm Bedürfnis.

In Ceylon als der Sohn eines hohen englischen Beamten geboren, lernt er, noch fast ein Knabe, die Genüsse der Jagd in
den Dschungeln kennen. Mit zwanzig Jahren ist er der Jagd-
gefährte eines indischen Prinzen; viertausend Mann mit Elefanten, Kamelen, Pferden, darunter auf buntem Palankin die
dreizehnjährige Braut des Rajah, in einem Mangohain gelagert. Dann die Jagd selbst, dahinfliegend auf hundert brüllen-
den Elefanten, ein Jäger und ein halbnackter mahout auf jedem, jetzt an die croupe geschmiegt vor dem Anschlag der
Zweige, jetzt emporschnellend... das ist die Sensation seines
ersten Ausfluges. Nein, nicht des allerersten. Ein paar Jahre
früher durchreist er mit seinen Eltern, drei gravitätische in-
glesi in mail-coach, wie sie auf unzähligen Farbendrucken des
Vormärz in Landhäusern hängen, das stürmisch erregte Italien von 1849. In den Straßen Roms schlendernd, schließt er
sich einem Pöbelhaufen an, der brüllend und pfeifend vor die
Österreichische Gesandtschaft zieht. Sie legen die Leitern an,
reißen das Wappen herunter, das bald auf einem Scheiterhaufen flammt, und umtanzen es mit verschlungenen Händen und gellendem Geschrei, Laurence immer unter ihnen,
sinnlos vor Freude und Aufregung. Dazwischen liegen Sta-

tionen in Paris, in Colombo, in London und auf den Landsit-
zen anderer Oliphants in Schottland; Rudimente von Erziehung, viel Bälle und Picknicks, eine Vorstellung bei Hof...
eine kurze Advokatenpraxis bei Papa in Ceylon, eine noch
kürzere in Edinburg. Dann durchreist er mit einem Gefährten
Rußland: »Das einzige Land in Europa, über welches man
jetzt gerade schreiben kann.« Denn er hat sich frühzeitig angewöhnt, »seine Eindrücke zu verwerten«. Er macht also Bücher: Schilderungen seiner Abenteuer, »Episoden«, Reisebe-
richte, ethnographische und politische Skizzen... leicht faßlich, lebendig und nützlich. Er hat den praktischen Blick, den
Sinn für das Zeitgemäße und Vorteilhafte, den die Engländer
von ihren Vorfahren in der großen Diplomatie, den Römern,
geerbt haben. Der Gegenstand seiner Schriften ist Tat, nicht
Theorie.

Er schreibt nicht, um Stimmungen seiner Seele in fein abgetönte und bezeichnende Worte zu kleiden, nicht um subjektive Wahrheiten in prächtigen, bunten Bildern zu offenbaren;
– er will nützen, lehren, unmittelbar wirken. Er steht auf fe-
stem Boden, er hat ein Ziel im Auge; stets wirbt er Anhang
für irgend etwas Handgreifliches, Praktisches: einen Kriegsplan, einen Kolonisationsentwurf, eine »absolute« moralische Wahrheit, ein Religionssystem. So ist sein Buch über
»Die russischen Gestade des Schwarzen Meeres«. Man steht
unmittelbar vor dem Krimkrieg. Er hat die Krim durchzogen, hat sich Notizen und Zeichnungen gemacht, die gerade
in diesem Augenblick unbezahlbar sind. Er hofft auf eine
offizielle Anstellung in der unmittelbaren Nähe des Höchst-
kommandierenden. Man versäumt sie ihm zu geben. En attendant geht er in einer halboffiziellen Stellung nach Amerika,
trinkt die konservativen Senatoren im geheimen Auftrag seiner Regierung unter den Tisch, ist ein paar Augenblicke lang
Chef des Indianischen Departments, orientiert sich in fabel-
haft kurzer Zeit über die schwierigsten Fragen der inneren
amerikanischen Politik und veröffentlicht ein Buch, in dem er
Dinge, die kommen werden, Sklavenfrage und Bürgerkrieg,
mit taciteischem Scharfblick voraussagt. Er kehrt zurück,
und da die offizielle Stellung noch immer auf sich warten läßt,

geht er als »Times«-Korrespondent nach Sebastopol, wo er auf eigene Faust einen besseren Kriegsplan durchsetzen will, den Generalstab, den Herzog von Newcastle, die türkischen Offiziere verblüfft und sich freiwillig, sinnlos fortwährender Todesgefahr aussetzt.

Dann wird er nach China geschickt, sieht auf der Hinfahrt eine Szene des großen indischen Aufstandes, nimmt an einem Streifzug vor Kanton teil und ertrinkt beinahe. In Japan arrangiert er noch schnell einen Missionsball und hilft einen Handelsvertrag schließen. Dazwischen England, Italien, Montenegro in unglaublicher Geschwindigkeit und mit einem rätselhaften flair für Ereignisse, die in der Luft liegen. Nach Japan zurückgekehrt, wird er mit den übrigen Mitgliedern der Legation beinahe das Opfer einer politischen Intrige.

Der nächtliche Kampf mit gedungenen Mördern ist vielleicht die stärkste Sensation dieses reichen Lebens. »Wie ich über die Schwelle meines Zimmers trete, von verdächtigem Geräusch geweckt, fällt das unbestimmte Licht meiner Lampe über eine hohe schwarze Gestalt, undeutlich, gespensterhaft; sie hatte eine Maske vor dem Gesicht und schien gepanzert... Er hatte ein langes Schwert und ich nur eine Hetzpeitsche. Während ich in dem engen Raum seine Hiebe abzuwehren suchte, schrie ich laut und gellend. Ich fühlte, daß er mich an der Schulter verwundete. Dann wurden Türen aufgerissen und Pistolen abgefeuert.« – In ein paar Wochen ist Oliphants Wunde geheilt. Trotzdem verläßt er den diplomatischen Dienst, weil das Avancement nicht rasch genug ist. Nichts ist ihm unerträglicher als warten. Der Durst nach Aufregung treibt ihn von London nach dem Kontinent. In Wien begegnet er dem Prinzen von Wales und begleitet ihn nach Korfu; von dort geht er nach Albanien, von dort nach Polen, wo der Ausbruch des Aufstandes ihn zu finden hoffen läßt, was er sucht. Den Nachstellungen der Kosaken mit Mühe entronnen – denn es ist ihm in kürzester Zeit gelungen, sich zu kompromittieren –, durchfliegt er die Moldau, dann Deutschland und sucht die brennende Frage Schleswig-Holstein besser zu verstehen, als die »Herren im Londoner Auswärtigen Amt«.

Dann kehrt er endlich nach London zurück und schöpft einen Augenblick Atem: der Triumph ist berauschend, wie das Ringen berauschend war. Die Königin erbittet seinen Rat, die Zeitungen liegen ihm zu Füßen, mühelos erlangt er einen Sitz im Parlament. Man erwartet, daß er Minister werden wird. Man erwartet, daß er eine Partei bilden wird. Man erwartet alles von dem Mann, der die erste Autorität des Landes für auswärtige Politik ist, den mit allen Besten Freundschaft verbindet, dessen kleinster Aufsatz mit den großen Pamphleten von Swift und den Juniusbriefen verglichen wird. Man erwartet umsonst. Eine Seite seines Lebens, die heldenhafte, tatkräftige, hatte sich ausgelebt. Die andere, nicht minder englisch, soll zur Geltung kommen. Der Held stirbt nicht, aber er verwandelt sich in einen Fanatiker. Er hört auf, überall nur die Befriedigung seiner starken ungebändigten Triebe zu suchen. Er sucht den, der von sich gesagt hat: »Ich bin der Weg, die Wahrheit und das Leben.«

II

In diesem Augenblick verwirrenden Erfolges, blendenden Ruhmes – in einem Griechen wäre da der hochmütige Rausch erwacht, die Hybris, die aller Tragik Anfang ist – schreibt Oliphant das Buch, das sonst die Enttäuschten, die Verbitterten und die Beschimpften schreiben: eine Satire. Die Welt liegt ihm zu Füßen, und er gibt ihr einen Fußtritt. Er findet die Trauben sauer, *obwohl* sie ihm serviert werden. Mit nervösen, rücksichtslosen Fingern wühlt er im englischen Leben und wirft cant und snobism, Werkheiligkeit und Scheinheiligkeit, »des Teufels Lieblingssünden«, und noch ein paar englische Nationalsünden und ein paar Modesünden auf einen artigen Haufen zusammen und nennt das »Piccadilly«, nach einem eleganten Stadtquartier. »Piccadilly« entbehrt der brutalen Kraft, die in den Satiren von Swift und Byron tobt; auch mit den ganz großen Pamphletisten, wie Paul-Louis Courier und Maximilian Harden, ist Oliphant nicht zu vergleichen an hinreißender, funkelnder und eleganter Gewalt. Aber es ist ein

hübsches, lebhaftes und ehrliches Buch. Damals, 1865, empfand man es sogar als ein sehr starkes Buch. Gegen das Ende
des Buches taucht eine rätselhafte Gestalt auf: ein fremder
Mann, den keiner versteht; eine vage, geheimnisvolle Ahnung weht um ihn und er spricht dem Helden von einem
»besseren Leben«. Sein Tritt, heißt es, ehrt das Pflaster, sonst
von geschäftigen Toren getreten. *Ein* Gesunder wenigstens
ist nun darüber hingegangen. Und der Held lauscht den Worten der Weisheit, die von den Lippen des Größten fallen, des
Heiligen, der aber noch im Dunkeln ist und unbekannt sein
Namen im Lande. Der Heilige heißt Thomas Lake Harris,
Prediger und Stifter einer obskuren, swedenborgisierenden
Sekte. Seine Brudergemeinde lebte in evangelischer Güter-
gemeinschaft und in den Formen, die auch Tolstoi lehrt, in einem Dorfe des nördlichen Amerika. Er war der Autor einiger
dunklen und schwerverständlichen Predigten und eines religiösen Epos: »Die große Republik. Ein Gedicht von der Sonne.«

Dieser Mann gewann über Laurence Oliphant die rätselhafte
Gewalt, deren Wirkungen wir in den Taten großer Heiliger
und großer Schwindler bewundern. Harris war vielleicht
beides, denn er war keines ganz. Es mag seltsam scheinen, daß
er niemals ein Ereignis geworden ist, daß niemals Massen seinem Messiasruf oder seinen hypnotischen Künsten folgten,
während er einem Laurence Oliphant Führer und Verführer
der Seele, absoluter Herr und Stellvertreter des lebendigen
Gottes werden konnte.

Aber ob er nun ein Psychagoge war wie Sankt Paul, der Hei-
denapostel von Gottes oder, wie mancher andere, von des
Großkophta Gnaden, gerade Laurence Oliphant war reif, ihm
zu erliegen. Der Vater eine ängstliche Bekennernatur, ein
Virtuos der Gewissensfeinheit, die Mutter eine schöne Seele,
mystischem Sehnen nicht fremd: davon kann bald ein Fanatiker sein.

Und hat nicht Nietzsche das hübsche Wort gesprochen: »Der
Fanatiker ist ein nach innen gewandter Krieger?«

Erzeugt nicht der gleiche Drang des tätigen Lebens die großen Kämpfer und die großen Märtyrer, ist nicht eins die Or-

gie des Sieges und die Orgie der Selbstverstümmlung, gibt
es nicht eine Wollust des Kniens neben der Wollust des Herr-
schens? Stehen nicht neben Titanen der Tat wie Marlowe und
Byron und Warren Hastings die heiligen Schatten von Bun-
yan, Knox und Taylor, mit dem bitteren Hochmut der Auserwählten oder dem einfältigen Lächeln der Gottseligen? Ist
nicht Cromwell beides in einem?...

Fachgelehrte, Forel in Zürich, Bernheim in Nancy, Richet in
Paris, haben den beliebten Irrtum zurückgewiesen, daß gesunde und nervenstarke Menschen der Einwirkung fremden
Willens minder unterlägen als nervenschwache und über-
empfindliche. Im Gegenteil: die meisten Anekdoten über
Fälle von Willensübertragung und dergleichen in dem interessanten Buch von Gurney (»Phantasms of the Living«) handeln von ehrenfesten Missionsbischöfen, Arbeitern und Ka-
vallerie-Offizieren, und in den Berichten der Society for Psy-
chical Research gibt es ebensoviel D. D., M. P. oder R. N. als
hysterische Frauen oder nervöse Literaten.

Oder der Fall Crookes. Darüber hat Anatole France einmal
reizend geplaudert, in seiner unnachahmlich graziösen Mon-
taigne-Bonhomie. Mr. William Crookes, Mitglied der Königlichen Naturforschergesellschaft, ist ein großer Gelehrter.
Er hat Erd- und Sonnenspektrum geprüft, er hat sinnreiche
Vorrichtungen erfunden, um das Licht zu messen, ja beinahe
könnte man sagen, zu wägen; er hat den Mond photogra-
phiert und das Thallium gefunden; er glaubte sogar, eine neue
Form der Materie gefunden zu haben, die er den Strahlungs-
zustand nannte. Trotz alledem war er nicht froh. Ihm fehlte
etwas. Er träumte einen Traum. Einen ganz unwahrscheinli-
chen, unsinnigen, unmöglichen Traum, nie zu verwirklichen.
Und er hat ihn verwirklicht: er sah einen Geist, berührte ihn,
nannte ihn Katie King und liebte ihn. Ja, Herr William
Crookes, Mitglied der Royal Society, lebte sechs Monate
lang ein Leben der respektvollen Galanterie mit einem
reizenden Phantom. Das rätselhafte Wesen ließ sich von
seinem gelehrten Verehrer photographieren, und er nahm
44 Platten auf.

Wer aber nicht so glücklich ist, eine von den 44 Platten mit

dem blonden, reizenden und traurigen Profil Katie Kings gesehen zu haben, der kann, wenn er will, aus Katie King ein
Symbol machen. Ein Symbol alles Rätselhaften, das verlockt.
Ein Symbol des menschlichen Sehnens nach dem Ungreifba-
ren, ewig Verborgenen. Ein Symbol des ewigen, unsterblichen, des notwendigen Aberglaubens, des sinnlich-übersinn-
lichen Durstes nach dem Wunder, nach der Unlogik, der gerade die sehr positiven, sehr logischen und sehr klaren Menschen unwiderstehlich befallen mag. Und daran könnte man
eine sehr zeitgemäße Betrachtung knüpfen über die Reaktion
der Traumwahrheit gegen die Mikroskopwahrheit, und man
könnte sogar auf eine seltsame Bewegung in Frankreich zu
sprechen kommen und am Ende gar auf Herrn Hermann
Bahr und sein längst nicht mehr neuestes Buch.
Solch ein Fall Crookes oder, was dasselbe ist, ein Fall Balsa-
mo, Zinzendorf, Mesmer oder Blavatsky ist der Fall Oli-
phant-Harris. Der große Journalist, der Mann der Zukunft,
der Abgeordnete für Stirling, der Kosmopolit Laurence Oliphant warf seine Gegenwart und Zukunft hin und folgte in
ein schmutziges amerikanisches Dorf dem obskuren Prediger, den er in mystischen Andeutungen als seinen Meister
verherrlichte. Ein paar Jahre lang lebte er im Schoß, im Dienst
der Gemeinde, in demütigem Dienst, als Handwerker, als
Gärtner, als Kutscher, dem Meister gehorsam, den Brüdern
dienstwillig, der Welt verschollen. Dann sandte ihn der Meister aus: nach New York zu dunkeln Geschäften, aus denen er
eine sehr lebendige Kenntnis von Börsenkunst und Bankkor-
ruption mitbrachte, den Gentleman, den Attaché unter inter-
nationales, sehr kompromittierendes Gesindel... ein andermal nach dem Kontinent, ein andermal nach Kalifornien. Es
war eigentlich ein einfacher Tausch: Thomas Lake Harris gab
Laurence Oliphant einen Lebensinhalt, eine Aufgabe, eine
Last, einen Sinn des Seins; und Laurence Oliphant gab Thomas Lake Harris seinen großen Verstand und seine zähe Kraft,
sein Vermögen und das seiner Frau und das seiner Mutter,
seinen Gehorsam und den seiner Frau und den seiner Mutter.
Oliphant schreibt und reist und spielt eine seltsame Doppel-
rolle und verwundert alle Welt und arbeitet rastlos, von dem

fernen Meister durch ein Wort gelenkt, gekräftigt oder gelähmt.

Die beiden Frauen, jenseits des Ozeans, waschen Taschentü-
cher für die Gemeinde. Der Meister trennt sie immer aufs
neue: jedes irdische Band schwächt den unmittelbaren
Einfluß göttlicher Kräfte, unter dem die Gemeinde steht. Wer
einem Heiland folgt, der läßt Vater und Mutter und Bruder
und Schwester und Weib dahinten...

Ein Zufall zerreißt das Band, das des Meisters unbeugsame
Härte fast unerträglich fest geschlungen hat. Oliphant sieht
einen Ring, den er seiner Mutter abgenommen, um auch ihn
dem Gemeindegut zu opfern, an der Hand einer Dienerin im
Haus des Meisters. Unter dem Bruch stirbt die Mutter. Ein
Advokat hat später einen Teil von Oliphants und seiner Frau
Vermögen gerettet.

Oliphant hat nie in eine Verfolgung des gefallenen Propheten
gewilligt; und die Gemeinde selbst, ihr Ziel, »das Leben zu leben«, die heilige Formel blieben ihm heilig.

Neben seinem rastlosen Verlangen nach der Tat steht jetzt
seiner Frau milde englische Sehnsucht, wohlzutun, ein frauenhaftes Verlangen nach Werktätigkeit, nach Helfen, Trösten, Lehren, Lindern.

Es ist jener höchst ausgebildete Altruismus, jenes Evangelium von der Pflicht jedes gegen jeden, die feste Grundlage
der modernen englischen Zivilisation, als dessen Apostel
Laurence und Alice Oliphant Europa durchwandern, seltene
Agitatoren, ein ehemaliger Diplomat und eine schöne, blonde, elegante Frau, für russische Juden und allerlei anderes
schmutziges, aufregendes Elend, über das man sonst lieber
schweigt. So waren sie, glaube ich, auch in Wien, so erinnern
sich ihrer polnische Schlösser und halbasiatische Dörfer.

Unbestimmte, weittragende Pläne führen zu einem bescheidenen romantischen Resultat; im Lande Gilead, am Fuß des
Karmel, gründen die Oliphants eine schlichte Brüderge-
meinde nach dem Vorbild jener amerikanischen. Aus armen
deutschen Handwerkern, russischen und rumänischen Juden,
Drusen und Tempelbrüdern, syrischen Konvertiten und va-
terlandslosen Frommen bildet Oliphants Gabe der Organisa-

tion etwas Lebendiges, einen kleinen theokratischen Staat, mit komplizierten Pflichten, werktätiger Frömmigkeit und moralischer Aristokratie; ein England im kleinen...

Und Englands Geist ist ganz in diesem Buch mit seinem Reichtum und seiner Beschränktheit, entbehrend der höchsten Höhen und der tiefsten Tiefen.

Und Taines großes Buch ist immer noch lebendig, und hie und da in Nietzsches »Völkern und Vaterländern« steht die Philosophie davon.

FERDINAND VON SAAR,
»SCHLOSS KOSTENITZ«

In dieser großen Ausstellung im Prater waren unter vielerlei bunten Dingen auch gewisse einfache und bescheidene Reliquien, die für den Blick der Fremden wenig Reiz haben mochten, zu unseren Augen aber vertraulich und rührend redeten. Sie schufen in uns diese wehmütige, leise Sehnsucht, wie wenn man an Kindertage denkt. Die Verklärung der Vergangenheit war auf ihnen desto stärker, je schmuckloser und kindischer sie selbst waren. Ich meine das Andenken an unserer Großväter Zeit: die unbeholfenen kleinen Aquarelle mit gelben Häusern und altmodischen Menschen auf dem Gras der Basteien; die geschmacklosen Möbel ihrer kleinen lieben Zimmer; die polierten Glaskästen mit ihren Lieblingsbüchern: Castelli und Tiedge, die erste Ausgabe von »Childe Harold« und ein wehmütig moderduftiger Musen-Almanach; die vergilbten Blätter ihrer Briefe mit umständlicher Artigkeit und einem ungeübten, kindischen und herzlichen Stil…

Es weht für uns um alle diese Dinge eine Luft beschränkter Güte und verträumten Friedens, die ein unsagbares Heimweh über einen bringt, ein sinnloses Verlangen nach alledem, was so verwandt ist und dabei so unbegreiflich weit und ganz unwiederbringlich.

Dieses Heimweh nach Jugendlichkeit, diese Sehnsucht nach verlorener Naivität, die aus Kinderaugen ins Leben schaut, nach Einfachheit, nach Resignation und nach stillem, leisegleitendem Leben ist eine sehr österreichische Stimmung, vielleicht die Grundstimmung unserer wirklichen Dichter. Adalbert Stifter hat sie sehr deutlich gefühlt und ausgesprochen. Grillparzer hat aus ihr seine rührende Lebensbeschreibung geschrieben und viele traurige Verse.

Wenn erst ich das Verlorne wieder hätte,
Wie gäb ich gern, was ich seitdem gewann.

Er liebt es, in einem leisen, schmerzlichen Ton mit der Vergangenheit zu reden; der alte Mann sitzt gern unter den Bäumen, die über dem Knaben gerauscht hatten. Wie seine stillwandelnden, sensitiven Frauen leidet er unter dem Leben, das verwirrt und verletzt. Sie alle sehnen sich nach unverstörten, stillen Lebenskreisen, nach reingestimmtem, leisem Reden mit sich selbst in dämmernder Ruhe; sie sind wie Pflanzen, die das Umgraben nicht ertragen; grelles Licht und schriller Lärm macht sie zittern; sie haben eine unbestimmte Angst vor dem Leben, das töten kann, und vor sich selbst, vor den unbewußten, dämonischen Tiefen ihrer Seele. Sie weben in leiser, aufgelöster Musik, aber es gibt Musik, die sie fürchten, weil sie in gefährlichen Tiefen wühlt. Ihr Leitmotiv ist ein zartes und graziöses Tanzlied, ein Menuett der Resignation und Beschaulichkeit. Mozart entspricht ihren klargestimmten und schönen Seelen; Beethoven schon ängstigt und verwirrt sie manchmal. Es ist der alte Gegensatz zwischen Musik des Apollo und Musik des Dionysos, zwischen den heiligen Akkorden der Lyra und dem unheiligen Getön von Flöten und Becken.

Es sind Menschen, die zart und tief erleben; ein Musikstück, ein nachklingendes Gespräch, ein Selbstvorwurf beschäftigt sie tief und lange; es gibt von Grillparzer ein merkwürdiges Gedicht: »Als sie zuhörend am Klavier saß«; das Erlebnis des Gedichtes ist nichts als das Nachempfinden einer Symphonie, von dort, wo sich die Töne klirrend und schluchzend verwirren, bis zur Lösung, wie sich der Dreiklang herrlich und beruhigend aus den Wogen hebt…

Auch die Menschen Saars variieren diese innerliche, empfindungsfeine und lebensängstliche, österreichische Grundstimmung. Fast alle flüchten aus dem Leben; »flüchten« ist nicht das rechte Wort: es ist ohne Heftigkeit und anklagendes Pathos, ein leises, schüchternes Hinausgehen, wie aus einer aufregenden und peinlichen Gesellschaft. Es ist etwas Hilfloses und Frauenhaftes an den meisten; sie verlernen den Verkehr mit Menschen gern und leicht; sie umgeben sich gern mit alten, abgeblaßten und abgegriffenen Dingen; das Weltfremde tut ihnen wohl, und sie stehen sehr stark unter dem rätselhaften Bann des Vergangenen.

Die beiden Menschen auf »Schloß Kostenitz« – der Novelle, welche zuerst in diesem Blatte gedruckt wurde – leben ein Leben im Stil der »Wahlverwandtschaften«, nur um eine Nuance empfindsamer. An Stelle der königlichen Kunst des Bauens, der herrischen Lust am Gestalten und Umgestalten tritt weiches schmiegsames Genießen und Ausfühlen der Stimmung. Sie ordnen nicht an; sie haben nicht die Lust am kleinen Regieren, den künstlerisch-tyrannischen Zug, der anmutig und gewaltig durch Goethesches Wesen geht (»Prometheus«, »Meister«, »Die erziehenden Frauen«, »Benvenuto Cellini«, »Faust«), aber sie haben ein anderes Reich, ihr eigenes reiches Reich: sie fühlen fein und viel. Ihre Seelen, die das sanfte Schöne brauchen, sind ohne irres Tasten und Beben. Es ist eine ruhige, fast konventionelle Anmut in dem schönen Leben, das sie führen, diesem herzlichen und stillen Gartenleben, zwischen halben und beruhigenden Farben der Natur, zwischen leisem Blühen und Duften und Dämmern: in Alt-Wiener Vasen nicken lose Blumen, die »Schilflieder« sind aufgeschlagen, und aus dem offenen Fenster strömen die Töne des kleinen Klaviers in den nächtigen Garten. Und zwischen all diesem stillen Schönen eine stille schöne Frau, mit viel Musik in der Seele und einem anmutig begrenzten Gedankenleben.

Es ist die schönste Idylle, die wahrste, die nächstverwandte. Wir sehnen uns immer nach ihr: wenn wir in alten Büchern blättern, wenn wir durch alte, enge Gassen gehen; dann weht es uns wie eine flüchtige Ahnung davon an, und wenn sie ein Dichter so malt, mit verklärenden Farben des Verlangens. Sie war gewiß nie. Sie ist nichts als Fata morgana. Sie malt die ruhige Dämmerung, und wir stehen im ruhelosen grellen Tag. Wir erleben so viel, so hastig und so weihelos-undeutlich. Wir sind kein zuversichtliches Geschlecht, aber wir betasten viel zu viele Dinge; wir reden auch zu laut, zu schnell und von zu vielem; wir sind zur Anmut nicht gesund genug und allzu arm an innerer Musik.

Auf das verträumte Geschlecht ist ein wirres und ängstliches gefolgt...

Die Psychologie der Epochen, das nachdenkliche Beschauen der wechselnden Menschengeschlechter ist stärker in diesem Buch als je in einem von Saars früheren. Es ist wie ein Abrechnen. Vielleicht gerade darum ergreift es so und scheint einen jeden so nahe anzugehen.

ALGERNON CHARLES SWINBURNE

Das moralische England besitzt eine Gruppe von Künstlern, denen der Geschmack für Moral und gesunden Gemeinsinn so sehr abgeht, daß sie für Saft und Sinn aller Poesie eine persönliche, tiefe und erregende Konzeption der Schönheit halten, der Schönheit an sich, der moralfremden, zweckfremden, lebenfremden. Auch wenn unter diesen Künstlern ein sehr großer Dichter ist, pflegt man ihm niemals auf rotsamtenem Kissen den goldenen Lorbeer ins Haus zu tragen, den Alfred Tennyson trug und vor ihm einmal Robert Southey und viel früher einmal John Dryden, das schöne, goldene, altertümliche Spielzeug. Er braucht es auch nicht. Er hat schöne, seltsame und kostbare Gedanken, sein Hirn ist mit altertümlichen und doch wunderbar glühenden Bildern angefüllt, er hat goldene Worte und Worte wie rote und grüne Edelsteine, und ihm werden aus ihnen Gebilde, schön und unvergänglich wie die funkelnden Fruchtschalen des Benvenuto Cellini.

Diese Künstler sind keine einfachen Menschen, denen ein erlebtes Gefühl zu einem naiven und lieblichen Lied wird.

Sie gehen nicht von der Natur zur Kunst, sondern umgekehrt. Sie haben öfter Wachskerzen gesehen, die sich in einem venezianischen Glas spiegeln, als Sterne in einem stillen See. Eine purpurne Blüte auf braunem Moorboden wird sie an ein farbenleuchtendes Bild erinnern, einen Giorgione, der an einer braunen Eichentäfelung hängt. Ihnen wird das Leben erst lebendig, wenn es durch irgendeine Kunst hindurchgegangen ist, Stil und Stimmung empfangen hat. Beim Anblick irgendeines jungen Mädchens werden sie an die schlanken, priesterlichen Gestalten einer griechischen Amphore denken und beim Anblick schönfliegender Störche an irgendein japanisches Zackornament. Das alles ganz natürlich, ohne Zwang und preziöse Affektation, als Menschen, die in einer riesigen Stadt aufgewachsen sind, mit riesigen Schatzhäusern der

Kunst und künstlich geschmückten Wohnungen, wo kleine sensitive Kinder die Offenbarung des Lebens durch die Hand der Kunst empfangen, die Offenbarung der Frühlingsnacht aus Bildern mit mageren Bäumen und rotem Mond, die Offenbarung menschlicher Schmerzen aus der wächsernen Agonie eines Kruzifixes, die Offenbarung der koketten und verwirrenden Schönheit aus Frauenköpfchen des Greuze auf kleinen Dosen und Bonbonnieren.

Es ist charakteristisch, daß der erste, um den sich diese Gruppe von Künstlern sammelte, ein Kritiker war, ein genialer Mensch, der malen gelernt hatte, um zu verstehen, wie man Leben in farbige Flecke und verschwimmende Tinten übersetzt, um dann mit berauschender Beredsamkeit aus Bildern die lebendigen Seelen der Künstler und der Dinge herauszudeuten: John Ruskin, dessen Kritik ein Nachleben, ein dithyrambisches und hellsichtiges Auflösen und Wiederschaffen ist.

Es ist nicht unnatürlich, daß dieser Gruppe von Menschen, die zwischen phantasievollen Künstlern und sensitiven Dilettanten stehen, etwas eigentümlich Zerbrechliches, der Isolierung Bedürftiges anhaftet.

Die Luft ihres Lebens ist die Atmosphäre eines künstlich verdunkelten Zimmers, dessen weiche Dämmerung von den verbebenden Schwingungen Chopinscher Musik und den Reflexen patinierter Bronzen, alter Samte und nachgedunkelter Bilder erfüllt ist.

Die Fenster sind mit Gobelins verhängt, und hinter denen kann man einen Garten des Watteau vermuten, mit Nymphen, Springbrunnen und vergoldeten Schaukeln, oder einen dämmernden Park mit schwarzen Pappelgruppen. In Wirklichkeit aber rollt draußen das rasselnde, gellende, brutale und formlose Leben. An den Scheiben trommelt ein harter Wind, der mit Staub, Rauch und unharmonischem Lärm erfüllt ist, dem aufregenden Geschrei vieler Menschen, die am Leben leiden.

Es herrscht ein gegenseitiges Mißtrauen und ein gewisser Mangel an Verständnis zwischen den Menschen in dem Zimmer und den Menschen auf der Straße.

Diese Künstler kommen, wie gesagt, nicht vom Leben her: was sie schaffen, dringt nicht ins Leben. »Was sie schaffen«, sagen die auf der Straße, »sind lächerliche und verwerfliche Gefäße der Üppigkeit und der Eitelkeit.« Es sind jedenfalls zerbrechliche kleine Gefäße der raffinierten Empfindsamkeit, die gut auf altem Samt stehen zwischen Filigran und Email und schlecht auf weichem Holz, zwischen einer alten Bibel und einer Werkzeugkiste, einem Gesangbuch und einem zerrissenen Band Smiles über »Charakter«, »Sparsamkeit« oder »Selbsthilfe«. Da ist unter ihnen einer, der füllt diese zierlichen und zerbrechlichen Gefäße mit so dunkelglühendem, so starkem Wein des Lebens, gepreßt aus den Trauben, aus denen rätselhaft gemischt dionysische Lust und Qual und Tanz und Wahnsinn quillt, füllt sie mit so aufwühlenden Lauten der Seele und solcher Beredsamkeit der Sinne, daß man ihn nicht länger übersehen kann.

Zwar auch er wird nicht eigentlich populär. Man trägt den goldenen Lorbeer an seiner Tür vorbei von dem Sarge eines Dichters heiliger und offener Dinge auf den Schreibtisch eines anderen Dichters guter und klarer Dinge. Aber in die feinen Seelen junger Leute fällt viel von seiner Art, mit bebenden Nerven in die Tiefen zu tasten, wo verworren die Wurzeln der Gefühle liegen, »die Weinbeere Liebe heftig mit den Zähnen zu pressen, bis ihre Süße herb und bitter wird«.

Er hat für die Darstellung gewisser innerer Erlebnisse eine solche pénétrance des Tones gefunden, gewissen Stimmungen eine so wunderbare Körperlichkeit, solche Sprache an alle Sinne gegeben, daß er gewissen Menschen einen feineren und reicheren Rausch geschenkt hat als irgendein anderer Dichter.

Die minder empfänglichen aber auch empfinden den Schauer, der von konzentrierter Schönheit ausgeht, bei dem prunkenden und glühenden Reichtum seiner Rhetorik, dem rollenden Triumph der strömenden Bilder, deren Duft seltsam und unvergeßlich, deren Musik tief aufregend und deren Glanz fremd und traumhaft ist.

Der Dichter, von dem ich rede, heißt Swinburne, Algernon
Charles Swinburne.

1865 erschien ein lyrisches Drama: »Atalanta in Kalydon«,
mit wunderbarer Verlebendigung des erstarrten Mythos,
prachtvollen Gebeten und Chören. Es war eine tadellose antike Amphore, gefüllt mit der flüssigen Glut eines höchst lebendigen, fast bacchantischen Naturempfindens. Nicht das
zur beherrschten Klarheit und tanzenden Grazie emporerzo-
gene Griechentum atemete darin, sondern das orphisch ursprüngliche, leidenschaftlich umwölkte. Wie Mänaden liefen
die Leidenschaften mit nackten Füßen und offenem Haar; das
Leben band die Medusenmaske vor, mit den rätselhaften und
ängstigenden Augen; wie in der Adonistrauer, im Kybelekult
flossen die Schauer des reifsten Lebens und des Todes zusammen; und Dionysos fuhr, ein lachender und tödlicher
Gott, durch die unheimlich lebendige Welt.

Aus tiefsinnigen Beinamen der Götter, aus Mysteriendunkel,
aus der lallenden Gewalt heiliger Hymnen, aus Strophen der
Sappho, aus den marmornen Leibern sonderbarer und wi-
dernatürlicher Gebilde des Mythos war eine wilde Schönheit
wach geworden, von keiner heiligen Scham gebändigt. Nach
der »Atalanta« kam das Buch, das man immer nennt: ein einfacher Band Lyrik: »Gedichte und Balladen«.

Wieder für den neuen Wein höchst seltsame und altertümliche Gefäße: eine Ballade des Villon, eine Litanei, eine Erzählung des Boccaccio, ein Mysterienspiel mit lateinischen
Bühnenangaben, eine Verfluchung im Stile der hebräischen
Propheten, eine Legende auf Goldgrund, ein »Triumph des
Lebens« und ein »Lob der Liebe« in der Manier der Humanisten oder ein Abenteuer aus dem »Livre des grandes mer-
veilles d'amour«...

In diesen wunderlichen Wahlen liegt nicht Spielerei, sondern
ein souveränes Stilgefühl. Dieser ganze große und künstliche
Apparat schlägt die Stimmung an, wie in der naiven Ballade
der heulende Wind, wenn Mord geschieht, und das Blühen
der kleinen Blumen, wenn Liebe redet. Nur daß jeder den
heulenden Wind kennt und die Wiesenblumen, und nicht
jeder den Zauber unbeholfener Anmut, der von den ge-

malten Legenden des Fra Angelico ausgeht, und den Duft heißer und reifer Dinge in den Gartengeschichten Messer Giovan Boccaccios.

Es ist der raffinierte, unvergleichliche Reiz dieser Technik, daß sie uns unaufhörlich die Erinnerung an Kunstwerke weckt und daß ihr rohes Material schon stilisierte, kunstverklärte Schönheit ist: die Geliebte ist gekleidet in den farbigen Prunk des Hohen Liedes Salomonis mit den phantastischen Beiworten, die so geheimnisvoll geistreich das Unheimliche an der Liebe in die Seele werfen: das Unheimliche, wie Kriegespfeifen, das Ängstigende, wie irrer Wind in der Nacht; oder die Geliebte wird gemalt, wie die kindlichen Meister des Quattrocento malen: auf einem schmalen Bettchen sitzend, eine kurzgesaitete Laute in den feinen Fingern oder einen rot und grünen Psalter; oder sie steht im Dunkel, wie die weißen Frauen des Burne-Jones, mit blasser Stirn und opalinen Augen. Und der Hintergrund erinnert an phönikische Gewebe, oder an Miniaturen des Mittelalters: da hat die Göttin Venus eine schöne Kirche, und an den Glasfenstern sind ihre Wunder gemalt...

Oder das ganze Gedicht ist die Beschreibung einer Kamee, die vielleicht gar nicht existiert; oder der psychologische Vorgang ist in eine Allegorie übersetzt, in eine so plastische, so malbare, so stilisierte Allegorie, daß sie aussieht wie ein wirkliches Gemälde des fünfzehnten Jahrhunderts. Man erinnert sich an die Gabe der Renaissancemeister, ihre Träume in lebendige Bilder zu übersetzen und in farbigen Aufzügen verkleideter Menschen zu dichten: so sehr wird alles Person: der bewaffnete Wind und die große Flamme mit riesigen Händen, und der Tag, der seinen Fuß auf den Nacken der Nacht setzt...

Der Inhalt dieser schönen Formen ist eine heiße und tiefe Erotik, ein Dienst der Liebe, so tieftastend, mit solchem Reichtum der Töne, so mystischer Eindringlichkeit, daß er im Bilde der Liebesrätsel die ganzen Rätsel des Lebens anzufassen scheint.

Was hier Liebe heißt, ist eine vielnamige Gottheit, und ihr Dienst kann wohl der Inhalt eines ganzen Lebens sein.

Es ist die allbelebende Venus, die »allnährende, allbeseelende Mutter« des Lucrez, die vergötterte Leidenschaft, die Daseinserhöherin, die durch das Blut die Seele weckt; dem Gott des Rausches verwandt, verwandt der Musik und der mystischen Begeisterung, die Apollo schenkt; sie ist das Leben und spielt auf einer wunderbaren Laute und durchdringt tote Dinge mit Saft und Sinn und Anmut; sie ist Notre dame des sept douleurs, die Lust der Qual und der Rausch der Schmerzen; sie ist in jeder Farbe und jedem Beben und jeder Glut und jedem Duft des Daseins.

Es hat immer passionate pilgrims gegeben, Pilger und Priester der Leidenschaft: Lobredner des Rausches, Mystiker der Sinne, Sendboten der Schönheit. Es gibt darüber tiefe Worte der orientalischen Religionen, schöne Worte des Apostels Paulus, geistreiche Gedanken der Condillac und der Hegel und verführerische Dithyramben der christlichen Dichter.

Aber niemals sind auf dem Altar der vielnamigen Göttin kostbarere Gewürze in schöneren Schalen verbrannt worden als von dem Mann, dem sie vor ein paar Wochen den goldenen Lorbeerkranz nicht gegeben haben, weil er nichts Heiligeres zu tun weiß, als auf dem reichen blauen Meer mit wachen Augen die unsterbliche Furche zu suchen, aus der die Göttin stieg.

DIE MENSCHEN IN IBSENS DRAMEN

EINE KRITISCHE STUDIE

Man ist wohl nie in Versuchung gekommen, einen Vortrag zu überschreiben: von den Menschen in den Dramen Shakespeares, oder Otto Ludwigs, oder Goethes. Ebensowenig als »über die Menschen im wirklichen Leben«. Der Titel würde gar nichts sagen: es gibt ja dort nichts als Menschen, plastische, lebendige Menschen, die sich handelnd und leidend ausleben, und in diesem Ausleben liegt alles. Sonst wird nichts gewollt und nichts vorausgesetzt. Bei Ibsen hat sich die Diskussion, haben sich Begeisterung und Ablehnung fast immer an etwas außerhalb der Charakteristik Liegendes angeknüpft: an Ideen, Probleme, Ausblicke, Reflexionen, Stimmungen.

Trotzdem gibt es in diesen Theaterstücken auch Menschen, das heißt, wenn man genauer zusieht, einen Menschen, Varianten eines sehr reichen, sehr modernen und sehr scharf geschauten Menschentypus. Außerdem Hintergrundsfiguren, flüchtige Farbenflecke für den Kontrast, Explikationsfiguren, die den Haupttypus kritisieren und Details hinzufügen, und Parallelfiguren, in die einzelne Züge der Hauptfigur projiziert sind, die gewissermaßen eine grell beleuchtete Seelenseite des ganzen Menschen darstellen.

So weit die beiden Individualitäten auch voneinander abstehen, es ist ganz dieselbe Erscheinung wie bei Byron: hier wie dort diese eine durchgehende Figur mit dem Seelenleben des Dichters, mit den inneren Erlebnissen, die sich nie verleugnen, ein wenig stilisiert, ein wenig variiert, aber wesentlich eins. Dort hieß sie Manfred, Lara, Mazeppa, Tasso, Foscari, Childe Harold, der Giaur, der Corsar; sie hatte einen etwas theatralischen Mantel, verzerrte Züge, einen gewaltigen Willen und die Rhetorik heftiger und melancholischer Menschen, sie war eigentlich ein sehr geradliniges, einfaches Wesen. Hier heißt sie Julian der Apostat, Photograph Ekdal, Peer Gynt, Bildhauer Lyngstrand, Dr. Helmer, Dr. Brendel, Dr. Rank oder Frau Hedda, Frau Ellida, Frau Nora. Sie ist gar

kein geradliniges Wesen; sie ist sehr kompliziert; sie spricht
eine nervöse hastige Prosa, unpathetisch und nicht immer
ganz deutlich; sie ironisiert sich selbst, sie reflektiert und kopiert sich selbst. Sie ist ein fortwährend wechselndes Produkt
aus ihrer Stimmung und ihrer eigenen Kritik dieser Stimmung.

Alle diese Menschen leben ein schattenhaftes Leben; sie erleben fast keine Taten und Dinge, fast ausschließlich Gedanken,
Stimmungen und Verstimmungen. Sie wollen wenig, sie tun
fast nichts. Sie denken übers Denken, fühlen sich fühlen und
treiben Autopsychologie. Sie sind sich selbst ein schönes De-
klamationsthema, obwohl sie gewiß oft sehr wirklich unglücklich sind; denn das Reden und Reflektieren ist ihr eigentlicher Beruf: sie sind oft Schriftsteller: Kaiser Julian trägt das
Kleid der Weisheitslehrer und schreibt kleine, anspruchsvolle
und pedantische Broschüren; Hjalmar Ekdal und Ulrich
Brendel werden wahrscheinlich nächstens ein epochema-
chendes Werk herausgeben, und Ejlert Lövborg hat sogar
schon eines geschrieben; oder sie sind müßige, nervöse und
schönsinnige Frauen, wie die Frau vom Meere und die andere, die in Schönheit gestorben ist. Sie ermangeln aller Naivetät, sie haben ihr Leben in der Hand und betasten es ängstlich
und wollen ihm einen Stil geben und Sinn hineinlegen; sie
möchten im Leben untersinken, sie möchten, daß irgend etwas komme und sie stark forttrage und vergessen mache auf
sich selbst. Es ist in ihnen ganz die Sehnsucht des Niels Lyhne:
»Das Leben ein Gedicht! Aber nicht so, daß man immer her-
umging und an sich selbst dichtete, statt es zu leben. Wie war
das inhaltslos, leer, leer, leer: dieses Jagdmachen auf sich
selbst, seine eigene Spur listig beobachtend... dieses Zum-
Spaß-sich-Hineinwerfen in den Strom des Lebens und
Gleich-wieder-Dasitzen und Sich-selbst-Auffischen in der
einen oder der anderen kuriosen Vermummung! Wenn es nur
über einen kommen wollte – Leben, Liebe, Leidenschaft –, so
daß man nicht mehr dichten konnte, sondern daß es dichtete
mit einem.« Dieses Rätselhafte, das kommen soll und einen
forttragen und dem Leben einen großen Sinn geben und allen
Dingen neue Farbe und allen Worten eine Seele, hat vielerlei
Namen für diese Menschen.

Bald ist es das »Wunderbare«, wonach sich die Nora sehnt;
für Julian und für Hedda ist es das Griechische, das große Bacchanal, mit adeliger Anmut und Weinlaub im Haar; oder es ist
das Meer, das rätselhaft verlockt, oder es ist ein freies Leben in
großartigen Formen, Amerika, Paris. Alles nur symbolische
Namen für irgendein »Draußen« und »Anders«. Es ist nichts
anderes als die suchende Sehnsucht des Stendhal nach dem
»imprévu«; nach dem Unvorhergesehenen, nach dem, was
nicht »ekel, schal und flach und unerträglich« in der Liebe, im
Leben. Es ist nichts anderes als das verträumte Verlangen der
Romantiker nach der mondbeglänzten Zauberwildnis, nach
offenen Felsentoren und redenden Bildern, nach irgendeiner
niegeahnten Märchenhaftigkeit des Lebens.

Sie leben in kleinen Verhältnissen, in unerträglichen, peinlichen, verstimmenden, gelbgrauen kleinen Verhältnissen, und
sie sehnen sich alle fort. Wenn man ihnen verspricht, sie weit
fortzubringen, rufen sie aus: »Nun werde ich doch endlich
einmal wirklich leben.« Sie sehnen sich fort, wie man sich aus
grauem, eintönigem, ewigem Regen nach Sonnenschein
sehnt. »Mich dünkt«, sagt der oder jener, »wir leben hier
nicht viel anders als die Fische im Teich. Den Fjord haben sie
so dicht bei sich, und da streichen die großen wilden Fisch-
züge aus und ein. Aber davon bekommen die armen zahmen
Hausfische nichts zu wissen; sie dürfen nie mit dabei sein.« Es
muß doch eine neue Offenbarung kommen, sagen sie, oder
eine Offenbarung von etwas Neuem.

Es ist in diesen Verhältnissen ungeheuer viel Klatsch und ungeheuer viel irritierende Kleinlichkeit und Monotonie. In
»Kaiser und Galiläer« gibt es Hofintrigen und Gelehrtenin-
trigen, Bureauklatsch und Stadtklatsch. In der »Hedda Gabler« weiß um 10 Uhr morgens schon die ganze Stadt, daß Ejlert Lövborg in der Nacht schon wieder betrunken war. Im
»Volksfeind« und in den »Stützen der Gesellschaft« ist der
Klatsch sogar das Hauptmotiv: »Was wird der Buchdrucker
sich denken, und was wird der Gerichtsrat sagen, und was
wird der Rektor urteilen.« In solchen Verhältnissen verliert
man mit sinnlosen Widerwärtigkeiten so viel Zeit, daß man
leicht auf den Gedanken kommt, sein ganzes Leben versäumt

zu haben. In »Peer Gynt« ist eine rührende Szene, wo den alten Mann sein ganzes ungelebtes Leben, die ungedachten Gedanken, die ungesprochenen Worte, die ungeweinten Tränen, die versäumten Werke vorwurfsvoll und traurig umschweben. Bevor sie anfingen unter solchen Verhältnissen zu leiden, haben fast alle diese Menschen eine verwirrende, halb traumhafte Kindheit durchlebt, wie in einem Märchenwald, aus der sie heraustreten mit einem unstillbaren Heimweh und einer isolierenden Besonderheit, wie Parzival in die Welt reitet im Narrenkleid und mit der Erfahrung eines kleinen Kindes. Diese Kindheit Parzivals im Wald Brezilian hat für meine Empfindung immer etwas sehr Symbolisches gehabt. Dieses Aufwachsen in einer dämmernden Einsamkeit unter traumhaften Fragen nach Gott und Welt, auf die eine kindlich-traumhafte Mutterantwort folgt, das ist eigentlich das typische Aufwachsen in der dämmernden, rätselhaft webenden Atmosphäre des Elternhauses, wo alle Dimensionen verschoben, alle Dinge stilisiert erscheinen; denn Kinderaugen geben den Dingen einen Stil, den wir dann vergebens wiederzufinden streben: sie stilisieren das Alltägliche zum Märchenhaften, zum Heroischen, so wie Angst, Fieber oder Genialität stilisieren. In solch einem Wald Brezilian, der ein Puppenheim ist, sind sie alle aufgewachsen: Nora und Hedda bei kranken und exzentrischen Vätern, Hjalmar bei hysterischen Frauen, den Tanten, Julian in der schlechten Luft eines byzantinischen Klosters, Peer Gynt bei der phantastischen halbverrückten Mutter, und so fort. Aus dieser Kindheit haftet ihnen immer etwas so eigentümlich Verträumtes an; sie denken scheinbar immer an etwas anderes als wovon sie reden; sie sind eben alle Dichter, oder eigentlich sensitive Dilettanten. Sie haben viel von Kaiser Nero und viel von Don Quijote; denn sie wollen auch Gedichte ins Leben übertragen, ob selbsterfundene oder anempfundene ist ja gleichgültig. Einige haben sich resigniert daran gewöhnt, nicht mehr an das Wunderbare zu glauben, das von außen kommen soll. Sie glauben an die unendlichen Möglichkeiten des Wunderbaren, die im Menschen selbst liegen: sie glauben an den schöpferischen, verklärenden, adelnden Schmerz. Das ist ein persönlicher Lieblingsglaube von Herrn Henrik Ibsen: er glaubt, daß das Wunderbare in den Menschen dann aufwacht, wenn sie etwas sehr Schweres erleben...

Sie haben auch das Spielen mit den wachen, den lebendigen Worten, das so sehr eine Dichtereigenschaft ist: gewisse Worte scheinen für sie einen ganz anderen Sinn zu haben als für die gewöhnlichen Menschen: sie sprechen sie mit einem eigenen Ton, halb Wohlgefallen, halb Grauen aus, wie heilige, bannkräftige Formeln. Sie haben untereinander Zitate und geflügelte Worte, auch wenn sie nicht zufällig eitle Sophisten sind wie Kaiser Julian, der sich immer selbst zitiert. Sie sind auch um ihre Abgänge sehr bekümmert: sie lieben das arrangierte Sterben; wenn sie nicht mit Zitaten aus Seneca umsinken, wie die Prinzen in einem jugendlichen Drama Shakespeares, so liegt wenigstens in der Situation eine leichte Pose. Mir fällt das traurige Wort eines jungen Mädchens aus der guten Gesellschaft ein, die ein paar Wochen vor ihrem Tod mit elegantem Lächeln sagte: »Après tout, le suicide calme, c'est la seule chose bien aristocratique qui nous reste.« Das könnte fast die Frau Hedda gesagt haben oder der Doktor Rank; auch die kleine Hedwig stirbt nicht naiv. Und Julian, nach einem Leben voll Enttäuschungen, kann nicht sterben, ohne an den Effekt zu denken: »Sieh dies schwarze Wasser«, sagt er zu seinem Freund, »glaubst du, wenn ich spurlos vom Erdboden verschwände und mein Leib nirgends gefunden würde und niemand wüßte, wo ich geblieben wäre – glaubst du nicht, daß sich die Sage verbreiten möchte, Hermes wäre zu mir gekommen und hätte mich fortgeführt, und ich wäre in die Gemeinschaft der Götter aufgenommen?«

Wie nahe stehen wir hier der Manier des Nero, jenes wirklichen und höchst lebendigen Nero, den Renan aus den Details des Petronius, des Sueton und der Apokalypse zusammengesetzt hat: ein mittelmäßiger Künstler, in dessen Kopf Bakchos und Sardanapal, Ninus und Priamus, Troja und Babylon, Homer und die fade Reimerei der Zeitgenossen irr durcheinanderschwankt, ein eitler Virtuos, der das Parterre zittern macht und davor zittert, ein schöngeistiger Dilettant, der durch eine Smaragdbrille den Leichnam seiner Mutter ästhe-

tisch betrachtet, hier lobend, dort tadelnd, und dem in seiner
eigenen Todesstunde nichts als literarische Reminiszenzen
einfallen. Er erinnert sich, daß er Rollen gespielt hat, in denen
er Vatermörder und zu Bettlern herabgekommene Fürsten
darstellte, bemerkt, daß er das alles jetzt für seine Rechnung
spiele, und deklamiert den Vers des Ödipus:

θανεῖν μ' ἄνωγε σύγγαμος, μήτηρ, πατήρ.
Weib und Mutter und Vater heißen mich sterben!

Dann redet er griechisch, macht Verse, bis man plötzlich das
Geräusch herankommender Reiterei hört, die ihn lebendig
fangen soll. Da ruft er aus:

»Dumpfes Geräusch von eilenden Rossen erschüttert das
Ohr mir!«

und empfängt von einem Sklaven, der den Dolch herabsenkt,
den Todesstoß »in Schönheit«.
Kein Wunder übrigens, daß zwischen jenem Julian und diesem Nero eine solche Verwandtschaft besteht; sie sind beide
bis zu einem geringen Grade Selbstporträts ihrer Dichter,
zweier geistreicher Weisheitslehrer des neunzehnten Jahrhunderts.
Die Erziehung des Nero in dem rhetorischen Seminar des
affektierten Seneca, des Virtuosen der Anempfindung, hat mit
der unserigen viel Verwandtschaft; und das hübsche Wort,
das Seneca über seine Zeit gesagt hat, »Literarum intemper-
antia laboramus«, könnten alle diese literarischen Dilettan-
tenmenschen der Ibsen-Dramen in ihre Tagebücher schreiben und so kommentieren: »Mein Leben hat mich nirgends
fortgerissen und getragen; mir fehlte die Unmittelbarkeit des
Erlebens, und es war so kleinlich, daß ich, um ihm Interesse
zu geben, es immer mit geistreichen Deutungen, künstlichen
Antithesen und Nuancen ausschmücken mußte.« Dieses De-
korieren des gemeinen Lebens, diese schöne und sinnreiche
Lebensführung, die nur in ihrer Terminologie ein wenig an
die der protestantischen Erbauungsbücher gemahnt, dieses

starke, alles absorbierende Denken an das »eine Notwendige«, dieses harte und herbe Betonen der Pflichten gegen sich selbst bringt je nach den Figuren zweierlei endgültige Konzeptionen des Lebensproblems mit sich: einmal das symbolische Sich-Isolieren, das nervöse Bedürfnis, Abgründe ringsum sich zu schaffen, das Alleinbleiben des Volksfeindes, das Einsamwerden auf Rosmersholm, das Hinauslaufen der Nora in die Nacht; oder man bleibt im Leben und zwischen den Menschen stehen: aber als der heimliche Herr, und alle anderen sind Objekte, Akkumulatoren von Stimmungen, Möbel, Instrumente zur Beleuchtung, zur Erheiterung, zur Verstimmung oder zur Rührung. So behandelt Herr Helmer seine Frau und seinen Freund Rank. Die Frau ist ein Spielzeug, eine hübsche, graziöse Puppe, die er in Gesellschaft führt, dort läßt er sie Tarantella tanzen, sammelt die Lobsprüche ab und führt sie wieder fort, ob sie will oder nicht; und wie sein Freund sich versteckt, um still zu sterben, wie ein verwundetes Tier, sagt er: »Schade, er mit seinen Leiden und seiner Vereinsamung gab gleichsam einen schönen, bewölkten Hintergrund ab für unser sonnenhelles Glück.« Noch hübscher aber ist es in einem anderen Stück, wo eine Gruppe von drei Menschen sich wechselseitig so als Ding und Stimmungsobjekt behandelt; ich meine den kranken Bildhauer Lyngstrand und die beiden jungen Mädchen, die Stieftöchter der Frau vom Meere: der hoffnungslos kranke Mensch spricht von seiner bevorstehenden Reise nach Italien und nimmt der älteren von den zwei Mädchen das Versprechen ab, immer aus ihrer eintönigen, armen Existenz heraus an ihn zu denken. Wozu eigentlich? »Ja, sehen Sie«, sagt er, »so zu wissen, daß es irgendwo auf der Welt ein junges, zartes und schweigsames Weib gibt, das still umhergeht und von einem träumt…«

Er findet das ungeheuer »anregend«.

Dabei interessiert er sich aber eigentlich gar nicht für sie, sondern für die Jüngere, eine halberwachsene, sehr gescheite kleine Person.

»Wenn ich wiederkomme«, sagt er zu ihr, »werden Sie ungefähr im selben Alter sein wie Ihre Schwester jetzt. Vielleicht sehen Sie dann auch aus, wie Ihre Schwester jetzt aussieht. Vielleicht sind Sie dann gleichsam Sie selbst und sie sozusagen in einer Gestalt...«

Hilde spielt mit dem Gedanken, daß der Mensch, der ihr das alles sagt, nie mehr wiederkommen wird, weil sie weiß, daß er sterben muß. Ihr macht dieser Flirt vor der Tür des Todes ein eigentümliches Vergnügen. Sie fragt ihn, wie sie sich in Schwarz ausnehmen würde, ganz in Schwarz, mit einer schwarzen Halskrause und schwarzen, matten Handschuhen...

»So als junge, schöne trauernde Witwe, nicht?«

»Ja«, meint sie, »oder eine junge trauernde Braut.«

Sie findet wieder *den* Gedanken ungeheuer anregend.

Diese resignierten Egoisten, wie Hjalmar, Helmer und Hilde, und die Pathetisch-Isolierten, wie Stockmann oder Nora, sind für meine Empfindung nur Stadien ein und desselben inneren Erlebnisses, und diese verschiedenen Menschen sind nichts als der eine Ibsensche Mensch in verschiedenen Epochen der Entwicklung. Alle Ibsenschen Menschen repräsentieren nichts anderes als eine Leiter von Seelenzuständen, die zum Beispiel der eine Julian schon alle im Keime hat und durchlebt. In jedem Stücke wird eine Idee, das heißt, eine Seite des großen Grundproblems, besonders betont und in französischer Manier mit viel Räsonnement durchgeführt.

Und das Grundproblem ist, glaube ich, immer das eine, wesentlich undramatische: Wie verhält sich der Ibsensche Mensch, der künstlerische Egoist, der sensitive Dilettant mit überreichem Selbstbeobachtungsvermögen, mit wenig Willen und einem großen Heimweh nach Schönheit und Naivität, wie verhält sich dieser Mensch im Leben? Wie, wenn man ihn binden und zwingen will und er ist schwach und hilflos gestimmt? – Nora.

Oder wenn man ihn zwingen will und er ist stark und hochmütig gestimmt? – Stockmann.

Oder man läßt ihm Freiheit und die Qual des Wählens? – Frau vom Meere.

Oder er ist arm und hätte gemeinmenschliche Pflichten? – Hjalmar.

Oder er hat alle Macht der Welt? – Julian.

Oder er ist unrettbar krank? – Oswald Alving.

Oder er ist überspannt erzogen worden? – Hedda.

Ich glaube, die Antwort ist einfach: eigentlich hat er zwischen den Menschen keinen rechten Platz und kann mit dem Leben nichts anfangen. Darum geht er manchmal sterben, wie Julian, Rosmer, Hedda. Oder er »stellt sich allein«, was fast dasselbe ist: Nora, Stockmann. Oder er lebt weiter, einsam zwischen den Menschen, in selbstsüchtigen Kombinationen ihr heimlicher Herr: Hjalmar, Helmer, Hilde… in hochmütiger Resignation und enttäuschter Kühle, ein zerbrechliches, künstliches Dasein. –

Inzwischen ist der »Baumeister Solneß« erschienen. Das ist eine wunderliche Mischung von Allegorie und Darstellung realen Lebens. Wie wenn Bauernkinder bei Nacht in ausgehöhlte Kürbisköpfe Lichter stecken, die durch das gelbrote dünne Fleisch scheinen, so scheint hier die allegorische Bedeutung durch hohle, menschenähnliche Puppen. Man hat das ganze Stück geistreich und gewiß nicht unrichtig als eine symbolische Darstellung von Ibsens innerer Entwicklung, von seinem Künstlerverhältnis zu Gott, zu den anderen und zu sich selbst aufgefaßt. Der Künstlermensch, der große Baumeister, steht in der Mitte zwischen den beiden Königen aus den »Kronprätendenten«. Denn die Könige bei Ibsen sind auch Baumeister und die Baumeister Könige; oder alle beide Dichter, königliche Baumeister der Seelen. Baumeister Solneß steht also zwischen dem König Hakon und dem König Skule. Er hat das dämonische Glück wie der eine, und wird von Zweifeln zernagt wie der andere. Er hat das Ingenium, den eingeborenen Beruf, das Baumeistertum von Gottes Gnaden, das Recht und die Pflicht, sich durchzusetzen, wie der geborene König Hakon, »der mit dem Königsgedanken«; und er hat die Kleinheit und die Angst und die Gewissensqual und die Sehnsucht nach Kraft und Leichtigkeit des Lebens, wie der König Skule, der kein Recht hat, König zu sein. Wie diese Könige und Baumeister, so sieht der Künstlermensch aus, von innen gesehen; und die Karikatur davon ist Hjalmar und Julian. Neben dem schaffenden Künstler steht das for-

dernde Leben, das spöttische, verwirrende. So steht neben
dem zweifelnden Baumeister die Prinzessin Hilde. Es ist die
erwachsene kleine Hilde, die Stieftochter der Frau vom Meere. Der Baumeister hat ihr einmal ein Königreich versprochen, und das kommt sie jetzt fordern. Wenn er ein geborener
König ist, muß ihm das ja ganz leicht sein. Wenn nicht, so
geht er einfach daran zugrunde. Und das wäre ja ungeheuer
anregend. Ihr Königreich liegt, wie das der Nora und der
Hedda, im Wunderbaren. Dort, wo einem schwindlig wird.
Dort, wo eine fremde Macht einen packt und fortträgt. Auch
er hat in der Seele diesen Zug nach dem Stehen auf hohen
Türmen, wo es im Wind und in der dämmernden Einsamkeit
unheimlich schön ist, wo man mit Gott redet und von wo
man herabstürzen und tot sein kann. Aber er ist nicht schwin-
delfrei: er hat Angst vor sich selbst, Angst vor dem Glück,
Angst vor dem Leben, dem ganzen rätselhaften Leben. Auch
zu Hilde zieht ihn Angst, ein eigenes, verlockendes Grauen,
das Grauen des Künstlers vor der Natur, vor dem Erbar-
mungslosen, Dämonischen, Sphinxhaften, das sich in der
Frau verkörpert, mystisches Grauen vor der Jugend. Denn
die Jugend hat etwas Unheimliches, einen berauschenden und
gefährlichen Hauch des Lebens in sich, der rätselhaft und
ängstigend ist. Alles Problematische, alles zurückgedämmte
Mystische in ihm erwacht unter ihrer Berührung. In Hilde
begegnet er sich selbst: er verlangt das Wunderbare von sich,
aus sich heraus will er es erzwingen und dabei zusehen und
den Schauer fühlen, »wenn das Leben über einen kommt und
mit einem dichtet«. Da fällt er sich tot.

— —

Ich glaube nicht, daß diese halb geistreiche, halb leichtfertige
Art, die Dramen Ibsens zu zerpflücken und durcheinanderzu-
schütteln, ihnen wirklich schaden kann. Man kann ja nicht
zwischen ihnen herumgehen wie zwischen wirklichen Menschen in lebendiger Luft, wie in der Shakespearewelt vom
Markt durch den Schloßhof in des Königs Betstube, und von
da durch das lärmende Bankett die Treppen hinab und an der
Wachstube vorbei, an der Schenke, an des Friedensrichters
Haus, am Kreuzweg, am Friedhof… aber man geht durch die

reiche und schweigende Seele eines wunderbaren Menschen, mit Mondlicht, phantastischen Schatten und wanderndem Wind und schwarzen Seen, stillen Spiegeln, in denen man sich selbst erkennt, gigantisch vergrößert und unheimlich schön verwandelt.

VON EINEM KLEINEN WIENER BUCH*

Es sind in diesem kleinen Buch sieben kleine Einakter, sieben kleine sentimentale Szenen.

In allen sieben ein und derselbe junge Mensch und alle die Liebe, die er erleben kann, mit sieben Frauen sieben Nuancen: lachende Lebendigkeit der Liebe und das Zucken, wenn sie sterben will, das schmerzliche und rätselhafte Verglühen und Verbeben, und vieles zart und tief erlebte, was dazwischen liegt.

Der Mensch heißt Anatol; er redet eine natürlichere und lebendigere Sprache, als sie sonst in kleinen Proverbes üblich ist und seine Art, mit der Liebe, »Grau'n und Gräßlichkeiten« schmerzlich cokett und boshaft empfindsam zu spielen, hat einen leisen individuellen Ton.

Er ist ein Dichter, d. h. ein Mensch, der arrangiertes Leben liebt, sich nach allem vergangenen und verlorenen, nach irgendeiner verwehten, naiven duftigen lachenden Leichtigkeit des Lebens sehnt; er ist darum nicht nur ein Dichter, sondern vielleicht geradezu der Wiener Dichter, weil die untereinander nichts zweites so gemein haben, als dieses rätselhafte Heimweh nach süßem, kindischem Glück. Dieses Glück hat die »weiche Anmut eines Frühlingsabends«... es wohnt irgendwo draußen, in der Vorstadt, wo es immer noch so viele Gärten gibt und wo in den warmen Nächten aus den kleinen dämmrigen Zimmern die vielen verwirrenden Geigen tönen. Es wohnt vielleicht auch nur in unserer Sehnsucht nach der Zeit, wo die Schubertlieder jung waren.

Mit dieser Sehnsucht in der Seele lebt er das gemeine Leben von heute, ein sentimentaler Dandy im Stil des Henri Murger; und seine kleinen Geliebten sind manchmal, wie jene rührende Mimi Pinson von 1840, Grisetten in Moll, die in

---

* Anatol. Sieben Einakter von Arthur Schnitzler. Berlin. Verlag des bibliograph. Bureaus. 1893.

dem trockenheißen amerikanisierten Paris von heute ausgestorben sind. Auch der Stil seiner Gedanken hat etwas leicht französierendes; aber ohne die bittere, grimassierende Traurigkeit der Modernen, die Gavarni und Forain hinter sich haben: alles Dreivierteltakt, wie ein getragener Walzer, in lächelnder Wehmut: Claude Larcher in Lannersche Melodien aufgelöst. Denn diese Wiener Seele atmet zwischen den Zeilen: die schüchtern-sensitive, verträumte des »armen Spielmanns« und des Alt'schen Aquarells. Nicht die andere, brutale, gewaltig gepackte des »Vierten Gebotes«, die manchmal auch aus Schließmannschen Typen deutlich redet. Noch auch die weltliche graziöse des Myrbach und der Ebner-Eschenbach.

Aus diesen drei ungefähr besteht die Wiener Volksseele. Manches häßliche »Wienerthum«, das nicht aus dem Boden kommt, wird von schlechten Journalisten und widerwärtigen »Volkssängern« verfertigt und der Menge angewöhnt.

Dieser sentimentale Dandy ist, wie gesagt, ein Dichter: seine träumende Seele ist wie der Brunnen im Märchen: »Alle, die du liebst, tauchen darin unter und bringen dir dann einen sonderbaren Duft von Abenteuern und Seltsamkeit mit, an dem du dich berauschst«...

Am Licht der Liebe freuen ihn minder die geraden hellen Strahlen, als was sich am Rande buntfarbig bricht; nicht die großen Erlebnisse, Lieben, Müdwerden, Vergessen, sondern was duftig um diese dämmert und webt; was schattenhaft und unheimlich hinter ihnen steht, wie der Sinn hinter dem Symbol, wie der Alpdruck hinter dem Traumbild: Leben, Sterben, Totsein.

Seine bebend gespannten Nerven erleben in den Erlebnissen der Liebe die eigentlichen tiefen Erlebnisse des Lebens: Lebensdurst und Lebenslügen und Lebensangst.

Beim zweiten Lesen liest sich dieses kleine Buch wie eine unheimliche Allegorie: zwischen den nervös plaudernden kleinen Figuren sieht aus dem Schatten das Medusenhafte des Lebens hervor: das Sinnlose, das Rätselhafte, das Einsame, das taube und tote Nichtverstehen zwischen denen, die lieben; das dumpfe Bewußtsein, wie von Verschuldung; die dämmernde Ahnung versäumter Unendlichkeiten, erstickter, vergeudeter Wunder; und die vielen Dinge, die wie Reif und Rost auf allzufeine Seelen fallen...

DAS TAGEBUCH EINES JUNGEN MÄDCHENS

Es steht sehr viel in diesen beiden Bänden, die vom dreizehnten bis zum vierundzwanzigsten Lebensjahre, vom Erwachen
des Mädchens im Kind bis zum Tode, reichen: es wird von
fast allen Dingen geredet mit einer Offenheit, die an die Me-
moiren der Madame Roland erinnert, mit der Freude, die kokette und künstlerische Menschen am Demaskieren und Analysieren haben; von fast allem und doch von allem mit einer
so persönlichen spielenden Anmut, mit einer so duftigen,
überlegenen Kindlichkeit, daß alle Dinge des gemeinen Lebens ihre Schwere und oft so taktlose Häßlichkeit verlieren
und werden, wie die Dinge im Traum sind.
Und doch stehen sehr viele traurige Dinge darin, aber sie verstimmen nicht, sie erdrücken nicht, und die schönste Lebendigkeit spült sie wieder weg. Es stehen auch gewiß eine
Menge Banalitäten darin, eine Menge alltäglicher
Empfindungen und abgegriffener Gedanken: aber eine rätselhafte, alles durchatmende Grazie gibt ihnen Duft und
Glanz.
Ich glaube, man kann dieses Buch nicht unpersönlich lesen; es
ist geschrieben wie ein koketter und herzlicher Brief an irgendeinen Unbekannten.
Es ist das französische Tagebuch einer Russin; daraus erklärt
sich viel von seiner fast verwirrenden Lebendigkeit. Dieses
déracinement, dieses Übersetzen der ganzen Persönlichkeit in
einen fremden Stil des Lebens und Fühlens und Denkens hat
etwas, das eigentümlich frei und überlegen macht. Mir fällt
ein Wort aus dem Tagebuch Hebbels ein, »von den Menschen, denen das Umgraben ebenso guttut als den Bäumen
schlecht«.
In dem vierzehnjährigen Mädchen ist eine groteske Vorur-
teilslosigkeit der Reflexion, eine Freiheit und Frechheit der
Beobachtung, die empörend sein könnte, wenn sie nicht reizend wäre; dieses Sehen der Dinge in freier, lichter Luft, ohne

jede konventionelle Beleuchtung, kehrt später in ihrer künstlerischen Technik wieder – sie malt plein air, wie sie immer
plein air gesehen und erlebt hat. Sie hat die große Gabe des Erlebens, die feine und starke Resonanz für äußere Reize, in der
sich Kinder und Künstler begegnen. Sie erzählt einmal von
dem russischen Frühling, wie der stark und berauschend ist,
mit einem verwirrenden Sehnen und Treiben in der Luft, das
sich über einen wirft; in Paris aber merkt man nichts vom
Frühling, es wird ein bißchen wärmer, man läßt sich bei
Worth ein paar Frühlingstoiletten machen und fährt ins Bois
und erlebt dabei gar nichts.

Aus dem Land, wo der Frühling so stark ist mit Treiben und
Blühen und Gären, wo man einfache Gefühle fühlt, auf stillen
Landgütern wohnt, viel reitet, meistens kein Gesprächsthema
hat und früh schlafengeht, fällt das kleine Mädchen in die
trockenheiße Atmosphäre kosmopolitischer Mondänetät, in
ein Leben mit fanierten halben Farben, mit hastigen, nervösen, tausendfach gebrochenen Gedanken.

Sie lebt dieses Leben mit und lebt es heißer und hastiger als irgend jemand; ihre unverbrauchten Nerven antworten lebhafter, lauter und origineller auf jede Erregung; ihre biegsame
und verführerische Seele funkelt und glüht, aber sie verglüht
dabei, und mit vierundzwanzig Jahren hat sie ausgeglüht.

Ihr äußeres Leben ist ganz einfach: ein paar Winter in Nizza
und Rom, später in Paris; ein paar Reisen durch Italien, ein
paar durch Deutschland; eine kindische Liebe, ein Flirt mit
anmutigem Anfang und schalem Ende; eine große Sehnsucht
nach Kunst und Ruhm, ein paar Jahre Atelier-Existenz, ein
Erfolg im Salon, ein Anfang von Berühmtheit, die Freundschaft einiger Künstler, ein paar Wochen qualvollen Leidens
auf einem kleinen, in weißem Atlas versteckten Eisenbett-
chen und der Tod in Jugend und Schönheit, den die Griechen
den glücklichen nannten. Aber nie wurde ein Leben fieber-
hafter, lebensdurstiger gelebt.

Mit dreizehn Jahren hat sie, wie ein Albdrücken, die Angst,
ihr Leben zu versäumen, zu vergeuden, zu vertändeln. Sie
klagt, daß ihre Lehrerinnen ihr die Zeit stehlen. Sie macht
selbst einen Studienplan. Sie erlernt in zwei Jahren das Latein

des Gymnasiums. Sie übermüdet ihre Stimme durch zu vieles Singen. Sie schreibt bis zum Morgengrauen. Sie führt mit einer rätselhaften Willenskraft das unerbittlich genaue Tagebuch über alle äußeren Ereignisse, über jede Stimmung und Verstimmung. Dabei die hundert anstrengenden und irritierenden kleinen Pflichten des Familienlebens, des Lebens in einer Gruppe anspruchsvoller, affektierter und sehr empfindlicher Menschen, »ma famille gobeuse et poseuse«, wie sie einmal sagt. Und ein unaufhörliches fieberhaftes Bilanzmachen, ein Zählen der Tage und Wochen mit einer brennenden Sehnsucht nach dem »wirklichen Leben«.

Sie kann keinen Augenblick ruhig sein; überall öffnen sich ihr die verlockenden Wege ins Grenzenlose; je mehr sie sieht, desto mehr will sie sehen, je mehr sie erfährt, desto mehr sehnt sie sich zu wissen; es ist eine schwindelnde Beweglichkeit, ein Spielen mit der eigenen Persönlichkeit, eine ruhelose Lust, Stimmungen schillernd wechseln zu lassen, sich selbst herumzuwerfen, zwischen Madonna und Karikatur, immerfort zu überraschen, zu entgleiten und zu verwirren; eine wundervolle Fähigkeit, jede fremde Erregung nachzubeben, zu trösten, zu verspotten, zu überreden; das unausgesetzte, siegessicherste, unlogischeste und reizendste Einsetzen und Durchsetzen ihres Ich. Es ist nichts Totes in ihren Gedanken, nichts mit dem sie nicht frauenhaft spielte, nichts abstrakt Farbloses: mit Gott kokettiert und schmollt sie, der Jungfrau Maria schreibt sie Briefe; sie läuft einem König auf der Hotelstiege in den Weg und redet ihn an; sie fängt mit einem großen Künstler einen anonymen Briefwechsel an, in dem sie nichts weniger als artig ist…

Sie ist zu keinem Menschen und keinem Hunde, keiner Blume, keiner Landschaft und keiner Bildergalerie in einem unpersönlichen Verhältnisse gestanden; sie kann an keinem Wesen vorbeigehen, ohne es zu verwirren, zu mißhandeln oder sich drein zu verlieben, ohne daß sie innerlich damit etwas erlebt.

Es ist ihr Nervensystem das feinste und komplizierteste Musikinstrument im Dienste der Subjektivität, das sich denken läßt; sie hat die größte Gewalt über die Regungen, die wir die unwillkürlichen nennen, und ihre Gabe der Autosuggestion erinnert an die einer anderen wunderbaren Frau, die wir kennen. Auch sie kann weinen und blaß werden, wenn sie will: Stimmung komponiert und dekomponiert ihre Miene. »Souvent«, erzählt sie, »je m'invente un héros, un roman, un drame, et je ris et pleure de mon invention comme si c'était le réalité.«

Und ein anderes Mal: »Je m'épanouis au bonheur, comme les fleurs au soleil.«

Man ist nicht umsonst ein außergewöhnliches Wesen mit solchen Feengeschenken: man wird davon ein sehr eitles kleines Mädchen. Aber es ist in dieser grenzenlosen Eitelkeit wenigstens unendlich viel Grazie.

Es ist Grazie in jeder Pose, die entwaffnende übermütige Grazie verzogener Kinder.

Sie schildert sich unzählige Male mit der naiven und künstlerischen Freude am Ausmalen hübscher Dinge; sie sitzt sich in fast jeder Toilette Modell: in dem langen, weichen, weißen Wollkleid, mit dem sie in der Nacht im Garten träumt, im lauen Licht des großen gelben Mondes von Nizza, zwischen schwarzen Palmen, und im Reitkleid und in Soireetoilette (Louis Quinze, blaßrosa mit moosgrünem Samt, dazu hat sie wunderschönes rötlichblondes Haar und kleine rosige Hände) und im weißen Peignoir, an ihrem kleinen Schreibtisch unter lauter großen ernsten Büchern, Dante und Balzac und Publilius Syrus...

Was alle diese kleinen Pastellporträts so hübsch macht, ist das starke Stilgefühl in ihnen, das feine Talent, das sich nicht erlernen läßt, für Zusammenstimmung von Nuancen; Frauen haben das nicht oft, es geht ihnen der lyrische Sinn ab, der Sinn für Stimmung und Details; das, was wir an Männern gern das Frauenhafte nennen.

Das Fieber des Lebens, das sie verbrennt, ist im Grund ein durstiges und bebendes Verlangen nach Macht, nach irgendeiner Herrschaft und Königlichkeit. Ihre Mutter und tausend andere Menschen haben ihr so oft gesagt, daß sie schön und bezaubernd originell ist, bis in ihrem ruhelosen Kopf historische Spielereien und blasse Möglichkeiten berauschend durcheinandergehen. »Ah si j'étais reine!«

En attendant ist sie so hochmütig als möglich.

Alles, was an Macht und Königlichkeit erinnert, berauscht sie: Die Paläste der Colonna und Sciarra; die königlichen Treppen des Vatikan; irgendein Triumphwagen in irgendeinem Museum; irgendein hochmütiges und ruhig überlegenes Wort, eine feine und legitime Arroganz.

Sie selbst ist für diesen großen Stil der Vornehmheit bei aller inneren Eleganz ihres Wesens zu lebhaft und zu nervös; es liegt in ihrer stark betonten Sympathie dafür etwas von dem Neid, mit dem Napoleon einsah, daß er das legitime Gehen nicht erlernen könne; sie spricht zu laut und wird zu leicht heftig; auch der Ton des Tagebuchs ist lauter, weniger reserviert, als man in guter Gesellschaft gewöhnlich spricht. Die Koketterie um ihrer selbst willen, die Koketterie als galantes Turnier wie in den spanischen Lustspielen, als ein graziöses und grausames Kampfspiel; die Kunst des Redens als Waffe, die Kunst, verführerisch zu plaudern, zu verwirren, zu überreden, als ernsthafte sophistische Technik; das rastlose Lernen; die leidenschaftliche Lust am Singen, als an der königlichen Kunst des Musikmachens, Musikwerdens, die bezwingt, fortträgt, beherrscht... welche Macht und welcher Wille zur Macht in diesem kleinen Mädchen!

Bei alledem langweilt sie sich manchmal; oder besser gesagt, sie fühlt eine innere Leere und Unruhe. Erfolge sogar langweilen schließlich und sehen aus wie Enttäuschungen. Man fängt an, sich nach dem Wunderbaren zu sehnen, nach irgendeinem Nievorhergesehenen, ganz Anderen. Es fängt ein seltsames Suchen an, ein Reisen nach dem, was dem Leben einen Sinn geben soll; neue Länder sind es nicht, neue Menschen auch nicht, man errät sie immer so genau vorher; die Liebe ist es auch nicht, wenigstens nicht die bekannte der Salons und des Bois, mit anmutigem Anfange und schalem Ende; das Leben ist es auch nicht, in dem erlebt man immer nur sich selbst wieder. Sie sitzt wie Hagar in der Wüste und wartet auf eine lebendige Seele: »Je dessèche d'inaction, je moisis dans les ténèbres! le soleil, le soleil, le soleil!...«

Es gibt Stunden des herben Hochmuts, wo ihr nichts der Berührung wert erscheint, kein Wort wert, es zu schreiben, und das ganze Leben nicht lebenswert, bis das Andere kommt, das Wirkliche. Dieses Warten ist lang und qualvoll: »Notre-Dame qui n'êtes jamais satisfaite«, Unsere Liebe Frau von der ewigen Unruh, hat sie einer genannt.

Endlich wird es unerträglich, dieses sinnlose bebende Suchen und Warten, und man geht hin und »hält dem Leben, was einem das Leben versprochen hat«, und wird ein Künstler und schafft das Leben aus sich selbst heraus, das lachende, blühende, lebendige Leben.

So ist die kleine Marie Bashkirtseff eine große Künstlerin geworden. Sie ging hin und malte Gassenjungen und arme Frauen, kleine Ausschnitte aus dem gemeinen Leben, und malte sie mit der Unmittelbarkeit des Erlebens, der Unbefangenheit des Schauens, die so selten ist, malte sie mit dem goldenen Ton der reinen Freude am Dasein: »Je ne maudis pas la vie, je l'aime et la trouve bonne. J'aime pleurer, j'aime me désespérer, j'aime à être chagrine et triste et j'aime la vie malgré tout.«

Sie war schon sehr krank; leidend und lächelnd malt sie den Frühling mit duftiger, durchsonnter Luft und blühenden Apfelbäumen und jungen Mädchen, »alanguies et grisées«, und malt das Leben mit den goldatmenden und lachenden Farben, die in ihr sind, und fängt an, berühmt zu werden, und stirbt.

Auf ihr Tagebuch aber hat ein Dichter diese Verse geschrieben:

> Non, la mort n'est qu'un mot. Je te sens si vivante
> En lisant ces feuillets où se posa ta main,
> Qu'il me semble te voir, dans la grâce mouvante
> De tes longs vêtements, passer sur le chemin...

MODERNER MUSENALMANACH

Musenalmanach, das altmodische, gezierte, berühmte Wort, hat für unser Stilgefühl eine sonderbare Gewalt. Es ist wie eine historische Maske, in der einer lächerlich, ja widerwärtig, ein anderer aber gehoben und höchst bedeutend aussehen kann. Die jungen deutschen Künstler, die das alte Wort auf ihr neues Sammelbuch geschrieben haben, tragen so viel von Sturm und Drang in sich, so viel Gärendes und Wogendes, Verworrenes, »Zukunftwinkendes«, daß sie den Namen zur Sache wohl entlehnen durften.

Die Vorrede klagt ohne Anmaßung über das deutsche Publikum, das vor Schlagworten nicht Zeit hat, anzuschauen, was geschaffen wird: »... Vielleicht hilft dies Buch dadurch zum Besseren, daß es Gelegenheit gibt, eine größere Anzahl charakteristisch moderner Künstler des deutschen Wortes und Bildes in ihrer Art kennenzulernen und so die Probe darauf zu machen, ob man wirklich diese ›Moderne‹ mit ein paar Schlagworten erschöpfen kann.«

Was in dem Buch nach Stil und durchgebildeter Individualität ringt, ist allerdings zu reich und vielfältig, um mit ein paar Worten »erschöpft« zu werden.

Man kann nur versuchen, es zu gruppieren.

Vorherrschend ist das phantastische Element.

Es regt sich ein Heimweh nach Märchenpracht, nach vielen und glühenden Farben, nach romantischer Flucht aus dieser Welt der deutlichen Dinge. Namentlich das Schwelgen, das Plätschern in der Farbe, die Farbenfreude und Farbensucht machen sich wunderlich und eindringlich geltend. Die rosigen Wolken, des Flieders Lilafarbe und die bernsteingelbe Glorie des ganzen Mondes leuchten immer wieder auf, und immer wieder gehen die prunkenden Bilder schwarzer Schwäne, goldner Schaumgewässer und amethystener Hügel vorüber.

Neben dies reine, naiv-phantastische Element stellt sich eine geistreiche und komplizierte Phantasie, die das Fernste und Wunderbarste mit dem lebendigsten verwandtesten Leben erfüllt und Mythologie und Legende und erstarrte Symbolik aus ihrer steifen stilisierten Ruhe nachschaffend und neubelebend reißt. Hier führen die Maler: Uhde, Thoma, Stuck.

Da malt Uhde die evangelischen Geschichten, die unbegreiflich fernen, in unser Leben hinein, setzt an unsere Eichentische zu unseren ärmlichen Küchenlampen in blauen Blusen die Apostel und den Herrn. Der Musenalmanach enthält den »Gang nach Bethlehem«. Da schleppt der Zimmermann sein armes Weib, das sich in Schmerzen an ihn lehnt, in schweren Schritten die verlassene, lehmige Landstraße...

Die Manier des Stuck, das Phantastische nahezubringen und durch irgendein geistreiches Detail fast körperlich fühlbar zu machen, ist den Wienern im Gedächtnis. Seine Engel haben wirkliche Flügel zum Fliegen, nicht als konventionelle tote Attribute, nein, Flügel aus Sehnen und Federn, die sich sträuben und spießen. Seine Furien warten an der Straßenecke auf den Mörder, sind das Grauen, das uns in dunklen Gassen täglich packen mag. Die Kreuze auf Golgatha rückt er uns so nah, daß wir fast den Geruch von Holz und Blut und Eisennägeln spüren; wir stehen *mit* ihnen auf einer kleinen Plattform. Und Amor triumphator schlägt mit den kleinen rosigen Fersen die Lenden des allegorischen Menschtieres blutig, wirklich physisch blutig.

Im Almanach ist von Stuck ein Selbstbildnis. Die Züge sind ins Heroisch-Dämonische stilisiert: unheimliche unterirdische Schönheit, bleich mit dunkeln Augenhöhlen und rabenschwarzem Haar. Man denkt an Kain, an Algabal, an irgendeinen großen Verdammten.

Wie er seine Gassen mit Furien bevölkert und auf dämmernden Wiesen Märchenwunder sieht, und in greller Sonne den laufenden Faun, erblickt er sich selbst durch das Mittel der Kunst, zwischen den Dekorationen der Danteschen Hölle in der stilisierten Gestalt eines byzantinischen Lucifer wandelnd.

So hat Rubens sich selbst und seine Frau gemalt, von riesigen Fruchtgewinden umgeben und zwischen den beiden Men-

schen den Gott Bacchus; so Böcklin sein Selbstporträt, dem
der Fiedler Tod phantastisch und ergreifend über die Schulter
schaut.

Die bizarr-phantastische Note gibt Otto Erich Hartleben mit
ein paar Gedichten aus dem »Pierrot lunaire«.

Das ist das morbide und hübsche Buch eines französischen
Symbolisten, von dem Berliner mit sehr viel Geschmack,
man darf kaum sagen übersetzt. Es liest sich nicht wie Zwei-
te-Hand-Stil.

Der mondsüchtige Pierrot. Ganz einfach die alte Pantomi-
menfigur mit dem weißkreidigen Gesicht und den weiten
Ärmeln, der Vertraute und der Rivale des Harlekin, der den
alten Cassander betrügt und der kleinen Colombine halb-
komische Ständchen bringt. Also wieder ein altes, gegebenes,
längst stilisiertes Geschöpf vergangener Kunst, ein Wesen,
wie der Faun oder der Engel oder der Tod. Und wieder angefüllt mit den modernsten Gefühlen und Leiden und Seltsamkeiten. Dieser Pierrot hat die Mondsucht eines hysterischen
Künstlers von heute, er hat seine vibrierende Empfänglichkeit für Chopinsche Musik und Martergedanken, für Geigen-
spiel, für grelles Rot und »heiliges« sanftes Weiß. Er sitzt im
Café und phantasiert über die grünlichgelben gefährlichen
Wolken des Absinth. Er leidet an der Kunst und nennt die
Verse »heilige Kreuze, dran die Dichter stumm verbluten«.
Aber das weiße, schlaffe Kostüm und die weißgeschminkten
Wangen geben allen seinen traurigen Phantasien etwas Un-
heimlich-Komisches, das unsäglich weh tut.

Diese feininstrumentierte halbverderbte Poesie ist für ein
paar hundert Menschen da. In volleren und einfacheren Tönen redet mitreißend zu großen Massen die Rhetorik Karl
Henckells.

Karl Henckell, ich glaube, man muß das noch erzählen, lebt in
Zürich und schreibt seit fünf, sechs Jahren sozialistische und
erotische, revolutionäre und liebliche Verse, Barrikadenrufe
und Tanzlieder, Schmähreime und wundervolle Dithyramben des Lebens. Hie und da ist diese Poesie empörend roh und
geschmacklos. Hie und da ist sie hohl und erinnert an eine
gewisse Periode bei Schiller, an die »Kindesmörderin« und

den »Triumph der Liebe«. Aber das Ganze durchwaltet blühende Kraft, glückliche Kunst der Rhythmik und neben reichlich quellender Beredtheit mitunter hohe, einfache Anmut. Er redet im »Modernen Musenalmanach« am stärksten den Ton von Sturm und Drang; neben ihm Karl Bleibtreu in einem »lyrischen Tagebuch« voll gedrängter Bilderpracht und kühner Gleichnisse. Da feiert das dröhnende Wort, die gigantische Metapher Orgien, und Philistersatire und schlechte Witze tönen echt kraftgenialisch dazwischen. Aber es überwiegt Grabbesche Kraft und eine üppige Schönheit, die Grabbe nie gekannt hat:

»Wenn der Mond das Myrtendickicht zerteilt, mein Geist zu fernen Nächten eilt. Ich höre rieseln malaischer Zither klingende Tränen durchs Laubgegitter und jauchzen persischer Psalter Chor und beten chaldäische Hirtenschalmein, da flammt jungfräulicher Morgenschein überm Gebirg empor... Das Cymbal schallt mit dumpfen Schlägen, wie auf Pisangdach der Euphratregen...«

Neben dieser orientalischen Pracht stehen reinlich und zierlich, wie lebendig-bunte, nüchtern-poetische Niederländer, die Bildchen des Arno Holz. Da ist keine Farbe, kein Strich zu viel: jeder Strich charakterisiert, begrenzt, schafft plastische, springende Gestalt. Das reine Zustandsbild, ein verträumtes Dorf mit roten Dächern, Spatzen in der Regenrinne, ein Topf Goldlack und Reseda in einem Zigarrenkistchen, oder ein alter Garten, in feuchtkalter Dämmerung, ein schwarzer Tümpel und daneben ein schwarzer Faun, scharf wie ein Schattenbild, flöteblasend, ohne Kopf – das macht ihm keiner nach, keiner in dieser absichtslosen, reinlichen, an die Japaner gemahnenden Manier. Dieses Talent, mit dem verwandten und ergänzenden des Johannes Schlaf geeint, hat vielleicht die plastischeste kleine Novelle, vielleicht das plastischeste kleinmalende Theaterstück geschaffen, das wir haben: ich meine den Studententod, die Novelle »Ein Tod«, und das Familien-Interieur »Familie Selicke«.

Von Johannes Schlaf, vielleicht dem tieferen der beiden und dem minder glücklichen Künstler, hat der Almanach ein Romanfragment. Es heißt »Die Geburt«. Es ist ein qualvolles

Durchdenken der ewig menschlichen Qualen, ein hilfloses Fragen und Schreien: »Was tut not?!«, ein gewaltsames Hinabpressen der eigenen Sehnsucht nach Schönheit und Kunst vor den Forderungen des allgemeinen, des gemeinen Elends.

Zwei Antworten geben in diesem Buch eine Schar junger und ehrlicher Künstler allen denen, welche fragen, was Kunst und Leben miteinander zu schaffen haben. Nicht jeder hat sich die Frage selbst gestellt, nicht jeder klar beantwortet. Aber leicht stellen sich dem Aug zwei Gruppen dar, und für jede findet sich wohl ein deutlicher Sprecher. Für die einen mögen die Verse des Paul Scheerbart Geltung haben:

> Laß die Erde, laß die Erde!
> Laß sie liegen, bis sie fault.
> Über schwarzen Wiesentriften
> Fliegen große Purpurengel,
> Ihre Scharlachlocken leuchten
> In dem grünen Himmel
> Meiner Welt...

Für die anderen die Prosa des Johannes Schlaf:

»Eine herrliche, herrliche Gotteswelt lebt in mir mit Blumen und sonnigen Fluren und Gestirnen, mit den wunderbaren Leidenschaften der Menschen... Und nie darf ich ihrer froh werden, nie mich so recht in ihr verlieren!... Was tut not?! Wie häßlich ist das alles, wie dumm, wie dunkel, wie ewig verhüllt!...«

GABRIELE D'ANNUNZIO

Man hat manchmal die Empfindung, als hätten uns unsere Väter, die Zeitgenossen des jüngeren Offenbach, und unsere Großväter, die Zeitgenossen Leopardis, und alle die unzähligen Generationen vor ihnen, als hätten sie uns, den Spätgeborenen, nur zwei Dinge hinterlassen: hübsche Möbel und überfeine Nerven. Die Poesie dieser Möbel erscheint uns als das Vergangene, das Spiel dieser Nerven als das Gegenwärtige. Von den verblaßten Gobelins nieder winkt es mit schmalen weißen Händen und lächelt mit altklugen Quattrocento-Gesichtchen; aus den weißlackierten Sänften von Marly und Trianon, aus den prunkenden Betten der Borgia und der Vendramin hebt sichs uns entgegen und ruft: »Wir hatten die stolze Liebe, die funkelnde Liebe; wir hatten die wundervolle Schwelgerei und den tiefen Schlaf; wir hatten das heiße Leben; wir hatten die süßen Früchte und die Trunkenheit, die ihr nicht kennt.« Es ist, als hätte die ganze Arbeit dieses feinfühligen, eklektischen Jahrhunderts darin bestanden, den vergangenen Dingen ein unheimliches Eigenleben einzuflößen. Jetzt umflattern sie uns, Vampire, lebendige Leichen, beseelte Besen des unglücklichen Zauberlehrlings! Wir haben aus den Toten unsere Abgötter gemacht; alles, was sie haben, haben sie von uns; wir haben ihnen unser bestes Blut in die Adern geleitet; wir haben diese Schatten umgürtet mit höherer Schönheit und wundervollerer Kraft als das Leben erträgt; mit der Schönheit unserer Sehnsucht und der Kraft unserer Träume. Ja alle unsere Schönheits- und Glücksgedanken liefen fort von uns, fort aus dem Alltag, und halten Haus mit den schöneren Geschöpfen eines künstlichen Daseins, mit den schlanken Engeln und Pagen des Fiesole, mit den Gassenbuben des Murillo und den mondänen Schäferinnen des Watteau. Bei uns aber ist nichts zurückgeblieben als frierendes Leben, schale, öde Wirklichkeit, flügellahme Entsagung. Wir haben nichts als ein sentimentales Gedächtnis, einen gelähmten Willen und die unheimliche Gabe der Selbstverdoppelung. Wir schauen unserem Leben zu; wir leeren den Pokal vorzeitig und bleiben doch unendlich durstig: denn, wie neulich Bourget schön und traurig gesagt hat, der Becher, den uns das Leben hinhält, hat einen Sprung, und während uns der volle Trunk vielleicht berauscht hätte, muß ewig fehlen, was während des Trinkens unten rieselnd verlorengeht; so empfinden wir im Besitz den Verlust, im Erleben das stete Versäumen. Wir haben gleichsam keine Wurzeln im Leben und streichen, hellsichtige und doch tagblinde Schatten, zwischen den Kindern des Lebens umher.

Wir! Wir! Ich weiß ganz gut, daß ich nicht von der ganzen großen Generation rede. Ich rede von ein paar tausend Menschen, in den großen europäischen Städten verstreut. Ein paar davon sind berühmt; ein paar schreiben seltsam trockene, gewissermaßen grausame und doch eigentümlich rührende und ergreifende Bücher; einige, schüchtern und hochmütig, schreiben wohl nur Briefe, die man fünfzig, sechzig Jahre später zu finden und als moralische und psychologische Dokumente aufzubewahren pflegt; von einigen wird gar keine Spur übrigbleiben, nicht einmal ein traurig-boshaftes Aphorisma oder eine individuelle Bleistiftnotiz, an den Rand eines vergilbten Buches gekritzelt.

Trotzdem haben diese zwei- bis dreitausend Menschen eine gewisse Bedeutung: es brauchen keineswegs die Genies, ja nicht einmal die großen Talente der Epoche unter ihnen zu sein; sie sind nicht notwendigerweise der Kopf oder das Herz der Generation: sie sind nur ihr Bewußtsein. Sie fühlen sich mit schmerzlicher Deutlichkeit als Menschen von heute; sie verstehen sich untereinander, und das Privilegium dieser geistigen Freimaurerei ist fast das einzige, was sie im guten Sinne vor den übrigen voraushaben. Aber aus dem Rotwelsch, in dem sie einander ihre Seltsamkeiten, ihre besondere Sehnsucht und ihre besondere Empfindsamkeit erzählen, entnimmt die Geschichte das Merkwort der Epoche.

Was von Periode zu Periode in diesem geistigen Sinn »modern« ist, läßt sich leichter fühlen als definieren; erst aus der Perspektive des Nachlebenden ergibt sich das Grundmotiv der verworrenen Bestrebungen. So war es zu Anfang des Jahrhunderts »modern«, in der Malerei einen falsch verstandenen Nazarenismus zu vergöttern, in der Poesie, Musik nachzuahmen, und im allgemeinen, sich nach dem »Naiven« zu sehnen: Brandes hat diesen Symptomen den Begriff der Romantik abdestilliert. Heute scheinen zwei Dinge modern zu sein: die Analyse des Lebens und die Flucht aus dem Leben. Gering ist die Freude an Handlung, am Zusammenspiel der äußeren und inneren Lebensmächte, am Wilhelm-Meisterlichen Lebenlernen und am Shakespearischen Weltlauf. Man treibt Anatomie des eigenen Seelenlebens, oder man träumt. Reflexion oder Phantasie, Spiegelbild oder Traumbild. Modern sind alte Möbel und junge Nervositäten. Modern ist das psychologische Graswachsenhören und das Plätschern in der reinphantastischen Wunderwelt. Modern ist Paul Bourget und Buddha; das Zerschneiden von Atomen und das Ballspielen mit dem All; modern ist die Zergliederung einer Laune, eines Seufzers, eines Skrupels; und modern ist die instinktmäßige, fast somnambule Hingabe an jede Offenbarung des Schönen, an einen Farbenakkord, eine funkelnde Metapher, eine wundervolle Allegorie. Ein geistreicher Franzose schreibt die Monographie eines Mörders, der ein experimentierender Psychologe ist. Ein geistreicher Engländer schreibt die Monographie eines Giftmischers und Urkundenfälschers, der ein feinfühliger Kunstkritiker und leidenschaftlicher Kupferstichsammler war. Die landläufige Moral wird von zwei Trieben verdunkelt: dem Experimentiertrieb und dem Schönheitstrieb, dem Trieb nach Verstehen und dem nach Vergessen.

In den Werken des originellsten Künstlers, den Italien augenblicklich besitzt, des Herrn Gabriele d'Annunzio, kristallisieren sich diese beiden Tendenzen mit einer merkwürdigen Schärfe und Deutlichkeit: seine Novellen sind psychopathische Protokolle, seine Gedichtbücher sind Schmuckkästchen; in den einen waltet die strenge nüchterne Terminologie wissenschaftlicher Dokumente, in den andern eine beinahe fieberhafte Farben- und Stimmungstrunkenheit.

In seinen zahlreichen längeren und kürzeren Novellen – keine, auch die längsten nicht, lassen sich eigentlich »Romane« nennen – bewegen sich vielerlei und äußerst verschiedene Menschen; aber alle haben einen gemeinsamen Grundzug: jene unheimliche Willenlosigkeit, die sich nach und nach als Grundzug des in der gegenwärtigen Literatur abgespiegelten Lebens herauszustellen scheint, jenes Erleben des Lebens nicht als eine Kette von Handlungen, sondern von Zuständen.

Da ist die Geschichte eines armen Dienstmädchens: eine Geschichte, simpel wie eine Legende, eine Art Monographie des Lebens einer bestimmten Spezies Pflanze: eine halb verbetete, halb verträumte Jugend, dann Dienst, Dienstbotenklatsch, ein paar Wallfahrten, viel Gebete; Freundschaft, animalische Stallfreundschaft mit einem alten, kränklichen Esel; der Tod des Esels; ein Wechsel im Dienst, eine späte müde Art von Liebe zu einem Landbriefträger, und Ehe und Tod. Alles ist wahr, von einer niederschlagenden Wahrheit: nicht kraß und brutal, aber revoltierend, unerträglich durch den Mangel an Luft, durch die Konzeption des Menschen als einer Pflanze, die vegetiert, sich langweilt und abstirbt. Oder die Geschichte eines Tramwaybediensteten, Giovanni Episcopo: er ist sensitiv und feig; seine Frau hat Liebhaber, die ihn und sein Kind brutalisieren; er fürchtet sich, sehnt sich fort und schaut seinem Schwiegervater, einem Säufer, Branntwein trinken zu; und das dauert Jahre und Jahre... Oder die Geschichte, wie die Bauern, weil ihrem Dorfheiligen die Wachskerzen gestohlen worden sind, halb wahnsinnig vor Fanatismus den wächsernen vergoldeten Heiligen auf die Schulter nehmen und mit Sensen und Dreschflegeln über die nächtigen Äcker ins Nachbardorf stürmen und die Kirchentür sprengen und auf den Altar des anderen Heiligen, des Rivalen, den ihrigen setzen wollen und wie die zwei Haufen wütender Menschen mit den zwei heiligen Namen als Feldgeschrei in der finstern Kirche zwischen Lilien, Schnitzwerk und Blutlachen die Nacht durch morden.

Aber man glaubt vielleicht, daß das Quälende dieser Lebensanschauung, diese eigentümliche Mischung von Gebundensein und Wurzellosigkeit, durch den Zwang kleiner Verhältnisse erklärt werden soll? Keineswegs. Einige dieser Novellen spielen in der Gesellschaft, in den Kreisen der überlegenen, unabhängigen Menschen. Gleich »L'Innocente«, das Buch, welches von allen Werken des d'Annunzio die größte Zahl Auflagen erlebt hat. Es ist das Plaidoyer eines Kindesmörders. Ein Bericht, der auf Jahre zurück ausholt und aus den unscheinbarsten Kleinigkeiten eine unwiderstehliche Schlußkette neuropathischer Logik zusammensetzt. In diesem Buch hat Herr d'Annunzio ein Meisterwerk intimer Beobachtung geschaffen. In keinem modernen Buche seit »Madame Bovary« ist die Atmosphäre des Familienzimmers, der enge ewig wechselnde Kontakt zusammenlebender Menschen ähnlich geschildert: das Erraten der Stimmung des anderen aus dem Klang der Schritte, der Färbung der Stimme; alle Qual und alle Güte, die sich in ein besonders betontes Wort, eine rechtzeitig gefundene Anspielung legen läßt; das Erraten des Schweigens; die unerschöpfliche Sprache der Blicke und der Hände. Verglichen mit diesem wirklichen Miteinander- und Ineinanderleben von Ehegatten ist das Verhältnis in Bourgetschen oder Maupassantschen Eheromanen ein flaches, ein bloßes Nebeneinanderleben, von dem sich einzelne Duoszenen, Krisen abheben. Der Erzähler der Geschichte, der Ehemann, ist eines jener Wesen von morbider Empfindlichkeit, hellsichtig bis zum Delirium und unfähig, zu wollen. Auch er steht wurzellos im Leben, schattenhaft, müßig. An einer Mauer seiner Villa ist eine Sonnenuhr befestigt. Manchmal gleiten seine Blicke über den Quadranten, der die Inschrift trägt: »Hora est bene faciendi«. Gut tun! In der Arbeit den Sinn des Lebens suchen! Wie lang ist es doch her, daß ein deutscher Roman die Menschen bei der Arbeit aufsuchen wollte! Man hat diese Devise, vielleicht durch eine falsche Ideenassoziation, als etwas philiströs empfunden. Man wollte keine »staaterhaltenden« Romane: man wollte sich die Freiheit nehmen, den Menschen sowohl beim Verbrechen als beim Genuß, sowohl beim romantischen als beim psychologischen Müßiggang aufzusuchen. Oder, da die Neigungen der Romanfiguren immer bis zu einem gewissen Grad die Neigungen der Künstler reflektieren: man fand den

Begriff des Schwebens über dem Leben als Regisseur und Zuschauer des großen Schauspiels verlockender als den des Darinstehens als mithandelnde Gestalt. Es scheint, daß man auf einem Umweg zur bürgerlichen Moral zurückkommt, nicht weil sie moralisch, aber weil sie gesünder ist...

Im »Innocente« läßt sich deutlich der Punkt wahrnehmen, wo der raffinierte Verismus der Seelenzergliederung in Phantastik umschlägt. Die Frau des Kindesmörders, das Opfer seiner willenlosen Grausamkeiten und endlosen Quälereien, ist eine Figur von so scharf duftendem, quintessenziertem Stimmungsgehalt, daß sie darüber zum Symbol wird. Sie ist nur leidende Anmut, eine graziöse Märtyrerin, reizend und unwirklich wie jene blassen Märtyrerinnen des Gabriel Max, mit einem unbeschreiblichen Ausdruck von Kindlichkeit und Hysterie. In einer Bewegung ihrer weißen blutleeren Hände, in einem Zucken ihrer blassen feinen Lippen, in einem Neigen des blühenden Weißdornzweiges, den sie in den schmalen Fingern trägt, liegt eine unendlich traurige und verführerische Beredsamkeit. Wenn sie so daliegt, die fast durchsichtige Stirn und die schmalen Wangen von dunklem Haar eingerahmt, und der Polster, auf dem sie schläft, minder bleich als ihr Gesicht – diese ganze Technik des Weiß auf Weiß erinnert frappant an Gabriel Max –, so berührt sie wie ein Kunstwerk, eine Traumgestalt. Man begreift vollständig, daß sie einen Traumtod sterben kann, daß sie zum Beispiel im Wald die Schläge einer Axt auf irgendeinen unsichtbaren Baum wie Schläge des Lebens gegen ihre überfeine Seele empfinden und an dieser Emotion, also gewissermaßen an einem poetischen Bild, sterben kann.

Etwas Ähnliches geschieht dieser Figur wirklich. Aber nicht im »Innocente«, sondern in einem der poetischen Bücher von d'Annunzio, den »Römischen Elegien«, die als »Geliebte« ganz die gleiche sensitive Frauengestalt enthalten. Römische Elegien! Uns klingen die zwei Worte bedeutend und besonders, wie ein erlauchter Name. Zum Überfluß ist denen des Italieners ein Distichon aus denen des Deutschen vorangesetzt:

Eine Welt zwar bist du, o Rom; doch ohne die Liebe
Wäre die Welt nicht die Welt, wäre denn Rom auch nicht
                                                    Rom.

So wird ausdrücklich ein gleicher Inhalt angekündigt, und
Vergleichung scheint geradezu herausgefordert. Dichter
steht gegen Dichter und Epoche gegen Epoche. In antik-hei-
terem Liebesleben die glückliche Vorzeit in sich aufleben lassen, von der Liebe den hohen naiven Stil des Lebens lernen und
lebend und liebend sich jener heroischen und verklärten Wesen als wesensgleicher werter Vorfahren erinnern, in genialen
Metamorphosen bald die antike göttliche Welt vertraulich zu
sich in Schlafstube und Weinlaube ziehen, bald ehrfurchtsvoll
im eigenen Treiben das Ewige und Göttern Verwandte begreifen, das war das »Römische« an diesen deutschen Elegien
von 1790. Was hat Rom dazu gegeben? Goldene Ähren und
saftige Früchte, von der Sonne Homers gezeitigt, eine reinlich
konturierte, simple, fast Tischbeinsche Landschaft und von
all seinen unzähligen berauschenden Erinnerungen nichts als
das Gärtchen des Horaz, die Hütte des Tibull voll Liebesge-
plauder und Duft von Weizenbrot und die Spatzen des Pro-
perz. Nie haben die Grazien das liebliche Brot unsterblicher
Verse von einfacheren Holztellern gegessen und klareres
Quellwasser dazu getrunken. Auch in den »Römischen Elegien« des Heutigen, des Italieners, wandeln die Grazien. Aber
der Dichter hat sie erst in das Atelier des Tizian geschickt, sich
umzukleiden. Sie wandeln beim Plätschern der Renaissance-
fontänen durch die Laubgänge der mediceischen und farnesi-
schen Villen; farbige Pagen warten ihnen auf, und im smaragdgrünen Boskett spielen weiße Frauen im Stil des Botticelli
auf langen Harfen. Zu diesen Elegien hat Rom all seine Erinnerungen hergegeben: die herrischen, die sehnsüchtigen, die
prunkenden, die mystischen, die melancholischen. Diese
komplizierte Liebe saugt aus der Landschaft, aus Musik, aus
dem Wetter ihre Stimmungen. »Wie ein Wiesel Eier saugt«,
sagt der melancholische Jacques. Diese Liebe ist wie gewisse
Musik, eine schwere, süße Bezauberung, die der Seele Uner-
lebtes als erlebt, Traum als Wirklichkeit vorspiegelt. Es ist

keine Liebe zu zweien, sondern ein schlafwandelnder wundervoller Monolog, das Alleinsein mit einer Zaubergeige oder einem Zauberspiegel. Um so öder ist das Erwachen, dieses ernüchterte Anstarren:

> Und meinen Blicken erschien ihre Hand wie gestorben, ein
> totes
> Schien sie, ein wächsernes Ding, diese lebendige Hand.
> Die mit so funkelnden Träumen die Stirn mir umflocht,
> und die, wehe,
> Süßeste Schauer der Lust mir durch die Adern gesandt!

In den beiden »Römischen Elegien« wiederholt sich eine Situation: wie der Dichter, auf dem Lager der Liebe halb aufgerichtet, den Schlaf der Geliebten belauscht. Welch sicheres Glück bei Goethe, welch sicheres Umspannen des Besitzes, welch seliges Genügen! Wie einen kleinen Vogel in der hohlen Hand, hält der Glückliche Leib und Seele der Geliebten, den blühenden Leib und das warme, naive hingebende Seelchen. Dem Modernen erscheint der kleine Vogel weniger zutraulich und weniger leicht zu besitzen. Wie er sich über die blasse, leise atmende Gestalt mit Liebesaugen beugt, kommt ihm nur der eine Gedanke: wie wenig die ruhelose, sehnsüchtige Seele unter diesen geschlossenen Lidern ihm gehört, wie die Träume sie bei der Hand nehmen und fortführen, wohin er nicht folgen kann. Und wenn die geliebten Lider sich öffnen und der Blick der suchenden Augen sich jenseits verlieren will, jenseits des Lebens, in vergeblicher Sehnsucht, muß er den bleichen Mond und den unendlichen mächtigen Himmel und die unruhigen Bäume und die sehnsüchtig flimmernden Sterne bitten, ihm nicht diese kleine sehnende Seele ganz zu rauben... »Gebet, wenn ich Euch verehrte, gebt, daß ihre Seele wandermüde sich an mich schmiege, weinend, mit unendlicher Liebe.« Es ist, als hätte sich in den hundert Jahren, die zwischen diesen beiden Liebestagebüchern liegen, alle Sicherheit und Herrschaft über das Leben rätselhaft vermindert bei immerwährendem Anwachsen des Problematischen und Inkommensurablen.

Gegenüber diesem ekstatischen Auffliegen der Liebe, dieser uneingeschränkten mystischen Hingabe an die Stimmung, wie nüchtern bei Goethe die weise Beschränkung, wie simpel, wie antik! Dem nervösen Romantiker ist die Liebe halb wundertätiges Madonnenbild, halb raffinierte Autosuggestion; unter den Händen Goethes war sie nichts als ein schöner Baum mit duftenden Blüten und saftigen Früchten, nach gesunden Bauernregeln gepflanzt, gepflegt und genossen. Das war ihm »römisch«; er dachte an den Hymenaeus des Catull, diese lebenatmende Hymne, die in der Ehe nichts Heiligeres und nichts Unheimlicheres sieht als in der heiligen Ernte oder im saftsprühenden Weinlesefest. Er dachte an den Dichter, der in einem unsterblichen Buch die reife Leidenschaft der Dido und die herbe Mädchenliebe der kleinen Lavinia malt und in einem andern lehrt, die goldenen Honigwaben auszuschneiden und die reifen Birnen zu brechen. Ein Tagebuch der Liebe wie die »Elegie romane« steht nur noch halb auf der Erde. Es enthält den Ikarusflug, es enthält auch den kläglichen Fall und die lange, öde, elende Ermattung. Es enthält den Rausch der Phantasie und den Katzenjammer der Neurose und Reflexion. »Ciò che ti diede ebrezza devesi corrompere«, aus Lust wird Leid, aus Blumen Moder und Staub. So schließt mit dem Jammer des Psalmisten, was mit der Ekstase des Doctor Marianus begonnen.

Um die reine Schönheit zu erreichen, muß die Gestalt der Geliebten immer traumhafter werden, muß die Liebe selbst immer mehr einem Haschischrausch, einer Bezauberung gleichen. Das ist im »Isottèo« erreicht. Isottèo, Triumph der Isaotta, ist gleichzeitig ein reales und ein phantastisches Buch, gleichzeitig Wirklichkeit und Traum. Es ist nirgends darin gesagt, daß die beiden Menschen darin kostümiert sind, aber alle ihre Gedanken sind es. Diese Dichterseele ist so erfüllt mit den faszinierenden Abenteuern der Vergangenheit, daß sie unter der Berührung der Liebe unwillkürlich wie aus einem tiefen Brunnen eine Märchenwelt aufschweben läßt. »Mir war, als ströme aus ihrer Rede eine Bezauberung und unterwerfe alle Büsche und Bäume...« »Ihr Hände, die ihr meinen Qualen das Tor der schönen Träume aufschlosset...« »Ich

kränze dich, Quell, wo ich an jenem Tag einen Trunk tat, der
mir lebendig bis ins Herz zu gleiten schien...« Realität und
Phantasma rinnen völlig ineinander: Die Hände der Geliebten
öffnen das Tor der Phantasie; wenn die Geliebte und der
Dichter nebeneinander herreiten, ist es ihm, als ritten Lance-
lotto und Isolde mit der weißen Hand durch den smaragd-
funkelnden Wald der Poesie; um ihren blonden Kopf sieht er
gleichzeitig einen Kranz Rosen und die Glorie seiner Träume
gewunden. Im Triumphzug der Isaotta gehen die Horen mit
Feuerlilien in der Hand, hinter ihnen Zefirus, Blumenduft
hauchend, gehen Flos und Blancheflos, Paris und Helena,
Oriana und Amadis, Boccaccio und Fiammetta, geht der
Tod, kein Gerippe, sondern ein schöner heidnischer Jüngling
mit den Gelüsten und Träumen als valets de pied.

Das ist es, was ich den Triumph der Möbelpoesie genannt
habe, den Zauberreigen dieser Wesen, von denen nichts als
Namen und der berückende Refrain von Schönheit und Liebe
zurückgeblieben ist. Freilich, die toten Jahrhunderte haben
uns nicht nur Tapeten und Miniaturen, nicht nur Tana-
grafigürchen und Terrakottareliefs, Grabmonumente und
Bonbonnièren, farbige Kupferstiche und die goldenen Becher des Benvenuto Cellini hinterlassen, nein, wir haben auch
Homer geerbt, auch den »Principe« des Machiavell und den
»Hamlet« des Shakespeare. Aber Oriana und Amadis? aber
Lancelot und Ginevra? aber die Frühlingsnymphen des Botticelli? aber die »Feenkönigin« des Spenser, die »Trionfi« des
Lorenzo Medici, die Zaubergärten des Ariosto? Es gibt unzählige Dinge, die für uns nichts sind als Triumphzüge und
Schäferspiele der Schönheit, inkarnierte Traumschönheit,
von Sehnsucht und Ferne verklärt, Dinge, die wir herbeiru-
fen, wenn unsere Gedanken nicht stark genug sind, die
Schönheit des Lebens zu finden, und fortstreben, hinaus nach
der künstlichen Schönheit der Träume. Dann ist uns ein An-
tiquitätenladen die rechte Insel Cythera; wie andere Generationen sich in den Urwald hinaus-, ins goldene Zeitalter zu-
rückgeträumt haben, so träumen wir uns auf gemalte Fächer.
In diesem Sinn ist das »Isottèo« das schönste Buch, das ich
kenne; es erreicht eine berauschende, wundervoll verfeinerte

Schönheit durch ein Vergleichen aller Dinge nicht mit nahe-
liegenden, sondern wiederum nur mit schönen Dingen, ein
berückendes Ineinanderspielen der Künste. »Ihre (Isaottas)
Worte fielen nieder wie sehnsüchtig duftende Veilchen...«
»Die nackten silbernen Pappeln standen regungslos wie sil-
berschimmernde Leuchter, und die Lorbeerbäume bebten
wie angeschlagene Lauten...«
Hier sind Beispiele machtlos; ist es doch die schönste, die
ewig beneidete Sprache; ist es doch das Land unserer Sehnsucht, wo es Städte gibt, deren Namen nicht nach schalem
Alltag und rauher Wirklichkeit klingen, sondern tönen, als
hätten die süßen duftenden Lippen der Poesie selbst sie beim
Singen und Plaudern geformt.
Ja es strömt aus diesen Versen eine Bezauberung, die unter-
wirft, nicht nur die smaragdenen Büsche und Bäume, sondern völliger noch die horchende Seele, die sehnende Seele,
die verträumte Seele, unsere Seele.
Denn wie das rebellische Volk der großen Stadt hinaus-
strömte auf den heiligen Berg, so liefen unsere Schönheits-
und Glücksgedanken in Scharen fort von uns, fort aus dem
Alltag, und schlugen auf dem dämmernden Berg der Vergangenheit ihr prächtiges Lager. Aber der große Dichter, auf
den wir alle warten, heißt Menenius Agrippa und ist ein welt-
kluger großer Herr: der wird mit wundervollen Rattenfän-
gerfabeln, purpurnen Tragödien, Spiegeln, aus denen der
Weltlauf gewaltig, düster und funkelnd zurückstrahlt, die
Verlaufenen zurücklocken, daß sie wieder dem atmenden
Tage Hofdienst tun, wie es sich ziemt.

EDUARD VON BAUERNFELDS
DRAMATISCHER NACHLASS

HERAUSGEGEBEN VON FERDINAND VON SAAR

Hie und da findet man in unserer Stadt, auf einem Schreibtisch, als Schwerstein, eine hübsche weiße Hand, eine Frauenhand aus Biskuit. Sie stammt aus der ehemals berühmten
Altwiener Porzellanfabrik. Sie ist nicht nur hübsch, sondern
auch sehr charakteristisch. Es ist die Hand einer ganz bestimmten Art von Frauen aus einer ganz bestimmten Epoche.
Elegante Frauenhände von heute haben nicht diese uner-
wachsenen naiven Finger, nicht diesen weichen und doch festen, schwellenden Handrücken; ich meine, die von heute haben mehr Nervosität und weniger Kindlichkeit, sie sind minder lieblich, aber ausdrucksvoller. Es wäre vielleicht lehrreich
und unterhaltend, die Monographie dieser Altwiener Biskuit-
hand zu schreiben. Ich bin viel zu wenig geschickt, um so
etwas zu versuchen; mir fällt nur hin und wieder eine Klei-
nigkeit auf. Ich sehe ganz deutlich das Vergißmeinnicht-
album, in dem diese Hand geblättert hat, oder den Neujahrs-
almanach; vorne war in Stahlstich ein Porträt der Frau von
Staël oder einer anderen schöngeistigen Frau, mit entblößten
Schultern, schwimmenden Augen und der turbanartigen
Schaldrapierung des Empire. Ich sehe diese Hand, wie sie geküßt wird, respektvoll vertraulich... von einem hessen-
darmstädtischen Legationssekretär, der Metternich träumt
und Humboldt kopiert?... oder von einem witzelnden, bor-
niertgeistreichen Herrn Saphir?... oder von dem Land-
wehrmajor, der eine vage Ähnlichkeit mit Wellington in Haltung und Gebärde ängstlich kultiviert und im übrigen Flöte
bläst und mit Ferdinand Raimund bei der »Birn« Tarok
spielt?... Vielleicht von allen dreien. Ich sehe, während eines
Gespräches, während irgend jemand im Nebenzimmer
Schubertlieder oder Lannerwalzer spielt, die Bewegungen dieser Hand, wie sie sich ruhig-anmutig auf den Stickrahmen
legt, geziert und langsam den Schoßhund streichelt, reinlich
eine Birne schält, wie sie mit drei Fingern eine Nelke bricht

und ins Haar steckt, und wie sie schläft, die hübsche Hand,
ruhig schläft, den Schlaf eines braven, gewissenhaften, wohl-
situierten Pudels..., und in alledem gar nichts, ganz und gar
nichts von dem rastlosen Spiel der zuckenden Finger, das die
Frauenhände heute haben, von dem zappelnden Ringen nach
tausendfältigem Ausdruck, von der nervösen Grazie, der
mageren, durchgeistigten, vieldurchbebten Schönheit. Ich
denke mir gern diese tote, versteinerte Hand als nützlichen
Schwerstein auf Briefen liegen, die jene unruhige Hände von
heute geschrieben haben, und von dem träumen, was sie
selbst einmal schrieb, von diesen mildwarmen Herzensge-
danken, diesen altmodischen harmlosen kleinen Klatscherei-
en, von dieser ganzen Welt mit weißen Gardinen, hochbeini-
gen lichtbraunen Gesprächen über Freundschaft, von dieser
lieben ganzen Welt, die jetzt tot ist, fort und hin, weggetra-
gen, vorbei. »Vorbei!... Ein dummes Wort«, sagen die Le-
muren.

Aus dieser Welt sind die kleinen Komödien herausgeschnit-
ten, die sechs nachgelassenen Komödien des Bauernfeld; das
gleiche Leben, das durch die rundlichen Formen meiner
Hand, der porzellanenen, damals lebendig floß, zieht an den
Drähten dieser feinen plaudernden Puppen. Eine von diesen
Komödien, mit etwas hilflosen Versen, mit einer Charakteristik in zittrigen Strichen, ist ein ehrwürdiges Ding: sie ist im
letzten Jahr des Bauernfeld entstanden, während Lindenblü-
ten aus den bewegten Zweigen auf die hilflosen Hände des alten Mannes niederfielen und hinter ihm der Tod stand. Die
Dichter verarbeiten meist ihr Leben lang die Erlebnisse einer
gewissen Epoche ihrer Entwicklung, wo ihr Fühlen intensiv
war und dagegen das meiste Spätere als eine matte Wiederholung erscheint; in allen ihren tiefsten Werken pflegen sich An-
klänge an diese eine Phase zu finden, die ihnen das Leben kat'
exochen gewesen ist; sie verlegen ferner gerne in äußere Umstände, in bestimmte Lebensformen, in die Dekoration die
Ursache dieses dämonischen Wohlseins, dessen einzige wirkliche Ursache wohl eine vorübergehende subjektive, geheimnisvolle Erhöhung des Vitalitätsgefühles war; sie werden den Bann gewisser Erinnerungen nicht los, und gewisse

Formen des Menschenlebens behalten für sie einen unsäglichen, traumhaften Reiz. Bauernfeld ist sein Leben lang den Salon der vierziger und fünfziger Jahre nicht losgeworden. Alle seine Gestalten, die in Kostüm und die in Frack, die Prosa plaudernden und die, von deren Lippen leichte Verse springen, könnte man in einen solchen altmodischen Salon um Kaffee und Kammermusik vereinigen, und sie verstünden einander, hörten höflich zu und hätten miteinander eine liebenswürdige, anregende, soziable Konversation. Bei größeren Dichtern ist dies zuweilen anders: Macbeth im Boudoir der schönen Porzia ist ein ungemütlicher Gedanke, und Fähnrich Pistol hätte, fürcht ich, kein Gespräch mit dem hagern Cassius.

Freilich ist der Salon des Bauernfeld etwas sehr Hübsches. Er ist nicht so überfüllt mit den verwirrenden Erinnerungen an Allzuvielerlei, die unser Zimmer von heute so aufregend und enervierend machen. Er ist auch nicht durch schwere Vorhänge gegen eine grelle rasselnde Straße versperrt, sondern seine Fenster stehen weit offen und gehen in einen guten grünen Garten. Durchs Fenster sieht, riecht und spürt man die liebe natürliche Natur mit Lindenrauschen, bebenden Espen und Duft von Flieder, Salbei und Jasmin. Eine geschmacklose aber gutmütige Nymphe aus Sandstein gießt aus einer Muschelschale friedlichen Goldfischen frisches, helles, plauderndes Wasser auf den stumpfsinnigen Kopf. Dies alles sieht man durch den weißen Fensterrahmen; es ist nicht dämonisch, gibt nicht den großen Schauer des urgewaltigen Geisterwebens, aber immer bleibts Natur. Die kommt auch noch auf einem anderen Weg in den Salon hinein: als Kammerdiener, Stubenmädchen, Gärtnerstochter. Der Diener ist heutzutage uniform wie ein Lampenzylinder, unpersönlich wie ein Suppenlöffel. Er heißt irgendwie, verbeugt sich, macht Türen auf und schweigt. Damals war das anders. Damals hieß er nicht irgendwie, sondern er war »unser Johann«, »unser Alois«. Er war häufig im Haus geboren; jedenfalls war er jahrelang im gleichen Haus; er hatte die jungen Herren, manchmal auch die jungen Damen, sozusagen aufgezogen. Er hatte etwas von dem Sklaven der antiken Komödie, von dem Gracioso des

spanischen Lustspiels. Er hatte eine Lebensanschauung; er
machte und empfing Konfidenzen; er ignorierte gewisse Gä-
ste des Hauses, die er nicht gern »bei uns« sieht, und beehrte
andere mit seinem Wohlwollen. Er ist das Gewissen und die
Karikatur der Herrschaft; er ist eines von den klammernden
Organen, mit denen die soziale Komödie sich am Mutter-
grund des Natürlichen festwachsen will. Denn alles Gesellschaftliche hat auf der Bühne etwas von Spiegelfechterei. Was
im Leben Zeit hat, tropfenweise durch die Risse und Fugen
der konventionellen Form durchzusickern, das springe auf
die Bühne, wie die Frucht aus der Schale, reif und nackt. – – –
Wenn ich eines der Theaterstücke des Bauernfeld auf der
Bühne sehe und rings um mich diese Menschen von heute,
die zuhören, so muß ich daran denken, wie seltsam die ruhige
üppigschlanke Altwiener Frauenhand als kühlender Schwerstein auf solchen heutigen Briefen zu liegen kommt, voll
fiebriger, ironischer und vorschnell gealterter Gedanken. Die
da droben auf der Bühne werden so leicht mit dem Leben fertig, so wunderbar leicht; es liegt so viel Einfachheit in ihren
Leiden und so viel Anmut in ihrer Resignation. Sie plaudern
so klug und sicher, über so rätselhafte, so grauenvolle Dinge.
Sie sind so wenig neugierig und so wenig grausam. Sie sind
wirklich allzu gut erzogen.
Man spielt diese Theaterstücke, die jetzt vierzig oder dreißig
Jahre alt sind, in unseren Kleidern, mit unseren Möbeln. Das
sollte man nicht. Mich wenigstens stört es. Ich sehe dann, wie
schattenhafte Gespenster, *uns* auf diesen Stühlen sitzen, an
diesen Portièren stehen, die Stirn an diese Fensterscheiben
lehnen; uns, mit blasseren Gesichtern, mit klügeren Augen,
mit ausdrucksvolleren, ruheloseren Händen als diese, die da
Komödie spielen. Ich höre unsere Gespräche, die seltsamen,
erregenden, in denen man bald das Vibrieren von Geigensai-
ten zu vernehmen glaubt und bald die Beredsamkeit eines
Trunkenen, bald einen Wundarzt, bald einen Gecken, gleichzeitig das Pochen eines Vogelherzens, die witzelnde Geschwätzigkeit eines Barbiers und die Trauer eines grausamen
Traumes. Und neben alledem, das verführerisch ist selbst
durch sein Widerwärtiges und faszinierend selbst durch seine

Verworrenheit, erscheint mir der Dialog, den zwischen diesen Möbeln jene Bauernfeldschen Menschen führen, schal,
lau und leer.

Ja, diese kindliche, weiche Stadt mit den vielen Kuppeln und
den sehnsüchtigen Gärten, über deren Wipfel von Musik der
Atem streift, diese Stadt mit den plätschernden, plaudernden
Brunnen, den lächelnden Muttergottesbildern zwischen bunten Lampen, dieses ganze »capuanische Wien« muß merkwürdig gealtert sein, seitdem es keinen neuen großen Dichter
gehabt hat. Es ist, als hätten für eine Weile unsterbliche Hände
gefehlt, als wäre niemand da gewesen, die goldenen Äpfel, die
jung erhalten, vom Baum zu brechen und der vielverderben-
den, verführerischen Stadt hinzureichen. So ist sie älter geworden. Ihre Züge haben den Schmelz der Kindlichkeit verloren, und unter krausem, aschblondem Haar hat sie nicht
länger diese von nichts wissende Stirn, diese allzujungen Augen, dieses Stumpfnäschen einer Pierrette: ein Zug wie von
Leiden hat ihre Schönheit gereift, vergeistigt; ihre Na-
senflügel sind feiner und beben leise, und in ihren Augen ist
manchmal eine sphinxhafte Hoheit.

PHILOSOPHIE DES METAPHORISCHEN

Die unlängst erschienene »Philosophie des Metaphorischen«
von Alfred Biese geht von einer sonderbaren Voraussetzung
aus: es gebe in Deutschland Leute, die den metaphorischen
Ausdruck für einen willkürlich gewählten Schmuck der Rede,
eine geistreiche Erfindung der Schriftsteller hielten und denen
man erst beweisen müsse, es sei dem nicht so, es sei ganz im
Gegenteil das Metaphorische eine primäre Anschauung zu
nennen, das eigentliche innerste Schema des Menschengei-
stes, und die Metapher die wahre Wurzel alles Denkens und
Redens. Ein Spruch Goethes erledigt die ganze Sache aufs beste: »Alles, was wir Erfinden, Entdecken im höheren Sinne
nennen, ist eine aus dem Innern am Äußern sich entwickelnde
Offenbarung, die den Menschen seine Gottähnlichkeit vor-
ahnen läßt. Es ist eine Synthese von Welt und Geist, welche
von der ewigen Harmonie des Daseins die seligste Versiche-
rung gibt.« So gekräftigt, von Goethe und Fr. Th. Vischer,
Jean Paul, Aristoteles und andern gewappneten Nothelfern
gut umgeben, tritt der Fleißige den ungeheuren Weg an, der
von der Phantasie kleiner Kinder zu den Höhen der philosophischen Spekulation, von Thales zu Hegel, von orphischen
Urworten zu den grotesken Feuilletons Heines führt. Das
Reich des Metaphorischen durchwandern! Herr Alfred Biese
erinnert mich an das Abenteuer des Gottes Thor im Land der
Riesen. Wie sie ihm ein Trinkhorn reichten und er mit gewal-
tigem Saugen kaum ein Fingerhoch bezwang, und wie sie ihn
ringen ließen mit einem alten Weib und er die stöhnend kaum
in die Knie drücken konnte: denn er lag in trügerischem Zauber, und das Trinkhorn war das ewige Weltmeer, daran er gesogen hatte, bis in unheimlicher Ebbe weithin die Klippen
nackt und die Dünen öde standen, und die Alte war die Mid-
gardschlange, die er aus ihrem tausendjährigen Bette empor-
gerissen hatte, daß die ältesten Berge dröhnten. Denn etwas
Dämonisch-Hartnäckiges hat der Fleiß eines deutschen Philologen.

Aber das Buch des Herrn Biese ist sehr schön und wertvoll: ist es doch eine Sammlung der auserlesensten Metaphern und somit, nach einem tiefen Hebbelschen Wort, eine Sammlung herrlicher Gedichte. Gerade die vielen Menschen, denen das Lesen der Tagebücher Hebbels ein tiefaufregender Genuß war, die fähig sind, in der Idee das Kunstwerk, im Charakterzug die Gestalt, in der Metapher das lyrische Gedicht vorweg zu genießen, werden unglaublich viel darin finden. Namentlich die griechischen Naturphilosophen und die christlichen Kirchenväter, diese großen, originellen, höchst seltsamen Dichter, dürfen nicht unter den Erdboden sinken, wie redende Köpfe aus Erz versinken, wenn niemand mehr an ihre Orakel glaubt. Ihre dunklen Gleichnisse sind wie Spiegel, darüber sich die neuen Dichter beugen, um wundervolle Schatten vorüberhuschen zu sehen. Ihre geheimnisvollen Worte fallen in unsern Geist wie Tropfen einer starken Essenz, gären einmal und werfen solche Träume aus, ohne die das Leben unserer Seele schwächer, schaler, geringer bliebe. Pherekydes von Syros läßt den Zeus, in den weltbildenden Eros verwandelt, in ein großes Gewand die Erde und den Okeanos einweben und dieses über einen von Flügeln getragenen Eichbaum spannen. Ich wollte, ich wüßte mehr von diesem Pherekydes: er scheint erhabene, unsägliche Dinge in sehr schönen feinen malerischen Metaphern ausgedrückt zu haben; er wußte vielleicht über den Sinn einer geknüpften Schnur und die Philosophie eines Henkelkruges Tieferes als wir alle, wenn wir nicht zufällig John Ruskin oder Gottfried Semper heißen. Ich wollte, ich wüßte mehr von dem dunklen Plotin als dieses eine, daß er jedes Erkennen einer Wahrheit einen mystischen Akt nannte; ich wollte, wir hätten mehr solcher Worte, die zauberhaft und furchtbar gleichsam aus dem Herzen der Dinge heraustönen, wie sie hie und da ein Vergessener in einen Sargdeckel, einen geschnittenen Stein oder eine schlanke Vase eingekratzt hat. Aber das zumindest ist sehr gut, daß wir diese einzelnen Worte besitzen, diese Worte, in denen das tiefsinnig redende Wasser des Bergquells von Dodona in einen Diamanten zusammengepreßt erscheint; denn die strahlen in der trüben Schattenhaftigkeit des

Daseins ein innerliches Feuer aus, das dämonische Feuer, das
eine genial geschaute Welt durchleuchtet. – – –
Trotz alledem hat mir das Buch des Herrn Biese eine gewisse
Enttäuschung bereitet. Als ich einmal im Vorübergehen an
einer Buchhandlung den Titel las: »Philosophie des Metaphorischen«, vermutete ich ein anderes Buch, ein ganz anderes: Ich erwartete eine Philosophie der subjektiven Metaphorik; eine Betrachtung des metaphernbildenden Triebes in uns
und der unheimlichen Herrschaft, die die von uns erzeugten
Metaphern rückwirkend auf unser Denken ausüben, – andererseits der unsäglichen Lust, die wir durch metaphorische
Beseelung aus toten Dingen saugen. Eine hellsichtige Darstellung des seltsam vibrierenden Zustandes, in welchem die
Metapher zu uns kommt, über uns kommt in Schauer, Blitz
und Sturm: dieser plötzlichen blitzartigen Erleuchtung, in der
wir einen Augenblick lang den großen Weltzusammenhang
ahnen, schauernd die Gegenwart der Idee spüren, dieses ganzen mystischen Vorganges, der uns die Metapher leuchtend
und real hinterläßt, wie Götter in den Häusern der Sterblichen
funkelnde Geschenke als Pfänder ihrer Gegenwart hinterlassen.
Und über alles das, weil es doch höchst lebendig ist und jedem nahegeht, könnte man, denke ich, ein lebendiges wert-
volles oder zumindest ein sehr anregendes kleines dünnes
Buch schreiben. Man müßte eine anspruchslose und wenig
pedantische Form wählen. Etwa den platonischen Dialog,
freilich nicht die jungen Leute des Platon, naiv wie die Halb-
götter oder wie die jungen Katzen; die sind ja nicht mehr
wahr. Zwei oder drei recht moderne junge Menschen, unru-
hig, mit vielerlei Sehnsucht und viel Altklugheit; und auf den
Boden der großen Stadt müßte man sie stellen, der aufregend
bebt und tönt wie Geigenholz. Denn es gibt ja heute keine
solchen hohen, mit kühlem Schweigen angefüllten Säulengänge. Ja, meine Phantasie verlangt geradezu, im Wiener
Volksgarten müßte man sie spazierengehen lassen, im Volksgarten, an einem Juniabend. Weiße Kastanienblüten und
blaßrote liegen auf dem Weg, und daneben leuchtet smaragd-
grün das dichte kühle Gras. Ringsum laufen Wände von

dunklem Laub, und aus dem Dunkel glimmen weiße Blü-
tentrauben der Akazien und funkeln die vergoldeten Lanzen-
spitzen des Eisengitters. Über den schwarzen Baumwipfeln
aber silhouettieren sich auf dem glutroten Abendhimmel die
wundervollen Linien phantastischer Steinfirste, bronzener
Viergespanne, marmorner Götter und vergoldeter Bekrö-
nungen, und weithin glühen in die ferne Dämmerung gold-
grün und kupferrot Kuppeln und Knäufe von Türmen. Die
Luft ist eigentümlich leuchtend und bringt in den gigantischen Raum einen rätselhaft intimen Zauber. Und einer sagt
vielleicht: »Wie schön ist das! Wie lebendig, erfaßbar, wie
wirklich! Wie schön ist Schönheit!« Oder sie gehen schweigend weiter; ein leiser lauer Wind raschelt in den Wipfeln und
wirft sich manchmal kopfüber herab, stößt über die Wiese hin
und regt einen flüchtigen Duft von Jasmin und Flieder und
Akazien auf. Dann ist es wieder still. Aber endlich, getroffen
von so viel Schönheit, müssen diese jungen Menschen anfangen, von der Kunst zu reden, wie die Memnonssäulen tönen
müssen, wenn das Licht sie trifft. Und sie sind ja »innerlich so
voll Figur«, so durchtränkt mit Metaphorischem, so gewohnt, ihre Seele unter seltsamen Gleichnissen anzuschauen,
ihren Lebensweg mit drohenden und lockenden apokalypti-
schen Gestalten zu umstellen; sie sagen zur Welt: »Du bist
mein Traum, ich kann dich einrollen und wegtragen wie eine
bemalte Leinwand«, und zum Frühlingswind: »Du bist die
kindische Liebe«; zu einer alten Kirche: »Deine Dämmerung
ist voll Sehnsucht«, und zu einem jungen Mädchen Worte,
die auf Musik, auf blühende Kirschenbäume, auf einen Trunk
Wasser passen; die Worte sind ihnen lebendige Wesen, und
vor Begriffen fliehen sie, wie vor großen schwarzen Hunden.

Ja, die könnten über das Metaphorische philosophieren. Aber
es wäre ein ganz unwissenschaftliches Buch, eher ein Gedicht,
eine bebende Hymne auf Gottweißwas, als eine ordentliche
Abhandlung.

WALTER PATER

Ein erstes Buch, in den siebziger Jahren erschienen, heißt »Die Renaissance, zehn Studien«. Pico della Mirandola, die Schule des Giorgione, Lionardo, Sandro Botticelli, die Poesie des Michelangelo und dergleichen höchste, ferne Phänomene einer großen versunkenen Welt sind in einer Weise behandelt, die das Wesen trifft und so sicher Leben gibt wie ein Stoß ins Herz den Tod. Die Art, wie Künstler im Leben stehen, ist nie so begriffen und dargestellt worden, auch nicht von Goethe, der in darauf bezüglichen Betrachtungen und Gesprächen die Funktionen des Künstlers zu einer abstrakten Idealität hinaufgetrieben hat: er konnte sich am schwersten in Naturen, geringer als die eigene und doch zur Kunst berufen, doch von den »Menschen im Leben« gesondert, hineinfinden. Pater ist der sehr seltene geborene Versteher des Künstlers, ein Kritiker notwendigerweise und aus dem Willen der Natur. Er ist in den Künstler verliebt, wie dieser ins Leben. In seinen Händen zuckt das Alräunchen dort, wo Schätze der Erde nicht mehr verborgen schlafen, sondern gehoben worden sind. Die geheimnisvollen, nur dem Leben der Liebe vergleichbaren Vorgänge, wie die Seele des Künstlers sich in symbolischen, dem begrifflichen Ausdruck entzogenen Ideen zu äußern strebt und diese Ideen wieder in dunklem Drange ihren symbolischen Ausdruck dem äußeren Leben entnehmen, diese Vorgänge erfassen, heißt der Idee des Künstlers am nächsten kommen. Dann spürt man Seele in jedem seiner kleinsten Triebe, wie Baum auch in den äußersten jungen Zweigen ist, man versteht seine Launen, seine Niedrigkeiten, die Wege seiner Verliebtheit, die Art Landschaft und die Art Frauen, die er gerne malte, das Lächeln, das er den Gesichtern junger Männer gibt, und die Epitheta, mit denen er sich selber bezeichnet, seine Eitelkeiten werden zu goldenen Blitzen, die seine Seele vor uns erleuchten, und die albernen, kleinen, sterilen Anekdoten im Vasari lassen Leben quellen, wie die Euter von entzauberten Kühen die gute Milch.

In diesem ersten Buch von Pater ist ein ausgezeichnetes Bestreben, das Besondere eines Künstlers und das Ganze seiner Person zu erfassen. Irgendein Vers, ein Stückchen Ornament, eine Art, Augenlider und Lippen zu malen, impressioniert uns sehr stark, erzeugt in uns für einen Augenblick jenes aus Sehnsucht und Befriedigung gemischte Glücksgefühl, das vom ästhetisch Vollkommenen hervorgerufen wird. Jedes solche Vollkommene, das wir auf unserem Wege liegen finden, ist ein verirrtes Bruchstück aus einer harmonischen fremden Welt, wie Meteorolithen, die irgendwie auf die Wege unserer Erde herabgefallen sind. Es handelt sich darum, aus dem verirrten Bruchstück durch eine große Anspannung der Phantasie für einen Augenblick eine Vision dieser fremden Welt hervorzurufen, im Leser hervorzurufen: wer das kann und dieser großen Anspannung und Verdichtung der reproduzierenden Phantasie fähig ist, wird ein großer Kritiker sein. Er wird gleichzeitig sehr gerecht und sehr nachgiebig sein, denn er wird jedes Kunstwerk an einem Ideal messen, aber an dem subjektiven, aus der Persönlichkeit des Künstlers geschöpften Ideal, und er wird die Schönheit von allem spüren, was in Wahrhaftigkeit empfangen und geboren ist.

Das zweite Buch von Pater, in den achtziger Jahren erschienen, heißt »Imaginäre Porträts«. Er versucht, erfundene, ästhetische Menschen als Ganzes zu zeigen, nicht mehr, wie die Studien über die Renaissance, aus tatsächlich existierenden Offenbarungen solcher Menschen, aus Kunstwerken auf ihre Persönlichkeit als Ganzes, wie sie wohl gewesen sein möge, zurückzuschließen.

Ein erfundener Watteau (dessen Untermalung allerdings Linien vom wirklichen Watteau hat), ein erfundener seltsam heidnisch-christlicher Orgelbauer, ein bakchischer Musikant mitten in einer gotischen Stadt des französischen Mittelalters, ein erfundener holländischer Maler und Adept des Spinozismus, ein erfundener dilettierender deutscher Prinz aus dem vorigen Jahrhundert. In diesen imaginären Porträts ist etwas zur Vollendung getrieben, womit wir alle uns in einer fast ungesunden Weise häufig im kleinen abgeben: aus den hinter-

lassenen Kunstwerken einer Epoche ihr Seelenleben bis zum
Spüren deutlich zu erraten. Wir sind fast alle in der einen oder
anderen Weise in eine durch das Medium der Künste ange-
schaute, stilisierte Vergangenheit verliebt. Es ist dies sozusagen unsere Art, in ideales, wenigstens in idealisiertes Leben
verliebt zu sein. Das ist Ästhetismus, in England ein großes,
berühmtes Wort, im allgemeinen ein übernährtes und über-
wachsenes Element unserer Kultur und gefährlich wie
Opium. Immerhin ist dergleichen die Grundfunktion des
Kritikers, und an der Vergangenheit darf sichs ihm entzünden, um in die Gegenwart hineinzuleuchten: nur eben ist im
Gesamten das Kritische selber eine untergeordnete Funktion.
Ein so faszinierendes und entzückend schönes Buch wie diese
»Imaginären Porträts« zeigt deutlich, an welche Lebenspro-
bleme die kritische Darstellung gewiesen ist. Ästhetische
Menschen, Menschen, die von der Phantasie und für die
Phantasie leben, deren Daseinswurzel das individuelle
Schöne ist, die Art Menschen, die mit dem eigenen Leben
schon das selber tun, was ein darstellender Künstler mit dem
Leben der »Menschen im Leben« tut, also Künstler oder dem
Künstler sehr nahestehende Dilettanten kann der Kritiker als
ein Ganzes erfassen und suggestiv herausbringen. Alles andere entgeht ihm. Der Begriff des ästhetischen Menschen
wird von Pater wundervoll herausgearbeitet und macht aus
den »Imaginären Porträts« ein ganz einzigartiges Buch.
Das dritte Buch, »Marius der Epikuräer«, zeigt die Unzulänglichkeit, sobald man auf der ästhetischen Weltanschauung die ganze Lebensführung aufbauen wollte. Das Buch ist
ungeheuer gescheit, aber es wirkt dürr, ohne Größe, ohne
wahre Menschlichkeit. Mißt man es an Eckermann oder einem anderen Nachlaß Goethes, so erweist es sich sehr einseitig, beinahe unmoralisch, obwohl doch auch Goethe eine
durchaus und nur ästhetische Natur war. An dem Paterschen
Buch verstimmt offenbar das Bewußt-Einseitige, Systemati-
sche. Es ist die Geschichte eines jungen Römers der hadriani-
schen Zeit, der sein Leben auf einen sehr feinen und komplizierten Epikureismus gestellt hat. Aber das Leben ist doch
viel gewaltiger, größer und unsäglicher, und das Buch macht

einen dürftigen Eindruck, so sehr aus zweiter Hand wie Marginalglossen zu einem toten Text. So erweist sich in der Hauptsache die Unzulänglichkeit des Ästhetismus (hier = Epikureismus), in Nebensachen sein großer Zauber. Namentlich in der Wahl der Epoche. In einem gewissen halbreifen Alter voll Sehnsucht und Raffiniertheit hat unser aller Phantasie sich einmal an dem Rom der Verfallzeit wollüstig festgesogen, an dieser graziösen Epoche, wo die großen starken Worte des alten Latein zu prunkvollen sonoren Titeln werden, wo traumhaft aus dem blauen Meer die nackten Gestalten der alten Poesie mit naiven Händen und kindlichen Stirnen vor den Spätgeborenen auftauchen und wo ein Geschlecht mit merkwürdigen Sphinxaugen und schmalen vibrierenden Fingern schattenhaft umhergeht und in den ererbten Schätzen wühlt, in den geschnittenen Steinen, den Dosen aus Chrysopras, den wächsernen Totenmasken, den wundervoll skulptierten alten Versen und den einzelnen Edelsteinen der halbverlorenen Sprache. So ähnlich mit uns selber kamen sie uns vor, wie sie da vor sich hinlebten, nicht ganz wahr und doch sehr geistreich und sehr schön, von einer morbiden Narcissus-Schönheit, allem Gleichnishaften zugetan und in einer etwas manierierten Skepsis; frauenhaft und knabenhaft und greisenhaft und vibrierend vor tiefen Spuren der Schönheit, jeder Schönheit, der Schönheit sanftschwellender Vasen und der Schönheit klippiger Felsen, der Schönheit des Antinous, der Schönheit des Sterbens, des Totseins, der Blumen, der Göttin Isis, der Schönheit der großen Kurtisanen, der Schönheit der untergehenden Sonne, der christlichen Märtyrer, der Schönheit der Psyche, der weinenden, wandelnden, naiv-perversen kleinen Psyche aus dem »Goldenen Esel«, jeder Schönheit, nur nicht der einen großen, unsäglichen des Daseins; denn die ist schwachen Geschlechtern verborgen.

GABRIELE D'ANNUNZIO

Herr Gabriele d'Annunzio, der heute dreißig Jahre alt und neben dem alten Carducci der berühmteste Dichter Italiens ist, hat unlängst irgendwo eine ganz knappe Skizze seines Lebens veröffentlicht. Er spricht darin von seiner Jugend und seinem Ruhm mit einer Anmut und Kühnheit, die etwas Römisches hat, oder besser, etwas von dem großen und sehr eleganten Stil, den die Menschen des fünfzehnten Jahrhunderts schrieben, wenn sie die Antike zu kopieren meinten. Er redet darin von den Werken, die hinter ihm sind, ohne Ziererei und mißt ihre funkelnde Kraft mit naivem Stolz an den Werken aus den Händen geringerer Künstler und ihre Dürftigkeit mit ergriffenem Sinn an der unsäglichen Tiefe des Daseins. Er hat gegenüber dem Leben die Gebärde der wenigen: es mit ganzer Seele als ein Ganzes fassen zu wollen und, in den ganzen Mantel gehüllt, nicht einen purpurnen Fetzen in der mageren Hand, die dunklen Wege hinunterzugehen. Sein Lebens- und Weltgefühl hat sich nicht am Leben und an der Welt entzündet, sondern an künstlichen Dingen: an dem größten Kunstwerk »Sprache«, an den großen Bildern der großen Epoche, und an anderen niedrigeren Kunstwerken. Zug um Zug hat er sich berauscht an der Schönheit des Redens, dieser tiefsinnigen Schönheit, in der die Seele zum Leben geboren wird und unter uns wohnt, an der Schönheit der Renaissancekunst und an der subtilen Schönheit einiger Bücher, in welchen einige Menschen unserer Zeit ihre nicht ganz equilibrierte und gerade darum dämonisch anziehende Vision der Welt niedergelegt haben. Er hat dann von seinem zwölften oder vierzehnten bis jetzt zu seinem dreißigsten Jahr zwölf oder fünfzehn Bücher geschrieben, die Zug um Zug von den großen Malern, von den großen Rhetoren und Stilisten und von den großen Psychologen der verschiedenen Epochen inspiriert waren. Er hat Zug um Zug eine Erhöhung und Bezauberung seines Daseins empfangen: vom Betrachten un-

vergleichlicher Kunstwerke und einer stilisiert angeschauten
Natur; von der ihm innewohnenden und sich immer stei-
gernden Gabe, gut zu reden, Sätze zu sagen und zu schreiben,
in deren komplexen Rhythmus etwa Livius und Boccaccio,
oder Cicero und Firenzuola gleichzeitig anklingen; von einer
durch das Medium der Kunst erfaßten Sinnlichkeit und von
einer an den Büchern von Edgar Poe, Dostojewsky und
Taine oder an den Traktaten über die Seele von Origenes oder
Bernhard von Clairvaux entfachten Gier, die Seelen der Menschen leben zu spüren. Für alle diese Einflüsse war sein Geist
nicht einfach ein gutes, sondern ein ganz wundervolles,
raffiniertes Medium: aus den Bildern trug er nicht etwa Äu-
ßerlichkeiten mit sich, sondern der Seelenzustand, den die
Gebärden der gemalten Menschen oder die Farbennuancen
der gemalten Lippen, Haare, Blumen und Bäume in sich tragen, schlägt manchmal aus den Schwingungen seiner Verse
geheimnisvoll auf; die sensitive Lust an der Schönheit der
Worte, die schön sind wie blasse Frauen und große weiße
Hunde, schön wie das Jungsein und wie das Sichsehnen, oder
wie Weihrauch, oder wie hagere lichte Gärten im ganz frühen
Frühling am Morgen, diese Lust ist bei ihm so stark, daß er
aus bloßen Eigennamen ganze melancholische und geheimnisvolle Strophen zusammensetzt.

> Quindi vengono li Amanti,
> quei che tiene antica pena.
> Ridon pallidi in sembianti.
> V'è Parigi con Elèna,
> v'è la bella Polissena,
> Analida e il buono Ivano.
> Dicon: – Tutto al mondo è vano,
> Nel amore ogni dolcezza!

Wie schön ist das! und es übersetzen hieße ein Salzfaß von
Cellini mit dem Stemmeisen zerlegen. Denn der es gemacht
hat, den haben die Worte, mit denen wir die Lust und
Schmerzen des Lebens nennen, erbeben gemacht, früher und
stärker und tiefer als das Leben selber. Sicherlich, wenn er ei-

nen Römer liest, oder einen Kirchenvater oder einen Novellenschreiber, so spürt er am Fall der Perioden und wie da und dort ein Satz sich ironisch oder schamhaft invertiert, ein anderer breit hinströmt und ein anderer eine Sache ausdrückt mit einer schnippischen Gebärde altkluger kleiner Mädchen, daran spürt er die Größe und Eitelkeit und die Minauderie oder Unschlüssigkeit oder Selbsttäuschung dieser toten Menschen, wie ein anderer, wenn er von Lebendigen die Augen und die Lippen fest anschaut. Es ist, wie wenn einer das Trinken von Wasser nicht am gemeinen Laufbrunnen gelernt hätte, sondern am Nürnberger Tugendbrunnen, wo es aus den Brüsten von ehernen Nymphen springt und Milch von Halbgöttinnen bedeutet.

Aber das Leben ist doch da. Es ist durch sein bloßes oppressives unentrinnbares Dasein unendlich merkwürdiger als alles Künstliche und unendlich kräftiger, und zwingt. Es hat eine fürchterliche betäubende Fülle und eine fürchterliche demoralisierende Öde. Mit diesen zwei Keulen schlägt es abwechselnd auf die Köpfe derer, die ihm nicht dienen. Die aber von Künstlichem zuerst herkommen, dienen ihm eben nicht. Über denen hängt das Leben drohend wie die Sturmwolke, und wie geängstigte Schafe laufen sie hin und her.

In dem letzten großen Buch von d'Annunzio, dem »Triumph des Todes«, kommen eigentlich nur zwei Personen vor: ein solcher Mensch und das Leben. Das Leben in allerlei Verkleidungen: als eine Frau, als viele Tausende kranker, elender Menschen, als Bauern und Fischer. Der Mensch schwankt immer zwischen zwei Attitüden: einmal wirft er sich mit dem Willen zur Betäubung in die Arme des Weibes, in die Arme des Lebens und will aus den Reden der niedrigen Menschen, aus dem Heulen ihrer Kinder, dem Gären ihrer reifen Gärten, dem Lispeln ihres Aberglaubens, dem Gestöhne ihrer Wallfahrten das Leben einschlürfen, wie einer einen Bund Heu aufhebt und daraus den Duft des Sommers einschlürft, aber freilich nur des Sommers, dessen Nächte und Tage er erlebt und ganz in sich gesogen hat, als sie lebendig waren; – dann wieder wendet er sich schauernd vor dem Ungeheueren, Rohen ab, und auch die Frau ist seinen einsamen, überreizten

Sinnen ein Dämon, ein Wesen wie ein böser stummer Hund, »terribilis ut castrorum acies ordinata«.

Aus diesem »Triumph des Todes« ist mir eine sehr schöne Metapher im Gedächtnisse geblieben. Einmal an einem mystischen, frühlinghaften Septemberabend schaut der Held in den Thermen des Diocletian auf die schwarzen, starren, zerrissenen alten michelangelesken Zypressen, und in ihrer tiefen, grausamen Traurigkeit berühren sie ihn wie ein Bild der Nutzlosigkeit alles Widerstehenwollens und Begreifenwollens: ringsum aber zwischen Myrtenbüscheln liegen und leuchten am Boden Trümmer von schönem und sinnlichem antiken Marmor: zarte, anmutige Hände, die den Fetzen einer Chlamys halten, herkulische Arme mit wütend geblähten Muskeln, ungeheure Brüste, genügend eine Titanenbrut zu säugen, süße Namen von Frauen und Freigelassenen auf Urnen eingegraben, auf weißen Sarkophagen die Tänze von Mädchen und das Lachen von Masken, und Kränze von Blumen und Früchten...

Es ist sehr sonderbar, wenn einer in so starren Dingen das Bild seiner Vision der Welt findet, da doch im Dasein alles gleitet und fließt. Und es ist sehr charakteristisch, daß sich ihm in den steinernen, künstlichen Spuren einer vergangenen Zeit das Leben ankündigt. Es ist in der Tat etwas Starres und etwas Künstliches in der Weltanschauung des Herrn d'Annunzio, und noch fehlt seinen merkwürdigen Büchern ein Allerletztes, Höchstes: Offenbarung.

Aber er ist noch jung, und seine Gaben und Kräfte sind sehr groß: er trägt eine Welt in sich, ein wirkliches Universum, und seine Phantasie ist wahrhaftig »der Seele Weltseele«, nicht dürre Begriffe sind in ihm die Korrelate der äußeren Dinge, sondern etwas *vom Hauch und Wesen der Wesen* so gut als nur je in einem, der Giorgione oder Shelley hieß; er fühlt die innerste Schönheit und Traurigkeit der wechselnden Dinge und hat manchmal solche Gewalt über die Worte, daß sie ihm in die mystisch vielsagendste, die absolut schöne Periode zusammenfallen und einen flüchtigen Abglanz transzendenter, den Atem beraubender Vollkommenheit geben, wie Puppen an Fäden dann und wann in eine Gebärde voll unsäglicher

Grazie zufällig flüchtig fallen; ihm lebt die Welt, die Augen eines kranken Affen sind ihm so wenig ein Nichtiges als die transfigurierten Gebärden echter, heiliger Märtyrer oder gemalter Botticellischer Nymphen. Sein Ruhm ist in Italien, in Frankreich groß und dringt in andere, barbarische Länder. Es gibt da und dort einige junge Menschen, die sich zu freuen verstehen, daß solch ein Künstler am Leben ist.

FRANCIS VIELÉ-GRIFFINS GEDICHTE

»POÈMES ET POÉSIES«

Die Gegenwart einer sehr starken künstlerischen Individualität wirkt auf schwächliche schöne Geister wie der gefährlichste chemische Feind, treibt ihr Hohles blähend auf und läßt es
nach kurzem Glühen als materia vilis elend niederfallen. Man
muß sehr gut geboren sein, um die Existenz eines so komplexen und verführenden Künstlers, als Verlaine ist, zu ertragen,
ohne von ihr unterworfen zu werden. Herr Vielé-Griffin
scheint mir dem nicht entgangen zu sein.
Ich sehe seine Poesie beherrscht von dem undefinierbaren
Rhythmus der Verlaineschen, von jenen süßen Verbindungen der Worte, von jenem unbegreiflichen Durcheinandergehen von Hingabe und Bemeisterung. Ich fühle darin ein
fast unausgesetztes, wenn auch vielleicht unbewußtes Streben, in sich jene Bewußtseinselemente hervorzurufen, jene
kombinierten Zustände aus Kinderei und Größe, Frömmigkeit und perverser Naivetät und unendlicher Seele. Ich fühle
den schwächlichen Versuch, jene unnachahmlichen Zeilen zu
erreichen, in denen durch eine Mischung von ganz banalen
mit unglaublich innigen Worten ein unbeschreibliches Hinauskommen über sich selber, eine Himmelfahrt des ganzen
Gemütes hervorgebracht wird. Ich nehme an, daß Herr Vielé-Griffin sehr jung ist. Dann kann man noch nichts Bestimmtes über ihn sagen. Aber es liegt etwas beunruhigend
Erkältendes in seinen vielen und vielfältigen Versen. Auch
dort, wo sie nicht unter dem Zauber von Verlaine stehen. Es
ist, als ob er die Dinge, von denen er redet, nie angerührt hätte, nie wirklich ihren Geruch gerochen, wie Kinder den Geruch von Zimmern und Gärten und Gassen riechen, nie wirklich ihren Geschmack geschmeckt. Dafür gibt es innere
Gründe. Es gibt auch eine äußere Perversion, deren Merk-
male sehr leicht zu erkennen sind und die mit dieser inneren
komplizierten Schwäche, dem Mangel an Unmittelbarkeit,
zusammenhängt: die Perversion des journalistischen Den-

kens. Wenn man früher in Frankreich kein wirklicher Dichter war, war man ein Rhetor und hielt Antithesen und einen gewissen Schwung für die Legitimation der Verse. Heute ist man journaliste, das Wort als Adjektiv genommen, so wie man es zu den Namen der großen Tagebuchschreiber und der großen Zeitungsschreiber dazusetzen kann: man hat die sehr gefährliche Gabe, fast alle Dinge, die man nicht fühlt und kaum denkt, raffiniert gut und fast schlagend auszudrücken. Auch Herr Vielé-Griffin *sagt zu gut*. Und sein Buch trägt die Widmung: »Au fin parler de France – un très humble et passionné servant.« Und in seinen Versen wechseln die seltenen, die ausgegrabenen Worte mit den ganz banalen, denen aus den Kinderliedern. Und man wird mir zwei Beispiele erlauben:

> Reste ainsi: l'ombre violette
> Se joue aux roses plis des hanches.

So reden nicht Liebende, die nackt miteinander im Gras liegen, sondern das sagt ein junger Mann, der sich oft bemüht hat, kurz und scharf Bilder von Besnard oder anderen Leuten zu beschreiben.

Man wird in den Werken von Swinburne und denen, die ihn nachahmen, dieses Element bemerkt haben, nämlich daß Poesie und Malerei sich gegeneinander neigen, um aus dem Mitschwingen der Stileindrücke einen gewissen raffinierten Reiz zu ziehen. Nichts aber wirkt verletzender als solche Raffinements, wenn sie nicht mit dem Geschmack und der triumphierenden Überlegenheit eines Meisters angewendet werden. Hier ist es auch gar nicht dies, sondern einfach ein Exzeß der gefährlichen Fähigkeit, journalistisch zu sehen und gut zu sagen.

In einem anderen Gedicht ist von dem Selbstmord eines zwölfjährigen Knaben die Rede. Es gibt nichts Aufregenderes, und da es menschlich ist, ist es auch wohl der Stoff für ein Gedicht. Man hätte aus der Seele des Kindes heraus reden können; Verlaine hat einen kleinen Monolog des Kaspar Hauser gemacht, über den man weinen kann. Hier wird nur über den Fall geredet, mehr moralisiert als gedichtet. Und da kommt auf einmal mitten unter anderen Versen, die diesen kleinen, elenden, schon vor der Geburt einem frühen Tode zugewiesenen Körper beklagen, diese Zeile:

On ne naît plus, la mort sait devancer la vie.

Und diese Zeile steht in Klammern.
Ärgert man sich hinreichend über diese Klammern? und fühlt man ganz das Häßliche dieser eingeklammerten journalistischen Phrase, dieser allzugut gesagten traurigen Oberflächlichkeit? Und ahnt man, daß ein Dichter eben nicht gerade der zu nennen sein wird, qui dit bien?

DER NEUE ROMAN VON D'ANNUNZIO

»LE VERGINI DELLE ROCCE«

I

Es ist ungefähr ein Jahr her, daß ich die Ehre hatte, in dieser Zeitung von Herrn Gabriele d'Annunzio zu sprechen, von seiner Jugend, von seinem Ruhm, der in Italien, in Frankreich groß ist und in andere, barbarische Länder jetzt dringt, von seiner wundervollen Gewalt über die Sprache und auch davon, daß seinen merkwürdigen Büchern jenes Letzte zu fehlen schien, das aus einem Kunstwerk eine Offenbarung macht. »Da doch alles gleitet und fließt«, befremdete mich in seiner Weltanschauung etwas »Starres und Künstliches«. Ich fand damals nur unsichere und wenig präzise Worte für ein ungeheures Phänomen, über das man nicht hinwegkommen wird, wenn man einmal versuchen wird, die allgemeine sittliche und ästhetische Geschichte dieser gegenwärtigen Zeit zu machen.

Ich habe inzwischen in den mannigfaltigen Erfahrungen eines Jahres eine komplexe, wortlose Lehre empfangen, welche sich auf das Sittliche in jener Sache bezieht, und andererseits unscheinbare, weise Formeln in den Schriften des Aristoteles gefunden, welche das Ästhetische davon völlig klarstellen, wofern man sie zu lesen versteht.

Die sämtlichen merkwürdigen Bücher von d'Annunzio hatten ihr Befremdliches, ja wenn man will ihr Entsetzliches und Grauenhaftes darin, daß sie von einem geschrieben waren, *der nicht im Leben stand*. Der sie geschrieben hatte, wußte alle Zeichen des Lebens: wundervoll wußte er sie alle, und doch glaube ich heute, er war bis jetzt kein großer Dichter, überhaupt kein Dichter. Aber er war von der ersten Zeile an ein außerordentlicher Künstler; und sein großer Ruhm ist mir noch zu gering für ihn. Denn nicht weniger, sondern mehr zu bewundern würde sich für alle Leute schicken. Und wen sollten sie bewundern als den, der das Wissen um die Zeichen des Lebens hat, das unerlernbar ist und in jedem großen Künstler neu geboren werden muß? Als den, der einen Hund, eine Frau, eine Stadt, einen Traum mit Worten *so* hervorrufen kann, *so* die strengen und die trüglichen Geheimnisse des Daseins kennt, das Durcheinanderweben von Geist und Sinnen und ihre geheimnisvolle Vermählung in den Worten?... Dieses alles wußte er. Aber er wußte nicht, *was an dem allen daran ist.* Das Dasein war ihm ein ungeheurer Mechanismus. Die Schicksale der Menschen und der Dinge stürzten bei ihm nebeneinander hin durch das Leere, wie die Atome des Demokrit. Nie hatten sie in Wahrheit etwas miteinander zu tun: ihr einziges Erlebnis war immer, daß sie einander anschauten. An dem Anschauen ihrer trügerischen Schönheit berauschten sie sich und wurden groß, an dem Anschauen ihrer selbst vergingen sie schließlich. Sie erloschen vor Grauen über den Anblick ihres Wesens, dem sie sich nicht zu entziehen vermochten. Das war der »Triumph des Todes«. »Sic autem quaesiveris te ipsum, etiam invenies te ipsum, sed ad perniciem tuam«, in diesem alten Wort ist das Ganze davon vorweggenommen.

Es waren durchaus Erlebnisse eines, der mit dem Leben nie etwas anderes zu tun gehabt hatte als das Anschauen. Denn jeder Dichter gestaltet unaufhörlich das *eine* Grunderlebnis seines Lebens: und bei d'Annunzio war dies sein Grundverhältnis zu den Dingen, *daß er sie anschaute.* Das brachte etwas Medusenhaftes in die Bücher, etwas von dem Tod durch Erstarren, den allzuweit aufgerissene, allzuwissende Augen rings um sich ausstreuen. Und alle Männer und Frauen in den Büchern sahen einander leben zu und töteten einander, wie die Medusa. Und sie gingen herum und sahen einem kleinen Kind sterben zu, oder sie sahen den Bettlern und den Kranken beten zu, oder sie sahen dem Meer zu, wie es liegt und leer ist. Und in ihren überwachen, sehenden Köpfen wußten sie alle Zeichen des Lebens. *Aber sie wußten nie, was an dem allen daran ist.* Sie waren wie Schatten. Sie waren ganz ohne Kraft. Denn die Kraft zu leben ist ein Mysterium. Je stärker und hochmütiger einer in wachen Träumen ist, desto schwächer kann er im Leben sein, so schwach, daß es fast nicht zu sagen ist, unfähig zum Herrschen und zum Dienen, unfähig zu lieben und Liebe zu nehmen, zum Schlechtesten zu schlecht, zum Leichtesten zu schwach. Die Handlungen, die er hinter sich bringt, gehören nicht ihm, die Worte, die er redet, kommen nicht aus ihm heraus, er geht fortan wie ein Gespenst unter den Lebendigen, alles fliegt durch ihn durch wie Pfeile durch einen Schatten und Schein.

Es kann einer hier sein und doch nicht im Leben sein: völlig ein Mysterium ist es, was ihn auf einmal umwirft und zu einem solchen macht, der nun erst schuldig und unschuldig werden kann, nun erst Kraft haben und Schönheit. Denn vorher konnte er weder gute noch böse Kraft haben und gar keine Schönheit; dazu war er viel zu nichtig, da doch Schönheit erst entsteht, wo eine Kraft und eine Bescheidenheit ist.

Ins Leben kommt ein Mensch dadurch, daß er etwas tut. Und die Männer und die Frauen in den Büchern von d'Annunzio tuen nichts. Ja sie sind ganz und gar unfähig, zu erkennen, was denn das Tuen ist und warum das das einzige Gute ist. Auch wenn durch sie etwas geschieht, haben sie es nicht getan; sie denken nur dazu.

Es hängt aber das ganze Leben an der geheimnisvollen Verknüpfung von Denken und Tuen. Nur wer etwas will, erkennt das Leben. Von dem Willenlosen und Untätigen kann es gar nicht erkannt werden, so wenig als eine Frau von einer Frau. Und gerade auf den Willenlosen und Untätigen haben die Dichter, welche die letzten zwei Jahrzehnte traurig und niedrig widerspiegeln, ihre Welt gestellt. Und doch stehen seit zweitausend Jahren diese Zeilen in der »Poetik« des Aristoteles: »... auch das Leben ist (wie das Drama) auf das Tuen gestellt, und das Lebensziel ist ein Tuen, nicht eine Beschaffenheit. Die Charaktere begründen die Verschiedenheit, das Tuen aber Glück oder Unglück.«

Es wird schön sein, zu erkennen, wie das Genie des d'Annunzio allmählich aus den tödlichen Stricken einer falschen Weltanschauung sich herauszuwinden strebt und auf welchen sonderbaren Wegen in seinem neuesten Buch die Tat gesucht wird, die Tat an sich, das Tuen, von welchem, als von einer neuen Gottheit, alle Kraft und Schönheit ausgehen wird.

II

Das neue Buch zerfällt in zwei ungleiche Teile. Der erste reicht bis Seite 108. Er ist sehr kunstvoll und bildet eine Art von Einleitung. Man wird mit einem jungen Adeligen bekanntgemacht, der ein Künstler ist und sich einem großen Leben ergeben will. Hier wird viel nach einem König gerufen. Danach steht immer der Sinn wohlgezogener Menschen, solang sie jung sind. Es gibt nichts Unglücklicheres und Sehnsüchtigeres als die junge Ehrfurcht, die sich keinen Herrn weiß.

Nur die völlig Großen haben die ungeheure Feuerquelle und Kraft in sich, sogleich sich selber als Herren zu geben. Sie nehmen die kristallene Weltkugel auf sich wie ein Kreuz. Ich denke an den jungen Goethe. Ich denke an jene wundervollen Ausrufe, die überschrieben sind »Königlich Gebet«:

Ha, ich bin Herr der Welt! mich lieben
Die Edlen, die mir dienen.
Ha, ich bin Herr der Welt! ich liebe
Die Edlen, denen ich gebiete.
O gib mir, Gott im Himmel! daß ich mich
Der Höh und Lieb nicht überhebe.

So einer ist der in dem Buch nicht. Er hat nicht diese blühende Wärme in sich; dazu hat er wohl schon zu viel gedacht und geredet. Er reitet in der Campagna zwischen den Trümmern Roms seine Pferde. Er stellt sich allein, weil er anfängt zu fühlen, daß der Kontakt der Menge unfruchtbar macht. In seinem dürren Hochmute könnte er sehr leicht häßlich und widerwärtig sein, aber manchmal macht seine Seele in einem der langen sterilen Monologe eine plötzliche Bewegung, wie aus einem großen Schlaf heraus, und in der Bewegung liegt dann auf einmal die ganze unsägliche Schönheit der antiken Seelen. Solche Bewegungen, deren Schönheit einem das Blut stocken läßt, machen zuweilen auch die Körper der Menschen während unserer insipiden Gespräche, oder nur ihre Arme, nur ihre Köpfe, wie aus einem großen Schlaf heraus. In ihnen

offenbart sich die Kraft. Wessen Seele das begreift, der lebt
von dem Wissen dieser Dinge und von dem Anschauen dieser
Dinge. Aber sehr selten offenbart sich die Kraft an einem Ruhenden. Diese Bewegungen, wie aus einem großen Schlaf
heraus, sind unglaublich selten. Nur das Tuen entbindet die
Kraft und die Schönheit. Das wissen wir alle besser und tiefer,
als Worte sagen können. Deswegen schicken wir dem Kind
Herakles Schlangen in die Wiege und lassen ihn lächelnd mit
den kleinen Händen sie erwürgen, weil nur so seine Kraft und
Schönheit an den Tag kommt. Deswegen muß Odysseus hin
und her geworfen werden von der trüglichen Salzflut, damit
jene ungeheure Heimkehr entstehen könne, in Kleidern des
Bettlers, von niemandem erkannt als dem Hund. Viele Wege
muß einer gegangen sein und nie müßig, damit wir über ihn
weinen können.

Der in dem Buch weiß auch, daß nur den Schatten das Mü-
ßiggehen ansteht. Er weiß auch, daß eine Kraft in ihm ist. Ja
recht eigentlich lebt seine Seele von diesem Wissen. Um seine
Kraft, die das Göttliche an ihm ist, recht zu erkennen, hat er
sie in Gedanken aus seinem Wesen herausgelöst und nennt sie
sein ungeborenes Kind. So liebt er nicht wie Narcissus sich
selbst, sondern »Ihn, der geboren werden soll«. Ich entferne
mich nicht vom realen Inhalt der Geschichte. Der junge Adelige, der ein Künstler ist, wünscht einen Sohn zu haben, der
ihm ähnlich sei. Das ist die ewige Weise, wie das Leben in uns
sich zu erneuern strebt. Im Leben eines Menschen aber stellt
dieser Wunsch, wenn er zu einer solchen eigensinnigen Leidenschaft anwächst, das innigste Bedürfnis vor, sich mit dem
Dasein zu verknüpfen: Seinem ungeborenen Sohn eine Mutter suchen, heißt die Tat suchen, in der man seine Kraft hergeben und lebendig werden kann.

Der zweite Teil reicht von der hundertundachten Seite bis
zum Schluß. Er handelt von den drei mannbaren Prinzessinnen. Ehe ich diese drei Schwestern zu beschreiben versuche,
will ich die Landschaft erwähnen, in welcher sie leben. Sie
wohnen in einem sehr alten Schloß, welches aber zur Barock-
zeit umgebaut worden ist. Alle Räume, die Treppen und Fontänen sind viel zu groß für die jetzigen Menschen. Der alte rie-

sige verwilderte Park führt mit seinen leeren Terrassen bis an
einen Abgrund. Das ganze Tal ist das gemeinsame Geschöpf
eines reißenden Flusses und eines Vulkans. (Es ist in Unterita-
lien, und man wird die Namen der Prinzessinnen, des Berges
und des Flusses im Buch nachlesen.) An der Nordseite reichen die Grundmauern des Schlosses in einem ungeheuren
Absturz bis hinunter in das leere Bett des Flusses; hier starren
die zerrissenen, zerklüfteten Felsen gegen die Luft, gegen die
Mauern wie wütende, im Anlauf plötzlich versteinerte Rie-
senkräfte. Es ist ein gigantisches Heranschwanken, Sichaufbäumen, Emporklimmen, Zudringen; ein übermäßiges Wollen und Können, das plötzlich starr und stumm geworden ist.
Und die schattenlosen Hänge der löwenfarbenen Hügel und
die stummen heißen Mulden sind übersät mit den Äußerungen einsamer Kraft: mit den schweigenden dünnen Leibern
der Ölbäume und der Weinstöcke, die sich zusammenkrüm-
men in der unsäglichen Anstrengung, aus ihren mageren
Gliedern so reiche starke Früchte hervorzupressen. »So
scheint der Genius des Ortes die Gewalt zu haben, in jedem
Wesen das wahrhaftigste Streben bis zu der höchsten für die
Natur erträglichen Stärke zu steigern, wo es dann seine ganze
Kraft in einer Handlung von Folge und Bedeutung auszudrücken fähig wird.«
Hier ist es notwendig, auf die Wurzeln der Wörter zu achten.
D'Annunzio hat ein und dasselbe Wort für die Sträucher, die
ihre Frucht gebären, und für die Seelen, die ihre Kraft in einer
Handlung an den Tag bringen: beides heißt esprimere. *So dür-
stet, wie der Held, die ganze Landschaft nach dem Tun.* In einer
Landschaft, die das Principium der sittlichen Schönheit aus-
drückt, wachsen die drei Schwestern auf. Von den Felsen,
von den Bäumen, von den Wassern lernen ihre schönen See-
len, sich strebend zu bemühen. In der Hand des Lebens biegen
sie sich ohne Laut, wie ein Bogen aus edlem Holz, bei dem
zwischen der Spannung, die den stärksten Pfeil gibt, und dem
Zerbrechen kein Laut liegt.
Die drei Prinzessinnen haben ein sehr schweres Leben. Ihre
Säle und Zimmer sind viel zu groß, und viel zu groß ist das
Schicksal, das auf ihnen liegt. Auf ihnen liegt die Wucht von

vielen Ahnen, wie auf den Geschlechtern in den griechischen
Tragödien, und der Wahnsinn, der Gast der alten erlauchten
Häuser. Die Fürstin, ihre Mutter, ist völlig wahnsinnig, und
an den beiden Brüdern sind die unaussprechlichen Zeichen
da, daß sie nicht entrinnen werden. Und zwischen diesen Wesen gehen die drei Mädchen umher und lächeln. Sie handeln,
in wunderbarer Weise sind sie stark und handeln dadurch,
daß sie da sind und lächeln und hinter ihrer Schönheit ihre
Verzweiflung verbergen. Ich bewundere nichts so sehr als die
Kunst, mit welcher d'Annunzio hier einem Zustand der Ruhe
alle Motive sittlicher Schönheit abgewonnen hat, die sich eigentlich nur in einer Bewegung offenbaren können.
Denn es geschieht gar nichts, und doch bekommt man die Intensität dieser drei Seelen *so* zu fühlen! So stark sind sie in
ihrer Schönheit und so schön in ihrer Stärke, daß sie den jungen Mann in der Mitte festbannen, wie drei gleich starke Ma-
gnetnadeln ein Stückchen Eisen gleichmäßig anziehend
gleichmäßig voneinander fernhalten. Und schließlich geht er
fort und läßt alle drei in dem viel zu großen Schloß über dem
schattenlosen Abgrund, um dessen versteinertes Streben mit
seltsamen Rufen die Sperber kreisen. So endet das Buch von
den »Jungfrauen von den Felsen«.
Somit ist es wieder zu keiner Tat gekommen, und man
könnte glauben, es sei wenig gewonnen. In den früheren Büchern von d'Annunzio aber war nur zweierlei: eine fieberhafte, von der Luft des Lebens abgesperrte Anbetung der Schönheit und eine furchtbar zersetzende Art, das Leben zu sehen.
Alle diese Bücher liefen unerbittlich auf den Triumph des
Todes hinaus. Auf alle diese Bücher könnte man die Verse
schreiben, die ich einmal irgendwo gelesen habe. (Ich glaube,
sie waren mit Bleistift unter ein Gedicht geschrieben.)

Und Psyche, meine Seele, sah mich an
Mit bösem Blick und hartem Mund, und sprach:
Dann muß ich sterben, wenn du so nichts weißt
Von allen Dingen, die das Leben will.

Wirklich gar nichts wußten diese Bücher von den Dingen, die das Leben braucht. Auf eine Weise, von der man sich kaum Rechenschaft geben konnte, war trotzdem eine unerreichbare Schönheit hie und da in ihnen. Sie waren imstande, einen großen Ruhm auf sich zu ziehen. Und sie waren eigentlich grauenhaft.

Ich sehe in dem neuen Buch von d'Annunzio einen wundervollen Umschwung. Ich sehe diesen außerordentlichen Künstler so in sich zurückkehren, wie das Leben in den Leib eines Bewußtlosen zurückkehrt. Er, der alles in den Abgrund geworfen hatte und nichts für wahr geachtet hatte als das Fallen der Atome durch den leeren Raum, fängt an, den Mächten, die binden, gerechtzuwerden. Damit ist ein ungeheurer Ausblick aufgetan. Eine solche Kraft, ins Leben zurückgeleitet, kann uns ganze Länder entgegentragen. Ich weiß für ganz große Dichter, wie er einer werden kann, keinen anderen Vergleich als die Kraft hochheiliger Ströme, des Nil oder jenes, der als »plurimus Ganges« eine große Gottheit war.

Wie ich vor ein paar Monaten mit diesem Buch in Venedig unter den Arkaden saß, war seine Kraft so groß über mich, daß mir unter dem Lesen wirklich manchmal war, als trüge mir der Dichter sein ganzes Land entgegen, als käme Rom näher heraufgerückt, das Meer von allen Seiten hergegangen, ja als drängen die Sterne stärker hernieder.

Denn noch stärker als die hochheiligen Ströme sind die ganz großen Dichter: schaffen sie nicht jenen seligen schwebenden Zustand der deukalionischen Flut, jene traumhafte Freiheit, »im Kahn über dem Weingarten zu hängen und Fische zu fangen in den Zweigen der Ulme«?

GEDICHTE VON STEFAN GEORGE

Es ist hier die Sprache von Gedichten, in einem Band vereinigt, die sich dem Publikum weder anbieten noch auch vor
der Öffentlichkeit zurückgehalten werden. Sie sollen eher
auseinandergelegt als einbegleitet werden.

Denn da eine Tradition seit dem Tod unserer Klassiker nicht
mehr besteht, kann man sich des Geredes über Einflüsse, Beziehungen und dergleichen füglich um so mehr enthalten, als
darüber die verworrensten Anschauungen und leersten Vorurteile im Schwange sind; auch wäre es an der Zeit, daß man
lernte, sich den neueren Dichtungen absolut gegenüberzustellen, wie man es gegen die von den Philologen und Reisenden übermittelten Gedichte der Orientalen und der Alten
wenigstens früher getan hat, mit der einzigen Intention, darin
ein gehobenes Menschliches zu finden, woran sich unbedingt
teilnehmen läßt.

Die sogenannte historische Betrachtungsweise nun gar auf
die Gegenwart anwenden zu wollen, ist eine besondere Anmaßung der von den Vordergründen überwältigten Köpfe,
die sich selbst ad absurdum führt.

Nur, da das Publikum überhaupt nicht mehr gewöhnt ist, daß
in irgendeinem Ton zu ihm geredet wird, und völlig verlernt
hat die Töne zu unterscheiden, so sei hier kurz gesagt, daß die
in Rede stehenden Gedichte einen eigenen Ton haben, was in
der Poesie und mutatis mutandis in allen Künsten das einzige
ist, worauf es ankommt und wodurch sich das Etwas vom
Nichts, das Wesentliche vom Scheinhaften, das Lebensfähige
vom Totgeborenen unterscheidet.

Ich setze die Zeilen her, in denen sich die Gesinnung des großen englischen Kritikers Pater über das gleiche ausdrückt:
»Es ist Stil darin. Ein Geist hat das Ganze bestimmt; und alles,
was Stil hat, was in einer Weise gearbeitet ist, wie kein anderer Mensch, keine andere Zeit es hätte hervorbringen können
und wie es mit dem wahrsten Bemühen nicht wieder fertig-
zubringen wäre, hat seinen wahren Wert.«

Obwohl in einer reichlichen Breite der inneren und äußeren Erfahrung webend, ist in diesen drei Büchern Gedichten das Leben so völlig gebändigt, so unterworfen, daß unserem an verworrenen Lärm gewöhnten Sinn eine unglaubliche Ruhe und die Kühle eines tiefen Tempels entgegenweht. Wir sind in einem Hain, den wie eine Insel die kühlen Abgründe ungeheueren Schweigens von den Wegen der Menschen abtrennen.

Es ist ein Hauptmerkmal der schlechten Bücher unserer Zeit, daß sie gar keine Entfernung vom Leben haben: eine lächerliche korybantenhafte Hingabe an das Vorderste, Augenblickliche hat sie diktiert. Zuchtlosigkeit ist ihr Antrieb, freudlose Anmaßung ihr merkwürdiges Kennzeichen.

Hier nun redet wieder die hochgezogene Seele eines Dichters.

> Carmina non prius
> audita Musarum sacerdos
> virginibus puerisque canto.

Diese Gedichte speien freilich nicht das gierig verschluckte Leben in ganzen Brocken von Sensationen von sich, wie die Schakale und Hunde, aber sie sind ganz mit Leben durchdrungen, und es ist gar nicht völlig aus ihnen herauszuwikkeln. So eins sind in echter Poesie, wie in der Natur, Kern und Schale, daß uns ein Teil des Gemeinten auf einem Wege zugeht, der dem Verstand unauffindbar ist. Ins Innere der Poesie kommen wir nie, aber es ist schon ein seltenes und hohes Vergnügen, um ihre Schöpfungen herumzugehen und ihnen manches abzumerken.

Das Buch der »Hirten- und Preisgedichte«, als erstes gestellt, ist erfüllt mit dem Reiz der Jugend. Es ist die gehaltene Anmut antiker Knabenstatuen darin, jenes bescheidene und nachdenkliche »Gürten der Lenden für die Reise des Lebens«.

Die lieblichsten Schüler des Sokrates schweben ungenannt vorüber: Menexenes, Apollodoros, Charmides, Lysis; man ahnt, wie sie sich bewegt haben, man erinnert sich, wie schnell sie erröten. Es ist fast keine Zeile in dem Buch, die nicht dem Triumph der Jugend gewidmet wäre.

Schamhaftigkeit und bescheidener Hochmut sind in den vielen Gedichten so vielfältig ausgedrückt, wie ein Berg und Fluß in vielen Skizzen zu einer Landschaft, in vielen Beleuchtungen gesehen, im neuen Licht von Frühlingstagen, und an Sommerabenden, und in den unsicheren Stunden zwischen Nacht und Morgen.

Das scheue Wesen, die ahnungsvolle Fülle und Leere wird in schönen Beispielen ländlichen, einsamen Lebens gemalt, und hier tritt eine frühe, halbsinnliche Frömmigkeit auf, eine knabenhafte Andacht zur untergehenden Sonne und zu den dunkelnden Wolken. Dann werden die anderen Menschen zum erstenmal empfunden, zuerst als verwirrend, als feindlich.

Ein junger Flußgott spricht diesen reizbar-verschämten, unruhigen Zustand aus:

> So werden jene Mädchen, die mit Kränzen
> In Haar und Händen aus den Ulmen traten,
> Mir sinnbeschwerend und verderblich sein.

Ja die höchste Steigerung dieses Zustandes in der Phantasie wird unter dem Bild eines großen Vogels angedeutet, der einsam auf einer völlig unbewohnten Insel lebt, einzig von Gescheiterten erblickt, und bei Annäherung des ersten Schiffes mit Menschen, die teuere Stätte traurig überschauend, verscheidet.

Allmählich aber weicht die herbe Scheu anderen Gefühlen, die sich, lange zaudernd, aussprechen.

> Verschwiegen duldend schwärmen alle Knaben
> Vom Helden ihrer wachen Sternennächte.

Das geht auf einen schönen Saitenspieler; es geht wohl ebenso auf jeden Schönen, Edlen, Klugen. Das schönste Verhältnis beginnt sich herzustellen zwischen so wohlgeborenen, empfindlichen, unerfahrenen Seelen und allen denen, in denen sich größere Erfahrung und Herrschaft über das Leben verkörpert. Die Freude, sich anzuschmiegen, schwillt hie und da zu einer mystischen Lust der Hingabe, zu einem dunklen

Drang, das leichte Dasein geheimnisvollen Mächten auf-
zuopfern. Der Ton der Gedichte wird hie und da unter ihren
gehaltenen Maßen heftig, fast drohend. Man fühlt den heftigen und leichten Atem junger Wesen, die schnell erröten und
erblassen und wunderbare Gebärden des Unmuts und der
Unduldsamkeit haben, die an edle junge Pferde erinnern.
Der unendlich hohe Ernst der Jugend tritt vor die Seele: eine
wundervolle Weise, die einzig mögliche, die Mächte des Lebens für nichts zu achten, in dem ungeheueren Wissen um die
Einzigkeit des Geschickes.

> Uns traf das Los, wir müssen schon ein neues Heim
> In fremdem Feld uns suchen, die wir Kinder sind.

Das Hineinwachsen der jungen Geschlechter ins höchst Ungewisse, indessen hinter ihnen die Vorlebenden in den Boden
sinken und sie im Leeren stehen, von unsicherem Morgenwind
umstrichen, in dieses große Gleichnis, Auszug der Erstlinge
nach einem fremden leeren Feld, gefaßt, beherrscht das ganze
Buch. Es ist durch und durch etwas von der Vision eines Landes, in diesem unsicheren Licht und Wind gesehen. Es ist die
Beleuchtung nach dem Gedächtnis der Reisenden, der Unste-
ten, die oft am frühen Morgen aufgebrochen sind.
Als ein Schwankendes ist die Welt gefaßt, das durch Meere
und düstere Gegenden auseinandergehalten, durch Schiffe
und Gastfreundschaften zusammengeflochten wird. Vielfache Verhältnisse knüpfen sich schnell: mannigfache Gegenden werden durch den Dichter zusammengebunden, denen
aber gewisse große Meister und hohe Bestrebungen gemeinsam sind: ein solches loses Ganze erweckt die Idee einer Wan-
derkultur, ähnlich jener Welt der griechischen Weisheitslehrer und Freunde der Schönheit, mit ihren darüber schwebenden gemeinsamen Göttern Homer und Pindar.
Wie lieblich schweißt dieser Vers

> An den schmalen Flüssen,
> Schlanken Bäumen deiner Gegend

die Erinnerung an eine Seele und eine Landschaft zusammen.
Und wie schlank drücken ein paar andere Zeilen die Flüch-
tigkeit der Begegnungen aus und ihren nachbebenden Zauber:

> Die Augenblicke...
> Sie warfen milde Schatten lang auf deine,
> Phaon! und auf meine Wege.

Die meisten der »Preisgedichte« befassen sich mit Begegnung, Abschied, Andenken. Gestern Fremde stehen heute
mit verschlungenen Armen, bald aber lösen sich wieder zu-
sammengewachsene Hände, und mit verhaltenem Weinen
steht der Zurückbleibende und schaut zu des gerüsteten
Schiffes Brüstung auf.
»Mit verhaltenem Weinen«: ich halte bei diesen Worten an,
weil sich in ihnen deutlich eine Gesinnung ausprägt, die das
Ganze durchwaltet: dem Leben überlegen zu bleiben, den
tiefsten Besitz nicht preiszugeben, mehr zu sein als die Erscheinungen.
Auch an Frauen wird gerühmt, wenn sie »schmiegsam und
stark« notwendigen Schmerzen zu begegnen wissen.
Es ist das, was unserer Zeit am wenigsten gemäß ist, die sich
so gern mit den Ausgeburten der vordersten Vordergründe
gemeinmacht.
Gerade aber das orgiastische Sichwegwerfen verfällt dem
härtesten Tadel. Nichts zweites ist der Frömmigkeit der
wohlgeborenen Seelen, die mit der Schamhaftigkeit enge
verwandt ist, gleich verhaßt.

> Du kannst mir nimmer
> Der hehren Seherin begeisterte Verkündung werden,
> Noch in den heiligen Gebüschen das beredte Rauschen.

Die gleiche Gesinnung verbannt aus diesen Gedichten die
breite Schilderung, die orgiastische unreife Wiedergabe des
dumpf Angeschauten. Es ist nichts von Qualm darin. Strenge
Hintergründe bieten das Notwendige: den Strand, eine Stra-

ße, das Schiff, sparsame und bedeutende Linien wie an alten
Krügen, vieles sagend, wie im Traum, Umrißlinien des un-
terworfenen Lebens. Diese Übereinstimmung zwischen Gesinnung und Manier hätten wir nicht entbehren dürfen, ohne
irrezuwerden. Denn die künstlerische Kraft und das Weltgefühl eines Künstlers sind eins. An wem die Welt mit verworrenen Auspizien zerrt, wer sich nicht selbst gehört, der hat
keine Gewalt, die Worte anders als scheinhaft und gemein zu
setzen. Wer lügt, macht schlechte Metaphern. Die Verse, die
ein Mensch schreibt, sind auf ewig ein unentrinnbares Gefängnis seiner Seele, wie sein lebendiger Leib, wie sein lebendiges Leben. Es ist so ganz unmöglich, von außen Schönheit
in ein Gedicht zu bringen, als es unmöglich ist, durch den
Willen den Ausdruck seiner Augen schöner zu machen.
Die Bilder sind spärlich, groß und gehen aufs Wesen; und neben ihnen erscheint die metaphorische Reichlichkeit vieler
Dichter aufgedunsen und übel angebracht.
Von einem Sieger ist gesagt:

> Er geht, mit vollem Fuße wie der Löwe
> Und ernst...

Der sinnlich geistige Eindruck einer singenden Menschen-
stimme wird so gemalt:

> Wenn deine Stimme sich in Lieder löst, verbreitest
> Du warm und tief Behagen und Genuß.

Einzelne Bilder sind vom überspringenden Feuer, vom Sternenhimmel, von den einfachsten, sozusagen ewigen Haus-
geräten genommen. Der vielfältige »verklausulierte und
zersplitterte« Zustand unserer Weltverhältnisse ist in den
ungeheuren Abgrund des Schweigens geworfen. Auf das
mannigfaltige Aufdringliche, innen und außen, wird nicht
angespielt. Das grenzenlose Formale ist abgetan und damit
eine verworrene Gewissenslast abgeschüttelt.
Diese Menschen scheinen freier, leichten Hauptes und leichter Hände, behender und lautloser ihr Atem, minderes Ge-

wicht auf ihren Augenlidern. Wir erkennen unser Dasein in
ihnen wieder, aber in einem neuen, freieren Verhältnis gegen
die ganze Natur fortgesetzt. Man wird an jene glücklichen
Bewohner entfernterer Gestirne erinnert, die aus leichterem
und feinerem Stoff vermutet werden.

So verbreitet die herbe und strenge Form eine beflügelte
Stimmung, während das Vage wie das Abstrakte niederschlägt.

Nichts ist schwächer und kläglicher als gewisse, einer verirrten Musik nachgeahmte Anstrengungen der Poesie, dem Leben von der Oberfläche her beizukommen.

Es wird niemandem ein gewisses Verhältnis der »Hirten- und
Preisgedichte« zu den Alten (und mehr zu dem Tone des Tibull und Horaz als dem der Griechen), ein gewisses Verhältnis der »Sagen und Sänge« zu dem Tone der Deutschen des
dreizehnten Jahrhunderts entgehen. Auch wird hier die gie-
belige Stadt, die Kapelle, die beblümte Au der Miniaturen
sparsam angedeutet, wie dort das Entsprechende in der Art
der geschmückten Krüge. Nur ist dieses Verhältnis nicht
stärker herbeigezogen, als es für Menschen später Geschlechter ganz unaufdringlich und selbstverständlich in den Landschaften, den ererbten inneren Zuständen und äußeren
Manieren zu liegen scheint. Wir sind von vielfältiger Vergangenheit nicht loszudenken. Aber freilich ebensowenig in eine
bestimmte Vergangenheit hineinzudenken. Hier wird der
Takt eines Künstlers alles entscheiden; das Widerwärtigste
und der feinste Reiz scheinen hier durcheinander zu liegen.
Wir geben uns kaum Rechenschaft darüber, wieviel von dem
Zauber eines jeden Tones diese mitschwingenden Obertöne
ausmachen, dieses Anklingen des früheren herben im späten
milden, des kindlichen im feinen, dieses Mitschwingen des
Homer in den späten Griechen, der Griechen in den Römern,
dieser Abglanz der Venus in den Bildern von christlichen
Heiligen.

Und sind nicht die Antike Goethes, die Antike Shelleys und
die Antike Hölderlins drei so seltsam verwandt-geschiedene
Gebilde, daß es einen traumhaften Reiz hat, sie nebeneinander
zu denken, wie die Spiegelbilder dreier sehr seltsamer Schwestern, in einem stillen Wasser, am Abend?

Einen freieren, unsicheren Hintergrund haben die Gedichte des dritten Buches. Bald über der Welt, bald wie im lautlosen Kern der Erde eingebohrt, immer fernab von den Wegen der Menschen. Diesen traumhaften Zustand bezeichnend, heißt es das »Buch der hängenden Gärten«. Sterne werden nur durch das Netzwerk phantastischer Blätter erblickt, das Wasser nur, wie es aus den Schlünden von Fabeltieren in ein Becken springt.

Aber auch in diesen tieferen Betäubungen der Phantasie finden wir das Gemüt wieder, das uns in den »Hirtengedichten« und in den »Sagen und Sängen« nahegekommen ist. War es dort zart, nach dem Leben begierig, bewundernd und dienend, so sind die Gedichte der »Hängenden Gärten« prächtig, ja ruhmredig und heftig, voll vom Begriff eines höchst persönlichen Königtums und voll von dumpfen und grausamen Erfahrungen.

Aber eine hochgespannte innere Reinheit und das Gefühl der Berufung geht nicht verloren, in allen An- und Abspannungen kommt keine erniedrigende Schwere in diese Gebärden.

Er ließ sich einsam hin auf hohem Steine.

Mit keinem maßloseren, keinem unwürdigeren Wort ist der verlassenste, traurigste Zustand gemalt.

Die angeborene Königlichkeit eines sich selbst besitzenden Gemütes ist der Gegenstand der drei Bücher. Nichts ist der Zeit fremder, nichts ist den wenigen wertvoller. Die Zeit wird sich begnügen, aus den schlanken tyrannischen Gebärden, aus den mit schmalen Lippen sparsam gesetzten Worten, aus dieser leichtschreitenden hochköpfigen Menschlichkeit und der im unsicheren Licht der frühen Morgenstunden gesehenen Welt einen seltsamen Reiz zu ziehen. Einige wenige aber meinen, nun mehr um den Wert des Daseins zu wissen als vorher.

Da ist ein neues Buch, eine Art von Buch. Ich weiß nicht recht, von welcher Art dieses Buch ist. Es ist ganz angefüllt mit kleinen Geschichten, wie ein Obstkorb. Es sind vielleicht hundert kleine Geschichten darin. Ich kann schwer sagen, was für kleine Geschichten. Sie sind zu einfach; zum Beispiel: ein neunjähriges Mädchen redet mit dem Vater, der es im Pensionat besucht. Oder ein paar junge Mädchen reden miteinander. Oder zwei junge Männer gehen miteinander herum und reden, in einem Ballsaal, am Ufer eines Sees. Oder ein Bräutigam geht mit seiner Braut sich photographieren lassen. Oder drei junge Menschen hören zusammen der Musik zu. Oder ein Mann fährt mit seiner Frau in einem Boot. Oder ein kleines Mädchen spielt Klavier und ein erwachsener Mensch hört zu.

Diese kleinen Geschichten sind viel leichter wiederzuerzählen als zu beschreiben. Ich will lieber gleich eine erzählen. Vielleicht die, worin das kleine Mädchen Klavier spielt. Sie heißt »Musik«. Alle diese kleinen Geschichten haben sehr einfache Überschriften.

»Die Kleine übte Klavier. Sie war zwölf Jahre alt und hatte wundervolle sanfte Augen. Er ging im Zimmer leise auf und ab, auf und ab. Er blieb stehen – – und lauschte und wurde eigentümlich ergriffen.

Es waren ein paar wundervolle Takte, die immer wiederkehrten.

Und das kleine Mädchen brachte alles heraus, was darin lag. Wie wenn ein Kind plötzlich ein Großer würde!

›Was spielst du da?!‹ sagte der Herr.

›Warum fragst du?! Das ist meine ›Albert-Etüde‹, Bertini Nr. 18; wenn ich die spiele, muß ich immer an dich denken – –‹

›Warum – –?!‹

›Ich weiß nicht; es ist schon so.‹

Wie wenn ein Kind plötzlich ein Weib würde!

Er ging wieder leise auf und ab. –––

Das kleine Mädchen übte weiter, Bertini Nr. 19, Bertini Nr. 20, Bertini Nr. 21, 22, 23 – – aber die Seele kam nicht wieder.«

Solche kleinen Geschichten sind es. Aber daß es so viele sind, macht ihren Reiz viel merkwürdiger. Sie haben einen eigenen Ton: einen weiblichen, einen kindlichen, einen sonderbaren Ton. Aber freilich nicht, wie wenn sie von einer wirklichen Frau erzählt wären, oder von einem wirklichen Kind. Sondern von einem Dichter, einem Dichter-Schauspieler, der hie und da den Ton einer Frau nachahmt, hie und da ein Kind oder irgendein anderes lebendiges Wesen, in das er für einen Augenblick verliebt war. Denn das Buch ist sehr kokett, es ist durch und durch kokett. Es ist etwas von der altklugen Koketterie der Andersenschen Märchen darin, und noch anderes. Es ist verliebt in das Leben, allzu verliebt; es ist mit süßen kleinen Dingen angefüllt, wie ein Obstkorb. Es gibt eine zurückhaltendere Art, dem Leben zu huldigen, eine größere, herbere Art, ihm zu sagen, daß es grenzenlos wundervoll, unerschöpflich und erhaben ist und wert, mit dem Tod bezahlt zu werden.

Aber das macht wieder die Seltsamkeit des Buches aus, daß es das ganze Leben, aber wirklich das ganze, für den Lustgarten der Poesie ansieht und mit seiner allzu süßen, verliebten Musik in alle Klüfte des gewöhnlichen Lebens hineindringt. Denn die Menschen in den hundert Geschichten tun die gewöhnlichsten Dinge und reden die gewöhnlichsten Dinge: aber der Dichter sieht die Bruchstücke ihrer einfachen Schicksale mit solchen trunkenen Augen, wie man am Abend in einem schönen Garten zusieht, wenn die Beete begossen werden. Er liebt alles an ihnen. Und wie sehr liebt er, wenn sie miteinander reden! Ihre einfachen Gespräche sind ihm ein süßes sinnliches Schauspiel. Die Antworten, die sie einander geben, und auch die, die sie schuldig bleiben; ihr Stocken, ihre Verlegenheit über ungeschickte Worte und die flüchtige Trunkenheit, die durch geschickte Worte entsteht. Er ist völlig verliebt in ihre kleinen Gespräche. Aber fast noch mehr in ihr Schweigen: in das stumme Nebeneinandersein der jungen

Mädchen und der kleinen Kinder, der Goldfische, der nachdenklichen Männer und der blühenden Bäume, in das aufregende, geheimnisvolle Nebeneinandergehen der leidenden, der lächelnden, der demütigen, der triumphierenden Geschöpfe. Wie ein griechisches Gastmahl, wie ein römisches Theater genießt er das Schauspiel der Berührungen, aus denen das Leben zusammengewoben ist: er sieht die Menschen an den Lehnen der Berge miteinander spazierengehen und weiß, wie das Mattwerden des Himmels, das Großwerden der Bäume ihr Gespräch matt und groß machen kann; er fängt die Blicke auf, in denen sich die Seele eines Menschen den Dingen zuwendet und hingibt, die man die gleichgiltigen nennt: fremden Kindern, den Gesichtern fremder Menschen, Wolken, gutriechenden unbekannten Blumen; er kennt die Gewalt der Bäder über die Seele, ja, des kalten oder des erwärmten Wassers über Mut und Feigheit, Demut, Heiterkeit oder Verzagtheit. Ich finde in seinem Buch verstreut eine ganze Abhandlung über die Kunst des Badens. Und eine gleiche über die Kunst des Schlafens, des Schlafens, um heiter und frei aufzuwachen. Und kleine Abhandlungen über Erhitzen und Erkälten, über schönen Teint, über gute und schlechte Ermüdung, über Essen, und zwar das Essen von Suppe, von Fischen und von Früchten, über Spiele: Tennis, Reifschlagen, Federball, über Frisuren, Kleider und Handarbeiten. Aber es sind keine trockenen Abhandlungen, sondern kleine Gedichte, wie jene antiken Bruchstücke der ersten Ärzte und Lehrer der Naturgeschichte, die trunken waren vor Naivetät und Freude über ihren Gegenstand. Ich wüßte nicht zu sagen, wie viele Kleider in dem Buch beschrieben sind: ihr Stoff, ihr Schnitt und ihre Farben sind genau beschrieben, um ihrer Schönheit willen, die wetteifert mit der Schönheit der Hände und der Haare, der smaragdgrünen Wiesen und der braunroten Abendwälder. Sie sind mit Ehrfurcht und Freude beschrieben, wie die Waffen bei Homer, die Gebärden bei Dante oder die Gewänder der Männer bei den Dichtern im Mittelalter.

Es ist, wie man sieht, ein völlig romantisches Buch; und doch fühlt es sich nicht verpflichtet, sich aus dem Leben zurückzuziehen. Es bleibt da und schwebt mit seiner verliebten Musik in die Klüfte und Spalten der alltäglichen Dinge. Es bleibt da und betet mit gutem Gewissen Nichtigkeiten an. Das Buch hat ein so gutes Gewissen, obwohl es um alles Wichtige völlig unbekümmert ist, daß man gleich sieht, es kann kein richtiges deutsches Buch sein. Es ist wirklich wienerisch. Es kokettiert auch damit, mit seiner Herkunft, so wie es mit seiner Gesinnung kokettiert. Es ist im Ton hie und da manieriert leichtfertig, wie es hie und da manieriert kindlich ist. Es ist ein sonderbares Buch: in seiner Gewissenlosigkeit, seiner bewußten Grazie scheint es eine komplizierte innere Erziehung, ja, es scheint Kultur vorauszusetzen. Denn was ist Kultur, was ist sie anderes als dieses: zu wissen, daß das etwas ist: herumgehen, reden, essen; Scheu vor dem Alltäglichen zu haben als vor dem Göttlichen.

Dieser süßen Reife, dieser spielenden Freiheit ist das Buch voll. Und sie scheint nicht in Einsamkeit errungen, sonst würde sie herber schmecken. Dem Buch haftet etwas Geselliges an. Es läßt an die Titel alter Bücher denken: »Die attischen Nächte« oder den »Deipnosophistes«. Man spürt Menschen hinter diesem Buch. Wie in den Hymnen des Pindar die jungen adeligen Wagenlenker und Sieger im Fünfkampf sich wiederfanden, sich und das Lob ihrer Arme, ihrer schönen Schultern, ihrer Väter, ihrer Brüder, ihrer berühmten Ahnen, ihrer schönen Wagen, ihrer schönen Gärten, ihrer schönen Schiffe, so scheinen auch hier die Spiegelbilder einer Gesellschaft durcheinanderzuschweben. Man ahnt Menschen, die hier das preziöse, aber schöne Lob ihrer Geliebten und ihrer Töchter wiederfinden, die Kieswege und Beete ihrer Gärten, ihrer sommerlichen Seeufer und Landschaften, den Ton ihrer Gespräche, ja die kleinen geistig-sinnlichen Wahrheiten ihrer Tage. Man ahnt ein junges Mädchen, das hier das Lob der kleinen Schwester oder der Lieblingsblumen bestellt, wie dort ein korinthisches Geschlecht das Lob seines jüngsten Siegers. Nur daß alles viel raffinierter, verschwiegener, schattenhafter geworden ist, verglichen mit jener unbegreiflich wundervollen naiven Feierlichkeit. Das Buch hat nichts Gedrücktes; es gefällt sich selbst; es ist sicher, zu gefallen. Es ist seiner Lebensluft sicher. Starke Freunde müssen diese Lebensluft schützen. Es muß eine Gruppe von Menschen da sein, die voll Freiheit und Würde allen unscheinbaren Dingen Wichtigkeit zugeteilt und den schönen Garten des allgemeinen Lebens mit bunten Geweben umhängt hat, um die allzu große, unheimliche Ferne auszusperren. Eine Gruppe von Geistern, die gesagt hat: »Dieses, das vorliegende Leben, darfst du mit freiem Mund loben, so wie du es siehst. Das andere, das große Weltwesen, haben wir schon mit alledem in Harmonie gesetzt. Du darfst alles, so weit du siehst, mit gutem Gewissen anbeten.«

Diese Gruppe von Menschen, diese Tradition der Geister – ich spreche das geheimnisvolle Wort dafür noch einmal aus: Kultur. Ich glaube, daß das Buch seine innere Freiheit einem Dasein von Kultur verdankt, genauer: von künstlerischer Kultur. Nur eine Kultur gibt einem Menschen, der kein Genie ist, diese raffiniert naive Sicherheit, daß er hingeht und kleine Geschichten von allen Dingen erzählt und auf das Buch daraufschreibt: »Wie ich es sehe«. Er hat gelernt, daß da schon etwas daran ist, nur herumzugehen und zu sehen. Er stilisiert sich selbst als den, der nur herumgeht und zusieht. Seine Geschichten sind wie ganz kleine Teiche, über die man sich beugt, um Goldfische und bunte Steine zu sehen, und plötzlich undeutlich ein menschliches Gesicht aufsteigen sieht. So ist das Gesicht des Dichters schattenhaft in die hundert Geschichten eingesenkt und schwebt empor. Ein sehr stilisiertes Gesicht, mit einer großen, raffinierten Einfachheit. Mit weiblichen Augen sozusagen: was man an Männern weiblich nennt. Mit kindischen Allüren: so wie Männer die Kinder spüren und nachmachen. Und etwas von Sokrates ist dabei: von dem, der ein Lehrer und zugleich ein Liebender ist. Denn die Gestalt hat etwas vom Lehrer; aber sie bringt fortwährend die Worte Nietzsches über Sokrates ins Gedächtnis: »Es konnte niemand sagen, warum Sokrates lehre, er selbst ausgenommen. Wohin er kam, da erzeugte er das Gefühl von Unwissenheit, er erbitterte die Menschen und machte sie nach dem Wissen gierig.« Dieser Lehrer, der Weiber und Kinder nachahmt, der in seine Schüler verliebt ist und dessen

Schüler die jungen Männer und die jungen Frauen dieser Zeit sind, kann nur eine Lehre haben: die Anbetung der Natürlichkeit, der natürlichen Grazie, der natürlichen Grausamkeit; die Verherrlichung der leichten, schönen und zwecklosen Dinge, die Anbetung des höchst Künstlichen, das sich dem höchst Natürlichen annähert: Leben als Gartenkunst.

Eine dreifältige Macht scheint diesen Dichter erzogen zu haben. Eine künstlerische Kultur: Menschen, die ihre Beziehungen so wie Landschaften genießen und ihre Vergangenheiten wie Gärten und ihre Geschicke wie Schauspiele. Eine heitere Kultur: Menschen, deren Anstand ihnen gebietet, der Schwere der Welt entgegenzulächeln. Eine literarische Kultur: Menschen, die es lieben, zu reden, Menschen, Künstler, denen das Schauspiel viel bedeutet. Es ist etwas tief Schauspielerisches in dem Buch: in den kleinen Geschichten stehen oft Menschen gegen Menschen wie in einer Rolle, ja der Dichter gegen das Leben so: er spielt sich selbst und dann und wann spielen seine Geschöpfe sich selbst. Die Namen sehr großer Schauspieler gehören zu den bunten Gewändern der Götter, mit denen dieser Lebensgarten höchst künstlich umhängt ist. Ebenso die Namen von einzelnen Dichtern. Es scheint sich hier ein Kreis anzukündigen, der die Kunst ausschließlich vom Standpunkt des Lebens ansieht, wobei ihm endlich das Leben völlig als Material der Kunst erscheint. Ein stillschweigendes Übereinkommen scheint alles in Zusammenhang zu bringen: da man sich gleichzeitig als Lebende und als Zuschauende zu betrachten habe. Es ergibt sich eine wundervolle Kontinuität zwischen den literarischen und menschlichen Betätigungen dieser Gruppe von Künstlern. Man steht in einer neuen Romantik, in der das Wesen der alten, Unzufriedenheit mit der Welt, aufgehoben erscheint. Das Leben ist ganz im Besitz der Poesie, die es jeweilig wegen seines Reichtumes, seiner Dunkelheit, seiner Vielfalt, seines spiegelnden Wesens verherrlicht.

Der eine, der auf sein Buch geschrieben hat »Wie ich es sehe«, verrät andere, eine Gruppe von Künstlern, die sich der in der Zeit liegenden »barbarischen Avantagen« nicht bedienen will, um das Schöne und Interessante hervorzubringen.

Vielmehr: man will mit dem Gegebenen, Gegenwärtigen, als mit einem Natürlichen, Menschlichen, rechnen. Nichts wird geschichtlich erfaßt und kein starres Wort ist am Platz. Jedes vorgefaßte Urteil über die Gegenwart wird abgewiesen. Man ist einmal da, wie die Kinder da sind. Ja, es ist eine sehnsüchtige Anbetung der kleinen Kinder über diese Kultur ausgegossen: es ist, als ob es die Vornehmen immer mehr und mehr nach Kindlichkeit verlangte. Und es ist auch niemand vornehmer, niemand anmutiger als die, die noch kein Gedächtnis haben und ganz von der Wahrheit bewegt werden. In künstlichen, an Erinnerung reichen Zeiten sammeln sich die Lebendigen an den Altären der kindlichen Götter. Sich als Kinder zu fühlen, als Kinder zu betragen, ist die rührende Kunst reifer Menschen. Wenn man in dreihundert Jahren unsere Briefe aus alten Laden nimmt, wird man sich vielleicht verwundern, sie ganz anders zu finden als alle Briefe der anderen Männer und Frauen dieser Zeit: um so viel unmündiger, um so viel weniger starr. Man wird in ihnen das Leben von ganz anderen Mächten bestimmt finden, als die in den Büchern unserer Zeit den Ausschlag geben. Man wird an Wesen ohne bestimmtes Alter gemahnt werden, die aber am meisten an die unendlich vielsagenden Gebärden der Kinder erinnern, an ihre komplizierte Naivetät: an ihre nachdenkliche, vornehme Art, aufeinander zuzugehen, wenn sie fremd sind, an ihre wundervolle Weise, mit Anmut hochmütig, mit Anmut hart zu sein, an ihre Zutraulichkeit, ihre kögliche Art, sich hinzugeben und doch völlig zu bewahren, an ihre wundervolle Unbestechlichkeit. Nur Künstler und Kinder sehen das Leben, wie es ist. Sie wissen, was an den Dingen ist. Sie spüren im Fisch die Fischheit, im Gold das Wesen des Goldes, in den Reden die Wahrheit und die Lüge. Sie wissen den Rang des Lächelns, den Rang der unbewußten Bewegungen, den Wert des Schweigens und die Unterschiede des Schweigens. Sie sind die einzigen, die das Leben als Ganzes zu fassen vermögen. Sie sind die einzigen, die über den Tod, den Preis des Lebens, etwas sagen dürfen. Sie geben den Dingen ihre Namen und den Worten ihren Inhalt.

Freilich, Kinder – wer ergründet sie? Große, große Künstler –

wer kann einen mit Fingern weisen? Immerhin ist von diesen geheimnisvollen Mächten dieses kleine Buch irgendwie beherrscht, wie der zierliche Magnet von ungeheuren, im Ungewissen gelagerten Kräften.

ÜBER EIN BUCH VON ALFRED BERGER

»STUDIEN UND KRITIKEN«

Es liegt nun ein bedeutender Band »Studien und Kritiken« vor, »eine kleine Auslese dessen, was der Verfasser in den letzten sieben Jahren über die Kunst, insbesondere die dramatische Kunst, gedacht, gefühlt und gegrübelt, gesagt und geschrieben habe«. Schon über diese gehäuften, ein bewegtes inneres Tun bezeichnenden Zeitwörter scheint dem Leser, wie der dunkle Hauch eines starken Windes auf gehäuften Wellen, die Bewegung eines ungewöhnlichen Geistes mit großem Zuge hinzuwehen: und er entsinnt sich schnell eines gesprochenen Tones von ähnlicher kraftvoller Bewegung; ein Hörsaal der Universität, ein literarischer Verein, irgendein belebtes, erleuchtetes Zimmer tritt ihm kräftig ins Gedächtnis, und in der Mitte zuhörender Menschen die Gestalt eines Mannes, der mit starker, hie und da erregt anschwellender Stimme über ein Theaterstück oder ein Gedicht so redet, wie man gewöhnlich über derlei Dinge nicht reden hört, weder mit einer ähnlichen Eindringlichkeit, noch Kraft, noch Kühnheit. Die Tausende von Menschen, welche im Laufe dieser sieben Jahre Berger einmal oder mehrere Male reden gehört haben, werden sich, als zum gemeinsamen Kern ihrer vielerlei vagen Eindrücke, am ehesten zu der einfachen Formel verstehen: »Hier wurde von diesem Menschen über Kunst geredet, als von einem, der dabei etwas erlebt haben muß.«
Es ist nun wirklich nicht jedermanns Sache, eine solche Beziehung zur Dichtkunst oder zu einer anderen Kunst zu haben, die man als ein Erlebnis bezeichnen kann; von den wenigen aber, die diesen Zauberkreis überschritten haben, ist es nicht eines jeden Sache, wieder herauszutreten und vor den Leuten davon zu reden. Vielmehr pflegt fast jedes Erlebnis den Mund dessen, den es aus seinem Bann wieder auswirft, mit einer tiefen erstarrenden Einsicht, die jenseits aller Worte ist, so zu verstopfen wie mit einer Handvoll Erde. Daher haftet den Reden jener wenigen, welche das zu verraten imstande

sind, was sie dort erhorcht haben, wo ihre eigene Natur sich unbelauscht wähnte und sich ihren tiefen dumpfen Trieben hingeben wollte, etwas Unheimlich-Widernatürliches an, eine eingeborene tiefe Scham verletzend, und eben darum anlockend und verführerisch.

Dieses verführerische Unmoralische schwingt überall dort mit, wo Menschen, denen die Dichtkunst ein Erlebnis, oder besser das Erlebnis ihres Lebens war, ihr tiefes Wissen um das Wesen ihrer Kunst nicht in der verschleierten Offenbarung eines Werkes, sondern in nackten Worten an den Tag gegeben haben: ihnen hört etwas in uns mit der gleichen halb schuldbewußten Lüsternheit zu, mit der wir in nicht guten Stunden die problematischen Grundlagen alles Denkens und Fühlens aufzudecken lieben, aber freilich auch mit der fast trunkenen Heiterkeit wiederum, die jedes große Verraten tiefer Geheimnisse im Gemüt erregt.

Es ist, sonderbar zu sagen, der innerste Kern des Dichterwesens nichts anderes als sein Wissen, daß er ein Dichter ist. Dieses einen über alle Zweifel bewußt, sonst aber leicht und leer, steht er dem Weltwesen gegenüber. Er weiß sich »innerlich voller Figur«; er weiß, wenn das Leben ihm große und rührende Schicksale zeigte, so hätte er Flammenworte, die gerne auflodern möchten, diese Schicksale zu bereden. Dieses sein Wissen um sich selbst ist sein erstes, sein tiefstes Erlebnis. Es ist wie in der Frau das Wissen um die Möglichkeit, Mutter zu werden. Es ist tiefer als alles mit dem Verstand Erfaßte, alles aus dem Leben Gelernte. Die gleichen Gedanken hat Wagner gleichnisweise dem großen Cis-moll-Quartett von Beethoven unterlegt: ».. . Und nun ist es, als ob (mit dem überleitenden kurzen Allegro moderato) der Meister, *seiner Kunst bewußt,* sich zu seiner Zauberarbeit zurechtsetzte. Die Kraft dieses ihm eigenen Zaubers übt er nun an dem Festbannen einer anmutsvollen Gestalt, um an ihr, dem Zeugnisse seligster Unschuld, sich rastlos zu entzücken. – Wir glauben nun, den tief aus sich Beglückten den unsäglich erheiterten Blick auf die Außenwelt richten zu sehen (Presto $^2/_2$). Da steht sie wiederum vor ihm, wie in der Pastoral-Symphonie: es ist, als lausche er den eigenen Tönen der Erscheinungen, die luftig und wiederum derb in rhythmischem Tanze sich vor ihm bewegen. Er schaut dem Leben zu, und scheint sich (kurzes Adagio $^3/_4$) zu besinnen, wie er es anfinge, diesem Leben selbst zum Tanze aufzuspielen: ein kurzes, aber trübes Nachsinnen, als versenke er sich in den tiefen Traum seiner Seele. Ein Blick hat ihm wieder das Innere der Welt gezeigt: er erwacht und streicht nun in die Saiten zu einem Tanzaufspiele, wie es die Welt noch nie gehört (Allegro finale). Das ist der Tanz der Welt selbst: wilde Lust, schmerzliche Klage, Liebesentzücken, höchste Wonne, Jammer, Rasen, Wollust und Leid; da zuckt es wie Blitze, Wetter grollen: und über allem der ungeheuere Spielmann, der alles zwingt und bannt –; er lächelt über sich selbst, da ihm dieses Zaubern doch nur ein Spiel war. So winkt ihm die Nacht; sein Tag ist vollbracht.« »Der Meister, seiner Kunst bewußt«: daß er Musik zu machen vermag, das ist der Kern seines Daseins, das Geschick, dem er sich nicht zu entziehen vermag, das Erlebnis vor und über allen Erlebnissen. Er schaut dem Leben zu und scheint sich immer zu besinnen, wie er es anfinge, diesem Leben selbst zum Tanze aufzuspielen.

Es ist töricht zu denken, daß ein Dichter je aus seinem Beruf, Worte zu machen, herausgehen könnte. Eher könnte ein Stein aus eigener Kraft seinen Schwerpunkt verändern. Man hat sich darin gefallen, in Goethes wissenschaftlichen Bestrebungen ein solches Hinausgehen zu sehen. Wie aber zieht die Vorrede zur »Farbenlehre« den Leser mit geheimnisvoller Kraft in den tiefsten Kreis dichterischer Anschauung! Wie wird da den Leiden und Taten des Lichtes mit der *einen* Absicht nachgegangen, die geheimnisvolle Sprache aufzuschließen, in der die Natur zu bekannten, zu unbekannten, zu verkannten Sinnen redet; ein stummes Mehr und Weniger, ein Tuen, ein Leiden, ein Vordringendes und Zurückhaltendes, in dem das Dasein sich bewegt, mit einer Sprache zu beschenken, wie Shakespeare seinen Tätigen und Leidenden, seinem Lear, seiner Cordelia die flammenden und die milden Worte zuteilte.

So ist der Dichter im Bewußtsein seiner Kunst unlösbar verfangen. Sie ist sein sicheres Mittel, das Leben von sich abzuhalten, sein sicheres Mittel, sich dem Leben zu verbinden.

Ich habe nur versucht, dem Bergerschen Buch eine von den Grundwahrheiten zu entnehmen, aus denen seine große und reiche Anschauung dichterischer Werke hervorgewachsen ist. Der Vortrag ist der eines Tiefbeteiligten, voll bedeutenden Eifers und ungewöhnlicher Wärme: die unscheinbarsten Sätze sagen viel, und einzelne glückliche Bilder mehr, als ein Satz darüber je sagen könnte. Was die Gesinnung des Ganzen betrifft, so finde ich sie auf der dritten Seite aufs schönste ausgesprochen: »Fühlen ist Kunst, nicht Natur, und die Lehrerin in dieser Kunst ist vor allem die Poesie.«

BILDLICHER AUSDRUCK

ἐννόησας ὅτι τον ποιητην δέοι εἴπερ μέλλοι
ποιητης εἶναι ποιειν μυθους ἀλλ᾿ οὐ λογους

Man hört nicht selten die Rede: ein Dichtwerk sei mit bildlichem Ausdruck geziert, reich an Bildern. Dies muß eine falsche Anschauung hervorrufen, als seien die Bilder – Metaphern – etwas allenfalls Entbehrliches, dem eigentlichen Stoff, aus welchem Gedichtetes besteht, äußerlich Aufgeheftetes. Vielmehr aber ist der uneigentliche, der bildliche Ausdruck Kern und Wesen aller Poesie: jede Dichtung ist durch und durch ein Gebilde aus uneigentlichen Ausdrücken.

Die »Handlungen«, die »Gestalten« sind nichts anderes, wofern man das Wort nur recht versteht: Gleichnisse, aus vielen Gleichnissen zusammengesetzt. Mit der Sprache ist es nicht anders, nur sind es unter den Redenden die Dichter allein, die sich des Gleichnishaften der Sprache unaufhörlich bewußt bleiben.

Was der Dichter in seinen unaufhörlichen Gleichnissen sagt, das läßt sich niemals auf irgendeine andere Weise (ohne Gleichnisse) sagen: nur das Leben vermag das gleiche auszudrücken, aber in seinem Stoff, wortlos.

Die Leute suchen gern hinter einem Gedicht, was sie den »eigentlichen Sinn« nennen. Sie sind wie die Affen, die auch immer mit den Händen hinter einen Spiegel fahren, als müsse *dort* ein Körper zu fassen sein.

DICHTER UND LEBEN

Wer immer mit den Spiegelbildern zu tun hat, wird im Guten und Bösen nicht sehr geneigt sein, an das Feste zu glauben.

Das Wirkliche ist nicht viel mehr als der feurige Rauch, aus dem die Erscheinungen hervortreten sollen; doch sind die Erscheinungen Kinder dieses Rauches.

Dies ist der gefährlichste Beruf, der sich immer mit dem Schein des Sittlichen abgibt; er führt dazu, sich mit sittlichen Möglichkeiten zu begnügen.

Das Wissen um die Darstellbarkeit tröstet gegen die Überwältigung durch das Leben; das Wissen ums Leben tröstet über die Schattenhaftigkeit der Darstellung. So sind sie miteinander verbunden; dies wird eine schwache Begabung hinabziehen, eine starke emportreiben.

Der Dichter begreift alle Dinge als Brüder und Kinder eines Blutes; dies führt ihn aber zu keiner Verwirrung. Er schätzt die Einzigkeit der Begebenheit unendlich hoch. Über alles setzt er das einzelne Wesen, den einzelnen Vorgang, denn in jedem bewundert er den Zusammenlauf von tausend Fäden, die aus den Tiefen der Unendlichkeit herkommen und sich nirgend wieder, niemals völlig so treffen. Hier lernt er, seinem Leben gerecht zu werden.

Die Sprachen gehören zu den schönsten Dingen, die es auf der Welt gibt. Man sagt, sie sind es, die unser Dasein vom Dasein der Tiere unterscheiden. Sie sind wie wundervolle Musikinstrumente, die unsicher immerfort neben uns herschweben, damit wir uns ihrer bedienen: die Möglichkeit der unsterblichsten Gedichte schläft immerfort in ihnen, wir aber spielen auf ihnen so albern als möglich. Trotzdem ist es nicht möglich, sie ganz um ihren Klang zu bringen. Ja, wenn wir für die Schönheit der eigenen stumpf geworden sind, so hat die nächstbeste fremde einen unbeschreiblichen Zauber; wir brauchen nur unsere welken Gedanken in sie hineinzuschütten, und sie werden lebendig wie Blumen, wenn sie ins frische Wasser geworfen werden.

Man teilt die Sprachen bekanntlich in lebende und tote. Diejenigen, welche alle Sprachen so lehren, als ob sie tot wären, nennt man Philologen. Die anderen, welche die lebendigen Sprachen und die Sprache lebendig lehren, heißen nur Sprachlehrer. Sie werden von den Philologen verachtet, obwohl sich unter diesen die entsetzlichsten Menschen der Welt befinden, während unter den Sprachlehrern viele gut und gescheit sind. Dies kommt daher, daß sie fast alle früher etwas anderes waren, nämlich wirkliche Menschen, und nur im Laufe ihres Lebens zufällig Sprachlehrer geworden sind. Es sind solche unter ihnen, die vom Leben noch sehr viel erwarten, und solche, die schon zuviel erlebt haben; verjagte Prinzen, abgedankte Offiziere, verkannte Dichter, enttäuschte Schauspieler, junge Mädchen, die zu viele Geschwister haben, Studenten, Erfinder, Verbannte. Alle haben sie in ihren Sprachen gedacht, gewünscht und geträumt, Antworten gegeben und empfangen, den unendlichen Inhalt nichtiger Worte empfunden, die schneidende und die berauschende Kraft der Rede gespürt, lange bevor das Schicksal sie dahin führte, zu fragen: »Wo hast du das Taschenmesser deiner

Großtante gelassen?« und darauf zu erwidern: »Der gute
Admiral sitzt im Garten und weint.« Und fast immer geschieht es, daß sie ihre eigene Sprache in einem fremden
Lande lehren. Man erzählt, daß Gestrandete, die einsam auf
einer wüsten Insel lebten, ihr Unglück für Stunden vergessen
konnten, indem sie sich damit abgaben, einem Vogel ein paar
Silben ihrer Muttersprache beizubringen. In der »Göttlichen
Komödie« werden selbst die rettungslos Verdammten in der
Hölle und die in tiefem Ernst versunkenen Gestalten im Fegefeuer für einen Augenblick gerührt, wie der an ihnen vorübergeht, der Toskanisch spricht. Die Sprache ist alles, was
einem bleibt, der seine Heimat entbehren muß. Aber sie enthält auch alles. Wie der Lufthauch, der in stillen Nächten vom
festen Lande her auf ein Schiff zuweht, traumhaft angefüllt
mit dem Duft von süßem Wasser und dem Atem von Wäldern und Wiesen, so weht aus der Sprache ein Hauch der
Heimat, der jenseits aller Worte ist. In ihr bewegen sich wie
dunkle verfließende Schatten so viele Gesichter, soviel Landschaft ist in ihr, soviel Jugend, soviel Unsägliches. Nicht in
den Worten aber liegt das Stärkste dieses Zaubers: es liegt in
den Wendungen, in der unübertragbaren Art, wie die Worte
nebeneinandergestellt werden, wie sie aufeinander hindeuten, einander verstärken und verwischen, miteinander spielen, ja sich verstellen, und eines des anderen Maske vornehmen, wechselweise einander ihrer ursprünglichen Bedeutung
entfremdend. Dies ist ein Gebiet, in welches die Gelehrten
fast keinen Zutritt haben. Hier hört die Arbeit des Philologen
auf, und der Reiz derer, die zuzuhören verstehen, fängt an.
Was sich davon zergliedern läßt, ist fast nichts: es handelt sich
um ein ungreifbares Ding: es ist, als ob man das Lächeln, das,
von einem Gesichte ausstrahlend, eine ganze Gestalt, ja einen
ganzen Raum mit einem unbegreiflichen flüchtigen Glanz erleuchtet, zergliedern wollte, indem man die meßbaren Zu-
sammenziehungen kleiner Muskeln rings um den Mund und
rings um die Augen niederschriebe. Dieses Geheimnisvolle,
Unübertragbare macht den großen Zauber der Sprache aus.
Das und nichts anderes macht die fremden Sprachen erfri-
schend wie ein Bad. Wer eine fremde Sprache nach ihrem

Geist spricht, steht zwar in derselben Welt wie früher, dieselben Menschen stehen um ihn und an seinem Schicksal ist nichts verändert, aber es ist, als wäre ihm ein Zauberring an den Finger geschoben, und er sieht alle Dinge um ein Etwas verändert, ja wenn er mit Freunden Reden über sein Leben austauscht, Vorsätze oder Gesinnungen ausspricht, so geht durch alles das ein Zauber hin, der das Gewicht der äußeren Dinge verringert, das Bewußtsein des eigenen Selbst aber wie mit einem Panzer von Kraft und Mut umgibt.

In der »Griechischen Anthologie« steht ein merkwürdiges Gedicht, das, wenn ich nicht irre, dem Paulus Silentiarius zugeschrieben wird. Es erzählt von einem Jüngling und einem jungen Mädchen, die einander sehr liebten und so viele Zeit als sie wollten miteinander sein durften; aber doch von dem immer gleichen Leben eine Art Ermüdung empfanden und des Abends, wie mit Puppen spielende Kinder, nur mit lebendigen Puppen, ihre Kleider tauschten, daß dann er dem in Mädchenkleidern verborgenen Achill, sie der Jägerin Artemis ähnlich sah; und wie sie füreinander in der Verkleidung etwas ganz Neues empfanden, als hätten sie sich gerade erst kennengelernt. Ich weiß leider die Hexameter nicht auswendig, in denen diese schöne kleine Geschichte erzählt ist: aber wenn man ihr einen zweiten Sinn unterschieben wollte, so gäbe es keine hübschere Allegorie, um auszudrücken, wie merkwürdig und reizend es ist, von Lippen, die man sehr gut kennt, eine fremde Sprache in ihrem Geiste sprechen zu hören.

Dieser Zauberring, den man nur anzustecken braucht, um ein verwandeltes Bild der Welt und des Lebens zu besitzen, geht ziemlich selten von der Hand eines gelehrten Philologen an die seines fleißigen Schülers über, denn meistens besitzt ihn keiner von beiden, aber der Sprachlehrer hat ihn fast immer aus der Hand des Lebens bekommen und kann ihn wieder auf einen anderen Finger schieben, am leichtesten auf den eines Kindes. Denn eine Sprache in ihrem Geiste zu sprechen, das ist alles! Das ist die Prinzessin, deren seidenes Kleid durch die dicke Hecke der unregelmäßigen Zeitwörter schimmert. Was ich hier meine, ist so wahr und so ernst, aber ich fürchte, ich kompromittiere die Ernsthaftigkeit meines Gegenstandes, weil ich immer von Zaubersachen, von griechischen Gedichten und von Verkleidungen spreche. Ich würde sehr gern jetzt Goethe anführen, denn gewiß hat er in einem seiner großen und weisen Gespräche mit dem guten Eckermann auch diesen Gegenstand berührt, er, vor dem die Sprachen der Völker nichts anderes waren als die verschiedenen Saiten einer großen Harfe, er, der in seiner Kinderzeit einen Roman schreiben wollte von sieben Geschwistern, von denen eines französisch korrespondierte, eines italienisch, eines griechisch und eines Frankfurter Judendeutsch... Gewiß hat er auch über die Sache einmal gesprochen, entweder auf der Landstraße gegen Jena hin oder in dem schönen Garten an der Ilm oder in dem freundlichen Zimmer, wo der Gipskopf der großen Juno stand. Aber leider gehört dieses Gespräch zu den verlorengegangenen. Dagegen steht in den »Essais« von Montaigne eine Stelle im fünfundzwanzigsten Kapitel des Ersten Buches, die mit den weisesten, den knappsten und anmutigsten Worten alles sagt, was ich über diesen Gegenstand noch zu sagen versuchen könnte. Das betreffende Kapitel heißt: »Von der Erziehung der Kinder«. Hier spricht Montaigne zuerst davon, wie man den Kopf der Kinder nicht mit Gelehrsamkeit und Wortklugheit anstopfen dürfe, sondern wie man sie lehren müsse, dem Leben selber alles abzulernen; dann fährt er fort: »Für diese Lehrmethode nun ist alles, was uns vor die Augen kommt, Buch genug: die Gaunerei eines Pagen, die Dummheit eines Bedienten, irgendein Wort, das bei Tisch fällt, das ist alles schon ein Stoff. Nichts aber geht über den Verkehr mit Menschen und das Herumkommen in fremden Ländern, ...non pour en rapporter seulement, à la mode de nostre noblesse françoise, combien le visage de Néron, de quelque vieille ruyne de là, est plus long ou plus large que celui de quelque pareille médaille; mais pour en rapporter principalement les humeurs de ces nations et leurs façons, et pour frotter et limer nostre cervelle contre celle d'aultruy.« Ich wollte, ich wüßte auf deutsch auch nur im Traume so schön, so kurz und so richtig zu sagen, wozu das Herumkommen in fremden Ländern gut ist, wie er es hier sagt, und warum die kleinen Kinder fremde Sprachen lernen müssen. Denn mit seiner unvergleichlichen Sicherheit, die ihn einem so großen Arzt so ähnlich macht, hat er hier mit ein paar Worten alles Nützliche davon herausgesagt, während mir nur das Schöne davon eingefallen war.

Da ist nun ein Buch, über das fast nichts oder unendlich viel zu sagen wäre. Es ist eine kleine Beispielsammlung, ganz durchleuchtet von der Liebe eines Sprachlehrers für seine Sprache. Ich glaube wirklich, daß niemand seine Sprache so sehr liebt, nicht einmal die Dichter, wie diese Verbannten. Es heißt: »Gentillesses de la langue française«, oder: »Choix d'expressions ingénieuses ou caractéristiques propres à donner au langage des étrangers un air bien français«. Wirklich, wer dieses kleine dünne Buch hin und her blättert, wird mehr Freude daran haben als an vielen dicken, gelehrten, systematischen Bänden. Vielleicht bei keiner Sprache der Welt kommt es so sehr auf das »Wie« des Sprechens an wie bei der französischen. Sie ist unter ihren Schwestern vielleicht die ärmste an Stoff und die reichste an Wendungen. Es sind sicher in keiner Sprache der Welt mehr unerwartete Antworten, geistreichere Definitionen, geschicktere Umschreibungen geformt worden als in der französischen. Ihre größten Stilisten waren es nicht durch die Wucht oder durch den Reichtum, sondern durch die Biegsamkeit. Die relative Armut ihres Wortschatzes ist durch unaufhörliche Übertragungen aus einem Gebiet ins andere zu einem unbeschreiblichen Reichtum geworden. Wir in unserer unendlich reichen, fast mystischen Sprache sind, wenn wir uns nicht in eine dunkle Bildlichkeit flüchten wollen, viel unbeholfener, viel schwerfälliger, viel ärmer, das zu sagen, was das Leben des Herzens und des alltäglichen Denkens ausmacht. Das Gewimmel der Wendungen aber, mit denen das Französische das innere Leben malt, hat in allen Übertragungen nur immer mehr Bestimmtheit und Anmut gewonnen. Ein älterer Gebrauch sticht hie und da durch und erinnert, daß eigentlich vom Acker, vom Weingarten, vom Webstuhl hergenommen ist, was heute zum Ausdruck innerer Vorgänge dient, die weit weg sind von der schweren ehrwürdigen Ackererde, vom fröhlichen Weingarten und vom

friedfertigen Webstuhl. Es ist eine weltlichere Sprache als die
unsere. Ganz deutlich hört man auch vergangene weltliche
Dinge aus ihr reden, hie und da den Ton der Könige und seiner Hofherren, hie und da die Stimmen von Bauern, von Ge-
richtsleuten, von Frauen, vielen Frauen, und auch von Kindern.

Voll von hübschen Beispielen für das alles ist das kleine Buch,
irgendwie lose aneinandergereiht und von nichts zusammengehalten als von der Liebe dessen, der sie nebeneinander aufgeschrieben hat, »von seiner eigensinnigen Liebe für das, was
ihm durch und durch französisch erscheint«. Und wirklich
scheint mir in dieser Sammlung hübscher Redensarten etwas
oder vielmehr viel vom Geist der französischen Sprache zu
liegen, locker und offen dazuliegen, wie selten in einem Lehr-
buch. Wenn dieses Buch von einem Gelehrten gemacht wäre,
so ist nicht zu sagen, um wieviel vollständiger, gründlicher,
systematischer es wäre, und um wieviel wertloser. Denn sein
ganzer Wert liegt darin, daß es so gar nicht gemacht ist. Wenigstens wüßte ich nicht zu sagen, ebensowenig wie bei einem Gedicht, wie man dergleichen nachmachen könnte. Man
muß dazu seine Sprache lieben, wie ein Verbannter den
Rauch der Hütten von zu Hause, wie ein Kind sein Lieblings-
spielzeug, wie ein Dichter den Klang seiner Reime. Denn der
ganze Reiz daran ist ein Hauch von Unmittelbarkeit. Man
könnte genau so gut fragen: »Wie macht man Blumen?«

ÜBER DEN SPRACHGEBRAUCH BEI DEN DICHTERN DER PLEJADE

[TEIL DER EINLEITUNG DER DISSERTATION DES DICHTERS]

... Das Französische zu einer Sprache der Poesie, einem ähnlich wundervollen durch und durchgeformten Gebilde wie die klassischen Sprachen umzuschaffen, ist der Inhalt dieses Programmes. Die Gebilde der klassischen Poesie- und Redekunst verklärt durch den Glanz der Jahrtausende, die dazwischen gelagert sind, und die von keinem alltäglichen Gebrauch entweihten Sprachen, in denen sie ausgedrückt sind, fließen vor dem bewundernden Geist der Epigonen zusammen zu einem einheitlichen Ganzen, das in seiner Fülle, seiner Feierlichkeit und seiner Feinheit kaum mehr irdisch erscheint. Demgegenüber erscheint, was an Tradition einer französischen Poesie vorhanden ist, fast nichts, eher ein Gegenstand des Zorns und der Scham als der Pietät.

Das in der Renaissance aufgekommene Gebilde des Dichterphilologen erhält in ihnen seine glänzendsten Vertreter. Daß sie sich der Sprache mit einer so merkwürdigen Bewußtheit bedienen, gibt ihren Werken jenes undefinierbar Künstliche, das Dichtern ersten Ranges nie anhaftet; aber für eine Sprache andererseits ist es immer höchst vorteilhaft, wenn ihr Stoffliches von überlegenen Händen so durchgeknetet, jede ihrer Wendungen mit Bewußtsein durchsetzt und ihr Wortschatz wie mit durchdringenden Strahlen beleuchtet wird. Kaum einem der naiveren Dichter vorhergehender Generationen (weit eher einem Spätromantiker des XIX. Jhs.) auch nicht einem St.-Gelais oder Marot, wäre etwa jener Satz zuzumuten, in dem Ronsard so scharf die Kunst des Dichters als eine Kunst, schöne Worte schön zu setzen, hinstellt, das Wortmaterial so bewußt von Gegenstand und Inspiration trennt: etc... Aus einer solchen Grundstimmung entspringt der Versuch durch weitgehende Neuschöpfungen den Glanz der Sprache zu erhöhen, gleichsam völlig ohne [...] aus dem lebendigen Holz der Sprache zu schneiden...

Diese bis zum Äußersten gesteigerte Souveränität in der Behandlung des Wortschatzes, die in Kreationen wie jenes sourcer, jenes flofloter einerseits, eine nicht dagewesene Prägnanz erreichen, andererseits aus dem Sprachmaterial ein Äußerstes an sinnlicher gleichsam körperlicher Wirkung herausquetschen will, führt hart bis an den Rand des Barocken.

Es kommt ein Moment, wo die Sprache, wie jedes Natürliche einer manierierten Sprachbehandlung sich entzieht und statt noch ein Mehr an Unmittelbarkeit und Glanz herzugeben, auf einmal stockt: es entstehen unerfreuliche Zusammenstellungen, in denen der etymologische Zusammenhang stört und den Zauber aufhält statt ihn zu steigern...

Im ganzen nun drängt sich folgende Betrachtung auf: Dem Äußersten, Obersten einer Sprache vermag die Willkür einer Dichtergruppe eine gewisse Gewalt anzutun, und hier Einiges an Veränderung hervorzubringen, das für die Zeitgenossen den undefinierbar fieberhaften Reiz der Modernität mitträgt, für später aber ein dichterisches Produkt um so schneller altern macht, wie Schminke, wenn sie von der Haut abgefallen ist.

... Dies alles hat nicht mehr Bedeutung als ein auf der Oberfläche sein Spiel treibender Wind. Im Tieferen ist die Sprache der Plejade die des 16. Jhd., durchsetzt von einem gewissen Gegensatz zwischen alt-französischer Lässigkeit und latinisierender Straffheit der Syntax. Vielleicht, daß dieser Gegensatz bei den Autoren der Plejade noch etwas schärfer an den Tag kommt, als bei den Andern, eben weil sie größere Sprachkünstler, und die Möglichkeiten des Sprachgebrauchs mit mehr Nachdruck ausnützen. So steht bei ihnen andererseits das Streben, den Feinheiten des Latein auf einem oder dem andern Gebiete nachzukommen, auf welchen überhaupt alle romanischen Sprachen stumpfer sind, wie beim Genus und Tempus des Infinitivs und der Partizipien, andererseits ein überaus freies Beziehen von Infinitiv, Partizipien, Gerundiv und relativer Anknüpfung auf ganz entfernt stehende, ja überhaupt erst zu ergänzende oder zu rapportierende Begriffe.

Ruhig und stetig fließt die syntaktische Entwicklung der Sprache hin, während jener mittelfranzösischen Epoche mit

einer großen deutlich ausgeprägten Tendenz: unter dem
Einfluß massenhaft aufgenommener klassischer Bildung und
geschärften logischen Denkens alle jene Unklarheiten und
Weichheiten auszustoßen, »die die alte im Vergleich zu der
heutigen Schriftsprache als eine so sehr unbefangene, sorglose
Darstellung des Gedankens oder als Abbild eines so unbe-
fangenen wenig behutsamen Denkens erscheinen lassen«
(Tobler) und sich einem dumpf vorschwebenden Ideal neu-
lateinischer Prägnanz in Fülle, nennen wir es der Sprache
Voltaires anzunähern.

»DER ENGELWIRT, EINE SCHWABENGESCHICHTE«
VON EMIL STRAUSS

Es ist nicht übermäßig schwer, einen Charakter zu malen, und nicht übermäßig schwer, eine Handlung zu erfinden. An solchen, die des ersteren fähig sind, war unsere poetische Literatur zu keinen Zeiten arm, und in der gegenwärtigen dürfte es am wenigsten daran mangeln: man geht hier mit großer Sicherheit dem Vagen, Unbestimmten und auch dem Grellen, Übertriebenen aus dem Wege und schafft Gestalten, die durchaus in einen gewissen individuellen Raum und eine bestimmte Epoche gehören, deren materielle Lage, Glaubensumstände und Bildungsstand uns mit hinlänglicher Deutlichkeit an die Hand gegeben werden: ja es entzieht sich sogar das Drama nicht einer äußersten provinziellen Bestimmtheit bis in die Färbung und das Vokabular seines Dialogs.

In der Novelle ist es schon nur den besseren Produkten gegeben, auch durch eine Handlung etwas zu wollen: sich dem reinen Abspinnen des Zuständlichen zu entziehen, ohne in die gesuchte und kleinliche Pointierung einerseits, in die anekdotische Begebenheit andererseits zu verfallen. Welche letztere nur in den Händen eines besonderen Talentes mit den Charakteren zu einer wahren Einheit verschmelzen kann.

In der Novelle aber, die wir hier anzeigen wollen, ist das weitaus Höhere erreicht: Charakter und Handlung sind nicht nur unter äußerer Gewalt in eins geschmolzen, sondern sie stehen im tiefsinnigsten und harmonischesten Zusammenhang. Es widerfährt einem Menschen, was ihm widerfahren mußte. Indem er sein Glück zu fassen meint, bekommt sein Schicksal ihn zu packen, und während wir atemlos dem Verlauf eines Abenteuers zuzusehen meinen, entfaltet sich uns ein menschliches Wesen. Die schöne Novelle hat ihre Wurzeln in provinzieller Beengtheit; das wunderbare Schauspiel, wie sich Weltwesen und Menschenwesen berühren und namenlose Gewalten für einen Moment dazukommen, dem beengten Einzelnen ins Auge zu sehen, bildet ihre Blütenkrone. Hier ist ein Buch, das genug Kunstwerk ist, um sich eines sehr starken Gehaltes an Stimmung und souveräner Sicherheit als eines untergeordneten Schmuckes zu bedienen.

STUDIE ÜBER DIE ENTWICKELUNG
DES DICHTERS VICTOR HUGO

EINLEITUNG

Dazu findet sich unter den Schreibenden und Lesenden nur geringe Neigung: das Einfache höher zu schätzen als das Verworrene, und lieber nach Übereinstimmung zu suchen als nach Kontrasten. So konnte sich Victor Hugo zeit seines Lebens derer nicht erwehren, die ihm die Widersprüche seiner Gesinnung und die Sprünge seiner Entwickelung vorwarfen: und er selber, indem er sie mit Heftigkeit abzuwehren suchte, blieb dennoch in einer ähnlichen Auffassung seiner selbst befangen: nur erblickte er eine Läuterung da, wo die anderen ein Herabkommen, und nannte Befreiung, was die anderen Abfall und Renegatentum. Vermag man aber dies alles aus einer gewissen Distanz zu sehen, so ergibt sich: es dürfe, wo das Wirken eines Dichters beurteilt wird, überhaupt nicht so gar viel von Gesinnungen und konsequenten politischen Überzeugungen gesprochen werden, sondern immer und durchaus nur von der Betätigung einer geistigen Kraft, der es, und dies ist das Wesen der künstlerischen Seelenkräfte, eben nur darauf ankommt, sich auszugeben, wobei sie ohne tiefes Bewußtsein der Inkonsequenz von einem Objekte aufs andere überspringt.

In der Tat sehen wir das Publikum, die große aufnehmende Menge, solche Widersprüche mit äußerster Toleranz und Geduld hinnehmen und, in diesem Instinkte den Literaten sehr überlegen, nur das Positive und Harmonische beachten.

In gleichem Sinne werden wir uns an das Einfache und Übereinstimmende zu halten haben, um eine große nationale Popularität zu begreifen, und sogleich wird für uns, als Fremde, auch jede Versuchung zu einer Kritik wegfallen: denn die Kritik ebenso wie die Verherrlichung ist nur da am Platze, wo sie auf Lebendige und auf ein Lebendiges, den guten Geschmack, einzuwirken irgendwelche Hoffnung hat; die kritische Allüre des Ausländers aber läuft immer Gefahr, lächerlich zu sein: denn indem sie den Standpunkt des Allgemeinen, des Menschlichen geradezu einzunehmen vermeint, ist sie doch gerade in den feinsten entscheidenden Schwebungen des Urteils durchaus vom Geschmacke ihrer Nation diktiert und niemals frei von Beschränktheit.

Und insbesondere die Deutschen sollten sich immer ins Gedächtnis zurückrufen, daß sie weder der Geist des klassischen Altertums noch das Menschliche kat' exochen sind, sondern eine Nation wie jede andere.

Man wird in der folgenden Darstellung die Einzelheit, das biographische und literarhistorische Faktum, fast völlig vermieden finden: es erschien als anstrebenswert, die leitenden Ideen eines künstlerischen und menschlichen Daseins aufzusuchen, welche freilich weder Ideen im philosophischen, noch im politischen Sinne sind, sondern dem ästhetisch-ethischen Gebiete angehören: die individuellen Tendenzen, welche in der Führung des Lebens und in der dichterischen Produktion sich gleichmäßig geltend machen, die aus der Fülle der einzelnen Züge erschlossen, dargestellt aber im Zusammenhange werden können, und deren Einheitlichkeit und tiefe Harmonie eben die literarische Person: Individuum, Werk, Wirkung und Nachwirkung zusammen ausmacht.

I

LEBENSLAUF

ALS ENTWICKELUNG DER GEISTIGEN FORM

1802–1830

Dem napoleonischen Offizier, Kommandeur Joseph Leopold Sigisbert Hugo, wurde 1802 zu Besançon sein drittes und letztes Kind geboren, Victor Marie Hugo. Diesem Kind enthüllt sein Geschick früh die Welt. Der Fünfjährige wird über die Alpen nach dem unteren Italien mitgeführt; achtjährig verbringt er mit der Mutter und den älteren Brüdern ein Jahr in Spanien. Den neapolitanischen Aufenthalt des Kindes füllt dies aus: der Vater ist fast nie da; wochenlang sieht man ihn nicht; für flüchtige Augenblicke ist er da, Frau und Kinder zu besuchen, die ein Palast beherbergt; seine Reiter warten im Hof auf ihn, indes er hastig die Kinder an sich drückt; seine Brust ist funkelnder verschnürt als früher; er ist nun Oberst; der König, der des Kaisers Bruder ist, liebt ihn sehr; er hat ihn zum Gouverneur über eine ganze Provinz gemacht; diese Provinz aber macht ein großer Räuber unsicher und diesem muß der Vater mit vielen Soldaten nachjagen, von Dorf zu Dorf, von Schlucht zu Schlucht. Diesem Räuber aber wieder haftet ein merkwürdiger Glanz an; man spricht von ihm wie von einem großen Herrn; man sagt, der König – nicht der jetzige König, dem der Vater dient, sondern der frühere, der vertriebene, der legitime König – habe ihn zum Obersten und Herzog von Cassano ernannt; aber im Lande nennt man ihn mit einem andern Namen: Fra Diavolo. In dieses aufregende Erlebnis, in das der eigene Vater als Hauptperson verflochten ist, in jene zweideutige, unheimliche und funkelnde, ferne und nahe Gestalt des legitimen Räubers wühlt sich die Einbildungskraft des Knaben; sieht sich dann schnell dem fremden Lande wieder entrückt, an Burgen und Türmen, Türmen und Städten vorbei nach Hause geführt; und nach zwei Jahren abermals auf dem Wege, diesmal über die Pyrenäen.

Wieder liegen da und dort an der Straße die Orte, die freundlichen und die finsteren, die blühenden und die verfallenen, und drücken ihr Wesen, verschmolzen zu einer lebendigen Einheit mit dem fremdartigen Klang ihres Namens, tief in die Phantasie des Kindes. Das Dorf, wo der Reisewagen auf spanischem Boden den ersten Halt macht, heißt Ernani.

Auf dieser Reise war es, daß sich dem Knaben Victor Hugo, in einer alten Stadt am Wege, die Architektur einiger gotischer Türme dermaßen einprägte, daß er nach vielen Jahren imstande war, sie mit allem Detail zu zeichnen, ohne sie je wieder gesehen zu haben. Es gehörte zur Signatur dieses Knaben, daß ihm das Bauwerk viel bedeuten sollte. Es sollte später zur Signatur dieses Dichters gehören, Bauwerke als ein Lebendiges zu fühlen und einen mächtigen Teil seiner Phan-

tasie in architekturalen Erschaffungen auszuleben. In Burgos
verlor sich das Kind in der wundervollen Kathedrale und
staunte die Pfeiler hinan; da springt hoch oben in der Mauer
ein Türchen auf und ein kleiner Mann tritt hervor, unförm-
lich und skurril, schlägt ein Kreuz, tut drei Schläge auf eine
Glocke und verschwindet. »Señorito mio, es papamoscas«,
sagt der Kirchendiener, von dem Automaten redend, als wäre
es ein lebendiges Wesen. Und später in Madrid – sie wohnen
wieder in einem Palast, wie in Neapel – sieht Victor von seinem Bett aus in einem Nebengemach die goldstarrende Muttergottes mit den sieben Schwertern im Herzen; sieht, sie, wie
er jene Türme gesehen hatte, um das Bild nie wieder zu vergessen. Er verbringt die vielen unbewachten, unbeschäftigten
Stunden, die geheimnisvollen gähnenden einsamen Stunden
eines achtjährigen Kindes, mitten in der fremden Stadt, in
dem fremden Palast, in der Galerie vor den alten Familienbil-
dern des Hauses Masserano. In ihren prunkvollen Rahmen, in
den Gewändern einer vergangenen Zeit, hochmütig nieder-
blickend, unnahbar in ihrer Haltung, geheimnisvoll in den
Gebärden einer vergangenen Zeit, hauchen diese Spanier eine
unendliche Bezauberung, einen fieberhaften dumpfen Drang
in die Seele des kleinen französischen Kindes. Der französische Geist empfindet von Zeit zu Zeit das spanische Wesen als
nahverwandt und doch vor dem eigenen durch eine größere
Konzentration, irgendeinen fremden herben Duft romanischen Blutes ausgezeichnet. Er findet jenes Element seines eigenen Wesens wieder, das, zwischen erhabener Ruhmredig-
keit, gaskognischer Anmaßung und schönem Formgefühl
schwankend, am besten vielleicht mit dem Ausdruck »pana-
che«, als Eigenschaftswort gebraucht, bezeichnet werden
kann; und er findet dieses Element im Spanischen verstärkt
und zugleich verfeinert, gewissermaßen stilisiert wieder.
Und nichts wirkt stärker auf ein Volk als eine solche Verklärung einer seiner Grundeigenschaften. Es ist um dieses kaum
definierbaren, aber fast in jedem Vers fühlbaren Elementes
willen, um dieses spanischen Tones willen, daß um die Mitte
des siebzehnten Jahrhunderts der »Cid« des großen Corneille
einen Aufruhr des Entzückens hervorrief.

Bei frühen Erlebnissen, in welchen ein noch weiches kindliches Erkennen Stücke des Weltwesens erfassen soll, verschwimmt alles zu einer traumhaften Einheit; hier wird die Form des Erlebnisses ebenso wichtig als ihr Inhalt, das objektive Erlebnis. Die Form des spanischen Erlebnisses war für den Knaben Hugo eine phantastische. Nicht recht als ein Dazugehöriger und nicht recht als ein Ausgeschlossener mußte er sich fühlen in dieser spanischen aristokratischen Welt; nicht demütig, denn er gehörte zu denen, die im Augenblick Herren waren über Spanien, und doch nicht ganz sicher, nicht ohne Anwandlungen von Scheu und Ehrfurcht. Wie ein Wrack lag diese prunkvolle, hochmütige, adelige und katholische Kultur da und zeigte ihr Inneres. Es ist der Blick des Fremden, des Eingedrungenen, des Emporkömmlings, mit dem der Knabe die marmornen Säle, die mit aufregendem Prunk beladenen Altäre im Flamboyant-Stil, mit dem er die Bildnisse der großen Herren umfängt, und von den Wappenschildern, an denen das Goldene Vlies hängt, die asyndetisch aneinandergereihten Titel, die faszinierenden Namen der Herzogtümer, Marquisate, Grafschaften, Burgen und Lehen abliest. Welche Nahrung für den gärenden Geist eines Knaben! Sich hineinzuträumen in diese gebietenden Gestalten, die Säle und Galerien in einer pompösen Haltung zu durchschreiten, den Arm in die Hüfte gestemmt, ein Schauspieler selbstgeschaffener Träume; ihre großartigen Titel vor sich hinzusagen, sie in fieberhaftem Selbstbetrug als den eigenen Namen empfinden: »Dies sind meine Namen, ihr habt es bisher nicht gewußt, ihr stumm aufhorchenden Wände, ihr starren Vergoldungen, ihr hieltet mich für einen Fremden, einen Bedienten, einen Räuber, vernehmet:

> Dieu…
> M'a fait duc de Segorbe et duc de Cardona,
> Marquis de Monroy, comte Albatera, vicomte
> De Gor, seigneur de lieux dont j'ignore le compte.
> Je suis Jean d'Aragon, grand-maître d'Avis, né
> Dans l'exil…

Ja, in diesen kindischen Ausschweifungen der Phantasie rührt sich das, was die geheime innerste Triebkraft ausmachen soll für jene späteren glänzenden Ausschweifungen der Phantasie, die man die Werke des Dichters nennen wird: hier werden, unter Schaudern einer halbwillkürlichen Träumerei, die Keime jener Gestalten empfangen: des Hernani, des Ruy Gomez vor den Bildern seiner Ahnen. Aus der faszinierenden Antithese dieses Dastehens als ein Eindringling, dieses Verflochtenwerdens in fremde uralte prunkvolle Schicksale, dieses Fremd- und Daheimseins gehen die Reime jener berühmten Antithesen hervor, die wir als die Schicksale des Hernani, des Ruy Blas, des Findlings Didier kennen, jenes Gewühls von Verkleidungen, vertauschten und verheimlichten Namen, irrtümlichen Morden und ergreifenden Erkennungen, alles das umwoben mit der Atmosphäre aristokratischen Lebens, einer geheimnisvollen Etikette, prunkvoller Gebundenheit. Es ist der Zauber des als Vergangenheit empfundenen ancien régime, ein Zauber, ein Reichtum an Gefühlsnuancen, wie ihn das ancien régime als Gegenwart nie ausgeübt hat; denn in den Werken des achtzehnten Jahrhunderts, auch in dem des Restif de la Bretonne etwa, die direkt das Emporkommen eines Niedrigen in höhere Sphären zum Gegenstande haben, ist keine Spur von dieser Zauberwelt.

Der spanische Aufenthalt enthält noch ein kleines Erlebnis, welches zu den formgebenden gehört, zu jenen, die symbolisch wirken und als Symbol im Kopfe weiterleben, bis sie als symbolische Gestalt dichterisch ausgedrückt worden sind. Victor und sein Bruder Eugène waren in Madrid für eine Zeit in einem adeligen Erziehungsinstitut untergebracht. Wie sie am ersten Morgen in dem großen allgemeinen Schlafsaal erwachen, steht vor ihrem Bett eine sonderbare Gestalt, ein buckliger Zwerg mit rotem Gesicht und struppigem Haar. Er hat eine rote Leinenjacke, Hosen von blauem Samt und gelbe Strümpfe. Er ist im Hause, um den Zöglingen kleine Handreichungen zu leisten. Und er ist vielleicht dreimal so alt als diese Zöglinge. Wenn sie mit ihm unzufrieden sind, rufen sie ihn: Buckel! Corcova! Wenn sie zufrieden sind, rufen sie ihn: Corcovita! Er grinst häufig, aber in seinen Augen ist ein tief-

schmerzlicher Ausdruck. Welche Welt von einander zerflei-
schenden Widersprüchen ließ sich in dieses Geschöpf hinein-
träumen! Es war wie geschaffen, mit jener anderen zwerghaften Figur in eines zusammenzufließen, mit dem ewig trip-
pelnden Bewohner der Kathedrale von Burgos. Hier
schwimmen die nebelhaften Umrisse einer Gestalt, die nach
und nach Quasimodo, Triboulet, Gaucho heißen soll; hier
wird in einer vagen Erregung der Phantasie, die noch keine
begriffliche Formulierung gestattet, jene Berechtigung des
Grotesken, als eines Symbols des Zwiespältigen in der Welt,
vorausempfunden, deren Formulierung in der Vorrede zu
»Cromwell« achtzehn Jahre später die innerste Triebfeder einer Revolution des Theaters werden wird. Der spanische
Aufenthalt findet sein Ende 1812 mit dem Zusammenbruch
der Herrschaft Joseph Bonapartes.

Die Wohnung in Paris, Impasse des Feuillantines, welche
man nach einjähriger Abwesenheit wieder betrat, war eine
gewöhnliche Mietwohnung; aber sie hatte einen großen Garten, einen üppigen, verwildernden Garten, und in der Erde
dieses Gartens wurzelt die wundervolle Intimität Hugos mit
den Bäumen und den Blüten, den Vogelnestern und den
Sternen, wurzeln jene Tausende von Verszeilen mit ihrer ma-
gistralen Fülle und Gedrängtheit, jene Tausende von Metaphern, in denen das Leben der Natur in seiner gesteigerten
sinnbildlichen Leuchtkraft aufgefangen ist. Ein Garten ist die
große Natur à la portée eines Kindes. Er bietet den unheimlich kriechenden Wurm, die lauernde Spinne, das hinhu-
schende Wiesel, die atemlos belauschte nistende Meise; er
enthält die unerschöpflich geheimnisvollen Geräusche der
Zweige, des Windes und des Wassers; die unergründlichen
Geräusche des Morgens, des hohen Tages und der Nacht; die
grellen Sandstellen, wo das Übermaß des Lichtes eine Art pa-
nischer Trunkenheit hervorruft, und die tiefen Schattenstel-
len, die nie ganz leer von phantastischen Gestalten sind; er
verschenkt alle Genüsse der Einsamkeit und einer unendlichen faunischen Geselligkeit, und nachts wölbt sich über ihm
der erhabene dunkelblaue Abgrund, und das starre Licht der
Sterne gleicht dem Niederblicken übermenschlicher Augen.

Wenn in dem Kinde, zu dem hier die stumme Kreatur in Tausenden von gebrochenen Lauten spricht, das Genie der Sprache schlummert, so sind dies die Stunden, die mit heimlich bildender Gewalt in seinem Gehirn jene Konkordanz hervorrufen, die einmal den Dichter befähigen wird, in der Vokalisation seines Verses alle Schwankungen von Licht und Schatten auszudrücken, im Rhythmus und in der Zusammenstellung der einen Vers erfüllenden Konsonanten alle Suggestionen von Weichheit und Härte, von gleitender und schreitender Bewegung, von Gewühl und Aufschwung, von Wollust und Erhabenheit zu finden.

Eine fast unkontrollierte Lektüre bevölkert dieses Gartenleben mit seinem Gewühl von Gestalten: der Neunjährige las den Tacitus, nicht minder geläufig den Vergil und Lucrez, dazwischen die Märchen der Tausend und Einen Nacht. Dem Elfjährigen war eigentlich alles freigegeben: er liest durcheinander Voltaire und Rousseau, den ganzen, und Diderot, und den Chevalier Faublas neben den Reisen des Kapitäns Cook. Die Verschmelzung zahlloser traumhafter Gestalten mit dem lebendigen Traume der Natur, aller dieser Gestalten aus den Büchern, der erhabenen und der lasziven, der heroischen und der idyllischen, und jener Gestalten von den Bildern in Spanien, und jener Kaum-mehr-Gestalten, der Götter des Lucrez, ihrer aller Verschmelzung mit der Sehnsucht der Sternennächte und der Fülle der Sommertage, mit den Spielen der Sonne und des Schattens: das mag die Arbeit dieses gärenden Kopfes in jenen Jahren gewesen sein: und Fülle der Gestalten, so innig verschmolzen mit der Fülle der Naturerscheinungen, daß die gemalten Hintergründe des Theaters zu enge werden, daß dramatische Konzeptionen in episch-lyrischen, manchmal in dithyrambischen Formen sich ausleben müssen: das ist die Signatur der reifsten und machtvollsten Kunstwerke des Dichters Victor Hugo. So schließt sich hier der Zauberkreis der Kindheit, wie er soll: nichts wird später in dem Manne sein, was nicht in dem Kinde war; es war hier als ein dumpfer Drang, als halbwillkürliche Halluzination, als wacher Traum; und es war hier auch im ganzen, als eine geheime Prägung, jener vergleichbar, welche den Samen zwingt, sich zu einem solchen und keinem anderen Gebilde zu entwickeln; jene innere Form, welche einem fast durch sechzig Jahre nicht versiegenden dichterischen Hervorbringen seine Richtung zu geben bestimmt war; nicht auf Gestaltung vor allem hinzustreben, auch nicht auf Verknüpfung, sondern sich auszuleben im Schwung der Rede, sich zu ergießen in einem rhetorischen Strom von solcher Mächtigkeit, daß er alle Zuflüsse der Reflexion aufnimmt und mit sich reißt, und in den glänzenden Wellen der Gleichnisse Himmel und Erde im Dahinfluten spiegelt.

Es muß nun eine Epoche folgen, wo der Geist, einer inneren Fülle dumpf versichert, aber jeder Fähigkeit des Ausdruckes bar, mit unbeholfener Dreistigkeit an alles Hand legt, mit allem, wie Kinder tun, zum Munde fährt, was nur sich bietet; was nur geformt ist, meint er, müßte auch ihm zur Form verhelfen, was von ihm nachempfunden werden kann, auch die erstarrte übervolle Welt der eigenen Empfindungen entbinden. So entsteht ein Gedränge scheinhafter Hervorbringungen, an denen nichts eigen ist als ein starker eigensinniger Drang. Es füllen sich Hefte mit Tragödien und Episteln, Madrigalen, Hymnen und Akrostichen; neben Versen, die von Delille inspiriert sind, findet sich eine »Ines de Castro«, ein halbes Puppenspiel mit Zwischenspielen, kindlich dem Calderon nachgeschrieben.

Hier aber beschäftigt uns nur, was mit formgebender Gewalt an irgendeinem Punkte, aus Realität der Erlebnisse hervorbrechend, sich der werdenden Individualität so stark bemächtigt, daß es stückweise und allmählich ihre Weltanschauung zur Reife bringt. So berührt uns in allen jenen Heften und Blättern nur die Aufschrift einer einzigen sonst leergelassenen Seite: »Je veux être Chateaubriand ou rien«, hingeschrieben 1816. Denn ein großer Dichter der mitlebenden Zeit wirkt auf den Knaben, der ein Dichter zu werden bestimmt ist, nicht allein literarisch, sondern vor allem als eine Macht des Lebens. Ja vielleicht dürfte man sogar aussprechen, daß literarisch das, was an ihm schwächlich und vergänglich ist, einen besonderen Zauber ausüben kann, daß also auf dem mystischeren Gebiete der Wirkung des Lebendigen auf den Lebendigen das Eigenste und Wahrste der Individuen aufeinander zu wirken kommt.

So wirkten auf Victor Hugo in der Zeit, die auf 1815 folgt, ja bis gegen 1848 hin, zuerst Chateaubriand und dann Lamartine. Wie immer geartet die Epoche sei, es pflegt auf dem unreifen, phantasievoll angelegten Geist die Gegenwart zu lasten; ihre Qualität des Unmittelbaren wird als Druck empfunden, ihre Vielfältigkeit als quälende Verworrenheit, ihr Verhältnis zur nächsten und zur weiteren Vergangenheit als ein unglückliches, verfehltes: da werden diejenigen, welche solchen Druck der Verhältnisse für sich zu überwinden verstanden, welche aus solcher Verworrenheit zu einer eigenen und großen Form des Daseins zu gelangen vermochten, recht eigentlich und im Innersten als Befreier erkannt, und wie sie es anfingen, aus sich etwas zu machen, das stellt sich, aus einer Entfernung, welche nur mehr die großen Linien zeigt, so rein und so schön, so ergreifend und großartig dar, daß es, als der rechte Mythos, zugleich mit der Gewalt der Wahrheit und der Zaubermacht der erfundenen Fabel wirkt.

Der Charakter Chateaubriands war ganz auf den Begriff der Größe gestellt. Geboren aus uraltem Geschlecht; eine Jugend, von wilden Stößen des Schicksals hin- und hergeworfen; das Mannesalter ganz damit erfüllt, Macht zu üben und Macht mit jähem Entschluß von sich zu werfen; eine großartige und hochmütige Haltung, in jeder Gunst und Ungunst des Schicksals bewahrt; ein Greisenalter voll melancholischer Erhabenheit, unverhohlener Verachtung der Welt, pompöser Vereinsamung: so zeichnete sich diese Gestalt über dem Horizont der Heranwachsenden ab. Lamartines Gestalt daneben: von minder dunklem Metallglanz, weicher, verführerischer. Eine glänzend leichte, halbverträumte Jugend; der ungeheuerste Erfolg an der Schwelle des Mannesalters, eine grenzenlose Popularität, in der sich die heterogensten Elemente vermischen, ja wie ein verlockender Duft, zusammengemischt aus allen unbestimmten schwebenden Aspirationen der Epoche; und dem eigenen Ruhm, der eigenen Künstlerschaft gegenüber eine eigentümliche Haltung: die Haltung eines Dilettanten, dessen wahre Bestimmung ganz woanders liegt; der hinreißendste Dichter seiner Zeit, umschwebt von der vagen Präsumtion, eigentlich ihr größter Staatsmann zu sein, ihr geborener Lenker und Gesetzgeber, Priester, Prophet, König-Philosoph.

Die Grundform nun dieser beiden bedeutenden Talente ist das Rhetorische. War durch die Revolution von 1789 schon die Macht des Wortes in einer unerhörten Weise demonstriert worden, so daß man es auffassen konnte, damals wären von Tag zu Tag Existenzen durch das Wort emporgetragen und durch das Wort wieder vernichtet worden; es wäre das Wort, als Träger des Begriffes, auch der einzige Träger der unumschränkten Gewalt gewesen und hätte fortwährend allein über Tod und Leben entschieden; es wäre das Feindlichste durch Überredung für eine Zeitlang zusammengehalten und das Nächstverwandte durch dämonische Gewalt der Rede auseinandergetrieben worden – so hatte das Kaiserreich zwar die Wucht der öffentlichen Rede für eine Zeitlang niedergedrückt, sich selber aber einer ganz eigenartigen, eindrucksvollen Rhetorik zu seinen Edikten und Bulletins bedient, welche einen römischen Ton nachahmte und die französische Phantasie sehr stark traf; und von der Restauration an durchdringt das Rednerische erst recht die ganze Epoche. Die einen Parteien als die Fordernden, die anderen als die Zurückfordernden fühlen sich als Anwalt und Gegenanwalt. Die großen Geister der Reaktion, Bonald, de Maistre sind durchaus Rhetoren, und gleichfalls die jungen Verfechter einer noch kaum definierbaren Gegenbewegung suchen durchaus mehr zu überreden als zu überzeugen. Die »Martyrs« sind keine Darstellung, sondern eine Predigt; »Le Génie du Christianisme« ist eine Predigt; und Chateaubriand hat Bonald als den Mann bezeichnet, als dessen Rivalen er sich fühlte. Unter dem Kaiserreich hatte ein einzelner, Paul Louis Courier, der ehernen Redeweise der Gewalthaber mit einer schwirrenden befiederten Beredsamkeit mutig entgegengewirkt, schließlich mit einer Rede über die Freiheit des Redens, dem »Pamphlet der Pamphlete«, sich unvergeßlich gemacht. Nunmehr, wo unabsehbar viel Neues auseinandergelegt, entwickelt, verteidigt sein wollte, bot sich von England her das schöne Muster einer

vielfältigen, besonnenen, großen Versammlungen gemäßen
Rhetorik. Von so vielerlei Seiten strömt zusammen, was gehört werden will, Aufmerksamkeit erzwingen oder erlisten
will: und so entsteht aus der Vereinigung des Vielfältigen das
neuartige polymorphe Gebilde, die moderne Zeitung. Wie
jede neue Form, Geistiges zu betätigen, zieht auch diese fürs
erste alle Strebenden, alle Begabten zu sich heran. Jede ausgesprochene Gesinnung, jede einer individuellen Färbung sich
bewußte Persönlichkeit, ja auch das Gedicht drängt sich hier
heran, will von hier aus sich geltend machen. Und so entzieht
auch das Gedicht, entzieht auch der Dichter sich nicht einer
Einwirkung des journalistischen Geistes. Mögen seine
Gleichnisse ihn immerhin ans Ewige und Bleibende knüpfen,
dauernde Gedanken über den Tag hinausdeuten, so will er
doch mit irgendwelcher unmittelbar packender Gewalt auch
in den Tag hinein wirken und unter den Beredten der vor allen Beredte sein. Er wählt den Gegenstand, der in aller Munde
ist: das Ereignis, das den Tag erfüllt. Und er lernt es mit jenem Pomp, jener irdischen Größe zu behandeln, die ihren
Platz unter dem Gewühl des Gegenwärtigen mit Wucht behauptet.

So entstehen jene berühmten Oden auf den Hingang des einen, auf die Krönung des anderen Königs; so jene berühmtere
auf die Säule des Vendômeplatzes; die einen dem »Moniteur«
eingerückt, die andere dem »Journal des Débats«; und wahrhaftig in beiden Fällen ihrer Umgebung durchaus angemes-
sen: durchaus der Gegenwart angehörig, durchaus real,
durchaus französisch, durchaus 1824, 1825, 1827, die wechselnden Stimmungen eines Kulturmittelpunktes, das Hin-
und Widerzüngeln der Flammen eines Lebensherdes genau
verkündend; prunkvoller, hinreißender Ausdruck dessen,
was viele fühlen, nicht zu tief, um von sehr vielen erfaßt zu
werden. Indem dies aber für Victor Hugo die Form des ersten
Triumphes wird: nicht eben die Gemüter erschüttert, nicht
eben die Seelen aufgewühlt zu haben, sondern eine minder
geheimnisvolle Leistung von deutlicherer, sinnfälligerer
Wirkung: vielen zu Dank gesprochen zu haben, vielen das
Wort von der Zunge genommen zu haben, so wirkt dieser

Triumph wieder zurück, und Anlage und Erfolg, einander in Wechselwirkung steigernd, rufen ein starkes Selbstbewußtsein hervor, der gottgesandte Sprecher für viele zu sein, der Anwalt, der Vermittler, der geborene Wortführer, der Prophet, dessen Platz neben oder etwa über dem Könige ist. Wer aber in sich irgendeine Form der Wirkung auf die Welt als die von Anlage und Schicksal begünstigte erkannt hat, dem ist gleichsam der Gebrauch eines inneren Organes erschlossen und er fühlt sich gedrängt, die erreichbare Wirkung mit wiederholter Anspannung, mit gesteigerter Sicherheit, allmählich mit Routine herbeizuführen. Ein allgemeines Bedürfnis auszusprechen, einem herrschenden Mißbrauch sich entgegenzustellen, einem vereinzelten ungerechten, unverschuldeten Mißgeschick Milderung zu verschaffen, dazu fühlt er sich verpflichtet und berechtigt. Hier empfindet er eine besondere beglückende Harmonie, indem er gleichzeitig seiner eigensten Kunstform, dem Rhetorischen, genügen, und als ein Handelnder sich ausleben kann. So sehen wir Victor Hugo mit einem kleinen Buch, halb Pamphlet, halb darstellendes Kunstwerk – wir meinen jene berühmten »Letzten vierundzwanzig Stunden eines zum Tode Verurteilten« –, diesem doppelten inneren Antrieb Genüge leisten; wir vernehmen, er wäre ein anderes Mal um Mitternacht in das Vorgemach des Königs eingedrungen, und habe mit vier Versen, hastig auf einen Bogen Papier hingeworfen, und mit der Gewalt seines Namens vom Könige in der äußersten Stunde die Begnadigung eines hochsinnigen und edlen politischen Verbrechers durchgesetzt, dessen Todesurteil schon unterschrieben war.

Erlebnis und Erfolg haben die tiefere innere Wirkung, daß sie dem einzelnen das Allgemeine aufschließen, vor allem ihm die Augen öffnen für das Geistige, Mächtige, welches dem Allgemeinen lebenerhaltend innewohnt. Indem er wirkt, vermag nun erst das Latente auf ihn zu wirken und so kann man sagen, Kultur fange erst für den zu existieren an, der selber angefangen hat, Kultur zu fördern. Mit wachsendem Staunen, mit sich steigernder Ehrfurcht wird er rings um sich den geistigen Besitz seines Volkes aufgetürmt sehen, überall das Rohe, das Zufällige für ausgeschlossen erkennen, einer grenzenlosen Übereinstimmung zwischen Gehalt und Form tausendfach auf Tritt und Schritt gewahr werden.

Er wird nun, gleichsam mit neugeborenem Auge, in den großen Dichtern seines Volkes zu lesen beginnen, und was ihn früher als Form, gewissermaßen als eine Umhüllung des Lebens, mehr belastet als erfreut hat, das wird er nun als das höchste Geistige erkennen, als das innere Notwendige, worin sich für den mündigen Geist die wahre Gewalt und Wesenheit eines Dichters ausspricht. Und er fühlt sich am tiefsten beglückt, wenn er in sich mit jenen höchsten und höchstgeschätzten Produkten eine Übereinstimmung der Grundformen entdeckt, in sich die Regungen einer überindividuellen, durch die Jahrhunderte hin wirkenden Geistesbeschaffenheit lebendig und mächtig spürt. Beruhigt und gehoben, ja bis zur Überhebung aufgemuntert, fühlt er sich jedem Stoff gewachsen, weiß er sich fähig, auch das Unscheinbarste in einer großen Manier zu behandeln und auch ins Übergewaltige noch Ordnung und Steigerung bringen zu können.

Muß aber endlich mit Namen genannt werden, welche nationale Grundeigenschaft, welche eigentlich französische vis poetica Victor Hugo in sich fühlen konnte, inwiefern er sich im Einklang erkennen durfte mit den großen schöpferischen Geistern seines Volkes, so nennen wir die Gabe der Ordnung und des Maßes, jene Disposition des Geistes, der sich in Symmetrie und Antithese auslebt; und dies in so hohem Maße, daß die Antithese allmählich zur Grundform seiner dichterischen Konzeption, ja zur Grundform seines Denkens überhaupt wird.

Hier nun spricht der die Generationen verbindende konservative Geist der Dichtkunst, hier führt eine ungebrochene Linie von Racine und Bossuet, über Montesqieu, über Voltaire zu Hugo.

Wer groß von sich denkt, will sich zu allem Großen in ein Verhältnis setzen. Wird dieser Drang einen Deutschen etwa zur Versenkung in die Größe der Natur und des Geistes hin-

leiten, einen groß angelegten Engländer vielleicht vor allem
zur Betätigung im äußeren Dasein oder zur Überwindung
und Beherrschung natürlicher Kräfte antreiben, so ist im
französischen Geist der politisch-historische Begriff des großen Mannes, des großen Volkes so hochgesteigert und lebendig, daß für jeden hierin der Gegenstand leidenschaftlicher
Teilnahme schon offen darliegt. Die Größe der Nation im Inneren zu fühlen und vielfach auszusprechen, ist gleich ein
Ausgangspunkt rhetorisch-poetischer Betätigung; unendlich
mehr Befruchtung der Phantasie aber gibt die einzelne große
Gestalt, die anerkannte Größe, in ihren tausend Zügen zum
Mythos erhöht; so steht die Phantasie jener Epoche unter
dem Zeichen der napoleonischen Gestalt.

Hier war noch jene Nähe, noch ein Hauch von Wirklichkeit,
der eine grenzenlose Unmittelbarkeit der Darstellung gestattet; und zugleich ein so schnelles Hinschwinden der kaum
mehr glaublichen Realität, ein solches Zurückrücken in eine
erhabene historische Perspektive, daß das erhabenste Gleichnis, die kühnste Allegorie nicht unangebracht erschien. Hier
war zugleich ein mysteriöses Element, und äußerste Volks-
tümlichkeit. Man sprach von dem »Menschen«; der »Sohn
des Menschen« war die geheimnisvoll durchsichtige Bezeichnung für den Herzog von Reichstadt; und man konnte
die Anekdote, das Volkslied hören, in welchen jener geheimnisvolle Große mit der äußersten Vertraulichkeit behandelt
war. So prägte sich in Millionen Köpfen ein Begriff der
Größe aus, an dem die gemeine und die erhabene Phantasie
gleich viel Anteil hatten. Es erhielt von hier aus das Gemeine
eine unerhörte Veredelung und das Sublime eine unglaubliche Realität. Was aber einmal mit Lebendigkeit begriffen ist,
eine solche Erscheinung wirkt nach allen Seiten hin wie eine
Springwurzel: die ganze Starrheit der Vergangenheit, der Geschichte war gelöst und alle darin eingeschmolzene menschliche Größe bewegte sich empor. Man hatte in den Schicksalen
jener einen Gestalt ein ungeheures Schauspiel vor sich, das
Tausende anderer Schicksale in sich schloß, Tausende von
Lebenslagen enthüllte, alles Menschliche bloßlegte. Das Verhältnis des einzelnen zu der Masse, des Emporkömmlings

zum Hergebrachten, des Herrn zu Dienern, alles zeigte sich in einem neuen großartigen Lichte. Die Individuen, die Stände, die Nationen, im Innersten aufgewühlt und durcheinandergeworfen, brachten ihr Tiefstes zur Geltung; Begeisterung und Undank hingen sich maßlos an jene große Gestalt; dieses grandiose Emporkommen und grandiose Hinabsinken, das tragische Verhältnis zur eigenen Vergangenheit, worin der Keim jenes Unterganges zu suchen war, bot das erschütternde Schauspiel des unentrinnbaren, von innen nach außen wirksamen Verhängnisses. Es ist bekanntgeworden, wie sich Goethe vom Anblick dieses Meteors durchschüttert und erhoben fühlte.

Dem aufgewühlten Boden entstieg nun überall die erhabene Vergangenheit; man wußte, was Größe war, und erkannte ihre Züge in vielfachen Gestalten. Ja man hatte gesehen, wie sich der einzelnen Äußerung, der einzelnen Handlung des Lebens eine pompöse und immer unerwartete Großartigkeit zuteilen läßt, eine gewisse abrupte Monumentalität, sehr verschieden von der traditionell-zeremoniösen Großartigkeit des ancien régime. Ein Streben nach solcher Monumentalität, dies ist das Treibende, das Formgebende, sobald Hugos Produktion, das Bereich des bloß Rhetorischen verlassend, auf Gestaltung auszugehen anfängt. Das frühe Produkt eines solchen Strebens ist die erste Fassung des Romanes »Bug-Jargal«, ein Werk des achtzehnten Lebensjahres. Hier ist fast jedes Menschliche, jedes Mögliche unterdrückt: und in einer dünnen gespenstischen Atmosphäre zucken die aufs äußerste getriebenen Motive der erhabenen Aufopferung, des heroischen Worthaltens hin und wider; ja es fehlt nicht an einem mysteriösen großen Hund, in welchem gleichsam die von der Erhabenheit des Vorganges hypnotisierte stumme Kreatur sich ausdrückt, sowie an einer schwarzen Fahne, als ein Requisit des dunkelsten Schicksals, das doch einen gewissen Pomp der Form nicht entbehren kann.

Steigen wir aber von dieser kindlichen Konzeption zu einer reicheren, reiferen auf, so finden wir in »Notre-Dame de Paris« als adäquaten Ausdruck des Monumentalen gleich ein Monument selbst in den Mittelpunkt des Ganzen gestellt.

Denn die Kathedrale ist wirklich die Heldin des Werkes; die Erhabenheiten ihrer Architektur sind gleichsam als versteinerte erhabene Handlungen wirksam; sie redet aus ihren Formen und wirkt gewaltig durch ihr Dasein. Ja sie hat in der bekannten grotesken Gestalt zugleich ihr Widerspiel, ihren Diener und ihren Liebenden.

Findet sich aber endlich in einer glücklichen Epoche die ganze sonst verstreute Kraft der Phantasie zu einem großen Werk zusammen, so sehen wir »Hernani« entstehen und erkennen die schönste Vereinigung vielfacher Elemente: hier ist jener spanische Ton, in den sich so viel Stolz und so viel Farbe zusammendrängen läßt, der so viel pittoreske Kühnheit und so viel Distanz erlaubt; hier ist in der Gestalt Karls V. jene monumentale Größe, jenes mystische Herrschertum, worin sich die Farben der Ferne und der Nähe vermischen, jene Erhabenheit, deren bewußtes Erwachen wir belauschen und die sich in architekturalen Phantasien austräumt, die Welt als ein mystisches Bauwerk erkennend; hier ist das Herabsteigen der Gegenwart zu den erhabenen Gräbern der Vergangenheit; hier ist ein geheimnisvoller Kaiser, Demütiger der Könige, und in ihm, als die Signatur seines Wesens: eine ungeheuere Hingabe für ein ungeheueres Ziel.

Und diesem gegenüber: der edle Räuber, der Unabhängige, den ein Wort bis zur Vernichtung bindet, Hernani, eine Welt von inneren Antithesen, hineingeworfen in eine Welt von äußeren Antithesen. Und als der Dritte, jener gleich widerspruchsvolle Greis, mit seiner wundervollen Rede vor den Bildern seiner Ahnen, aus der der Zauberhauch der Vergangenheit entgegenschlägt. Und in die einzige weibliche Gestalt alle Süßigkeit, alle Sehnsucht, die in einer Epoche lebt, zusammengepreßt: in ihr das Element der Musik, eine Hingebung, die kaum mehr französisch ist; nicht Chimène, nicht Athalie, noch viel weniger Célimène; vielmehr Desdemona, Imogen, ein Hauch von Fremdheit, und in ihrer großen Szene im Fünften Akt, der ganz ihr gehört, ein unerhörtes Eindringen der Natur ins Drama, eine solche lyrische Trunkenheit, daß die Schauder des höchsten Glückes mit denen des Todes zusammenrinnen, und ein Etwas, fast wie Musik, das Trauerspiel auflöst.

Und dies alles getaucht in eine Atmosphäre voll kühner Anachronismen, alles zusammen ein Bild des eigenen Inneren, ein Bild des Augenblicks, der innere Gehalt der Epoche in Gestalten hingeworfen, ein Bild Frankreichs von 1830, das sich im Lichte der Poesie zu einem erträumten Weltbild erweitert.

Fragen wir uns aber, hier, wo wir eine Entwickelung nicht vom Standpunkt der literarischen Kunstgeschichte, sondern zuerst vom Standpunkt des Lebens aus betrachten wollen, wessen es noch bedurfte, um aus dem Jahre, das ein solches glückliches und charakteristisches Dichterwerk ans Licht brachte, erst wirklich Epoche zu machen, um dieses 1830 mit jenem 1650, dem Jahre der ersten Aufführung des »Cid«, zu gleicher Bedeutung zu bringen, so müssen wir uns sagen: es lebte damals, das Dichterwerk aufzunehmen und seine ganze Gewalt auf sich wirken zu lassen, eine junge Generation. Dies klingt freilich halb geheimnisvoll oder paradox: denn scheinbar ist fortwährend und immer gleichmäßig die Masse der Lebenden aus reifen und unreifen, abgeschlossenen und strebenden Existenzen zusammengesetzt. Im geistigen Leben aber gewinnen Gruppen eine große Bedeutung, die, für einen kurzen Zeitraum sich zusammenschließend, das Lebensgefühl einer bestimmten Lebensstufe, vor allem das der Jugend, mit Deutlichkeit und Fülle aussprechen. Von solchen strömt eine Wärme in alle Lebenskreise über; neue Wahrheiten werden mit Leidenschaft erfaßt und alte als neu begrüßt; die verschiedenen Formen und Betätigungen des Daseins werden einander wie mit verjüngten Augen als Verwandte gewahr, und für einen Augenblick scheint wirklich die Epoche, nicht die einzelnen, die wenigen, vom Feuer der Jugend zu glühen. So war die Generation von 1830.

Es ist im tiefsten Schicksal des einzelnen, ob er bestimmt ist, mit den Höhepunkten solcher geistig-geselliger Phänomene zusammenzutreffen, oder etwa ihre absinkende Bahn erst zu durchkreuzen.

Hier war es Victor Hugo bestimmt, mit der Fülle seiner produktiven Kraft in die Fülle der Epoche zu treffen; und hier konnte sich, von einem ungeheueren Widerklang umtönt, in ihm die Vorstellung der eigenen geistigen Macht übermäßig

steigern. Er hatte sich gewöhnt, seine Phantasie auf die Darstellung des Großen hinzutreiben; menschliche, endlich göttliche Größe zu begreifen, zu verkünden, dies lernt er schnell,
halb unbewußt für seine Prärogative ansehen. Nun lebt im
Begreifen das Element des Eindringens, Sichversenkens,
Nachahmens; völlig Verstehen ist ein teilweises Sich-Iden-
tifizieren. Aber jeder solche psychische Vorgang ist nach beiden Seiten in doppeltem Sinne wirksam; der begreifende
Geist formt sich sein Weltbild und hier sehen wir den Dichter
stets verführt, den dauernden Gestalten, die er verherrlicht, ja
den erhabenen Ideen, den Emanationen der Gottheit, die er
im Universum aufzeigt, zuviel von den eigensten Attributen
seines Wesens zuzuweisen, am meisten von jener Beredsamkeit, durch die er sich so gewaltig wirksam fühlt.

So hinterläßt das glänzende Jahr, welches nach innen und außen Epoche macht, als bleibende Erbschaft ein mächtig ge-
schwelltes Bewußtsein: Der Begriff des Dichters von sich
selbst hat etwas Monumentales angenommen; die Größe zu
verherrlichen, das Allgemeine auszusprechen, fühlt er sich
berufen. Vaterland und Menschheit, Gerechtigkeit, Freiheit,
Schicksal, Dasein, Gottheit, diese fast grenzenlosen Begriffe,
werden in seiner Dichtung immer bedeutender. Da er in sich
aber die Macht fühlt, diesen ungeheueren, aber vagen Worten
durch rhetorische und bildliche Gewalt der Rede zur Lebendigkeit zu verhelfen, ihnen Wirkungskraft einzuhauchen, da
er sich gleichsam als der Bildner, als der Träger der gewaltigen Gefäße fühlt, welche das höchste Sittlich-Geistige der
Menschheit enthalten, so ergreift ihn Ehrfurcht vor sich
selbst, und der Begriff des Genius, nicht ganz deutlich von
dem Begriff der eigenen inspirierten Persönlichkeit gesondert, wird ihm, nächst Gott, zum höchsten.

Von der anderen Seite her ist ihm aber der irdischen Dinge
Mühsal und Last sehr wohl bekannt. Er ist ein Arbeiter, wie
wenige, die je gelebt haben. Der riesige Reichtum seines Materials, die Breite und Tiefe seines Wortschatzes, bedingt eine
Riesenkraft des Zusammenhaltens. Durch ein chaotisches
Finstere sich mit Titanenkräften durchzuwühlen, aus wider-
strebendem Material Gewaltiges aufzubauen, aufzutürmen;

das Vorschwebende mit endloser Anstrengung festzuhalten und in unerschöpflichen Kämpfen das Feindliche, Widerstrebende, Verworrene abzuwehren: solche geistige Kämpfe sind das eigentliche Medium seines inneren Lebens. Sie waren ihm die Quelle einer schrankenlosen Metaphorik, die alle Formen, gewaltige Kraft auszuüben, in sich schließt; aus diesem Grunderlebnis heraus, mit dem sein Dasein durch sechzig Jahre erfüllt war, fühlte er sich jeder schaffenden Kraft verwandt, von der titanisch dumpfen Erdkraft bis hinauf zu jener höchsten ordnenden, Gott.

1830–1851

Das Gebiet der Künste aber ist ein eingeschränktes und in breitem Bette fließt die Zeit dahin. Jeder will leben, so muß er denn handeln; und will er für sein Handeln einen Erfolg absehen, und graut es ihm, Kräfte und Leben unfruchtbar zu vergeuden, so muß er schon im Geistigen der Epoche sich orientieren, muß schon bestrebt sein, eine Übereinstimmung mit seiner Zeit in sich herzustellen. Denn es gibt keine Frage des praktischen Lebens, man stelle sie noch so einfach, kein alltägliches unscheinbares Warum und Wie des Handelns, das nicht mit allem Fraglichen, allem Problematischen der Epoche unlöslich zusammenhinge, und wer seiner Zeit mit Anstand und Wahrheit gegenüberzustehen verlangt, den treibt es unerbittlich in die Tiefe der Probleme.
Jene damalige Zeit stand als eine schwankende zwischen schwankenden Epochen. Man wird aus größerer Entfernung den Zeitraum von 1789 bis 1851 in Frankreich als eine einzige Revolution mit vordringenden und rückströmenden Momenten erblicken, und jene allgemeinen Begriffe, welche das gesellige Denken und das Verhältnis der Menschen zueinander regieren, in einer fortwährenden Umformung begriffen. Hier nun wurde die Erscheinung zweier Männer unendlich wirksam, von denen der eine über die einzelnen Denker und Strebenden eine geistige Herrschaft ausübte, der andere mit aufregender Gewalt sich der Gemüter großer Massen be-

mächtigte, beide auf einen nötigen Zusammenbruch, allgemeinen Umsturz und die Neubegründung des Gebäudes der
Menschheit hindeutend, beide der christlichen geistigen
Ausdrücke und Sinnbilder sich bedienend zur Andeutung
von neuen, noch höchst unbestimmten herbeizuführenden
Zuständen und Gesellschaftsformen. Diese Männer waren
der Graf von Saint-Simon und der Priester Lamennais.

Saint-Simon war erst am Ende eines abenteuerlichen Lebens
mit jenen Betrachtungen und Doktrinen hervorgetreten, und
nachdem er 1825 verstorben war, wurde sein Name erst allmählich eine moralische Macht. Ein bejahendes Temperament war das Medium, durch welches er die Welt ansah. Er
sah im großen und seine Zuversicht war groß. Er nannte das
abgelaufene Jahrhundert ein auflösendes; das werdende
neunzehnte sprach er als ein organisierendes und hervorbrin-
gendes an. Bei weitgespannten Analogien sich beruhigend,
faßte er seine Lehren unter dem Namen »Das neue Christentum« zusammen. Sucht man unter dem Weitschweifigen
nach einem Grundgedanken, so wäre es dieser: »Der Mensch
ist der Verbesserung fähig«. Durchaus und ins Breite gehend,
findet die Liebe, das Vertrauen zum menschlichen Geschlecht
Ausdruck; die Gleichstellung der Frau wird hieraus leicht ab-
geleitet; über alles aber das Genie gestellt, als die Potenz des
liebens- und ehrwürdigen Menschlichen.

Dieses vage Ganze, dem so viel nachwirkende Gewalt über
eine Generation innewohnen sollte, ist als eine Tendenz anzusehen und nicht als eine Weltanschauung. Es ist weder Politik
noch Philosophie, sondern Philosophie der Politik. Seine moralische Macht beruhte darauf, daß es der abstrakte Ausdruck
für diese tausendfältig im Realen begründete Tendenz war.
Für diese Tendenz wurde damals ein Name geschaffen, dem
alles Fremdartige, Unbefriedigende, Künstliche eines neuge-
prägten abstrakten Ausdruckes anhaftete: Sozialismus. In
dem Klang des Wortes, wo wir es in jener Zeit zuerst gebraucht finden, liegt etwas Doktrinäres, etwas von gelehrter
Ostentation, die es wagt, den realen Mächten des Lebens,
dem Staat, der Kirche, eines ihrer Hirngespinste als eine
gleichberechtigte Macht zur Seite zu stellen. Es liegt etwas

von Ideologie darin; ein vager Anklang an die platonischen
Gedanken über den Staat, an die Kirche als das Reich Gottes
auf Erden. Es kehrt in den Schriften jener Tendenz kein Ausdruck so oft wieder als »Organisation«. Man kann sagen, daß
dieses Wort damals seine Klangfarbe völlig gewechselt hat.
Aus dem Bereich der kontemplativen Worte trat es in das der
aktiven über. Man hatte es im Gebrauch gehabt, um sich seiner bei der Betrachtung des Gewordenen zu bedienen, bei der
Bewunderung der Werke Gottes, der Natur, der Pflanze, des
Tieres, des Menschen. Nun nahm es den Sinn einer my-
stisch-politischen höchsten Tätigkeit an, die auszuüben man
sich selbst zumutete. Von den Zeitschriften der Strebenden
hieß die bedeutendste »L'Organisateur«. Wollte man die auf
Nächstenliebe gerichteten Tendenzen des Christentums als
die abgetane überwundene Form des eigenen Bestrebens bezeichnen, so einigte man sich in der Formel: La charité du
Christianisme n'est pas organisable.

Junge Leute waren zuerst die Träger dieser Ideen; ihnen vereinigten sich verlockend in der Phantasie die Möglichkeiten
abstrakten Denkens mit den Möglichkeiten schrankenlosen
Handelns; es war eine von Doktrinären geleitete Revolution,
die sich langsam vorbereitete; die allgemeinen Begriffe, die so
leer erscheinen können, sogen sich voll mit allen vagen Aspirationen und Emotionen eines heranwachsenden Geschlech-
tes. Über allen anderen türmte sich der Begriff des »Volkes«
auf, so vag als aufregend, scheinbar höchst konkret, in Wahrheit allegorisch. Alle Macht, Ehrfurcht und Liebe, deren eine
kritische Gärung so viele andere überlieferte Begriffe entblößt hatte, zog dieser Begriff an sich. Allmählich wurde er zu
einer Metastase des Gottesbegriffes. Alle lebendige Macht
Gottes, die lebendige Kraft, Liebe einzuflößen und Schrecken
zu verbreiten, die fühlbare Allmacht, Unerschöpflichkeit,
Unzerstörbarkeit, alles das war an jene einzige Macht über-
gegangen, die weder hinwegzuleugnen, noch zu durchschau-
en, noch zu begrenzen war: das Volk.

Welche Atmosphäre für den Rhetor, für den Dichter: diese
Gärung der Begriffe, diese Möglichkeit, mit Begriffen sogleich Gesinnungen hervorzurufen, Kräfte zu entfesseln! Hier

bedurfte es kaum des Kontaktes mit einzelnen der Eingeweihten; die Luft war erfüllt mit diesen vagen Ideen. Und in
einer Prosastelle, nicht später als 1830, nennt sich Victor
Hugo einen »Sozialisten«, das noch halbwegs mysteriöse
neue Wort in seiner ganzen Unbestimmtheit gebrauchend,
daß man es als den Ausdruck einer wissenschaftlichen oder
etwa einer dilettantischen Anschauungsweise auffassen kann,
oder als den Ausdruck einer gewissen Gläubigkeit, eines
neuen sittlichen Bestrebens, oder als den Ausdruck einer individuellen Gesinnung, in der er sich vielleicht einsam und
original fühlte, während so viele andere den gleichen Weg
gingen.

Erwartung des Umsturzes und der mystische Hinweis auf
das Volk, als die Quelle, von der alle neue Kraft ausgehen
werde, diese Grundelemente des Saint-Simonismus, von so
vielen Strebenden so vielfach ausgesprochen und ins Breite
getrieben, sollten von einem einzelnen schicksalvollen Mann
bei weitem menschlicher und ergreifender ausgesprochen
werden. Die unbestimmte wissenschaftliche Terminologie
einer Gruppe, einer Schule sollte von Lamennais in einen pa-
thetisch persönlichen Ton übertragen werden, der von den
Propheten des Alten Testamentes, von den Gleichnisreden
des Evangeliums gefärbt war und in welchem eine starke ei-
fervolle zornige Seele vibrierte. Dieser Priester, zuerst dem
Heiligen Stuhle blindlings ergeben, dann vom Heiligen
Stuhle fallengelassen und nach der entgegengesetzten Richtung mit Gewalt sich werfend, erfüllte ein Dezennium mit
dem Widerhall seiner geistigen Kämpfe. Es war die Art seines
Geistes, daß er vieles vorauszuerkennen vermochte, was bestimmt war, sich zu vollziehen; aber auch daß er den Begriff
allmählicher Umgestaltung nicht erfaßte und alles in der
Form der Katastrophe erblickte. Dies ist nun recht eigentlich
die poetische Weise, sich das Weltbild zu steigern und zusammenzudrängen. Denn der poetisch veranlagte Geist will
alles, Verschuldung und Sühne, das Handeln und seine äußerste Wirkung, in den Raum eines Menschenlebens drängen,
und was darüber hinausgeht, dafür ist er stumpf.

Wir werden uns nicht wundern, wenn wir durch Neigung

und Schicksal schon frühe Victor Hugo diesem außerordentlichen Manne angenähert finden. Die nach dem Anblick menschlicher Größe begierige Phantasie fand hier Größe, Unabhängigkeit, Unbeugsamkeit bis zur Wildheit gesteigert; ein Schicksal durchaus in großartigen Formen; die Ausübung eines geistigen Heroismus mit den gewaltigsten Wirkungen; die ganze Epoche gleichsam zum Schlachtfeld umgestaltet, im Hintergrunde ein gewitterschwangerer Himmel, aus dem schon die ersten Blitze zuckten.

So treffen, von den entgegengesetzten Enden des Horizonts ausgehend, die Geister in einem Punkte zusammen: darin sind sie sich einig, daß, bei schwer erschütterten Fundamenten des geistigen und sittlichen Daseins, eine unbedingte Führerschaft dem Genie zukomme: daß das Alte, das vielfach Verkettete, Gestückelte, mühselig Bestehende durchaus weichen müsse einem Neuen, welches man mit dem Namen »Gerechtigkeit«, »Freiheit«, »Fortschritt«, »Menschlichkeit« für genugsam bezeichnet und umschrieben hielt; daß vom Volke alles Heil, und Kraft genug zu den schrankenlosesten Transformationen ausgehe, und daß das Werkzeug, alles solche durchzuführen, kein anderes sei als das Wort, das begeisterte, Irrtümer zerstörende, die Seele mitreißende Wort, das wahre Vehikel des Geistes, welchem die Kraft innewohnt, das Gestaltlose zu gestalten, das Tote zu beleben und das Zerstreute zu vereinigen. Solchen Forderungen und Hoffnungen der Zeit kann sich ein bedeutender Schriftsteller kaum völlig entziehen, am wenigsten dieser. Vielmehr schien gerade ihn hier alles auf eine große Rolle hinzudrängen. Genie fühlt er in sich, fühlt sich den meisten überlegen, den höchsten gleich; dem Alten, Überlieferten steht er mit besonderer Freiheit und Kühnheit gegenüber, da er sich vielfach darin versenkt hat, vieles daraus nachzuschaffen, in sich neu aufzubauen unternommen hat, und so besser als die große Menge und besser als mancher allzu kühne Reformator zu wissen meint, was es mit diesen vielverkannten Mächten für eine Bewandtnis hat. Dem Volk ferner fühlt er sich sehr geneigt: immer nach einem großen Gegenstand begierig, findet er hier den größten vor sich, groß genug, um alle Kühnheiten der Phantasie zu

gestatten, und doch voll Gegenwart, ja ganz erfüllt mit der
stärksten Aktualität; diese dumpfe, mit allen Schicksalen
trächtige Masse ist noch Natur und ist zugleich Inbegriff alles
Menschlichen; als Ganzes erscheint sie so groß, so unzerstörbar, so übergewaltig, daß sie den herrlichen kosmischen Gewalten beigeordnet werden kann, daß sie brüderlich neben
der Erdkraft, der Kraft des Lichtes, der Größe des uralten
Meeres empfunden und erblickt werden kann; von ihrem
mütterlichen Schoße löst sich das einzelne Schicksal ab, hier
steigt das Genie, der Held empor: so wird das Bild der Welt
groß, einheitlich, mythisch, und der Mythos ist, was die
schaffende Phantasie niemals entbehren kann.

Des Wortes schließlich weiß er sich vor allem mächtig, ja hier
spürt er eine Fülle in sich, die ihm den ersten Platz anweist;
denn wenn jeder andere Führende und Fortreißende nur ei-
nerlei Beredsamkeit in sich hat, so ist er sich einer vielfältigen
Gewalt der Rede bewußt: hat er es doch vermocht, vielen Gestalten in vielfacher Lage des Schicksals die starken Worte in
den Mund zu legen, und macht er doch gar das Unbeseelte
redend, verleiht dem Tier, dem Wald, dem Meere Macht der
Beredsamkeit; wie der gewaltige Strom erscheint er sich selber, in den die anderen Strebenden alle, Bäche und kleinen
Flüsse, sich ergießen, und in ihm erst wogt die angesammelte
Gewalt zum Ziele. So nimmt er einen bewußten, der eigenen
Gestalt bewußten Anteil an der Bewegung seiner Zeit. Denn
durchaus läßt sich aus seinen Äußerungen fühlen, daß er in
dieser zweiten Epoche seiner geistigen Wirksamkeit sich bei
allem Tun der eigenen Person in einer gewissen Stilisierung
bewußt ist, ihr ähnlich wie einer fremden oder einer erfundenen schönen und mächtigen Gestalt gegenübersteht, die
Folge seiner Taten und Erlebnisse überblickt und von der
eigenen bedeutenden Erscheinung nicht nur ermutigt und auf-
rechtgehalten, sondern auch bewegt und geleitet wird, ein gefährliches Phänomen, von welchem freilich wohl keine Entwickelung eines Dichters völlig frei geblieben ist: nur daß
hier ein ganz besonderes unheimliches Nebeneinander und
manchmal Ineinander der handelnden und der daneben
schwebenden gespiegelten Gestalt sich ergab, weil der vor-

züglichste Gegenstand seiner dichterischen Darstellung, das Walten des Genies in einer bewegten Welt, eben mit dem Inhalt seines realen Daseins ihm manchmal völlig zusammenfloß. Der Zauber dieses Nebeneinander von Erlebnis und Produktion, Realität und Poesie – diese auch seinem reiferen Dasein treu bleibende »romantische« Atmosphäre – möchte es auch gewesen sein, was diesen Geist, nach einem kurzen, scheinbaren Streben zum Dramatischen, immer und völlig wieder in der lyrischen Form festhielt.

Je tiefer sich der Geist mit den Problemen des äußeren Daseins eingelassen hat, desto stärker betrifft ihn das, was nun wirklich geschieht; denn indem er die Angelegenheiten der Epoche zu seinen eigenen gemacht hat, kann er sich auch den bitteren Folgen nicht entziehen, wenn er große Anläufe im Nichtigen verlaufen sieht, wenn er erkennt, wie unter einem übermächtigen Gewirr von Worten und unsicheren Begriffen sich das Lebendige, allein Anstrebenswerte leise wegstiehlt, wie nach einigen heftigen Zuckungen alles Wesentliche beim alten bleibt und nur jener Zauberhauch entschwunden ist, der früher das Kommende umwitterte. So verliefen jene großen gewaltsamen Ereignisse von 1848, in deren Anfängen ein so starker, so vielfacher Drang sich bis an die Sterne erhoben hatte. Denn aus dem Gewaltsamen, dessen Ziel geistig, rein und von vager Bestimmtheit war, entsprang unmittelbar das neue Gewaltsame, das, nur auf Gegenwirkung ausgehend, ein niedriges und deutliches Ziel schnell erreichte. 1848 verlief wie ein Fiebertraum; in der kurzen Spanne Zeit vom Februar bis Juni zerschellten reine Bestrebungen, geistige Welten an dem Druck der Luft wie Seifenblasen; 1849, 1850 schienen noch voll Lebens und doch war es ein unendliches Absinken von dem, was »vorher« vorgeschwebt war, als möglich, als sicher erschienen war; da war auch schon 1851 da und zerflogen jenes Geistige, scheinbar Herrschende; es herrschte aufs neue ein brutales, ohne innere Notwendigkeit Bestehendes, ein mühselig Gestückeltes, von der materiellen Wucht des Augenblicks gestützt, von der Vergangenheit halbwahren Schein erborgend.

Hier hatte Victor Hugo das große Ereignis seines Lebens gefunden. Mit allen Kräften hatte er an dem Werke teilgenommen, das ein Ganzes zu werden verheißen hatte: in *einem* Sinne hatte er tausend Zeichen gedeutet, nach einer Richtung sein ganzes Wesen zusammengefaßt, hier wollte er die Summe seines Lebens ziehen. Und hier war er unterlegen und mit ihm unterlagen alle, die so dachten wie er, alle, die seine Träume begriffen hatten, alle, deren Übereinstimmung ein Dezennium hindurch den reichen Zusammenklang einer geistigen Welt gegeben hatte. Wie das Meer nach einer Springflut sank das Volk wiederum zurück. Die Führer, die gemeint hatten, es ließe sich Geist und Gewalt, Idee und Realität vereinen, die traf Gewalt und Betrug, Tod, Gefängnis, Verbannung. Es war wirklich eine Welt durch eine andere verdrängt und das durchaus Entgegengesetzte kam zur Herrschaft. Es war die vollkommenste Antithese, eine tausendgliederige Antithese, wie keine Rednergabe den Atem hätte, sie auszumalen; und diese war Wirklichkeit und Erlebnis. Und das Erlebnis traf in den Reifepunkt des Lebens. Vom sechsundvierzigsten bis gegen das neunundvierzigste Lebensjahr hin erstrecken sich diese mit leidenschaftlicher Teilnahme durchlebten Ereignisse, über einen Zeitraum, in welchem dieser robuste Geist sich gleich weit entfernt von den Fiebern der Jugend wie von der Ermüdung des Alters fühlte. Was ihn hier traf, traf ihn in der Fülle seines Daseins; er konnte nicht daran vorbei, wie Jugend sich der Wucht des Schicksals entzieht, indem sie ins Allgemeine ausschweift; und er war nicht alt genug, es nur betrachtend aufzunehmen und vielem Erlebten zuzurechnen. Indem er sich mit der ganzen Gewalt seines Wesens der inneren Gegenwirkung hingab, erhielt er hier die unverlierbare Formung seines Geistes. Hier formte sich für immer sein Weltbild. Was er mit solcher Wucht erlebt hatte, das war ihm der Lauf der Welt. Er war tief genug hineingerissen worden, um mit aller der Tiefe, deren sein Geist fähig war, die tragischen Elemente des Daseins zu spüren; er war reif genug, um die Zusammenhänge zu durchschauen. So wurde ihm alles rund; er hatte einen Punkt, von wo er das Weltbild, wenn nicht eindringlich, doch in großen Linien zu erblicken vermochte, so daß sich alles, was sein

Auge erkannte, hineinfügen ließ. Und daß er es in großen
Gegensätzen erblickte, war Anlage und ausgebildete Geistes-
form: er sah auf der einen Seite sich selbst und alles Gute, auf
der anderen die komplexen bösen Mächte, denen er unterlegen war.

Nun folgte die lange Zeit des Exils, nahezu zwanzig Jahre, ein
großer Teil des menschlichen Lebens; hingebracht auf einer
Insel, umgeben von ruhevollen Felsen, im Angesicht des
ewigen Meeres, im Bewußtsein eines bedeutenden, tragisch
erfüllten Schicksals. Dies ist die Zeit seiner reifsten und größten Werke. Wie er von der einsamen Klippe hinüberblickt,
der Verbannte, nach den großen schicksalsvollen Ländern, so
blickt er hinab in die Vergangenheit der Völker, und erblickt
überall und tausendfältig die Gleichnisse des eigenen Erlebnisses. Er trägt sich und seine Geschicke hinein in die Fülle der
Geschehnisse und sie werden ihm lebendig und verfließen mit
dem Dasein der natürlichen Mächte, mit dem Meere, den
verwitternden Felsen, den treibenden Wolken und den anderen Erhabenheiten, die ein einsames und ruhiges Leben im
Verkehr mit der Natur enthüllt. So entsteht jene lyrische
Epik, die mit nichts verglichen werden kann und mit der die
Dauer seines Namens verknüpft ist.

Sind wir nun dem Gange dieses reichen Lebens nachgekom-
men, durch eine phantastische Kindheit zuerst, eine glänzende und angespannte Jugend, ein tätig parteilich bewegtes
Mannesalter, bis an die Schwelle eines majestätischen und
fruchtbaren Greisenalters, immer nur den großen Linien fol-
gend und bestrebt, das auszudrücken, was zur geistigen Form
dieses Daseins gehören dürfte, dort aber innezuhalten, wo das
so geschätzte anekdotisch Lebendige einzusetzen pflegt, so ist
doch noch von einem Umstand Rechenschaft zu geben, der
durch das ganze Leben, vom zwanzigsten Jahre an, durch-
geht, und die Persönlichkeit mit solcher Entschiedenheit
mitbestimmt, wie einer ihrer unlösbaren elementaren Beisät-
ze: Victor Hugo ist, fast vom Jünglingsalter an, als Gatte und
Vater im Leben gestanden. Diese menschlichen Beziehungen,
auf denen alle übrigen, als auf ihrem Fundamente, aufruhen,
durchweben sein Bewußtsein immer und immer; sie sind das

Feste, was ihm von der Natur gegeben war, wie seine Lebenskraft und seine Begabung. Er bedurfte keines Orients, um »Patriarchenluft zu kosten«. Diese Atmosphäre, vom Idyllischen bis zum Erhabenen wechselnd, umgab ihn stets ungezwungen. Sie war der Quell einer stetigen und niemals trivialen Inspiration. Das Subjekt seiner lyrischen Erregung war niemals ein ganz egoistisches, niemals ganz entblößt von einer wenn auch unausgesprochenen Generosität; und dem Hörer sagte ein untrügliches Gefühl, daß hier einer sprach, dem das stärkste Menschliche immer gegenwärtig war. Und wenn sich Goethe einem Vertrauten gegenüber mit großartiger Ruhe in der berühmten Wendung aufschließen durfte: »Meine Sachen können nicht populär werden; sie sind nicht für die Masse geschrieben, sondern nur für einzelne Menschen, die etwas ähnliches wollen und suchen«, so gilt für Victor Hugo fast das gerade Gegenteil. Der Einzelne wird nur das Allgemeinste seines Daseins hier ausgesprochen finden, aber die große Menge wird sich immer und wieder in ihm zusammenfinden, der mit wundervoller Beredsamkeit auszudrücken gewußt hat, was allen gemeinsam ist und keinem völlig fremd bleiben kann.

II

DAS WELTBILD IN DEN WERKEN

Poesie ist Weltgefühl; es wird in den Werken eines poetischen Genies immer ein Bild der Welt enthalten sein, freilich aber dürfen wir darin nicht nach philosophischen oder politischen systematischen Ideen suchen, sondern nur nach poetischen. Auf jene Gewalt der Phantasie kommt es an, vor der keine Amorphie bestehen bleibt, der alles lebendig, alles zum Sinnbilde wird, jene mythenbildende Gewalt, von welcher der platonische Sokrates schmerzlich bekennt, daß sie ihm mangle. – Der Mensch ist es, der auf den Menschen am stärksten wirkt, und er nimmt auch hier die Mitte des Weltbildes ein. Menschliche Größe zu verherrlichen, darauf geht Hugos poetischer Instinkt schon in den ersten unsicheren Versuchen. Was er als die Grundform menschlicher Superiorität erkennt, ist eine eigentümliche Vermengung handelnder Genialität mit rhetorisch-poetischer. Das Element des Rhetorischen ist in ihm so mächtig, daß er fast alle grandiosen Äußerungen der Seele damit ausstattet. In seinen Figuren entlädt sich Überlegenheit der Seele in Überlegenheit der Rede. Seine größten psychologischen Konzeptionen sind nicht Liebende, nicht eigentlich Handelnde, nicht Märtyrer, sondern Redner. Ja auch die gegen den Menschen wirkenden Naturgewalten sind mit der Gewalt der Rede ausgestattet, und sein Begriff von Gott ist der: das Wesen, welches das letzte Wort behält. Und dies alles abgesehen von den Dramen, in welchen es natürlich ist, daß sich die Figuren in Rede und Gegenrede ausleben müssen. Man fühlt es, wie das Ich des Dichters zugleich mit seiner ganzen Sympathie in jene Gestalten überströmt, aus deren Mund sich die erhabene, mit Gleichnissen geschmückte, ungeheure Beredsamkeit ergießt. Sie sind seinesgleichen; war er doch von früh an der Wortführer, der Prediger, der Anwalt; ist doch der schönste Teil des Buches »Les Contemplations« sein unausgesetztes Reden mit Gott; das ganze Buch »Châtiments« eine einzige zornvolle, glühende Rede, mit kleinen Einschnitten, Pausen, um Atem zu schöpfen oder um den Standort zu wechseln, die Tribüne mit der Barrikade, die Barrikade mit der Insel des Exils zu vertauschen.

In der »Légende des siècles« löst ein solcher den anderen ab. Welf, Kastellan von Osbor, eine einsame, fast mythische Gestalt, hält von der Zinne seines Turmes herab eine harangue, die sich über eine unten lagernde Armee, über den Kaiser, Könige und Herzoge entlädt, wie ein furchtbares Gewitter über einem Kornfelde. Ein paar Seiten später tritt Elciis auf, ein Redner, der noch eine Stufe über Welf steht. Das Gedicht heißt »Les quatres jours d'Elciis«. Der Kaiser Otto III. hat gelobt, jeden Vorübergehenden anzuhören:

> D'entendre et d'écouter, lui césar tout-puissant,
> Tout ce que lui dirait n'importe quel passant,
> Devant les douze rois et la garde romaine,
> Cet homme parlât-il pendant une semaine.

Und nun hebt Elciis an, ein erhabener Greis, und spricht durch vier Tage, jeden Tag vom frühen Morgen bis zum Abend: und jeden Abend, wenn er fertig ist, sagt der Kaiser erstaunt: »Schon!« Diese Rede geht vor sich wie das Austoben einer ungeheueren Naturkraft. Die Fülle ist so groß, ein so grenzenloses Zuströmen von Atem und Worten, daß es Elciis nicht verschmäht, zwölfmal dasselbe zu sagen, so sicher ist er, es immer mit noch stärkerem Tone, in einer noch gewaltigeren Zusammenstellung der Worte sagen zu können. Er spricht gegen die Könige; er sagt, daß die großen und mächtigen Könige sterben müssen und unter der Erde elend verstauben; und er nimmt zwölf Könige beim Namen her und sagt es von einem jeden, bis die Wucht dieses Gießbaches von Worten den Hörer ängstigt; es ist das, was er gewollt hat.

Oder Zim-Zizimi. Der orientalische Despot auf einem Throne, an dem zehn goldene Sphingen angebracht sind. Zuerst spricht die eine Sphinx zu dem Despoten, dann die nächste; alle zehn nacheinander. Wie sie zu Ende sind, wirkt das Schweigen unheimlich und nun redet Zim-Zizimi seinen goldenen Becher an:

Viens, ma coupe…
Moi, le pouvoir, et toi, le vin, causons tous deux.

Und der Becher kanzelt ihn ab. Nachher spricht er die goldene Lampe an. Und die Lampe antwortet, ebenso wie der Becher, ebenso wie die Sphingen, mit der Beredsamkeit aller Sibyllen und Propheten.

Ein anderes, sehr großartiges Gedicht ist nichts als ein gewaltiges Gegeneinanderreden zweier Adler, des freien wilden Adlers hoch in den Wolken und des heraldischen, von Juwelen strotzenden doppelköpfigen Adlers im kaiserlichen Wappenschilde.

Die Strafreden des Cid an seinen wortbrüchigen König bilden ein Buch für sich. Der große Justiciero übt mit dem Munde eine fürchterlichere Strafgewalt aus als mit dem Schwert; auch sein unermüdlicher Arm wäre nicht imstande, so lange das Schwert zu schwingen. Denn diese Reden sind über dem Niveau menschlicher Beredsamkeit, sie sind wie Naturgewalten, Wildbäche, Eruptionen, die mit schwindelnder Heftigkeit eine ungeheuere Masse mit sich fortreißen. Die Vehemenz des Geistes, welche eine solche Masse von Worten vor sich hertreibt, wirkt an sich schon wie ein grausiges, erhabenes Schauspiel. Wir glauben mitzufühlen, wie ein Wille, ein atmendes Wesen sich in die Wucht der Materie einbohrt, mit titanischer Energie von innen heraus das Übergewaltige erschüttert, emportreibt, durch die Masse hindurchkommt, das Unglaubliche vollbringt. In der Tat hat sich das oft erneuerte Erlebnisgefühl dieser ungeheueren geistigen Anspannung in Victor Hugo von innen nach außen gewandt und ist zu einer grandiosen sinnlichen Anschauung titanischer Kraftleistungen geworden. Eine davon bildet den Kern des Romanes »Les travailleurs de la mer«. Hier verrichtet ein einzelner Mensch, nur versehen mit einer Säge und einem Handbeile, die Arbeit eines hundertarmigen Titanen. Er rettet eine Schiffsmaschine, die nach dem Schiffbruche hoch zwischen Felsklippen eingeklemmt hängengeblieben ist. Die schwindelnde Höhe, die Härte des Gesteins, das wütende Meer, der Sturm, der Nebel, alles wirkt ihm entgegen. Die kostbare Maschine selbst, die er wegschaffen will, verzehnfacht seine Mühen: denn sie ist ebenso empfindlich als von ungeheuerer Schwerfälligkeit, und er braucht noch hundertmal mehr Aufwand von Geduld und Schlauheit, um sie nicht zu verletzen, als er Vorkehrungen braucht, um ihre Masse zu heben. Er vervielfacht sich selber, indem er ein ganzes System von Balken und Hebeln, Rollen und Kränen auftürmt; und er siegt.

Der Titan der »Légende des siècles« lebt im lichtlosen Erdinnern. Die Götter haben Berge über ihn getürmt; aber ein Verlangen, das Licht zu sehen, überkommt ihn, und er wühlt sich durch und bricht aus der jenseitigen Kruste der Erde, die dem Empyreum zugekehrt ist, mit dem Kopfe hervor. Sein Durchwühlen, die dumpfe Wucht des Willens im Kampf mit der dumpfen Wucht der Materie, füllt zweihundert Verse; und indem immer neue Wortmassen an uns herandrängen, sich zu Schlünden auftun, in unsicherem Lichte uns lastend umgeben, wird die Allegorie wirklich zur Magie und läßt uns, in einem anderen Medium, das Dargestellte selber erleben.

Man wird auch bei solchen Konzeptionen nie an eine bewußte Allegorie denken dürfen; sondern unwillkürlich strömen die Kräfte der Phantasie zur Darstellung dessen zusammen, was starken inneren Erlebnissen analog ist, und machen aus der äußeren Welt ein Gleichnis der inneren.

Wenn man sich erinnert, daß Balzac sein Gefühl beim Arbeiten mit dem gleichen Gleichnis ausgedrückt hat: »Ich springe in die Grube hinein, lasse mich verschütten, und dann schaufle ich mich wieder heraus«, so wird man erkennen, daß die Arbeit für diese großen Energien das zentrale Erlebnis war, die Arbeit, in welcher sich sehr heterogene Elemente miteinander verschmelzen und sehr verschiedenartige Formen dem Dasein gegenüberstehen, eine moralische Einheit bilden. Denn der Arbeiter fühlt sich als das Atom im Zweikampf mit der Unendlichkeit, und fühlt sich doch jeder schöpferischen Kraft verwandt, fühlt sich als ein Analogon des Schöpfers selber. Sein Dasein ist ebensosehr mit den sittlichen Mächten verknüpft als mit den elementaren Gewalten, und indem er sich seinem Tun ganz hingibt, verschmilzt ihm die äußerste Anspannung und heroische Selbstentäußerung in eins mit dem schrankenlosen Genießen der Welt, mit einer Orgie, die kein anderer kennt. Dieses dithyrambische Element ist in dem Werke Hugos nicht seltener und nicht minder großartig ausgedrückt als jenes heroische; vielleicht am grandiosesten an der Stelle in »Notre Dame de Paris«, wo geschildert ist, wie Quasimodo die Glocken läutet.

Dem, der wirkt, erschließt sich die Welt und er begreift das Tiefere; den Dünkel geistiger Anmaßung lehnt er ab und steht dem Elementaren mit wachsender Ehrfurcht gegenüber. Denn hier sieht er Kräfte, die über sein Begreifen hinausgehen, die der Zerlegung spotten; vor ihnen sich zu demütigen, befriedigt ihn, denn da demütigt er sich vor einem Höheren, das er auch in den Tiefen des eigenen Wesens wirksam fühlt. In der niedrigeren Kreatur, dem Tier, in der vom Leben unberührten Kreatur, dem Kind, in der Vielheit der Kreatur, dem Volk, ruht sich seine Betrachtung aus von allen schmerzlichen Empfindungen der eigenen Disharmonie und Unzulänglichkeit.

Die Tiere sind in diesen Werken durchaus als Symbole des Instinktiven in der Menschennatur verstanden; sie sind die »Larve des Menschen«; ihre Regungen sind dumpf, ungebrochen, großartig; sie sehen Gott dort, wo der Mensch ihn nicht sieht; sie wittern das, was über menschliches Begreifen hinausgeht; sie tragen ein dumpfes sittliches Gesetz in sich und in ihren Augen ist die Unendlichkeit. In der Tat hat der tierische Blick etwas Vages, das ergreifend und schauerlich ist. Schon in dem Gedicht »Ce que dit la bouche d'ombre« findet sich diese Stelle:

> Homme!...
> Pendant que tu te tiens en dehors de la loi,
> Copiant les dédains inquiets ou robustes
> De ces sages qu'on voit rêver dans les vieux bustes,
> Et que tu dis: que sais-je? amer, froid, mécréant,
> Prostituant ta bouche au rire du néant,
> À travers le taillis de la nature énorme,
> Flairant l'éternité de son museau difforme,
> Là, dans l'ombre, à tes pieds, homme, ton chien voit Dieu.

Und dies ist ein Grundgedanke, der in der »Légende« oft wiederkehrt und auf den eines der posthumen Bücher: »L'Âne«, ganz aufgebaut ist.

Die wirkliche Schilderung des Kindes, kann man sagen, hat vor Victor Hugo in der französischen Literatur nicht existiert. Rabelais bringt den kleinen Gargantua, aber das ist kein menschliches Kind und hat wenig von einem solchen. Der kleine Astyanax, bei Racine, ist kaum mit einem Strich angedeutet; es war nicht die Art des ancien régime, auf ein Kind als solches einzugehen; man sah in ihnen Wesen, denen eine gewisse Fähigkeit zu repräsentieren fast mit dem Gehenlernen eingeflößt werden mußte. Vielleicht nur bei La Fontaine finden wir da und dort den flüchtigen Umriß eines Kindes, mit etwas Natürlichkeit, zwischen einer Katze und einem Wiesel. Rousseau hat in Émile einen Automaten geschaffen und kein Kind. Das Werk Victor Hugos aber ist erfüllt mit diesen Gestalten von einer Frische, einem Schmelz, der unvergleichlich ist. Da und dort tauchen sie in den Gedichten auf, in jedem der Romane kommen sie vor in der »Légende«, in dem schönen Buch »Groupe des idylles«, nehmen sie ihren wichtigen, erhabenen Platz ein, und endlich existiert ein ganzes Buch nur durch sie und für sie: »L'art d'être grandpère«.

Es ist nichts ungeschildert geblieben: ihr Stammeln, ihr Lallen, ihr Lächeln, ihr Staunen, ihr Schweigen, ihr ganzes unerschöpflich rätselhaftes Verhältnis zur Welt, zum Dasein, zu der Unendlichkeit, aus der sie herzustammen scheinen und deren Abglanz sie noch eine Weile umschwebt.

Aber das dumpfgewaltige Tier, das größer gesinnt ist als der Mensch, und das schuldlose Kind, dessen Einfalt Gott beschützt, sind wiederum nur wie Symbole für die größte der dumpfen Mächte, für das Volk. Ja es würden sich, das ganze Werk Victor Hugos hindurch, Hunderte von Symbolen finden lassen, die das Volk verherrlichen. Denn da seine Symbole nicht mit dem Verstand gefunden, sondern aus der Fülle der mit Bildlichkeit geschwängerten Erregung geboren sind, so fand er, wenn eine große Sache seine Phantasie erfüllte, überall im Universum verwandte Vibrationen, und gab sie mit solcher Kraft wieder, daß der Hörer sich mit Entzücken und Schauder der ungeheuren Konkordanzen des Daseins bewußt wird. Das ist die geheimnisvolle Kraft seiner Poesie; denn seine Weltanschauung ist ärmlich, vag und fast trivial, wenn man sie abstrakt formulieren will; aber doch ist sein Weltbild großartig, indem es mit genialem Instinkt das Geistige mit dem Materiellen verknüpft; und niemals durch das Gedankliche eingeengt, trägt diese Phantasie aus den Erscheinungen der ganzen Welt das ihr Gemäße zusammen und verfährt da so wie die menschliche Lebenskraft selber, die uns durch das unendliche Gewirr der Widersprüche des Daseins durchleitet, ohne daß wir zugrundegehen. So entzieht sich sein Weltbild völlig der Kritik; denn wie bei einem Menschen im Leben, läßt sich auch bei der Betrachtung dieser Phantasie

niemals mit Sicherheit sagen, wie tief sie sich, in ihrem unerschöpflichen metaphorischen Drange, mit dem einzelnen
eingelassen hat. Denn sie genießt im einzelnen immer den
Abglanz eines Allgemeineren, im Geistigen ein vergeistigtes
Materielles, im Materiellen ein versinnlichtes Geistiges.

Je näher wir das Gewebe dieses riesigen poetischen Lebens-
werkes betrachten, in desto höheren, desto unbestimmteren
Ideen glauben wir es erfassen zu müssen. Da scheuen wir uns
fast zu sagen, es sei die Idee des »Volkes«, welche einen so
großen Platz einnimmt und in zahllosen Symbolen ausgedrückt wird. »Ruy Blas« ist ein solches Symbol, der Diener,
den das Schicksal in das Gewand eines Granden steckt, der in
eine unbekannte Welt sich gestellt sieht, um in ihr zu befehlen. Und der Titan ist ein solches Symbol, der sich aus seinem
unterirdischen Gefängnis, seiner lichtlosen Höhle durchwühlt und mit gewaltig dröhnenden Schritten vom jenseitigen Abhang der Erde heraufgestiegen kommt und so gewaltig sein Haupt über den Rand der Erde hebt, daß alle Götter
erbleichen. Und der Satyr, der zu Gast in den Olymp kommt
und vor den Göttern ein Lied zu singen anfängt und dabei
wächst und wächst, zugleich mit der Gewalt seines Liedes
anwächst zu einem ungeheueren Wesen, an dessen Hüften die
gewaltigsten Ströme der Erde herabrinnen, zwischen dessen
Fingern wandernde Völker sich verirren, um dessen Lippen
die Adler hinkreisen wie um die Hänge der riesigen Gebirge.
Ja, in solchen Gestalten drückt sich der erhabene Schauder
aus, mit dem der Dichter sich die Möglichkeit ausmalte, es
könne die unermeßliche gebundene Kraft, jener dumpfe Inbegriff aller Kräfte, der ihm das Volk war, sich erheben,
könne seiner bewußt werden, sich aufrichten, wie eine einzige Riesengestalt, der der Olymp nicht an die Knie reicht,
und könne den erbleichenden Herrschern der Welt seinen
Namen zurufen, wie jener Satyr den schaudernden Göttern
zuruft: »Ich bin der große Pan!«

Aber daß eine politische Aspiration seiner Zeit sich bei ihm in
eine so ungeheuere mythische Konzeption umsetzt, darin
verrät es sich ja schon, daß seine Phantasie in Welt und Epoche haust, wie eine dröhnende Stimme in einem hallenden

Gewölbe. Ihm gab die Realität verstärkt die Erregung wieder, mit der er sich ihr annäherte. So liegt in diesen gigantischen Verherrlichungen einer sich enthüllenden Riesenkraft ebensoviel was von einem ausströmt, als was sich auf außen bezieht. Man könnte sagen, er hat bei diesen Dithyramben ebensoviel an das Erwachen des eigenen Genies gedacht als an das Aufwachen des Volkes. Aber es wäre nicht richtig, denn er hat gewiß weder an das eine noch an das andere mit scharfer Bestimmtheit gedacht, sondern: die vage Idee der Kraft, der Kraft, die sich entfesselt, diese in ihrer Größe, Einfachheit und Unbestimmtheit fast musikalisch-thematische Idee lebte in ihm und trieb ihn im Leben jenen Gedankenkreisen und Erlebnissen, in der Poesie jenen erhabenen Bildern und Konzeptionen zu, in denen sie sich ausdrücken konnte.

Indem es diese einfachen vagen Ideen sind, die dem Dichter vorschweben, findet er Übereinstimmung in vielen Erscheinungen des Lebens, hält sich wenig bei den historischen und politischen Scheidungen auf, und so gerät er in jene scheinbaren Widersprüche mit sich selber, jene äußeren Inkonsequenzen der Gesinnung, die der Mitwelt so viel zu schaffen machen. Ihm selber erscheinen diese Widersprüche so leicht aufzulösen, diese Wandlungen so verzeihlich. Denn das ist ihm ja gerade vom Geschick verliehen, daß er das Gemeinsame in den widerstreitenden Tendenzen erkennen kann, das Element des Lebens, ohne welches keine Gesinnung je bestehen und dauern könnte. Und darauf beruht auch seine Wirkung ins Breite; denn im Grunde sind die Menschen nicht parteilich, sondern freuen sich der gemeinsamen Gefühle.

Ein solcher Geist, der überall zusammenfaßt und simplifiziert, macht die Gegenwart übersichtlich und die Vergangenheit genießbar. Ihrer beider bedient er sich souverän und läßt überall das Übereinstimmende hervorleuchten. Er treibt alles ins Große und die nationalen Neigungen und Lieblingsgedanken wird er auszusprechen nicht müde. Nun liegt dem französischen Geist nichts so nahe als der Begriff der Größe und alle Relationen, welche sich von diesem Begriffe ableiten lassen: wie Überlegenheit und Inferiorität, Stärke und Schwäche, Rang, Gebühr und Usurpation. Diese Relationen

und die in ihnen enthaltenen Möglichkeiten menschlicher
Schicksale sind der Angelpunkt des ganzen Werkes von Victor Hugo.

Situationen auszubrüten, in denen der relative Begriff der Superiorität das Grundthema ist, welches in einer neuen und unerwarteten Weise behandelt wird, dies ungefähr ist der größte
Genuß, in welchem diese Phantasie sich auslebt. Ähnlich wie
man es als den tiefen Grundtrieb von Goethes Phantasie aussprechen kann, den Verlauf eines Gesetzmäßigen und die
Verkettung der Gesetze fühlbar zu machen.

Victor Hugo hat die Superiorität in allen Formen verherrlicht, welche sie annehmen kann: zuerst als das Anerkannte,
Tradition, Legitimität, Königtum, geoffenbarte Religion;
dann als das autokratische Walten des Genies, in der Gestalt
des ersten Napoleon, dann in jener vagen Figur des Volkes, in
sich selber, in der sittlichen Überlegenheit des unbeugsamen
Verbannten, des erhabenen Verfolgten, in allen Naturkräften
und wiederum in der Einfalt, im Kinde, im stummen Tiere.
Er hat alle Formen begriffen und akzeptiert, in denen sich
Selbstbewußtsein äußert, so sehr erscheint es ihm als der
Grundtrieb der menschlichen Natur. Er ist unerschöpflich,
Stolz und Selbstgefühl auszudrücken, und schwelgt im
Erfinden solcher Situationen, wo dieses sich in jähem Umschwung des Schicksals mit besonderer Intensität äußern
kann. Der Kern seiner dramatischen Situationen ist eine solche Peripetie, in welcher der die Oberhand gewinnt, der früher unten war. Darauf sind alle seine coups de théâtre gestellt:
in »Hernani« das ganze Verhältnis Hernanis zum König und
zu Silva; im »Ruy Blas« das ganze Schicksal des Ruy Blas; in
den »Burgraves« der Erste Akt, wo der Bettler sich als der
Kaiser enthüllt und alle ihm zu Füßen fallen.

Eines der berühmtesten Gedichte der »Légende« heißt »Suprématie« und ist ganz auf die äußerste Zuspitzung dieses
Motivs gestellt: ein Unbekanntes, Unbegreifliches offenbart
sich und demütigt die drei obersten Götter, Indra, Agni und
Vâjou. Ein anderes Gedicht enthält einen Dialog der Gestirne,
die miteinander an Glanz wetteifern und sich ihres Glanzes,
ihrer Unvergänglichkeit, ihrer unermeßlichen Größe über-

heben; eines überbietet das andere in wundervollen Versen, zuletzt aber sagt Gott nichts als diesen einen Vers:

Je n'aurais qu'à souffler et tout serait de l'ombre.

Das Dichterwerk will immer das große Ganze des Daseins abspiegeln. Aber dem jugendlichen Geist sagt das Einzelne zu; Einzelnes ergreift ihn, Einzelnes hebt ihn über die Last des Daseins hinaus, in Einzelnem scheinen sich ihm die Ideen zu offenbaren. Diesem Einzelnen stellt er gern das übrige als das Gewöhnliche, das Gemeine, das Feindliche gegenüber; zur großen Materie des Lebens steht er noch in keinem Verhältnis. Allmählich aber stellt das Verständnis der Zusammenhänge sich ein; man erkennt, ein Wesen, ein Ding bedinge das nächste und so ringsum in unbegrenzter Wechselwirkung; das Gebiet des Darstellbaren erweitert sich, fast ins Grenzenlose, und damit erweitert sich auch die Manier der Darstellung.

So sind bei Victor Hugo die Werke der ersten lyrischen Epoche durchaus auf die Darstellung des Einzelnen gestellt. »Odes et ballades«, »Feuilles d'automne«, »Chants du crépuscule«, »Voix intérieures« haben ihre vage Einheit nur in den Gesinnungen des Autors, in seinen allgemeinen Gefühlen. Das Weltbild ist in ihnen sehr wenig präzisiert. Ein unerfahrenes Gemüt könnte sich aus ihnen nicht über die Zusammenhänge des Daseins unterrichten. Die Einheitlichkeit des Buches »Orientales« ist größer; aber sie liegt durchaus im Pittoresken und Stilistischen und gehört darum auf ein anderes Gebiet.

Hierauf folgen die vierzehn Jahre dramatischer Produktion, etwa 1829 bis 1843, von der Konzeption des »Cromwell« bis zu dem definitiven Mißerfolg der »Burgraves«. Schon die Geschlossenheit dieser Periode des Schaffens läßt ein gewisses Element des Gewaltsamen, der innerlich ausgeübten Willkür erraten. In der Tat haftet der in den Dramen ausgedrückten Weltanschauung etwas Künstliches an. Sie ist einer noch unreifen Erfahrung mit einiger Gewaltsamkeit abgerungen; sie ist einem einzigen Begriff mit Gewalt unterworfen: dem Begriff des Gegensatzes. Die Antithese, dieses Grundelement der französischen Diktion und Komposition, ist hier eins und alles der Konzeption geworden; sie beherrscht Inneres und Äußeres, Psychologie und Mechanismus, die dramatische Fabel und den dramatischen Vers.

Es wird in diesen Dramen ausgedrückt, daß der Mensch ein aus Kontrasten zusammengesetztes Wesen ist, dessen Schicksal in jähen Antithesen immer das Unerwartete realisiert; und daß alle menschlichen Begriffe vom Ablaufe des Lebens die eitelsten und nichtigsten sind, weil jeder Begriff seinen Gegensatz und also den der Erwartung entgegengesetzten Verlauf herbeiruft. Dieses merkwürdige, unheimliche und konzentrierte Weltbild aber hat seltsamerweise keinen Einfluß auf die Figuren dieser Dramen. Sie sind sich, als Menschen genommen, in keiner Weise der Gesetze des Daseins bewußt, unter welchen sie leben und welche sie selber verkörpern. Und nur diese gespenstische Unbewußtheit macht es möglich, daß sich ihre Schicksale in der Weise, wie es eben geschieht, zu tragischen Vorgängen verknüpfen. Könnte sich einer von ihnen jemals umwenden, so müßte er sehen, daß die anderen alle nur vorne bemalte Figuren sind und nach der Breite keinen Durchschnitt haben; daß es Figuren von Papier sind. Eine einzige nach allen Dimensionen reale Gestalt, eine Gestalt wie Hamlet, eine Figur wie Götz, müßte, wenn sie in eines dieser Dramen verwickelt würde, durch ihr bloßes Dabeisein die ganze Handlung zersprengen.

Man ahnt, daß hier eine Welt aus der Phantasie des Genies und doch nicht aus der Fülle der Wahrheit heraus geschaffen ist, eine seltsame Abbreviatur des Weltbildes. Im Gewande des Banditen verbirgt sich die Seele eines Helden; der Greis trägt die jugendlich widerstreitenden Gefühle in der Brust: Haß und Liebe; der Lakai sieht sich von der Königin angebetet; den Sohn treibt es, die Mutter zu töten; in dem Narren, dem buckligen, verachteten, tückischen Geschöpf wohnt grenzenlose Vaterliebe, und mit seinem ganzen zusammengerafften Gelde bezahlt er den Degenstoß, der ihm das einzige Kind tötet; der Verbannte, Geächtete erwirbt das Weib, das dem König, dem Kaiser versagt blieb: aber die Liebesnacht wird zur Nacht des Todes und die Lichter, die dem Hochzeitsfest angezündet waren, beleuchten zwei Leichen; der Mächtige ist ohnmächtig; der Narr ist traurig und weise; der sterbende Kardinal bringt noch mit einem Worte seiner entfärbten Lippen den jungen blühenden Didier um seinen Kopf; die Dirne liebt, wie keine zweite zu lieben vermag; Cromwell, der seinem Könige das Haupt abschlagen ließ, zittert vor seiner Frau und vor den Reden eines Kindes... so ist diese Welt.

Dem aber, welcher diese Welt ins Dasein gerufen hatte, sollten erst zu Ende dieser Epoche wahrere, einfachere Gesetze des Lebens durch ein schmerzliches Erlebnis aufgehen. Ich meine das Erlebnis von 1843, den Tod seiner innigst geliebten ältesten Tochter. Sie ertrank in der Seine, wenige Tage nach ihrer Hochzeit, ihr Mann mit ihr. Dieser Tod des geliebten blühenden Wesens, dieser jähe und große Schmerz war das erste wirklich große Eingreifen des Schicksals in eine bisher nicht aufgewühlte Existenz, und er übte auf die Seele des Dichters die heimlich bildende Gewalt der großen Schmerzen aus. Indem er sich durchaus weh fühlte, empfand er die Grenzen seines Wesens; eine etwas gedunsene Vorstellung von sich selbst, die einen übermäßigen Raum in der Welt eingenommen hatte, schrumpfte zusammen. Und das Dasein selbst gliederte sich ihm: mit dem geliebten jungen Leben schien eine Welt ausgestorben, und doch umgab ihn noch eine Welt. Zwischen den beiden gähnte die Gruft, ein unermeßlicher Abgrund. So entsteht jenes bedeutende Buch »Contemplations«, welches die Gedichte von zwei Jahrzehnten umfaßt und doch von größerer Einheitlichkeit ist als eines jener früheren, rasch entstandenen. Hier ist die Persönlichkeit bei weitem kräftiger ausgesprochen, das Verhältnis zur Welt ist unvergleichlich weniger vag. Der Schmerz ist die wahre Einführung ins Dasein, und indem er dem Gemüte die Zusammenhänge fühlbar macht, ermöglicht er der schaffenden Phantasie die ersten Ansätze wirklicher Komposition, dieses Wort in seinem höchsten Sinne verstanden.

Der Schmerz jenes Erlebnisses trieb Hugo in die Politik. Es folgt die Epoche, deren geistiger Gehalt oben festzuhalten gesucht wurde. Und hier spitzt sich schließlich alles wiederum zu einem schmerzlichen Erlebnisse zu: dem Erlebnisse von 1851. Hier verwandelte sich das Geistigste in die brutalste Realität. Der Kampf der Ideen wurde mit Kanonen ausgefochten. Eine reaktionäre Weltanschauung hatte die Oberhand gewonnen und man kam zum Bewußtsein dieser Tatsache, indem man Gewehrläufe auf sich gerichtet fühlte, indem man seine Freunde in Blut liegen sah, indem man bei Nacht und Nebel ins Ausland flüchten mußte. Revolution und Gegenrevolution ist immer die Realisierung von Tendenzen. Es gibt kein grausameres Erlebnis für den unterliegenden Teil, denn es ist das völlige Zusammenbrechen der inneren und äußeren Welt; aber es gibt zugleich kein befruchtenderes Erlebnis für die Phantasie, eben weil es eine solche Verknüpfung der äußeren und inneren Welt enthält, eben weil sich hier die Realität durchaus symbolisch verhält. In solchen Zeiten geht dem erregten Geist ein Weltbild von grenzenloser Fülle auf; er sieht, daß nichts, was sich vollzieht, bedeutungslos ist, und trunken von Zorn und Leid, schafft er zum ersten Male ein Werk, das alle früheren an Komposition bei weitem übertrifft. Die »Châtiments« sind dieses Werk, dessen Einheitlichkeit ebenso bewundernswert ist wie seine Lebendigkeit. Denn sie sprechen die ganze Fülle der Emotionen aus, die ein großes, die Allgemeinheit wie den einzelnen treffendes Ereignis hervorruft; sie geben die Fülle der Realitäten, aus denen sich das Ereignis zusammensetzt, und geben in Hunderten von Symbolen, die aus allen Gebieten des Lebens herstammen, den geistigen Gehalt des Ganzen. Diese achtundneunzig Gedichte, die gleich zornvollen tobenden Wellen zwischen dem Prolog »Nox« und dem Epilog »Lux« einherfließen, geben durch ihre Anordnung, durch die Reflexe, die sie eins vom anderen empfangen, die Suggestion einer räumlichen Einheit, einer erhabenen symbolischen Schaubühne, und man darf hier, bei allem Abstand, an Dante denken. Nun hatte der Dichter, aus der Wirklichkeit heraus, einen großen Begriff von der Einheitlichkeit des Daseins gewonnen; Tun und Leiden hatte er als die Synthese der äußeren und inneren Welt erkannt, und so eine große Manier der Darstellung sich angeeignet; die Formen der großen Kunst vergangener Zeiten werden ihm durchsichtig: die Bücher des Alten Testamentes, die antiken Tragiker, Dante. Es geht ihm auf, wie man dazu gelangen kann, die Geschehnisse der Zeiten so lebendig zu erblicken, in ihnen den Atem Gottes ebenso zu spüren, wie er ihn in einem Geschehnisse der eigenen Zeit zu spüren bekommen hatte. Hier kommen zwei Elemente zu Hilfe: der große architekturale Zug seiner Phantasie und der Zug seiner Zeit zur Historie. Denn der Begriff des Historischen beherrscht die erste Hälfte des neunzehnten Jahrhunderts.

So entsteht jene Vision einer ungeheuren Mauer, die zusammengesetzt ist aus den menschlichen Geschlechtern und ihren Schicksalen. Und so entsteht das große Buch, das zusammengesetzt ist aus Gedichten eines großen Stils, die etwas vom Epos haben und etwas von der Allegorie, etwas Hymnisches und etwas Chronikhaftes: »Die Legende der Jahrhunderte«. Diese Kunstform ist einzig; es sind in ihr alle Elemente des großen Stils amalgamiert, die uns überliefert sind; aber sie sind völlig amalgamiert. Es wird für einen Augenblick der Ton der Propheten aufblitzen oder der Ton der Chansons de geste; Pindar wird von Lucrez abgelöst werden und dieser in Vergil überfließen; es wird der innere Rhythmus des Dante anklingen und im nächsten Augenblick von jenem spanischen Ton übertönt werden, den auch Corneille gekannt hat. Aber dieses Ganze bewahrt eine Einheit, durch die es fortleben wird.

Wer mit großem, vereinfachendem Blick die wechselnden Formen des menschlichen Daseins überschaut, und wem dazu das Erblicken des Gegensatzes als eine Grundform seines Geistes gegeben ist, über den wird jene Vorstellungsweise eine große Kraft gewinnen, welche in dem Vorspiel zum Buche »Hiob« symbolisch ausgedrückt ist: die Vorstellung, daß das gute und das böse Prinzip eine Art Wette über den Verlauf der menschlichen Existenz im einzelnen und im allgemeinen abgeschlossen haben. Diese dualistisch-religiöse Vorstellung erlaubt Victor Hugo, in den großen Konzeptionen seiner reifen Epoche über die Darstellung der Menschheit noch hinauszugehen, ohne sich doch völlig ins Vage zu verlieren. So waren, die Legende der Jahrhunderte ans Ewige zu knüpfen, noch zwei Bücher geplant: »La fin de Satan« und »Dieu«. Menschheit, Begrenztheit und Unendlichkeit sollten in den gewaltigsten Symbolen ausgedrückt werden. Aber wer vieles schuf und sich oftmals groß fühlte, dem wird auch das eigene Schaffen ein gewaltiges, die Betrachtung fesselndes Schauspiel. Er demütigt sich und erhöht sich, indem er die Wirksamkeit seines Geistes dem Walten der Naturgewalten vergleicht. So entsteht das Buch »Les quatre vents de l'esprit«. Die vier Grundformen der eigenen Inspiration, die lyrische, die satirische, die epische und die.dramatische, leben sich aus, jede ein Buch füllend.

Noch ist ein letztes Wort auszusprechen diesem reichen Greisenalter, das sich selbst ein monumentales Grabmal mit erhabenen Statuen setzt, vorbehalten. Die Inspiration dieses poetischen Genius trieb auf Antithese hin, der Verlauf des Lebens spitzte dies so zu, daß Parteilichkeit sein wahres Element bleiben mußte. Immer sah er irgendwo das Schlimme inkarniert und irgendwo das Gute, und mit mythenbildender Gewalt, Vergangenheit und Gegenwart aufwühlend, setzte er sein Inferno und sein Paradiso nebeneinander, nicht ganz ohne den Einfluß jenes erhabenen Vorbildes, das ich hier andeute, und doch aus einer so ganz anderen Geistesverfassung heraus, sehr entfernt von der ehrwürdigen Geschlossenheit, tiefsinnigen Verkettung des großen Vorbildes. Indessen hatte ein Dezennium das andere abgelöst, und den rednerisch historischen Drang der ersten Hälfte des Jahrhunderts vertrieb das naturwissenschaftliche Streben der zweiten Hälfte. Von diesem neuen Licht angeglüht, spricht ein Werk des Greisenalters den Geist tiefen Begreifens und mitleidsvoller Zurechnung aus. In »La pitié suprême« ist die Gestalt Ludwigs XV., auf die an anderen Stellen mit allegorisierender Wucht alle Züge des Bösen gehäuft sind, mit einem Blick angesehen, der alle Verzerrungen auflöst und im »Bösen« ein menschliches Schicksal sieht.

Und noch ist eines abzutuen. Wer die Geschichte der Menschheit durchwühlt hat, Generationen über Generationen türmt, durch die Geschichte hindurch ins Dickicht der

Legende dringt, das Gewühl der Untergegangenen mit dem Blick durchstreift hat und auf die einzelnen Töne eines unendlich verworrenen Geräusches zu horchen bestrebt war, dessen Phantasie ist bis zur Ermattung belastet mit der Vielfalt des menschlichen Denkens und Wähnens. Der eingeatmete Dunst dieser Myriaden von abgestorbenen Gedanken muß ausgeatmet werden, die Kraft der Phantasie muß dieses Chaos einen Augenblick zusammenballen, um es dann für immer von sich wegstoßen zu können.

Dies ist das Buch »L'Âne«. Die Einkleidung ist ein parabolischer Gedanke, den schon die »Légende« enthält, in dem Stück »Dieu invisible au philosophe«. Der Prophet, der Assyrisch und Arabisch, Persisch und Hebräisch versteht, weiß nichts. Er starrt in die Nacht hinein und brütet über dem Rätsel des Daseins. Auf einmal, wie er in seinen Gedanken durch den Wald reitet, stutzt sein Esel und steht starr. Die stumme Kreatur hat Gott gesehen, den der Prophet zu erblicken sich vergeblich müht.

In dem Gedicht »L'Âne« tritt an Stelle der vier Sprachen, welche der Prophet versteht, die ganze Wirrnis des aufgehäuften überlieferten Wissens:

> Tous ces textes qui font le silence autour d'eux
> Et d'où l'odeur des ans et des peuples s'exhale...

Von einem minder bedeutenden, aber eigenartigen Dichter der auf Victor Hugo folgenden Generation ist das Wort gesagt und wiederholt worden, seine Eigenart beruhe darauf, daß für ihn die sichtbare Welt existiere. Diese Eigenschaft, die ein Hinstreben der Poesie nach der Seite der Malerei andeutet, besitzt aber Hugo vor allen und in einem solchen Grade, daß alle nachher Kommenden nicht unabhängig von ihm gedacht werden können. Die künstlerische Stärke seines Weltbildes ist das Bild der sichtbaren Welt. Dies geht so weit, daß ihn fast immer und fast überall das Sichtbare mehr interessiert als das Seelische. Ein berühmtes Gedicht »Tristesse d'Olympio« enthält Klagen über die Vergänglichkeit der irdischen Dinge und über das Hinschwinden der Liebe. Diese Klagen werden in einem Park ausgesprochen und die Schilderung dieses Parks, der doch nichts als der Rahmen des seelischen Vorganges sein soll, ist so herrlich, daß das Gedicht sehr wenig rührend, aber unendlich deskriptiv wirkt. Der Ideengehalt der »Orientales« ist nicht sehr groß. Aber alles Pittoreske in diesem Buch ist unvergleichlich und eigentlich besteht das Buch aus nichts anderem. Er sieht die Länder, die er nie gesehen hat, und er sieht sie mit mehr Lebendigkeit vielleicht als Tausende, die dort gelebt haben.

> La ville aux dômes d'or, la blanche Navarin,
> Sur la colline assise entre les térébinthes.

Und Korinth mit seinem steilen Vorgebirge und die Inseln mit ihren leuchtenden Klippen, und den Hügel von Sparta, und den Teich von Arta, und die seltsam geformten Fahrzeuge, die sich auf den Wellen schaukeln, und die Pferde mit wilden Mähnen, mit den farbigen Sätteln, an denen die großen scharfkantigen Steigbügel herabhängen,

> Et le Klephte à l'œil noir, au long fusil sculpté,

er sieht sie, sieht alles, sieht den großen Orient und jenen anderen Orient, das maurische Spanien…

> Quand la lune, à travers les mille arceaux arabes,
> Sème les murs de trèfles blancs…

So sieht er, in anderen Büchern, die Stadt des Mittelalters, den Dom, den Turm, die Burg, sieht dies alles so, daß man sagen kann, er lebt darin, lebt in diesen architekturalen Konzeptionen stärker als in seinen menschlichen Gestalten, empfindet ihr stummes Dastehen, ihre Mächtigkeit, ihre konzentrierte, gleichsam in ein einziges nie auszusprechendes Wort zusammengepreßte Ausdrucksfähigkeit, ihre Schatten und Lichter, ihr Wuchten und Emporstreben, ihre Melancholie und ihren Stolz besser als die Regungen der menschlichen Seele.
Und so sieht er seine Menschen, sieht sie vor allem, bevor er

sie fühlt. Er empfängt durchs Auge suggestive Vermutungen
über ihr Inneres. Eine erhabene Gestalt tritt bei ihm unnachahmlich auf:

> .... Comme sort de la brume
> Un sévère sapin, vieilli dans l'Appenzell,
> À l'heure où le matin au souffle universel
> Passe, des bois profonds balayant la lisière,
> Le preux ouvre son casque, et hors de la visière
> Sa longue barbe blanche et tranquille apparaît.
>
> (»Légende«: »Eviradnus«)

Und die Schilderung ihres Tuns und Lassens, alles was nachkommt, vermag oft nicht den Eindruck einer solchen ersten
Vision zu erhöhen, in welcher das Pittoreske durch seine Intensität symbolisch wirkt.

III

DIE ENTWICKELUNG
DER DICHTERISCHEN FORM BEI HUGO.
STIL UND AUSDRUCK

Dem Deutschen ist es geläufig, eine bis zur Haltlosigkeit getriebene Freiheit des poetischen Stiles sich gefallen zu lassen.
Ihm tritt bei Betrachtung der französischen Dichtkunst vor
allem der Begriff einer strengen Kontinuität entgegen. Dem
französischen Autor von Bedeutung sind die großen Vor-
gänger, die er in seiner poetischen Gattung besitzt, gleich lebendig, ob sie der eben hingeschwundenen Generation oder
einem weit abliegenden Jahrhundert angehören. Man kann
sagen, daß eine glückliche und prägnante Wendung, ein mu-
stergiltiger Vers in dieser durchgearbeiteten Sprache sich für
immer wirksam und lebendig erhält und dem, der ihn geschaffen, ein in Ewigkeit nicht verfallendes Anrecht auf eine
gewisse Betrachtung sichert. Daher vollziehen sich dort alle
Revolutionen des poetischen Stiles unter heftigem Wider-

stand und allgemeiner Aufmerksamkeit, wovon bei uns nichts zu bemerken ist.

Unter den gewaltigen Umwälzungen, welche die Zeit von 1789 bis 1815 erfüllten und weder eine der öffentlichen Formen, noch die intimen Lebensformen unberührt ließen, war die literarische Form das einzige, was sich unverletzt erhalten hatte, sowohl in bezug auf die Strenge des Versbaues als auf die Sonderung der Wörter in solche, die zum Gebrauch der gehobenen poetischen Diktion geeignet schienen, und solche, die hievon auszuschließen waren. Man wird die Vor- und Nachteile dieser traditionellen Strenge mit einem Blick überschauen: das große Talent wurde freilich herabgedrückt und in der Kühnheit seiner Ergießungen gehemmt, die kleinen Talente aber, deren Produktion immer die Masse ausmacht, konnten gar nicht unter eine gewisse anständige Gleichmäßigkeit und Getragenheit des Tones hinabsinken. Für dies alles hatte sich im Publikum eine äußerste Feinfühligkeit festgesetzt und von Generation zu Generation erhalten, und auch dieser Sinn überdauerte die aufgeregten Zeiten. In den ersten Dezennien des neuen Jahrhunderts war er ungeschwächt wirksam. Bei der Aufführung des »Cid« von Lebrun erregte das Wort chambre ein mißfälliges Gemurmel. »Othello«, in einer Übersetzung von Alfred de Vigny, fiel wegen des Wortes mouchoir, dessen Erwähnung in der Tragödie als unerträglich berührte. Solchen Gesinnungen, so festgewurzelt und verbreitet, stellt sich nicht ein einzelner mit Erfolg entgegen; aber einer ganzen Generation, die sich reich an innerem Erlebnis, vielfältig im Erfassen des Weltbildes und beengt in ihren Ausdrucksmitteln fühlt, sind diese künstlichen Schranken endlich keine Schranken mehr. Hier kommt der Einfluß auswärtiger Literaturen zur Geltung; die Jugend erfaßt das Fremde mit Sehnsucht und Leidenschaft, und von fragmentarischen Andeutungen, trübe übermittelt, kann dennoch eine ungeheure Wirkung ausgehen.

Die stärkste Vermittelung geschah durch das Buch »De l'Allemagne«. Von einer bedeutenden Frau zu politischen Zwecken geschrieben, in bewußter Analogie zu jener gleichnamigen Flugschrift des Tacitus, hat dieses merkwürdige Buch noch mehr und anhaltender im literarischen Sinne gewirkt als im politischen und moralischen. Indem es die Einheit von Charakter und Genie mit Entschiedenheit hervorhob, drängte es alle »formalen« Probleme in den Hintergrund und ließ die Gesichtspunkte des guten Geschmackes als klein und pedantisch erscheinen. Es tat einen großen Horizont auf: das Erhabene, das Vage, das Leidenschaftlich-Schrankenlose ist hier in einer anderen Beleuchtung gesehen als die traditionelle französische. Die Schwäche der nationalen Diktion, des nationalen Verses wird mit klaren Worten ausgesprochen: »Le despotisme des alexandrins force souvent à ne point mettre en vers ce qui serait pourtant de la véritable poésie: cette forme de vers appelle les sentences et les antithèses, qui ne présentent jamais les idées ni les images dans leur parfaite sincérité, ni dans leurs plus exactes nuances.« Indem mit Nachdruck auf die reichere Sensibilität, die größere Phantasie der Deutschen hingewiesen wird, kommen von selbst die Nachteile eines beengten Vokabulars zur Sprache. Es wird geklagt: »Wie könnten wir es versuchen, ein Gedicht von dem geistigen Reichtum, der bunten Fülle der ›Glocke‹ zu übersetzen, da wir uns vom Gemeinen unablässig beängstigt fühlen!...«

Sollte aber eine völlige Revolution des poetischen Sprachgebrauches zustande kommen, so mußte eine große Steigerung des Selbstgefühles in den poetisch Schaffenden vorausgehen; denn nur wer sich alles Großen voll fühlt, wagt es, sich über ererbte Traditionen hinwegzusetzen. Nun war in der Tat der Begriff der dichterischen Persönlichkeit und ihrer Bedeutung, der sich in den letzten Perioden jenes »auflösenden« achtzehnten Jahrhunderts wirklich fast völlig aufgelöst hatte, indem seine eigentlich künstlerischen Elemente sich zu der trockenen Glätte und Geringfügigkeit eines Delille niederschlugen, seine Geistes- und Lebenselemente sich aber in Philosophie und praktisch-politische Spekulation umsetzten, dieser synthetische Begriff »Dichtergröße« war wieder lebendig und machtvoll geworden; und hier sehen wir uns aufs neue zu jenen beiden großen Namen Chateaubriand und Lamartine zurückgeführt. Chateaubriand, voll des Gefühles der eigenen bedeutenden Persönlichkeit und einer großartigen

Manier der Darstellung in jedem Augenblicke sicher, scheute
nicht davor zurück, auch ein solches Element in den Kreis der
Poesie zu ziehen, welches bisher, als die Wurzel des geistigen
Lebens und der Angelpunkt der Weltanschauung selbstverständlich betrachtet, von jeder Art der poetischen Darstellung durchaus ausgeschlossen war: das Element des christlichen Glaubens. Indem er zwei der größten Erscheinungen
vergangener Epochen instinktmäßig für seinesgleichen im
Range erkannte, Bossuet und Voltaire, trieb ihn sein Genie,
mit dem einen zu rivalisieren und den andern zu vernichten.
Und hatte die »Art poétique« des Boileau die Religion als
Stoff ausgeschlossen, »de la foi d'un chrétien les terribles
mystères« der labilen Darstellung durch den Poeten entzie-
hend, so sehen wir Chateaubriand gerade diesen Komplex
seelischer Erlebnisse mit instinktiver Begierde nach dem
größten, lebendigsten Stoffe in den Mittelpunkt seiner Werke
stellen. Hierdurch erfolgte eine ungeheuere Lockerung, ein
ungeheueres Entschleiern von inneren Abgründen, eine ungeheuere Befruchtung der Phantasie. Dieser Stoff hing durch
seine Wurzelfasern mit allen, völlig mit allen Teilen und Teil-
chen des Seelenlebens zusammen; hier gewann in einer neuen
helldunklen Beleuchtung alles Seelische ein neues Ansehen
und die früheren starren Begriffe von Bedeutend und Niedrig, Würdig und Gemein konnten sich nicht lange aufrechterhalten. Analogisch wirkte dieses Thema auf alle Betrachtung
des Seelischen, überallhin aufwühlend, verwirrend und be-
reichernd.

Daneben trat Lamartine und brachte eine andere Bereicherung der Skala des Empfindens: er drückte Regungen aus, die
wegen ihrer Weichheit, ihrer Unbestimmtheit bisher für die
Poesie sozusagen nicht existiert hatten. Die verfließenden
Stimmungen sanfter Resignation, träumerischer Befriedigung, vager Melancholie wurden nun reichlich empfunden,
seit sie so glücklich ausgedrückt waren, und teilten sich der
ganzen Generation mit.

Unter diesem doppelten Einfluß entwickelte sich der Genius
Victor Hugos. Es war sein eingestandener Ehrgeiz, den einen
dieser großen Dichter zu erreichen, es dem andern gleichzu-

tun. So mußte er zuerst von seinem Genius das verlangen, was sie besaßen; von selber und ungerufen stellte sich, mit reifender Kraft, das ein, was ihn von ihnen unterschied.

Aber das war das Erste, das das Ziel eines wortlosen inneren Nachstrebens, Anempfindens: den großen Ton des einen mit der Weichheit des anderen zu verbinden. Nun ist aber dies das Besondere des großen Talentes: daß es immer neue, scheinbar widerstreitende Elemente der Bildung in sich aufzunehmen und das vielfältige Unverwandte zu einer glänzenden Einheit zu verschmelzen vermag. Zu jenen jugendlichen Aspirationen, deren Geist im allgemeinen ein christlicher, einigermaßen germanischer zu nennen ist, findet sich plötzlich ein unerwartetes Vorbild hinzu, dessen Form und Gesinnung völlig lateinisch, ja antik und heidnisch ist. Im Jahre 1819 war, so unerwartet als aufsehenerregend, das glänzende Dichterwerk des André Chénier an den Tag gekommen, dessen Name bisher nur durch wenige bei seinen Lebzeiten veröffentlichte Gedichte und durch die Tatsache seines frühen und gewaltsamen Todes eine gewisse Publizität besaß. Und nun, ein Menschenalter nach seinem Tode, gelangten diese Elegien und Hymnen, diese Bruchstücke und Überbleibsel in die Hände eines gewissenhaften Herausgebers, und drangen sogleich in die Öffentlichkeit, mit ihrem wahrhaft antikischen Glanz und ihrer unverwelklich blumenhaften Anmut, als die Hinterlassenschaft eines auf der Guillotine in blühender Jugend Hingestorbenen, doppelt geisterhaft ergreifend. Hier war eine vollständige, eigentümliche und verführerische Vision der Antike: in einem Spiegel die Welt des Homer, des Hesiod und des Moschos aufgefangen.

Was man hier in den Händen hielt, war so sehr, so durchaus Poesie, wie lange nichts, was die französische Sprache hervorgebracht hatte; hier lebte und glänzte in jedem Vers jenes Θαλερόν, jenes blumenhafte frische Wesen, die »novitas florida« des Lucrez. Hier war die äußerste Künstlichkeit mit einer tiefen Herzlichkeit vereint; alles aus zweiter Hand und doch alles von einer taufrischen Lebendigkeit. War man ganz unter dem Zauber des Großen, des Vagen, des Sehnsüchtig-Grenzenlosen, der finsteren Erhabenheit, des düsteren Prun-

kes gestanden, so ging von diesen Gedichten die nicht minder
intensive Faszination der vollkommenen Klarheit, der süßen
freudigen Vollkommenheit, der zauberhaft geschlossenen
antiken Welt aus. Victor Hugo fühlte sich stark genug, dieses
neuen Zaubers sich zu bemächtigen, ohne auf jenes andere
Element zu verzichten. Aber man wird den Einfluß, den
Chénier auf ihn geübt hat, kaum je zu hoch anschlagen können. Denn er empfing von ihm das liebliche antike Weltbild
als Ausdruck der idyllischen und elegischen Stimmung; er
empfing von ihm ein lebendiges sinnlich-geistiges Verhältnis
zur Mythologie, ein tiefes natursymbolisches Verstehen dieser erstarrten poetischen Gebilde; und nicht zuletzt die Fülle
und Anmut des Verses, die, mit den glücklichsten Bildungen
Vergils wetteifernd, zugleich dem Ohr ein Rhythmisch-Gan-
zes, dem Auge ein gedrängtes Bild und dem Geist die Mittei-
lung eines bedeutenden und schönen Vorganges bietet.
Überall dort, wo Victor Hugo Reichtum und Gelassenheit,
symbolische Kraft mit erhabener Einfachheit vereinigt, immer in jener unvergleichlichen Kunstform der heroischen
Idylle, mit der er einmal, in »Booz endormi«, den Höhepunkt
seiner ganzen Produktion erreicht hat, schwingt etwas mit
von dem Geist Chéniers. Der Kreis, den die Inspiration Chateaubriands und die Inspiration Chéniers umspannen soll, ist
nicht klein, aber hier bereitete sich eine Synthese vor, die dem
Ausdruck jeder menschlichen Regung gewachsen sein sollte.
So war noch ein Ton aufzunehmen, männlich, stolz, durchaus französisch, französisch mit einem Anhauch spanischen
Geistes: der Ton des großen Corneille. In der Vorrede zu
»Cromwell« findet sich diese Erinnerung an Corneille, die alles zusammenfaßt, was über ihn hier auszusprechen ist:
»C'est après avoir été ainsi rompu dès son premier jet, que ce
génie, tout moderne, tout nourri du moyen-âge et de
l'Espagne, forcé de mentir à lui-même et de se jeter dans l'an-
tiquité, nous donna cette Rome castillane…« In einem solchen Sinne Corneille zu lesen, an dem Hochmut seiner Gesinnung, dem Stolz seiner Diktion sich zu berauschen, sein
feodales, sein spanisches Element ihm nachzufühlen, gleichsam seine persönliche Fiber unter der Hülle klassizierender

Form emporzuwühlen, dies heißt sich in ihn einleben, und wo die geniale Kraft der Assimilation vorhanden ist, heißt es jenes Tones sich bemächtigen und ihn fortan zu besitzen. Denn so eignen sich die Geister einer produktiven Epoche alles an, was ihnen aus früheren Zeiten lebendig erscheint. Sie sind ohne Gelehrsamkeit; aber eine heftige Begierde, zu erobern, die Kunst in sich zu bereichern, treibt sie in jede Richtung. Sainte-Beuve hat es für die Generation von 1827 schön ausgesprochen: »Chacun alors prenait l'initiation où il le pouvait; on saisissait un point et l'on devinait le reste. – Surtout dans l'ordre lyrique, les dernières sources trop fréquentées du dixhuitième siècle étaient taries et épuisées: le style était entravé et gêné: l'étendre, enrichir la palette, ajouter quelques notes aux accents connus, voilà...«

Und dies ist eine der Konkordanzen, an welchen, wie oben angedeutet wurde, eine produktive Epoche reich ist: es brachten die einen das ans Licht, was die andern brauchten. Wollte man über Corneille hinaus, seinen Ton zu bereichern, wollte man »une fibre héroïque et mâle un peu cornélienne à l'avance«, und dazu eine anhaltende Erhabenheit des Tones, eine majestätische Fülle, eine gewaltige Breite des Vortrages, so gab es wohl eine verschollene, einst hochberühmte Dichterkraft, die alles dieses darzubieten vermochte. Und gerade diesen Halbverschollenen brachte Sainte-Beuve mitten in jenen an Inspiration und Leben reichen Jahren mit Glanz an den Tag und bereicherte mit einer Anthologie aus den Werken des Ronsard den geistigen Besitz der Epoche, Stil- und Sprachgefühl mächtig belebend (1828). Die Diktion Victor Hugos trägt hie und da in ihrem Gefüge den Ronsardschen Charakter, hie und da aber auch an ihrer Oberfläche, in einer einzelnen Kühnheit, die wie ein Glanzlicht aufgesetzt ist. Hiezu rechne ich den reichlichen Gebrauch des substantivierten Tätigkeitswortes, eine Pomposität, die Ronsard so eigen ist:

Je suis le *regardeur* infini.

(»Légende«: »Suprématie«)

Ce *chercheur* d'aventures sublimes.

(Ibidem: »Eviradnus«)

Ferner aber jene besondere und wirksame Kühnheit des Ge-
brauches, einmal den Eigennamen als Gattungsnamen zu setzen, wodurch ein eigentümlich legendärer übergroßer Zug in
die Darstellung kommt, ein nächstes Mal den Gattungsnamen oder das abstrakte Substantiv mit jäher Personifikation
gleichsam als einen Eigennamen hinzusetzen:

> N'est-il pas l'héritier de César? *le Philippe*
> Dont l'ombre immense va du Gange au Pausilippe?
>
> (»Légende«: »La rose de l'Infante«)

oder mit noch kühnerer Verwendung:

> Complète ta grandeur *par de la Sibérie*.
>
> (»Les quatre vents de l'esprit«)

und anderseits:

> Et tes deux boucliers? – J'ai *mépris* et *dédain*.
>
> (Ibidem)

Auch wird man den Einfluß von Ronsard nicht verkennen,
wenn man bei Hugo einen sehr starken Gebrauch des substantivierten Adjektivs wahrnimmt:

> Quand de *l'inaccessible* il fait *l'inexpugnable*.
>
> (»Le petit roi de Galice«)

> Les *célestes* n'ont rien de plus que les funèbres.
>
> (»Le Crapaud«)

> Le *stupide*, attendri, sur *l'affreux* se penchant.
>
> (Ibidem)

Noch mehr aber schmeckt die Wortzusammensetzung nach
jener heroischen Diktion des Ronsard, welche der gedrungenen Fülle der Griechen nachstrebte:

L'homme-chèvre ébloui regarda ses pieds nus.

(»Le Satyre«)

Brise *l'homme sépulcre,* ô France! ressuscite!

(»Les Châtiments«)

On entend dans les pins que l'âge use et mutile
Lutter *le rocher hydre* et *le torrent reptile.*

(»Le petit roi de Galice«)

Beziehen sich alle diese Einflüsse im großen und ganzen auf
die Struktur der poetischen Rede, so ist nicht minder eines
Elementes zu gedenken, welches mit jener Epoche eigentlich
zum erstenmal überhaupt in die Poesie eintritt und vielleicht
das Auszeichnende des neunzehnten Jahrhunderts bildet: die
Farbe. Hier nun liegt fast nichts in der Tradition, wovon sich
Besitz ergreifen ließe; aber die Epoche selber war erfüllt von
dieser Faszination und so drang es denn gewaltig in die Poesie. Was vielfach emporquillt und andringt, ist schwer an einzelne Namen zu knüpfen. Immerhin werden zwei vor allem
zu nennen sein: Walter Scott, der die mittlere und halbvergangene Zeit zum grenzenlosen Behagen, ja zum tiefen Entzücken ganzer Generationen als ein Ganzes, mit ihrem Tun
und Lassen, ihrer Tracht und ihrer Baukunst hervorzurufen
wußte, und abermals André Chénier, dessen glänzend liebli-
ches und so abgeschlossenes Gemälde der antiken Welt einen
ähnlichen und etwa noch intensiveren Zauber ausübte, freilich nicht so ins Breite, sondern auf die einzelnen, am meisten
auf die Dichter und ihre Nahestehenden. Des Namens Byron
bloße Erwähnung wird genügen, um zurückzurufen, wie
gewaltig dieser große Dichter im gleichen Sinne wirksam
war: die ungeheuere Sonnen- und Farbenwelt des Orients in
romantischen Perspektiven aufzuschließen.

Hier müssen wir von einem deutlichen Hinstreben der Poesie
nach dem Gebiete der bildenden Künste sprechen, einer bedeutenden Einwirkung des Auges auf die Ausbildung der
Phantasie. Und dieses neuartige folgenreiche Streben werden
wir keiner Nation stärker zurechnen dürfen als der französi-

schen, wie denn überhaupt vom siebzehnten Jahrhundert an bis auf unsere Zeit den Franzosen in der Pflege jener Künste ganz allein eine wahrhafte Kontinuität beschieden war, wovon auch allein ein wirklicher Einfluß auf den Geschmack und die Geistesrichtung der breiteren Menge ausgehen kann: denn das Vereinzelte bleibt immer ohne Wirkung auf die Masse, es möge noch so bedeutend sein und auf einzelne noch so tief wirken. Es ist das Verhältnis des französischen Volkes zu den Produkten der bildenden Künste, vor allem aber zur Architektur, ein glücklicheres und lebhafteres; was die Malerei hervorbringt, existiert für mehrere, und der Sinn des Sehens ist nicht so gar wenigen verliehen.

So mußte, in einer Epoche, die alles aufwühlte und jedes neuartige Andersstreben begünstigte, auch das pittoreske Element des Daseins mit Gewalt in die Poesie Hugos eindringen: ihm bedeuteten diese Künste viel; das Alte in ihnen war ihm lieb und das Neue nicht verschlossen. Was für ihn den Zauber der vergangenen Zeiten ausmachte, war hauptsächlich das, was sich durchs Auge überliefert: die Bauwerke, die Bildwerke erschlossen ihm das Mittelalter und die späteren Jahrhunderte. Franz I. und sein Hof, das waren ihm vor allem Menschen, die Tizian gemalt hat; die spanischen Habsburger, das waren ihm vor allem die unendlich suggestiven Gesichter von den Velasquezbildern; das Mittelalter, das waren ihm die Türme mit den Spitzbogen, die Portale mit den Tausenden von mystischen und grotesken Gestalten, die dicken Mauern, die Verliese, die Erkerstuben: von hier ging er aus und erriet von hier aus mit synthetischer Kraft Geist und Gemüt einer Epoche. Die Malerei seiner eigenen Zeit aber war bedeutend genug, um ihn nicht im Stich zu lassen, wenn er ein schönes und glühendes Weltbild der Gegenwart erfassen wollte. Hier ist vor allen Delacroix zu nennen, der nahezu unbegrenzt war im Ausdruck des Leidenschaftlichen und Farbig-Gewaltigen. Ihm gab zuerst der Anblick des Orients den großen Anstoß; der Genius Rubens' wirkte im gleichen Sinne. Zuerst zogen ihn erhabene Stoffe an, die in das Helldunkel der großen Poesie schon gehüllt waren: die Barke mit Dante und Vergil, oder das »Gemetzel auf Chios«, eine Orgie von Scharlach, Feuer und Wolkendunkel, eine Byronsche Atmosphäre. Allmählich aber wurde ihm jeder Stoff erhaben und großartig. Er sah überall die grandiosen Antithesen und die grandiosen Harmonien der Farbe. Das gelbe Ziegenfell, das einen rothaarigen, am Flusse trinkenden Hirten einhüllt, gegen den tiefblauen Himmel; zwei ineinander verschlungene kämpfende Tierleiber, braun und grau, unter der glühenden Abendröte; das Rot eines Mantels, ein blutbespritzter leuchtender Menschenleib, das Braun eines Pferdes und das Dunkelblau einer Felsenschlucht: aus solchen Harmonien war für sein Auge die Welt zusammengesetzt und er war unermüdlich, sie festzuhalten. Neben ihm legte Géricault Größe und pittoreske Gewalt in die Darstellung der menschlichen, der tierischen Gestalt; Decamps ersah mit großem Blick das Erhabene der Landschaft. Es war, um nicht noch viele zu nennen, eine malerische Atmosphäre großer Art vorhanden, und der Dichter, »für den die sichtbare Welt existierte«, brauchte nicht allein aus sich zu schöpfen, um sich vor dem Vagen zu sichern, und den Vor- und Hintergründen seiner Vision eine große Bestimmtheit zu geben.

Indem er aber dem inneren Auge viel bietet, so will er doch nicht bloß fürs Auge schaffen, sondern wendet sich noch an einen höheren Sinn. Er will doch ausdrücken, und irgendwie anschaulich machen, was sich der Anschauung eigentlich entzieht: was noch über den Gedanken hinausgeht, die Idee. Hier kommt ihm das Symbol zu Hilfe, tausendfach überliefert, wenn auch freilich erstarrt und entgeistert. Und in der eigenen Epoche fühlt er sich von Lebenden, Denkenden umgeben, denen es Bedürfnis ist, für das Tiefste ihres Daseins nach dem wahrsten Ausdruck zu streben, um ihren Geist und ihr Gemüt von der beängstigenden Verworrenheit zu befreien. Diese schaffen dem Vokabular einer Sprache seine höchsten geistig-sittlichen Elemente, indem sie das Überkommene in ernstem Sinne erfassen und Neues hinzubilden, dem ihre vielfältige geistige Erregung tiefere und zarte Schwebungen mitgibt. So wirkte jene Gruppe von Strebenden, die, zuerst als Saint-Simonisten, im weiteren Verlaufe als Sozialisten bezeichnet, ein neues sittliches Ganze, dem ursprünglichen

Christentum ähnlich, aber weit vollkommener, in der Welt hervorzurufen gedachten. Erfüllt von vagen Strebungen, die sie für Ideen nahmen, bemächtigten sie sich mit Kühnheit und Leichtigkeit aller Terminologien vergangener Epochen. Alles frühere Streben schien ihnen nur auf das jetzige hinzudeuten, und es schien ihnen ein leichtes, die Ausdrucksweise des Platon und die der Evangelien, nicht minder die indische oder persische und noch sonstige Terminologien als die Dialekte einer einzigen Sprache zu erfassen. Bei ihnen ging alles durchaus auf eine kühne und leichte Synthese aus. War Saint-Simon der Urheber dieses vagen, zuweilen parabolischen Tones, so ist Pierre Leroux sein hauptsächlichster Vertreter. Sein bedeutendstes Werk, »De l'humanité«, den Entwickelungsgang der Menschheit im ganzen umfassend, überblickt alles mit Leichtigkeit, stellt überall Konkordanzen her, und weiß den ungeheueren, ja verzweifelten Stoff mit der trüglichen Sicherheit eines Nachtwandlers zu durchschreiten.

Jean Reynaud, halb Dichter, halb Doktrinär, stand diesen Geistern nahe. Gleich ihnen verfing er sich in den Verwickelungen des Jahres 1848. Auch er glaubte sich befähigt, das Gesamte des Daseins in einer Schrift zu umspannen. »Terre et ciel« nannte er ein Buch, welches einen vagen Pantheismus ausspricht und worin die sittlichen Fragen mit einer Sicherheit erörtert sind, wie sie nur ein solcher aufbringen kann, dem niemals Zweifel an der Sprache, als einem höchst trüglichen Ausdrucksmittel, gekommen sind.

Dies war eine geistige Atmosphäre, in welcher die Kritik abstrakter Begriffe nicht tiefging. Man legte in die das Geistige bezeichnenden Worte mehr Emphase und Tendenz als geistigen Reichtum. So muß der Gebrauch des Abstraktum in der Diktion Victor Hugos verstanden werden. Wenn das Abstraktum bei Dante aus der tiefsten, durch das seelische Erlebnis gewonnenen kristallklaren Überzeugung hervorgeht, wenn es bei Goethe das lebensvolle Aggregat der Erfahrung ist, ein glückliches, aus dem Individuum hervorblitzendes Aperçu, eine Neuschöpfung jedesmal, so ist demgegenüber das Abstraktum bei Hugo ein konventionelles Gebilde, an dessen Inhalt der Anteil des Dichters nicht groß ist.

Da wir aber doch irgendwo im Schatz der Sprache die fühlbare Einwirkung einer so mächtigen dichterischen Kraft suchen müssen, so sehen wir uns auf jene Worte zurückgeführt, denen malende Kraft im weitesten Sinne innewohnt.

Diesen Worten gegenüber besaß er alle jene geistige Freiheit und schöpferische Kühnheit, die ihn gegenüber dem Abstraktum im Stich ließ: er führt ein Wort von Schattierung zu Schattierung, treibt es in einen immer geistigeren, uneigentlicheren, grandioseren Gebrauch hinein.

Aus diesen reichlichen Kühnheiten des Sprachgebrauches konnte Arsène Darmesteter die schönen Beispiele schöpfen, welche das nie erstarrende »Leben« der Worte so deutlich illustrieren. Sei an zwei Adjektiven diese Kunst gezeigt, durch die Verwendung mit immer anderen Vorstellungselementen den Inhalt des einzelnen Wortes vom scharf-bestimmten Sinnlichen zum geheimnisvoll Metaphorischen hinüberzuführen. (Conf. Darmesteter »La vie des mots«)

Derrière eux cheminait la mort, squelette chauve.
Il semblait qu'aux nasaux de leur cavale *fauve*
On entendît la mer ou la forêt gronder.

Hier hat »fauve« die ursprünglich konkrete Bedeutung: mit falbem Fell, rotgelb.

On vante Eviradnus...
Quand il songe et s'accoude, on dirait Charlemagne;
Rôdant, tout hérissé, du bois à la montagne,
Velu, *fauve,* il a l'air d'un loup qui serait bon.

Hier ist »fauve« inmitten zwischen der Bedeutung rothaarig und einer geistigeren: etwa »farouche«.

Und in dem folgenden Beispiel nimmt es eine ganz neue außerordentliche Bedeutung an:

...... Corbus, triste, agonise. Pourtant
L'hiver lui plaît; l'hiver, sauvage combattant,
Il se refait, avec les convulsions sombres

> Des nuages hagards croulant sur les décombres,
> Avec l'éclair qui frappe et fuit comme un larron,
> Avec des souffles noirs qui sonnent du clairon,
> Une sorte de vie effrayante, à sa taille;
> La tempête est la sœur de la *fauve* bataille.
>
> («Légende«: »Eviradnus«)

So ist ihm »hagard« ein Ausdrucksmittel aller Nuancen des
Schauerlichen geworden:

> L'Asie est monstrueuse et fauve; elle regarde
> Toute la terre avec une face *hagarde*.
>
> («Légende«: »Les trois cents«)
>
> Les supplices hurlant dans la brume *hagarde*.
>
> (Ibidem: »Les Mercenaires«)
>
> Là, pas d'astre; et pourtant on ne sait quel regard
> Tombe de ce chaos immobile et *hagard*.
>
> («Le Parricide«)
>
> *Hagard,* il détourna la roue inexorable.
>
> («Le Crapaud«)
>
> L'agonie éteignit sa prunelle *hagarde*.
>
> («La vision de Dante«)

Und hier sind noch andere Beispiele für diese so äußerst
fruchtbare Kühnheit, das Adjektiv aus der sinnlichen Sphäre
in die sittliche zu rücken, wo ihm dann alle suggestive Gewalt
seiner mitschwebenden metaphorischen Elemente anhaftet:

> À l'empereur Othon qui fut un prince *oblique*.
>
> («Les quatre jours d'Elciis«)
>
> Cet homme marchait *pur* loin des sentiers *obliques,*
> Vêtu de probité *candide* et de lin blanc...
>
> («Booz endormi«)

Eine gleiche Freiheit – und dies sind die wahren Schöpfungen,
dies die wahren Bereicherungen des Sprachschatzes – dem
Substantivum gegenüber: »gouffre« zur Bezeichnung des
unermeßlichen Himmels:

Laissez-moi m'en aller dans vos *gouffres* sublimes!

(»Légende«: »Les Mercenaires«)

»ombre« zur Bezeichnung des Makrokosmos:

L'ombre a tout l'ouragan, l'âme a toute la lyre.

(»Les quatre vents de l'esprit«)

So wirkt ein großer Sprachgenius belebend auf eine Sprache: denn in der Sprache ist alles metaphorisch und die subtilere Metaphorik der Begriffsübertragung ist das unausgesetzte heimliche Leben der Sprache.

IV

RHYTHMUS UND REIM

Rhythmus

Herr Émile Faguet von der Académie Française hat es in seiner schönen Studie über Victor Hugo geradezu ausgesprochen: wer die Kunst des französischen Verses zu seinem Studium macht, könne sich darauf beschränken, La Fontaine und Victor Hugo zu lesen; die übrigen dürfe er vernachlässigen.

So treffen wir denn hier bei Victor Hugo jenes schrankenlos reiche Zuströmen und unfehlbar sichere Maßhalten, jenes Nie-Zuviel und Nie-Zuwenig, wie es eben im glücklichsten Gebiet einer großen Begabung sich findet. Denn hier liegt seine Stärke; dies war er vor allem: ein großer, unvergleichlicher Künstler des Verses.

Ihm ist – und dies ist eine große, ursprüngliche Gabe, eine innerliche Musik –, ihm ist ein Wort nicht ein Zeichen, nicht ein Bild, sondern vor allem auch ein Ton. Diese angeborene Gabe, die Konkordanz der Worte mit dem tausendfachen Lauten der Natur zu spüren, ist ebenso selten als sie fruchtbar ist. Man hat daran erinnert, wie sehr der melodische Lamartine von diesem Instinkt zuweilen in Stich gelassen wurde. Man hat von ihm diese Verse zitiert:

> Celui qui, respirant son haleine adorée,
> Sentirait ses cheveux, soulevés par les vents,
> Caresser en passant sa paupière effleurée
> *Ou rouler sur son front leurs anneaux ondyants . . .*

und man hat mit Recht bemerkt[1], daß die Vokalisation des letzten Verses mit ihren dumpfen u und o ungefähr das Gegenteil dessen ausdrückt, was sie ausdrücken soll, nämlich hauchende, duftige Leichtigkeit.

Vielleicht daß von allen älteren Dichtern nur der unvergleichliche La Fontaine jenen musikalischen Instinkt für den Tongehalt der Worte besessen hat, er, der mit einem solchen Verse, funkelnd und schmetternd wie grelles Licht auf Harnischen und Trompeten, die Schilderung eines Kampfes abschließt:

> L'insecte du comb*a*t se retire avec gl*o*ire;
> Comme il sonn*a* la ch*a*rge, il sonne la vict*o*ire.

Von hier führt ein einziger Schritt zu Victor Hugo und zu solchen wundervollen Kombinationen der Vokale und Konsonanten, wie diese:

> C'était le grand cheval de *gloire,*
> Né de la mer comme *Astarté,*
> À qui l'aurore donne *à boire*
> Dans les urnes de la *clarté.*

(»Chansons des rues et des bois«: »Prologue«)

Oder diese, in welcher ein überraschender, in den Reim gedrängter geistiger Glanz noch den lautlichen Glanz der von Liquiden eingeschlossenen hellen Diphthongen erhöht:

> Iblis leva les *yeux,* et tout à coup l'infâme,
> *Ébloui,* se courba sous l'abîme *vermeil:*
> Car Dieu de *l'araignée avait fait* le *soleil.*

(»Légende«: »Iblis«)

---

[1] Faguet, l.c., Étude sur Lamartine

Oder diese, ein Beispiel aus vielen gewählt, worin die Häufung des ü ein dringlich sehnsüchtiges Element der Stimmung gibt:

Éschyle errait à la *brune*
En Sicile, et s'enivrait
Des *flûtes du* clair de *lune*
Qu'on entend dans la forêt.

(»Chansons des rues et de bois«)

Ich bin nicht der erste, der mit unbegrenzter Bewunderung für die Sprachgewalt, welche ohne Wechsel des Rhythmus eine solche Veränderung des Tones herbeizuführen imstande ist, die folgenden Strophen der XII. Ballade kopiert und nebeneinandersetzt, von denen die eine das spitzgiebelige, vieltürmige Bild der gotischen Stadt ebenso wundervoll hinmalt, wie die andere, massig und dröhnend, das dumpfe Getöse des Stadtinneren ausströmt:

Cette ville
Aux longs cris,
Qui profile
Son front gris,
Des toits frêles,
Cent tourelles,
Clochers grêles,
C'est Paris!

Le vieux Louvre!
Large et lourd,
Il ne s'ouvre
Qu'au grand jour,
Emprisonne
La couronne,
Et bourdonne
Dans sa tour.

Es gibt Tausende seiner Verse, die, mit dem Einschnitt an der traditionellen Stelle, ohne durch den Kontrast der syntaktischen Gliederung den Rhythmus zu durchkreuzen und zu beleben, dennoch voll Lebens und voll Besonderheit sind, nur durch den Tongehalt und die Anordnung der Wörter. Durch diese Durchkreuzung aber erst, durch die geniale Variation des »freien Einschnittes«, hat er dem Alexandriner einen Reichtum gegeben, den dieses Versmaß unter den Händen keines früheren Dichters hat ahnen lassen. Und er hat niemals vergessen, daß der ungewöhnliche Einschnitt seinen Reiz nur so lange ausüben kann, als er vereinzelt zwischen regelmäßig gebauten Versen auftritt; daß eine übermäßige Anwendung dieses Kunstmittels eine Vergeudung seines Zaubers ist und eine Reihe von Versen in pure Prosa auflöst[1].

Versuchen wir es nun, die Typen des Alexandriners nebeneinanderzustellen, die er durch eine höchst kunstvolle Verteilung der »coupes« geschaffen hat, so werden wir dabei nicht einen Augenblick vergessen, daß es sich bei so großer Kunst dennoch kaum um ein Kunstmittel, kaum um ein bewußtes Vorgehen handelt, sondern um ein glückliches instinktives Wollen, dem das Material der Sprache sich im Augenblick des Schaffens widerstandslos unterordnet und von selbst in rhythmischen Wellen anschwillt und abklingt.

Er hat vor allem um ihrer Eindringlichkeit, ihrer angespannten Fülle wegen diese Form des Alexandriners geliebt, welche in drei Abschnitte von je vier tönenden Silben zerfällt, und die den Klassikern nicht unbekannt war:

Ces yeux tendres – ces yeux perçants – mais amoureux.

(Corneille, »Psyché«)

Ihrer hat er sich bedient, um eine dreifache Steigerung zu geben, um mit einer nach drei Richtungen weisenden Fülle der Elemente die deskriptive Gewalt der Antithese zu übertreffen:

---

[1] Wie vielfach bei Musset, bei Théophile Gautier (»Albertus«), bei Verlaine (»Sagesse«)

> J'ai vu le jour – j'ai vu la foi – j'ai vu l'honneur.
> Les fleurs au front – la boue aux pieds – la haine au cœur.

Durch Nebeneinschnitte hat er es vermocht, diesem dreiteiligen Vers ein Gefüge zu geben, das noch größere Spannung erregt:

> Moi, le pouvoir – et toi, le vin – causons tous deux.
>
> (»Légende«: »Zim-Zizimi«)

Ein einziges Mal geht er noch weiter und, die Dreiteiligkeit des Verses verlassend, drängt er, durch Einschnitte nach jedem Wort, in einem einzigen Vers ein ganzes philosophisches System zusammen: Antithese als Definition, Ableitung daraus, ein vollständiges dualistisches Schema:

> Roi forçat, l'homme, esprit, pense et, matière, mange.
>
> (»Contemplations«: »Ce que dit la bouche d'ombre«)

Um aber dem nationalen Verse eine fast schrankenlose Variabilität zu geben, handelt es sich nicht bloß darum, ihn noch feiner zu durchgliedern, sondern ihm im Innern über die Zäsur hin, nach außen über den Versschluß hinaus die Schleusen zu öffnen. Dieses schöne Überströmen im Innern herbeizuführen, kommt abermals der unregelmäßige Einschnitt zu Hilfe. In der Vorrede zu »Cromwell« steht der Ausruf: »Malheur au poète si son vers fait la petite bouche!« Der Einschnitt nach dem sechsten Fuß ist es, der für das Ohr den Vers verlängert, gleichsam in ihm einen großen Horizont aufschließt.

Es muß gesagt werden, daß La Fontaine auch dieses Element metrischer Wirkung gekannt hat:

> Nous cultivions en paix d'heureux champs – et nos mains
> Étaient propres aux arts ainsi qu'au labourage.

Aber davon einen eigentlichen kühnen und reichen Gebrauch zu machen, das Gebot der syntaktischen Zäsur wie das der syntaktischen Pause am Versschluß zu durchbrechen, und das ganze Gebäude jener von Malherbe erfundenen, durch Boileaus Einfluß befestigten äußerlichen, das Leben des Verses unterbindenden Regeln für immer außer Existenz zu setzen, das war Victor Hugo vorbehalten.

Das Überströmen des Verses über die Zäsur wird erzielt, indem ein Epitheton unmittelbar an das Substantiv tritt, welches den sechsten Fuß schließt, so daß wir gezwungen sind, den Einschnitt weiter nach rückwärts zu verlegen, wie in dem obigen Vers von La Fontaine, z. B.:

> Une fraternité vénérable – germait,
> Plein de la rêverie immense – de la lune…
> Voit dans la transparence obscure – du sommeil…

Das Überströmen des syntaktisch Verbundenen über den Reim wird von André Chénier mit der schönen diskreten Sicherheit angewandt, mit der seine Hand das Elfenbein der Sprache bearbeitete. Man kennt diesen Vers von ihm über die Flucht eines Hirsches, in welchem das Enjambement eine große tonmalende Gewalt hat:

> L'animal, pour tromper leur course suspendue,
> *Bondit,* s'écarte, fuit, et la trace est perdue.[1]

Aber dergleichen konnte auch nach den Regeln von Malherbe noch für erlaubt, zumindest für eine erlaubte Freiheit gelten. Das Enjambement, welches gleich die erste Zeile von »Hernani« enthält, erregte den wütenden Widerspruch von Hunderten von Franzosen, deren Ohr sich beleidigt fühlte.

> Serait-ce déjà lui? C'est bien à l'escalier
> Dérobé –

---

[1] Zitiert bei Lubarsch, S. 443

Bei diesen Worten der Duenna brach ein Sturm los. »Wie, ist die Orgie schon mit dem ersten Worte so weit? Man zerbricht die Verse und wirft sie zum Fenster hinaus!«[1]

Und eben von diesem »Gipfel der Lächerlichkeit«, von diesem »einem schimpflichen Rückschritt huldigenden System«[2] sollte eine wahre Verjüngung des nationalen Verses datieren, eine nie vorher geahnte Bereicherung seiner Ausdrucksfähigkeit.

Das Enjambement über den Reim hinaus, oder die Kombination der beiden Kunstmittel, des äußeren und inneren Enjambements, das strafft die unerhörte Fülle des Hugoschen Verses, begründet die Möglichkeit, den breit dahinrollenden Strom plötzlich zusammenzudrängen, der wuchtigen Masse das bedeutende Detail kühn entgegenzuwerfen, die äußerste Folgerung, den jähen Kontrast dominierend herauszuheben. Tritt aber noch das unvergleichliche Kunstmittel jener im Innern des Verses mit äußerster Feinheit und Versatilität verteilten Pausen und Einschnitte hinzu, so entsteht eine Ausdrucksfähigkeit, die eigentlich keine Grenzen mehr hat; es ist ein Vers, der das An-sich-Halten ebenso ausdrückt wie das feierliche Hinströmen, der im Gleiten ebenso zu malen vermag wie im Schreiten, im Huschen, im Stürmen, im Sich-Auftun, im Anschwellen, im Abklingen; der alle Regungen des Seelischen herzugeben imstande ist, den Stolz, die Prahlerei, die Erbitterung, die Naivetät, die Sinnlichkeit, die Grazie, und der die Monotonie nicht kennt, es sei denn, wo er sie mit Absicht herbeiruft, um sich auch ihrer, wo es nottut, als eines Ausdrucksmittels zu bedienen. Hiefür in den Werken des Dichters Beispiele aufzufinden, sie zu häufen und zu wiederholen, ist unendlich leicht, aber es wird schwer, unter einer solchen Fülle das Typische auszuwählen. Denn jeder sehr große Reichtum gleicht dem Reichtum der Natur, deren Formen, grenzenlos vielfältig, unmerklich ineinander übergehen.

---

[1] Bericht über die erste Aufführung von »Hernani« bei Th. Gautier, »Histoire du Romantisme«, S. 109
[2] Quicherat, Kap. VI, über das Enjambement

Das unerwartete Sich-Öffnen eines ungeheueren Hintergrundes in diesem Enjambement:

> L'aurore apparaissait. Quelle aurore? Un abîme
> *D'éblouissement*...

Eine wachsende Unruhe, die in den nächsten Vers hinüber-
geworfenen Versteile immer größer werdend, bis sie zuletzt
einen ganzen Vers ausfüllen:

> Tous les monstres sculptés sur l'édifice épars
> *Grondent,* et les lions de pierre des remparts
> *Mordent la brume, l'air et l'onde,* et les tarasques
> *Battent de l'aile au souffle horrible des bourrasques.*

Die Malerei einer unheimlichen Wirrnis in diesem rejet:

> L'aube est pâle, et l'on voit se tordre les serpents
> *Des branches sur l'aurore horribles et rampants.*

Oder diese Verse aus »Marquise Zabeth« (»Les quatre vents
de l'Esprit«), in welchen das Enjambement, auf zwei durch
den trivialsten Gebrauch untrennbar gewordene Wörter gestützt, der Diktion die gewollte zynische Leichtfertigkeit
gibt:

> Ayant vu tout à coup, quand je rêvais la *butte*
> *Montmartre,* où dix moulins font gaîment leur culbute,
> Surgir avec sa neige auguste la Yungfrau...

So ist es möglich, die getreue Malerei eines wechselnden Geräusches zu erreichen; »in fünfzehn Versen, zuerst in Flüster-
tönen; dann in deutlicheren, aber weichen und verfließenden
Lauten; dann in schärferen, lebhafteren; dann in gezogenen,
in erstickten Tönen, immer mit Hilfe der ausdrucksvollsten
Einschnitte, ein Geräusch zu malen, das kommt – näher
kommt – den Raum erfüllt – anschwillt – abbricht«[1].

---

[1] Faguet, S. 246

Écoutez! – Comme un nid qui *murmure invisible*
Un bruit confus s'approche, et des *rires – des voix –*
Des pas – sortent du fond vertigineux des bois.
Et voici qu'à travers la grande forêt *brune*
Qu'emplit la rêverie immense de la *lune*
On entend frissonner et vibrer *mollement*
Communiquant au bois son doux *frémissement,*
La guitare des monts d'Inspruck, *reconnaissable*
Au grelot de son manche où sonne un grain de *sable,*
Il s'y mêle la voix *d'un homme;* et ce *frisson*
Prend un sens – et devient une vague *chanson.*
. . . .
La mélodie encore *quelques instants se traîne*
Sous les arbres bleuis par la lune *sereine,*
Puis *tremble,* puis *expire;* – et la voix qui chantait
S'*éteint* comme un oiseau se pos*e;* tout se tait.

(»Légende«: »Eviradnus«)

Das stumme e, welches in der letzten Zeile die Gewalt des
Einschnittes verstärkt, indem es ihn ums Doppelte verlängert, ist ein Geheimmittel, durch welches Hugo rhythmische
Schönheiten der höchsten Ranges erreicht hat.
Im letzten Akt von »Marion de Lorme« findet sich die Stelle,
an welcher Didiers Träumereien, an der Schwelle des Todes,
jäh durch den Eintritt der das Todesurteil verkündenden Ge-
richtsperson unterbrochen werden. Das rhythmische Bild
dieser unheimlichen Kontrastwirkung ist das folgende, eingerahmt von einem umschließenden Reimpaar:

C'est l'affaire du corps. Mais que m'importe, à moi!
Lorsque la lourde tombe a clos notre paupière,
L'âme lève du doigt le couvercle de pierre,
Et s'envol*e* ... »Monsieur le conseiller du Roi!«

Die über jede bewußte Technik hinausgehende, einem glücklichen Instinkt gehorchende Abwechslung zwischen regelmäßig und unregelmäßig gebauten Versen, das Wiederkommen eines ungewöhnlichen Einschnittes, der sich dem

Ohr eingeprägt hat, alle diese Möglichkeiten lassen schon aus
einer Kette von Alexandrinern ein strophenartiges Gebilde
entstehen. Und nun hat sich noch Hugo der eigentlich lyrischen Vers- und Strophenformen, man errät, mit welchem
Reichtum, welcher Geschmeidigkeit, bedient. Man kann sagen, daß er hier durchaus und immer, in so vielen Hunderten
von Gedichten, die zum Teil aus früher Jugend und zum Teil
aus dem hohen Greisenalter datieren, mit der Wahl des
Rhythmus das erreicht hat, was er ausdrücken wollte.

Er hat die alte schöne Strophe aus zehn achtsilbigen Versen,
die Strophe von Ronsard und Malherbe, um zwei Zeilen verlängert, ihr aber dabei die gleiche gediegene und unerschüt-
terliche Struktur und einen noch reicheren und ausdrucksvolleren Wortklang gegeben als jene großen Älteren.

Er hat den monotonen Rhythmus der gleichmäßig einge-
schnittenen, paarweise gereimten Verse, »rythme trop tradi-
tionnel«, durch welchen geringere Dichter unser Ohr ermüden, weil sie ihn immer und überall bringen, gebraucht, um
mit seiner Monotonie die Gleichförmigkeit des befriedigten
Wunsches oder die Ruhe sanfter Melancholie zu malen
(»Chants du crépuscule« XXV. »Contemplations« I 2, 5 ff.).

Er hat in der Kombination der Rhythmen innerhalb der Strophe mit souveräner Sicherheit gegeben, was er geben wollte:
ein Festes, Wurzelndes, durch eine starke unveränderliche
Zäsur, oder ein Gleitendes durch einen gleitenden Rhythmus;
einen mutigen, fortreißenden Ton ebenso wie einen absin-
kenden, resignierten. Hier die Beispiele häufen zu wollen,
hieße die Bände seiner lyrischen Werke kopieren.

Hier ist der Ton der eifervollen Gehobenheit, ein tyrtäischer
mächtiger Ton:

> Vous laissez passer la foudre et la brume,
>   Les vents et les cris;
> Affrontez l'orage, affrontez l'écume,
>   Rochers et proscrits!

Hier ist ein Rhythmus, eine unnachahmliche Seelenmalerei:

J'avais douze ans; elle en avait bien seize.
Elle était grande, et moi, j'étais petit.
Pour lui parler *le soir* plus à mon aise
Moi j'attendais que sa mère sortît;
Puis je venais *m'asseoir* près de sa chaise
Pour lui parler *le soir* plus à mon aise.

(»Contemplations«: »Lise«)

Das Hinaufgehen des Rhythmus in der zweiten Vershälfte, das verstohlene Einschiebsel dreimal an korrespondierender Stelle (le soir, m'asseoir, le soir), darin liegt so viel Jugendlichkeit, mutwillige Stimme, die sich nicht zurückhalten kann, halb unwillkürliche Indiskretion, daß der Sinn der Worte fast das »Äußerliche« scheint, so viel Seele ist schon in den »formalen« Elementen.

Reim

Man hat Hugo oft den Vorwurf gemacht[1], daß er mit einer gewissen Ostentation reich und prunkvoll gereimt habe, als ob es gegolten hätte, das Ohr von irgendwelchen Schwächen seiner Rhythmik abzulenken! Das einzige, was richtig ist, ist dies, daß er in seinen spätesten Produkten unter einer gewissen unausbleiblichen Ermüdung gerne das Gesuchte und seltene Wort in den Reim gestellt hat und daß, in diesen letzten Dichtungen, die häufigen Reime auf Eigennamen und Fremdworte ein empfindliches Ohr etwas ungeduldig machen können.

Im übrigen, und insbesondere von der ganzen riesigen Produktion seiner Mannesjahre, kann man sagen, daß er, wie im Rhythmus so im Reim, niemals gesucht, sondern mit plötzlicher Leichtigkeit gefunden hat, daß er keinerlei Ostentation in den prunkvollen oder seltenen Reim gelegt hat, sondern nur bestrebt war, hinreichend zu reimen, daß er aber, weil der sogenannte »genügende« Reim in der Tat dem Ohr nicht ge-

---

[1] z. B. Quicherat und viele andere

nügt, um ein klangreiches rhythmisches Gebilde zu um-
klammern und zu tragen, fast durchwegs eben reich gereimt
hat.

Man hat, in dem ganzen großen Lebenswerk, einige schwä-
chere konventionelle Reimkombinationen aufgedeckt, in den
ersten Büchern; einige Reimpaare, die sich durch häufige
Wiederholung unangenehm fühlbar machen (z. B. abîme-su-
blime; ombre-sombre; oder etwa spectre-Électre, ein Reim,
den man zu sehr festhält, um ihm gern öfters zu begegnen);
einige wenige Fälle der rime normande (mer-blasphémer, in
»Contemplations« II 4, 15); aber im ganzen, in diesen Tausenden von reimenden Versen, was für eine unfaßliche Fülle
harmonischer Zusammenstellungen!

Hier nehmen drei Werke, die noch einen Zeitraum von
achtundvierzig Jahren umspannen[1], vielleicht die erste
Stelle ein!

Die »Orientales«, in welchem zum ersten Mal der Dichter
und mit ihm sein Leser sich dem reichen Genuß neuer und
wohltuender Gleichklänge ganz hingibt; dann die »Châtiments«, in welchen die gewaltige Inspiration des Zornes auch
dem Reim eine unerreichte Wucht und Energie verleiht, mit
denen er die widerstrebendsten Worte zu einem gegeneinander knirschenden Gespann zusammenkoppelt, und endlich
»L'art d'être grand-père«, worin eine kontemplative Gelassenheit und Fülle der Erfahrung die wunderschönen, aus
einem weltumspannenden Wortreichtum emporquellenden
Kombinationen erstehen lassen.

In diesen Werken, und in allen Werken dieses langen Zeit-
raumes, klingen die im Reim zusammentreffenden Worte
nicht nur voll und schön gegeneinander, sondern die Vorstellungen, welche durch diese Worte hervorgerufen werden,
sind in ihrem Zusammenkommen überraschend und voll
vom Zauber des Unerwarteten, und doch nicht Erzwunge-
nen.

---

[1] 1829–1877

La journée était bonne, et les files des *lances*
Serpentaient dans les champs pleins de sombres *silences;*
. . . .
Et Ruth ne savait point ce que Dieu voulait *d'elle.*
Un frais parfum sortait des touffes *d'asphodèle.*

(»Légende des siècles«)

La faim fait rêver les grands loups *moroses;*
La rivière court, le nuage fuit;
Derrière la vitre où la lampe luit
Les petits enfants ont des têtes *roses.*

(»Art d'être grand-père«: »Choses du soir«)

Eine glückliche Kombination wie dieser letzte Reim übt auf
Generationen hinaus einen schwer zu definierenden Zauber;
ein solcher Reim hat auf eine lebendige Phantasie soviel suggestive Kraft, daß er mit einmaligem Gebrauch keineswegs
erschöpft scheint, und so finden wir z. B. diesen hier bei Verlaine mehr als einmal wiederholt.
In den Werken der letzten Epoche ist nun wirklich der Reim
etwas gequält; nicht eine schöne und überraschend sich ent-
hüllende innere Konsonanz ruft ihn hervor, sondern ein ziemlich willkürlicher Gedankensprung.

Voletant vaguement de la Trappe à *Paphos,*
Mouche heurtant de l'aile au soupirail de *faux.*

(»L'Âne«)

Et vous me le fourrez dans un ténébreux *cloître,*
On lui colle un gros livre au menton comme un *goître.*

(Ibid.)

Oder die folgenden Reimpaare aus »Les quatre vents de
l'esprit«: tracasse-Boccace, Satan-Sultan, cordon-Céladon,
sicambres-chambres, paladins bravaches – je trais les va-
ches...
Aber wie Ruinen erst völlig die Konzeptionen einer großen
Architektur enthüllen, so belehrt hier der Anblick des Verfalles erst über die Mächtigkeit der Erscheinung: und es wird
uns klar, daß dieses unvergleichliche poetische Lebenswerk

auf dem ungeheueren Fundament des gesamten nationalen Sprachschatzes aufgebaut war, und daß es fast kein Wort des französischen Vokabulars gibt, welches nicht aufgerufen war, hier an einem gesteigerten glänzenden geistigen Dasein teilzunehmen.

Angabe der Quellen

Victor Hugo, »Œuvres complètes«. Edition ne varietur. Paris.

Biographisch-Anekdotisches: »Victor Hugo, raconté par un témoin de sa vie« (1802 bis gegen 1840). Edmond Biré: »Victor Hugo avant 1830«. A. Barbou: »Victor Hugo et son temps«. Rivet: »Victor Hugo chez lui«. Ch. Asselineau: »Victor Hugo intime«. K. A. Hartmann: »Zeittafel zu Victor Hugos Leben und Werken«.

Das literarische Gepräge der Epoche: a. Gleichzeitige Quellen: Madame de Staël: »De l'Allemagne«. Chateaubriand: »Mémoires d'outre-tombe«. Sainte-Beuve: »Critiques et portraits littéraires« (1832 bis 1839), »Portraits contemporains« (1846), »Causeries du lundi« (1851 bis 1862). Saint-Simon: »Le nouveau Christianisme«. Pierre Leroux: »De l'humanité«. Lamennais: »Essai sur l'indifférence«, »Paroles d'un croyant«. Eckermann: »Gespräche mit Goethe«. H. Heine: »Lutetia«, »Französische Zustände«. b. Spätere Darstellungen: Th. Gautier: »Histoire du romantisme«. G. Brandes: »Die Hauptströmungen der Literatur des neunzehnten Jahrhunderts«.

Literarische und kritische Monographien: Ernest Dupuy: »Victor Hugo l'homme et le poète«. E. Faguet: »Victor Hugo« (in: »Dix-neuvième siècle«). Paul de Saint-Victor: »Victor Hugo«. E. Rigal: »Victor Hugo poète épique«. Paul Albert: »Poètes et poésies«. A. Sarrazin: »Deutsche Stimmen über Victor Hugo« (Band VII der »Abhandlungen«). A. Ch. Swinburne: »A Study of Victor Hugo«.

»DES MEERES UND DER LIEBE WELLEN«

Auf ewig klingt hier ein Saitenspiel von Liebe. Auf ewig ist hier eine Laube der Träume aufgerichtet, die nie altert, deren Lieblichkeit die Jahre steigern, ein Schauplatz, benannt mit süßen griechischen Namen und doch zeitlos, befremdlich und einleuchtend, wie jene Schauplätze, die nachts in unserem Hirn sich aufschließen.

Laßt euer Auge zwingen, ihn zu sehen. Fühlt ihn mit innerem Sinne, dem es Wollust ist, sich eine Welt zu schaffen. Da ist der stille Tempel am Strand, da ist der einsame Turm über Klippen, in ihm das schweigende kühle jungfräuliche Gemach. Und jenseits die kleine Hütte des Jünglings, von Netzen umhangen; an feuchte Pfähle gebunden der alte Kahn, den die steigende Flut spiegelt; im alten Baum, der Rinde eingefügt, das Bild einer schützenden Gottheit. Und zwischen den beiden das ruhelose Meer, angefüllt mit der feuchten Bitternis des Sterbens und mit dumpfblickenden, sehnsüchtig dunklen Göttern; das Meer, aus dem die riesigen Wolken emporsteigen, und die Nacht selber, und der Tod.

Und sehet für immer die beiden einander umschlingen und für immer das Trauerspiel der Liebe sich erneuen, das einzige: denn neben diesem erscheint »Romeo und Julia« nur als irgend ein Trauerspiel des Lebens, worin Liebende zugrunde gehen; hier aber sehet für immer die Liebe zwei liebliche Gestalten aneinander entzünden; sehet, wie Liebe über das Meer heranstürmt, aus dem einsamen Turm die Stätte ihrer Seligkeit macht, wie sie die schützende Nacht heraufruft, den Schlaf aus schwülem Dickicht ziehen will und taumelnd seinem Bruder, dem Tod, die Hand reicht.

Sehet sie sich herniederschwingen, eh man es ahnt; fühlt ihren Hauch in der Luft, noch ehe sie erharrt wird; fühlt, wie alles durch sie da ist, auch das, wodurch sie vernichtet wird, wie alles durch sie bedingt, alles auf sie bezogen, alles von ihr durchleuchtet ist, wie noch ihr Hinsinken zu ihrem Triumph gehört.

Fühlet, was er gefühlt hat, der dieses schuf.

Wie er dies ersann, ein selig Fiebernder: dies Gestade des Lebens und des Todes, diesen Turm, dies Hüben und Drüben, dies Kommen und Gehen, und diesen Tag nach dieser Nacht, diesen Tag hüben bei`ihr und drüben bei ihm; wie er aus weichem Stoff in sich diese zwei Menschen bildete, mit seines Herzens Sehnsucht in jedem von beiden wohnend, beider Lust, mit welcher Seligkeit! genießend; wie er um sie her das Meer aufschäumen ließ und die Nacht und den Tod, alle Süße und allen Schauder in eine Trunkenheit vereinend, eine solche Trunkenheit, daß die Herzen in ihr wachsen und harmlose Augen sich mit dem Blick der Dämonen füllen; wie er, der Trunkenheit des Todes nah sich fühlend, der Lampe nicht vergaß, deren Licht die Wonne bescheint, und die vor dem Anhauch des Grauens verlischt, und wie er in der Todesnacht, der schwülen, ruhelosen, lichtlosen, einen drunten am Strande rufen hörte: »Mich schaudert, weh, hätt ich mein Oberkleid!« weil er, in dessen Seele, indem er solches erfand, alle Mächte des Fühlens stürmen, noch seiner Sinne Meister war, zu wissen, daß schwülem Wind in solchen Nächten jähe Güsse kalter Luft beigemengt sind... und wie er jenes Riesige, Wonne und Vernichtung, mit göttlichen Händen aufwühlt, und sanft emporgereckten Zeigefingers den Atemzug eines kühlen Lüftchens, das schwache Leben einer flackernden kleinen Lampe dazwischen sich hinschmiegen und ein hauchendes Leben fristen heißt, indes sich dämonische Gewalten ins Dunkel seines Mantels kauern: so erkennt hier den Halbbruder-Mozarts, erkennet den großen Dichter von Österreich.

Ihm allein war der Schlüssel gegeben, den nur der Musiker besitzt, der mit der Unmittelbarkeit des Fühlens die Tür ins Namenlose aufschließt.

Er allein, auf sonderbarem Pfade willenlos hinschweifend, fand so tief hinein in den Kern des Lebens. Auf dem Klavier der Sinne empfing er die Akkorde des Tragischen um eins dumpfer, um eins orphischer als seine Brüder; er trank die Harmonien, darin Tod und Leben zusammenfließen, um einen Schritt näher der Quelle als seine männlicheren Brüder, die wenigen anderen tragischen Dichter der Deutschen.

Und so empfingen die Deutschen, empfing ein hinabgesunkenes Jahrhundert und empfängt nun aufs neue eine verwandelte Welt und ein erneutes Jahrhundert die liebliche Frucht von Österreich.

Was in halbversunkener Zeit bald nach Goethes Tod, in einer groß und kleinen, dumpf und leichten Stadt entstanden ist, in der Stadt seichter, greller Tage und tiefer Nächte, in der Stadt, die eher zu lieben und zu hassen als zu begreifen und zu verlassen ist, das empfängt nun die neue aufgeschlossene Welt.

Diese ist mit spähenden Augen übersäet; sie ist voll Nachbarschaft; ein Leben horcht auf das andere; es kann keiner hinschweifen ohne – als wäre es ein Gebüsch, dessen brechenden Zweigen Blut und Schmerzenslaute entfließen – das fühlende Denken der anderen zu knicken; in den Klüften noch wohnt der Nachhall ruheloser suchender Tritte, auf den unfühlenden Felswänden liegt der Widerschein sehnsüchtiger fragender Blicke; es gelüstet eine Kreatur nach der anderen, und nichts ist ihnen unwirklicher als die Wirklichkeit.

Heute sind ihrer viele, die in Büchern lesen; die Sprache haben sie einander vom Munde abgelernt, und dies Buch wird in viele Hände kommen.

Wer Liebe erfahren hat, wird es lesen, und es liest darin, wer Liebe ersehnt. Der Glückliche liest es, der die unerschöpflichen Nächte kennt, und der vom Rande seines Glückes wie vom Rande eines Schiffes mit halbgeschlossenen Augen niederhangend Träume träumte, die kein Sterblicher vor ihm zu träumen wagte. Und es liests, der Liebe nie genossen hat und ewig an der Schwelle starrend nicht ahnt, welche Fülle in seiner Sehnsucht ist.

Der Arme liests in der kahlen Kammer und hat zwischen getünchten Wänden, was herrlicher ist als ein Geistergarten. Der Reiche liests, dem unter Tulpenkatarakten ein kristallenes Gewässer auf Marmordielen schweigend den Park durchfließt, und er schließt die Augen, in sich dem Schreiten Heros nachzuschauen.

Der Jüngling lese es und es schwebt ihm voran; es lese der Alte, und rückwärts, in sich, meint ers zu ergreifen.

Über dem Meer, im Westen, lese es das junge Mädchen des

großen freien Landes, und fühle sich Hero, kühn, und lieblich, berauscht vom Gefühl unerprobter Kräfte, herausfor-
dernd ihr Schicksal; und auf der uralten frommen Insel, die
das östliche Meer auf breitem Rücken schaukelt, lese es der
adelige Jüngling, trage das kleine Buch im Gürtel mit Fächer
und Schwert, und wenn abends unter weißblühenden Bäumen ihn Träumerei anfällt, so sei er Leander, ehrfürchtig vor
den Göttern, den Tod nicht achtend, und schwimme in dunkler Flut auf einen Turm zu, aus dem eine bunte Laterne ver-
heißungsvoll leuchtet.

Sei es mit Tausenden von Menschen, aber mit jedem in der
Einsamkeit. Spreche es zu Fremden die deutsche Sprache mit
geliebtem Mund; zu uns spricht es eine wortlose Sprache, die
noch darüber ist.

DIE BRIEFE DES JUNGEN GOETHE

AN DEN SCHIFFSLEUTNANT E. K.

Du kommst jetzt zum Lesen, hie und da, eine halbe Stunde zwischen dem Dienst, und ich soll Dir ein Buch über Goethe schicken, am liebsten das, woraus ich einmal vorgelesen habe, wie er, ein ganz alter Mann, mit einem jungen Menschen und zwei jungen Damen nach einem Schloß hinausfuhr und, während sie miteinander frühstückten, die tiefsten und rührendsten Dinge über das menschliche Dasein zu ihnen sprach, und wie er dann am Nachmittag die jungen Leute allein ließ und ins Tal hinabstieg, und sie ihm lange noch nachblickten, er aber, in seinen Mantel gehüllt, bückte sich hie und da zur Erde und schlug mit seinem Hammer prüfend ans Gestein und sie fühlten, daß es mehr als ein Mensch war, der da ihren Blicken entschwand.

Welches Buch das ist, weiß ich wohl: es sind die »Unterhaltungen mit Goethe«, welche der Kanzler von Müller aus dem Gedächtnis aufgeschrieben hat, und im April 1828 war der schöne Tag und Dornburg war das Schlößchen, und Friedrich von Müller selbst war der junge Mensch und die jungen Mädchen waren die beiden Egloffstein. Nur Namen, und alles doch so verklärt von dieser sinkenden Sonne, so brennend in diesem Widerschein, wie die letzten Fichten am Bergkamm. Wer dächte daran, daß sie gewöhnliche Bäume sind, Bäume wie alle anderen, der sie hat glühen gesehen wie die Monstranz!

Aber dieses Buch ist mir nicht zur Hand. Es muß es jemand fortgenommen haben. So will ich Dir etwas über seine Jugend schicken, vielmehr nichts über ihn, sondern was aus seiner Jugend selber heraustropft, wie der Saft aus den angeschnittenen üppigen jungen Stämmen im Frühjahre. Es sind die Briefe seiner Jugendjahre. Du weißts oder weißts nicht, man sammelt jetzt alles, was sich von seiner Hand erhalten hat, jeder Zettel, desgleichen jedes aufgezeichnete Wort von solchen, die mit ihm Gespräche hatten. Wie recht man daran tut, das zu ermessen gehört einige Reife, denn es gibt nicht wenige recht scheinbare Gründe dafür, es heftig anzugreifen. Genug, in dieser großen Weimarer Ausgabe füllen die Briefe allein sechsunddreißig starke Bände. Aus diesen die vorzüglichsten, sechs Bände, gibt ein Verlag (Cotta) heraus, und davon schicke ich Dir hier den ersten. Es sind die Briefe, die er 1765–1779 geschrieben hat, also zwischen seinem fünfzehnten und dreißigsten Jahr, und ist kein übermäßig dickes Buch.

Du verlangst aber auch von mir zu wissen, wie Dus lesen sollst. Lies es ohne Vorurteil. Denk, hier redet ein junger Mensch. Laß ihn nicht seinen Namen Goethe wie den Medusenschild mit sich tragen und Dich damit versteinern. Sondern laß den verspielten, den leidenschaftlichen und den weltklugen Ton seiner Rede in Dein Ohr fallen wie die Sätze eines neuen Freundes. Hast Du nicht bei Freunden und Freundinnen schon oft starke Freude daran gehabt, wie einer redet? Und nicht schon Freundschaften geschlossen um eines Gespräches willen, in der Nacht auf einer japanischen Hotelterrasse, zwischen bunten Papierlaternen, oder reitend auf Maultieren einen feuerspeienden Berg hinan, oder während einer ernsten finsteren Nachtwache, oder im Fechtsaal, oder da, oder dort? Hast Du nicht selber so viele Briefe weggeschickt, von den Bubenjahren an, hingekritzelt, spät in der Nacht mit halbgeschlossenen Augen? und empfangen: die langen, langen, auf dünnem überseeischen Briefpapier, die von weither kamen, die fremde Ortsnamen vertraulich aussprachen, aus denen mit dem Duft eines Frauenhaares der Duft eines fernen Weltteiles herüberwehte, das Settlement am stillen schilfigen Fluß, der Flug schwarzer Schwäne darüber hin, ein seltsamer Laut in der Luft, ein seltsames Singen und plätscherndes Rudern, ein Herangleiten des seltsam geformten Bootes, gehöhlt aus einem dunklen Stamm, duftend wie Sandelholz, und stärker als das alles, und verflochten diesem allen, ein Sich-Begrüßen, ein Sich-gut-Kennen, so schnell, so schnell, und der Hauch eines Abends, der Duft einer Wange, einer Schläfe, mit den Lippen gestreift, bis ins Mark gefühlt, einmal gefühlt und nicht wieder. Welch ein Traum in einem

Traum! und doch, es gibt Briefe, in denen er fortlebt. Und jene anderen Briefe, so kurz, und deren Weg so kurz, die zwei-, dreimal im Tag zwischen Liebenden hin und wider taumeln, atemlos, und an der Hast ihres Fluges zu sterben scheinen, wie eine von ihrem eigenen Blut erdrückte Taube. Und Briefe der Freundschaft, solche, wie wir sie einander geschrieben haben, Tagebücher in Briefen, von einem zum andern gesandt, als säße man in einem Lusthaus und hätte einen Spiegel drin, der klein aber scharf und fein das Leben eines entfernten Freundes vorzaubert, sein Aufstehen und Schlafengehen, wie er rudert auf dem See, wie er ans Land springt zwischen den Büschen, einem hellen Kleide nach, als wärs ein Schmetterling... Alles das, wie Dus in der Schreibtischlade selber liegen hast oder daheim in der großen Briefschatulle, so ists hier in dem Buch, nur daß es hundertunddreißig Jahre alt ist und eine Luft durch und durch weht, eine feuchtende ahnende Morgenluft – die kann ich Dir nicht vorweg beschreiben, die mußt Du fühlen.

Aber auch um uns war Morgenluft und ist es noch, an schönen Tagen, wo es uns wohl wird. So schlag das Buch auf. Wirklich, denk nicht: Goethe, Goethe, sondern lies, denk, Du kommst in mein Zimmer und findest einen jungen Menschen bei mir sitzen, der Dir auf den ersten Blick gefällt, aber nicht eben übermäßig. Wenn er einen hübschen Satz sagt, rückst Du näher. Und auf einem herrlichen Wort, einer Wendung, die einem durch und durch geht, da ruhe dann aus. So wirst Du es schon am Ende fühlen: Goethe!

Sein äußeres Leben, damit ich das erwähne, bevor Du aufschlägst, war von den gewöhnlichsten. Er war wohlhabender Leute Kind, konnte sich hie und da einen gestickten Rock und schöne Manschetten anschaffen, nicht zu oft. Seine Reisen waren häufig, aber was für welche: von Frankfurt nach Kassel, nach Ems, nach Pempelfort und wieder zurück. Allenfalls über Basel nach der Schweiz, oder östlich bis Leipzig. Einmal sollte er nach Paris, kam aber nicht hin. Bekanntschaften machte er überall, mit Lust, und viele. Und eine davon, ein junger regierender Herzog, zog ihn dann dorthin, wo die weiteren Jahrzehnte seines Lebens verliefen: nach Weimar.

Wie er dann schreibt, wenn er einmal über Land reitet, zu einer großen Feuersbrunst mit einem Kommando Husaren, oder einer Räuberbande nach, oder um einen Straßenbau im Herzogtum zu prüfen, und dann von seinem gnädigen Herrn, der ihn als seinen Bruder hält, ein paar Tage getrennt ist, das waren zufällig die ersten Briefe, die ich aufschlug, als ich das Buch bekam. Da ist einer: – Nein. Ich will nichts herausreißen. Und es läßt sich auch nichts herausreißen. Hier ist das Buch.

DER ROMAN EINES JUNGEN MANNES

Venedig, den 16. September 1904

Sehr geehrter Herr Gold! Es war überaus freundlich von Ihnen, mir die Korrekturbogen Ihrer Übersetzung hierher schicken zu lassen, hierher, wo ich vor Jahren – ich weiß nicht, ob drei oder vier oder fünf Jahren – das Original mit so tiefem Eindruck gelesen habe: freilich auch damals nicht zum ersten Male, und wohl auch nicht zum letzten: für mich gehört die »Éducation Sentimentale« zu jenen Büchern – wie wenige gibt es ihrer, wie sehr wenige! – die uns durchs Leben begleiten. Eines jener seltenen Bücher scheint sie mir zu sein, die sich auf das Ganze des Lebens beziehen, und neben dieser zur durchsichtigsten Einheit zusammengeflochtenen Vielfalt scheint mir selbst die wundervoll aufgebaute Katastrophe eines Lebens und die wundervoll aufgebaute Katastrophe einer Stadt, scheinen mir die mächtigen Qualitäten der beiden Bücher, die »Madame Bovary« und »Salammbô« heißen, zu verblassen. Sie ist ein gefährliches Buch und ein heilsames; diese Seiten können eine grenzenlose Entmutigung ausatmen und wieder läßt sich aus ihnen eine so unendliche Belehrung schöpfen, soviel Einsicht in das wirre Kräftespiel unseres Lebens gewinnen! Unseres Lebens. Und doch ist dieses Buch nicht von heute; es malt eine Zeit, die weit hinter uns liegt, und es malt sie so treu, ist so sehr ein Dokument dieser Zeit vor 1848, daß ich Männer weiß, die heute sechzig alt sind und die nicht imstande sind, dieses Buch objektiv zu lesen, so sehr ergreift sie darin die Atmosphäre ihrer frühen Jugend und nimmt ihnen den Atem. So wird dieses Buch, das schon heute zweien getrennten Zeiten anzugehören scheint, wohl noch vielen Zeiten angehören. Sie müssen sich freuen zu denken, Ihre große Mühe einem Buche geopfert zu haben, das noch eine ferne Nachwelt so in Händen haben wird, wie wir heute die Geschichte von Manon Lescaut oder ich weiß nicht welches andere vereinzelte Werk einer versunkenen Zeit in Händen haben. Es ist schön, sich einem Werke hinzugeben, das bleiben wird. Aber es hat nicht meiner bedurft, Ihnen das zu sagen. Denn dieser Gedanke hat Sie ermutigt, eine Arbeit zu beginnen, von der ich Ihnen schwer sagen kann, wieviel Achtung und Sympathie sie mir einflößt. Dieser Gedanke und die leidenschaftliche Freude, das Vorzügliche zu erkennen und ihm zu dienen, hat Sie aufrecht gehalten, sooft Sie nahe daran waren, unter der übernommenen Last zusammenzubrechen. Und Sie müssen oft so weit gewesen sein. Wenn ich die Masse dieses Buches bedenke, und eine Masse von der größten Konzentration, der unheimlichsten geistigen Spannung – und ein Buch, in welchem jede Zeile *geschrieben* ist, dies Wort in seiner äußersten, ehrfurchtgebietendsten Tragweite genommen –, so denke ich, es muß Ihnen zuweilen gewesen sein wie einem Menschen, der allein, mit seiner kleinen Lampe und seinen Werkzeugen, einen Stollen durch das Innere eines Berges triebe, eines lebendigen Berges voll so furchtbaren inneren Druckes, daß er jeden Stein der kaum erbauten Wölbung über Nacht zu Staub zermalmte. Aber Sie müssen sich auch bewußt gewesen sein, eine jener Arbeiten zu verrichten, die voll Verzichtes und voll inneren Stolzes sind, etwas, das der Arbeit des unermüdlichen Gelehrten und des glänzenden, sein Licht in einer Stunde vergeudenden Journalisten ebenbürtig ist. Es widerstrebt mir, denen, die es nicht schon wissen, zu sagen, daß Übersetzen, wirkliches Übersetzen, dasselbe ist wie Schreiben. Denn ich fürchte, sie würden auch nicht verstehen, was Schreiben ist, nicht begreifen, daß es Schreiben und Schreiben gibt, und sich nicht überzeugen lassen, daß ein Abgrund Schreiben und Schreiben trennt. Überlassen wir das Buch denen, die es genießen werden. Ihnen aber, sehr geehrter Herr, muß es die schönste Belohnung bleiben, sich zu sagen, daß Sie versucht haben, zu übersetzen, wie ein Deutscher, das Wort in dem Sinn genommen, in dem man es um 1830 oder 1860 gebraucht hätte – und daß es Ihnen und Ihresgleichen zu danken sein wird, wenn man nicht ganz aufhört, es weiter in diesem Sinn zu gebrauchen.

Ihr ergebener
Hofmannsthal

Dazu hat man mich ans Telephon gerufen: um mir zu sagen, daß Lafcadio Hearn gestorben ist. Gestorben zu Tokio, gestorben gestern, oder heut nacht, oder heut früh: schnell brings der Draht herüber, und heut abends wissen da und dort in Deutschland einige, und weiter westlich ein paar Hunderte, und noch weiter westlich ein paar Tausende, daß ihr Freund gestorben ist, ihr Freund, dem sie vieles dankten und den sie nie gesehen haben. Und auch ich habe ihn nie gesehen und werde ihn nie sehen, und nie wird in seine Hände, die jetzt starr sind, der Brief kommen, den ich oft an ihn schreiben wollte.

Und Japan hat sein Adoptivkind verloren. Tausende seiner Söhne verliert es jetzt Tag für Tag: übereinandergetürmt liegen die Leichen, die Flüsse stauen sich an ihnen, auf dem Grund des Meeres liegen sie mit starren Augen, und in zehntausend Häusern wird in stummer, stolzer Frömmigkeit, ohne Heulen und Weinen für einen Toten ein kleines Mahl gerichtet, ein freundliches Licht entzündet. Und nun ist auch der Fremde gestorben, der Eingewanderte, der Japan so sehr liebte. Der einzige Europäer vielleicht, der dieses Land ganz gekannt und ganz geliebt hat. Nicht mit der Liebe des Ästheten und nicht mit der Liebe des Forschers, sondern mit einer stärkeren, einer umfassenderen, einer selteneren Liebe: mit der Liebe, die das innere Leben des geliebten Landes mitlebt. Vor seinen Augen stand alles, und alles war schön, weil es von innen her mit dem Hauch des Lebens erfüllt war: das alte Japan, das fortlebt in den verschlossenen Parks und den unbetretenen Häusern der großen Herren und in abgelegenen Dörfern mit ihren kleinen Tempeln – und das neue Japan, durchzogen von Eisenbahnen, fiebernd von den Fiebern Europas; der einsame Bettler, der von Buddha zu Buddha zieht, und das große neugeformte, mit uraltem Todesmut erfüllte Heer; der kleine Begräbnisplatz neben der Straße, den spie-

lende Kinder aus Kot und Holzstückchen bauen, und das
große Osaka, die gewaltige Industriestadt mit ihren Hundert-
tausenden, die den Handel leidenschaftlich und hingebend
treiben, wie jene anderen den Krieg, mit ihren unermeßlichen
Seidenlagern und den Kommis, die monatelang, fahlen Gesichts, hinter den Vorräten kauern, Sklaven eines Pflichtge-
fühls, das beinahe ein Märchen aus dieser trivialen Realität
»Ein Kommis in einem Seidenwarengeschäft« macht.

Und seine Ohren verstanden, was sie redeten: Hunderte von
Worten von Kindern stehen in seinen Büchern, und Worte,
die Großmütter zu Enkeln reden, und zarte Worte, dünn wie
Vogelgezwitscher, die, von liebenden Frauen und von gequälten Frauen ausgesprochen, ohne ihn zwischen papierenen
Wänden kleiner Gemächer verflogen wären, und die Worte
uralter Weiser, frommer Regenten, und die Worte sehr kluger Männer unserer Tage, deren Worte gesetzt sind wie die
Worte des klügsten, gebildetsten Europäers, deren Tonfall in
nichts sich von dem Tonfall dessen unterscheidet, auf dem die
Last unseres ganzen ererbten Wissens lastet.

Unerschöpflich sind diese Bücher. Wie ich sie aufblättere, ist
es mir beinahe unbegreiflich, zu denken, daß sie wirklich unter den Deutschen noch fast unbekannt sein sollen. Da stehen
sie nebeneinander: »Gleanings from Buddha-Fields« und
»Glimpses of unfamiliar Japan« und das liebe Buch »Kokoro«
vielleicht das schönste von allen. Die Blätter, aus denen sich
dieser Band zusammensetzt, handeln mehr von dem inneren
als dem äußeren Leben Japans – dies ist der Grund, weshalb
sie unter dem Titel »Kokoro« (»Herz«) verbunden wurden.
Mit japanischen Charakteren geschrieben, bedeutet das Wort
zugleich »Sinn«, »Geist«, »Mut«, »Entschluß«, »Gefühl«,
»Neigung« und »innere Bedeutung« – so wie wir im Deutschen sagen: »Das Herz der Dinge«. Ja, wahrhaftig, das Herz
der Dinge ist in diesen fünfzehn Kapiteln, und indem ich ihre
Titel überlese, sehe ich ein, daß es ebenso unmöglich ist, von
ihrem Inhalt eine genaue Vorstellung zu geben als von einem
neuen Parfum, als von dem Klang einer Stimme, die der andere nicht gehört hat. Ja, nicht einmal die künstlerische Form,
in der diese Kunstwerke einer unvergleichlichen Feder kon-

zentriert sind, wüßte ich richtig zu bezeichnen. Da ist das Kapitel, das die Überschrift trägt: »Auf einer Eisenbahnstation«. Es ist eine kleine Anekdote. Eine beinahe triviale Anekdote. Eine Anekdote, die nicht ganz frei von Sentimentalität ist. Nur freilich von einem Menschen geschrieben, der schreiben kann, und vorher von einem Menschen gefühlt, der fühlen kann. Und dann ist da die »Geschichte der Nonne von dem Tempel von Amida«. Das ist fast eine kleine Novelle. Und daneben das Kapitel »Ein Konservativer«. Das ist keineswegs eine Novelle: das ist eine Einsicht, eine politische Einsicht, zusammengedrängt wie ein Kunstwerk, vorgetragen wie eine Anekdote: ich denke, es ist kurzweg ein Produkt des Journalismus, des höchstkultivierten, des fruchtbarsten und ernsthaftesten, den es geben kann. Und daneben diese unvergleichlichen Gedankenreihen, die überschrieben sind »Die Macht des Karma«, in denen tiefe und schwer zu fassende Dinge wie aus tiefem Meeresgrund ans Licht gebracht sind und aneinandergereiht. Das ist Philosophie, wenn ich nicht irre. Aber es läßt uns nicht kalt, es zieht uns nicht in die Öde der Begriffe. So ist es wohl Religion. Aber es droht nicht, es will nicht allein auf der Welt sein, es lastet nicht auf der Seele. Ich möchte es Botschaft nennen, freundliche Botschaft einer Seele an andere Seelen, Journalismus außerhalb jeder Zeitung, Kunstwerke ohne Prätention und ohne Mache, Wissenschaft ohne Schwere und voll Leben, Briefe, geschrieben an unbekannte Freunde.

Und nun ist Lafcadio Hearn tot und niemand aus Europa, niemand aus Amerika, keiner von allen seinen unbekannten Freunden wird je ihm antworten, keiner ihm danken für seine vielen Briefe, keiner mehr.

ZU ›LAFCADIO HEARN‹

ANEKDOTE

Ich übersetze diese Anekdote aus dem unendlich liebenswürdigen, inhaltsreichen und klugen Buch: Kokoro, hints and echoes of japanese inner life, von Lafcadio Hearn, erschienen in New York, 1900. Wenn unter den Deutschen der Sinn für das Ernsthafte ohne Pedanterie, für das mit Zurückhaltung vorgebrachte Tiefe, für das mit wahrhaftem Lebenssinn aufgeschlossene Lebendige noch vorhanden ist, so wird dieses Buch früher oder später durch die Hände Vieler gehen und nicht bloß auf einen einzelnen Tag wirken. Möge sein Übersetzer weder ein dumpfer Zeilenschreiber, noch ein nach Stil haschender Literat, noch ein gemütloser Allesversteher sein. Wäre es eine junge edle Natur, die heute noch vom Schicksal im Dunklen gehalten, um des Broterwerbes willen darauf verfiele und des eigenen Reichtums unbewußt, bescheiden und beglückt in diese Arbeit sich verlöre. Es ist für die Deutschen aus dem Ton dieses Buches viel zu lernen; ein Ton aber läßt sich nicht vor Gericht stellen, und wer vermöchte ihn festzuhalten, als ein Mann von Gemüt und tiefem Ernst, deren es doch so überaus wenige gibt.

Es kam ein Telegramm aus Fukuoka, welches anzeigte, daß ein dort angehaltener schwerer Verbrecher heute, mit dem Mittagszug, zum Verhör in Kumamoto eintreffen würde.
Es war vor vier Jahren ein Einbrecher in ein Haus in der Straße der Ringer eingedrungen, hatte die geängstigten Bewohner gebunden und eine Menge Wertsachen fortgeschleppt. Man fing ihn innerhalb 24 Stunden; aber da man ihn zur Polizeistube bringen wollte, sprengte er seine Handfesseln, entriß dem Polizisten sein Schwert, hieb ihn nieder und war entsprungen. Er blieb es, bis ein Zufall und seine dem Gedächtnis der Geheimpolizisten eingeprägten Gesichtszüge bewirkten, daß er, unter verändertem Namen, eines andern Vergehens wegen, im Gefängnis von Fukuoka schwere Arbeit leistend, für jenen Mörder erkannt wurde.

Ich ging mit einer großen Schar anderer Leute an die Bahn, ihn ankommen zu sehen. Ich erwartete Ausbrüche des Zornes, ja ich befürchtete Gewalttat. Jener Ermordete war beliebt gewesen; seine Angehörigen durfte man unter denen vermuten, welche sich hier zusammenfanden. Meine Annahme war irrig. Der Zug kam unter Getös und es war das Gedränge der Aussteigenden wie immer. Fast fünf Minuten hatten wir außerhalb des Schrankens zu warten. Dann schob ein Polizeisergeant den Gefangenen durchs Tourniquet, einen großen wildblickenden Menschen, dessen Kopf geduckt war und dem die Arme auf den Rücken geschnürt waren. Dann blieben der Gefangene und der Wächter vor dem Schranken stehen und die Leute drängten sich vorwärts, aber in tiefer Stille. Dann rief der Polizist aus: »Sugihara San! Sugihara O-Kibi! ist sie gegenwärtig?«

Eine schmächtige kleine Frau, dicht neben mir, die ein Kind auf dem Rücken trug, antwortete: »Hai!« und schob sich durch, nach vorne. Dies war die Witwe des ermordeten Mannes; das Kind, das sie trug, war sein Sohn. Der Polizist winkte mit der Hand, die Menge trat hinter sich und es wurde ein freier Raum um den Gefangenen her. In diesem Raum stand die Frau mit dem Kind und blickte auf den Mörder. Es war totenstill. Keineswegs zu der Frau, sondern einzig und allein zu dem Kinde sprach dann der Polizeisergeant. Er sprach leise, aber so deutlich, daß mich jede Silbe traf: »Kleiner, dies ist der Mensch, der vor vier Jahren deinen Vater erschlug. Damals warst du nicht geboren; damals lagst du im Leib deiner Mutter. Daß du keinen Vater hast, dich lieb zu haben, das hat dieser Mensch getan. Sieh ihn an – (hier faßte der Mann das Kinn des Gefangenen und zwang ihn, seinen Blick auf das Kind zu heben) – sieh ihn gut an, Kind! Fürchte dich nicht. Es tut weh, aber es ist deine Pflicht. Sieh ihn an!« Über die Schulter der Mutter starrte das Kind mit weit aufgerissenen Augen, wie in großer Furcht; dann begann er erstickt zu atmen; dann kamen Tränen; aber beharrlich und gehorsam sah er und sah und sah in jenes Gesicht, das sich verzerrte.

Ich sah, wie das Gesicht des Gefangenen sich verzerrte; ich sah ihn, seinen Fesseln zu Trotz, sich auf die Knie niederschleudern und sein Gesicht in den Staub hinschlagen, und seine heisere Stimme schrie mit einem Ton, der unsere Herzen zittern machte: »Gnade! Gnade! Gnade! du Kind! Ich habe es getan! Nicht aus Haß ist es geschehen, sondern aus dem Wahnsinn der Furcht, da ich fliehen wollte und er mich hielt. Ein Elender war ich! schwerer als Worte sagen können, habe ich mich an dir vergangen! Jetzt aber gehe ich, für meine Sünde zu sterben. Ich will sterben! Ich bin froh zu sterben! Darum, du Kind, hab Erbarmen mit mir! vergib mir!«

Das Kind weinte vor sich hin. Der Polizist zog den zitternden Menschen in die Höhe; und die Menge teilte sich, sie durchzulassen; und plötzlich schluchzten alle diese Menschen, dieser Pöbel von Kumamoto, vielleicht der gefährlichste, der gefürchtetste Pöbel des Kaisertums.

Und als der wie aus Bronze gegossene Wächter mit seiner Beute an mir vorbeikam, sah ich in seinem Gesicht das, was ich nie vorher gesehen hatte, – was wenige Menschen jemals sehen werden, – was ich wohl nicht mehr wieder sehen werde, – die Tränen eines japanischen Polizisten.

…

Man könnte vielleicht doch hie und da von Büchern reden, ohne daß die Bücher bloße Vorwände wären. Denn wir müssen uns nur eingestehen: wir lesen alle nicht wenig. Ist es eine Unart unseres Geistes, so war es auch die Unart Goethes, die Unart Napoleons und einiger anderer Leute, die nicht ganz ohne persönliche Ressourcen waren. Freilich, Beethoven dürfte ohne ein Buch in der Tasche von Döbling nach Sievering hinübergegangen sein. Wir wollen uns beiseitedrücken und ihn vorübergehen lassen.

Hier auf dem Tisch, links und rechts, stauen sich immer Bücher auf. Es ist nicht zu übersehen, wo sie herkommen. Man räumt sie weg, verteilt sie in den Regalen, macht sie in den Reihen ihrer Brüder verschwinden, und gleich sind ihrer neue aufgestaut. Und so ist es in den Zimmern fast aller Menschen. Man muß immer ihrer einige wegschieben, bevor man sich setzen kann. Sie sind das, was umherliegt, wo sonst nichts umherliegt: in den Eisenbahnen, in den Vorhallen der Hotels. Sie sind in Kürze: überall. Jenes unrealste aller Reiche, unheimlichste aller Phantasmata, die sogenannte Wirklichkeit, ist vollgepfropft mit ihnen. Unser Dasein starrt von Büchern. Die trivialsten Gespräche der Menschen lassen sich auf ihnen nieder wie die zwitschernden Sperlinge auf den Telegraphendrähten. Manchmal kommen Momente, wo man ihr Vorhandensein als etwas Grauenhaftes empfindet und ihre Massenhaftigkeit als einen entsetzlichen Alpdruck bei hellichtem Tage. Aber auf einmal fühlen wir sie wieder in uns, »wie Geisterhände in versperrtem Raum«. Von innen heraus wird es klar, daß wir einigen von ihnen ungemessene Entzückungen verdanken. Und es kann wieder ein solches kommen. Eins, das in unser Inneres springt und uns vorwärtstreibt wie ein Dämon. Eines, das unsere wirklichen Schmerzen in eine unwirkliche Beseligung verwandelt, oder – ich weiß es ja nicht – unsere unwirklichen Schmerzen in eine wirkliche Be-

seligung. Wie kann man Böses über sie sagen? Sie sind die
einzigen Boten in einer Welt der Entfremdung, maßloser
Vereinsamung. Und über sie zu sprechen – über sie zu sprechen ist vielleicht doch nicht die niedrigste der Trivialitäten:
sie sind das Medium, in welchem – wenn man richtig über sie
spricht – zuweilen das Unaussprechliche kristallisiert.

Aber es ist nicht ganz leicht, über sie zu sprechen. Schon wenn
ein halbwegs Fremder an den Tisch tritt und in dem einen
oder andern blättert, entsteht eine leichte Verlegenheit. Man
fühlt eine Verantwortung und weiß nicht, wie sie ablehnen.
Man möchte sagen: »Ich weiß nicht, ob ich Ihnen dieses Buch
anbieten darf. Wir leben ein Leben, in welchem nichts fest-
steht. Wir sind wie das Kind im Kinderpark, das seine Gou-
vernante verloren hat. Rechts sind Kinder, die spielen Käm-
merchen-Vermieten und freuen sich, aber zu denen gehört es
nicht. Links sind Kinder, die spielen Blindekuh und freuen
sich, aber zu denen gehört es auch nicht. Und wegzulaufen
getraut es sich nicht, das verlorene Kind, denn im Gebüsch
wird es schon dämmerig, und den Wächter zu fragen getraut
es sich noch weniger, da steht es und schaut hin, und seine
Angst und Bangigkeit und die Spiele der anderen gehen in
seinem Kopf immerfort durcheinander. Das ist ungefähr unsere Situation, mein Herr, wenn Sie ein Gleichnis gestatten
wollen. Und darum habe ich Angst, Ihnen irgend etwas zu
sagen, das Sie veranlassen könnte, irgend eins meiner Bücher
da in die Tasche zu stecken und nach Hause zu tragen. Denn
man kann heutzutage alles sagen und kann es auf fast alle Arten sagen. Und ich zweifle nicht, daß Sie unter dieser Verwirrung gleichfalls sehr schmerzlich leiden. Und ich möchte um
keinen Preis auch nur in der entferntesten Weise dazu beitragen, diese geistigen Qualen in Ihnen zu vermehren. Darum
bitte ich Sie, wenn Sie vielleicht zum Einschlafen etwas brauchen oder für die Reise, sich eine Reisebeschreibung zu nehmen oder etwas älteres Biographisches oder einen der älteren
englischen Romane – über alle Bücher aber, die Sie hier liegen
sehen, alte und neue vermischt, bitte ich mir jede Auskunft zu
erlassen. Es sind alles durchaus problematische Existenzen
unter den Büchern, auch die ältesten sind durch das bloße

Beieinanderliegen mit den neuen angesteckt und gleichen, wenn Sie sie jetzt aufschlagen würden, einem System wahnsinnig durcheinanderkreisender, zu unzählig vielen rotierenden Trichtern scheinbar verbundener, in Wahrheit zusammenhangloser Gedankenatome. Ich halte für möglich, daß sie sich wieder zur Ruhe bringen lassen, aber nur unter der Einwirkung eisigen Stillschweigens.« So oder ähnlich würde man sich ausdrücken.

Vielleicht allerdings aber bestünde auch der Schatten einer Möglichkeit, sich ganz anders auszudrücken. Vielleicht glimmt am Rand des Horizonts der blasse Schimmer einer Hoffnung, dieser Verworrenheit Herr zu werden. Denn wirklich, irgendwie sind alle diese Bücher aus menschlichen Seelen hervorgegangen, irgendwie sind sie einer Seele Bild, einer Seele Schatten. Irgendwie ließe sich auf sie horchen, irgendwie ließe sich an etwas in ihnen glauben. Es ließe sich auf sie horchen mit der schmerzvollen Gespanntheit, mit der der Gefangene in seiner Zelle auf ein Pochen horcht, ein kaum hörbares Pochen, so schwach, daß er manchmal meint, es sei nur das Klopfen seiner Schläfe. Und doch ist es nicht nur in seinen Adern, es ist außer ihm, es ist. Es wiederholt sich, es setzt ab. Durch die ungeheueren wuchtenden Mauern frißt es sich durch, es will zu ihm reden. Er weiß noch nicht, noch lange nicht, was es redet. Er weiß ja noch nicht einmal, wie es redet. Sein Herz klopft dazwischen und verwirrt ihn, seine überspannten Sinne lügen ihm vor, als klopfe es, gerade wenn es abgesetzt hat –; noch weiß er nicht, ob er es jemals verstehen lernen wird, jemals es zusammensetzen, es richtig zusammensetzen, wissen wird, was da zu ihm redet, alles erfahren, antworten, durch die ungeheuren wuchtenden Mauern hindurch eine Seele sich mit der seinen vermengen fühlen, noch weiß er nichts, als daß es zu ihm redet.

Mit nichts als diesem Glauben, daß alle Bücher irgendwie zu unserer Seele reden, umgürtet, ließe sich vielleicht, ja vielleicht doch, in befremdlichen guten Stunden die Flucht aus dem schwindelnd hohen, eisig stillen Turmgemach unserer Einsamkeit beginnen. Ist nicht in diesem Glauben etwas, das alles andere nach sich zu ziehen vermöchte? – ach, nicht auf einmal, sondern langsam, langsam, mit unendlicher Vorsicht. Zog nicht so der Käfer, kletternd und kletternd, den feinen langen Bindfaden empor, und der Bindfaden dann die Schnur, und die Schnur das Seil, empor bis an das Fenster des Turmes? Ich spreche von der Geschichte der Flucht des Ratgebers des großen indischen Königs aus dem Turmzimmer. Ich spreche von dieser alten und wunderbar ermutigenden Geschichte. Er fiel in Ungnade, und der König ließ ihn im obersten Gemach eines schwindelnd hohen Turmes einsperren. Er aber, der Unglückliche, hatte eine treue Frau, die kam nachts an den Fuß des Turmes und rief nach ihm und fragte ihn, wie ihm zu helfen wäre. Er hieß sie wiederkommen die nächste Nacht und mit sich bringen ein langes Seil, eine lange starke Schnur, einen langen seidenen Faden, einen Käfer und ein wenig Honig. Die Frau wunderte sich sehr, aber sie gehorchte und brachte, was ihr befohlen war. Der Mann rief ihr von oben zu, den Seidenfaden fest an den Käfer zu binden, auf des Käfers Fühler einen Tropfen Honig zu tun und ihn an die Wand des Turmes zu setzen, den Kopf nach oben. Sie gehorchte und tat alles, und der Käfer fing an, emporzuklettern. Immer den Honig witternd, kletterte er langsam höher und höher, bis er auf der Spitze des Turmes ankam. Da faßte ihn der Gefangene und hielt den seidenen Faden in der Hand. Dann hieß er seine Frau, an das untere Ende des seidenen Fadens die starke Schnur binden und zog die Schnur empor, und an das untere Ende der Schnur das Seil binden, und zog das Seil empor. Und das übrige war nicht mehr schwer.

Das übrige ist niemals schwer. Nur solange man nicht weiß, ob man den seidenen Faden in die Hand bekommen wird oder nicht, solange ist es schwer.

SEBASTIAN MELMOTH

Dieser Name war die Maske, mit der Oscar Wilde sein vom Zuchthaus zerstörtes und von den Anzeichen des nahen Todes starrendes Gesicht bedeckte, um noch einige Jahre im Dunkel dahinzuleben. Es war das Schicksal dieses Menschen, drei Namen nacheinander zu führen: Oscar Wilde, C 3 3, Sebastian Melmoth. Der Klang des ersten nichts als Glanz, Hochmut, Verführung. Der zweite fürchterlich, eines jener Zeichen, welche die Gesellschaft mit glühendem Eisen in eine nackte menschliche Schulter einbrennt. Der dritte der Name eines Gespenstes, einer halbvergessenen Balzacschen Gestalt. Drei Masken nacheinander: eine mit wundervoller Stirn, üppigen Lippen, feuchten, herrlichen, frechen Augen: eine Bakchosmaske; die zweite eine Maske von Eisen mit Augenlöchern, aus denen die Verzweiflung sieht; die dritte ein dürftiger Domino aus der Maskenleihanstalt, geborgt, um ein langsames Sterben darin vor den Blicken der Menschen zu bergen. Oscar Wilde glänzte, entzückte, verletzte, verführte, verriet und wurde verraten, stach ins Herz und wurde ins Herz gestochen. Oscar Wilde schrieb die Betrachtung über den Verfall des Lügens, schrieb »Der Fächer der Lady Windermere«, schrieb »Salome«. C 3 3 litt. C 3 3 schrieb die »Ballade des Kerkers von Reading« und jenen Brief aus dem Kerker von Reading, genannt »De Profundis«. Sebastian Melmoth schrieb nichts mehr, schleppte sich in den Straßen von Paris herum, starb und wurde eingegraben.

Und nun ist Sebastian Melmoth, hinter dessen armem Sarg fünf Menschen gingen, so überaus berühmt. Nun ist alles, was er lebte, beging und litt, in aller Leute Mund. Nun wissen sie alle, daß er in einer Art von Kaninchenstall saß und mit den feinen, blutenden Fingern alte Schiffstaue zu Werg aufdrehen mußte. In aller Munde ist dies von dem fürchterlichen Bad, in das er steigen mußte, dem schmutzigen Wasser, in das die Sträflinge der Reihe nach steigen mußten, und Oscar Wilde als der letzte, weil er der letzte in der Reihe war. »Oscar Wilde«, sagte mit unbewegten Lippen einer hinter ihm, als sie im Gefängnishof auf und nieder geführt wurden, »Oscar Wilde, ich verstehe, daß Sie mehr leiden müssen als wir anderen alle.« Auch diese Worte, die irgend ein Sträfling, mit unbewegten Lippen und doch hörbar, in seinem Rücken flüsterte, sind heute sehr berühmt. Sie sind ein Detail einer Legende, die wundervoll ist, wie immer etwas Wundervolles entsteht, wenn das Leben sich die Mühe nimmt, ein Schicksal dichterisch zu behandeln.

Aber man sagt: »Welch eine Wandlung!« Man sagt: »Oscar Wilde, der frühere, und Oscar Wilde, der andere.« Man spricht von einem Ästheten, aus dem ein neuer Mensch geworden ist, ein Gläubiger, gar ein Christ. Man hat sich angewöhnt, von gewissen Romantikern gewisse Dinge zu sagen, und man wiederholt sie zu gerne. Man sollte sie nicht wiederholen. Erstens darum, weil sie wahrscheinlich schon das erstemal nicht ganz richtig waren, und zweitens darum, weil die Zeiten sich verändern und es gar keinen Sinn hat, so zu tun, als ob die Dinge wiederkämen, während in Wirklichkeit immer neue, unendlich differenzierte, unendlich merkwürdige Dinge heraufsteigen. Es hat gar keinen Sinn so zu sprechen, als ob Oscar Wildes Schicksal und Oscar Wildes Wesen zweierlei gewesen wären und als ob das Schicksal ihn so angefallen hätte wie ein bissiger Köter ein ahnungsloses Bauernkind, das einen Korb mit Eiern auf dem Kopf trägt. Man sollte nicht immer das Abgegriffenste sagen und denken.

Oscar Wildes Wesen und Oscar Wildes Schicksal sind ganz und gar dasselbe. Er ging auf seine Katastrophe zu, mit solchen Schritten wie Ödipus, der Sehend-Blinde. Der Ästhet war tragisch. Der Geck war tragisch. Er reckte die Hände in die Luft, um den Blitz auf sich herabzuziehen. Man sagt: »Er war ein Ästhet, und dann kamen unglückselige Verwicklungen über ihn, ein Netz von unglückseligen Verwicklungen.« Man sollte nicht mit den Worten alles zudecken. Ein Ästhet! Damit ist gar nichts gesagt. Walter Pater war ein Ästhet, ein Mensch, der vom Genießen und Nachschaffen der Schönheit lebte, und er war dem Leben gegenüber voll Scheu und Zurückhaltung, voll Zucht. Ein Ästhet ist naturgemäß durch und durch voll Zucht. Oscar Wilde aber war voll Unzucht, voll tragischer Unzucht. Sein Ästhetismus war etwas wie ein Krampf. Die Edelsteine, in denen er vorgab mit Lust zu wühlen, waren wie gebrochene Augen, die erstarrt waren, weil sie den Anblick des Lebens nicht ertragen hatten. Er fühlte unaufhörlich die Drohung des Lebens auf sich. Das tragische Grauen umlagerte ihn fortwährend. Unablässig forderte er das Leben heraus. Er insultierte die Wirklichkeit. Und er fühlte, wie das Leben sich duckte, ihn aus dem Dunkel anzuspringen.

Man sagt: »Wilde sprach geistvolle Paradoxa, an seinen Lippen hingen die Herzoginnen, seine Finger zerpflückten eine Orchidee, und seine Fußspitzen wühlten in Polstern aus alter chinesischer Seide, dann aber kam das Unglück über ihn und er wurde in das Bad gestoßen, aus dem vorher zehn Sträflinge gestiegen waren.« Aber man muß das Leben nicht so banalisieren, man muß nicht alles auf das Niveau eines Unglücksfalles herunterzerren. Die wundervoll geschliffenen Worte, die bis zum Schwindelnden mondänen und bis zur Gequältheit zynischen Sätze, die von diesen schönen, geschwungenen, verführerischen und frechen Lippen fielen, waren im Tiefsten gar nicht für das Ohr der schönen Herzoginnen gesprochen, sondern für das Ohr einer Unsichtbaren, die ihn mit Grausen lockte, wie die Sphinx, an die er unaufhörlich dachte, während er sie unablässig verleugnete, und deren Namen »Wirklichkeit« er nur im Munde führte, um ihn zu verspotten und zu demütigen. Und seine Glieder, die Orchideen zerpflückten und sich in Polstern aus uralter Seide dehnten, waren im tiefsten voll fataler Sehnsucht nach dem gräßlichen Bad, vor dem sie doch, als es sie dann wirklich bespritzte, sich zusammenkrampften vor Ekel.

Darum muß es erschütternd gewesen sein, Oscar Wilde in einem Augenblick seines Lebens zu sehen. Ich meine in dem Augenblick, als er, über den niemand Gewalt hatte als sein Geschick, entgegen dem Flehen seiner Freunde und fast zum Grausen seiner Feinde zurückkehrte und den Queensberry verklagte. Denn damals muß die Maske des Bakchos mit den schön geschweiften, üppigen Lippen in nie zu vergessender Weise umgewandelt gewesen sein in die Maske des sehend-blinden Ödipus oder des rasenden Ajas. Damals muß er um die schöne Stirn die Binde des tragischen Geschickes getragen haben, sichtbar wie wenige.

Man muß das Leben nicht schaler machen als es ist, und die Augen nicht wegwenden, um diese Binde nicht zu sehen, wo einmal eine Stirn mit ihr umwunden ist.

Man muß das Leben nicht banalisieren, indem man das Wesen und das Schicksal auseinanderzerrt und sein Unglück abseits stellt von seinem Glück. Man darf nicht alles sondern. Es ist alles überall. Es ist Tragisches in den oberflächlichen Dingen und Albernes in den tragischen. Es ist etwas würgend Unheimliches in dem, was man Vergnügen nennt. Es ist Dichterisches in den Kleidern der Kokotten und Spießbürgerliches in den Emotionen der Lyriker. Es ist alles im Menschen drin. Er ist voll der Gifte, die gegeneinander wüten. Es gibt auf gewissen Inseln Wilde, die ihre Pfeile in den Leib ihrer toten Verwandten stecken, um sie unfehlbar tödlich zu vergiften. Dies ist eine geniale Art, einen tiefen Gedanken metaphorisch auszudrücken und dem Tiefsinn der Natur ohne viel Umschweife zu huldigen. Denn wirklich, die langsam tötenden Gifte und die Elixiere der sanft schwelenden Seligkeiten, alles liegt in unserem lebendigen Leib beisammen. Man kann kein Ding ausschließen und keines für so niedrig nehmen, daß es nicht eine sehr große Macht sei. Es gibt, vom Standpunkte des Lebens betrachtet, kein Ding, das »dazu gehört«. Es ist überall alles. Alles ist im Reigen.

Wundervolles Wort des Dschellaledin Rumi, tiefer als alles: »Wer die Gewalt des Reigens kennt, fürchtet nicht den Tod. Denn er weiß, daß Liebe tötet.«

DIE BRIEFE DIDEROTS
AN DEMOISELLE VOLAND

Diderot ist Diderot, ein einzig Individuum; wer an ihm oder seinen Sachen mäkelt, ist ein Philister, und deren sind Legionen. Wissen doch die Menschen weder von Gott, noch von der Natur, noch von ihresgleichen dankbar zu empfangen, was unschätzbar ist.« (Schrieb Goethe 1831, den 9. März, an Zelter.)

Ein einzig Individuum. War da und leuchtete, lebte, liebte. Leuchtete und wärmte. Gewährte einigen mitlebenden Menschen eine große Freude, einigen, einigen hunderten, einigen tausenden, einigen zehntausenden vielleicht. Und verlosch. Verlosch, wie eine Farbe am abendlichen Himmel, eine mehr als zauberische Beleuchtung des fernen Himmels, über den Bergen, nach einer Weile verlischt. Auch sie ein einzig Individuum, das nie mehr wiederkehrt. Alle sind sie einzig, die schönen Dinge. Jeder schöne Baum, in dessen Schatten wir lagen, Ahorn, Ulme oder Eiche, nirgends wieder finden wir völlig seinesgleichen. Welches verstorbenen Hundes gutes Auge kam wieder?
Aber er ließ einiges hinter sich. Er schuf einiges, wie man sich auszudrücken pflegt. Er hinterließ diese »Sachen«, an denen der Philister nicht mäkeln soll. Ich fürchte, er mäkelt nicht mehr an ihnen. Denn er kennt sie nicht. Sie erzürnen ihn nicht; denn niemand lobt sie vor ihm. Sie erregen ihn nicht zu dumpfem Widerstreben; denn er sieht keinen Lebenden, der sich aus ihnen Entzückung trinkt.

Aber dennoch: es fanden sich Leute, die dieses Buch hier übersetzten, auf gutes Papier druckten, in Pergament banden. Wirklich, es flackert da oder dort ein Wille, Denis Diderot nicht zu vergessen, Diderot, für den die Welt existierte, Diderot, der den Narciss Rameau schrieb, der diese Gestalt schuf, die von Leben trieft und von Wirklichkeit strotzt und

von mehr als Wirklichkeit funkelt, diesen Schwätzer Narciss Rameau, diesen Denker, diesen Schmarotzer, diesen im Innern unbestechlichen Richter der Menschen, diesen Lumpen, diese verführerische Seele von einem Menschen. So liegt denn dieser nicht, nicht für alle, als ein Leichnam einbalsamiert in Goethes prosaischen Schriften, von ihrem Hauch unverweslich als wie von starken Spezereien, sondern für einige zumindest – und nicht für mich allein – spaziert er immer noch umher zwischen den Schachtischen des Café de la Régence, und redet, redet, redet und indem er redet und klatscht und verleumdet und philosophiert und Komödie spielt und einen dicken Bankier kopiert und eine kleine Dirne kopiert und bellt wie ein Hund und dazwischen das Menschliche schmerzvoll höhnt wie Hamlet und darüber lächelt wie ein Weiser Griechenlands – unter diesem strömt von seinen wulstigen feuchten Lippen, strömt von seiner nicht sonderlich edlen Stirn ein Etwas, das die Luft erfüllt, das die ganze Atmosphäre mit Leben erfüllt, das Fetzen von Lebensmöglichkeiten herumstreut in allen Ecken, Fetzen von Liebe, Haß, Verachtung, Zärtlichkeit, Glanz, Jammer, Dirnenhaftigkeit, Reinheit, Gottähnlichkeit, jammervoller Verlassenheit… Leben, Leben, Leben. Welch eine französische Kreatur, welch eine menschliche Kreatur, welch eine zeitlose Kreatur, welch eine nicht wieder zu vergessende Kreatur!
Und »Ceci n'est pas un conte«? Und die Geschichte von Madame de la Pommeraye und dem Marquis des Arcis? Und die andere höchst meisterhaft erzählte Geschichte, überschrieben »Vom Unbestand des öffentlichen Urteils«? Bin ich allein, mich an diesen zu freuen?
Hier nun liegen seine Briefe an seine Geliebte. Einige sind Liebesbriefe. Einer ist auf der Reise geschrieben, in einem Landgasthaus, und da das Licht eher ausging als der Drang, das geliebte Wesen mit Worten zu umfassen, so ist der ganze Brief so im Dunkel hingewühlt. Und wir lesen das.
Die meisten aber sind nicht eben Liebesbriefe, sondern Briefe an die Geliebte, Briefe des noch jungen, des alternden, des alten Mannes, Briefe, die er schrieb, wenn er fern von ihr war, Briefe, die er schrieb, um sie zu unterhalten. Dies ist ein wenig

einzig: ein großer Mann, der seine Geliebte unterhalten will.
Sie unterhalten, ganz einfach. Keineswegs sie martern, keineswegs sich in ihren fast erschreckten Augen gigantisch
spiegeln, keineswegs sie – in Größe – verstimmen. Sondern
wirklich, sie unterhalten. Wie sonderbar, welche gespenstische Komödie, daß er nun mit diesen Briefen voll enjoue-
ment, voll verve – oh, ich habe deutsch zu schreiben: voll ver-
bindlicher Munterkeit, voll innerer Geselligkeit, voll halb ge-
spielter Verspieltheit, voll Unanständigkeit, in der doch eine
unendliche Wohlerzogenheit steckt, daß er mit diesen Briefen
nun uns unterhält, die wir tot waren, als er und seine Geliebte
lebten, und nun leben, da jene tot sind. Und wie gut unterhält.
Es gibt nichts Entzückenderes zur Gesellschaft als Männer
von Geist, die tot sind. Ihr Totsein ist wie ein leichter geheimnisvoller Flor über den Salon, indem man mit ihnen zu-
sammensitzt. Wie feine Geistermusik, sordinierte Geigen, aus
dem Hintergrund. In ihren Reden aber ist ihr Totsein als eine
entzückende Leichtigkeit, ein Ballwerfen mit den Lasten, die
uns erdrücken, ein Tanzen um die Abgründe, die uns ängsti-
gen. Die Gesellschaft der Toten ist süß wie Haschischträume.

»DER BEGRABENE GOTT«

ROMAN VON HERMANN STEHR

Hier ist etwas gemacht aus dem Dunkelsten und Tiefsten des Lebens. Unseres Lebens und des Lebens aller Kreaturen. Hier greift im Finstern eine riesige Hand, eine Schöpferhand, um das Ganze von drei Menschen herum und kommt dabei an die dumpfen Ketten, die alles Irdische aneinanderknüpfen, daß sie aufzucken wie Fühlend-Blutig-Lebendiges und wir auf einmal wissen: »Da hängen sie«, die wir nur ahnten: »Sie sind irgendwo im Dunkel und knüpfen das Seiende zusammen«. Hier reißt es uns in Tiefen, wo wir nie waren. Wo wir nie waren. Wo, wie jenen Wanderern der Hölle im tiefsten Punkte, uns ein jäher Schwindel Oberes und Unteres verkehrt und wir, die Füße setzend über unserem Kopfe, nun aufwärts steigen, während, wir stiegen noch tiefer hinab.

Hier sind drei Menschen geschaffen. Abgegriffenes Wort! Unbegreifliches Wort, unmögliches Wort! Wer umgrenzt einen Menschen? Denn eines Menschen Wesen und eines Menschen Leib, wo ist die Grenze? Eines Menschen Leib und der Natur Weben und Leben, wo ist die Grenze? Eines Menschen Reden, Denken, Fühlen, und der anderen Menschen Reden, Denken, Fühlen, wo ist die Grenze? Ein Mensch und ein Gott, wo ist die Grenze? Alle Grenzen verwischt. Eines Menschen Leib ist nicht der Mensch. Eines Menschen Rede ist nicht der Mensch, und sein Stummsein nicht. Sein Tun nicht, sein Leiden nicht, seine Lust nicht. Wohl aber sind sein Leib und sein Gott ineinandervermischt, sein Tun und sein Leiden, sein Leid und seine Lust, seine Rede und sein Stummsein, und er und alle anderen. Diese alle sind untereinandergemengt und alle Grenzen verwischt. Einen Menschen begrenzen. Einen Menschen schaffen. Wer, außer dem Gedankenlosen, spricht es aus? *Individuum est ineffabile.*

Und dennoch: hier sind drei Menschen geschaffen. Mit Schöpferhänden sind hier, wie im Dasein, die Grenzen verwischt zwischen dem Leib und dem was draußen ist, zwi-

schen dem Leiden und dem Tun, zwischen Freiheit und Unfreiheit, zwischen dem Menschen und seinem Gott, und aus
verwischten Grenzen sind Gestalten geschaffen. Wer denkt
hier nicht: Rembrandt? Immerhin, er denke: Rembrandt.
In Tiefen, wo wir nie waren. Es sei denn, indem wir litten. Indem das Namenlose, das Stumme, das Gestaltlose sich auf
uns legte und von irgend einer Wand über unsere Brust der
Schatten des Todes fiel. Aber hier hat das Namenlose seinen
Namen bekommen, das Stumme seine Sprache und das Gestaltlose seine Form. Hier haben Schöpferhände der Finsternis ein Gesicht gegeben und aus dem Alpdruck etwas gebaut
und gebildet. Und wir erkennen die dumpfen Tiefen schwerer Stunden wieder.

Da wir uns aufsetzten, war Tag, und gräßlich war das Bette,
gräßlich dies Sich-Aufsetzen, ohne Erbarmen das Licht, das
dann durch die Scheiben kam, fürchterlich über die Möglichkeit die Mauer des Nachbarhauses, dastehend in einem fahlen
Schein ohne Schatten. Und da wir an einer Tür pochten, zur
Nacht, voll Angst, und das Pochen schlug in unseren Leib
hinein, dumpf, hohl, in der öden, toten Straße, und droben
standen Sterne, kalt, fremd, unbegreiflich böse. Und da das
Kranke uns ansah und sein Blick in uns hing mit solcher
Angst. Und das Anderswerden geliebter Menschen: nie zuvor ist er so an der Wand auf- und niedergegangen, nie zuvor
ließ er sich so in den Stuhl fallen, nie stieß er so böse die Kissen
weg, sein Auge kannte nie, nie zuvor diesen Blick, während
wir doch zu ihm sprechen, während wir doch ihm knien,
die Decke fest um seine Füße zu wickeln. Da lernten wir, da
kamen wir ins Tiefe. Da widerfuhr uns mehr, als wir wußten.
Denn wir wußten nur Schmerz und Nicht-Auskönnen und
trübes Vor-uns-Hinstarren. Aber da gingen innen Tore auf,
durch die wir überall hinkamen. Da bekamen wir den kleinen
und den großen Zutritt zu den Geschicken dieser Erde.

Aber hier ist aus dem Dunkelsten und Tiefsten des Lebens
etwas gemacht, mit einer riesigen Hand. Etwas Deutsches.
Etwas, das nicht wieder aus uns heraus will. Wo ist etwas
Ähnliches? Weit rückwärts, Jahrzehnte zurück, ist vielleicht
etwas Ähnliches. Es heißt »Zwischen Himmel und Erde«.

Aber jenes las ich mit zwanzig Jahren, dieses lese ich nun. Ich
weiß nicht, ob sie sich vergleichen lassen. Ich weiß nicht, ob
das Ältere den Vergleich aushalten würde. Dies Neuere ist
mit einer solchen Hand gemacht, ich weiß nicht, was ich von
dem Verfasser dieses Buches nicht noch erwarte.

Man erzählt von dem Maiaufstand in Dresden im Jahre 48,
daß nichts so ergreifend war als das unbeschreiblich laute und
schöne Singen der Vögel in den Alleen, deren Bäume vom
Blut bespritzt waren und in deren Schatten die Toten auf ihrem Gesicht lagen oder mit offenen Augen und krampfigen
Fingern nach oben zeigten. Der Mann, der dies Buch »Der
begrabene Gott« gemacht hat – ich weiß wahrhaftig nicht,
was ich nicht von ihm erwarte, und er wird hie und da Romane schreiben, in denen die Herrlichkeiten und Schrecken
des Daseins so aneinandergeknüpft sind wie das Singen dieser
Vögel in den Wipfeln der blutigen Bäume und das Daliegen
der Toten im kühlen, duftigen Schatten. Indessen hat er etwas
gemacht aus Finsternis – lastender, wuchtender Finsternis,
wie Berge schwer – und einem blassen, schönen Gesicht, voll
Seele, Hoheit, Sehnsucht, etwas –... hier ist dies abgegriffene
Wort zu gebrauchen: »Ich habe, da ich dieses las, etwas erlebt.« Und noch ein Wort: Groß, groß, groß. Und noch eins:
Ehrfurcht.

SCHILLER

[I]

Das Große feiert sich selber. Wenn man es nennt, so ist es, als
nennt man den Namen erhabener Berge und gewaltiger, über
dem Meer getürmter Städte vor denen, die dort waren, und
eines mehreren bedarf es nicht. König Philipp und der Groß-
inquisitor. Das Hinausgehen Maria Stuarts zum Tode, an
Leicesters Arm. Die Reden der Bauern, die sich gegen Habs-
burg verschwören, auf der Höhe ihrer Berge, über den Ländern, über dem Qualm der Städte Franz Moors Verzweiflung. Der Präsident im Hause des Musikus. Wallensteins
Schlafengehen. Demetrius vor dem Reichstag. Groß. Wie das
Herankommen und Zerschäumen einer großen Woge. Und
alles, was vorher kommt, vor diesen ganz großen Momenten,
von gleicher Art: wie starke Wellenschwünge. Das Nie-Aus-
lassen einer sehr großen Kraft, ein ungeheures, rastloses
Vorwärtsgehen, wie das Meer gegen den Strand. Und die
gleichen Wellenschwünge überall: auch in jenen frühesten
Gedichten, über die man zu lächeln pflegt, auch dort jenes, das
Ehrfurcht gebietet: der arme Militärzögling, öd, dumpf, von
Gott und der Welt verlassen, dürftig gehalten wie nicht der
Lehrling im Handwerk, nicht der Hirte hinterm Vieh: und
ruft in seiner Brust das Weltall herauf, die ewigen Mächte…
»Acheronta movebo!«
Ein Anwalt und ein Konquistador. Vielleicht war den Deutschen seinerzeit der große Anwalt näher, vielleicht ist den
Deutschen dieser Zeit der große erobernde Abenteurer näher.
Der Anwalt nahm die Partei der Freiheit vor Königsthronen,
die Partei eines Königs vor dem Thron der Freiheit. Es klingt
wie herausgerissen aus dem Leben eines gefährlichen Sophisten: er aber durfte es tun, denn er war ein Mann. Der Abenteurer – ich nehme das Wort in seinem großen Sinn, und er
war der größte, den die Geschichte des Geistes kennt – durch-
stürmte die Weltanschauungen und richtete sich in ihnen ein,
wie in unterjochten Provinzen. Die Welt Kants, die Welt der

Alten, die Welt des Katholizismus: er wohnte in jeder von ihnen, wie Napoleon in jeder Hauptstadt Europas residiert hat: fremd und doch gebietend. Seine Heimat war immer woanders, sein Dasein Fortschreiten. Wenn man in ihm ist, ist man im Freien: im gewaltigen Feld, wo geistige Ströme sich kreuzen. Mit Goethe ist man zuweilen im Herzen der Dinge. Goethe und er stehen zueinander wie der Gärtner und der Schiffer. Aber in großen Nächten reckte der stille Gärtner seine Hand zu den Sternen empor und war mit ihnen vertraut wie mit den Blumen seines Gartens, und der Schiffer hatte nichts als sein mutvolles Herz und sein Schiff, mit dem die Winde spielten.

Der Bildner der Jugend. Ich weiß nicht. Es wäre denkbar, daß Männer – Männer von anderem Stoff als die Ankläger des Sokrates – ihn in ihrem Herzen den Verführer der Jugend nannten. Es heißt ein altes Wort: Que philosopher c'est apprendre à mourir. Nun, Max Piccolomini, der des Kaisers bestes Regiment in den Tod hineinreitet, weil er an der Welt irre geworden ist, er ist kein Lehrer dafür, wie man zu sterben hat. Mercutio ist schon ein besserer, Brutus noch ein besserer. (Es geht eine Linie von diesem Sterben des Mercutio zu dem, wie Gordon in Khartum starb.) Max ist auch kein Lehrer dafür, wie man zu leben hat. Und auch Mortimer nicht, auch Karl Moor nicht, auch Wallenstein nicht, wahrhaftig. Da ist Götz schon ein besserer (auch er lehnt sich auf) und der schlichte Franz Lerse und Georg, der Reiterjunge. Auch Friedrich Prinz von Homburg, trotz allem. Und Julia Capulet und unsere Hero, und Gretchen und das Käthchen von Heilbronn bessere als jene Verwirrerinnen der Gefühle: Thekla, Johanna, Berta. Und dennoch: aber man muß die Unreife haben, die Gestalten noch nicht zu sehen, nur ihren Schwung zu fühlen, oder man muß die Reife haben, die Gestalten nicht mehr zu sehen, nur das, was hinter ihnen ist, dann fühlt man ein Etwas, dem sich junge Herzen geben müssen wie die Segel dem Wind (dem Morgenwind, der sie hinaustreibt ins offene Meer und von keinem Ziel noch weiß): unbedingte Größe. Sich groß zu fassen wissen, und wäre es auf dem Schafott, wäre es im Augenblick, da man so unüberlegt und unmora-

lisch als möglich handelt, dies ist etwas, dies ist viel, unendlich viel. Wissen, daß man ein großer Herr ist, weil man ein
Mensch ist, nichts als das, dies lehrt doch vielleicht zu leben
und zu sterben. Nicht die Gestalten also, aber etwas, das in ihnen ist: mehr ihre Allüren als ihre Handlungen, die nicht immer ganz aus ihnen fließen, mehr ihr Ton als ihre Argumente.
Das Fürstliche, das ihnen aufgeprägt ist und sie zu Brüdern
und Schwestern macht: Könige auf ihrer Scholle diese freien
Bauern, ein Heeresfürst dieser Wallenstein, ein Fürst der
Ruchlosen Franz Moor, Maria eine Königin der Tränen,
fürstlich auch das Hirtenmädchen, alle von königlichem Blut.
Also dennoch ein Bildner des menschlichen Fühlens, nicht
wie jene, die eine Welt gaben, Homer, Shakespeare, Michelangelo, Rembrandt, auch nicht wie jener, der eine Welt und
sich in uns verknüpfte, Goethe, sondern indem er sich selbst
hergab, nicht in den Gestalten, sondern durch die Gestalten
hindurch, hinter den Gestalten: »Das Leben selber wendend
an dieses Bild des Lebens.« Ein Bildner der Jugend also dennoch, ein atheniensischer, kein spartanischer: der große Schüler des Rousseau und des Euripides.
Der große Schüler des Rousseau und des Euripides, nicht
geringer als einer von ihnen. Ein Geist, der in großer Weise
sich Resultate aneignete. Der die Sittlichkeit Kants, die Hin-
gerissenheit und Fülle des Katholizismus, die Gebundenheit
der Antike in sein Bauwerk hineinnahm, wie die normänni-
schen Seekönige ihre Burgen aus antikem und sarazenischem
Getrümmer aufrichteten. Der mit seinem Adlerblick nirgends Schranken sah, nicht der Zeiten, nicht der Länder.
Niemand hatte weniger Ehrfurcht als er vor diesen wesenlosen Grenzen, über die unsere Seele kaum hinzufliegen wagt.
Als der Tod ihn umwarf, lagen da die Entwürfe zu zehn Stük-
ken: in einem war Rußland aufgebaut – uns das unzugäng-
lichste, wesenhafteste aller Länder, von betäubendem Duft
der Eigenart erfüllt, gleich jenem verschlossenen Garten des
Hohenliedes –, in einem lebte der Malteserorden, eines war
ein Gemälde des unterirdischen Paris, gezogen aus dem Pita-
val, ein Gewebe aus Verbrechen, Familie, Polizei, ein antizi-
pierter Balzac. Er meinte zu verstehen, was immer in einer

Menschenbrust vorgegangen war. Und so meinte er, verstanden zu werden. Er, den alles Gewordene faszinierte. Er, von dem Goethe – und Goethe kannte ihn etwas – sagte: »Es ist ein Glück, daß Calderon erst nach seinem Tod in allgemeine Aufnahme gekommen ist. Ihm wäre er gefährlich geworden.« Ihn nennt jetzt da und dort eine Stimme »den deutschesten der Dichter«. Da und dort wird den Nationen mitgeteilt, daß er ihnen ein Fremder ist und sie ihm ewig Fremde. Er, der aus dem Herzen ihrer Geschichte seine Stoffe nahm: das Mädchen von Orléans, Maria Stuart, Demetrius. Er, der diese Schranken so verachtete, daß er eines fremden Volkes König vor eines fremden Volkes Tribunal verteidigen wollte. Er, der einzige esprit envahisseur, den die Deutschen geboren haben, und von dessen Tiraden die Seele der unterdrückten Italiener lebte, der Ungarn, der Polen, er, den sie alle verstanden, Puschkin, Mickiewicz, Petöfi, Carlyle, er, der dem Heraufdröhnen von Napoleons Heeren so viel verdankt wie Balzac ihrem Hinabdröhnen, er, durch dessen Schaffen eine schnurgerade Linie geht von Corneille zu Victor Hugo, zu Sardou und zu Scribe (jawohl, zu Scribe), ihn gerade absperren? Gerade ihn mit Schranken umgeben? Ich weiß nicht, was ich aus solcher Politik machen soll. Jedenfalls ist es Politik des Augenblicks.

Alles in allem sind wir das einzige Volk in Europa, das ein Theater hat. Nichts, was sich mit dem der Griechen vergleichen ließe – wer ist so wenig bei Sinnen, dies anzunehmen –, auch nichts von der Lebendigkeit, der Echtheit, der Wirklichkeit des Elisabethinischen Theaters, immerhin aber etwas, das nicht ganz ohne große Linie ist, von einer gewissen Distanz gesehen. Von einer gewissen Distanz gesehen, war für Dezennien das deutsche Theater erfüllt von dem Werk Schillers. Und dann, nach einer Ohnmacht, die nicht der Tod war, sondern innere Umbildung, war es für Dezennien (die nicht vorüber sind) erfüllt von dem Werk Wagners. Man muß diese Dinge so sehen, daß sie ihre Größe zeigen und nicht ihre Niedrigkeit: sonst müßte man ersticken. Und in Größe gesehen, haben die Deutschen dort, wo jahrzehntelang Karl Moors Trotz und Maria Stuarts große Fassung ihre

Wahrheit – oder die Wahrheit ihrer Seele – war, nun eine andere Wahrheit ihrer Seele: Siegfried, der sich aus den Stücken von seines Vaters Schwert singend Schwert und Schicksal schmiedet. Haben statt jenes Dranges diese Töne, statt jenes Greifens nach den Sternen dieses Wühlen in den Tiefen. Haben für Großes Größeres: denn zwischen beiden Welten liegt großes Geheimnis, liegt Schopenhauer, liegt ein Hereinlassen des Todes in die Welt, ein Nacktwerden und Großwerden der Seele, liegt jene Trunkenheit, um derentwillen die Romantiker ihr Selbst und ihre Kunst wie Perlen im Wein des Lebens zergehen ließen. Abseits aber – ich vergesse ihn nicht – steht Friedrich Hebbel. Steht und dauert, von tiefer Einsamkeit umflossen, wie eine Felseninsel, deren innerer Kern ein glühender Fruchtgarten ist: hier spricht die Blume und es spricht das Gestein, ja, der tiefste Schmerz trägt hier Früchte wie ein großer, in Nacht wurzelnder Baum. Hier landen nicht die Vielen der Deutschen, aber die Besten erreichen schwimmend diesen Strand, von Geschlecht zu Geschlecht, und es pflücken doch immer Hände diese Früchte, deren Saft die Pulse stocken und fliegen macht, und sehen doch immer Augen diese Blumen, über deren Schönheit und Seltenheit manchmal die Sinne erstarren.

[II]

Kein Deutscher ist wie er so ganz Bewegung. Sein Adjektiv ist wie in der Hast des Laufes errafft, sein Hauptwort ist der schärfste Umriß des Dinges, von oben her im Fluge gesehen, alle Gewalt seiner Seele ist beim Verbum. Sein Rhythmus ist andringend, fortreißend, weiterstrebend, sein Entwurf kühn und groß wie sein Rhythmus, und der Aufbau harmonisch über dem Entwurf wie ein Haus über dem Grundriß. Seine Gedanken jagt er zu einem Ziel, seine Betrachtung zu einem Äußersten, Höchsten, seine Gestalten zu einem großen Entschluß, einem großen Abenteuer oder einem großen Untergang. Sein Leben und sein Tod gleicht dem des Fackelläufers, der in sich verzehrt aber mit brennendem Licht ans Ziel kam, sterbend hinstürzte und so stürzend, so sterbend ein ewiges Sinnbild blieb. Etwas treibt die Deutschen immer wieder zu ihm zurück: und nun da sie Schiffe bauen, tun sie vielleicht zum erstenmal etwas, das ihn wirklich feiert; denn seine Werke gleichen am meisten von allen Dingen der Erde den großen Schiffen, deren Wucht Schönheit, und deren Dasein Bewegung ist, die immer ihr Ziel wissen, nie ins Ungewisse schweifen, Länder an Länder binden und vorwärtsstrebend den Rand der Erde adeln.

EINES DICHTERS STIMME

»EMPEDOKLES«, »SONETTE AN EINE VERSTORBENE«.
VON RUDOLF ALEXANDER SCHRÖDER.

Nie waren unser so viele. Nie zuvor hat es in Wahrheit so viele gegeben, in denen eine Stimme schlief. Es ist wie eine schwere beklommene Nacht, die selbst die Düfte der Blumen gebunden hält; aber der leiseste Windhauch löst alles. Wir sollen von einer Welt Abschied nehmen, ehe sie zusammenbricht. Viele wissen es schon und ein unnennbares Gefühl macht Dichter aus vielen. Mit seltsamen Herzen gehn sie umher, von allem schon gelöst und doch im Innersten gebunden. Was da ist, ihnen ist es schon nicht mehr da, und was kommen soll, versagt sich ihren Lippen. Wie der Scheidende vom Vaterhaus ein geliebtes Gerät umschlingt und an sich drückt, so tun sie, und die Gefühle einer Welt werden von ihren Händen umschlungen, an ihre Brust gedrückt, im Abschiednehmen. In ihnen kommt das Erste zum Letzten, sie spüren die Schmerzen jeder Lust, die Lüste aller Traurigkeiten. Sie fühlen sich einsam unter den Freunden, suchen in der Einsamkeit sich selber, ahnen in ihren Herzen das, was bleiben wird, wenn eine Welt zusammenbricht, und treten aus der Einsamkeit wieder unter die Freunde: denn da sie einsam waren, gerade da haben sie sich in die anderen gefunden. Und die anderen finden sich zu ihnen. Dichter sind sie, und eine Lust will aus ihrem Mund, und wäre es eine Lust voll Grauen. Priester sind sie, so müssen sie weihen, und wäre es der Abgrund vor ihren Füßen. Angstvoll werfen sie ihre Gedichte hin, wie Blütenzweige in ein reißendes Gewässer, und die Seelen der anderen flattern nieder wie versprengte Tauben, sich auf den treibenden Zweigen auszuruhen.

Diese Bücher sind voll Klagen, ihre Bitternis ist so groß, daß es manchmal ist, als müßte der in sich erstarren, dessen Jugend so ins Dasein blickt. Aber die klagende Stimme tönt fort und sie tönt so rein, daß nichts als die Reinheit ihrer Klage, und nichts von der Bitternis ihrer Klage, in die Seele fällt. Diese Worte werfen keine Schatten. Nackt bis an ihren Fuß

stehen die Dinge des Daseins in diesen Gedichten, nebeneinander wie die Stämme des Waldes in der Stunde bevor es Tag
wird, so erhellt wie vom Schein der Ewigkeit und unnahbar:
»die noch kein falscher Strahl des Lichts getroffen«. Es ist als
klagte der Dämon eines Baumes, einer Quelle in tiefer Einsamkeit den Wolken und den Winden, seinen Freunden, ein
ungeheures Leid, das ihn langsam erstarren macht. Aber seine
Klage ist zugleich sein Leben, solange seine Stimme tönt,
kann er nicht sterben, und aus seiner Einsamkeit heraus weht
der Wind zu denen, die horchen, nur die durchsichtige Reinheit seiner Stimme herüber, und sein Lied ist ihnen kaum
mehr Klage, nur das Klingen einer Seele.

Dies ist die herrliche, nicht wieder zu vergessende Geschichte, in der Wollust hervorwächst aus Geheimnis, der Orient die schweren Augen aufschlägt mitten im schlaflosen Paris, Abenteuer sich verschlingt mit Wirklichkeit, die Blüte der Seele aufbricht am Rande von Taumel und Tod, und die Gegenwart mit einer solchen Fackel angeleuchtet wird, daß sie daliegt wie die großen Zeiten uralter Träume.

Die Geschichte von Henry de Marsay und dem Mädchen mit den Goldaugen. Die Geschichte, deren Anfang eine Schilderung von Paris ist, ein maßlos großes Bild in Worten, etwas Aufgebautes, etwas mit fahlem Licht und schwarzer Finsternis berghoch Hingetürmtes, und deren Ende ein Gedicht des Orients ist, darin sich die Betäubung der tiefsten Lust mit dem Geruch von Blut mischt und ein Etwas über die Sinne hinaus ins Namenlose auffliegt; deren Anfang von der Hand Dantes sein könnte, deren Ende aus Tausendundeiner Nacht und deren Ganzes von niemand auf der Welt als von dem, der es geschrieben hat. Ich weiß nicht, welche Begierde der Phantasie in einem Leser wohnen könnte, die sich an den Büchern dieses Menschen nicht sättigte. Hier hat er eine Einleitung, eine Art gigantischen, mit den Reliefs menschlicher Gestalten über und über bedeckten Höllentores, groß genug und durchdringend genug, die tiefste Begierde zu befriedigen, die uns so oft durchwühlt: die furchtbare Häßlichkeit der großen Städte, die uns umschließen, und die Myriaden von Gesichtern, die sich wie in einem Höllentrichter um uns herwälzen, als dämonische Schönheit zu erblicken, ihr wüstes Auf und Ab, Erhaschen und Vergeuden, Erobern und Verkommen in eine Vision zusammenzufassen, jener ebenbürtig, in der »sich Himmelskräfte goldne Eimer reichen«. Hier ist dann Abenteuerlichkeit, um eine sechzehnjährige Phantasie zu verführen; aber sie rankt sich um einen Helden, der nichts weniger als naiv ist; in den morgenländischen Wogen eines Abenteu-

ers, die ein loses, ewiges, in nackter Schönheit leuchtendes
Meer hineinzuspülen scheint, spiegelt sich das Gesicht Henry
de Marsays, eines jener Gesichter, die nur Balzac zu schaffen
vermochte, in denen die Instinkte einer ganzen Zivilisation,
ihre tiefsten Begierden, ihre geheimsten Wünsche, ihr inner-
stes Verhältnis zum Weib, zur Welt, zum Schicksal, Figur
geworden sind, eine von den Physiognomien, in denen fünf
aufeinanderfolgende Generationen sich im Spiegel sehen
können, sich ganz und gar, von ihrer Geckenhaftigkeit bis zu
ihrer letzten Wahrheit. Und hier ist schließlich etwas, das mit
Worten auseinanderzulegen ich mich fast scheue, eine Poesie
der Sinne, die taumeln und die Augen schließen macht, ein
maßloses Erwecken und Gewähren, das überschwillt und aus
seinem Gefäß heraustritt, wie die Seele aus einem feuchten,
vor Hingebung ersterbenden Aug.
Sag ich zu viel? Zu wenig, zu wenig. Und dies ist nur eine
kleine Geschichte, nur die eine Geschichte von Henry de
Marsay und dem Mädchen mit den Goldaugen. Dies ist eines
seiner Bücher, die Erzählung einer Nacht, einer Nacht von
tausend Nächten. Und Henry de Marsay hat nachher noch
vieles erlebt. Ist er nicht mit den Schicksalen der Prinzessin
von Cadignan verflochten? Und mit anderen dunkleren
Schicksalen? Kreuzt nicht sein Leben den sanften Aufstieg
César Birotteaus und das furchtbare Versinken des Barons
Hulot? Wundervolles Gewirr von Schicksalsfäden, nie wieder von einem menschlichen Hirn zu ersinnendes! Glückliche
Unvollkommenheit unseres Gedächtnisses: wir können uns
endlos in dieser Welt bewegen, Gesichter tauchen auf, auf denen Schicksale geschrieben sind, von einem auf andere fällt
ein zuckendes Licht, dann kommt wieder einer, dem sind wir
vor langer Zeit begegnet – oder noch nie? sprach uns nur einer
von ihm? Trug nur ein Bette, an dem wir schon saßen, den
Eindruck seines Leibes, ein Herz, in das wir schon blickten,
die Narben seiner Bosheit oder seiner Schwäche? Ich will nie
wissen, daß ich alle Bücher von Balzac ausgelesen habe, und
ich werde es nicht wissen. Denn wenn ich nach den letzten
greifen werde, wird, der die ersten las, ein anderer gewesen
sein.

Wundervoller Strom, dem sich die Seele mit geschlossenen Augen hingibt, auf dem sie treibt, wie ein verzaubertes Boot, über Wassern, die von der Farbe des Blutes sind, oder grau wie Stein, oder von der Farbe der rosigen Muscheln, und schwarz von der Tiefe des darunter verborgenen Abgrundes.

Wir hatten dieses Buch in Händen, da wir Knaben waren; und da wir zwanzig waren, und meinten weit zu sein von der Kinderzeit, nahmen wir es wieder in die Hand, und wieder hielt es uns, wie sehr hielt es uns wieder! In der Jugend unseres Herzens, in der Einsamkeit unserer Seele fanden wir uns in einer sehr großen Stadt, die geheimnisvoll und drohend und verlockend war, wie Bagdad und Basra. Die Lockungen und die Drohungen waren seltsam vermischt; uns war unheimlich zu Herzen und sehnsüchtig; uns grauste vor innerer Einsamkeit, vor Verlorenheit, und doch trieb ein Mut und ein Verlangen uns vorwärts und trieb uns einen labyrinthischen Weg, immer zwischen Gesichtern, zwischen Möglichkeiten, Reichtümern, düstern, halbverhüllten Mienen, halboffenen Türen, kupplerischen und bösen Blicken in den ungeheuren Bazar, der uns umgab: wie glichen wir diesen weit von der Heimat verirrten Prinzen, diesen Kaufmannssöhnen, deren Vater gestorben ist, und die sich den Verführungen des Lebens preisgeben, wie meinten wir ihnen zu gleichen; gleich einer magischen Tafel, worauf eingelegte Edelsteine, wie Augen glühend, wunderliche und unheimliche Figuren bilden, so brannte das Buch in unseren Händen: wie die lebendigen Zeichen dieser Schicksale verschlungen ineinanderspielten, tat sich in unserem Inneren ein Abgrund von Gestalten und Ahnungen, von Sehnsucht und Wollust auf. Nun sind wir Männer, und dieses Buch kommt uns zum dritten Male entgegen, und nun sollen wirs erst wirklich besitzen.

Was uns früher vor Augen gekommen ist, waren Bearbeitungen und Nacherzählungen; und wer kann ein poetisches Ganzes bearbeiten, ohne seine eigentümlichste Schönheit, seine tiefste Kraft zu zerstören? Das eigentliche Abenteuer freilich ist unverwüstlich und bewahrt, nacherzählt und wiederum nacherzählt, seine Kraft; aber hier sind nicht bloß Abenteuer und Begebenheiten, hier ist eine poetische Welt –

und wie wäre es uns, wenn wir den Homer nur aus der Nacherzählung seiner Abenteuer kennten. Hier ist ein Gedicht, woran freilich mehr als einer gedichtet hat; aber es ist wie aus einer Seele heraus, es ist ein Ganzes, es ist eine Welt durchaus. Und was für eine Welt! Der Homer möchte in manchen Augenblicken daneben farblos und unnaiv erscheinen. Hier ist Buntheit und Tiefsinn, Überschwang der Phantasie und schneidende Weltweisheit; hier sind unendliche Begebenheiten, Träume, Weisheitsreden, Schwänke, Unanständigkeiten, Mysterien; hier ist die kühnste Geistigkeit und die vollkommenste Sinnlichkeit in eins verwoben. Es ist kein Sinn in uns, der sich nicht regen müßte, vom obersten bis zum tiefsten; alles was in uns ist, wird hier belebt und zum Genießen aufgerufen.

Es sind Märchen über Märchen, und sie gehen bis ans Fratzenhafte, ans Absurde; es sind Abenteuer und Schwänke, und sie gehen bis ins Groteske, ins Gemeine; es sind Wechselreden, geflochten aus Rätseln und Parabeln, aus Gleichnissen, bis ins Ermüdende: aber in der Luft dieses Ganzen ist das Fratzenhafte nicht fratzenhaft, das Unzüchtige nicht gemein, das Breite nicht ermüdend, und das Ganze ist nichts als wundervoll: eine unvergleichliche, eine vollkommene, eine erhabene Sinnlichkeit hält das Ganze zusammen.

Wirklich, wir kannten nichts, da wir nur die Begebenheiten aus diesem Buche kannten; sie konnten uns grausig und gespenstisch scheinen; es war nur, weil sie aus der Luft ihres Lebens gerissen waren. In diesem Buche ist kein Platz für Grausen: das ungeheuerste Leben erfüllt es durch und durch. Die ungeheuerste Sinnlichkeit ist hier Element. Sie ist in diesem Gedicht, was das Licht in den Bildern von Rembrandt, was die Farbe auf den Tafeln Tizians ist. Wäre sie irgendwo eingeschränkt und durchbräche an einzelnen Stellen diese Schranken, so könnte sie beleidigen; da sie ohne Schranken dies Ganze, diese Welt durchflutet, ist sie eine Offenbarung.

Wir bewegen uns aus der höchsten in die niedrigste Welt, vom Kalifen zum Barbier, vom armseligen Fischer zum fürstlichen Kaufherrn, und es ist *eine* Menschlichkeit, die uns umgibt, mit breiter, leichter Woge uns hebt und trägt; wir

sind unter Geistern, unter Zauberern, unter Dämonen und
fühlen uns wiederum zu Hause. Eine nie hinfällige Gegenständlichkeit malt uns die herrlich mit Fliesen belegte Halle,
malt uns den Springbrunnen, malt uns den von Ungeziefer
wimmelnden Kopf einer alten Räubermutter; stellt den Tisch
hin, deckt ihn mit schönen Schüsseln, tiefen Gefäßen, läßt uns
die Speisen riechen, die fetten und die gewürzten und die süßen, und die in Schnee gekühlten Tränke aus Granatkernen,
geschälten Mandeln, stark mit Zucker und duftendem Ge-
würz angesetzt, stellt mit der gleichen Lust uns den Buckel
des Buckligen hin und die Scheußlichkeit böser alter Männer
mit geiferndem Munde und schielenden Augen; läßt den
Eseltreiber reden und den Esel, den verzauberten Hund und
das eherne Standbild eines toten Königs, jeden voll Weisheit,
voll Wahrheit; malt mit der gleichen Gelassenheit, nein, mit
dem gleichen ungeheuern Behagen das Packzeug eines abge-
triebenen Esels, den Prachtzug eines Emirs und von Gebärde
zu Gebärde, schrankenlos, die erotische Pantomime der Liebenden, die nach tausend Abenteuern endlich ein erleuchtetes, starkduftendes Gemach vereinigt.

Wer möchte versuchen, ein durchaus wundervolles Gewebe,
wie dieses, aufzutrennen? Und dennoch fühlen wir uns verlockt, dem Kunstmittel nachzuspüren, welches an tausend
Stellen angewandt sein muß, daß eine so ungeheure Masse
des Stoffes, mit der äußersten Realität behandelt, uns mit ihrer Wucht nicht beklemme, ja auf die Dauer unerträglich
werde. Und das Gegenteil tritt ein: je länger wir lesen, desto
schöner geben wir dieser Welt uns hin, verlieren uns im Medium der unfaßlichsten, naivsten Poesie und besitzen uns erst
recht; wie man, in einem schönen Wasser badend, seine
Schwere verliert, das Gefühl seines Leibes aber als ein genie-
ßendes, zauberisches, erst recht gewahr wird. Dies führt uns
in die innerste Natur orientalischer Poesie, ja ins geheime
Weben der Sprache; denn dies Geheimnisvolle, das uns beim
höchsten gehäuften Lebensanschein von jeder Beklemmung,
jeder Niedrigkeit entlastet, ist das tiefste Element morgen-
ländischer Sprache und Dichtung zugleich: daß in ihr alles
Trope ist, alles Ableitung aus uralten Wurzeln, alles mehrfach

denkbar, alles schwebend. Die erste Wurzel ist sinnlich, primitiv, konzis, gewaltig; in leisen Überleitungen gehts von ihr weg zu neuen verwandten, kaum mehr verwandten Bedeutungen; aber auch in der entferntesten tönt noch etwas nach vom Urklang des Wortes, schattet noch wie in einem trüben Spiegel das Bild der ersten Empfindung. Von diesem ihrem Wesen sehen wir die Sprache und die Poesie – auf dieser Stufe sind sie eines – hier den unbewußtesten und unbegrenztesten Gebrauch machen. In einer schrankenlosen Gegenständlichkeit der Schilderung scheint die Materie überwuchtend auf uns einzudringen: aber was uns so nahekommt, daß es uns beleidigen könnte, wofern es nur auf den nächsten Wortsinn beschränkt wäre, löst sich vermöge der Vieldeutigkeit des Ausdrucks in einen Zaubernebel auf, daß wir hinter dem nächsten Sinn einen anderen ahnen, von dem jener übertragen ist. Den eigentlichen, ersten verlieren wir deswegen nicht aus dem Auge; aber wo er gemein war, verliert er sein gemeines Geheimnis, und oft bleiben wir mit dem aufnehmenden Gefühl in der Schwebe zwischen dem, was er versinnlicht, und einem Höheren dahinter, das bis zum Großartigen, zum Erhabenen uns blitzschnell hinleitet. Ich meine es einfach und möchte verstanden werden. Aber da ich von einer Trope, von einer übertragenen Bedeutung rede, so wird der Verstand des Lesers seine angewohnte Bahn gehen und nicht dorthin, wo ich ihn haben will, und wird an einen transzendentalen Sinn, eine verborgene höhere Bedeutung denken, wo ich ein weit minder künstliches und weit schöneres, das ganze Gewebe dieser Dichtungen durchsetzendes Phänomen aufzeigen möchte: diese Sprache – und es ist die Sache einer vortrefflichen Übersetzung, daß wir durch sie hindurch die Nacktheit der Originalsprache müssen spüren können wie den Leib einer Tänzerin durch ihr Gewand –, diese Sprache ist nicht zur Begrifflichkeit abgeschliffen; ihre Bewegungsworte, ihre Gegenstandsworte sind Urworte, gebildet, ein grandioses, patriarchalisches Leben, ein nomadisches Tun und Treiben, lauter sinnliche, gewaltige, von jeder Gemeinheit freie, reine Zustände sinnlich und naiv, unbekümmert und kraftvoll hinzustellen. Von einem solchen urtümlichen Weltzustand sind

wir hier weit entfernt, und Bagdad und Basra sind nicht die
Gezelte der Patriarchen. Aber noch ist die Entfernung keine
solche, daß nicht eine unverwüstete, von Anschauung strotzende Sprache diesen modernen Zustand an jenen uralten tausendfach zu knüpfen vermöchte. Um eine laszive Gebärde,
einen frechen Griff nach der Schüssel, ein gieriges Fressen und
Hinunterschlingen köstlicher Speisen, eine brutale Züchtigung, eine fast tierische Regung von Furcht oder Gier nur
bloß auszudrücken, sind ihr keine anderen als jene Urworte
und Wendungen zur Verfügung, an denen immer etwas
Großartiges hängt, etwas Ehrfurchtgebietendes und Naives,
etwas von geheiligter Natur, grandiosen Zuständen, ewiger
Reinheit. Es ist keine Ausschmückung gewollt, keine Hindeutung auf Höheres, kein Gleichnis; kein anderes Gleichnis
zumindest, als eines, das dienen solle, das Sinnliche noch sinnlicher, das Lebendige noch lebhafter zu malen: es wird nicht
der Mund groß aufgetan, um eine höhere Welt herbeizurufen,
es ist nur wie ein Atmen durch die Poren, aber wir atmen
durch die Poren dieser naiv poetischen Sprache die Luft einer
uraltheiligen Welt, die von Engeln und Dämonen durchschwebt wird und in der die Tiere des Waldes und der Wüste
ehrwürdig sind wie Erzväter und Könige. So wird das Gemeine, die schamlose Einzelheit, ja das Schimpfwort nicht
selten wie ein Fenster, durch das wir in eine geheimnisvoll erleuchtete Ahnenwelt, ja in noch höhere Geheimnisse hineinzublicken meinen.

Sehen wir so die grenzenlose Sinnlichkeit von innen her mit
eigenem Lichte sich erleuchten, so ist zugleich dies Ganze mit
einer poetischen Geistigkeit durchwoben, an der wir mit dem
lebhaftesten Entzücken vom ersten Gewahrwerden zum vollen Begriff uns steigern. Eine Ahnung, eine Gegenwart Gottes liegt auf allen diesen sinnlichen Dingen, die unbeschreiblich ist. Es ist über dieser Wirrnis von Menschlichem, Tierischem und Dämonischem immer das strahlende Sonnenzelt
ausgespannt oder der heilige Sternenhimmel. Und wie ein
sanfter, reiner, großer Wind wehen die ewigen, einfachen,
heiligen Gefühle: Gastlichkeit, Frömmigkeit, Liebestreue,
durch das Ganze hin. Da ist, um von tausend Seiten eine auf-

zuschlagen, in der Geschichte von Allischar und der treuen Summurud, ein Augenblick, den ich nicht für irgendeine erhabene Stelle unserer ehrwürdigsten Bücher tauschen möchte. Und es ist fast nichts. Der Liebende will seine Geliebte befreien, die ein böser alter Christ ihm gestohlen hat. Er hat das Haus ausgekundschaftet, er ist um Mitternacht unter dem Fenster, ein Zeichen ist verabredet, er soll es nur geben, doch muß er noch eine kurze Frist warten. Da überfällt ihn so ungelegen als unwiderstehlich, als hätte das Geschick aus dem Dunkel ihn lähmend angehaucht, ein bleierner Schlaf. »Sitzend im Dunkel der Mauer, unter dem Fenster«, heißt es, »schlief er ein. Ruhm und Preis Ihm, den niemals Schlummer befällt.«

Ich weiß nicht, welchen Zug aus Homer oder Dante ich neben diese Zeilen stellen möchte: so aus dem Nichts in ein wirres Abenteuer hinein das Gefühl Gottes aufgehen zu lassen wie den Mond, wenn er über den Rand des Himmels heraufkommt und in das Menschenleben hineinblickt. Was aber wäre von den Weisheitsreden der Vögel und anderen Tiere zu sagen, von den tiefsinnigen Antworten der wunderbaren Jungfrauen, von den ans Herz gehenden Sprüchen und Wahrheiten, die sterbende Väter und alte weise Könige ins Ohr der jungen Menschen träufeln, und von den unerschöpflichen Wechselreden, mit denen die Liebenden ihr Glück und die Last ihres Entzückens gleichsam von sich entfernen, über sich hinausheben, dem Dasein zurückgeben. Und wie sie ihr Glück über sich heben, indem über es in den Worten der Dichter, in den Worten heiliger Bücher aussprechen, so hebt der Knabe seine Schüchternheit, der Bettler seine Armut, der Durstende seinen Durst über sich hinaus. Indem die frommen, reinen Worte der Dichter in jedem Munde sind wie die Luft, an der jeder Anteil hat, ist von allen Dingen die Niedrigkeit genommen; über Tausenden verflochtener Geschicke schwebt rein und frei ihr Ewiges, in ewig schönen, unvergänglichen Worten ausgesprochen. Diese Abenteuer, deren ganzer Inhalt ein gieriges Trachten ist, ein verworrenes Leiden und ein unbedingtes Genießen, scheinen nur um der erhabenen, über ihnen schwebenden Gedichte willen da – aber was wären diese Gedichte, was wären sie uns, wenn sie nicht aus einer Lebenswelt hervorstiegen?

Unvergleichlich ist diese Lebenswelt, und durchsetzt von einer unendlichen Heiterkeit, einer leidenschaftlichen, kindlichen, unauslöschlichen Heiterkeit, die alles durcheinanderschlingt, alles zueinanderbringt, den Kalifen zum armen Fischer, den Dämon zum Hökerweib, die Schönste der Schönen zum buckligen Bettler, Leib zu Leib und Seele zu Seele. Wo hatten wir unsere Augen, da wir dies Buch ein Labyrinth und voll Unheimlichkeit fanden! Es ist unsäglich fröhlich. Noch das böse Tun, das böse Geschehen umgaukelt es mit unendlicher Heiterkeit. Der Liebende will seine Geliebte befreien; er ist um Mitternacht unter den Fenstern; sie, im Dunkeln, harrt seines Zeichens, da überfällt ihn ein bleierner Schlaf. Ein riesenhafter Kurde, der grausamste, schändlichste Räuber von vierzig, gerät in die Straße, sieht den Schlafenden, erlauscht die Harrende; er klatscht aufs Geratewohl in die Hände, die schöne Summurud läßt sich auf seine Schultern hinab, und er galoppiert dahin, die schöne leichte Last tragend, als wäre es nichts. Sie wundert sich seiner Kraft. »Ist dies Allischar?« fragt sie sich, »der da unter mir hintrabt, unermüdlicher als ein junger Gaul? Kann dies mein Liebster sein, der mir schrieb, er wäre vor Gram und Sehnsucht nach mir abgezehrt und matt, nahe am Tod?« Und er galoppiert dahin, und sie wird ängstlicher, und da er ihr nicht antwortet, fährt sie ihm mit der Hand ins Gesicht: »da war es das Gesicht des greulichen Kurden, rauh und stachlig, es war anzufühlen wie die Schnauze eines Schweines, das in seiner Gier ein Huhn lebendig verschluckt hat, und die Schwanzfedern stehen ihm zum Halse heraus«. Es ist frevelhaft, das einzelne so herauszureißen – aber diese Situation, diese Erwägung, dies Nachdenken der Schönen, während sie durch die Nacht hinaust auf den Schultern des wüsten Räubers, dieser Augenblick der Entdeckung und dies unglaubliche Gleichnis, das uns mit eins in den hellen Tag, ins Gehöfte hinausweist und das man nicht vergißt – ich weiß nicht, wo ähnliches zu finden wäre, außer dann und wann an den heitersten, naivsten, frechsten Stellen der Komödien des bezaubernden Lope de Vega. Wo hatten

wir unsere Sinne, als wir dies Buch unheimlich fanden! Es ist
ein Irrgarten, aber ein Irrgarten der Lust. Es ist ein Buch, das
ein Gefängnis zum kurzweiligen Aufenthalt machen könnte.
Es ist, was Stendhal davon sagte. Es ist das Buch, das man
immer wieder völlig sollte vergessen können, um es mit er-
neuter Lust immer wieder zu lesen.

Geehrter Herr! Ich wüßte nicht, wie man seinen Beifall dem
versagen sollte, was Sie sich vorsetzen und in Ihrer Zuschrift
mir entwickeln. Daß der Buchhändler eben noch nichts
Rechtes ist, wenn er sichs genug sein läßt, ein Händler mit
Büchern zu sein, ist in älteren und neueren Zeitläuften ausgesprochen worden und lebt wohl als eine rechte Standeswahr-
heit und Überlieferung unter den Tüchtigsten Ihrer Berufs-
verwandten. Aber unsere Zeit, mehr als frühere, hat es in sich,
daß sie ein geistiges, ein sittliches Streben, wo es kaufmänni-
schen Unternehmungen beigemengt ist, mit der Wucht des
Materiellen niederschlägt, und wie sollten nicht Sie, als die
mit dem geistigen Bedürfnisse handelnden Kaufleute, ganz
besonders sich verworren und betäubt fühlen unter dem fast
grenzenlosen Herandringen der Masse, zugleich mit dem
schwindelerregenden Geist des Wechsels, ohne dessen irre
springende Windstöße jener Wust freilich ganz bedenklich
zähe uns umlagern würde. Wo alle nur mit der Masse auf die
Masse wirken, fühlen Sie sich aufgefordert, an die einzelnen
zu denken, und so rufen Sie auch einzelne zur Hilfe herbei.
Der Leser ist schließlich immer ein einzelner; einer Masse ein
Buch oktroyieren wollen, ist starke Prätension oder gleich
Charlatanerie, und es sind die plattesten oder die zweifelwür-
digsten Erzeugnisse, für die zeitweilig dergleichen ins Werk
gesetzt wird. Aber es liegt keine Anmaßung darin, wenn der
einzelne dem einzelnen, den er allenfalls auf ähnlichem Wege
vermutet, durch die Empfehlung eines werten, nicht eben
allbekannten Buches nützlich zu werden glaubt, und in diesem Sinne erfülle ich Ihren Wunsch mit Vergnügen. Ich bin,
wie jeder, vielen Büchern vieles und einigen fast alles schuldig, was ich geistig besitze. Aber daß ich Ihnen eben diese
nenne, haben Sie nicht erwartet, haben vielmehr in einer sehr
glücklichen Wendung Ihrer Zuschrift darauf hingedeutet,
wie wenig wert Ihnen jene, vom Geiste eines nicht angeneh-

men amerikanischen Enthusiasmus eingegebene Zusammenstellung einer runden Zahl »bester Bücher« erscheine. Sie haben nicht erwartet, daß ich Ihnen die erhabenen Denkmale
der Alten, daß ich Ihnen die Werke unserer höchsten Dichter
hinzähle, und auch ein Dokument der neuen Zeit, wie die
»Gedanken und Erinnerungen« von Bismarck, das von den
stärksten Wellen der Zeit getragen in jedermanns Händen ist,
von mir aufgezählt zu finden, hätte Sie einigermaßen verwundert. Dagegen durften Sie annehmen, es müsse mir ein
leichtes sein, ohne Prätension und ohne Bedenklichkeit eine
begrenzte Anzahl guter und schöner Bücher hier auf dem Papier zu vereinigen, so wie ich sie am Vorabende einer längeren Reise in den Bücherkoffer zusammenstellen würde. Keines von ihnen vielleicht habe ich in einem Zuge gelesen, aber
es ist keines darunter, nach dem ich nicht mehr als einmal ge-
griffen, keines, das ich nicht zu Schiff oder zu Wagen reisend
gerne in meiner Begleitung wüßte, keines, dem ich mich
nicht verschuldet fühlte.

Das fleißige und bedeutende, mehrbändige Werk des Herrn
Gräf, »Goethe über seine Dichtungen«, wird niemand zur Hand
nehmen, der sich nicht zu Goethe in stärkstem Verhältnis
fühlt. Einem solchen aber wird das Buch unschätzbar sein,
und er wird es neben, ja über jene hinlänglich berühmte Bie-
dermannsche Sammlung der »Gespräche« zu stellen sich gedrungen fühlen. *Wie* das gemeint sei, wird jeder verstehen,
dem es durch Erfahrung klar geworden ist, daß es selbst
ebenso vieler Übung, innerer Hilfsmittel, ja allmählicher
Ausbildung eigener Organe bedarf, um Kunstwerke wahrhaft zu genießen, als um sie selbst hervorzubringen. Die inneren Hilfsmittel, so unberechenbar tiefen Produkten beizukommen, finden sich hier mit wahrhaft deutschem Fleiß vereinigt, nach epischem, dramatischem Gebiet geteilt, zugleich
chronologisch geordnet; Übersicht, Genuß, innerlichste Bereicherung in einem.

Die Korrespondenz des Abbé Galiani im Original ist mehr, unvergleichlich mehr, als bloß ein Dokument des achtzehnten

Jahrhunderts. Die Gesellschaft eines klugen Mannes wird jeden anziehen; da aber handelt es sich um mehr als Klugheit, handelt sichs um eine durchdringende Kraft im Erfassen der menschlichen Dinge und Bezüge, eine geniehafte Gabe, das Menschliche wie das Politische von Fall zu Fall zu beurteilen, wofür der Vergleich fehlt, man griffe denn auf Macchiavell zurück. Ja, man wird in den Fall kommen, den tiefsten, den feinsten, den umfassendsten Geist, den die Halbinsel hervorgebracht, sich herbeizuziehen, und der Gedanke an Lionardo wird die leuchtende Klugheit dieses Weltgeistlichen nicht verdunkeln. Eine Betrachtung werden diese Briefe dem aufnehmenden Deutschen mehr als einmal aufdringen: daß die erstaunlichste Tiefe der Anschauung in einem vollendet weltmännischen Ton nicht sowohl, wie man gerne sagen hört, sich maskieren, als recht eigentlich sich aussprechen und zu leichtem Genuß wie tiefster Belehrung sich offenbaren kann.

Die Schriften des Lionardo da Vinci, ausgewählt und übertragen von Marie Herzfeld (Diederichs). Im Zugänglichmachen ist unsere Zeit groß. Die fragmentarischen ungeheueren Schriften des allerunvergleichlichsten Mannes, in Spiegelschrift geheimnisvoll niedergelegt, in staatlichen und fürstlichen Bibliotheken verstreut, beinahe mythisch geworden, dann allmählich entziffert, in kostbaren Transkriptionen zunächst nur gelehrten Anstalten zugänglich gemacht, werden durch den Eifer eines schöngesinnten Verlegers, durch die Bemühungen einer sehr schätzbaren, erprobten Herausgeberin in einem handlichen Werke uns zu eigen. Denn wer vermag sich ein Buch wirklich anzueignen, so lange er nur auf Bibliotheken es einsehen, nicht zu jeder seltenen, erhöhten Stunde es hervornehmen und die reinsten Augenblicke seiner Existenz damit amalgamieren darf? Der Inhalt des Buches selbst ist zu bedeutend, um hier mehr als angedeutet zu werden. Behandelt doch der ungeheuere Mann, Künstler, Denker, Ingenieur, Musiker, Weltmann in einem – eine Erscheinung, von der selbst Goethes Gestalt überstrahlt wird –, in diesen Blättern fragmentarisch vorläuferisch so ziemlich jedes Gebiet des Wissens und der Kunst, am größten vielleicht in der Mechanik und Hydromechanik, nicht minder gewaltig im Beschreiben als im Erfassen der Phänomene, in der Geologie, in der vergleichenden Anatomie gleichfalls unvergleichlich im Schauen und Ahnen. Das Gefühl einer die Naturreiche durchwaltenden Einheit atmet uns mächtig entgegen. Vielleicht noch dies könnte gesagt werden: daß die nervige Kraft des Ausdruckes, ganz Anschauung, von keiner Kunstsprache, keiner gelehrten Handwerkssprache entstellt, annähernd mit gleicher Gewalt uns erfaßt wie seine Bilder, jene offenbaren Mysterien, gleichnislosen Gruppen göttlich-menschlicher Gestalten, jene unsäglichen Felshintergründe und Durchblicke, und daß aus diesen geistigen Fragmenten das gleiche sinnlich-seelenhafte Auge uns manchmal anzublicken scheint als aus den Gesichtern seiner göttlichen Mädchen, Greisinnen und Jünglinge. Daß hier von Fragmenten die Rede ist, darf nicht beirren. Lionardo hat nie etwas anderes hinterlassen als Notizen, zu Konvoluten, zu Codicis geordnet, aber niemals zum Buche ausgebildet. Der berühmte Traktat über die Malerei ist eine Zusammenstellung von späterer Hand.

Hebbels Briefe in vollständiger Ausgabe seien hier nur eben genannt. Wie sich Leben und Produktion im schöpferischen Menschen unlöslich verklammern, eines aus dem anderen dunkle Nahrung saugt, da hineinzublicken gewährt dieses Buch wie keines. Wem in den Werken des späteren Ibsen der wiederholte Ausdruck dieser dunklen innerlichen Feindseligkeit nicht ganz ohne Kommentar verständlich wäre, der fände hier den Kommentar. Es gibt kaum ein Buch, das sich der Seele mit solchem Zwang bemächtigt als diese Briefe, besonders die aus den ersten finsteren Jahrzehnten.

Wieviel ich *Lafcadio Hearn* und seinen außerordentlichen Büchern über Japan verdanke, habe ich hie und da ausgesprochen. Sei hier das Buch »*Out of the East*« genannt (welchem der rührig bemühte deutsche Übersetzer vielleicht einen anderen Titel gegeben haben mag), als dasjenige, welches bei vertrauter Bekanntschaft vielleicht vor allen, auch vor dem einschmeichelnden »Kokoro«, den Vorzug behauptet. Das doppelte Gefühl, daß Lafcadio Hearn eine moralische Macht für unsere Generation ist, und daß es in der innersten Tendenz dieser merkwürdigen dichterisch-politischen Werke doch noch mehr auf unser Europa abgesehen sei als auf das fremde Insselland, befestigt sich in dem anhänglichen Leser mehr und mehr.

Das Buch *»Tolstoi und Dostojewski«* von *Mereschkowski* ist mehr, unendlich mehr, als der bescheidene Titel ankündigt. Von schöpferischer, von gestaltender Kritik ist neuerdings viel die Rede: hier nun ist wirklich einmal durch das Zusammentreffen unberechenbar günstiger Bedingungen ein solches Buch zustande gekommen und nirgends ist die zarte Grenzlinie zwischen gestaltendem Essay und Roman überschritten. Es bedurfte eines seltenen, zugleich russischen und europäischen Individuums, um dieses Buch hervorzubringen, eines unendlichen Taktes, glücklichster Flexibilität, einer bis zur Exaltation gehenden Kraft des Interesses. Und auch das Buch selbst ist durchaus Individuum, und wie bei einem Individuum die Wirkung, die es auf einen disponierten Geist ausüben kann, kaum abzugrenzen. Dem, der selbst über solche Materien einigermaßen produktiv nachzudenken befähigt ist – und an solchen ist in unserer Epoche kein Mangel –, ist dieses bedeutende Buch der allererwünschteste Ausgangspunkt.

»Der junge Menzel« von *Julius Meier-Graefe.* Schulde ich diesem Verfasser, der immer einer unserer stärksten Köpfe bleibt, anderwärts viel, so verdanke ich ihm hier noch das besondere Vergnügen, mich seiner steten Selbsterziehung zu freuen, ihn reifer, vorsichtiger und staatsmännischer zu finden als in seinen früheren immer bedeutenden und imponierenden Unternehmungen. Das höchst prekäre Problem der deutschen bildenden Kunst ist allmählich ein zentrales, ein allgemein sittliches, ein politisches Problem geworden. Hier ist es an einem Individuum aufgezeigt, und man muß

eine etwas bedenkliche Politik treiben, wenn man in diesem Werk eines Verfassers, dem man immer nur Schwungkraft und Scharfsinn zugestehen, manches andere aber absprechen wollte, nicht auch ein höchst maßvolles Bestreben, eine geistvolle Gerechtigkeit anerkennen will.

So sei gleich neben diesem ein zweites Werk verwandten Gebietes genannt, ein so gelehrtes als im schönen Sinne weltmännisches Werk, Produkt des tiefsten Fleißes, der reichsten Erfahrung, des schönsten Formgefühls, der taktvollsten Zurückhaltung, wo jenes früher genannte als ein Produkt des Schwunges und scharfsinniger Raschheit anzusprechen ist: die *Biographie Winckelmanns* von *Justi,* minder berühmt als des gleichen Verfassers »Velazquez«, diesem schönen Werk aber an Rundung und Gehalt noch vorzuziehen. Es wird mancher das ruhevolle, eine entrückte Materie schön erleuchtende Werk des anerkannten Gelehrten mit günstigem Vorurteil zur Hand nehmen, der an das Buch des jüngeren, leidenschaftlich der Kunst verflochtenen, so mutigen als unruhigen Mannes mit Abneigung herantritt. Im aufnehmenden Geist wie auf dem friedlichen Bücherbrett dürfen so ausgesprochene Gegensätze sich versöhnen; und wer, älterer Generation angehörig, in seiner geistigen Bildung abgeschlossen, durch die bloße Zusammenstellung sich im Gemüt verletzt fühlt, möge bedenken, daß ein großes Volk, wie die Natur selber, aus seinen gehaltreichen Tiefen das Widerstreitende hervorbringt, aber auch die Geister hervorbringen muß, in denen das Widerstreitende im glücklich gesammelten Augenblick harmonisch zusammenklingt.

Wassermann, »Die Kunst der Erzählung«. Dieses kleinen, schönen, vortrefflich geschriebenen Buches erfreue ich mich wiederholt und dauernd. Daß wir nebst unseren poetischen Bestrebungen über unsere Kunst und ihre nicht klar zutage liegenden Gesetzmäßigkeiten auch noch reden möchten, daß wir allenfalls diesem Gespräch noch Zuhörer außerhalb des Handwerkskreises erhoffen, könnte als eine arge Prätension erscheinen. Aber es liegt in den Menschen, daß sie gerne erfahren, gerne zusehen möchten, wie etwas gemacht wird; und noch etwas tritt dazu, was solchen Exkursen in die Theorie der Kunst immer aufmerksame, willige Zuhörer verschafft hat: der Dichter, indem er von seinen Kunsterfahrungen redet, redet von dem, was er eigentlich versteht. Ein Landkutscher, der von seinen Fahrten, ein Jäger, der von der Jagd, ein halbwegs intelligenter Handwerker, der von seinem Handwerke redet, wird uns nicht leicht langweilig.

Dies ist die eigentliche Robinsonade, die wir jeder zu erzählen haben, und wenn wir aus unseren menschlichen Erlebnissen nur insofern etwas machen können, als wir Künstler sind, so sind umgekehrt gerade unsere künstlerischen Erfahrungen das eigentlich Menschliche an uns. Doch bedürfte ich nicht einer solchen Abschweifung, um zu begründen, warum wir dieses kleine Buch schon vielfach haben mit Achtung nennen hören. Der Name seines Verfassers mußte ihm von vorneherein freundliche, aufmerksame Leser zuführen. Die schöne, leichte, urbane Form des Dialogs ist sichtlich im Aufleben. Und einer lichtvollen, stetigen, innerlich rhythmischen Auseinandersetzung zu folgen, ist ein Vergnügen, möge es sich selbst um so entlegene Materien, veraltete Gesichtspunkte handeln, wie in gewissen Abhandlungen Lessings, die wir doch, wenn sie uns in die Hände geraten, willig zu Ende lesen. Hier mochte die Freude dazu kommen, zu sehen, wie ein episches Talent, an dessen Produkte sich vielfache Dankbarkeit und mehr Hoffnungen knüpfen, sich selbst den obersten Begriff seiner Kunst mit innerster Freude entwickelt.

»*Kant*«, Vorträge von *Simmel*. In Simmel verehren Hörer und Leser eine fast beispiellose Kraft, das Geistige, das Wesenloseste, die geheimsten Bezüge geistigem Sinnen in faßbare Nähe zu bringen. Fast möchte man von ihm sagen, was Goethe von den Fernrohren und Mikroskopen: daß sie den reinen Menschensinn verwirren. Doch wie vermöchten wir heute des Mikroskopes zu entbehren, wie auch auf solche seltenen Organisationen zu verzichten, die sich gleichsam instrumenthaft unseren feinsten Sinnen anfügen und uns stärker machen, die Bezüge des Weltwesens zu genießen. Über

sein Kant-Buch hörte ich von einem bedeutenden im Leben
stehenden Manne das schöne Urteil: es ergehe dem, der sich
in seinen jüngeren Jahren durch seinen Kant halb genießend
und halb leidvoll durchgewühlt habe, dann aber dieses Buch
in die Hand bekomme, so wie dem Reiter, der sich in mühe-
vollem, verdecktem durchschnittenem Terrain lange abge-
quält, wenn' er, nach Hause kommend, auf einer schönen
deutlichen Karte alles sonnenklar vor sich liegen sehe und nun
im ganzen die Struktur begreife und mit dem Blick genieße,
deren einzelne Unebenheiten ihm fast den Hals gekostet und
manchen Moment verdüstert hätten.

Da haben Sie meine Auswahl. Es war durchaus eine Improvisation. Indem ich schließe, sind mir schon andere Bücher ins
Gedächtnis gekommen, von denen ich mich wundere, daß
ich sie nicht aufgeschrieben habe. Aber ich bedaure keines
von denen, die ich genannt habe. Es war ein Moment, der
mich dieses Verzeichnis entwerfen ließ: alles Produktive ist
die Ausgeburt eines Moments, und mehr oder weniger im-
provisiert und fragmentarisch ist alles, was wir von uns geben, das ist das Lebendige daran. Ich weiß nicht, ob mein Verzeichnis jemandem nützlich sein kann, und wenn, so wird es
ein einzelner sein, denn so zersplittert und verklausuliert ist
unser geistiger Zustand, daß fast jedes Individuum in seiner
Bildung auf völlig anderen Voraussetzungen ruht.

UMRISSE EINES NEUEN JOURNALISMUS

Dieses Buch von Oskar H. Schmitz lag da, zwischen den Zeitungen, den Büchern und den Briefen muß es hereingekommen sein, ich nahm es einmal in die Hand, las darin ein par Seiten, den nächsten Tag, während ich über etwas anderes nachdachte, kam es mir wieder in die Hand, ich blätterte eine andere Stelle auf, las diese, erinnerte mich plötzlich des Vergnügens, das mir gestern die erste Stelle gewährt hatte, blätterte nach vorwärts, nach rückwärts, las einiges über die Kokotten, einiges gut Bemerkte über die Beamten, ein gescheites Zitat aus Vauvenargues oder Diderot, einiges ausgezeichnet Gesagte über die Wesensverwandtschaft der Franzosen mit den Griechen (den antiken Griechen), und als ich, weiterblickend, nichts mehr Neues fand, so bemerkte ich, daß ich das Buch von zweihundert Seiten durchgelesen hatte, ohne recht zu merken wie, das heißt, so wie man eine gut gemachte Zeitung liest. Das Buch, das einen leicht nimmt und leicht losläßt, dessen Inhalte durchlässig sind für das Leben und das sich den Inhalten des Tages amalgamiert, ein solches Buch, das so gut und mit so reinen Ingredienzien gekocht ist, daß es schon in der nächsten Viertelstunde nicht belästigt, das ist Journalismus, aber ausgezeichneter Journalismus, und den Menschen, die dergleichen Bücher hervorbringen, einem H. G. Wells, oder dem philosophischen Journalisten Lowes Dikkinson, oder dem dichterischen Journalisten Lafcadio Hearn, oder einem Maurice Barrès, haben wir fast nichts gegenüberzustellen. Aber einige Erfahrungen und Begegnungen ermutigen mich zu glauben, daß auch bei uns gerade von diesem Augenblick ab diese so schwer als leicht zu handhabende Kunstform, dieser ernsthafte, loyale und unpedantische Journalismus anfangen wird zu existieren. Ich habe den Eindruck, daß wir eine spezifisch deutsche, unendlich abgenützte und auf die Dauer fast unerträgliche Manier des Journalismus überwunden haben: die von Heine inspirierte. Ich glaube, daß

dieser interessante Autor, ich meine Heine als Prosa-
schriftsteller, die deutsche Zeitungsprosa einiger Jahrzehnte
in einer bedauerlichen Weise depraviert hat. Von ihm gilt im
höchsten Maß, was Goethe von Shakespeare und den jungen
Dichtern gesagt hat: »Man sollte ihn den jungen Dichtern
nicht in die Hand geben, denn er nötigt sie, ihn zu reproduzie-
ren, und sie meinen, sich selber zu produzieren.« Leider
scheinen aber alle prosaschreibenden jungen Leute in
Deutschland durch mehrere Generationen nichts als Heines
Prosa in der Hand gehabt zu haben.

Hier, in diesem ebenso inhaltsvollen als anspruchslosen
Buch, ist es gerade das Procédé, was ich bewundere; der
Mangel irgendwelches fühlbaren Apparats, der Takt, die
Diskretion, die Leichtigkeit, mit der ein Thema das andere
herbeibringt. Hier ist nichts, aber weniger als nichts, von jener gedunsenen Trivialität, jener deklassierten Gespreiztheit,
jener affektierten Verworrenheit, mit der der traurige deutsche Journalist »plaudert«. Es ist nichts weniger als eine Plau-
derei, dieses intelligente und gutgeschriebene Buch, und
nichts weniger als eine Abhandlung. Schmitz kommt von einer Beschreibung irgendwelcher Lebensgewohnheiten (aber
mein Ausdruck ist falsch, denn er beschreibt nicht, er erinnert) zu einem Aperçu über die Moral; von der Sprache
kommt er zum Innern, von einer Gebärde zu einem Seelenzustand, vom Straßenbild zu einem unlöslichen Geheimnis, einem intimsten Kern der Lebensauffassung; von der Art, wie
sich die Leute im Omnibus, im Theater betragen, zu Rivarol
und Chamfort. Er ist soviel Philologe, als er es zu sein
braucht, soviel Weltmann, soviel Historiker. Oder jedenfalls
zeigt er in jedem Augenblick nur so viel davon, als der Augenblick verlangt. Er sieht das siebzehnte Jahrhundert und
sieht das achtzehnte und sieht ein bißchen mehr davon, als
daß das eine »pompös« und das andere »galant« war. Und er
sieht, was noch etwas wichtiger ist, das, was vom siebzehnten
und vom achtzehnten in dieser Gegenwart da ist. Der »große
Condé« ist ihm kein leeres Wort. Er wird Voltaire genug gelesen haben, um sich über einige bewunderswerte, aber he-
reditäre Qualitäten von Anatole France nicht zu sehr zu er-

staunen. Er zitiert, wo es notwendig ist, Montaigne oder
Chamfort, oder Kassner oder Jacob Burckhardt. Aber was
ihn auszeichnet, ist die Art und Weise, wie er ein Thema oder
die eine Seite eines Themas nimmt und wieder läßt. Die Wör-
terbücher, die Maskenbälle, die kleinen Worte, die Gewohnheiten der Gasthäuser, das Leben der »kleinen Frauen«, das alles versorgt ihn mit Material. Aber es ist nicht um des Materials willen, daß ich jemals einen Journalisten bewundere,
sondern um seiner Haltung und um seiner Wendungen willen. Das meiste von dem Material, das Lessing benützte, gehörte, als Material, anderen Leuten. Aber seine unsterbliche
Person ist in der Intensität seines Satzbaues und in der wundervollen, mutigen Geste seiner Wendungen. Ich glaube
nicht die Hälfte von dem, was H. G. Wells sagt. Aber seine
Geste ist nicht nur immer spannend, sondern auch ermuti-
gend; die etwas prahlerische, aber immer angefeuerte Motion
seines Geistes versetzt auch den unseren in eine Motion,
ähnlich jener, mit der wir im Expreßzug auf unserem Platz
neben dem Fenster liegen und die Abschaffung der Entfernungen genießen.
Ich halte es für möglich, und ich glaube irgendwelche An-
haltspunkte für diese Möglichkeit zu haben, daß wir im nächsten Augenblick eine neue Art deutscher Journalisten werden
hervortreten sehen, deren Geste bedeutend genug sein wird,
daß man ihnen darüber die Leistung wird vergessen dürfen,
die nebenbei auch in der momentanen Beherrschung eines so
ziemlich grenzenlosen Materials liegt. Ich meine: kulturelle
Journalisten, wenn man mir dieses Wort erlauben will; und
sie werden, wenn ich nicht irre, für einen Zeitraum den politischen Journalisten, dessen Typus wir kennen und dessen Haltung durch eine etwas verblassende Konvention gegeben ist,
in den Schatten stellen. Daß sie sich zeigen werden, daß sie ihr
Talent werden fühlen lassen und ihren Platz verlangen werden, das erscheint mir als ausgemacht. Aber es ist nicht ab-
sehbar, wie die Epoche sie aufnehmen wird und ob sie bereit
sein wird, diese sich ihr anbietenden Existenzen nach ihrem
Wert zu bezahlen, das Wort sowohl in geistigem als in wörtli-
chem Sinne genommen. Denn man wird sie sowohl materiell

in einer Weise bezahlen müssen – wenn anders man ihren
neuen und kostbaren Typus wird aufrechterhalten wollen –,
die sich mehr den westeuropäischen Gewohnheiten anpaßt
als den deutschen, als man ihnen auch sozial wird den Weg
überallhin offenhalten müssen. Eine Differenz des Ranges
zwischen ihrer Position und irgendwelcher offizieller, eine
Differenz des wirklichen, nirgends fixierten, aber so unaus-
weichlich fühlbaren sozialen Ranges werden sie niemals ak-
zeptieren. Der Gedanke, in einer Routine grau zu werden,
wird sie anekeln. Sie selbst werden ihren Journalismus als eine
Art Durchgangsstadium ansehen, aber nicht als jenes, das
man bedauert, sondern als einen passionierenden, nicht zu
vergessenden Moment ihres Lebens, als die geistige Blume
ihrer Jugend. Sie werden für eine neue Epoche das sein, was
Rubempré und Rastignac, was Disraeli und Ferdinand Las-
salle für eine andere Epoche waren. Es ist heute leichter, den
Schatten zu sehen, den sie vorauswerfen, und ihn zu umrei-
ßen, als vorauszusagen, ob die Zeit ihnen ihren Platz konze-
dieren wird, oder ob sie ihn nicht finden und sich als Sekretäre
der großen Industriellen, im Verwaltungsdienst oder als
Universitätslehrer werden unterbringen müssen. Es ist unmöglich zu erraten, ob eine nächste Zeit einen sozialen Typus
aus ihnen schaffen wird, obwohl es sicher nicht gleichgültig
für das Gepräge dieser Zeit sein wird. Einen geistigen Typus
schaffen jedenfalls schon heute die geheimen, in der Zeit liegenden Kräfte.

BALZAC

Man kennt diesen großen Autor nicht, wenn man von ihm nur dies oder jenes kennt. Es gibt nicht den einzelnen Band, der die Essenz seines dichterischen Daseins enthielte, wie »Faust« oder die »Gedichte« die Essenz von Goethes Dasein in sich fassen. Balzac will im breiten gelesen sein, und es bedarf keiner Kunst, ihn zu lesen. Es ist die selbstverständlichste Lektüre für Weltleute, das Wort in seinem weitesten Sinn genommen, vom Advokatenschreiber oder Kaufmannslehrling bis hinauf zum großen Herrn. Eher bedürfte es für Weltleute (ich rede von Männern aller Stände, von Politikern, Soldaten, von Geschäftsreisenden, von vornehmen und einfachen Frauen, von Geistlichen, von allen Menschen, die keine Literaten und keine Schöngeister sind, und von allen denen, die nicht aus Bildungsbedürfnis, sondern zur Belustigung ihrer Einbildungskraft lesen) von Fall zu Fall einer kleinen Anspannung, eines gewissen Übergangs, um Goethe zu lesen. Es ist mehr als wahrscheinlich, daß sich ihnen Goethe in den beschwerten und den verworrenen Momenten ihrer Existenz versagt; Balzac wird sich immer mit ihnen einlassen. Nicht im literarischen Sinn meine ich dies: denn bei Goethe wird der erste Vers, den sie aufschlagen, immer etwas Wundervolles sein, ein Geisterklang, ein Zauberspruch, und bei Balzac werden sie leicht auf drei oder vier langweilige, ermüdende Seiten stoßen, nicht bloß im Anfang einer Geschichte, sondern möglicherweise wo immer sie aufschlagen. Aber schon indem sie diese gleichgiltigen und eher mühsamen Seiten mechanisch durchfliegen, wird etwas auf sie zu wirken beginnen, dem sich der wirkliche Leser, der lebendige menschliche Leser, niemals entzieht: eine große, namenlos substantielle Phantasie, die größte, substantiellste schöpferische Phantasie, die seit Shakespeare da war. Wo immer sie aufschlagen, bei einer Abschweifung über Wechselrecht und die Praktiken der Wucherer, bei einem Exkurs über legitimistische oder liberale Gesellschaft, bei der Schilderung eines Kücheninteriurs, einer ehelichen Szene, eines Gesichtes oder einer Spelunke, werden sie *Welt* fühlen, Substanz, die gleiche Substanz, aus der das Um und Auf ihres Lebens gebildet ist. Sie werden unmittelbar aus ihrem Leben in diese Bücher hinüberkönnen, ganz unvermittelt, aus ihren Sorgen und Widerwärtigkeiten heraus, ihren Lieblingsgeschichten und Geldaffären, ihren trivialen Angelegenheiten und Ambitionen. Ich bin dem Finanzier begegnet, der übergangslos nach seinen Sitzungen und Konferenzen zu seinem Balzac griff, in welchem er die letzten Notierungen der Börse als Lesezeichen liegen hatte, und der Weltdame, die in »Les illusions perdues« oder »La vieille fille« die einzig mögliche Lektüre fand, um zu sich selbst zurückzufinden, abends, nachdem man unter Menschen war oder Menschen bei sich gesehen hat, die einzige Lektüre, die stark und rein genug ist, um die Phantasie von dem jähen und so zerrüttenden Fieber der Eitelkeit zu heilen, und alles Gesellschaftliche auf sein Menschliches zu reduzieren. Diese Funktion, mitten in das Leben des Menschen hineinzugreifen, das Gleiche mit dem Gleichen zu heilen, die Wirklichkeit mit einer erhöhten dämonischen Wirklichkeit zu besiegen, – ich frage mich, welcher unter den großen Autoren, mit denen unser geistiges Leben rechnet, hierin mit Balzac rivalisieren könnte – es wäre denn Shakespeare. Aber Shakespeare so zu lesen, wie andere Generationen die Alten gelesen haben, ich meine, ihn so zu lesen, daß man das Ganze des Lebens aus ihm herausliest, ihn vom Standpunkt des Lebens zu lesen und die wahrsten Bedürfnisse seiner Wißbegierde an ihm zu befriedigen, ist nicht jedermanns Sache. Es ist nicht jedermanns Sache, seine Einbildungskraft so anzuspannen, daß sie die Distanz von drei Jahrhunderten überfliegt, alle Verhüllungen einer prachtvollen, aber wildfremden Epoche durchdringt und dahinter nur das ewig wahre Auf und Ab des menschlichen Tuns und Leidens wahrnimmt. Es ist nicht jedermanns Sache, ohne die Hilfe des Schauspielers, ohne eine ganz bestimmte Begabung der nachschaffenden Einbildungskraft, die genialste Verkürzung und Zusammendrängung, die jemals realisiert wurde, wieder in

eine solche Breite des Weltbildes aufzulösen, daß er in ihr sich
selber und die vielfach verschlungenen Fäden des Daseins
wiederfindet, deren Durchkreuzung seine Wirklichkeit bedeutet.

Goethe ist in gewissem Sinne leichter zu lesen, und wer liest
ihn nicht? Obwohl er eine seiner tiefen und subtilen Einsichten aussprach, als er sagte, seine Schriften seien nicht geschaffen, populär zu werden, und ihr wahrer Gehalt werde
immer nur einzelnen aufgehen, die ähnliches in sich durchgemacht hätten, so scheinen dieser einzelnen heute so viele zu
sein, daß die Wahrheit seines Wortes beinahe wieder aufgehoben ist. Aber wer sich eines seiner Werke aufs neue aneignen, wer »Hermann und Dorothea«, den »Wilhelm Meister«,
die »Wahlverwandtschaften« genießen will, muß sich mit
schon gereinigten Sinnen dem Buche nähern. Er muß viel
von sich, von der Atmosphäre seines Lebens draußen lassen.
Er muß die Großstadt vergessen. Er muß zehntausend Fäden
seines augenblicklichen Fühlens, Denkens und Wollens
durchschneiden. Er muß sich auf seinen »verklärten Leib« besinnen, ich meine: auf sein Ewiges, sein Rein-Menschliches,
sein Unbedingtes. Er muß der ewigen Sterne gedenken und
sich durch sie heiligen. Dann freilich ist es beinahe gleichgil-
tig, welches von Goethes Werken er aufschlägt: überall umfängt ihn die gleiche gesteigerte und verklärte Wirklichkeit.
Ihn umgibt in Wahrheit eine Welt, ein Geist, der eine Welt ist.
Die Sentenzen und die Gestalten, eine Idee oder die Beschreibung einer Naturerscheinung, ein Vers oder Mignon oder
Ottilie, alles ist die gleiche göttliche, strahlende Materie. Hinter jeder Zeile fühlt er den Bezug auf ein Ganzes, auf eine erhabene Ordnung. Die ungeheure Ruhe eines ungeheuren
Reichtums legt sich beinahe bedrückend auf seine Seele, um
diese Seele dann grenzenlos beglückend emporzuheben. –
Aber dieser Arm, der zu den Sternen heben kann, umschlingt
nicht jeden. Auch der lebendige Goethe gab sich nur wenigen
und diesen nicht zu jeder Stunde. Wer mit unruhiger Hand
danach greift, dem verschließt sich ein Gebilde wie die
»Wahlverwandtschaften«, wie eine Muschel sich zuklappt.
Solchen erscheint Goethe kühl, fremd, sonderbar. Er impo-

niert mehr, als er einnimmt. Sie verschieben es, ihn zu lesen – auf ruhigere Tage, oder auf eine Reise. Oder er macht, daß sie sich nach ihrer Jugend sehnen, nach einer höheren Empfänglichkeit. Er scheint ihnen künstlich, er, der die Natur selbst war, und kalt, er, dessen Liebesblick noch das starre Urgestein mit Wärme durchdrang. Sie suchen nach einer Vorbereitung, ihn zu genießen. Sie greifen nach einem Erklärer oder nach den wunderbaren Briefen und Gesprächen, in denen er sich selbst kommentiert, und erst auf diesem Umweg kommen sie wieder zu seinen Werken zurück. Nichts ist undenkbarer als ein Leser, der zu den Werken Balzacs auf einem indirekten Wege käme. Die wenigsten seiner zahllosen Leser wissen irgend etwas von seinem Leben. Die Literaten kennen über ihn einige kleine Anekdoten, die niemanden interessieren würden, wenn sie sich nicht auf den Autor der »Comédie humaine« bezögen, und den Briefwechsel mit *einer* Person, welcher fast nichts enthält als Bulletins über seine unaufhörliche, gigantische, mit nichts in der literarischen Welt zu vergleichende Arbeitsleistung. Es ist der stärkste Beweis für die ungeheure Kraft seiner Werke, daß wir diese endlosen Bulletins mit einer ähnlichen Gespanntheit zu lesen vermögen wie einen Feldzugsbericht Napoleons, in dem es sich um Austerlitz, Jena, und Wagram handelt. Seine Leser kennen seine Werke und nicht ihn. Sie sagen »Peau de chagrin« und erinnern sich eines wachen Traumes, eines abenteuerlichen Erlebnisses, nicht der Leistung eines Dichters; sie denken an den alten Goriot und seine Töchter und besinnen sich nicht, wie der Verfasser heißt. Sie sind einmal in diese Welt hineingeraten, und neunzig auf hundert von ihnen werden immer wieder zu ihr zurückkehren, nach fünf, nach zehn, nach zwanzig Jahren. Walter Scott, den einmal die reifen Menschen mit Entzücken lasen, ist die Lektüre der Knaben geworden. Balzac wird immer (oder sehr lange, denn wer darf von »immer« sprechen) die Lektüre aller Lebensstufen bleiben, und der Männer ebensowohl wie der Frauen. Die Kriegsgeschichten und Abenteuer, die »Chouans«, »L'Auberge rouge«, »El Verdugo«, sind für die Phantasie eines Sechzehnjährigen die Ablösung der Indianergeschichten und des Kapitän Cook; die

Erlebnisse der Rubempré und Rastignac sind die Lektüre des
jungen Mannes; »Les Lys dans la vallée«, »Savarus«, »Mode-
ste Mignon« der jungen Frau; Männer und Frauen, die um
vierzig sind, die Reifen und noch nicht Verarmten, werden an
das Reifste sich halten: an »Cousine Bette«, das grandiose
Buch, das ich nicht finster nennen kann, obwohl es fast nur
Häßliches, Trauriges und Schreckliches enthält, da es von
Feuer, Leben und Weisheit glüht – an »La vieille fille«, das
eine über jedes Lob erhabene Plastik der Gestalten mit der
profundesten Lebensweisheit vereinigt und dabei klein, rund,
behaglich, heiter ist, in jedem Betracht ein unvergleichliches
Buch, ein Buch, das stark genug wäre, für sich allein den
Ruhm seines Autors durch die Generationen zu tragen. Ich
habe einen alten Herrn die »Contes drôlatiques« preisen hören und habe einen andern alten Herrn mit Rührung von der
Geschichte des César Birotteau sprechen hören, diesem stetigen Aufstieg eines braven Mannes, von Jahr zu Jahr, von Bilanz zu Bilanz, von Ehre zu Ehre. Und wenn es Menschen gegeben hat, die aus dem »Wilhelm Meister« die »Bekenntnisse
der schönen Seele« herausschnitten und das übrige verbrannten, so hat es sicher auch den Menschen gegeben, der aus der
»Comédie humaine« »Séraphitus-Séraphita« herausschnitt
und sich daraus ein Erbauungsbuch machte, und vielleicht
war ein solcher jener Unbekannte, der in Wien in einem Kon-
zertsaal auf Balzac zudrängte, um die Hand zu küssen, die
»Séraphita« geschrieben hatte.
Jeder findet hier so viel vom großen Ganzen des Lebens, als
ihm homogen ist. Je reichlicher genährt eine Erfahrung, je
stärker eine Einbildungskraft ist, desto mehr werden sie von
mit diesen Büchern einlassen. Hier braucht keiner etwas von
sich draußen zu lassen. Alle seine Emotionen, ungereinigt wie
sie sind, kommen hier ins Spiel. Hier findet er seine eigene innere und äußere Welt, nur gedrängter, seltsamer, von innen
heraus durchleuchtet. Hier sind die Mächte, die ihn bestimmen, und die Hemmungen, unter denen er erlahmt. Hier sind
die seelischen Krankheiten, die Begierden, die halb sinnlosen
Aspirationen, die verzehrenden Eitelkeiten; hier sind alle
Dämonen, die in uns wühlen. Hier ist vor allem die große

Stadt, die wir gewohnt sind, oder die Provinz, in ihrem bestimmten Verhältnis zur großen Stadt. Hier ist das Geld, die ungeheure Gewalt des Geldes, die Philosophie des Geldes, in Gestalten umgesetzt, der Mythos des Geldes. Hier sind die sozialen Schichtungen, die politischen Gruppierungen, die mehr oder weniger noch die unseren sind, hier ist das Fieber des Emporkommens, das Fieber des Gelderwerbs, die Faszination der Arbeit, die einsamen Mysterien des Künstlers, des Erfinders, alles, bis herab zu den Erbärmlichkeiten des kleinbürgerlichen Lebens, zur kleinen Geldmisere, zum mühsam und oft geputzten Handschuh, zum Dienstbotenklatsch.

Die äußere Wahrheit dieser Dinge ist so groß, daß sie sozusagen getrennt von ihrem Objekt sich zu erhalten und wie eine Atmosphäre zu wandern vermochte; das Paris von Louis Philippe ist weggeschwunden, aber gewisse Konstellationen, der Salon in der Provinz, in dem Rubempré seine ersten Schritte in die Welt tut, oder der Salon der Madame de Bargeton in Paris, sind heute von einer verblüffenden Wahrheit für Österreich, dessen sozialer und politischer Zustand vielleicht dem des Julikönigtums sehr ähnlich ist; und gewisse Züge aus dem Leben von Rastignac und de Marsay sind vielleicht heute für England wahrer als für Frankreich. Aber der Firnis dieser für uns greifbaren, aufregenden »Wahrheit«, – diese ganze erste große Glorie des »Modernen« um dieses Werk wird vergehen: jedoch die innere Wahrheit dieser aus der Phantasie hervorgeschleuderten Welt (die sich nur einen Augenblick lang in tausend nebensächlichen Punkten mit der ephemeren Wirklichkeit berührte) ist heute stärker und lebendiger als je. Diese Welt, die kompletteste und vielgliedrigste Halluzination, die je da war, ist wie geladen mit Wahrheit. Ihre Körperhaftigkeit löst sich dem nachdenklichen Blick in ein Nebeneinander von unzähligen Kraftzentren auf, von Monaden, deren Wesen die intensivste, substantiellste Wahrheit ist. Im Auf und Ab dieser Lebensläufe, dieser Liebesgeschichten, Geld- und Machtintrigen, ländlichen und kleinstädtischen Begebenheiten, Anekdoten, Monographien einer Leidenschaft, einer seelischen Krankheit oder einer sozialen Institution, im Gewirr von beinahe dreitausend menschlichen Exi-

stenzen, wird ungefähr alles berührt, in unserem bis zur Verworrenheit komplizierten Kulturleben überhaupt einen Platz
einnimmt. Und fast alles, was über diese Myriaden von Dingen, Beziehungen, Phänomenen gesagt ist, strotzt von
Wahrheit. Ich weiß nicht, ob man es schon unternommen hat
(aber man könnte es jeden Tag unternehmen), ein Lexikon
zusammenzustellen, dessen ganzer Inhalt aus Balzac geschöpft wäre. Es würde fast alle materiellen und alle geistigen
Realitäten unseres Daseins enthalten. Es würden darin Kü-
chenrezepte ebensowenig fehlen wie chemische Theorien; die
Details über das Geld- und Warengeschäft, die präzisesten,
brauchbarsten Details würden Spalten füllen; man würde
über Handel und Verkehr vieles erfahren, was veraltet, und
mehreres, was ewig wahr und höchst sachgemäß ist, und daneben wären unter beliebige Schlagworte die kühnsten Ahnungen und Antizipationen von naturwissenschaftlichen
Feststellungen späterer Jahrzehnte aufzunehmen; die Artikel,
die unter dem Schlagwort »Ehe« oder »Gesellschaft« oder
»Politik« zusammenzufassen wären, wären jeder ein Buch für
sich und jeder ein Buch, das unter den Publikationen der
Weltweisheit des neunzehnten Jahrhunderts seinesgleichen
nicht hätte. Das Buch, welches den Artikel »Liebe« enthielte
und in einem kühn gespannten Bogen von den unheimlichsten, undurchsichtigsten Mysterien (»Une passion dans le dé-
sert«) durch ein strotzendes Chaos aller Menschlichkeiten zur
seelenhaftesten Engelsliebe sich hinüberschwänge, würde das
eine berühmte Buch gleichen Namens, das wir besitzen und
das von der Hand eines Meisters ist, durch die Größe seiner
Konzeption, durch den Umfang seiner Skala in den Schatten
stellen. Aber schließlich existiert dieses Lexikon. Es ist in eine
Welt von Gestalten, in ein Labyrinth von Begebenheiten ver-
sponnen, und man blättert darin, indem man dem Faden einer
prachtvoll erfundenen Erzählung folgt. Der Weltmann wird
in diesen Bänden die ganze Reihe der so scheinhaften und
doch so wirklichen Situationen abgewandelt sehen, aus denen
das Soziale besteht. Die tausend Nuancen, wie Männer und
Frauen einen anderen gut und schlecht behandeln können; die
unmerklichen Übergänge; die unerbittlichen Abstufungen,

die ganze Skala des wahrhaft Vornehmen, zum Halbvor-
nehmen, zum Gemeinen: dies alles abgewandelt und in der
wundervollsten Weise vom Menschlichen, vom Leidenschaftlichen durchbrochen und für Augenblicke auf sein
Nichts reduziert. Der Mensch des Erwerbs (und wer hat nicht
zu erwerben oder zu erhalten oder zu entbehren?) hat seine
ganze Welt da: alles in allem. Den großen Börsenmann, den
verdienenden Arzt, den hungernden und den triumphierenden Erfinder, den großen und kleinen Faiseur, den empor-
kommenden Geschäftsmann, den Heereslieferanten, den Geschäfte vermittelnden Notar, den Wucherer, den Strohmann,
den Pfandleiher, und von jedem nicht einen, sondern fünf,
zehn Typen, und was für Typen! und mit allen ihren Hand-
werksgriffen, ihren Geheimnissen, ihrer letzten Wahrheit.
Die Maler halten unter sich die Legende aufrecht, daß von
Delacroix herrühren müsse, was im »Chef-d'œuvre inconnu« an letzten Intimitäten über die Modellierung durch das
Licht und den Schatten gesagt ist; diese Wahrheiten sind ihnen zu substantiell, als daß jemand sie gefunden haben dürfte,
der nicht Maler, und ein großer Maler, gewesen wäre. Der
Denker, dem man »Louis Lambert« in die Hand gegeben hat,
als die Monographie über einen Denker, mag den biographischen Teil schwach finden und an der Realität der Figur zweifeln: aber sobald er zu dem in Briefen und Notizen übermittelten Gedankenmaterial kommt, so wird die Konsistenz dieser Gedanken, die substantielle Kraft dieses Denkers so überzeugend, daß jeder Zweifel an der Figur weggeblasen ist. Dies
sind Gedanken eines Wesens, dies Hirn hat funktioniert –
man mag im übrigen die Gedanken, diese Philosophie eines
spiritualistischen Träumers ablehnen oder nicht. Und der
verheiratete Mann, dem in einer nachdenklichen Stunde die
»Physiologie der Ehe« in die Hand fällt, wird in diesem sonderbaren und vielleicht durch einen gewissen halbfrivolen
Ton unter den Werken Balzacs ein wenig deklassierten Buch
auf einige Seiten stoßen, deren Wahrheiten so zart als tief und
beherzigenswert sind, wahrhafte Wahrheiten, Wahrheiten,
die sich, wenn man sie in sich aufnimmt, gewissermaßen aus-
dehnen und mit einer sanften, strahlenden Kraft im Innern

fortwirken. Allen diesen Wahrheiten haftet nichts Esoterisches an. Sie sind in einem weltlichen, manchmal in einem
fast leichtfertigen Ton vorgetragen. Verflochten unter Begebenheiten und Schilderungen, bilden sie die geistigsten Elemente im Körper einer Erzählung, eines Romans. Sie sind uns
entgegengebracht, wie das Leben selbst uns seinen Gehalt
entgegenbringt: in Begegnungen, in Katastrophen, in den
Entfaltungen der Leidenschaften, in plötzlichen Aussichten
und Einsichten, blitzhaft sich auftuenden Durchschlägen
durch den dichten Wald der Erscheinungen. Hier ist zugleich
die leidenschaftlichste und vollständigste Malerei des Lebens
und eine höchst überraschende, scharfsinnige Philosophie,
die bereit ist, jedes noch so niedrig scheinende Phänomen des
Lebens zu ihrem Ausgangspunkt zu machen. So ist durch das
ganze große Werk, dessen Weltbild ebenso finster ist als das
Shakespeares, und dabei um so viel wuchtender, trüber,
schwerer durch seine eigene Masse, dennoch eine geistige Lebendigkeit ergossen, ja eine geistige Heiterkeit, ein tiefes Behagen; wie wäre es anders zu nennen, was uns, wenn einer
dieser Bände uns in die Hand gerät, immer wieder nach vorwärts, nach rückwärts blättern macht, nicht lesen, sondern
blättern, worin eine subtilere, erinnerungsvolle Liebe liegt –
und was uns die bloße Aufzählung der Titel dieser hundert
Bücher oder das Register der Figuren, die in ihnen auftreten,
gelegentlich zu einer Art von summarischer Lektüre macht,
deren Genuß komplex und heftig ist, wie der eines geliebten
Gedichtes?
Die Anhäufung einer so ungeheuren Masse von substantieller
Wahrheit ist nicht möglich ohne Organisation. Die anordnende Kraft ist ebensosehr schöpferische Kraft als die rein
hervorbringende. Vielmehr sind sie nur verschiedene
Aspekte einer und derselben Kraft. Aus der Wahrheit der Myriaden einzelner Phänomene ergibt sich die Wahrheit der
Verhältnisse zwischen ihnen: so ergibt sich eine Welt. Wie bei
Goethe fühle ich mich hier in sicherem Bezug zum Gesamten.
Ein unsichtbares Koordinatensystem ist da, an dem ich mich
orientieren kann. Was immer ich lese, einen der großen Romane, eine der Novellen, eine der phantastisch-philosophi-

schen Rhapsodien, und ob ich mich in die Geheimnisse einer Seele vertiefe, in eine politische Abschweifung, in die Beschreibung einer Kanzlei oder eines Kramladens, niemals falle ich aus diesem Bezug heraus. Ich fühle: um mich ist eine organisierte Welt. Es ist das große Geheimnis, daß diese lückenlos mich umschließende Welt, diese zweite, gedrängtere, eindringlichere Wirklichkeit nicht als eine erdrückende Last wirkt, als ein Alp, atemraubend. Sie wirkt nicht so: sie macht uns nicht stocken und starren, sondern ihr Anblick gießt Feuer in unsere Adern. Denn sie selber stockt nicht, sondern sie ist in Bewegung. Infinitis modis, um das Kunstwort mittelalterlicher Denker zu brauchen, ist sie in Bewegung. Die Welt ist in dieser vollständigsten Vision, die seit Dante in einem Menschenhirn entstand, nicht statisch, sondern dynamisch erfaßt. Alles ist so deutlich gesehen, daß es eine lückenlose Skala ergibt, das ganze Gewebe des Lebens, von Faden zu Faden, ab und auf. Aber alles ist in Bewegung gesehen. Nie wurde die uralte Weisheit des Πάντα ῥεῖ grandioser erfaßt und in Gestalten umgesetzt. Alles ist Übergang. Hier scheint hinter diesen Büchern, deren Gesamtheit neben dem »Don Quixote« die größte epische Konzeption der modernen Welt bildet, die Idee der epischen Kunstform ihre Augen aufzuschlagen. Die Menschen zu schildern, die aufblühen und hinschwinden wie die Blumen der Erde. Nichts anderes tat Homer. Dantes Welt ist starr. Diese Dinge gehen nicht mehr vorüber, aber er selber wandert und geht an ihnen vorüber. Balzac sehen wir nicht. Aber wir sehen mit seinen Augen, wie alles übergeht. Die Reichen werden arm, und die Armen werden reich. César Birotteau geht nach oben und der Baron Hulot nach unten. Rubemprés Seele war wie eine unberührte Frucht, und vor unseren Augen verwandelt sie sich, und wir sehen ihn nach dem Strick greifen und seinem befleckten Leben ein Ende machen. Séraphita windet sich los und entschwebt zum Himmel. Jeder ist nicht, was er war, und wird, was er nicht ist. Hier sind wir so tief im Kern der epischen Weltanschauung, als wir bei Shakespeare im Kern der dramatischen sind. Alles ist fließend, alles ist auf dem Wege. Das Geld ist nur das genial erfaßte Symbol dieser infinitis modis

vor sich gehenden Bewegung und zugleich ihr Vehikel.
Durch das Geld kommt alles zu allem. Und es ist das Wesen
der Welt, in dieser grandiosen und epischen Weise gesehen,
daß alles zu allem kommt. Es sind überall Übergänge, und
nichts als Übergänge, in der sittlichen Welt so gut wie in der
sozialen. Die Übergänge zwischen Tugend und Laster – zwei
mythische Begriffe, die niemand recht zu fassen weiß – sind
ebenso fein abgestuft und ebenso kontinuierlich wie die zwischen reich und arm. Es stecken in den auseinanderliegend-
sten und widerstreitendsten Dingen gewisse geheime Ver-
wandtschaften, wodurch alles mit allem zusammenhängt.
Zwischen einem Concierge in seiner Souterrainwohnung
und Napoleon in St. Cloud kann für einen Moment eine geheime Affinität aufblitzen, die unendlich viel mehr als ein
bloßer Witz ist. In der Welt wirkt schlechtweg alles auf alles:
wie sollte dies nicht durch die geheimnisvollsten Analogien
bedingt sein? Alles fließt; nirgends hält sich ein starrer Block,
weder im Geistigen, noch im äußeren Dasein. »Liebe« und
»Haß« scheinen getrennt genug, und fest genug umschrieben: und ich kenne diese und jene Figur bei Balzac, in deren
Brust das eine dieser Gefühle in das andere übergeht mit einer
Allmählichkeit, wie die Farben des glühenden Eisens. Haßt
Philomène den Albert Savarus oder liebt sie ihn? Am Anfang
hat sie ihn geliebt, am Ende scheint sie ihn zu hassen; sie handelt unter einer Besessenheit, die vielleicht Haß und Liebe zugleich ist, und vermöchte man sie zu fragen, sie könnte keine
Auskunft geben, welches von beiden Gefühlen sie martert.
Hier sind wir durch einen Abgrund getrennt von der Welt des
achtzehnten Jahrhunderts mit ihren Begriffen, wie »Tugend«, die fest, rund und dogmatisch sind, wohl geeignet, feste und theologische Begriffe zu ersetzen. Hier ist jede Mythologie, selbst die der Worte, aufgelöst. Und nirgends sind
wir Goethe näher. Hier, ganz nahe, ja im gleichen Bette,
rauscht der tiefe Strom seiner Anschauung. Aber es war die
Grundgebärde seines geistigen Daseins, sich hier nach der
entgegengesetzten Seite zu wenden. Die fließenden Kräfte
seiner Natur waren so gewaltig, daß sie ihn zu überwältigen
drohten. Er mußte ihnen das Beharrende entgegensetzen, die

Natur, die Gesetze, die Ideen. Auf das Dauernde im Wechsel heftete er den Blick der Seele. So sehen wir sein Gesicht, so hat sich die Maske des betrachtenden Magiers geformt. Balzacs Gesicht sehen wir nicht als eine olympische Maske, über seinen Werken thronend. Nur in seinen Werken glauben wir es manchmal auftauchen zu sehen, visionär, hervorgestoßen von chaotischen Dunkelheiten, wirbelnden Massen. Aber wir vermögen nicht, es festzuhalten. Jede Generation wird es anders sehen, eine jede wird es als ein titanisches Gesicht sehen und wird auf ihre Weise daraus ein Symbol unaussprechlicher innerer Vorgänge machen. Wir wundern uns, daß wir es nicht von der Hand dessen besitzen, der das »Gemetzel auf Chios« und die »Barke des Dante« schuf. Er hätte den dreißigjährigen Balzac als den Titanen gemalt, der er war, als einen Dämon des Lebens, oder sein Gesicht als ein Schlachtfeld behandelt. Es ist eine überraschende Lücke, daß uns die Maske des Fünfzigjährigen dann nicht von Daumier überliefert ist. Sein wunderbarer Stift und sein gleich wunderbarer Pinsel hätten das grandios Faunische des Mannes aus dem Dunkel springen lassen und es mit der wilden Einsamkeit des Genies geadelt. Aber vielleicht waren ihm diese Generationen zu nahe, und es bedurfte der Distanz, die wir zu ihm haben, damit etwas wie das Gebilde Rodins entstehen konnte, dieses völlig symbolgewordene, übermenschliche Gesicht, in welchem eine furchtbare Wucht der Materie sich mit einem namenlosen Etwas paart, einer dumpfen, schweren Dämonie, die nicht von dieser Welt ist, ein Gesicht, in dem die Synthese ganz verschiedener Welten vollzogen ist: das immerhin an einen gefallenen Engel erinnert und zugleich an die maßlose dumpfe Traurigkeit uralt griechischer Erd- und Meeresdämonen. –

Jede Generation, die in sich selber aus dem Umgang mit dem Werk Balzacs die Vision dieses Gesichtes hervorbringt, wird darin eine ähnliche Synthese vollziehen zwischen der ganzen Lebensschwere in sich und dem geheimsten Drang nach Bewältigung dieser Schwere, nach Erlösung, nach Aufschwung. Das Dazugehören zur dumpfen, wuchtenden Masse des Lebens, die ewig sich selber befruchtet, und zu-

gleich das Darüberhinauswollen, der tiefste Drang des Geistes nach Geist: das ist die Signatur dieses großen tragischen
Gesichtes, das nicht wie Goethes Maske über uns hin ins
Ewige zu schauen scheint, sondern durch uns hindurch, mitten durch die Schwere des Lebens. Diese ungeheure Welt,
aufgebaut aus unserem Leben, dem Leben der Begierden, der
Selbstsucht, der Irrtümer, der grotesken, erhabenen und lä-
cherlichen Leidenschaften, diese Welt, in deren Gemenge die
Begriffe »Komödie« und »Tragödie« ebenso aufgelöst sind
wie »Tugend« und »Laster«, diese Welt ist im Tiefsten ganz
Bewegung, ganz Drang, ganz Liebe, ganz Mysterium. Dieser
scheinbare Materialist ist ein leidenschaftlicher Ahnender, ein
Ekstatiker. Die Essenz seiner Figuren ist Aspiration. Alle
Dulderkräfte, Liebeskräfte, Künstleranspannungen, Mono-
manien, diese Titanenkräfte, die großen Motoren seiner
Welt, sind Aspiration: alle zielen sie auf ein Höchstes, Unnennbares. Vautrin, das Genie als Verbrecher, und Stenbock,
das Genie als Künstler, Goriot, der Vater, Eugénie Grandet,
die Jungfrau, Frenhofer, der Schöpfer, alle sind sie eingestellt
auf ein Absolutes, das sich offenbaren wird, wie die vom
nächtlichen Sturm umhergeworfenen Schiffe eingestellt sind
auf das Dasein des Polarsternes, wenngleich Finsternis ihn
verhüllt. In den Tiefen ihres Zynismus, in den Wirbeln ihrer
Qualen, in den Abgründen der Entsagung suchen und finden
sie Gott, ob sie ihn beim Namen nennen oder nicht.
Alle diese so körperhaften Figuren sind doch nichts als
vorübergehende Verkörperungen einer namenlosen Kraft.
Durch diese unendlichen Relativitäten bricht ein Absolutes;
aus diesen Menschen blicken Engel und Dämonen. Jede Mythologie, selbst die letzte, zäheste, die der Worte ist hier aufgelöst: aber eine neue, geheimnisvolle, höchst persönliche ist
an die Stelle dieser anderen getreten. Ihre Konzeption ist
großartig und in einer solchen Weise bestimmt und doch vag,
daß Hunderttausende sie annehmen und sich aus ihr etwas
wie den Mythos des modernen Lebens machen können. Alle
diese Gestalten, die sich der Phantasie so sehr als »wirkliche«
aufdrängen, erscheinen unter einem gewissen geisterhaften
Licht, das von den Gipfeln dieses Werkes herabfällt, als gute

und böse Genien, Wesen, in denen die irdischen Triebe vor-
übergehend inkarniert sind. Aber nichts an dieser Konzeption
ist schematisch. Hier sind keine Dogmen statuiert, sondern
Visionen. Taine, der genau vor einem halben Jahrhundert
seinen großen Essay über Balzac schrieb, legt an diese Intui-
tionen, diese schwebenden Wahrheiten, die alle nur für einen
Augenblick wahr sind und nur an der einen Stelle wo sie stehen, einen Maßstab, den sie nicht vertragen. Einem Dichter
kann man nichts Einzelnes entwinden. Alles, was innerhalb
einer Welt Wahrheit ist, ja mehr als Wahrheit – schrankenlose
Ahnung –, wird eine mißgeborene Phantasmagorie, wenn
man es aus dem Zusammenhang herausreißt. Es handelt sich
um Formen des Sehens. Der Denker sieht Prinzipien, Ab-
straktionen, Formeln, wo der Dichter die Gestalt erblickt,
den Menschen, den Dämon.

Immerhin ist hier, auch mit kaltem Blick betrachtet, die ungeheuerste Synthese vollzogen. Hier begegnet sich wirklich
Novalis der Magier mit den titanischen Anfängen eines wahren Naturalismus; hier ist die Verbindung zwischen Sweden-
borg und Goethe oder Lamarck. Hier ist, in gemessenem
Sinn, das letzte Wort des Katholizismus und zugleich dringt
die Ahnung der Entdeckungen Robert Mayers sternenhaft
aus dem Nebel. Die Gewalt, die noch mehr als eine Generation unterjochen wird, liegt in der wundervollen Durchdringung dessen, was die Wirklichkeit des Lebens ist, der vraie
vérité, bis herab zu den trivialsten Miseren des Lebens, mit
Geist. Die Geistigkeit des neunzehnten Jahrhunderts, diese
ganze ungeheure synthetische Geistigkeit, ist hier in die Materie des Lebens hineingepreßt wie ein alle Fasern durchdrin-
gender glühender Dampf. Wo die Niederschläge dieses
Dampfes sich stark und deutlich kristallisieren, wie in dem
»Louis Lambert«, in der »Recherche de l'absolu«, im »Chef-
d'œuvre inconnu«, dort ergeben sich Ketten von Gedanken,
Ahnungen, Aphorismen, die sich mit nichts vergleichen lassen als mit den »Fragmenten« des Novalis. Aber diese Kri-
stallisationen, die bei Novalis fast alles sind, was uns in den
Händen geblieben ist, sind hier nur ein Nebenprodukt dieser
geistig-organischen Vorgänge. Viel bewundernswerter noch

ist das Phänomen, welches sich ergibt, wenn die eingepreßte Gewalt dieser Geistigkeit die lebende Materie vorwärtstreibt, wenn Figuren entstehen, deren Getriebenheit uns das Walten des Geistigen mitten im Herzen des Lebens spüren läßt: so ist Claes, der rastlose Sucher des Unbedingten, so ist Louis Lambert, so ist Séraphita. Und so ist, über allem einzelnen, Balzacs Konzeption der Liebe. Seine »Liebe« ist die unvergleichlichste und individuellste Schöpfung. Sie ist ganz Aspiration und zugleich das Medium der geheimnisvollsten Synthese zwischen Geistigem und Sinnlichem. Sie ist ein geheimnisvolles Phänomen, das ich mit Worten nicht auflösen möchte. Sie nimmt keinen meßbar großen Raum ein in diesem wuchtigen Werk. Und dennoch scheint sie mir das, was wärmt und leuchtet, und ich könnte diese schwere Masse, diese dunkle Menschenwelt, ohne sie mir nicht anders als furchtbar denken.

Hier ist eine Welt, wimmelnd von Gestalten. Es ist keine darunter, so gewaltig empfangen, so vollständig in sich selber, daß sie, gelöst von ihrem Hintergrunde, für sich allein zu bestehen vermöchte, in der unvergänglichen Vollständigkeit ihrer Geste, wie Don Quixote, wie der König Lear, wie Odysseus. Die Materie ist brüchiger, die Vision ist nicht von so strahlender Klarheit, daß Gestalten aus ihr hervorgehen könnten, so modelliert im reinsten, stärksten Licht, wie der Homerische Achilles, wie Nausikaa, oder im zartesten Halblicht, wie Mignon und Ottilie. Alles hängt zusammen, alles bedingt sich. Es ist bei ihm so unmöglich, das Einzelne herauszulösen, wie aus einem Gemälde von Rembrandt oder von Delacroix. Hier wie dort liegt das Großartige in einem stupenden Reichtum der Tonwerte, der ab und auf, infinitis modis, wie die Natur selber, eine lückenlose Skala ergibt. Jene Gestalten dort scheinen gelöste schreitende Götter: wie sie entstanden sein mögen, ist undurchdringliches Geheimnis; diese hier sind einzelne Noten einer titanischen Symphonie. Ihre Entstehung scheint uns begreiflicher, wir glauben in unserem Blut die Elemente zu tragen, aus denen ihre finstern Herzen gebildet sind, und mit der Luft der großen Städte sie einzusaugen. Aber auch hier waltet ein Letztes, Höheres. Wie die Skala von Finsternis zur Helligkeit auf einem Rembrandt nur darin dem irdischen Licht und der irdischen Finsternis gleicht, daß sie lückenlos, überzeugend, absolut richtig ist: aber darüber hinaus ein Namenloses in ihr wirksam ist, das Walten einer großen Seele, die in jenen Visionen selber sich einem höchsten Wesen hingibt, so vibriert hier in den Myriaden kleiner Züge, mit denen eine wimmelnde Welt hingemalt ist, ein kaum zu nennendes Letztes: die Plastik dieser Welt geht bis zum Überschweren, ihre Finsternis bis zum Nihilismus, die Weltlichkeit in der Behandlung bis zum Zynischen: aber die Farben, mit denen dies gemalt ist, sind rein. Mit nicht reinerem Pinsel ist ein Engelschor des Fra Angelico gemalt als die Figuren in »Cousine Bette«. Diesen Farben, den eigentlichen Grundelementen des Seelischen, haftet nichts Trübes an, nichts Kränkelndes, nichts Blasphemisches, nichts Niedriges. Sie sind unverweslich, von keinem bösen Hauch zu kränken. Eine absolute Freudigkeit vibriert in ihnen, die unberührt ist von der Finsternis des Themas, wie die göttliche Freudigkeit der Töne in einer Beethovenschen Symphonie in keinem Moment von der Furchtbarkeit des musikalischen Ausdrucks verstört werden kann.

VORWORT ZU EINER MARLOWE-ÜBERSETZUNG

DEUTSCH VON ALFRED WALTER HEYMEL

Gedanken über Goethe, zum Teil vortreffliche, finden sich im Inventar unseres literarischen Besitzstandes. Auch an Gedanken über Shakespeare ist kein Mangel. Ein fruchtbarer Gedanke an Shakespeare scheint es mir, wenn man eine Tragödie von Marlowe frisch zu übersetzen auf sich nimmt. Es ist ein unausgewickelter Gedanke – um so schöner; er gehört der Sphäre des Lebens an, wogegen seine Entwicklung in die blassere philologische Sphäre hinüberführen würde. Diese genialen Produkte, als frisch entstandene, starrend von Leben, Trotz, Emphase, Jugend, waren Shakespeare nahe; daß sie ihm viel bedeutet haben müssen, davon haben wir in seinem Werk die Spuren und mehr als Spuren. So schwebt über diesen unverweslichen Werken der höchst geistige Duft eines unlöslichen erhabenen Zusammenhanges. Tritt man ihnen nahe, so durchfährt uns bewundernder Schrecken über die grandiose Wildheit des löwenmäßigen Gesichtes, das aus ihrem Spiegel uns entgegenblickt. Einem solchen Sichaufbäumen, solchen Aufgehen in den Moment, einem solchen berserkerhaften Sichgebärden bis in die Wurzeln der Seele hinein, müssen wir bekennen, mit staunender Fremdheit gegenüberzustehen; ähnlich ergeht es mit Dürers jugendlichen Werken, wobei ich zuvörderst an die grandiose Offenbarung Johannes denke. Aber diese Blätter aus unserem Besitz zu lassen, würde man uns darum nicht bereitfinden; ebensowenig diese Dramen.

Die Sprache verwandelt sich leicht, von Generation zu Generation; das originale Werk wird, diesem Wandel widerstehend, nur noch köstlicher; Übersetzung veraltet. Immer wieder wird sich ein Deutscher finden, dem es am Herzen liegt, Werke hohen Ranges, fremden Nationen und vergangenen Zeiten angehörig, der eigenen Generation nahezubringen. Er fußt auf der Überzeugung, menschliche und dichterische Großheit, einmal leibhaftig hervorgetreten, könne niemals abgetan sein.

Vergleicht man diese Übersetzung mit der älteren E. von Bülows, um die Mitte des neunzehnten Jahrhunderts entstanden, so tritt uns eine gesteigerte Sensibilität, dem Eigentlichen, dem Organischen des dichterischen Gebildes gegenüber, merklich entgegen. Der ältere Übersetzer sieht in den Verszeilen des Originals, gleichsam wie in Behältern, einen geistigen oder pathetischen Inhalt, den er mit Treue und Präzision herüberzubringen trachtet. Der neuere fühlt: der Text ist Organismus und das Eigentliche, das Leben des Lebens, in ihm, nicht hinter ihm zu suchen. Das Leben des Lebens sucht er wiederzugeben. Die Rhythmik behandelt er frei: er möchte lieber, daß sein Vers dem Vers Marlowes so lebendig gleicht, wie ein von Kinderhand aufgebauter Schneemann einem schreitenden Menschen, als daß er ihm so totenhaft gleiche, wie ein Gips einem lebenden Gebilde. Er denkt an den geatmeten, gesprochenen Vers, nicht an den fürs Auge in Druckzeichen hingesetzten. Das eigentliche innere Leben des englischen Verses ist wiederzugeben gesucht; geht dort die Wucht von den vielen kurzen Stammwörtern aus, so ist im Deutschen erstrebt, das Gleiche, womöglich mit dem gleichen Wortstamm, zu geben; zwischen diesen Wortstämmen in ihrer etwas gewandelten jetzigen Bedeutung und in der, womit sie hier für ihre englischen Verwandten Platz halten, ergeben sich zuweilen Schwebungen, die dem Genauen peinlich, dem Phantasievollen nicht ohne Reiz erscheinen werden.

Wir sind nun einmal miteinander da, und es ist eine große Sache, daß wir miteinander da sind. Ein jeder müdet sich ab, ein jeder will vorwärts, keiner achtet viel auf den anderen, und doch ist jeder dem anderen im Wege, und Hemmungen und Stockungen sind unser halbes Leben. Das Alte scheint abgetan und ist noch zähe, das Neue tritt gewaltig auf und hat oft nur ein leeres Gesicht. Wir glauben zu wissen, wo wir hin wollen, und wissen oft kaum den nächsten Schritt. Über die Wirklichkeit meinen wir uns einig zu sein – wie aber, wenn man den einzelnen fragte, auf was es ihm in der Wirklichkeit ankommt! Auf Freiheit unbedingt legen wir es an, und es ist doch den meisten nicht wohl, als wo sie gebunden und im Geschirre sind; um der Unabhängigkeit willen nehmen sie die Sklaverei auf sich. Vieles ist da, was uns bindet, und gerade wie wir nicht gebunden sein wollen, Zahlloses was uns trennt, und wir dürfen nicht Wort haben. Nie gab es größere Einsamkeit in einem dichteren Gedränge, niemals eine größere Konfusion bei subtilerer Verkettung und Verzahnung; die Begriffe sind entwertet wie das Geld, die Menschenmenge wird immer dichter, die Verhältnisse immer undichter, und es wird ein Wunder, daß man noch existieren kann.

Auf Formen will niemand Gewicht legen, und doch hängt und haftet an Formen, was wir tun und treiben. Durch Formen hängt das Vielerlei leidlich zusammen und präsentiert sich allenfalls als ein Ganzes. Die Formen sind da, Lebensformen, altneu; im Stocken und Schwanken fristen sie sich hin und drücken doch das Wesentliche an den Verhältnissen aus, sagen ohne Worte, worüber in Worten und Begriffen sich niemand würde einigen wollen.

Lebensformen sind es recht eigentlich, womit der Tagesschriftsteller zu tun hat. Aber es gehört ein ausgebildeter Weltsinn dazu, ihrer allerort gewahr zu werden, sich zu ihnen in ein richtiges Verhältnis zu setzen, und nirgend ist ein ausgebildeter Weltsinn seltener als unter deutschen Schriftstellern.

Mit Begriffen zu hantieren, hier das Zerklüftete noch mehr zu zerklüften, wird jeder in seiner Weise sich bereit finden, aber von dem Weltverstand Gebrauch zu machen, der so in den realeren Sphären des Lebens vorausgesetzt wird, das ist unter den Schreibenden nicht des Hundertsten Sache, und Formen werden abschätzig beurteilt, wo jeder für sich in die Tiefe zu bohren, ins Grenzenlose zu haspeln sich alleinig berufen fühlt.

Und doch ist in diesem Umsetzen des Weltverstandesmäßigen das Um und Auf der höheren journalistischen Begabung zu erkennen. Hier ist der Journalist in seinem eigentlichen Felde; hier ist er, was er ist, und sondert sich reinlich vom Essayisten, vom populären Wissenschaftler und vom philosophisch-ästhetischen Dilettanten. Eine beträchtliche Bildung, und die nicht nach der Studierlampe riecht; einen geübten und soliden Blick für die Weltverhältnisse; einen wahren Weltsinn, weder engherzig noch gesinnungslos: diese drei stellt er in den Dienst der rechten Sache, wenn er für seine Mission ansieht, den Anschluß des Alltäglichen, empirisch Gegebenen an das Bleibende, Geistige, Wesentliche zu vermitteln.

Ein unaufhörliches Verbinden, Vermitteln, Zuführen vollzieht sich über die ganze Breite der physischen Welt. Das Zutragen von Nachrichten, von Fakten, von Urteilen, Anschauungen desgleichen geht ins Uferlose. Hier ist der Journalist einer höheren Ordnung unerläßlich, der das chaotisch über uns Ausgeschüttete mit Auswahl erst wahrhaft uns zuzumitteln weiß. Er schreibt aus dem Heute heraus und für das Heute: da muß er es verstehen, sich Rechenschaft zu geben, was denn tausendfältig dem Heutigen zugrunde liegt, und diese geistige Arbeit geht wiederum ins Uferlose.

Sieht man ein umfangreiches Buch wie dieses, »Lebensformen«, überfliegt die Überschriften der zahllosen Kapitel, die witzig und eigentümlich formuliert sind, so wird man gewahr, es sind Kollektaneen, aber nicht des Gelehrten, sondern des Journalisten, der immerfort an das real Gegebene, das

Momentane anzuknüpfen gedrungen ist. In der Konsequenz
dieser Haltung liegt das Wertvolle. Hier, in diesen Kollektaneen, in diesem Repertorium gesellschaftlicher, vielfältiger
Beobachtung sind die Umrisse eines kultivierten Journalismus gegeben, dessen wir wenige Vertreter haben, und den
wir doch nötig brauchen. Das Wort Kultur, auch auf ein bestimmtes Gebiet beschränkt, wird man fürs nächste vermei-
den müssen, es ist allzusehr in jedermanns Mund und Feder:
so wird man sich begnügen, darauf hinzuweisen, daß sich hier
dokumentiert, was jeder Kultur zugrunde liegt: Selbstzucht,
Anspannung, anhaltende Bemühung, immer im Hinblick auf
eine bestimmte Tätigkeit, die des Tagesschriftstellers, der
durch jede höhere Leistung ebensoviel von ihrer Würde resti-
tuiert wird, als ihr durch jede leichtfertige Ausübung da und
dort entzogen werden mag.

Von gehobenen Schätzen hört jeder gerne reden, wenn auf dem Dachboden eines Trödlerladens einer ein köstliches Bild aufstöbert, so freuen wir uns, als ob wir es selbst gewesen wären, alte mächtige Schreibtische mit Geheimfächern haben etwas Anziehendes wie alte Häuser und Burgen. Die Mappe des Urgroßvaters gibt einem unserer seelenvollsten Dichter den Stoff vielleicht zur schönsten seiner Erzählungen, »Die verlorene Handschrift« war der Titel eines durch Dezennien hochberühmten Romans. Und wie es gegangen, so geht es auch heute: ein Gymnasiast in Zürich kommt zum Lehrer, bringt ein Konvolut, eine Handschrift, die seit Jahren in des Vaters altem Schreibtisch liegt: ob das wohl was wäre. Der Lehrer nimmts, blätterts auf, es ist der »Wilhelm Meister«, eine alte Abschrift, meint er, zu Goethes Zeiten Gott weiß von wem, Gott weiß zu welchem Zwecke angefertigt. Er legt die Blätter weg, nimmt sie einmal wieder zur Hand, verwundert sich über den Text, der ihm neu klingt, vergleicht, schlägt nach: er hat »Wilhelm Meisters theatralische Sendung« in Händen, die erste Form des Romans, dem Namen nach von der Goethe-Forschung gekannt, seit je und immer verloren geglaubt, einen Schatz, zumindest für die vom Fach, vielleicht für ganz Deutschland, für die ganze Welt.

Vor Jahren, nicht allzuvielen, war im Weimarschen Archiv ein ähnlich überraschender Fund getan: die Szenenreihe, fragmentarisch, welche die älteste Fassung von Goethes Faust-Drama darstellt. Ein Namen rein Goetheschen Gepräges war schnell gefunden: Ur-Faust. Neben ihn stellt sich nun der Ur-Meister. Wie sollte nicht die Analogie in den Namen walten, da das Schicksal schon analogisch verfahren ist, beide Handschriften abenteuerlich zutage kommen ließ. Auf eine dritte Analogie haben die Philologen hingewiesen, beidemal waren Frauen die Bewahrerinnen der Handschrift. Neben das

Weimarsche Hoffräulein von Göchhausen tritt die Schweize-
rin Frau Barbara Schultheß, ein Mitglied des Züricher Freun-
deskreises, der sich um Lavater gruppierte. Goethe nennt sie
»du«, schreibt ihr durch viele Jahre, macht auf der Rückreise
von Rom einen beträchtlichen Umweg, um sie wieder zu sehen. Uns ist sie ein neues Gesicht, eines von den tüchtigen,
herzlichen Achtzehnten-Jahrhundert-Gesichtern, die uns
scharf und fein entgegenschauen, wenn wir wie in eine zau-
bervolle Camera obscura in die Jünglingsjahre Goethes hin-
einblicken. Da regt sich, wie auf einer schwarzen Spie-
gelfläche aufgefangen, aber doch lebendig farbenvoll, ein
ganzes Volk von deutschen Menschen, tüchtig, warm und
wahr, Männer und Frauen, Greise, Jünglinge und Mädchen.
Unter ihnen ist Barbara Schultheß, Gattin des Fabrikanten
David Schultheß von Zürich. In Goethes Schriften, worin
Tausende von Namen genannt, wo tausend Gesichtern ein
Umriß gegeben ist, durch die das Wesentliche weiterlebt,
fanden wir ihrer nicht erwähnt. Da wird neuerdings gemel-
det, es sei durch ein kürzlich aufgefundenes Schema zur Fort-
setzung von »Dichtung und Wahrheit« bezeugt, daß der
Dichter auch dieser Freundin Bild habe für unabsehbare Zei-
ten an solcher Stelle festhalten wollen.

So halten wir denn in der Frau Barbara Schultheß Abschrift
»Wilhelm Meisters theatralische Sendung« in Händen, den
Ur-Meister neben dem »wirklichen« Meister, das Werk, das
den Achtundzwanzigjährigen, den Dreißigjährigen, den
Fünfunddreißigjährigen beschäftigte, neben jenem, das
zwischen dem zweiundvierzigsten und dem siebenund-
vierzigsten Lebensjahre aufs neue vorgenommen und zur
Vollendung getrieben wurde. Wir kannten ein geräumiges,
palastähnliches Wohnhaus der besondersten Art und wußten,
es sei auf den Fundamenten eines älteren, eingeschränkten
Bürgerhauses errichtet und manches von den Mauern, ja
von Treppen und Gemächern des alten Hauses in das neue
einbezogen. Nun steht das Alte vor unseren Augen, wir
können sie nebeneinander sehen, können vergleichen, und
nun erst hat unsere Bewunderung für den Baumeister keine
Grenzen.

Immerhin haftet dem Prozeß, durch den wir zu diesem Resultat gelangen, etwas Bängliches an. Was wir als ein Bestehendes ansehen und für viele Generationen Geschaffenes, als ein Bestehendes lieben und kennen, und woran zu erfassen, zu erkennen noch so unendlich viel übrigbleibt, das sollen wir uns als ein Entstehendes vor die Seele führen, sollen sehen, woraus es entstanden ist und wie es allenfalls auch hätte nicht entstehen können. Jede Veränderung an einem geliebten Wesen, einem geliebten Gegenstand ist ängstlich – soll sich nun gar vor unseren Augen auch das ehrwürdig überlieferte geistige Gebild verwandeln? Sollen wir, was unverrückbar vor uns zu stehen schien, Zug für Zug still und schön und bei ruhiger Fläche von einer Tiefe, die das Senkblei nicht mißt, sollen wir dies scheinbar für die Ewigkeit Gegebene nun in Bewegung uns auflösen? Ein solcher Prozeß wird uns aufgedrängt. Wir müssen ihn durchmachen, um des alten oder des neuen Besitzes mit Freiheit uns zu erfreuen.

Indem unsere Gedanken von dem einen zu dem anderen Buch herüber und hinüber gehen, folgen wir herüber und hinüber der Verwandlung eines geistigen Gesichtes: das eine scheint uns zutraulicher, lebendiger anzublicken, doch wieder blickt das andere bedeutender, feuriger, geistiger. Die Bücher, nebeneinander gehalten, geben, was kein direkter Ausdruck, kein Geständnis so bildhaft geben kann: die geistige Umwandlung des reifenden Goethe. Hinter der Wirkung werden wir ein Wirkendes gewahr, höchstes Leben, am Leben bildend. Was Mitlebenden, wofern das Glück sie so begünstigte, mitzuerleben und fragmentarisch zu erfassen in Dezennien gegeben war, das drängt uns ein Zauberspiegel seltsamer Art zu einem Schauspiel von der höchsten Konzentration zusammen.

»Wilhelm Meisters theatralische Sendung«, sei es immer ein fragmentarisches Buch – besäßen wir diesen Torso eines Buches allein, nur ihn, der die Gestalten Wilhelm, Mignon, Philine, Aurelie uns überlieferte, es wäre ein bedeutendes, gehaltreiches, unvergleichliches Buch. In ihm hätten wir von der Hand unseres größten Dichters einen unvollendeten Roman, nicht ohne Verwandtschaft mit den großen aus-

ländischen Romanen des achtzehnten Jahrhunderts und doch
mit Elementen darin, die ihn über alle diese Vorbilder hinausheben. Gewiß, der Einschlag von Abenteuer- und Komö-
diantenroman in dem Buch ist nicht ganz so, wie er ist, zu
denken, ohne daß ein »Roman comique« des Scarron, ein »Gil
Blas« des Lesage existierte. Eine gewisse unnachahmliche,
dunkelhelle Atmosphäre des bürgerlichen Stadthauses, worin das ganze Leben mit herzlichem Behagen wechselweise
aus dämmerigem Tageslicht und dem Licht einer bescheidenen Kerze herausmodelliert ist – wir kennen sie, diese
Atmosphäre, aus den »Geschwistern« vor allem –, setzt, nebst
dem Genie dessen, der sie schuf, auch die Existenz der
großen englischen Schriftsteller voraus, die mit solchem Blick
des Herzens zum erstenmal die eingeschränkte Welt des
Bürgerhauses, des Gasthofes erfaßten: Sternes, Richardsons,
Goldsmiths. Und Rousseau ist hier ebensowenig wegzu-
denken als für den »Werther«: weder der Rousseau der
»Neuen Heloise« noch der der »Konfessionen«, weder der
breite Strom des neuen Pathos, der mit der Einheit des
Fühlens die Einheit der Welt wiederherstellt, noch die unendliche Subtilität des sich selbst durchschauenden, sich selbst
enthüllenden Herzens. So ist die Basis dieses wie jedes
bedeutenden Werkes Aneignung, selbstverständliche Aneignung in einem großen Geist und originalem Sinne. Dazu
die Hand des Mannes, der vor zehn Jahren den »Werther«
geschaffen, der seitdem viel von der Welt gesehen hat, dem
sich die Menschen zueinander, die Stände gegeneinander in
ein klares Licht setzen, der mit vielerlei Menschen verknüpft
ist, viel erfahren, genossen, gelitten hat und gewillt ist, aus
dem allen einen Roman zu machen, ein großes buntes Stück
Welt hinzustellen, in sich verbunden, »vielleicht mehr durch
Stetigkeit als durch Einheit«.

Zur Mittelfigur nimmt er einen Wilhelm Meister, Bürger-
sohn aus wohlhabendem Hause wie Werther, bildsam, reg-
sam, zartfühlend wie Werther, den oberen Ständen zugeneigt
wie dieser, nicht ohne daß diese Hinneigung ihm wie dem
andern zweideutige Situationen und bittere Momente brächte, kurz eine Art von Werther, genau so ähnlich und doch so

unähnlich, als etwa Halbbrüder oder Geschwisterkinder sein mögen. Dieser wie jener ein halb und halb autobiographisches Gebilde, in dessen Brust der Geist des Dichters, wenn es ihm gefällt, so oft und so behaglich Wohnung nehmen kann wie in der eigenen Stube. Aber als der Jüngling Goethe den Jüngling Werther schuf, stürzte er sich in diesen hinein und verließ ihn erst, als der entseelte Leib starr am Boden lag. Goethe der Mann geht neben dem Jüngling Wilhelm Meister ruhigen Schrittes einher und sieht gelassen zu, wie der labyrinthische Pfad allmählich doch sich entwirre und nach einem Ziel führe. Er läßt ihn vor uns aufwachsen, die Liebe und das Leid erfahren, in Beziehungen und Abenteuer sich verstrikken, den Großen der Erde mit Scheu und Begierde vors Antlitz treten, seltsame Geschöpfe an sich ketten, sein Geld vertun, Erfahrungen einsammeln. Ein Roman – was man so einen Roman nennt, ist dieser Torso von 1782 mehr als jenes andere majestätische Werk von 1796. Die Episode mit Marianne allein, Mariannens Gestalt, ihre Vergangenheit, Bekanntschaft, beginnende Liebschaft und Höhepunkt des Liebesglücks, um wieviel mehr ist dies hier in der Weise eines Romans, zum Behagen des Romanlesers ausgestaltet als dort. Wie vieles mehr wird uns hier gezeigt, gegeben, was dort nur angedeutet, geheimen höheren Zwecken aufgeopfert war. Wilhelms Kinderzeit, das Puppenspiel, hier lebts vor uns, dort steckt es eingequetscht in der Exposition, wo wir seiner nicht recht froh werden. Daß Wilhelm viel von einem Dichter in sich hat, das mußten wir aus der Gestalt glauben, es als ein Element der Gestalt uns zu eigen machen; hier wirds uns im einzelnen gezeigt, gerade seine Produkte werden vor uns ausgebreitet, in einer Tragödie, »Belsazar«, von ihm verfaßt, sehen wir ihn zum erstenmal die Bühne betreten. Nun gar das Theaterwesen, mit welcher Breite ist es hier behandelt, und welcher gegenständlichen Liebe. Diese Schauspielerin und Theaterdirektorin de Retti mit ihrem Lümmel von Liebhaber, mit der Realität ihrer Geldnöte, mit den scharf geschnittenen Gesichtern ihrer Truppe – manchmal fast Hogarthschen Gesichtern –, wie sitzt dies deutlich und real in der bürgerlichen Welt, der Publikumswelt, der Offiziers- und sonstigen Gönnersphäre. Hier ist die prägnante Atmosphäre von Lenz und Wagner nicht ganz fern – wer dächte an Lenz und Wagner, wenn er in die geheimnisvoll gehobene, geheimnisvoll geläuterte Welt der »Lehrjahre« hineinblickt? An dies Theaterwesen höchst realer Malweise sind nun die Begebenheiten auf dem gräflichen Schloß, das Abenteuer mit den Räubern, die Begegnung mit der Amazone angeschlossen. Mignons geheimnisvolles Wesen, des Harfners Geschick, in ähnlicher Weise, wenn auch nicht ganz so schön wie in den »Lehrjahren«, mit Wilhelms Schicksal verknüpft. Philine ihnen gegenüber, um ein Etwas niedriger, als wäre es die gleiche Gestalt, aber in gemeinerem Licht. Jarno mit dem Shakespeare in der Hand. Serlo mit seiner Schwester Aurelie. Aureliens Konfession, die Hindeutung auf einen Ungetreuen, auf Lothario. Hier bricht der Torso ab. Welch ein Werk! Denken wir, daß wir von »Wilhelm Meister« nur dies besäßen. Welche Fülle von Gestalten, welch wunderbarer Reichtum der Gegenüberstellung! Wie würden wir uns bemühen, das Geheimnis der weiteren Entwicklung zu durchdringen! Wir würden den Titel »Wilhelm Meisters theatralische Sendung« ohne Ironie nehmen, würden Wilhelm auf dem Theater verharren lassen, ihn vielleicht mit Aurelie verbinden, den geborenen Dichterdramaturgen mit der großen Schauspielerin. Oder er wendet sich vom Theater ab, ohne doch in die bürgerliche Sphäre zurückzusinken. Sanfte Herzen würden ihn Marianne wiederfinden lassen, andere ihn auf ewig an Mignon binden, durch Mignon, mit Mignon ihn Italien finden lassen; auch dies ist ein Weg zu sich selber, war es doch Goethes Weg. Aber wie immer wir dies wendeten, wir würden immer nur in gleichem Sinne vorwärtsschreiten, nie würden wir auch nur die Schwelle der Zaubersphäre berühren, zu welcher in dem Roman von 1796 alles Geschehene, auch das Geringfügigste, hinaufgehoben ist; nie würden wir aus uns selbst die ungeheure geistige Belichtung hervorzubringen vermögen, in welcher sich alle Geschöpfe dieses Buches als in einem wahrhaft himmlischen Medium vor uns bewegen, nie das Geheimnis einer Verkettung zu finden, durch welche jeglicher Punkt dieses Werkes von jeglichem folgenden ein im-

mer höheres Licht zugeworfen bekommt, jegliches Geschehen bei vollkommen natürlichen Zusammenhängen in einem
immer höheren Sinn erscheint. Nie hätten wir eine Erfindung
hervorgebracht gleich jenem eingeschobenen sechsten Buch
der »Bekenntnisse einer schönen Seele«, durch welches die
Gestalten Lotharios, Nataliens, Theresens, der Gräfin in der
unerwartetsten Weise zusammengefaßt und, ehe wir sie noch
kennen, für uns mit einem Seelengehalte erfüllt werden, der
sie dann von innen heraus erleuchtet wie Alabasterlampen.
Nie etwas Ähnliches wie Mignons Tod und Begräbnis, diese
festliche Trauermusik zur Hochzeitsfeier, nie die ehrwürdige
Weisheit des Lehrbriefes, nie Gestalten wie Natalie und Therese. Denn wir hätten – kannten wir nur die Bücher der
»Theatralischen Sendung« – in unserer Phantasie an einer Be-
handlungsweise festgehalten, worin jedes Ding: Figuren,
Abenteuer, Lebensverhältnisse, um seiner selbst willen hingestellt ist gleichwie in einem realistischen Gemälde. Die
Vortragsweise dagegen, die in »Wilhelm Meisters Lehrjahren« herrscht, ist das Gegenteil: es ist durchwegs eine symbo-
lisierende, bei der vollkommensten Natürlichkeit des Vor-
gangs und Anschaulichkeit des Details. Die Blätter der
»Theatralischen Sendung« enthalten, was sie eben enthalten,
und es ist nicht wenig; die Blätter der »Lehrjahre« enthalten
Unendliches. Was das neuere Werk voraus hat, was dem älteren Buch fehlt, ist das Entscheidende.
Was dazu gehörte, aus dem Stoff, der dies eine Buch hergegeben hatte, jenes andere zu machen, darüber belehrt uns die
zehnjährige Stockung. Zehn Jahre von den reifsten Jahren des
größten Mannes, zehn mittlere Lebensjahre Goethes mußten
hingehen. Eine innere Verwandlung mußte sich vollziehen:
wer das eine und das andere Buch zu lesen versteht, kann sie
ermessen. Kein intensives Bekenntnis, kein Brief von der erhabensten Weisheit reicht an die Belehrung heran, die von
dem Nebeneinander dieser beiden Bücher ausgeht. Alles
wandelt sich, alles strebt empor; der Schöpfer ein anderer, mit
ihm die Geschöpfe; verwandelt, geläutert in ihm das Gefühl
zu den eigenen Geschöpfen, das Gefühl zur Welt. Werther ist
Goethes Doppelgänger, Mignon, Therese, Natalie sind seine

Töchter. Dieser stete, unmerkliche, nie stockende Zug nach
dem Höheren, dem Lichteren, wie ein Tag, der sich ausreini-
gen will: welches Dokument, welches tiefe, ins eigene Innere
blickende Gedicht vermöchte eine solche ungeheure Metamorphose auszusprechen!

So scheiden wir von dem merkwürdigen Buch, das ein aben-
teuerlicher Zufall uns in die Hände brachte, und fühlen uns in
unserem Verhältnis zu dem unausschöpflichen Werk, das wir
kannten – freilich, wie wenig kennt man, was man seit Jahren
zu besitzen meint –, innerlichst bekräftigt. Es ist eines der berühmtesten Werke der Weltliteratur, ein vorzüglicher und
stolzer Besitz des deutschen Volkes. Und dennoch, es ist kein
volkstümliches Buch, es ist beinahe ein unbekanntes, nein,
ein wenig gekanntes Buch. Als Schiller die acht Bücher des
Romans zu Ende gelesen hatte, schrieb er, am 2. Juli 1796, den
ersten von drei wundervollen Briefen. Man wird es nie über-
drüssig, sie nachzulesen, und der Schluß des ersten enthält in
den zartesten und wahrsten Worten alles, was über diesen
Gegenstand gesagt werden kann. »Leben Sie jetzt wohl, mein
geliebter, mein verehrter Freund! Wie rührt es mich, wenn
ich denke, daß, was wir sonst nur in der weiten Ferne eines
begünstigten Altertums suchen und kaum finden, mir in Ihnen so nahe ist. Wundern Sie sich nicht mehr, wenn es so wenige gibt, die Sie zu verstehen fähig und würdig sind. Die be-
wunderungswürdige Natur, Wahrheit und Leichtigkeit Ihrer
Schilderungen entfernt bei dem gemeinen Volk der Beurtei-
ler allen Gedanken an die Schwierigkeit, an die Größe der
Kunst, und bei denen, die dem Künstler zu folgen imstande
sein könnten, wirkt die genialische Kraft, welche sie hier handeln sehen, so feindlich und vernichtend, bringt ihr bedürftiges Selbst so sehr ins Gedränge, daß sie es mit Gewalt von sich
stoßen.« Da ists gesagt: ein Werk dieser Art ist nicht eine müßige Ergötzung der Einbildungskraft, es wendet sich an das
innerste Gemüt, und wer es nicht mit Liebe aufnehmen kann,
wen es nicht beglückt, der schiebt es fort von sich, ratlos, verlegen und mit verhohlener Unlust, ja mit Haß. Schwer ists zu
fassen, nicht um seiner Verschlungenheit willen, denn Ver-
schlungenes hätte sich in drei Menschenaltern zur durchsich-

tigsten Einfalt aufgelöst, sondern um seiner Reinheit und Hoheit willen. Denn nichts ist schwerer anzueignen, schwerer auch nur wahrzunehmen, als das Große und Erhabene, trotzdem oder eben weil es nichts anderes ist als das Reinste und Wahrste des Natürlichen.

EIN DEUTSCHER HOMER VON HEUTE

»DIE ODYSSEE«

DEUTSCH VON RUDOLF ALEXANDER SCHRÖDER

Nicht leicht wird in einer englischen Bibliothek neben dem griechischen Homer eine andere Übersetzung stehen als die des Pope. Schlagen wir sie auf, so ist die Vorrede zunächst bedeutend, prägnant, des großen Gegenstandes würdig. In der Sprache des achtzehnten Jahrhunderts, weltmännisch-gelehrtenhaft, voll anständiger Zurückhaltung, gleich fern von Nüchternheit wie von flackernder Emphase, finden wir ausgesprochen, was einem unerschöpflichen und eigentlich unfaßlichen Objekt gegenüber mit Anstand ausgesprochen werden kann. Die Übersetzung selbst wird uns mehr befremden als befriedigen. Daß sie von keines gewöhnlichen Mannes Hand geschaffen ist, mögen wir schnell zugestehen. Aber wir sind Deutsche, und hier fühlen wir einigermaßen den Engländer; dann sind wir von heute, und der Übersetzer ist von gestern; aber der insulanische kühne Engländer mußte dem insulanischen kühnen Griechen wohl etwas minder fern stehen als beide dem binnenländisch schwerfälligen Deutschen; und der Mann von gestern steht den Urzeiten, aus denen dieses Werk herüberglänzt, um fast zwei Jahrhunderte näher als wir. Dies erwägend, müssen wir uns als die Basis, auf die wir aufbauen, ein Paradoxon eingestehen, von dem abzukommen wir in keiner Weise gewillt sind: wir statuieren die homerischen Gedichte als außerhalb der zeitlichen Bestimmtheit und außerhalb der nationellen Beschränkung stehende. Wir alle, Deutsche, Engländer, Franzosen, nähern uns – und durch die Jahrhunderte immer wieder – diesen im vollkommensten Sinn unsterblichen Gedichten mit dem Bewußtsein, daß wir ihnen und sie uns in noch ganz anderem Sinne angehören als irgend sonst das Produkt einer fremden Literatur. Ein ähnliches Verhältnis findet zur Bibel statt, und doch ein völlig verschiedenes: Abraham, Simson, Gideon, David, Salomon, Esther und Ruth mögen groß und lebendig durch das Gedächtnis der Jahrtausende wandeln, Michelan-

gelo mag sie in erhabenen Figuren für alle Zeiten festhalten,
Dante sie in sein Weltgedicht verflechten und der bürgerliche
Mund in seine Sprichwörter und Redensarten: doch wird die
Einbildung der Deutschen niemals wollen, sie wären Deutsche. Welcher Deutsche aber würde sich die Überzeugung
nehmen lassen, ein Jüngling wie Telemach müsse ein deutscher Jüngling, ein Mädchen wie Nausikaa könne nichts anderes als ein deutsches Mädchen sein? Goethe ist uns in dieser
Präsumption vorangegangen: wer die »Achilleis« schrieb, die
»Nausikaa« entwarf, der meinte aus aufrichtiger Seele etwas
wie deutsche Gestalten weiterzubilden, nicht Fremdes an
Fremdes anzuleimen. Mit der gleichen Anmaßung aber müssen wir die Angehörigen der anderen Nationen mit der homerischen Welt schaltend uns vorstellen. Spricht und schreibt
der Franzose von antikem Wesen, so ist ihm, daß er allein etwas davon im Blut trage. Er ist, unter Barbaren, der wahre
Erbe der Griechen. Er hat das Auge, mit dem sie blickten; in
ihm schwingt ein Etwas vom Rhythmus ihres Lebens: schaut
er in ihre Welt hinein, so erfaßt er allein mit ungezwungener
Seele ganz genau den zarten, dabei reinen und festen Kontur,
mit dem Örtlichkeiten, Menschen, Geschicke umrissen sind.
»Dies«, sagt er sich, »ist der klare und majestätische Entwurf
des Poussin, dies gleicht der Feinheit des Racine, dies der reinen, scharfen Linie des Molière. Dies Klare da, dies Weltge-
mäße, dies Nirgend-Verschwommene, dies, wenn es etwas
ist, ist französisch.« Und wer könnte gegen den Engländer
an, wenn all diese Mannhaftigkeit, diese Stoßkraft, wenn
diese sämtlichen Wettkämpfer, diese Seehelden, diese Insel-
eroberer ihm Engländer sind und nichts als Engländer? So
stehen diese unausdeutbaren dichterischen Gebilde in der
Mitte der Zeiten, in der Mitte der Völker. Die Zeiten wandeln
sich, Völker steigen und sinken; jenes Große aber hält sich in
der Mitte, unwandelbar, befestigt wie auf ewig.
Den gleichen Rang, wie bei den Engländern Pope, hält bei
uns Vossens Übersetzung oder etwa noch einen höheren.
Denn neben Pope steht, um ein Jahrhundert älter, Chapman,
der Freund Spensers, Shakespeares, Ben Jonsons, und es ist in
seiner Übersetzung ein Etwas von dem Feuer seiner großen

Epoche, wodurch sie jünger erscheint, je veralteter die des achtzehnten Jahrhunderts uns anmutet. Neben Voß aber steht kein früherer Deutscher, und die späteren hält er durchaus nieder. Auch er ist achtzehntes Jahrhundert, aber eine Welt liegt zwischen ihm und Pope. Jener ist voll Tradition, voll Politur, ist das Ende einer Kette; dieser ist eher rauh, ungefüge, aber er steht am Anfang einer neuen Zeit. Es war ein historischer Moment, als er auftrat; dies umwittert ihn auf immer. Und es ist eine männliche, reine Gesinnung in ihm, die nie ihre Wirkung auf ein rein aufnehmendes Gemüt versagen wird. Etwas von der homerischen Größe, homerischen Reinheit übermittelt er für alle Zeit. Viel scheint es, wenn man ihn allein liest. Schlägt man dann das Original auf, so stockt einem der Atem: die Vollkommenheit, wovon das Gedächtnis doch nur ein schwaches Abbild in sich trug, dringt von allen Seiten auf uns ein und überwältigt die Phantasie. Hernach wieder in der gleichen Stunde den Voß aufzuschlagen, ist unmöglich. Das Original ist Gegenwart, Leben, offenbares Geheimnis, die Übersetzung ist ein Bericht. Jene Sprache dort hören wir nie und nirgends wieder, diese hier ist ein tüchtiges, dann und wann ein trockenes Deutsch, das manchmal nach der erzählenden Prosa hinschlägt, manchmal nach der Predigt. Dort gleitet Wendung auf Wendung, Vers auf Vers dahin: es ist ein unerschöpfliches leuchtendes Fließen: die Welle berührt nicht die Welle, und doch sind sie miteinander eines. Hier häkelt sich Satz an Satz, Vers an Vers, so wie es eben geht; wo sich's nicht häkelt, dort klaffts.

Einhundertundzwanzig Jahre sind dahingegangen, und Voß ist geblieben, was er war, und das ist viel; aber das Homerische Gedicht hat sich wiederum gewandelt. Diese unausdeutbaren Gebilde sind Leben, zweifelhaft, doppelblickend wie alles Leben. Sie machen unausgesetzte Wandlungen durch. Wir wissen, daß Thukydides nicht die Ilias in Händen hielt, die wir in Händen halten. Wir wissen nicht, welche Odyssee bei den Panathenäen vorgelesen wurde; wir wissen nur so viel, daß es nicht völlig die unsrige war. Immerhin, seit den Alexandrinern gibt es *einen* Text, und es ist *ein* Homer, in welchem seit zwanzig Jahrhunderten die Welt liest. Und dennoch: es ist *ein* Text, und es ist ein tausendfach verschiedener Homer. Nichts an diesen Gedichten, das vor dem geistigen Auge feststünde: nicht ihr Urheber, den wir zur mythischen Gestalt haben werden sehen und der, indem er unsichtbar wurde wie ein Gott, diese Gedichte, die wir nach ihm nennen, nur um so geheimnisvoller, ungeheurer, lebendiger hinter sich zurückließ; nicht ihr Umfang: der Scholiast sagt uns, daß die Doloneia (der zehnte Gesang der Ilias) ursprünglich »von Homer« sei beiseite gelassen und erst von Pisistratus in die Ilias eingefügt worden, und es fehlt in der neueren Zeit wie im Altertum nicht an Stimmen, die den letzten Gesang der Odyssee sowie die Hälfte des vorletzten als eine Hinzufügung von späterer Hand verwerfen; nicht die Struktur im großen und im kleinen. Hier legt uns ein deutscher Gelehrter die Odyssee auseinander als ein Konglomerat aus vier gänzlich verschiedenartigen Heldengedichten und weist an kleinen Widersprüchen des pragmatischen Nexus, Unvereinbarkeiten des zeitlichen Verlaufes die Nähte und Klammern auf, die dies scheinbare Ganze zusammenhalten; dort hebt ein englischer Forscher einige der berühmtesten Gleichnisse der Ilias aus dem Zusammenhang, rückt sie an andere Stellen und versteht uns zu überzeugen, daß er sie nun erst dorthin gebracht, wo sie ursprünglich gestanden haben müssen; und auch die Sprache nicht, das ist das Außerordentliche, auch sie nicht, die stets lebendig sich anfühlende Oberfläche, die wir mit Händen zu greifen meinen, auch sie ist nicht ein schlechthin Gegebenes, ist nicht, was sie scheint, ist Gegenwart und Phantom zugleich wie alles an diesen Gedichten. Wir lernten in der Schule, dies sei der ionische Dialekt; aber hinter dieser gemeineren Schulweisheit steht schon seit Dezennien eine höhere, welche die Reinheit des Gedichtes herzustellen bemüht ist, indem sie die ionischen Formen in äolische verwandelt, vielmehr zurückverwandelt; was uns, was Aristarch, was den großen Humanisten der Urtext des Homer hieß, heißt diesem Philologen »die Korruption der Oberfläche« des äolischen Epos. Und dennoch, wo scheinbar nichts der Prüfung standhält, alles unter dem forschenden Blick sich aufzulösen scheint, das Einheitliche in Teile zerfallen will, das Orga-

nisch–Geglaubte als ein Geschichtetes, in Jahrhunderten Zu-
sammengeschweißtes sich offenbart, hält Eines stand, ja tut
sich von Geschlecht zu Geschlecht nur immer sieghafter hervor: das unaussprechlich gewaltige innere Leben dieser Gebilde. Genius des Einzelnen oder Genius eines Stammes, Genius eines Vierteljahrtausends: hier ist die Offenbarung des
gewaltigsten poetischen Vermögens, das die Erde kennt, hier
lodert das Feuer der Einbildungskraft mit so stetigen Flammen als nirgends im Bereich der menschlichen Überlieferung. Wenn etwas, was Menschen schufen, übermenschlich
heißen darf, so sind es diese Gedichte. Sie leben und sind da,
heute wie vor dreitausend Jahren. Wie in ein unsagbar Lebendiges blicken wir in sie hinein, wie in ein Feuer, wie in ein
Auge. Es gibt Sterne, die so weit von uns sind, daß der Lichtstrahl, der vor dreitausend Jahren von ihnen ausging, heute
unseren Sehnerv trifft. Solch ein Stern ist Homer. Der Glanz
dessen, was auf ihm vorgeht, trifft uns heute als eine lebendige Gegenwart. Blättern wir diese Bücher auf, so stürzt Fülle
gegenwärtigen Lebens auf uns herein, wenn anders Stürzen
heißen darf, was vielmehr ein ruhevolles, aber namenlos gewaltiges Heranschweben ist.

Hier ist das Allgemeinste eines ungeheuren Phänomens mit
unzulänglichen Worten auszusprechen versucht. Wir sind
gewohnt, dies Phänomen hinzunehmen, nicht es ins Auge zu
fassen. Was wir ins Auge zu fassen gewohnt sind, ist der Inhalt der homerischen Welt, nicht das verwunderlich erschütternde Phänomen ihrer Gegenwart als ein Ganzes, Lebendiges, hier, bei uns Lebendigen. Wir sind gewohnt, an Odysseus zu denken und an den Hund des Odysseus, der starb,
nachdem sein Auge den heimkehrenden Herrn noch einmal
erblickt hatte; an Briseis, an Kirke, an Kalypso; an den letzten
Kampf Hektors, an die vergebliche Flucht, den Tod und das
Schreckliche nach dem Tod; an die liebliche Insel der Phä-
aken; an Zeus und Thetis; an die Kampfspiele um Patroklos'
Scheiterhaufen, an Priamos, der vor Achilles kniet; an Pene-
lope, wie sie nachts am Webstuhl sitzt und das Gewobene
wieder auftrennt. Oder unsere nachschaffende Phantasie erhebt sich, läßt das Einzelne unter sich und streift in halbhoher

Sphäre über das Ganze hin; so ist ihr freilich zumute, wie es sich kaum sagen läßt – ein Glanz des Daseins unter ihr, eine Fülle des Lebens, eine Heiligkeit des Irdischen, ein gesättigtes Leuchten, ein Strahlen, überall; überall, trotz aller dunklen, grausamen, fürchterlichen Dinge, eine Herrlichkeit, unfaßbar. Achilles und Priamos, wie sie miteinander sprechen da im Zelt; und Odysseus und Eumäus, wie sie miteinander sprechen dort im Haus des Hirten; und Helena, wie sie auf die Mauer geht, Paris und Menelaus miteinander kämpfen zu sehen, und wie sie der früheren Zeiten denkt und der ersten Ehe und weinen muß und ihr Gesicht verhüllt, und da sitzen die alten Männer auf der Mauer, und wie sie sie vorübergehen sehen, reden sie leise untereinander: »Kein Wunder, daß um diese die Troer und die gepanzerten Achäer Leid des Krieges tragen so viel Jahre lang. Denn seltsam gleicht sie von Angesicht einer unsterblichen Göttin.« »Kein Wunder«, sagen sie; »es ist recht so«, sagen sie; »οὐ νέμεσις Τρῶας...« Sie sitzen auf den Mauern ihrer Stadt, die brennen wird; unten trieft das Gefilde vom Blut ihrer Söhne; da geht die Frau vorüber, um derentwillen dies uferlose Unheil sich vollzieht: »Es ist Gottes Recht«, sagen sie, »daß um einer solchen Frau willen wir und jene dort drüben diese Leiden ertragen.« Und die Waffen, und die Pferde, und die Zelte, der Wall, das Blachfeld; und die Schiffe und das Meer, und die Ufer, die Buchten, die Klippen, die Stürme, die Wogen, die Blitze; und das Haus und der Hof und die Herden; und der Bettler am Herd und die Schaffnerin, die sich »freut, aus der Fülle zu geben«; und die Bräuche des Krieges und die Bräuche des Friedens; die Opfer, die Weihen, die Geschenke; und die kleineren, die alltäglichen Dinge, mit keinem geringeren Glanz umgossen: die Mahlzeit, Schlafengehen und Aufstehen, Sich-rüsten, Sich-reinigen, das Waschen der Hände; und die Tiere: die Rinder, die Geißen und Böcke, die Wölfe, die schnellen Hunde; und die Kraniche in der Luft, die Fliegen, um die Milchnäpfe summend. Und um jedes Ding eine Herrlichkeit, eine Würde: ein jedes kommt von seinem Vers dahergetragen, so feierlich, so geehrt, so vergöttert, als wäre es der Mittelpunkt einer heiligen Handlung. Ein kleines Tun, ein alltägliches Geschehen: ein wei-

dendes Tier, eine Meereswelle, die hereinrollt, eine Bewegung des Rudernden, eine Waffe, ein Gerät, eine Wunde – für
einen Augenblick ruht ein göttliches Auge auf jedem, und in
dem Blick dieses göttlichen Auges schauen wir mit. Sollen
wir sagen, es ist die Jugend der Welt darin, der Zauberglanz
einer unwiederbringlichen Frühzeit? – Ist es vielmehr nicht
höchste, reinste Gegenwart des Menschlichen, unzerstörbar,
welche in sich aufzunehmen, in der eigenen Brust immer
wiederherzustellen eine nie ermattende Begierde sich regt?
Aneignung eines Höheren ist Leben des Lebens; wir Deutsche meinen zu leben, und sollten verlernen, uns das Große
stets aufs neue anzueignen? Weil große Zeiten groß waren,
weil Herder groß war, seinem Volk fremde Schätze anzueignen, und Goethe groß mit ihm, groß dann das Geschlecht um
1800, groß im Aneignen die Grimm und die Humboldt, so
sollten wir es beruhen lassen, den Homer auf dem Voß beruhen lassen und den Shakespeare auf dem Tieck und Schlegel?
Da der Schatz der Sprache und seelisches Vermögen sich
wechselweise bereichern, wofern ein Berufener beide zu gebrauchen versteht, sollten wir unser Pfund vergraben, anstatt
am gewaltigsten aller Handelsplätze mit ihm zu wuchern? Es
ist nicht zu verwundern, daß man den deutschen Shakespeare
nicht ruhen läßt und daß ein Deutscher mit einer neuen Übertragung der Odyssee hervortritt. Zu verwundern wäre und
zu beklagen – wenn es nicht so käme.

Da Goethe einmal unter anderen Malen auf das Homerische
Gedicht und auf Vossens Übersetzung zu sprechen kam, die
er vortrefflich nannte, fügte er bei: »Aber es wäre zu denken,
daß jemand eine naivere, wahrere Empfindung des Originals
hätte besitzen und auch wiedergeben können, ohne im ganzen ein so meisterhafter Übersetzer wie Voß zu sein.« Eine
naivere; das Wort ist tief und vieldeutig: also wohl eine zartere und zugleich eine reichere, eine seelenhaftere, eine in höherem Sinn poetische. Fast hätte Goethe hier an sich denken
müssen; was war die »Achilleis« anderes als eine schöpferische Übersetzung: freilich die Übersetzung der Gesänge, die
dem Original fehlen; so bedurfte es, sie zu schaffen, einer

doppelt wahren, doppelt reichen Empfindung des Originals. Legt man die »Achilleis« neben den Voß, so ist's eine entfaltete Seelensprache neben einer spröden tüchtigen Bürgersprache. Aber hinter dem einen Buch steht Homer, hinter dem anderen freilich – nur ein letzter Homeride, nur ein bezaubernder Nachahmer. Die Sprache Homers ist ein offenbares Geheimnis; man mag sie primitiv nennen, so ist es die Primitivität einer Rasse von unfaßlichem organischem Reichtum. Man kann ebensowohl den Hauch einer jungen Welt in ihr fühlen als die Reife, die Vieldeutigkeit einer uralten, Schicht über Schicht aufgetürmt. Das Sinnliche ist mit einer Gewalt gemalt, einer Präzision, einem Einklang zwischen Wort und Vision, dem nichts nachkommt. Das Wasser, das Feuer, der Klang der Waffen, die Bäume, die Quellen, die Wolken: es ist, als spiegelte sich zum erstenmal die Welt in einer menschlichen Seele.

Durch diese ganze Welt aber geht ein sittlicher Bezug von der höchsten Zartheit. Es ist eine überall verteilte Würde, verteiltes Lebensgefühl, verteilte Liebe. Das Höchste ist: eine fast unfaßliche Menschlichkeit. Schlägt man irgendeine Stelle auf, wo Menschen von sich, von ihrem Leben sprechen, ihr Inneres enthüllen, und meint man, die reinste, treueste, naivste Erinnerung daran in sich zu tragen, immer ists noch menschlicher, noch entspannter, noch weniger pompös, als man erwartet hätte, noch reiner, simpler, noch weniger pausbäckig und dabei noch menschlich inhaltsvoller. Hier ist ein selbstverständlicher Reichtum des Seelischen, eine höchste Harmonie der inneren Lebendigkeit, eine Frommheit, ein sittlicher Zustand, der ein Höhepunkt der Menschheit ist.

Eine naive Sprache ist die Trägerin dieses göttlichen Gedichtes. Nur eine naive Sprache kann wiederum, in ihren Grenzen, diesen Glanz abzuspiegeln hoffen. Aber nicht eine dürftige. Goethes Sprache, die Sprache des »Werther« und des »Faust«, ist unvergleichlich naiver als die Sprache, die im siebzehnten Jahrhundert ein deutscher Edelmann, ein deutscher Amtmann oder Pfarrherr gebrauchte. Und ist nicht Hölderlins Sprache naiver als die Klopstocks, Eichendorffs als die Wielands? Verwildert war die deutsche Sprache, ver-

armt, steif, dürftig; da die Zwischenzeit überwunden war, ist
sie aufs neue seelenhaft-naiv geworden. Aus unterbundenen
Gliedern ergoß sich von Ader zu Ader ein unnennbarer
Reichtum. Die Heilige Schrift, das Volkslied, die alten Prediger, der Jakob Böhme, die Märchen, alles kam zu allem, und
die Sprache kam zu sich selber: sie speiste sich von ihren eigenen Quellen.

Ein Jahrhundert ist hingegangen, und dieser Reichtum ist or-
ganisch geworden. Es ist eine entfaltete Seelensprache, die
keinem einzelnen gehört, sondern das höchste Vermächtnis
des Volkes ist. Tritt nun ein begabtes Individuum hervor,
vermag es sich dieser ausgebildeten Sprache in vollem Um-
fange zu bemächtigen – schon dies setzt ein hohes poetisches
Vermögen voraus –, fühlt es in sich den geistigen Reichtum,
solch ein Ganzes zu erfassen, die Kraft zur unbedingten Hingabe, wie sollte da nicht ein neuer deutscher Homer entstehen
können, vor dem auch Voß zwar nicht ins Dunkel der Vergessenheit entschwände, aber dem lebendigen, dem höheren
Produkt gegenüber an seinen historischen Platz zurück-
träte?

Schlage ich nach dem Voß diese Odyssee, neu übertragen von
Rudolf Alexander Schröder, auf, so fühle ich mich von einem
dichteren poetischen Fluidum allseitiger umgeben, kraftvoller eingeschlossen. Folge ich den Versen im einzelnen, so
vermag ich bald mir darüber Rechenschaft zu geben, was jener anfänglich schwer deutbaren allgemeinen Empfindung
zugrunde liegt: durch diese Tausende von Zeilen hindurch,
fast ohne jede Unterbrechung, ist der einzelne Vers sowohl
bereichert als erleichtert. Wo Voß gerade eben nur durch-
kommt, seinen Vers zu strecken oder seinen Vers zu enden,
da scheint der Neuere mit Gelassenheit zu schalten wie mit einer lebendigen Materie, die ihm zu Willen ist, ohne daß er sie
aufs Prokrustesbett zu legen braucht; ihm ist ein innerlicher
Reichtum von Wendungen zu Gebote, und mit dem Reichtum ein Gefühl der inneren Freiheit: und was ist Gelassenheit
anderes als Freiheit der Seele? Nur wer reich ist, kann vollends
einfach sein; höchste Simplizität ist mit nichts so unvereinbar
als mit Dürftigkeit, mit nichts aber als mit höchster Simplizi-

tät ist der unsagbar zarten Menschlichkeit des homerischen Gedichtes beizukommen. Hier ist es erreicht: eine subtil durchgebildete Syntax, mit dem zartesten Gefühl gehandhabt, gibt jedem Wort zugleich den seelischen und den Versakzent, der ihm zukommt. Vers und Vers, Vorgang und Vorgang sind in einer schwebenden, unvergleichlichen Weise aneinandergeknüpft: immer durch kleine Wendungen wie: »gegen dem, dieweil, derweilen, über dem allen, unter ein kleines«, die zwischen den örtlichen, den zeitlichen und den kausalen in der Mitte hangen und dem Ganzen eine undefinierbare Luft geben; der große Kunstgriff des epischen Dichters bleibt das ganze Gedicht hindurch unverwischt: daß er seinen Vers nicht einheitlich gestaltet. Hier waltet, wie das Meisterhafte sich stets verwandt bleibt, eine Analogie mit dem Vers des Molière: auch seine Alexandriner wie die Hexameter Homers, ohne Zäsur hintereinander gelesen, sind ein Prosaverfolg: dazwischen heben sich mit Glanz die lyrischen Stellen. Dieses Zwiefache der Oberfläche wiederzugeben, gleichsam einen steten Wechsel spiegelnder und opaker Stellen, ist Voß durchaus versagt geblieben. Sein Vers ist im großen ganzen nur mit Konnivenz als Hexameter zu lesen, der des Neueren nur mit bösem Willen entgegen dem Hexameter zu skandieren. Vielleicht ist man ungeduldig, mich vom scheinbar Äußeren zum scheinbar Inneren des übersetzten Gedichtes kommen zu sehen. So schlage ich denn irgendeine Stelle auf. Den Flug des Hermes zur Erde hinab, mit der Botschaft von Zeus an Kalypso.

> Ging und band sich fest am Fuß die schönen Sandalen,
> Goldene, göttlicher Art, damit er über die Wasser
> Und das unendliche Land, ein Windhauch, flüchtig dahin-
> fuhr,
> Drauf ergriff er den Stab, der das Auge der Menschen be-
> sänftigt,
> Aller, soviel er vermag, und Schlafende wieder erwecket.
> Den in der Rechten, entflog der gewaltige Argeiphontes,
> Fiel aus dem Äther herab auf die Fläche der hohen Gewäs-
> ser:

Dicht überm Abgrund strich er dahin, der Möwe ver-
gleichbar,
Welche im furchtbaren Bug der schäumenden salzigen
Woge
Fischfang treibt und öfters die Flügel streifet mit Salz-
schaum.
So fuhr Hermes, der Bote, dahin über Wellen und Wellen.

Hier ist ein physisches Phänomen; ich schlage die gleiche
Stelle im Voß auf, der in jedermanns Hand ist. Voß gibt mir
den Bericht davon, Schröder die Anschauung. Hier war ein
Bewegtes, ich suche ein Ruhendes: gleich die nächsten Verse:
die Behausung der Kalypso.

Und er kam vors hohle Gehäus. Dort wohnte die Nymphe,
Zierlich gescheitelten Hauptes: er traf sie eben zu Hause.
Mächtig flammte ein Haufen gewürziger Scheiter vom
Herde,
Zedern und allerhand Weihrauch, und duftete fern übers
Eiland.
Aber von innen erscholl ein Lied aus lieblicher Kehle,
Wie sie mit güldener Nadel am Webstuhl wirkte und um-
ging.
Dicht um die Höhlung wuchs ein Wald verschwisterter
Kronen,
Erlen und Zitterpappeln und duftende schwarze Zypres-
sen,
Wo im verborgnen Gezweig die flügelspreitenden Vögel,
Eule und Habicht, ihr Lager gewählt und die Krähen des
Meeres,
Schnellen Geschwätzes, die draußen am Strand ihr Ge-
werbe betreiben.
Über dem Tor des hohlen Gemaches hob sich der Wein-
stock,
Strotzend in Kraft, mit der Fülle geschwollener Trauben
belastet.
Quellen lauteren Wassers entsprangen viere beisammen,
Eine der andern nah, und wandten sich hierhin und dort-
hin,

Rings von schwellender Wiese umblüht mit Veilchen und
Eppich,
Daß ein Unsterblicher selbst, der je des Weges daherkäm,
Stünd und weilte, verwunderten Augs und freudigen Her-
zens.

Die Stelle ist so wundervoll, daß man der Lust nachgibt, sie
im Homer nachzulesen. Im Homer glänzen solche Zeilen wie
die ungeschaffene Welt, ja es ist, als vollzöge sich der Schöp-
fungsakt selber: dies alles war nie da als im Augenblick, wo
wir die Augen darauf hefteten. Ähnlich geht es uns bei
Handzeichnungen Rembrandts. Aber der Schröder, als ein
Spiegel, hält sich daneben. Es ist ein Bezug der Teile in diesen
deutschen Versen, ein Ruhen und ein Schweben zugleich, ein
Zueinander, und eines belebt und hält das andere. Beim Voß,
ich kann mir nicht helfen, läuft alles seelenlos auseinander,
»hierhin und dorthin«.
Dies war Schilderung einer Landschaft, ein Naturstück, ich
suche mir die Erzählung eines menschlichen Tuns: im dritten
Gesang, die Opferung der Kuh.

Also der Greis. Sie tummelten sich, es kam schon die Färse
Von der Weide hinauf, es kam vom flüchtigen Nachen
Des Telemachos weidliche Schar, es kam auch der Gold-
schmied,
Tragend in Händen das Schmiedegerät, vielkünstliches
Werkzeug,
Wie mans braucht zum Schneiden des Golds, die blinkende
Zange,
Hammer und Amboß, schön und fest, es kam auch Athene,
Gnädig das Opfer zu schaun.

Es ist schwer, hier abzubrechen, aber ich breche ab, sonst
wäre ich in Gefahr, die ganze Opferhandlung hierherzuset-
zen, das Aufschreien der Weiber, die feierliche Zerteilung des
Opfertiers, das festliche Mahl, das Bad des Telemach vorher,
dann den Aufbruch, die Abreise, kurz alles bis zum Schluß
des Gesanges. So vortrefflich ist dies alles gegeben, so voll
Anschauung, Fülle, Gegenwart, ein solches Gefühl der deut-

schen Sprache darin, dann und wann ein Aufleuchten alten
Sprachgutes, alles wie selbstverständlich und eben darum
vortrefflich.

Das war ein menschliches Tun; ich suche eine menschliche
Rede: eine sanfte, gelassene: die des Menelaus im vierten Ge-
sang; dann eine harte, zornige: die des Odysseus am Hof des
Alkinoos, wo er »unter verdunkelten Brauen aufblitzend«
den phäakischen Spötter abfertigt. Alles hält stand: nein,
mehr als das: alles ist gut und schön. Das waren nur einzelne
Stellen: der Flug des Gottes, die Behausung der Nymphe, das
Opfer, die Erzählung, die Zornrede. Ich schlage einen ganzen
Gesang auf und lese ihn durch; den glanzvollen sechsten:
Odysseus und Nausikaa. Dann den elften, jenen gewaltigen,
wahrhaft erhabenen: die Totenwelt. Hier wie dort das gleiche
unbedingte nachschaffende Vermögen, und im stärksten
Vermögen das strengste Maßhalten. Im idyllischen sechsten
ein Glanz, eine Heiterkeit ohnegleichen und nirgend der Ver-
such, den unnachahmlichen Stil des Homer der größeren
Schärfe, Bestimmtheit des Dante anzunähern.

Überlegt man, was den Kern des homerischen Stiles ausmacht: eine wahre, märchenhafte Allseelenhaftigkeit, zugleich, im Menschlichen, jene schwer zu findende Aufrichtigkeit gegen sich selbst, ungequälte Menschlichkeit, Ent-
spanntheit, so ist und bleibt hier ein höchster Zustand der
Menschheit für ewig hingestellt: tritt ein Werk hervor, worin
sich dies Reiche, Starke und Reine ohne Verzerrung gespiegelt findet, so kann auch dies neuere sekundäre Werk nur aus
gehaltvollen Tiefen hervortretend gedacht werden, und der
Moment, wo es hervortritt, kann kein gleichgültiger und
ärmlicher sein. Die geistige Sphäre aber, die eine solche Her-
vorbringung begünstigt, von ihr wiederum bereichert und
gestärkt wird, mag wohl als ein Zentrum künstlerisch-sitt-
lichen Strebens inmitten einer allseitigen diffusen, ja chaotischen Betätigung angesehen werden können, um so erfreulicher, je anonymer und verdeckter sie, als ein Wirksames
innerhalb unseres Volkes, scheinbar auseinanderliegende
Elemente zu binden und den Zusammenhang mit den reinen
Bestrebungen früherer deutscher Epochen zu beleben vermögen wird.

DEUTSCHE ERZÄHLER

Ich habe diese Erzählungen nur um der besonderen Schönheit willen zusammengetragen, mit der sie mein Herz in früherem oder späterem Alter berührt haben und mir unvergeßlich geworden sind, so daß ich, um sie aneinanderzureihen, keines Hilfsmittels bedurfte als meines Gedächtnisses. Alles, was ich später sagen werde, bin ich erst allmählich an ihnen gewahr geworden. Sie schienen mir stets die schönsten unter allen deutschen Erzählungen, die ich kannte, und indem ich sie mir schon früher wenigstens in Gedanken oder im Wunsch zu einer Kette zusammenfügte, so folgte ich einem Drange, der jedem Menschen innewohnt und in den Kindern und den Menschen des alten reinen Zeitalters deutlich hervortritt: daß wir von dem Harmonischen ergriffen werden, ihm uns einzuordnen oder zu dienen, das Reiche noch reicher zu machen oder, wie die Schrift es ausdrückt, dem der hat noch dazu zu geben. So räumen die Kinder Erde und Sand hinweg, damit eine Wasserader in die andere überlaufen könne und das Klare zum Klaren komme, so ehrten die Perserkönige einen schönen alten Baum mit goldenem Gehänge, noch heute schenkt der reisende Monarch für einen schönen Garten eine Statue oder schmückt einen schönen Hügel mit einer Kapelle, der einsame Wanderer erhöht die Schönheit einer schweigenden Bergwiese mit einem Gebet oder einem erhobenen Gedanken, und ich kannte einen Mann, der weiter keinen Grundbesitz hatte, aber einen verlassenen kleinen Friedhof kaufte und so das verbriefte Recht erwarb, die Ruhe dieser umgestürzten Grabkreuze, auf denen wechselweise der Schnee lag oder Schmetterlinge saßen, und die schönen über den Weg wuchernden Blumen zu bewachen und gleichsam etwas von seiner Seele dem stummen Weben dieses Friedensortes zuzugießen.

Worin die besondere Schönheit lag, durch welche mein Gemüt ergriffen werden mußte, gerade diese zu seinen Lieblingen zu machen und sie in eine Reihe zu bringen, die aus so verschiedenen Seelen dreier aufeinanderfolgenden Geschlechter hervorgewachsen sind, das kann erst allmählich der Betrachtung klar werden. Alle, deren Erzählungen hier vereinigt liegen, sind von einer reinen, schöpferischen Liebe zum Darstellen irgendeiner Seite des Daseins getrieben worden; irgend etwas in der Welt, irgendein Zusammenhang zwischen dem Menschenwesen und der Welt, hatte sich in ihnen besonders offenbart. So macht sich in allen diesen Hervorbringungen eine höhere Eigenart geltend, nicht die dürftige des Verstandes oder der Fertigkeit, sondern eine tiefe, unkäufliche des Gemüts, und da sie etwas wahrnehmen und sagen mußten, was nur ihnen so lebendig und besonders war, so war auch ihre Sprache von innen heraus gereinigt und gesondert. Zugleich aber geschah es, daß das deutsche Gesamtwesen, das nur durch viele einzelne sich offenbaren kann, in jedem von diesen Erzählern eine Seite mit besonderer Kraft heraustrieb: in *Goethe* ein großes, frommes Anschauen des menschlichen Daseins, so wie man von einem hohen Berge herab die Welt unter sich liegen sieht, daß man glauben würde, es gäbe in ihr nichts Niedriges, noch Widriges – in *Jean Paul,* diesem gerade entgegengesetzt, das äußerst zart verhäkelte Kleine, Widerstreitende und scheinbar Niedrige, Nichtige des Lebens, gleichsam der zarte Dunst, der um jedes Lebende herum ist, und von der zartesten, persönlichsten Wärme durchstrahlt. In *Eichendorff* wieder das Beglänzte, Traumüberhangene, das Schweifende, mit Lust Unmündige im deutschen Wesen, worin etwas Bezauberndes ist, das aber ein Maß in sich haben muß, sonst wird es leer und abstoßend. In *Brentano* und *Hauff* das reine, unzerstörte Volkswesen, mit seinen geistigen und Seelenmächten, bis zum Aberglauben, seinen Begriffen von Recht und Ehrbarkeit, in denen es festgebunden ist – oder soll ich sagen war? – denn die neuere Zeit hat dies alles aufgelockert, und nur da und dort hält das uralt Gegründete ihr noch stand. In *Tieck* und *Hoffmann* das Geheimnisvolle der Seele, der innere Abgrund, Einsamkeit und Hinüberlangen nach einer anderen Welt. Dann das einsame Kind *Hebbel,* der zerrüttete Jüngling *Lenz* im öden Bergtal, der *Hagestolz* abgesperrt von den Menschen auf seiner Insel, der *arme Spielmann* einsam mitten unter den Menschen mit seiner Musik, lauter Arme-Reiche, und was für deutsche Figuren in ihrer Armut und ihrem Reichtum. In *Gotthelf* dann, aus einer Landschaft hervorgesponnen, ein einfaches Leben, ein einfaches Glück, in der *Droste* ein unheimliches Geschick und auch aus dem Weben der Landschaft hervorgesponnen: hält man diese beiden nebeneinander, so fühlt man, wie groß Deutschland ist. Es ist, als höre man, zu Bremen auf der Weser fahrend, in den Salzhauch der Nordsee das Läuten von Kühen herein, die in Tirol von der Alpe gehen: aber innerlich ist es ein noch weiteres Land. *Arnim* und *Kleist* sind wahre Novellisten, das Große und Einmalige, Nichtwiederkehrende der Begebenheit ist ihr Gegenstand. Es ist seltsam und bedeutungsvoll, daß sie beide ihre Begebenheit in fremdes romanisches Land verlegen; aber wie der Verlauf der Erzählung das Herz der Hauptfiguren bloßlegt, ob einer duldenden Frau, oder eines heldenmütigen Jünglings, so sind es deutsche Herzen, die den Figuren in die Brust gelegt sind. Im »Geisterseher« sind große Verhältnisse dargestellt, weit angelegte Staatsintrigen, vielerlei Menschen in ein großes Geschick verknüpft, dafür hatte *Schiller* ein Auge, damit steht er fast allein unter den Deutschen, diese Seite ist sonst ihre Stärke nicht; in ihrem größten Dichter blitzt freilich da und dort auch das Politische auf, als gediegenes Metall, mitten unter dem sonstigen Weltwesen: so das Gespräch der Regentin mit dem Machiavell in Egmont. In *Sealsfield* ist etwas vorgebildet und nichts Geringes: der deutsche Amerikaner. Die Seele ist deutsch, aber durch eine fremde große Schule durchgegangen. Er reiht sich an die andern, und ist doch besonders. Haben sie ihn drüben vergessen, so ist es traurig, hier durfte er nicht fehlen, er erzählt in einer Weise, daß keiner ihn vergißt, der ihm einmal zugehört hat. Einen sehe ich immer vor mir, von dem doch hier nichts gebracht wird: *Immermann*. Die kleineren Erzählungen sind unter den schwächern seiner Arbeiten; die Romane sind groß angelegt und von einem seltenen Reichtum des Geistes, Kraft, Zartheit, eindringendem Weltverstand, Übersicht, Lauterkeit; er suchte einen Übergang herzustellen: die Anfänge dessen, was unserer damals beginnenden Zeit den Stempel aufdrückte, des Fabrikwesens, des alles überwuchernden Geldwesens, stellte er hin und zeigte das deutsche Seelenhafte im Kampf damit. Dem einen großen Roman ist die westfälische Dorfschulzengeschichte eingeflochten, diese herauszureißen erschien mir frevelhaft; manche habens getan, doch wer es nachtut, bezeigt, daß ihm keine Ehrfurcht innewohnt, und wo wäre Ehrfurcht am Platz, wenn nicht gegen eine hoheitsvolle, reine Seele wie Immermann? So wollte ich auch den *Chamisso* nicht gerne missen, der nicht als ein Deutscher geboren ist, aber sich mit schönen Werken eingekauft hat in die deutsche Dichterschaft. Sein »Schlemihl« ist freilich wundervoll angefangen, die Erfindung ist von hohem Rang, doch fällt die Erzählung ab, wird trüb und matt. Wäre es auch äußerlich ein Bruchstück, wie es innerlich gebrochen ist, ich hätte eher gewagt, es den anderen anzureihen.

So sind es die *älteren* deutschen Erzähler, die ich hier gesammelt habe, und unsere Zeit will doch nur von sich selber wissen und treibt eine Abgötterei mit dem wesenlosen Begriff des Gegenwärtigen. Im einzelnen Menschen gibt es nichts schlechthin Gegenwärtiges, Entwicklung ist alles, eins wirkt sich ins andere, spreche ich mit einem neunzigjährigen Freund, den ich habe, befrage ich ihn nach einer Zeit seines Lebens, den Vierziger- oder Sechzigerjahren des verflossenen Jahrhunderts, so werde ich gewahr, wie für ihn eins ins andere eingeht, der hingeschwundene Zeitraum im nächsten weiterlebt und alles ein und dasselbe Wesen bleibt: so für den einzelnen, so für das ganze Volk. Die Gegenwart ist breit, die Vergangenheit tief; die Breite verwirrt, die Tiefe ergetzt, warum sollten wir immer nur in die Breite gehen? Von einem treuen Freund, einer lieblichen Freundin will ich die Kindheit erforschen, hören, was sie waren, bevor ich sie fand und kannte, – nicht nach tausend gleichgültigen Menschen fragen, denen sie am heutigen Tage begegnet sind.

In diesen Erzählungen ist ein Deutschland, das nicht mehr ganz da ist: der Wald steht nicht mehr so uralt und dicht, auf der Landstraße ist ein anderes und geringeres Leben, in den

Dörfern sind es nicht bloß die Dächer, die sich verändert haben; es ist alles da und nichts da, es ist dieselbe Heimat und doch eine andere. So ists auch mit dem, was sich nicht mit Augen sehen und nicht mit Händen greifen läßt. Lebensformen, geistige Formen unseres geheimnisvollen, undeutlich erkennbaren Volks sind hier kristallisiert, eine ältere deutsche Atmosphäre umfängt uns, nehmen wir sie in uns ein, so wird die herrschende Atmosphäre aufgehoben oder wenigstens gereinigt. Der Menschen waren weit weniger im Lande und doch die Verhältnisse zwischen ihnen dichter; schärfer hoben sich die Stände voneinander ab und waren doch enger verbunden als heute. Sprichwörter, volksmäßige Redensarten kommen den Figuren viel in den Mund, alter Brauch und alter Glaube haftet an den Menschen, an den Häusern und Geräten, zuweilen ist es Aberglaube, aber alles aus einem redlichen, ungebrochenen Gemüt. Unsere Atmosphäre dagegen ist dick voller Vorurteile, die aber nicht ehrliche Vorurteile sind wie die der Alten und vergeblich der Aufhebung durch die Kräfte des Gemüts harren; alles bedarf der Klärung, überall ist Zwiespalt, Zerspaltenheit, innerer Vorbehalt, die Nervenübel sind die letzten Ausläufer. Der tiefsinnige Lichtenberg schrieb sich aus seinem Addison ein Wort heraus: The whole man must move together – der ganze Mensch muß sich *auf eins* regen –, er sagte: das müsse sich jeder Deutsche auf den Fingernagel schreiben, das war vor hundertundfünfzig Jahren, aber heute gilt es mehr als je.

In diesen Geschichten ist ein unmeßbarer Reichtum geistiger und gemütlicher Beziehungen darin gegeben, wie die Figuren zueinander stehen; die Liebe ist überall drinnen, aber nicht allein die des Mannes zum Weib, des Jünglings zur Jungfrau, sondern auch des Freundes zum Freund, des Kindes zu den Eltern, des Menschen zu Gott, auch des Einsamen zu einer Blume, zu einer Pflanze, zu einem Tier, zu seiner Geige, zur Landschaft; es ist eine verteilte Liebe, das ist die deutsche Liebe. Nirgends in diesen vielen Geschichten ist es die wilde, ausschließende Besessenheit vom Mann zum Weib, nie das völlig dunkle, erdgebundene Trachten, das in den Geschichten der Romanen so mächtig und unheimlich hervortritt.

Würde man französische Erzähler zusammenstellen, so er-
gäbe sich, daß es innerlich ein älteres Volk ist, alles ist scharf
begrenzt, diesseitig, hier in den deutschen Erzählern ist über
alles Wirkliche hinaus ein beständiges Einatmen des Jenseitigen, Verborgenen. Das Wunderhafte der Märchen ist nirgends ganz abgestreift, es ist, als wären beständig unter den
Kohlen und der Herdasche Edelsteine versteckt. Ein junges
Gemüt des Volkes offenbart sich, ein ahnungsvolles, und ein
namenloser Zug dorthin, wo alle Wölkchen unter der Hand
des Schöpfers sich lösen. Auch wo der Tod gemalt wird, wie
beim Sterben des Schulmeisterlein Wuz, bleibt ein inniges,
sanftes Gefühl zurück, kein beklommenes. Das schöne An-
nerl und der brave Kasperl sterben freilich jäh, aber es ist ein
Glanz um ihren Tod, der den Tod selber besiegt. So wird in
der *Novelle* der Löwe glorreich besiegt, in *Mozart* die Schwere
des Lebens, im *Invaliden* der Teufel und der Wahnsinn, in
Barthli die Finsternis und Härte der Armut, im *Hagestolz* der
Menschenhaß. Für das kalte Herz wird dem *Kohlenmunkpeter*
sein warmes fühlendes wieder in die Brust gelegt, im Kind
Hebbel wächst eine starke, funkelnde Seele aus dem Dunkel
ans Licht empor, ja auch im *armen Spielmann* liegt Auflösung
und Verklärung. Des unglücklichen *Lenz* Geschichte bricht
finster ab, aber hinter diesem Finsteren dämmert ein Höheres,
und seine Seele, fühlen wir, streift nur die Verzweiflung, verfällt ihr nicht. So sind alle diese Geschichten wie Gesichter,
aus denen kein kalter, gottfremder Blick uns trifft. Es sind lie-
bevolle Gesichter, die zu unserer großen Freundschaft gehören: mit diesem Wort nennt das Volk ja die Verwandtschaft,
wie sie sich zu feierlicher Gelegenheit, Geburt und Tod, in einem Hause zusammenfindet. In den reifsten, bedeutendsten
Gesichtern tritt der Familienzug am schärfsten heraus, und
überfliegt man diese bedeutenden Deutschen, so sieht man,
daß Verwandte einander gegenübersitzen. So kommen sie
den heutigen Deutschen zur Weihnacht ins Haus, ein liebe-
voller Zug von Männern, eine Frau auch darunter im weißen
Kleid mit tiefen dunklen Augen: die Zeiten sind ernst und be-
klommen für die Deutschen, vielleicht stehen dunkle Jahre
vor der Tür. Vor hundert Jahren waren auch die Jahre dunkel,

und doch waren die Deutschen innerlich nie so reich wie im ersten Jahrzehnt des neunzehnten Jahrhunderts, und vielleicht sind für dies geheimnisvolle Volk die Jahre der Heimsuchung gesegnete Jahre.

Unser Volk hat ein schlaffes Gedächtnis und eine träumende Seele, trotz allem; was es besitzt, verliert es immer wieder, aber es ruft sich nachts zurück, was es am Tage verloren hat. Den Reichtum, der ihm eignet, zählt es nicht und ist fähig, seiner Krongüter zu vergessen, aber zuzeiten sehnt es sich nach sich selber, und niemals ist es reiner und stärker als in solchen Zeiten.

DIE PERSÖNLICHKEIT
ALFRED VON BERGERS

Bad Aussee, 24. August 1912

Mit Alfred von Berger hat ein höchst merkwürdiges Individuum zu existieren aufgehört.

Es wird nicht viele Menschen in einer Epoche geben, die dem Geheimnis eigentlich dichterischer Existenz so nahestanden, ohne darum im wahren Sinne produktiv zu sein.

Aus diesem geheimen Zwiespalt ergab sich für Alfred von Berger eine eigentümliche Doppelbeleuchtung des Daseins und der eigenen Betätigung. Alles, was er in Lehrvorträgen, in Aufsätzen, in unendlichen und niemals unbedeutenden Gesprächen aussprach, hatte sozusagen einen doppelten Boden.

Er war Phantasiemensch genug, um alles in den Kreis einer vom rationalen Standpunkt ganz getrennten, sozusagen produktiven Betrachtung zu ziehen und, wo die Konstellation seiner Einbildungskraft es bedingte, sich selbst, die Verknüpfungen des Gemütes, die Gesinnungen, ja die Gedanken preiszugeben, als wären es die einer erdichteten Figur.

Wo er handelte, baute er eine Welt von Phantasmen auf dem Rücken einer Messerklinge auf, hielt sich aber für einen Realpolitiker.

Er war ein höchst unbürgerlicher Mensch; die Rolle, die er allenfalls in einer Französischen Revolution hätte spielen können, wäre vielleicht nicht ohne Bedeutung gewesen.

Er war vielleicht weder ein Dichter noch ein Gelehrter, noch ein Politiker, noch ein Theaterdirektor; wohl aber der Schein von etwas Höherem als alle diese vier, wobei ich unter Schein nicht etwas Erschlichenes, sondern etwas Dämonisches verstehe.

Seine Bildung war höchst vielseitig und durchaus im Dienst seiner Phantasie. Es werden wenig verschlungenere und seltsamere Gedankengänge in irgendeinem Gehirn zu Ende gedacht worden sein als in diesem.

Er war allen merkwürdig und problematisch, die ihm begegneten. Am merkwürdigsten und problematischsten sich selber.

BLICK AUF JEAN PAUL

1763–1913

Geht der Blick hundertfünfzig Jahre nach rückwärts, so trifft er den Lebensanfang dieses Dichters, der einst den Deutschen so teuer war, geht er um ein Jahrhundert zurück, seine volle Gewalt und überschwengliche Berühmtheit, ein halbes Jahrhundert, seine Geringschätzung und drohende Vergessenheit. Aber auch heute lebt sein Werk noch fort, wenn es auch nur ein dämmerndes Halbdasein ist. Ein wesenhaftes, geistiges Leben, in der Sprache ausgeprägt, ist niemals völlig abgetan, und wie eben in der Überlieferung eines großen Volkes alles da ist, »Stärke und Schwäche, Keime, Knospen, Trümmer und Verfallenes neben- und durcheinander«, so sind auch diese Werke da, und wenn der Blick auf sie fällt, scheinen sie widerzublicken und den Betrachtenden zu binden mit der Zauberkraft, die von jedem Leben ausgeht und ihm verliehen wurde zum Ersatz dafür, daß es ein Einmaliges, Nichtwiederkommendes ist.

Wer sich aber einlassen will mit diesen seltsamen Lebensgängen und barocken Zusammenfügungen, die zu durchlaufen unseren Großeltern so leicht und süß schien, dem widersteht das Ganze, und ihn verwirrt auch das Einzelne. Die Zusammenfügung ist lose, die Handlung zugleich dürftig und sonderbar, die Gestaltung schwach. In einem war dieser Dichter, den die Mitwelt den Einzigen nannte, den ein Herder über Goethe stellte, groß; herrlich nennt ihn der strenge Grillparzer in diesem einen: im Abspiegeln innerer Zustände. Uns aber ist zuerst auch in diesem einen das Überschwengliche befremdlich, bis das Seelenhafte und trotz allem Wahre uns überwältigt. Vielleicht ist uns dieser Überschwang darum so fremd, weil wir heute in einem anderen Überschwang, diesem entgegengesetzt, befangen sind. Das in Freude und Wehmut ausschweifende Ich ist selten unter uns, desto häufiger ein dumpfes, beschwertes, ängstlich-selbstsüchtiges Wesen. Das Aufgeschlossene, die grenzenlos gesellige zarte

Gesinnung ist uns verloren, statt dessen sind wir in die Materie zu viel und zu wenig eingedrungen, das allseitig Bedingte zieht uns in einen trostlosen Wirbel – das doch im geheimen auch allseitig frei ist, erkennten wir es nur so tief –, wir sind wahrhaftig jene, »Anachoreten in der Wüste des Verstandes, auf denen schwer das Geheimnis der Mechanik liegt«. Solchen Wechsel schaffen die Umstände der Zeit, die für das Ganze das sind, was für den Einzelnen die leibliche Verfassung. Die geistigen Ab- und Ausschweifungen wechseln von Geschlecht zu Geschlecht, aber auch ihr Rückstand und Bodensatz, das Gewöhnliche und Alberne, das, worin die Naivität und Beschränktheit einer Zeit liegt, wechselt bis zur Unbegreiflichkeit; darum gibt es kein Fern und Nah bei der Betrachtung der Vergangenheit, alles ist schwankend und unmeßbar, das Geistige in dem Individuum von 1830 uns ganz nahe, das Fratzenhafte der Epoche uns ganz fern; daß auch unsere eigene Zeit den Nachlebenden ein solches Gesicht zeigen wird, müssen wir einsehen, ohne es begreifen zu können.

Jean Paul teilte seine Gemälde in die *italienischen* und die *niederländischen;* eine dritte Weise, die *deutsche,* stellte er dazwischen, worin er beide zu verbinden suchte. In seiner italienischen Manier sind die großen Romane abgefaßt, in denen es um hohe Gegenstände und die großen Verknüpfungen des Lebens geht und die das Entzücken seiner Mitlebenden bildeten; in der niederländischen und deutschen die kleinen Gemälde der wehmütig-vergnügten Anmut und des dürftigen, eingeschränkten Lebens, worin auch für unseren Sinn neben dem Barocken das Zarte, Tiefsinnige und Unerwartete fast nicht zu erschöpfen ist. Den großen Romanen aber, »Titan«, »Hesperus«, deren Namen selbst die Geringschätzung der Jahrzehnte nicht völlig haben klanglos machen können, waren mehr oder minder lose jene unvergleichlichen Stücke eingefügt, die wahrhaftige Gedichte sind und die in einer Blütenlese zusammenzustellen immer wieder von solchen versucht werden wird, deren Sinn dem Schönen in der Dichtkunst aufgeschlossen ist. Denn wessen Geist das Schöne überhaupt erfaßt, der kann auch nicht an irgendeiner Art des Schönen stumpf vorübergehen. Diese Gedichte, ohne Silbenmaß, aber

von der zartesten Einheit des Aufschwunges und Klanges,
sind die Selbstgespräche und Briefe der Figuren, ihre Ergießungen gegen die Einsamkeit oder gegen ein verstehendes
Herz, ihre Träume, ihre letzten Gespräche und Abschiede,
ihre Todes- und Seligkeitsgedanken; oder es sind Landschaften, Sonnenuntergänge, Mondnächte, aber Landschaften und
Mondnächte der Seele mehr als der Welt. Die deutsche Dichtung hat nichts hervorgebracht, das der Musik so verwandt
wäre, nicht so Wehendes, Ahnungsvolles, Unendliches.
Bald ist es ein tönendes Anschwellen der Seele in einem erhabenen Traumgesicht, bald die Mittagswehmut oder die Beklommenheit der Dämmerung; es ist ein Zittern, ein Ausein-
anderfließen in träumende Ruhe, oder die Unendlichkeit einer letzten Begegnung, eines letzten Augenblicks, die Ahnung des Einganges der Welt und die vorausgeahnte Seligkeit
des Vergehens.
In diesen Gesichten und Ergießungen ist die *Ferne* bezwun-
gen, der Abgrund des Gemüts, den von allen Künsten nur die
tönende ausmißt; in den niederländisch-deutschen Gemälden
aber oder den Idyllen, wie man sie wohl nennen muß, ist es
das *Nahe,* das mit einer unbegreiflichen Kraft seelenhaft aufgelöst und vergöttlicht ist. Auch diese kleinen Dichtungen,
der »Siebenkäs«, der »Quintus Fixlein«, der »Jubelsenior«
und vor allem das »Leben des vergnügten Schulmeisterlein
Maria Wuz in Auenthal«, sind fürs erste nicht leicht zu lesen.
Hier gleichfalls ist in einer barocken Weise alles zusammen-
gefügt und durcheinander hingebaut, alles ist Anspielung und
Gleichnis, neuerfundene Wörter und absonderliche Kunst-
wörter, zusammengetragen aus der Sternkunde und Anatomie, der Gartenkunst oder dem Staatsrecht wie der Koch-
kunst; aber zwischen dem allen dringt etwas hervor, das
wahre Poesie ist, vielleicht noch seltener und kostbarer als
jene Ahnungen und Träume. Nach einer erhabenen Ferne
strebt in Träumen und halben Träumen etwa auch ein zerris-
senes und zweideutiges Gemüt, aber um das völlig Nahe in
seiner Göttlichkeit zu erkennen, dazu bedarf es eines vor Ehrfurcht zitternden und zugleich gefaßten Herzens, denn eben
weil es das Nahe und überall dicht an uns Herangedrängte ist,
so überwächst sichs schnell mit der Dunkelheit des Lebens,

geht wieder hin, wie nie geboren. So ist es mit dem Unsagbaren zwischen Eltern und Kindern, zwischen Mann und Frau, auch zwischen Freunden und miteinander Lebenden. Hier bedürfte es einer beharrenden Spannung des Herzens, der aber der Mensch ebensowenig fähig ist wie eines beständigen Gebetes. Nur in Aufschwüngen vermag er sich zu einem grenzenlos innigen Anschauen zu erheben, wo dann Groß und Klein, Vergänglich und Beständig als leere Worte dahinterbleiben. Die Jean Paulschen höchsten Momente sind dieser Art. Sie heften sich immer an das Kleine und Alltägliche; es ist in diesen idyllischen Erzählungen von nichts die Rede als von dem Gewöhnlichen der Leiblichkeit und der niedrigen Regungen des Geistigen, die fast wieder ins Leibliche fallen, den kleinen Eitelkeiten, Ängstigungen und Befriedigungen des Alltags. Der Leser hört viel von dem Zubehör der Kleidung, Bettzeug, Küchengerät und anderen Dürftigkeiten, womit vierundzwanzig Stunden des Alltags und der Raum zwischen Stubenwand und Fensterscheiben ausgefüllt sind. Aber dem Blick des Gemüts, der zart und gespannt genug ist, auf stummen Nichtigkeiten und Wehmut und Zärtlichkeit zu verweilen, steht ein redender Himmel offen, wenn bloß nur in einem alten Gesicht das Kindergesicht sich aufschlägt, worin das Unsagbarste uns auf die Seele fällt und Leben und Tod ineinandergehen. Diese beharrliche liebende Betrachtungskraft – von wie vielen vergeblich nachgeahmt, nicht nur dem zarten Stifter, sondern auch dem strengen Hebbel, dem witzigen Heine – trägt den Segen in sich, daß vor ihr wie das Häßliche so auch der Schmerz sich auflöst, ja die Nichtigkeit des Daseins selber sich vernichtigt: so wirkt sie, woran aller Schwung und Tiefsinn des angespannten Denkens scheitert: die kleine Wirklichkeit unseres Lebens liegt in diesen Dichtungen tröstlich da und umfriedigt.

Diese Bücher und die in ihnen webende Gesinnung mögen halb vergessen sein und allmählich noch mehr in Vergessenheit geraten, wie leicht möglich ist, es ist gleichwohl in ihnen etwas vom tiefsten deutschen dichterischen Wesen wirkend, das immer wieder nach oben kommen wird: *das Nahe so fern zu machen und das Ferne so nah, daß unser Herz sie beide fassen könne.*

GOETHES »WEST-ÖSTLICHER DIVAN«

Das Vortreffliche ist unergründlich, man mag damit
anfangen, was man will.   *Goethe*

Dieses Buch ist völlig Geist; es ist ein Vorwalten darin dessen,
was Goethe das »obere Leitende« genannt hat, und so ist etwas entgegen, daß es nicht ins Breite beliebt und verstanden
sein könne. Freilich sind Worte daraus in jedermanns Munde
und Stücke daraus durch die Musik in jedermanns Ohr, aber
als Ganzes ist es, man kann sagen, wenig bekannt und in der
Herrlichkeit seiner Zusammenfügung nicht von sehr vielen,
dem Verhältnis nach, begriffen worden. Und doch ist es eine
Bibel: eines von den Büchern, die unergründlich sind, weil sie
wahre Wesen sind, und worin jegliches auf jegliches deutet,
so daß des innern Lebens kein Ende ist. An diesem teilzunehmen aber bedarf es eines erhöhten inneren Zustandes, und
nichts ist in unserer Zeit seltener geworden als auch nur die
Forderung an uns selbst, diesen uns herzustellen.
Das Reine, Starke ist schwer zu fassen, eben um seiner Reinheit, um seiner Stärke willen. Das Bizarre fesselt den Blick,
das schwächlich Gefühlvolle zieht uns hinüber, das Übertriebene drängt sich auf, das Leere noch und das Gräßliche haben
ihre Anziehung: das Reine, Starke auch nur gewahr zu werden, bedarf es der Aufmerksamkeit. So auch unter den Menschen: ist nicht, um der Menschen Bestes und Reinstes in sich
zu nehmen, ein erhöhter Zustand nötig, den wir Liebe nennen? Diese Worte führen die Dichter und die Halbdichter unablässig im Munde, ihre Geschöpfe sind mit ihm behaftet,
aber sieht man näher zu, wieviel ist daran verworrene Begierde, ein düsteres selbstsüchtiges Trachten, ja ein Mißverständ-
nis; wie selten ist der reine Blick, das bereite Herz, der aufmerksame Sinn? Wer ein Buch wie dieses, einen Geist, ein
Wesen, genießen will, der sei auch da und mit der Seele da. Es
haben sich an ihm viele versucht, und es nicht genossen; die
innere Trägheit war entgegen, Verworrenheit, Unaufmerk-
samkeit, der Zwiespalt des eigenen Wesens. Gespaltenes will
das Ganze nicht erkennen, ein Gegenwille tritt dann im dun-

kelsten kaum bewußten Bereich dämonisch auf, ein Urteil wird nicht reif, das Vorurteil wirft sich dazwischen. Ein solches Vorurteil haftet an diesem Buch, es ist platt und töricht, aber seit vielen Jahrzehnten beharrend; allmählich wird es weichen, denn das Vortreffliche hat Zeit, es bleibt in sich stets lebendig, und sein Augenblick ist immer. Das Vorurteil geht dahin, es habe sich Goethe, als ein im Herzen kühler alternder Mann, grillenhaft dem Fremden zu-, dem Nahen und Eigenen abgewandt und habe das orientalische Gewand wie eine Vermummung übergeschlagen, so sei dies Buch entstanden, woran alles fremd und seltsam, bis auf den Titel.

Diesem mit Streitgründen entgegenzutreten, ist schwer, denn um einen solchen Kampf auszufechten, müßte man sich auf eine andere Ebene begeben – eben wie für Goethes Vaterlandsliebe –, und jeder bleibt gern, wo er ist, mit denen, die ihm nahe sind, und denen, die er ehrt. Wer aber Gedichtetes zu lesen und durch den Buchstaben den Geist zu empfangen begnadet ist, der wird in diesem »West-östlichen Divan« nichts von Vermummung gewahr werden, sondern nur von Enthüllung ohne jede Schranke. Doch ist es ein anderes, ob ein Jünglich leidenschaftlich sein Herz entblößt, oder ob ein reifer Mann, lebend und liebend, sich völlig denen dahingibt, die ihn zu fassen vermögen. Des Jünglings Herz ergießt sich wie ein schäumender Bergstrom gegen die Welt, das ist ein Schauspiel, das jeder fassen kann; der Mann ist der Welt inniger, als sich sagen läßt, verbunden, und nicht anders vermag er sein Inneres preiszugeben, als indem er gleichsam vor unsern Augen, aufleuchtend in der Glut seines Herzens, aus den Dingen hervortritt und sogleich sich wieder in die Dinge hinüberwandelt. Ein höchster durchgebildeter Bezug zu den Menschen, ein weitumgreifender Blick über alle Weltgegenstände sind männlich: scharf zu trennen, innig zu verbinden ist dem Mann gegeben. Dem Jünglinge gehts um alles und um nichts; daß er zu geben und zu nehmen wisse, und *wie* zu geben, *wie* zu nehmen, ist des Mannes Sache. Der Jüngling stürmt dahin, oder er liebt und starrt und stockt; sich lebend und liebend im Weitergehen zu behaupten, wird vom Mann verlangt. Dem Jüngling steht es gut an, daß er neun Zehnteile

der Welt nicht gewahr wird: der Mann muß *allem* seinen
Mann stehen, und noch die Vergangenheit fordert ihn hinaus:
das unabsehbare Gegenwärtige aber wirft sich auf ihn wie ein
verworrener Traum, der reingeträumt werden muß, ein wü-
ster Schall, der zum Ton sich runden muß. So ist die Be-
schwerde groß, ein Mann zu sein: dafür nimmt er den größten Lohn dahin: der höchsten allseitigen Bewußtheit. Der
Jüngling trägt sein Herz in Händen, aber sein Sinn ist dumpf;
dem Greis geht alles dahin wie in einem Spiegel; der Mann
allein ist wahrhaft im Spiel, und wie er ganz im Spiel ist, so ist
er sichs ganz bewußt. Dieses ruhmreiche Geschick des Mannes tritt in den zwölf Büchern von Blatt zu Blatt hervor. Im
»Buch des Sängers«, »Buch Hafis« ist es Selbstbehauptung,
männlich, kühn, großmütig, rauh und mild; im »Buch des
Unmuts« Abwehr, Zurechtweisung, mutig, stark, ja derb;
im »Buch der Liebe«, »Buch Suleika« Hingabe, herrlich,
schrankenlos, bis ans Mystische, Unfaßliche reichend; im
»Schenkenbuch« Vertrauen unnennbarer Art zwischen Älte-
rem und Jüngerem; im »Buch des Paradieses« höchstes Anschauen eigenen Wertes, Verklärung erfüllten Geschickes; in
den Büchern der »Sprüche«, der »Betrachtungen«, der »Parabeln« letztlich zarteste Weltklugheit, Adlerauge und gelassene Hand, wie des Teppichknüpfers, vor dem Ungeheuren,
Verworrenen.
Dies alles ist einer fremden Welt angenähert oder zwischen
ihr und uns in der Schwebe: alles ist doppeltblickend, und
eben dadurch dringt es uns in die Seele; denn das Eigentliche
in uns und um uns ist stets unsagbar, und doch ist dem Dichter alles zu sagen gewährt.

Soll ich nun, unter so vielen herrlichen, die Gedichte nennen,
auf denen vor allem die Seele ausruht, immer wieder zu ihnen
zurückkehrt, und durch welche sie, wie durch Tore, irgendwo hinzudringen meint, wo ihre eigentliche Heimat ist,
so sind es vielleicht diese zehn: im »Buch des Sängers« das erste gleich »Hegire«, worin die Wunderwelt nicht sowohl des
Orients als einer großen weltliebenden Seele sich aufschlägt;
dann jene »Talismane«, wahrhaft ewigen Gehalts, »Im Ge-

genwärtigen Vergangnes«, dies unvergleichliche Lebensge-
dicht, worin, aus einer deutschen Landschaft heraus, das Wei-
seste leicht und lieblich gesagt ist; endlich ›Selige Sehnsucht‹.
Im »Buch Hafis« von denen, die ›An Hafis‹ überschrieben
sind, das zweite, das anfängt: ›Was alle wollen, weißt du
schon, Und hast es wohl verstanden‹, worin in Strophen unnennbarer Magie die Liebe mit der Welt, Weisheitsausspen-
dung mit glühend reiner Lust verflochten sind, wahrhaft vier
Elemente in eins gemischt; im »Buch des Unmuts« das erste:
›Wo hast du das genommen? Wie konnt es zu dir kommen?‹
Im »Buch Suleika« jenes ›Wiederfinden‹, das in der Dichtung
das gleiche ist, was eines von Beethovens reinsten Geschöpfen in der Musik; im »Buch des Schenken« die ›Sommer-
nacht‹; im »Buch des Paradieses« ›Berechtigte Männer‹, im
»Buch des Parsen« ›Vermächtnis altpersischen Glaubens‹.
Hat man aber eines dieser Gedichte betreten, so ist eine magische Grenze überschritten; man wähnt sich am Rande und ist
doch schon im Kreise, ist schon in der Mitte. Ja, nicht nur
diese auserwählten Gedichte, ein jedes auch von den kleineren, oft nur vier Zeilen aneinandergereiht, wird das gleiche
bewirken, wo nur der Sinn gesammelt und hingegeben auf
ihnen ruht. Denn ein solches Buch ist Leben, und erhöhtes
Leben. Goethes Jünglingsgedichte fliegen uns durch die Seele
wie Musik, in »Hermann und Dorothea«, im »Meister« ist
das Dasein wie in festen, von innen erhellten Bildern vor uns
hingehalten, so ist auch der »Faust« eine Bilderfolge, freilich
eine magische; hier aber, im »West-östlichen Divan«, sind
wir, wie nirgends, mitten in den Bereich des Lebenden gestellt. Der Jüngling begehrt zu leben, der Greis erinnert sich,
gelebt zu haben, und jedem dieser Alter ist wieder eine Gewalt verliehen, die einzig ist. Aber der Mann allein ist wahrhaft der Lebende. Er steht wahrhaft in der Mitte des Lebenskreises, und der Kreis hält ihm die Welt gebannt. Nichts flieht
vor ihm, wie er vor nichts fliehen kann. In der kleinsten
Handlung ist auf das Größte Bezug, das überwunden Ge-
wähnte tritt unversehens wieder hervor, das Vergeudete wie
das Vergewaltigte wird gewaltig und meldet sich an, eigener
Falschheit entrinnt man nie wieder, jedes Vergangene wirft

den dünnen Schleier von sich und zeigt sich als ein ewig Gegenwärtiges. Jegliches führt jegliches herbei, denn in jedem Sinn ist alles in den Kreis geschlossen, dem Gemüte müßte es fast schwindeln, wie es gewahr wird, daß des Schicksals wie der Menschen Gunst erworben und verscherzt wird auf demselben Wege, daß das Leben ein unaufhörliches Wiederanfangen ist und ein unaufhörliches Wiederzurückkommen. So geht es uns in diesem Buch, wie es uns draußen im eigenen Bereich ergeht: wir meinen uns frei im Unendlichen zu bewegen, doch sind wir immer in die Mitte unseres Lebenskreises gebannt, und der Ring des Horizontes ist mehr als ein bloßer Augentrug. Aber dem dies widerfährt, dem wachsen die Kräfte, und es ist, als ob wiederum der Kreis ihn stärke. In seinem Herzen erneuert sich unablässig das Göttliche: wie dies geschehen, dies ist recht eigentlich, wenn man auf ein Unaussprechliches mit einem Wort hindeuten darf, der Inhalt dieses Buches. Das Buch ist in manchem Augenblick in mancher Hand, und wir sind nicht in jedem Augenblick fähig, Hohes zu fassen; aber es liegt in uns, daß wir dies, und noch mehr, fassen können.

EINLEITUNG
ZU EINEM BAND VON GOETHES WERKEN,
ENTHALTEND DIE SINGSPIELE UND OPERN

> Musik füllt den Augenblick
> am entschiedensten.
>
> *Goethe*

Werfen wir einen glücklichen, nicht seelenlosen Blick auf diese »Nebenwerke«, so sind es, obwohl höchst zweckvoll künstliche Gebilde, doch auch wahrhaftige Naturtaten, und der volle, freie Blick des Genius kommt dem unsern aus ihnen entgegen. Hier liegt Entstandenes nach zeitlicher Folge nebeneinander geordnet; vermögen wir es uns aufzulösen, als ein Entstehendes, zum Teil sogar als ein vergeblich Entstehendes es wieder zu gewahren, so regt sich vor uns, unseren Sinnen faßbar, die hohe dichterische Natur, und der Geist der Poesie weht auch hier unmittelbar uns an.

Der Knabe Goethe erzählte gerne Märchen, der Mann, der Greis nicht minder. In Märchen über Märchen breitet der Dichter seinen inneren Reichtum aus. Es sind Träume, die aus einer wunderbar erfüllten Seele heraustreten, sie sind phantastisch einfach, wie jener »Fasanentraum« – Traum einer glücklichen Jagd, einer üppig schönen Beute, die Goethe durch Dezennien nicht vergessen konnte –, oder sie sind bunt und vielgestaltig verwoben: so jenes reichste, lang im Innern gehegte und endlich an den Tag gebrachte, das »Märchen« aus den »Unterhaltungen deutscher Ausgewanderten«, worin die Elemente des Daseins tiefsinnig spielend nebeneinander gebracht sind und eine undeutbare innere Musik aus schönen Bildern und Lebensbezügen entsteht, deren Deutung aber auch das Gemüt nicht verlangt, da es sich an der Harmonie des Vorgestellten völlig zur Genüge ergötzt. Dieses »Märchen« hat Novalis eine erzählte Oper genannt und damit wunderbar bezeichnet. Unter phantastischen Gestalten ist eine Handlung ausgeteilt: inmitten von Naturwesen, beseelten Tieren, belebten Kräften treten uns ausgesonderte Menschen entgegen, ein herrlicher Jüngling, seiner

Krone verlustig, ein schönes Mädchen, zu töten verdammt
was sich ihr liebend nähert; alles ist in geheimnisvolle, aber
niemals ängstigende Bezüge verstrickt, alles Tun und Leiden
an Bedingungen geknüpft; viele Zwecke werden scheinbar
verfolgt, mannigfache Handlungen eingeleitet, und doch
dient alles einem letzten Ende, durch welches alle zugleich
beglückt und erhöht werden. Der Leser fühlt sich tausendfach
sanft berührt und bewegt, niemals aufgeregt: ihm ist zumute,
als strömte eine Symphonie dahin, die seine Seele ganz erfüllt,
worin sich gar manches lieblich verkettet, sich aneinander
läutert und erhöht, um sich schließlich, in einer innigen letzten Verschlingung, sanft aufzulösen. Wäre es eine Oper, es
wäre leicht die vollkommenste aller Erfindungen, die jemals
der Musik gedient haben: denn es ist naiv und bedeutungsvoll, lebendig und tief; es unterhält die Sinne, beschäftigt die
Phantasie und bewegt das Gemüt: und wie in einem Glocken-
spiel klingt die Harmonie aller irdischen Wesen und Himmelskräfte an. Man könnte es eine innere Oper nennen, und
es gehört sicherlich zum magischen deutschen Wesen, einen
solchen festlichen Traum Jahre, vielleicht Jahrzehnte lang in
stiller Seele lautlos ausbilden zu können. Tritt er ans Licht der
Welt hervor, so umgibt ihn doch auch ein eigener Schein: so
wie das Licht, das aus dem menschlichen Auge hervorbricht,
oder der sanfte zauberische Lichtbereich um ein Glühwürm-
chen.

Diesem Gebilde zunächst, das mit einer kleinen Kühnheit der
Herausgeber hätte unserem Bande einreihen dürfen, steht
»Der Zauberflöte zweiter Teil«. Hier sind die Elemente, die
pathetischen wie die drastischen, jenes naiven Textbuches
aufgenommen; die Gruppen der Gestalten, ihre Verknüpfung
die gleiche: die Königin der Nacht und ihr Mohr stehen gegen
die Priester und das liebende Paar, Papageno und sein
gefiedertes Weibchen bilden, wie dort, das Zwischenspiel.
»Der große Beifall«, schreibt Goethe, »den die ›Zauberflöte‹
erhielt, hat mich auf den Gedanken gebracht, aus ihr selbst die
Motive zu einer neuen Arbeit zu nehmen. Ich glaubte meine
Absicht am besten erreichen zu können, indem ich einen
Zweiten Teil der ›Zauberflöte‹ schrieb; die Personen sind alle
bekannt, die Schauspieler auf diese Charaktere geübt, und

man kann ohne Übertreibung, da man das erste Stück schon vor sich hat, die Situationen und Verhältnisse steigern.« Nie wurde eine herrliche Unternehmung des poetischen Geistes mit trockeneren Worten angekündigt. Es liegt dem zugrunde, daß Goethe die Gestalten und ihre Verhältnisse nicht so in sich aufgenommen hatte, wie ein im Innern dürftiges, wenn auch glücklich erfundenes Textbuch sie zeichnet, sondern so, wie eine himmlische Musik sie verklärt und erfüllt ihm entgegenbrachte: er trug dies Ganze in sich und brachte es aufs neue aus sich hervor: es sind wirklich die gleichen Gestalten, die gleichen Verhältnisse, aber in einer solchen Weise veredelt und vertieft, wie keine vorauseilende Vorstellung sie sich malen könnte. Ihr Gegensatz hat ein Feierliches angenommen und ein Gewichtiges, wovon in jenem früheren Libretto kaum die schwache Ahnung und Andeutung sich findet; ihr Gehaben einen Adel, der in den angemessensten und reichsten Rhythmen sich auslebt: dies alles scheint eine beseelte und erhabene Musik mit ausgestreckten Händen herbeizurufen; die Musik eines Mozart, eines Gluck, ja die eines Beethoven würde sich in diese von der reinsten und bescheidensten Poesie vorgegrabenen Bahnen mit herrlicher Feinheit ergossen haben – so wie es nun dasteht, gleicht es einem herrlichen Wasserwerk in einem alten Park, steinernen Schalen, Kaskadengebäuden, Zuläufen und Bassins von köstlicher Erfindung und Anordnung, denen die Fluten, die in ihnen hinströmen, von ihnen aufsteigen und gen Himmel stäuben sollten, ausgeblieben sind.

Es ist die Zurüstung zu einem Fest, das unvollkommen bleiben mußte, weil ein Element ausgeblieben ist, das gerufen war, das Höchste und Tiefste zu verbinden. Im Inneren des großen Dichters folgen die Feste aufeinander und sie sind niemals unvollkommen. Es ist kein Leeres an ihnen und stets ist bei ihnen das Tiefste und Höchste verbunden. Hierin gleicht sein Geist dem Leben der schaffenden Natur, die auch, indem sie den Wesen Geburt, Entwicklung, Vermehrung und Auflösung veranstaltet, von Fest zu Fest eilt. In seinem Geiste treten die Elemente des Lebens gereinigt zueinander, ja das Zukünftige als ein schon Gegenwärtiges, das Vergangene als verklärt. Entläßt er seine Gestalten aus seinem Innern, so gibt er ihnen etwas von dem Glanze dieser inneren Welt mit, und alle bedeutenden Augenblicke ihres Daseins strahlen ihn wieder.

»Wilhelm Meister« ist ein Buch, worin auf den ersten Blick andere Elemente vorwalten als die erhaben-festlichen: der Held ist einer Kette von Abenteuern überantwortet, die ihn kaum in den Vorhof des Tempels führen, geheiligte Gesänge nur gedämpft aus der Ferne herüberschallen lassen. Dennoch ist es ein leichtes, in diesem Buch, dessen »völlige Prosa« noch den nach dem wundersamen Überschwange allein verlangenden Jüngling Novalis zurückstieß, von Schritt zu Schritt den Glanz jenes unnennbar Feierlichen aufzuzeigen, das als eine innere Musik aus dem Leben selber hervorbricht. An Mignons Exequien denkt jeder – sie sind ein völliges Oratorium, eine geistliche Oper ohnegleichen, aber ist nicht die Aufklärung Wilhelms über Leben und Berufung gleichfalls in der Weise einer Feierlichkeit angeordnet, welche zu ihrer letzten Erfüllung nur noch der Musik bedürfte? Die geheiligte Stunde des Sonnenaufganges, die Anordnung des Raumes, die Erscheinungen, die Überreichung des Lehrbriefes, das Hereintreten des Kindes – sind dies nicht wahrhaft musikgemäße Teile einer in hohem Sinn opernhaften Handlung? Ist nicht Wilhelms Lebensgefolge, wie es sich allmählich um ihn sammelt, ein wahrhaft musikalischer Festgedanke: die beiden schönen Kinder, das dunkle fremde und das helle eigene neben ihm, der Alte mit der Harfe bald voraus, bald hinterdrein? Denken wir eine solche symbolische Handlung wie die Überreichung des Lehrbriefes, eine solche Gruppe wie Wilhelm und seine Zugehörigen (in denen sich zugleich der äußere Gang seines Lebens wie das innerste Geheimnis seiner Natur in lebenden Figuren abbildet) aus dem Zusammenhange gelöst und für sich gestellt, so sind wir, als hätte unerwartet eine verborgene Tür in der Wand sich aufgetan, im Bereich, das uns hier umgibt: in dem der allegorischen Szenen und Aufzüge, der festlichen für Gesang und Musik bestimmten Gruppen und Ausschmückungen, der halb opernhaften und völlig opernhaften Veranstaltungen. Alle diese sind zu festlichen Gelegenheiten ersonnen: ein Liebender, Schenkender bereitet den Seinigen Feste und ruft die Musik herbei, damit sie, wie es ihr gegeben ist, den erhöhten Augenblick »am entschiedensten ausfülle«.

Es war Goethe natürlich, Festliches hervorzubringen: er sieht wie keiner die Kette von Festen im Walten der Natur. Ja das Dasein erkennt er als ein Fest, und dies Freudige, der Feier Zugeneigte tritt bei ihm mit wachsender Lebensreife immer entschiedener hervor. So ist der erste Teil »Faust«, das Werk der Jugend, Tragödie; der zweite ist eine Kette von Festen und Feierlichkeiten, er ist voll Zeremoniell und Liturgie, er ist, als Ganzes genommen, das Fest aller Feste und, da er auf Schritt und Tritt Musik postuliert, die Oper aller Opern. Er ist durchaus fürs Theater gedacht: aber fürs Theater in dem Sinne als es eine festliche Anstalt ist. Er ist auf dem Theater nie völlig zu realisieren, aber er wird, von Epoche zu Epoche, das Theater anspornen, seine höchsten Kräfte daran zu setzen, um den äußeren Sinnen hier das unvergleichliche Fest zu bereiten, das im inneren aufnehmenden Sinn zu einem Höheren, einer geheimnisvollen Chiffre sich verknüpft. Mit einem Fest der Elementargeister, einem Oratorium, einer sinnlich-geistigen Oper setzt der Zweite Teil ein; mit einem Aufschweben, einem innigsten Hinstreben zu dem, was unter den Künsten der Musik zugeteiltes Gebiet, endet er; dazwischen kettet sich Fest an Fest: der Karneval in der kaiserlichen Pfalz, die Veranstaltung des magischen Schauspieles: hier ist Musik in jedem Vers herbeigerufen, ja sie ist völlig halluziniert: ob den äußeren Sinnen hörbar oder nicht, der Phantasie ist sie gegenwärtig: Bühne auf der Bühne, Schauspiel im Schauspiel, Fest im Fest: die magischen Gestalten wandeln, gebundenen Schrittes, einen feierlichen mimischen Tanz, sie wandeln, und

> so wie sie wandeln, machen sie Musik.
> Aus luftgen Tönen quillt ein Weiß-nicht-wie,
> indem sie ziehn, wird alles Melodie.
> Der Säulenschaft, auch die Triglyphe klingt,
> ich glaube gar, der ganze Tempel singt.

Aus diesem halb irdisch halb überirdischen Fest aber lenkt die Kette des notwendigen Geschehens – hinüber – hinauf – hinunter, wer fände das richtige Wort? – in das Geisterreich der

Klassischen Walpurgisnacht: auch hier, wie wäre dies Ganze
zu benennen: nicht Handlung ist es, obwohl die Handlung
sich hindurchzieht, es ist nicht Intermezzo, es ist Zwischen-
glied und doch ein schönes Ganzes, es ist die Vereinigung
schöner Weltelemente, ein feierlicher Akt, eine Art von
durchgeistigter Orgie: es ist abermals ein Fest, ein kosmisches
Fest – und ist nicht in dem Wort Kosmos selber, einem der
tiefsinnig sinnlichen Kunstworte des griechischen Denkens,
die Welt einem Schmuck, einem Fest gleichgesetzt? Aus diesem kosmischen Fest aber, diesem von innerer Musik verklärten Bacchanal, tritt nun, geheimnisvoll und doch notwendig, wie die Blütenkrone zuoberst aus dem Stengel, das
Fest aller Feste hervor: die Begegnung und Vermählung des
Menschen Faust mit dem Dämon Helena – liebende Begegnung, Vermählung, Elternschaft und jäher Tod – alle die erhabenen Feste der Natur symphonisch in eins gebracht.

Sieht man hier das Schöne aus dem Schönen hervorsteigen
mit so gewaltiger Sanftmut, wie nur in den höchsten Gebilden der Tonkunst das Neue aus Altem hervortritt, es ablöst
und zugleich es fortsetzt, erhöht und verklärt, so ist der Sinn
einem so musikhaften Schaffen der Poesie aufgeschlossen,
wie er nirgends, auch nicht in den Gebilden der Griechen,
dessen gewahr geworden ist: und keine wahrhaft musikgemäße Kühnheit und Freiheit innerhalb des Werkes kann ihn
verwirren oder befremden: er sieht im Knaben Lenker, im
Euphorion zweimal das gleiche Wesen hervortreten: sieht
diese zweite aus der Blütenkrone der Handlung entsprin-
gende Figur in jener ersten, noch im Vorhof des Festgebäudes
mitten im Gewühl, wesensgleich vorausgespiegelt: nichts ist
daran dem Sinn unfaßlich, der alles dies für die gewaltigste
und sinnvollste Musik zu nehmen weiß, welche jemals von
der Phantasie hervorgebracht wurde.

Dieser erlauchten Sphäre sind die »Nebenwerke« einzuordnen, welche dieser Band den verehrenden Lesern Goethes
vorlegt. Die Übergänge vom erhabensten zum bescheidenen
Gebilde sind hier, wie überall im Natur- und Kunstgebiet,
fließend.

IN MEMORIAM

WILHELM DILTHEY

Unvergeßlich auf immer, diesem Greis begegnet zu sein.
Wunderbar die Luft um diesen alten Mann. Herbstluft, geistige, strahlende Herbstluft: Fernes, Fernstes, zum Greifen nahe,
das Nahe vergeistigt und wie verklärt. Oder die Luft von
Athen, die zarteste, klügste, unsentimentalste Luft, die es gibt:
man steht auf einem Hügel, sieht ein Haus von ferne, einen
Baum, ein paar Ziegen, das ist alles schön wie der Äther und
dabei fest, bestimmt wie Gedanken eines guten Kopfes, da
schwimmt nichts, da schweift nichts, da verschwebt nichts,
da verebt nichts: alles steht da, leuchtet, lebt.
Schwingendes Gespräch, rastloses Vorwärts, kluges freudi-
ges Aufblitzen altersloser Augen – schöne Kette, mir abgeris-
sen nach dem vierten, dem fünften Glied. Passioniertes Gespräch, passioniertes Zuhören: Freude, Ungeduld, Leidenschaft in beiden. Ein Sausen geistiger Ströme in der Luft um
ihn, ungeheure Durchkreuzung, Wirbel auf Wirbel: und in
ihm unersättliche Lust, unstillbare Freude, sich da hineinzu-
stürzen. Ein Jüngling, der ein strahlendes Land durchläuft
und an keinem Wasserfall vorbeikann, er würfe denn die
Kleider ab und badete. Freude in ihm und um ihn – ich suche
ein Bild, das solche Freude nahebrächte, einen Klang, der dies
widertönte, einen Klang vibrierender und doch gehaltener
Freude... Dies: Lynkeus' Lied, Goethes tiefstes Freudenlied,
dies:

> Ich blick in die Ferne,
> ich seh in der Näh
> den Mond und die Sterne,
> den Wald und das Reh.
> So seh ich in allen
> die ewige Zier,
> und wie mirs gefallen,
> gefall ich auch mir.

Dies, heruntergesungen von einem hohen Turm, gesungen
von einer dünnen, zitternden, unsäglich vergeistigten Grei-
senstimme. Denn so singt kein Jüngling, so singt Faust, und
sein Turmwächter ist nur ein beseeltes Phantom, so singt ein
Greis aus dem verklärten Gespensterleib eines Jünglings.
Dies war die Stimmung um ihn: Faust II, Akt V. Nie war die
Atmosphäre eines Lebenden verwandter mit der Atmosphäre
einer Dichtung. Greisenhafter innerer Reichtum, Fülle der
Anschauung, Fülle der Verknüpfung. Im Innersten ein wunderbar loderndes Feuer, auf die Welt zu die Gebärde des Liebenden, unsagbar vergeistigt. Das Werk da vor ihm, übermenschlich angefangen, unmöglich zu vollenden. Jäh auflo-
dernd, eine greisenhafte Ungeduld, ein mächtiger fiebernder
Zorn, ein Vorwärtstreiben, Anspannen aller Kräfte. Im Innersten ein Wissen: et voluisse sat est, ein tiefes Sich-Beruhi-
gen über dem Gleichnishaften unseres Tuns. In der Nähe
immer, geduckt, der Tod: Ansporner und Störer, Zerstörer
oder Wecker und doch durch seine Nähe das Unvollendete
adelnd. Ein erfülltes Menschenleben. »Der Mensch lebt, indem er sich ein Stück Ewigkeit durch einen hinten vorgehal-
tenen Tod auffängt«, sagt Brentano.

> Ich blick in die Ferne,
> ich seh in der Näh
> den Mond und die Sterne,
> den Wald und das Reh.

Was war die Landschaft, in die er hineinblickte? Groß war sie,
unermeßlich groß. Lynkeus' Auge, Lux-Auge, nun ist es zu-
wer blickt so weit, wer blickt so tief? Der Mann hatte ein
Auge, das sah im Innern der Erde die Erze gehen in ihren
Gängen und übersah nicht das kleinste Fischerboot, schwärz-
lich am fernsten Himmelrand. Wie lebte nicht für diese Augen eine geistige Welt, und Welten über Welten, Schicht über
Schicht, und eins im andern gespiegelt, und eins aus dem andern gezeugt, und Verwandlung überall, und Einheit überall.
Das war Universalität des Geistes, hier wars ein Phänomen,
lebend und belebend, hier wars einmal kein leeres Wort.

Geistiges Gebilde, ihm war es lebendig. Durch die Zeiten sich hinüberwandelnd, vor seinem Blick blieb es beständig. Mit solchem Aug, wie Goethe die Metamorphose der Pflanze, die Metamorphose des Tieres schaute, schaute er die Metamorphose geistiger Formen. Eine Denkweise, eine Dichtweise, eine Art des Fühlens, ein Gepräge des Welterkennens, sie war einmal da, taucht unter, verhüllt sich, kommt wieder. Er stand da wie der Entenjäger, der weiß, wo die Ente wieder emporkommt. So knüpfte er Zeit an Zeit, so war ihm Geschichte ein lebendiges Geschehen. Was sich heraufwindet durch die Zeiten, und ist doch einheitliches Wesen, und wirkt sich aus, in Individuen, in Institutionen, nun dichterisch und heißt Hans Sachs, nun sittlich-seelenhaft und heißt Luther, nun denkerhaft und heißt Leibniz, nun anonym als ein Statutum und heißt Preußisches Landrecht, diesem Proteischen sein Eigentliches abgewinnen, sein geistiges Gesicht, ihm ins Aug schauen als einem Wesen, dergleichen Wesenheiten geistigster Art als die bleibenden Kräfte hinter dem Weltgetriebe erkennen, auf und ab steigen vom Geist des Individuums zum Geist der Zeiten, vom Geist des Volkes zum Geist des Einzelnen, gerecht die Welt aufteilen zwischen der dämonischen Kraft des Einzelwesens und der heiligen, beharrenden Kraft geistiger Formen, in diesem Lebensstrom leben und weben mit glühender Freude, mit wahrer Leidenschaft, das heißt Philosophie treiben, das heißt eines Philosophen Leben leben.

»Was ist das Allgemeine?« sagt Goethe. »– Der besondere Fall. Was ist das Einzelne? – Millionen Fälle.« So lag die Welt vor ihm.

Ein deutscher Professor, wie Doktor Faust. Der Name ehrt ihn, er ehrt den Namen. Sein Leben in seinen Schriften, seine Schriften irgendwo, in Jahrbüchern der Akademien, in Sonderdrucken zu gelehrten Anlässen, oder im Buchhandel vergriffen, vergeblich gesucht, ihm selber unzugänglich, mit Willen von ihm so dahintengelassen. Das kommun Professorale meilenfern hinter ihm, verzehrt von Flamme jeder Erdenrest. Welche ergreifende Demut in dieser Vernachlässigung des eigenen Ruhmes und welcher Stolz: welches Wissen, mit dem höchsten geheimsten geistigen Leben der Nation unzerreißbar verbunden zu sein. Welch ein grandioses Gefühl für die Größe seines Volkes in dieser einen Gebärde. Feurig, rein, tiefsinnig, gültig: welch ein Mann!

ROBERT VON LIEBEN

NATURFORSCHER UND ERFINDER

Gestorben in Döbling, den 20. Februar 1913

Das geistige Antlitz dieses Jungverstorbenen blieb den meisten seiner Zeitgenossen verborgen. Als man um sein Grab stand, war es, als wäre es nur rasch aus einer Verborgenheit in die andre hinübergegangen. Einigen wenigen Menschen, die sich untereinander kaum kennen, tritt aus schwankenden und über weite Lebensräume verstreuten Erinnerungen, die in ihnen auftauchen, etwas entgegen, das noch leibhaft genug ist, um für dieses einzige, nie wiederkehrende Individuum angesprochen zu werden, ein Schemen, das mit seinen Augen blickt, mit seiner Haltung, dem Nachklang seiner Stimme, ja seinem Lächeln seine Identität verbürgt, zugleich aber schon vergeistigt, unendlich rührend und faßlich dem Geist, durchsichtiger, als der Lebende war. Diese wenigen sind, abseits von den durch Blutsbande ihm nächst Verknüpften, seine eigentlichen Hinterbliebenen.

Indem sie an ihn denken, trauern sie ihm nach, aber sie wühlen nicht in den Erinnerungen, durch die sie mit ihm verknüpft sind. Es ist ihnen, als hätten sie immer geahnt, wie wenig die Zeitlichkeit, die er mit ihnen teilte, wirklich sein Zuhause war, und daß er einen Weg nicht minder geheim und höchstpersönlich, als den wir ihn jetzt haben gehen sehen, schon öfter und immer in seinen höchsten Stunden betreten habe. Sie spüren in der erhöhten Besinnung, in der das irreduktible besonderste Wesen des Toten sie durchströmt, ganz genau das Element von Abwesenheit, das stets seiner Gegenwart beigemischt war, und indem sie ihre zerstückten Erinnerungen mit aller Kraft zusammenfassen, die Besonderheit seiner Gebärden mit der Einbildungskraft durchdringen, sich in seinen Blick versenken, der tief, fast tiefhaft scheu und von unsäglicher Bedeutsamkeit war, offenbart sich ihnen oder ahndet ihnen ein geistiges Schicksal der besondersten Art, das der Menschen wenig bedurfte, in der Gegenwart nur ein völlig zufälliger Gast war, unberührt von vielem, ja unberührbar vom meisten, um von einem um so gewaltiger und ausschließlicher berührt und an sich gerissen zu werden.

Dieses eine war das Verborgene und Ewige der Natur. Das Individuum, das wir mit Augen sahen, war für den Geist, der in ihm hauste, nur ein Ausgangspunkt. Was viele an ihm kannten, was die Welt für seine Person halten mochte, die Schwere, die sich erst langsam löste, das Zögernde, das Zerstreute, die halb schüchterne, halb verachtungsvolle Haltung gegen die Menschen, die zuweilen hervorbrechende, fast trunkene Kühnheit, die völlige Unberührtheit von der ungeheuerlichen Skepsis der Epoche, das Kindhafte, nun Scheue, nun Freche – dieses ganze, kaum zu dechiffrierende Äußere war nichts als die dunkle Rückseite eines nach innen zu geordneten magischen Kräftekomplexes. Die Materie, die ihn schwer und dumpf umfing, gab ihm Sinne von großer Stärke: aber sie rissen ihn nicht nach außen. Die stärkste Sinnlichkeit, die einen andren leidenschaftlich dem Dasein verkettet hätte, war ihm zu einem innern Zweck verliehen. Das Organ, mit dem er kühn in die Natur eindrang, war vergeistigte Sinnlichkeit mehr als reine Intellektualität. Menschen dieser Art sind einsam, aber es kommt ihnen kaum zum Bewußtsein: der sich einsam fühlt, ist auf einer Ebene mit den Menschen; sie sind auf einer andren. Ein Mensch dieser Art lebt, stirbt – man steht an seinem Grabe, und es ist fast niemand da, der ihn gekannt hätte; aber der Gedanke leuchtet auf, er möge mehr gelebt haben als uns faßlich ist und, in höchsten Stunden, in sich zum voraus das nicht zu Tötende kennengelernt haben, welches sich vom Toten abzuscheiden hatte.

Er wußte von früh an sehr stark, worauf es für ihn ankam. (Die Schlüssigkeit hierüber ist das Kennzeichen des bedeutenden Menschen.) Noch fast ein Knabe, behandelte er die Welt mit Gleichgültigkeit. Er glich öfter einem, der kaum mehr hier ist, oder einem nur zu vorübergehendem Aufenthalt Zurückgekehrten. Sein Auge hatte dann etwas Fliehendes; andere Horizonte als die, auf welche hier sein kindhaft-neugieriger, fast belustigter Blick fiel, schienen sich nach innen zu spiegeln. Er wußte sich selber irrational, nicht hierhergehörig, und mit der Intuition des Verwandten erfaßte er

das Einmalige, den Aspekt eines Dinges, der nicht wieder-
kommt, das zwischen den Dingen Schwebende, die unerwarteten Verbindungen, die geheimen Reflexe. Aus ihnen, aus
dem scheinbar Unverwertbaren, baute er sich seine Wirklichkeit auf, die in seinen kühnsten Stunden wie ein Turm
emporwuchs und die Sterne berührte, indes die wechselnden
Mythologien der Theorie wie Wolken sich um ihn bewegten,
sie, die stets den schöpferischen Geist in rhythmischem
Wechsel bald zu hemmen, bald zu fördern bestimmt sind.
Das Innere seiner Sinne war lebendig wie nur im schöpferischen Künstler; man darf sagen, daß sie sich zu einem umfas-
senden Lebenssinn vereinigten. Durch diesen kommunizierte
er tief mit der Erscheinung und empfing in ihr das Universum. Er war einer der ganz seltenen Menschen auf Erden, denen ihr Beruf ein völliges Glück verleiht: denn er wußte, daß
es ihm in höchsten Augenblicken von unmeßbarer Dauer gegeben war, unendliche Gedanken zu denken. Die Stunde, in
der er an dem Glück dieser Augenblicke gezweifelt hätte,
kam nicht. Er hatte sich mit dem Unendlichen berührt, in
einer grenzenlos wandelbaren, aber unzerstörbaren Realität
sich selber gefunden. Ich würde mich zu sagen getrauen: er
habe sein Selbst wahrgenommen, auf einem unzerstörbaren
Throne sitzend. Aber ohne anthropomorphische Bildlichkeit
sprechen die Gesetze der Erhaltung der Kraft, der Erhaltung
der Energie die gleiche Ahnung aus, die den geheimnisvollsten Ahnungen der Religion nicht widerspricht. Er war ein
Träumer, und für ihn bedurfte es keiner Beglaubigung, daß er
eine jenseitige Küste betreten hatte. Er trug diese Beglaubigung in sich als das Nachgefühl einer höchsten sinnlich-see-
lischen Lust. Aber eine Fügung wollte es, daß er von einem
dieser Ausflüge das »Relais für undulierende Ströme« mitbrachte und, fast als eine Nebensache, den Schatz des menschlichen Wissens bereicherte und der die Sinnenwelt unterwer-
fenden Technik etwas Bleibendes zu schenken hatte.

Zu Ende Juli abends gewahrte ich in der Andrianschen Villa, die sonst verschlossen war, ein offenes Fenster und sah einen jungen Mann sitzen, der, sich selber am Klavier begleitend, ohne Noten leidenschaftlich in die Dämmerung hineinsang. Ich erkannte ihn für den gleichen, den ich tags zuvor hatte im Regensturm mit starken schnellen Schritten am See entlanggehen sehen, gleichfalls leidenschaftlich, stoßweise vor sich hinsingend. Einige Tage später, als ich in einen bäuerischen Wirtsgarten trat, saßen einige mir Befreundete an den Tischen; sie winkten mich hinzu; als ich nahe war, erkannte ich, daß dieser Fremde unter ihnen war, ein Dunkler, Mittelgroßer, Breitschultriger, der sich erhob, als ich hinzutrat: es war Richter. Sein Vortreten war lebhaft, der Händedruck schnell und stark, der Blick sehr schnell und fest auf mich gerichtet; so auch jedesmal im Gespräch, dazwischen aber vor sich hin ins Leere oder nach oben mit einem zeitweiligen Zurückwerfen des Kopfes. Beides, Aufmerksamkeit und Sichverlieren, völlig scharf geschieden, beides kraftvoll; aus der einen in die andre Stellung der Körper jäh geworfen, desgleichen die Drehung des Auges jäh, daß das Weiße stark aufleuchtete: hier erkannte ich sogleich den im Dunkel stoßweise vor sich Hinsingenden wieder.

Ich fühlte ihn älter als mich; er wars, wenn auch nur um wenige Jahre, die aber in der ersten Hälfte der Zwanziger bedeutend sind. Seine Aufmerksamkeit war mir wohltuend, etwas Festes, Bestimmtes an ihm zog mich an. Es war der erste Jüngling norddeutscher Geistesbildung, der in meinen Gesichtskreis trat. Ich hörte, er wäre vor kurzem beträchtlich krank gewesen; aber ich begriff, er war nun ganz gesund, und reifer, als wenn er etwa die Prüfung dieser Krankheit nicht mitgemacht hätte. Wir waren unser mehrere, alle nahe den zwanzig, gesellschaftlich und durch andre Umstände war er sogleich an uns angeschlossen; doch blieb er ein Bestimmter für sich, der Fremde, der Reifere, der Ältere. Ich besuchte ihn, er erwiderte den Besuch, freute sich des Quartiers, das ich bei meinen Bauern innehatte, die mir, mitten zwischen ihren Schlafstuben, eine Kammer eingeräumt hatten. Ich mußte ihm zeigen, wo ich nachts, unter einer morschen Treppenstufe den Türschlüssel zu finden gewohnt war; der alte Apfelbaum, dessen Zweige eine ganze Seite des Hauses beschatteten und an alle die kleinen viereckigen Fenster rührten, der Laufbrunnen: alles gefiel ihm überaus wohl; er nickte dem Baume zu; es war, als ob er zufrieden das alles wiederfände nach einer langen Abwesenheit. So auch in der freien Natur, wenn wir miteinander gingen. Wir stiegen einmal durch einen Tannenwald steil hinan; dann wurde es gemächlicher: kleine Wiesen, von hohen Bäumen eingeschlossen, schöne stille Waldplätze nacheinander, auf dem dritten stand eine Hütte für die Holzmacher ganz aus Baumrinde, mit einer niedrigen Tür; ein Bursch kam daraus hervor und schloß sich uns an, er erzählte allerlei im Gehen: wie sein Bruder, der Bergarbeiter war, in einen dreizehn Meter tiefen Schacht hinabgestürzt sei und nur wie durch ein Wunder lebendig geblieben, und wie der Fehler bei den Beamten liegt, die verstünden nichts und verlangten das Unmögliche, es seien Fremde; wäre aber einer ein Hiesiger, so hätte er gleichwohl kein Einsehen, sei wie die andern, geizig, befehlshaberisch nach unten, duckmausig und falsch nach oben, das sei einmal so, wenn einer ein Amt habe, darum möchte er keines, wenn man ihn gleich in eines einsetzen wollte. Dann von der Jagdherrschaft, wie der junge Graf ein großer Sparmeister sei, meinte, er könnte es mit fünf Jägern richten, wo sonst ihrer neun im Revier gewesen; die andern entlassen ohne viel Federlesens, darunter auch seiner Schwester Mann mit fünf kleinen Kindern; so seien die Menschen: wenn sie reich seien, wollten sie noch mehr haben. Der große, schöne, hochgewachsene Bursch redete in allem freiweg, aber ganz ohne Zorn oder Anklägerei; man fühlte, ihm war bei seinen zwanzig Jahren das Leben lieb, und er wußte sich nichts Bessers als Heu- und Holzmachen oder Treiben auf der Gemsjagd, den Sonntag das Wirtshaus oder die Schießstätte.

Richter machte ihn völlig zutraulich durch das wenige, was er einwarf, ihm war rein und gut zumute allem Menschlichen gegenüber. Ich blieb hinter ihnen zurück, es wäre mir lieber gewesen, wir gingen nun allein; der Abend fiel ein, die Sterne leuchteten zwischen den Bäumen auf, diese Stunde ging mir über alles, ich hätte tief ins Dunkel hineinmögen, zugleich aber auch ins Freie hinaus, übers Tal hin, wie das jetzt eigentümlich dalag, jeder Baum für sich, jede Hütte, jeder Heustadel wie in der Kirche. Wir kamen auch an eine Waldblöße, der Busch trennte sich von uns und lief senkrecht hinab durchs Krummholz, wir sahen hinüber auf dunklen Wald, hinunter ins Seitental, der Augenblick, wo Tag und Nacht sich verschränken, war vorüber, das Licht schon kalt, ich sogleich verdrossen; der ganze Spaziergang war mir zuwider, alles so gleichgültig, ich hätte lieber allein in meiner Kammer sitzen mögen und auf den Laufbrunnen horchen oder in einem Buch lesen. Wenn ich nicht das Überschwengliche empfing, war ich enttäuscht, in mir, um mich alles so hohl und spitz, das Liebesgefühl erstarrt. Die Bäume standen so hölzern da, eine Wolke hing grau, träg ins Tal hinein, es war nichts. Ich war wie ein Spieler, der alles auf einen Wurf setzte: es ging mir immer um eine Trunkenheit, die ohne Namen war, oder um nichts. Richter war ruhig, heiter und erfüllt, sein Blick ging hinüber zu den Wäldern, hinab ins Tal, dann hinauf, wo bald die ersten Sterne kommen mußten. Im Hinuntersteigen kam ihm ein Gespräch auf die Lippen, oder er wählte es, weil er fühlte, wie mich die Einbildungskraft zwischen Zuviel und Zuwenig jäh herumwarf: er sprach, wie der reifende Mensch die Fülle über die Überfülle stellen lerne, die fromme Zufriedenheit über die schweifende Sehnsucht. Sein Gang war schnell unterm Reden, sein Blick selten auf den Weg, sondern vor sich, auf ein Etwas hin, zuweilen fast starr. Er sprach für mich, aber nicht eigentlich zu mir. Es war, als ginge er immer hastig auf ein Licht los, das er innerlich gewahr wurde.

Einen andern Nachmittag begleitete er mich nach Hause. Über einen Wiesenweg kamen meine Hausleute daher, gekleidet wie am Sonntag und jedes eine brennende Kerze in der Hand. Es war hinterm Salzberg jemand aus der Freundschaft

gestorben, und sie gingen pflichtgemäß die Nacht im Sterbe-
zimmer durchzubeten. Die drei Gestalten, der alte Mann, die
noch jugendliche Frau, seine Tochter, und das hochaufge-
schossene Enkelkind, wie sie so eigentümlich in der Dämmerung an uns vorüberschritten, eines hinter dem andern, und
wir zur Seite traten und sie uns grüßten, doch anders als sonst:
mir war ehrerbietig zumute. Jedes hielt die Kerze ernst und
feierlich, als wäre es sein eignes Lebenslicht, das Mädchen
Romana ging voraus, sie war sonst ein Kind, jetzt erschien sie
als eine Jungfrau; der Alte ging als letzter, seine starke Grei-
senhand schloß sich fest um die Kerze: er ging mutig-ernst,
die Frau, seine Tochter, gottergeben, die Enkeltochter ah-
nungsvoll. Mir war, sie gingen alle auf ihr Grab zu, aber
nichts von Bangigkeit, nur feierlich schön, den Weg alles Lebens. Das Geheimnis der Lebendigen riß mächtig durch mich
hin, die Reinheit erschütterte mich, wie von solchen Menschen das Leben gelebt wird. Ich hatte dreifaches Heimweh in
mir: nach der unschuldigen Jugend, nach der Mitte des Lebens und nach dem erfüllten Greisenalter; ich hätte mögen in
ihnen allen zugleich sein und stand doch nur seitwärts am
Wege. Die Lichter entfernten sich, es war noch nicht Dämmerung, aber eine trübe, lichtlose Stunde, alles war weit, leer,
fremd. Richter war still, wir stiegen aufwärts. Er sprach von
der Reinheit, wie sie überall sein könne, nicht bloß bei den
Einfältigen; wie es sich darum handle, überall zum wahren
Anschauen vorzudringen, das Entmischte zu erblicken, das
von einem göttlichen Kontur umrissen ist. Ich fiel ein von der
Reinheit der Jahreszeiten, und wie ich mich zuweilen grund-
los sehnen müsse, von der einen in die andre: wie im Winter
Eisblumen zuweilen das ganze Glücksgefühl des Hochsom-
mers in die Seele stießen, oder wie ich mich heute nacht habe
unerklärlich sehnen können nach dem Einfallen des Föhns in
einer Februarnacht, daß ich meinte den Schnee zu hören, der
von den Bäumen tropfte, unter die Felswand rieseln, den
Bach befreit aufrauschen in ungewissem Licht, und wie dies
meiner Seele nahe gewesen sei, die träge feuchte Sommer-
nacht aber, die mich umgab, weit weg und fast unwirklich. Er
erwiderte nichts, aber ich fühlte den Widerstand in seiner See-

le, daß ich weiterschweife von einem zum andern wo er das
Gegebene anschaute und die Grenzen achtete und liebte. Ich
fuhr fort: wie immer das Ersehnte so rein scheine, und immer
die Sehnsucht nach rückwärts, nach dem als Kind Erlebten,
daß mir alles Schöne nur war, als erinnerte es mich an ein Frü-
heres, und die Sehnsucht nach dem Unendlichen, daß ich
mich in den Schmerz mit Wollust versenken könne, ja selbst
in unwahren und geträumten Schmerz, weil ein Unendliches
sich offenbare. Ich fühlte, er duldete und verstand mich, ohne
mir mit dem Gefühl nahe zu sein; er sprach nichts aus, leise
wandte er das Gespräch: daß es zweierlei Reinheit gäbe und
ein Doppeltes in uns nach dieser zweifachen Reinheit suche,
verschieden nach den innern Lebensstufen, und daß auf der
reifern Stufe das Reine erkannt werde als das Wesentliche und
das, was allein Bestand habe. Er verfolgte das weiter, wie die
Reinheit immer fest gegründet, erworben und erkämpft werden müsse, wie sie nicht im gestaltlos Großen und Vagen gesucht werden dürfe, sondern wie sie im Kleinsten beruhe, im
Einzelnen, im Nichtschwanken, Nichtmischen, Nichtvermi-
schen, in der Zucht und unablässigen Lebendigkeit des Herzens. Er sprach von den hohen gereinigten Begriffen, dem
wahren Tempelschatz der Menschheit, von der Reinheit des
Erkannten, der Reinheit der Begrenzung. Wie alles durch
Kampf und Leiden erworben und erlitten werden müsse; freilich sei alles namenlos bedingt und verhäkelt, aber zugleich
doch so frei, so erfüllt und begnadet: wie schließlich der Geist
alles zusammenhalte in der lebendigen Reinheit. Er führte das
noch weiter aus; ich spürte wohl, daß er vom wirklichen Leben redete, von der Mannhaftigkeit, und daß er auch auf die
bleibenden Lebensverhältnisse hindeutete, an die nichts in
mir dachte; daß er zwischen zwei Altern stand und vor ihm
schon Ehe und Vaterschaft lagen. Ich schwieg; das Tageslicht
war nun auch hier oben weg, aber die Farbe trat unsäglich
hervor an jedem Ding, an dem Laub der Buchen, der Rinde;
andre Stämme, die an der Erde lagen, waren geschält, wie
nackt; nicht tot, nicht lebendig, sondern zwischen beiden.
Das Wasser floß jetzt neben uns hin, ohne Wirbel, leuchtend
tiefes Grün; in mir war ein traumartiges Aufnehmen von al-

ledem. Wir kamen einen Abhang hinunter, da stand ein einsames Bauernhaus; aus dem einen kleinen viereckigen Fenster
fiel ein Licht über die Wiese hin, dann schob sich ein Schatten
davor, das Licht verschob sich, erlosch dann für eine kurze
Weile. In den wenigen dürftigen Zeichen fiel mich das Ganze
des Menschenlebens an, die vier Wände, das niedrige Dach
über dem Kopf, das Drinnen und Draußen, das Eingeschlos-
sene, das Erbärmliche, das Wunderbare. Ich erkannte dann
das Haus, es gehörte zweien Brüdern; der eine war ein Großer
mit einem Kropf und schiefgestellten bösen Augen in dem
ganz runden kleinen krummnasigen Gesicht. Dieser war un-
mäßig geizig; dem jüngern Bruder, der schwachmütig und
plump war, lud er Grummet auf, daß ihm fast das Kreuz brach,
spannte ihn ein wie einen Zughund, fütterte ihn mit den Ab-
fällen; diese hausten hier allein miteinander, gleichwohl fiel
der Schein jetzt wieder sanft und herrlich aus der Kammer
wie von einem Stern. Alles, was vorüberkam, und was in der
Ferne war, blickte mich an; ich kann es nicht anders sagen:
lauter Leben trat aus sich heraus, alles löste mich auf, ein leises,
bängliches Gefühl mischte sich ein, aber nur kaum, es war nur
die Ahnung der Überfülle, wie bei einem Gefäß, das überzu-
laufen droht. Richter ging vor mir, er sang vor sich hin; ich
konnte die Worte nicht verstehen, mir schien, es waren Goethesche Verse, der Klang war mutig und leidenschaftlich-
hoffnungsvoll, es war, als hätte er sich in einen Kahn geworfen und fuhr, seines Zieles sicher, durch die Nacht dahin, indessen ich in dunklen Wellen unterging.
Den letzten Abend kam er spät nachts, klopfte an mein Fenster, ob ich noch wach wäre und in Kleidern: »Kommen Sie«,
sagte er, »ich muß Ihnen meinen Baum zeigen, die uralte Rie-
sentanne überm See. Sie sehen sie diese Nacht in ihrer ganzen
Größe oder nie.« Er führte mich steil bergauf, der Wind strich
durchs nebelfeuchte Krummholz hin, es war ein gewaltiges
Wehen über dem Wald; nirgends ein Riß im Gewölk, doch
das Mondlicht überall durchgesickert. Richter war belebter,
aufgeregter, als ich ihn je gesehen hatte; daran, daß er mich
jetzt geholt hatte, erkannte ich, daß er mir sehr wohlwollte. Er
klomm schweigend und rasch voraus, als fürchtete er, etwas

Großes zu versäumen. Nun waren wir lotrecht über dem See, ich fühlte es. Ich zog mich durchs Krummholz aufwärts, wollte ihn einholen, da trat er selbst zurück, hielt mich am Arm: der riesige Baum stand uns entgegen. Unter uns ging der Sturm, der See schlug laut an sein Ufer, überall floh nachtfarbenes Gewölk schnell dahin: aber der Baum regte keinen Ast, und an dieser einen Stelle, durch irgendwelche Gewände geschützt, schien die Gewalt der erregten Atmosphäre nur dazu da, um das milde Licht stärker und stärker anwachsen zu lassen, als würde es aus fernen Räumen unablässig herangetrieben. In eine mit jeder Sekunde wachsende Helligkeit reckte der Baum schweigend seine Riesenäste, er regte sich nicht und schien gerade darum in einem gewaltigen Tun begriffen. Es war heller und heller geworden: aus der einen Nacht trat eine andre, schönre hervor. Ich sah auf Richter hin: sein Gesicht war verändert, daß ich es kaum erkannt hätte, sein Auge irgendwo – so mußte es sein, wenn er allein ging und sang.

Als wir unten waren, auf einem Weg, im Tannenwald, dessen Zweige sich im Wind bewegten, alles schwarz und weiß, sagte er zu mir: »Wenn Sie in einer Nacht allein dort oben stehen werden, gedenken Sie meiner. Denn man muß allein dorthin: die Nacht, dieser Baum und der einzelne Mensch. Ich verabschiede mich heute von Ihnen, es war unser letzter Spaziergang.« Ich entsinne mich nicht, daß wir mehr als dies gesprochen hätten. Wir traten in sein Zimmer, er zündete eine Kerze an. Ich fühlte, er hätte ans Klavier treten mögen, das aufgeschlagen war, aber er tat es nicht. Er atmete stark; an seinem Gesicht waren noch Spuren der Veränderung, aber schwächer als oben, angesichts der Tanne. Sein Blick nicht mehr irgendwo, aber auch nicht ganz irdische Festigkeit, Aufmerksamkeit, sondern mehr von innen erhellt und bewegt. Er wandte sich, ging im Zimmer auf und ab, trat ans Fenster. Auf einem Tisch lag ein aufgeschlagenes Buch, das Licht der Kerze fiel hell auf die weißen Blätter. Ich kannte das Buch: es war Hölderlins »Hyperion«. Eine Stelle war mit Blei bezeichnet: »Glaube mir, du hättest nie das Gleichgewicht der schönen Menschheit so rein erkannt, hättest du es nicht so sehr verloren gehabt. « Richter trat heran, sein Blick ruhte auf mir mit einem unbestimmbaren Ausdruck: es ist in solchen Augenblicken, als träte das Seelenhafte aus uns heraus, umschwebte uns, würde berührbar. – Er sprach dann von der Zukunft, von dem, was in uns würdig werden müsse und würdig bleiben zu einem höchsten Amt: Vaterschaft.

Vor meiner Seele stand der Baum und die Art, wie er mich hinaufgeführt hatte, mir dies zu zeigen und zu hinterlassen, wie ein Vermächtnis. Ich fühlte das kaum Deutbare, Unauflösliche in alledem, und wie sich unsere ganze Begegnung und Freundschaft in dieser Stunde zusammenfaßte. Er geleitete mich hinaus, nahm eine Kerze mit, mir bis an die Haustüre zu leuchten. Die Bäume rauschten leise, der Himmel hatte sich völlig verdunkelt. Wie er die gekrümmte Hand vors Licht hielt, mir den Schein auf den Weg zu werfen, ich mich noch einmal wandte, ihm ins Gesicht zu sehen, wir beide so allein, über der Kerze die grenzenlose Finsternis, sein Blick noch einmal auf mir, sorglich, etwas vom Vater in seinem Blick, etwas von der Vaterschaft, die von jedem Ältern zu jedem Jüngern geht, da trat in beiden ein unnennbares Gefühl hervor, ganz plötzlich: beide, ich weiß es, fühlten beide – jeder sah sich und den andern dastehen, Gestalt gegen Gestalt, jeder spürte den Gebenden und den Empfangenden, das Geben und das Empfangen, und das ganz außerhalb seiner selbst, das ganze geisterhafte Geheimnis daran und die Finsternis darüber, und so sagten wir uns Lebewohl.

THEATER

ELEONORA DUSE

Erster und zweiter Abend:
Kameliendame und Fedora

Zwei Rollen des Virtuosenrepertoires, zwei »große« Rollen der Sarah Bernhardt und der Wolter.

Eleonora Duse hat keine »großen« Rollen; sie hat auch in der Rolle keine »Szene«; sie hat auch in der Szene keine »Nuance«. Sie spielt ganz einfach alles: das ganze, lebendige Leben.

Ich möchte eine geniale Künstlerin, wie die Duse, nicht gerne mit einer bedeutenden Schauspielerin, wie die Wolter, vergleichen. Sie treiben verschiedene Künste; zumindest wirken sie in derselben Kunst zweierlei.

Die Wolter ist unerreicht, auch heute unerreicht, in der Schönheit des großen tragischen Gestus, in Gebärde und Ton der klassischen Tradition. Sie hat die königliche Kunst des Schreitens und den königlichen Ton der rhythmisch wogenden Leidenschaft. Niemand trägt wie sie Stirnreif und wallendes Gewand. Es ist ein großes Kunstwerk in der majestätischen Melodik ihrer Glieder und in dem Reichtum ihrer Töne, die viel auszudrücken vermögen und dieses Viele in Schönheit.

Rollen, die ihrem Stil fernliegen, wie die Kameliendame und die Fedora, spielt sie nicht ganz mit ihrer großen Kunst, die eine Kunst des Stilisierens ist, sondern mehr mit ihrer gleich bewundernswerten Routine und mit ihrem starken Temperament, das sich dem der Sarah Bernhardt wohl vergleichen darf.

Ich möchte auch nicht gern eine geniale Künstlerin, wie die Duse, mit einer großen Virtuosin, wie die Sarah Bernhardt, vergleichen.

Die Sarah Bernhardt hat keinen Stil, sie hat nur Temperament. Sie spielt sich selbst, die raffinierte Stimmungslyrik ihrer Glieder, die Tragikomödie ihrer Nerven, die Tierhetze ihrer Leidenschaften. Ihr Temperament sprengt jede Charakteristik: sie spielt immer das ganze Weib, den Schauer jedes einzelnen Nerven im Bündel, von der schmiegenden, katzenhaften câlinerie der Verführung bis zum heiseren Schrei des letzten Paroxysmus, eine reiche Skala seltener Offenbarungen, aber nur *eine* Skala; sie spielt in der Kokotte die Kaiserin, in der Kaiserin die Kokotte, in beiden das Weib. Victorien Sardou, der für sie »Theodora« und »Kleopatra« schrieb, hat das sehr gut verstanden.

Sie spielt mit jedem Zoll des Leibes; sogar die Zehen in Sandalen spielen mit und das wehende Haar über der Stirn, das Stimmungen abtönen hilft. Wundervoll ist die Beredsamkeit ihres steil ausgereckten Armes, ihres schmiegenden Nackens, ihres Lehnens, ihres Kauerns, ihres Gleitens, ihres Fallens, ihres Zuckens und ihres Erschlaffens.

Aber alle diese Dinge erzählen von nichts als sich selbst; ihnen ordnet sich die Szene unter, die Worte sind nur mehr ein ohnmächtiger Kommentar zu dem ganzen Sein, das Verlangen oder Jubel oder Taumel, irgendein Stadium der großen, *einen* Leidenschaft ausdrückt.

Diese kostbaren Dokumente der Entwicklung einer großen Leidenschaft gibt die Sarah Bernhardt in jeder Rolle: sie individualisiert nicht, sie gibt das Geschlecht als solches.

Das ganz große Sensationsstück für sie dürfte nicht »Theodora« heißen und nicht »La Tosca« und nicht »Marguerite Gautier«: es müßte heißen »Die Frau von 1890, Unsere Liebe Frau von den bebenden Nerven.«

Die Duse spielt nicht sich, sie spielt die Gestalt des Dichters. Und wo der Dichter erlahmt und sie im Stiche läßt, spielt sie seine Puppe als ein lebendiges Wesen, in dem Geiste, den er nicht gehabt hat, mit der letzten Deutlichkeit des Ausdrucks, die er nicht gefunden hat, mit einheitlicher schaffender Gewalt und der Gabe der intuitiven Psychologie.

Ein Wiener Kritiker hat das hübsche Wort gefunden: »Sie spielt, was zwischen dem Text ist.« Sie spielt die Übergänge; sie füllt die Lücken der Motivierung aus; sie rekonstruiert im Drama den psychologischen Roman.

Sie malt mit einem Zucken der Lippen, einer Bewegung der Schulter, einem Schwenken des Tones das Reifen eines Entschlusses, das Vorüberschießen einer Gedankenkette, das ganze psycho-physiologische Ereignis, das dem Werden eines Wortes vorangeht. Von ihren Lippen liest man die unausgesprochenen Worte, auf ihrer Stirn huschen die unterdrückten Gedanken vorüber. Sie hat den Mut, das Wichtige hinzuwerfen und das Nebensächliche zu betonen, wo es sich im Leben vordrängt. Wie die Natur selbst unterstreicht sie Banalitäten und läßt Offenbarungen zu Boden fallen. Sie kann Worte so sprechen, daß man fühlt, wie sie im selben Augenblick den Glauben daran verliert. Sie macht das Ungreifbare gegenständlich. Manches an ihrer Charakteristik verstehen wir nicht gleich mit dem Bewußtsein; es wirkt nur auf unsere dunklen Vorstellungsmassen ein und erzeugt Stimmungen, die mit der Gewalt einer Suggestion über uns kommen. Das Publikum von heute, auch das aufmerksamste, hat gar nicht die Fähigkeit, fortwährend Wichtiges, Charakteristisches aufzufassen. Sie spielt Sardou und Dumas mit der Psychologie Ibsens. Wie wird sie Ibsen selbst spielen?

Dritter Abend: Nora

Ibsens Stücke haben keine Rollen; sie haben Menschen, lebendige Menschen, seltsame und schwerverständliche Menschen. Menschen mit kleinen Verhältnissen und großen Gedanken; Menschen mit Lebensbedingungen von vorgestern und Problemen von übermorgen: mit einem gigantischen Schicksal in einem puppenhaften Rahmen.

Die Duse scheint in »Nora« nicht mehr spielen zu wollen als die Seelengeschichte einer kleinen Frau; und was sie gibt, ist die große Symbolik der sozial-ethischen Anklage.

Sie spielt nur das Individuelle, und wir fühlen das Typische. So muß der heilige Komödiant, von dem die Chronik erzählt, im Passionsspiel unsern Herrn Jesus Christus gespielt haben: als einen gemarterten, hilflosen Mann, »und doch fühlte jeder, es war der Sohn Gottes darin verborgen«.

Sie spielt die Lustigkeit, die kein Glück ist, und spielt, hell lachend, das öde Dunkel hinter dem Lachen; sie spielt das Nicht-dran-denken-Wollen und Doch-dran-denken-Müssen; sie spielt das Eichkätzchen und die Lerche, und ihre bange Wildheit ängstigt wie durch physische Ansteckung; wie sie aus dem Fieberrhythmus der Tarantella mit einem Ruck in die Starrheit der tödlichen Angst zurückfällt, erbleicht sie, der Unterkiefer fällt herab, und die gequälten Augen schreien stumm auf. In den Pausen, wo die anderen spielen, kann man keinen Blick von ihr wenden: da malt sie das Werden der Erkenntnis, das Zerbröckeln inneren Truges, das schmerzliche Reifen des Notwendigen. Das dauert genau bis zur letzten Szene des dritten Aktes, bis zur großen Auseinandersetzung; man denkt nicht daran, daß ihr Entschluß hier reif sein *muß,* weil der Dichter es braucht; man sieht, daß er reif ist, weil man ihn werden gesehen hat, mit innerer Notwendigkeit, an der niemand zweifelt.

In Leid geläutert steht sie dann dem Manne gegenüber: ihre Stimme, früher kinderhaft und gaukelnd, ist klar und kalt und hart; die runden Lippen und die weichen Schultern sind hochmütig und starr geworden; es ist eine eisige unerbittliche Hoheit um sie. Dazwischen flüchtig aufleuchtender Haß, Rachsucht, augenblicklich zur Kälte gedämpft; dann, wie ihr die Kinder einfallen, fliegt ein Schatten von Tränen durch das silberne Schwirren der verächtlichen und hoheitsvollen Worte.

Während der ganzen langen Szene ging durch das Haus das Beben, das mehr ist als laut ausbrechender Beifall.

Wie sie die Ringe austauschen, fällt ihrer zu Boden; er hebt ihn auf. Sie dankt mit einer leichten Neigung des Kopfes und einem halblauten »Danke«. Nichts ist erschütternder als dieses Emporsteigen der gesellschaftlichen Schranken zwischen Mann und Weib.

Man begreift den hochmütigen Ekel vor der Wohnung des »fremden Mannes«; man begreift das symbolische »Hinausgehen in die Nacht«.

Der kleine Zug mit dem Hinunterfallen des Ringes ist eines großen Dichters würdig; er fehlt in meiner Ausgabe der

»Nora«; ich liebe es, mir vorzustellen, daß er von der Schauspielerin dazugedichtet ist. Ich glaube, Ibsen würde ihn nicht zurückweisen. Er ist sehr tief und sehr einfach. Und Ibsen liebt das Einfache, das tief ist.

Wir haben die Freude gehabt, Eleonora Duse in drei ihrer Rollen zu sehen; wir wissen, daß sie ebenso die exotische Wildheit der Kleopatra gestaltet und die Rokoko-Drolligkeit einer Bäuerin des Goldoni und die »perverse Naivetät« der Francillon und die frühreife süße Glut der Shakespeareschen Julia.

Wir wissen nicht, wo die Grenzen ihrer Kunst sein sollten.

Nicht in der Individualität: hat sie doch selber keine oder jede.

Nicht im Alter: man glaubt ihr die launische Grazie des verzogenen Kindes und die zuckende Leidenschaft der verblühten Frau.

Nicht in der Erscheinung: ich weiß nicht, wie sie aussieht. Die Worte schön oder häßlich haben für sie keinen Sinn. Ihr Körper ist nichts als die wechselnde Projektion ihrer wechselnden Stimmungen. Über ihr Gesicht gleiten Gesichter: ein kokettes kleines Mädchen mit spöttischen Augen und Lippen; eine blasse Frau mit den sorgenvoll saugenden Augen der Leidenschaft; eine hagere Bacchantin mit tiefliegenden heißen Augen und trockenen Lippen um den offenen Mund, die Muskeln des Halses wild angeschwollen; und eine schöne kalte Statue mit der großen Ruhe auf der glänzenden Stirn.

Sie hat jedesmal einen anderen Gang: den elastisch gleichmäßigen der großen Dame, den trippelnd wiegenden der kleinen Nora, den wollüstig weichen, ziehenden der armen sentimentalen Kokotte. Alle ihre Glieder sprechen jedesmal eine andere Sprache: die blassen, feinen Finger der Fedora scheinen am nächsten Tag verwandelt in die weichen, schmeichelnden der Kameliendame, am nächsten in die zappelnden, spielenden der Frau im Puppenhaus.

Sie hat jedesmal ein anderes Weinen: das warme, gute, in dem sich die großen Nervenspannung löst, wo ihr die wirklichen Tränen leise über die Wangen rinnen; und das zornige Schluchzen; und das herzzerreißende stille Weinen der Hilflosigkeit... Sie hat Gewalt über Blässe und Röte und über die Regungen des Leibes, die wir die unbewußten nennen.

Ist es ein Wunder, wenn sie Gewalt hat über unsere erstaunten Sinne und wenn die Menschen in der ganzen großen Stadt kein größeres, kein persönlicheres Ereignis wissen als die Gegenwart dieser Frau, von der niemand wußte und die keiner ergründet…?

ELEONORA DUSE

Diese Woche haben wir in Wien, ein paar tausend geweihte Menschen, das Leben gelebt, das sie in Athen in der Woche der großen Dionysien lebten.

Da lebten sie in Schönheit, mit bebenden Nerven: Künstlernamen waren in ihrem Mund mit dem ehernen Ton der großen Berühmtheit, bei dem die Menge der Unberühmten bebt, wie die phrygischen Tänzer beim Klirren blanker Klingen.

In ihnen zitterten die Rhythmen der neuen Dithyramben; davon war in ihren Herzen allen ein ruheloser Rausch und unbestimmte süße Sehnsucht.

So saßen sie im Theater und sogen, wie Saft der Weinbeere, die Seele eines großen Künstlers aus funkelnden Schalen, das waren die funkelnden Verse; und sie verstanden die Schönheit weicher Körper, die sich wiegten, und die königliche Kunst der großen Gebärden hatte ihnen einen Sinn.

Nachts aber konnten sie nicht schlafen und wandelten in Scharen auf wachen, weichen Fluren und redeten im Rausch von der neuen Tragödie.

Dieses Leben haben wir gelebt, ein paar tausend geweihte Menschen, in der ganzen großen, lauten Stadt.

Und dionysischer Festzug, Dithyrambos und Mysterium war uns die Gegenwart einer einzigen Frau, einer italienischen Komödiantin.

Sie reist durch Europa; sie ist sehr berühmt. In Deutschland kaum gekannt. Sie heißt also Eleonora Duse.

Wir haben sie dreimal gesehen; ihr Bild ist seither unaufhörlich um uns, wie der Zwang einer Suggestion; aber wir wissen nicht, wie sie aussieht.

Wir sahen einmal eine Fürstin Fedora: eine große Dame, mit blassen, nervösen, energischen Zügen; ihre Lippen waren hochmütig, und in dem Stil, wie sie die Handschuhe auszog, war die aristokratische Grazie einer Sacré-cœur-Erziehung.

Dann sahen wir eine kleine Frau, die hieß Nora; sie war kleiner, viel kleiner als die Fürstin und hatte ganz andere, lachende Augen; sie trippelte im Gehen, wo die andere schwebte, und schwatzte, wo die andere eine Konversation führte; sie hatte im Lachen und Weinen den Ton eines kleinen Kindes und kniete auf den Stühlen und schaukelte und kauerte mit der herzigen Grazie der Frauen aus der kleinen Bourgeoisie, wenn sie sehr jung sind.

Zum dritten Male sahen wir die mit den Kamelien und der sehnsüchtigen Sentimentalität. Da war in weichen Linien, in schwimmenden Blicken, in naiven Geständnissen und Lokkungen der Glieder die ganze Grazie der Kokotte in Moll.

So sehr hat die Duse die eine große Schauspielergabe: die der Gestaltung. Sie schafft aus den Intentionen des Dichters heraus mit einem Scharfsinn, dessen Resultat wie Naturnotwendigkeit aussieht. Ihre Schauspielerei ist wie die Historik der Goncourts: wie diese aus einem Kleiderfetzen, einem Menü und einem Sonett eine Gesellschaft rekonstruieren, so konstruiert die Duse aus einem hingeworfenen Wort, einer Gebärde, einer Anspielung den lebendigen Menschen, den der Dichter gesehen hat. So wäre sie die vollendete Schauspielerin des Naturalismus. Sie könnte tote Schlagworte beleben und die kühnsten Hoffnungen derer wahr machen, die an die Nachahmung der Natur glauben.

Aber sie steht über dem Naturalismus, wie Balzac, Shakespeare und Stendhal über den Goncourts und Daudet und Dickens stehen.

Sie ist imstande, ihre Persönlichkeit scheinbar zu verwischen: aber die Natur läßt sich nicht verbergen. Die Duse wäre eine naturalistische Schauspielerin, denn ihre Individualität nimmt jede Form an; aber die Individualität, als Form unterdrückt, kehrt als Geist wieder, und so spielt die Duse nicht bloß die realistische Wirklichkeit, sondern sie spielt auch die Philosophie ihrer Rolle. Sie ist ganz Marguerite, ganz Fedora, ganz Nora, aber sie weiß mehr von Nora, als Nora von sich selbst weiß. Genau so wie Julien Sorel oder Hamlet. An diesen ist nirgends Unwahrheit als in dem Übermaß von Klarheit. Darin liegt der ganze Unterschied zwischen dem schaffenden Dichter und dem Naturalisten, der Wissenschaft von der menschlichen Seele treibt, als wie sie sich dem gemeinen Auge offenbart.

Wenn Nora Helmer an den Tod dachte, flog vielleicht kein redender Schatten über ihre Stirn; wenn Nora Helmer schwere Dinge dachte und tiefe, waren ihre Augen vielleicht nicht heilig, sondern stumm und leer. Wenn man Nora Helmer naturalistisch darstellen wollte, müßte man sich vielleicht in die Absurditäten der Wirklichkeit hüllen und in einen Leib, der nichts verrät: der Leib der Duse aber schmiegt sich an ihre Seele, wie die weichen, feuchten Gewänder, mit denen die Griechen die redende Schönheit ihrer Statuen umhüllten, sich um die Glieder schmiegten.

Ihre Finger erzählen das Zagen eines Entschlusses, Verlegenheit, Unruhe, Gereiztheit, Haß, Verachtung.

Auf ihrer Stirn spiegeln sich die Stimmungen, die kommen und gehen.

Mir fällt eine Bemerkung von Raphael Mengs über die Draperie des Raphael ein. »Alle Falten«, sagt er, »haben bei ihm ihre Ursachen, es sei durch ihr eigen Gewicht oder durch die Ziehung der Glieder. Man siehet an den Falten, ob ein Bein oder Arm vor dieser Regung vor oder hinter gestanden, ob das Glied von Krümme zur Ausstreckung gegangen oder gehet oder ob es ausgestreckt gewesen und sich krümmet.«

Das ist, mutatis mutandis, die Technik der Duse; wie dort der Faltenwurf Bewegungen des Leibes, so verraten hier flüchtige, feine, halbheimliche Gesten des Leibes die schnellwechselnden Bewegungen der Seele.

Und die halbunbewußten Regungen, die sich verbergen, die seltsamen Verkettungen von Psyche und Physis, die sich nicht malen und nicht sagen lassen, wurden hier für uns durch eine große künstlerische Offenbarung lebendig.

Darum lebten wir diese Woche wie im Fieber. Frühmorgens lasen wir das Stück von gestern und schlürften die Schauer noch einmal und suchten uns die verschwebten Schwingungen ihrer gestrigen Seele hervorzurufen.

Und wir blätterten in allen Büchern und verstanden jedes trunkene Lob großer Komödianten, das wir früher nie verstanden hatten: Sheridan über Garrick und Musset über die

Rachel und Börne über die Sontag, und freuten uns an Verwandtem.

Und gegen Abend kam immer mehr Unruhe über uns, Stimmungen mit neuen Farben jagten einander, und solange wir sie hörten, klangen die Saiten in uns mit, an denen selten ein Künstler rührt und nur einer, der sich selber tief aufreißt und die unnachahmlichen Töne der Nerven hat.

Und vieles gewann für uns einen neuen Sinn und das künstliche Leben unseres Innern einen großen Reiz mehr.

Denn dazu, glaube ich, sind Künstler: daß alle Dinge, die durch ihre Seele hindurchgehen, einen Sinn und eine Seele empfangen. »Die Natur wollte wissen, wie sie aussah, und schuf sich Goethe.« Und Goethes Seele hat widerspiegelnd tausend Dinge zum Leben erlöst. Und dann gibt es Künstler, die waren viel kleinere Spiegel, wie enge stille Brunnen, in denen nur ein einziger Stern blinkt: die gossen den Schmelz ihrer Seele um ein einziges Ding und tauchten ein einziges Fühlen in Schönheit. So einer war Eichendorff, der das sehnende Suchen offenbarte und das rätselhafte Rufen der atmenden Nacht, wenn die Brunnen plätschern. Und Lenau hat dem Schilf reden zugehört und der Schönheit der Heide einen Namen gegeben. Und manche Wolken, schwere goldengeballte, haben ihre Seele von Poussin, und manche, rosigrunde, von Rubens, und andere, prometheische, blauschwarze, düstere, von Böcklin. Und es gibt Regungen unserer Seelen, die Schumann geschaffen hat; und es gibt Gedanken, die ohne Hamlet uns nie geworden wären; und viele unserer Wünsche haben die Farben aus einem vergessenen Bild und den Duft von einem verwehten Lied.

Die lebendigen Künstler sind wie die wunderbaren toten Leiber der Heiligen, deren Berührung vom Starrkrampf erweckte und Blindheit verscheuchte.

Die lebendigen Künstler gehen durch das dämmernde sinnlose Leben, und was sie berühren, leuchtet und lebt.

Gleichviel, ob sie mit neuen Worten Heimlichkeiten der Seele in Formeln fassen, oder ob sie das dumpfe Wogen in uns durch Harmonien heiligen, oder ob sie in verhallenden Worten und flüchtigen Gebärden das Unbewußte in uns zur Erkenntnis heben und in dionysische Schönheit tauchen.

EINE MONOGRAPHIE

»FRIEDRICH MITTERWURZER« VON EUGEN GUGLIA

Ein Professor schreibt ein Buch über einen lebenden Schauspieler. Es scheint, daß der Schauspieler ein Erlebnis für den
Professor geworden ist, und wohl auch für einige andere Leute. Das ist wohl sehr gut, wenn das so ist. »Denn ich kann Ihnen sagen, nicht weniger Sensation ist es, was wir brauchen,
sondern mehr, *viel* mehr!« Und das weiß doch jeder Mensch,
daß die Bücher im allgemeinen für die Leute in dieser Stadt
kein Erlebnis sind, ganz und gar keines, weder wegen ihrer
»Gedanken«, noch wegen ihrer »Schönheiten«. Die Leute
sind es nämlich müde, reden zu hören. Sie haben einen tiefen
Ekel vor den Worten: Denn die Worte haben sich vor die
Dinge gestellt. Das Hörensagen hat die Welt verschluckt.
Die unendlich komplexen Lügen der Zeit, die dumpfen Lügen der Tradition, die Lügen der Ämter, die Lügen der einzelnen, die Lügen der Wissenschaften, alles das sitzt wie Myriaden tödlicher Fliegen auf unserem armen Leben. Wir sind
im Besitz eines entsetzlichen Verfahrens, das Denken völlig
unter den Begriffen zu ersticken. Es ist beinahe niemand mehr
imstande, sich Rechenschaft zu geben, was er versteht und
was er nicht versteht, zu sagen, was er spürt und was er nicht
spürt. So ist eine verzweifelte Liebe zu allen Künsten erwacht,
die schweigend ausgeübt werden: die Musik, das Tanzen und
alle Künste der Akrobaten und Gaukler. (Die Malerei
schweigt zwar auch, aber man kann durch eine Hintertüre
auch aus ihr einen Augiasstall des begrifflichen Denkens machen, und so hat man sie sich gleichfalls unmöglich gemacht.)
Alle anständigen Menschen haben von vorneherein einen
Widerwillen gegen einen, der gewandt geredet. Das »gut
Ausgedrückte« erregt spontan den Verdacht, nicht empfunden zu sein. In nichts vielleicht ist das Ideal der elegantia weiter von den Jünglingen des Platon und von den jungen Leuten
der Renaissance weggegangen als in dieser Geringschätzung,
ja wohl Verachtung des guten Redens.

Mit dieser inneren Müdigkeit und dem stumpfen Haß gegen
die Worte entstand auch der große Ekel vor den Gesinnungen. Denn die Gesinnungen der Leute sind nichts als ein ge-
spenstischer Zusammenhang von ungefühlten Worten.
Wenn die Menschen schwach geworden sind und die Worte
sehr stark, so siegt der gespenstische Zusammenhang der
Worte über die naive Redekraft der Menschen. Sie reden dann
fortwährend wie in »Rollen«, in Scheingefühlen, scheinhaften Meinungen, scheinhaften Gesinnungen. Sie bringen es
geradezu dahin, bei ihren eigenen Erlebnissen fortwährend
abwesend zu sein. Der schlechte Schauspieler, der mit der Situation ein abgekartetes Spiel spielt, weil er ihre Einzigkeit
nicht begreift, ist das Symbol davon.
So sitzen sie in den Theatern und schauen sich selber an, denn
in jeder Zeit wird genau so Theater gespielt, wie gelebt wird:
in wesenhaften wesenhaft, in scheinhaften scheinhaft. So entstehen diese Pseudo-Schauspieler, die den Schein des Scheins
spielen, nicht etwa das beiläufige Gedächtnisbild des inneren
Erlebnisses, sondern etwas von außen her Angeflogenes, ein
konventionelles Zeichen. Ihre Gebärden fließen als eine Begleitung zu ihren Worten hin, ganz wie im Leben unser
scheinbares Tun.
Alle diese Erniedrigungen mußten den Triumph eines Schauspielers herbeiführen, der Gewalt über die Worte hat und der
sie für nichts achtet, für nichts die Worte und für nichts die
Gewalt über sie. Denn für gewöhnlich stehen nicht die Worte
in der Gewalt der Menschen, sondern die Menschen in der
Gewalt der Worte. Die Worte geben sich nicht her, sondern
spinnen alles Leben von den Menschen ab, so wie Goethe
sagt, daß es gewissen Männern von den Frauen widerfährt.
Wenn wir den Mund aufmachen, reden immer zehntausend
Tote mit. Der Mitterwurzer hat seine Beredsamkeit das
Schweigen gelehrt. Er hat die zehntausend Toten totgetreten,
und wenn er redet, redet nur er. In seinem Mund werden die
Worte auf einmal wieder etwas ganz Elementares, der letzte
eindringlichste Ausdruck des Leibes, Waffen wie die Zähne
und die Nägel, Lockungen wie das Lächeln und die Blicke,
reine sinnliche Offenbarungen des inneren Zustandes. In sei-

ner Beredsamkeit kommt die Seele hervor, wie ein Leibliches, und macht vor uns Erlebnisse durch. Wenn er Feuer und Wasser redet, spüren wir »es« sich wärmen, und »es« sich netzen. Da wissen wir endlich, warum wir ins Theater gegangen sind. Wir sind beiläufig bereit zu glauben, daß der Mitterwurzer einem Hund eine einfache, kurze Geschichte ganz gut so erzählen kann, daß der davon seinen Eindruck bekommt. Wir aber und die zehntausend Toten könnten lang reden, bevor ein Hund sich deswegen umdreht. Und den »Struwwelpeter« können wir gar nicht laut vorlesen, dabei kommt unsere Unzulänglichkeit elend an den Tag, und das Hohle und Spitze unserer Worte, die ihre kindische Kraft verloren haben. Er aber kanns. Er stellt sich hin und tuts. Dies ist die eine Facette seines Triumphes.

Das zweite, größere Erlebnis aber, das man bei ihm hat, diesem liegt die tiefe Einsicht zugrunde, die er in sein eigenes Wesen hat.

Jedem Erlebnis aus einer Kunst liegt die tiefe Einsicht des Künstlers in sein Material zugrunde. Es kommt bis zu einem unaussprechlichen Grade darauf an, daß der Bildhauer wisse, was das tiefste Wesen des Marmors ist. Und es kommt bis zu einem gewissen unaussprechlichen Grade darauf an, daß ein Schauspieler sich für einen Schauspieler halte und für nichts anderes und daß er wisse, über alle Begriffe deutlich und stark wisse, was ein Schauspieler ist. Denn er selber ist ja sein Material, in dem er arbeitet. Dieses Wissen um sich selbst und sein Material ist die einzige Tugend, die in einem Künstler sein kann. Aber sie muß in einem sein, sonst kann er uns nichts erleben machen. Und für ihn wiederum ist dieses Wissen um sich selbst das einzige Erlebnis; wahrhaftig ist es ein Erlebnis, denn es ist ein Wissen in allen Gliedern, ein inneres Wissen, und, wie jedes tiefe Wissen um sich selbst, den Worten und Begriffen völlig, völlig entzogen. Es ist tief und alles durchdringend, wie in allen Männern immerfort das Wissen, daß sie Männer, und in den Frauen, daß sie Frauen sind. Wenn einer es hat, hat er seinen Schwerpunkt, seine Gebärden werden wahr, und er begreift die Einzigkeit der Situationen. Und das hat der Mitterwurzer sehr stark: er begreift sich selber als

Gaukler. Die Gewalt über die Mienen und die Gewalt über die Worte, die von jenseits des Bewußtseins gelenkte Unterwürfigkeit und Ausdrucksfähigkeit des Leibes, alles das kennt er an sich und erkennt sich selber als Schauspieler, als einen, der mit diesen Mitteln das Bewußtsein zuhörender Leute zu betrügen und ihr Gemüt zu unterjochen geschickt ist.

Aus diesem bewußten Virtuosentum fließt eine ungeheure Willkür. Wer aber will ihm die anfechten, da sie ganz auf der einfachen Wahrheit gegründet ist, auf das einfache Erfassen der Grundbeziehung zwischen ihm, seinem Geschäft und der Welt? Daß er sich durch und durch für einen Schauspieler nimmt und gibt, davon hat er eine absolute Gewalt über die Menschen, eine Herrschaft, die jedesmal über das Stück hinausgreift.

Und die andern werden gerade dadurch klein und bleiben ohne absolute Gewalt, weil sie nicht ganz und gar Schauspieler sind, beileibe keine Gaukler, Virtuosen und Mätzchenmacher, beileibe nicht hergeschickt, Menschen herumzukriegen, zu verblüffen und zu betrügen, sondern ganz etwas anderes: Interpreten des Dichters, Sprecher, gebildete Mitmenschen und Gottweißwas für ekelhaftes, wesenloses Zeug.

Wie mit den einzelnen Reden, so macht er es mit dem Gewebe aus vielen Reden, der »Rolle«. Er hat Gewalt über sie, er kann mehr daraus machen, was man spürt, als alle andern: und er achtet sie für nichts. Wir alle haben fortwährend solche Gewebe aus Worten um uns hängen und geben uns unglaubliche Mühe, so auszusehen, als ob uns das nicht hinunterfallen könnte, oder zum mindesten, als ob wir nicht daran dächten, daß uns das herunterfallen kann. Unsere Schauspieler sind wie wir: sie tragen ihre Rollen wie sehr beängstigende Kleider, offenbar gestohlene Kleider. Der Mitterwurzer geht herum, und in seinen Augen ist eine solche grenzenlose Willkür, daß es ganz möglich ist, er wird die Rolle im nächsten Augenblick wegwerfen, wie einen lästigen Fetzen. Er hat uns nach und nach dazu gebracht, ihn fortwährend anzusehen, auch wenn er schweigt und die andern reden. Denn er sitzt da, »voll Heimlichkeiten und Möglichkeiten«. Er hat eine ganze

Atmosphäre um sich geschaffen. Er hat uns ziemlich den Geschmack an den andern Schauspielern verdorben: denn neben dem einen wahren Komödianten werden die falschen unerträglich. Er ist das Erlebnis aller Welt. Der Starken und Schwachen, der Dummen und Feinen; das geistreiche Erlebnis der Geistreichen, das nervöse der Nervösen. Die Journalisten deuten ihn nicht aus, und ein Professor notiert die Veränderungen seines Gesichtes und die Verschwiegenheiten seiner Stimme wie Siege des Sulla oder Entwürfe des Palladio.

Diese Frau leidet die Leiden unserer Zeit mehr als irgend ein anderes Geschöpf, und in einer großartigen Weise. Von Jahr zu Jahr, von Land zu Land scheint sie blindlings zu fallen, »wie Wasser, von Klippe zu Klippe geworfen«. Ihr Kommen und Verschwinden ist aufregend wie das Herabtaumeln eines verwundeten Sturmvogels auf das mit Menschen überfüllte Verdeck eines Schiffes. Sie ist das ruhmbeladenste Geschöpf der Erde und das ruheloseste; ihre Reisen sind Triumphzüge, und sie gleichen einer Flucht. Wie der Fieberkranke seine Kissen, wechselt sie die Länder der Welt und findet nicht fußbreit, sich auszuruhen. Es ist, als hätte diese ganze Welt nicht den Garten, der sie umfrieden kann, nicht den Brunnen, an dessen Rand sie die fiebernde Schläfe kühlen, nicht den Baum, in dessen Schatten sie einschlummern wird. Und lägen nicht die Jahrtausende dazwischen, so könnte ihre Legende zusammenfließen mit dem Mythos der unglücklichen Io, die durch die Länder stürmt, dumpf aufbrüllend vor Qual und Müdigkeit, den unstillbaren Zorn einer Göttin als giftigen Stachel an ihre zitternde Flanke geheftet. Sie kommt wieder, und gleicht sich selber nicht; und wieder geht sie von uns, hinabzusteigen in ewig wechselnde Gewässer. Doch war sie da. Und wir fühlten die Nähe einer unnennbaren tragischen Gewalt, einer größeren Seele, beladen mit höheren Schmerzen, als die Geschöpfe, welche sie verkörpert, zu leiden fähig sind. Die Geschöpfe, welche sie vor uns verkörperte, waren nur die Sklavinnen, die zu den Füßen eines königlichen Scheiterhaufens verbrannt werden. Oben aber, zuhöchst, verzehrte sich in den gleichen Flammen der Leib einer Göttin.

Mehr als jemals ging diesmal, während sie auf der Bühne stand und spielte, etwas Größeres vor als das Schicksal dieser Figuren, etwa Allgemeineres, etwas von so hoher Allgemeinheit, daß es dem tragischen Leben erhabener Musik sehr nahe verwandt war.

Mehr als sonst mußten wir uns diesmal, während sie auf der Bühne stand und Theater spielte, fragen: Existiert das Theater vielleicht nicht mehr? Hat es nicht für uns zu existieren aufgehört? Mit all seinen großen Häusern, seinen Tausenden von Lampen, seiner scheinbar so großen Realität hat das, was wir Theater nennen, als geistige Kraft, als Macht über uns nicht zu existieren aufgehört? Lebt es nicht vielleicht nur mehr für die Kinder, die tagsüber schon zitternd vor Ahnung die Bude wandernder Komödianten umschleichen; denen eine Zauberwelt aufgeht, wenn sie durch den Spalt unter dem verschlissenen Vorhang den mit Silberflitter gestickten Schuh eines Edelknappen schon lange sehen können, während noch die fünf Musikanten unten Geige und Brummbaß stimmen?

Es ist eine solche Zauberkraft in dieser Frau, daß sie den Kahn, auf dem sie fährt, zum Sinken zwingt und den Fuß auf die nackten Wellen setzt und auf uns zuschreitet. Es lebt in dieser Schauspielerin eine solche Seele, daß vor der Erhabenheit ihrer Gebärden jedes Stück, in welchem sie spielt, aus seinen Fugen geht und nur mehr sie da ist, ihre Natur, die unfähig ist, sich zu verbergen, ihre großen Regungen, die in einer unerhörten Weise leibliche Form geworden sind, ihr Gehen und Stehen, die Hoheit ihres Nackens, die Magie ihrer Hände, die wundervolle tragische Maske, gewoben aus Strahlendem und Dunklem, die ihre Seele verhüllt und verrät.

Und sie will Schauspielerin sein, und sie strebt sich zu verhüllen, und sie bietet die ganze dämonische Kraft ihres Leibes auf, in tausend Verwandlungen den Strahl ihres Wesens zu brechen. Sie türmt gemalte Burgen und gewölbte Gemächer und Landschaften um sich auf, sie hüllt ihre Glieder in die Gewänder der vergangenen Zeiten und legt sich in den Mund die Reden der erdichteten Geschöpfe. Sie will einem Dichter dienen, sie gibt sich in die Hand eines Dichters, wie ein willenloses Wesen gibt sie sich in seine Hand, wie seine Sache, wie seine Wünschelrute, die in seiner Hand liegt und dämonisch aufzuckt, wenn er in seinen Träumen großen Dingen nahe kommt. Sie gibt sich ihm, damit er ihr die Möglichkeit wundervoller Ausrufe, wundervoller Gebärden schaffe. Und ihr Dichter zieht sie zu dem Leichnam der Kassandra, an den Mund der Kassandra läßt er sie die Hände legen; und er taucht sie in die rote Glut des Inferno; ihre wundervollen Hände läßt er sie verlieren und am Rande des Meeres sie traurig dastehen, armlos, wie einen großen unheimlichen Strandvogel; und er blendet ihre Augen und läßt sie mit sehenden Händen, mit fühlendem Leib durch den Raum gleiten; und Szenen gibt er ihr, wo sie im aufgelösten Haare wühlen kann, und Szenen, wo sie mit blühenden Rosen spielt, und Szenen, wo sie zwischen dem jungen Grün der Büsche irren Blickes, doch sanfter als ein Kind, hervortritt.

Aber in all diesen Verwandlungen gehört sie noch zu sehr sich selbst. Sie will sich völliger hingeben, in einer fremderen, befremdlicheren Welt sich verlieren. So kommt sie an Ibsen. Es hat etwas von einem bösen Traum, sie die Hedda Gabler spielen zu sehen. Es liegt eine Unheimlichkeit darin, die außerhalb des Stückes liegt, die grotesker, aufregender, phantastischer ist als das Stück selbst. Es liegt etwas darin, das die Romantiker aufs äußerste fasziniert hätte. Ihre bloße Anwesenheit bringt ein so sonderbares magisches Licht mitten in eine halb tragische, halb fratzenhafte Atmosphäre, daß es an gewisse kleine Blätter von Rembrandt erinnert, an gewisse kleine Bilder von Daumier. Nie konnte man sie so grell angeleuchtet sehen, diese bösartige kleine Welt des buschigen, gedrungenen, mächtigen Dämons, des Zauberers in Filzpantoffeln, des Apothekerlehrlings aus Bergen, der die Gifte und Gegengifte kennt und aus ihnen seine Tränke braut und aus seinen Phiolen seinen in Zauberschlägen eingefangenen Menschen und Halbmenschen so viel eingibt, daß sie unheimlich durcheinandertanzen.

Aber der Vorhang fällt, und sie steht da, einsam, und schüttelt die Spuren dieser Dinge von sich ab wie angeflogenen Staub. Sie hat sich gegeben und nicht ausgegeben, sie hat sich ermüdet und nicht erschöpft. Sie hat nur gespielt. Und das Dunkel eines geheimen Unmutes, einer geheimen Enttäuschung legt sich als ein neuer wundervoller Schatten auf die tragische Maske, die ihr Antlitz ist.

Früher war sie nicht so. Früher trug sie ihr zuckendes Herz in den Händen, früher wühlte sie in ihren Eingeweiden wie in den Saiten einer Harfe, früher hauchte sie ihren letzten Hauch, und dann wankte sie vor an die Rampe, und ihre fast ersterbenden Blicke riefen hinunter: »Ich gab euch alles!«

Aber sie bleibt sich nicht gleich. Ist denn irgend einer unter den Tausenden, die ihre Augen auf sie heften, der noch nicht bemerkt hat, daß sich niemand weniger gleich bleibt als diese Frau?

Daß sie lebt, daß sie sich entwickelt, daß sie ihrem früheren Selbst entfremdet ist, daß sie nicht mehr begreifen kann, wie sie früher war. Daß sie gereift ist an der Glut ihrer Schmerzen, der Schmerzen, die sie gelebt und die sie gespielt hat. Daß sie heute größer ist als die Schicksale, die sie darstellt. Daß sie mit den tiefen, weisen Blicken ihrer Augen das Gewölk dieser Schicksale zerteilen kann. Daß sie zu weise ist für Julia und Kleopatra, zu weise für die arme böse Hedda Gabler, nein, weiser als Ödipus, klüger als Hamlet. Daß sie dort schwebt, wo dunkles Gewölk sich nicht mehr ballt, wo nur die reinsten Blitze des Schicksals, den Äther durchzuckend, treffen und töten. Daß sie dort ist, wo man die »Antigone« zu spielen reif ist, oder wo man überhaupt Theater zu spielen aufhört.

Man versteht, daß die Dichterseele, die aus Werthers gequälten Augen angstvoll blickte, sich läutern konnte, sich stärken zu dem wundervoll klaren, das Schicksal bändigenden Blick der Iphigenie! Man meint das zu begreifen. Für eine billige Weisheit hält man es, für einen rechten Gemeinplatz, das zu wissen. Und hier geht ganz das gleiche vor. Hier steht jemand auf der Bühne, der mit unendlich vielem fertig geworden ist. Hier nimmt eine Seele Masken vor, die über die Maskenspiele hinaus ist. Hier ringt eine namenlos große Kraft, eine königliche, priesterliche Seele um die Möglichkeit, sich geradewegs herzugeben, und findet nur Gleichnisse. Wie keine zweite menschliche Kraft hat sich die Duse auf das Leben gestürzt, auf das Leben, wie jeder es sieht, spürt und leidet, auf das Leben sans phrase. Vom A bis zum Z hat sie das Alphabet der menschlichen, allzu menschlichen Dinge innegehabt, besessen die ganze Skala, die ganze, wie kein zweites Geschöpf. In Stunden des Triumphes mochte sie wähnen, die Zauberfor-

mel zu besitzen, die Himmel und Erde aufschließt, aber sie löste sich auf, zerrann zu Figuren, war nur ein Alphabet. Eine so
große Schauspielerin ist sie geworden, daß sie dahin kommen
mußte, die Grenzen ihrer Kunst als eigenstes Leid in ihre Seele
hinüberzunehmen. Es sind nicht die Länder der Erde allein,
die sie wechselt, wie der Fieberkranke seine Kissen – auch in
ihrem Tun vermag sie nicht auszuruhen.

Sie spielt Theater, und die Niedrigkeit der erfundenen Begebenheiten, die Lügen der bemalten Leinwand, die Erbärm-
lichkeit der ganzen Sache brennt auf ihr wie ein vergiftetes
Gewand. Sie wird es auf irgendwelche Weise von sich abrei-
ßen, auf einmal wird sie wiederkommen, allein, eine keusche
Lampe neben sich statt des erlogenen Lichtes der Soffitten,
und wird lesen, Hymnen des Pindar oder Dialoge des Platon.
Und der Strahl ihrer Augen, die Schatten, die über ihre strahlende Stirne fliegen, eine einzige Gebärde ihres Armes werden
das ganze, das entzückende Schauspiel sein, auf das sich tausende Augen heften werden. Vielleicht aber wird ein tiefer
Drang sie zwingen, aus jenen Hymnen des Pindar, die strahlen wie Perlenbänder, die erregteste zu wählen. Vielleicht wird
sie ihre Arme heben, wird, ihrer selbst vergessend, die Füße
setzen wie zum Siegestanze, wird das Haupt zurückwerfen
und es nicht ertragen, nur eine göttlich beseelte Stimme zu
sein, wird ein göttlich beseelter Leib sein wollen, eine tragische Tänzerin, eine Schauspielerin. Und wenn sie einmal die
Hände gerungen hat, wenn sie einmal die Schauder einer rührenden Schwäche hat durch ihren Leib fließen lassen, so wird
es sie zurücktreiben, und sie wird wieder sein wollen, was sie
war, was sie heute ist. Und so wird sie kommen und gehen.
Ihre Reisen werden Triumphzüge sein und werden einer
Flucht gleichen. Denn sie ist eines der wunderbaren seltenen
Geschöpfe, in deren Seele größere Möglichkeiten sind als im
Bereiche ihrer Kunst. Darum hat es fast keinen Sinn, sie zu
verherrlichen. Darum fällt der Beifall von Tausenden vor ihren Füßen hin, kraftlos wie ein welkes Blatt, und ebenso fiele
vor ihr hin der Haß von Tausenden. Sie ist wie eine Pythia,
die sich aus dem heiligen Hain verirrt hat und nicht mehr zurückfindet zu der dampfenden Kluft, die ihr die Raserei des

Gottes eingibt. So tanzt sie zwischen den Hütten und Gehegen der sterblichen Menschen geisterhaft einher, tritt manchmal starren Auges unter sie, schläft scheu wie ein Wild am Rain des Ackers. Manchmal überfällt sie der Gott, dann saugt sie am jungen Grün der Bäume, wirft die Arme gegen die Wolken, oder reißt einem jungen Tier des Feldes den Kopf ab und befleckt sich mit Blut, gleich einer Mänade. Man sieht aber, daß ihr alles dies nur ist statt der weissagenden Raserei, die sie nicht mehr finden kann. Darum sehen die Leute ihr nach, sehr viele lieben sie wie eine Gottheit, und nur wenige empfinden etwas wie Furcht vor ihr.

DIE BÜHNE ALS TRAUMBILD

Vergessen wir doch niemals, daß die Bühne nichts ist, und schlimmer als nichts, wenn sie nicht etwas Wundervolles ist. Daß sie der Traum der Träume sein muß, oder aber sie ist ein hölzerner Pranger, auf dem das nackte Traumgebild des Dichters widerlich prostituiert wird.

Wer das Bühnenbild aufbaut, muß wissen, wie, er muß daran glauben, vollgesogen muß er damit sein, daß es auf der Welt nichts Starres gibt, nichts was ohne Bezug ist, nichts was für sich allein lebt. Seine Träume müssen ihn das gelehrt haben, und er muß die Welt so sehen; die Kraft des Träumens muß groß in ihm sein und er muß ein Dichter unter den Dichtern sein. Sein Auge muß schöpferisch sein, wie das Auge des Träumenden, der nichts erblickt, was ohne Bedeutung wäre. Ein Bild schaffen, auf dem nicht fußbreit ohne Bedeutung ist, das ist alles. Unbeschreiblich ist die Ökonomie der Träume: wer kann vergessen, wie sich in ihnen ungeheure Gewalt mit wundervoller Kahlheit, Nacktheit geltend macht? Wir sollen von einem Turm herabgestürzt werden: nichts werden wir inne vom Bild dieses Turmes, als ungeheure Steile, rettungslosen senkrechten Absturz nackter Mauern. Wir stürzen und fallen auf eine blumige Wiesenmatte: was sind das für Blumen! wie steigen sie aus dem nackten grünen Grund empor: es sind Narzissen, sind Nelken, aber wo hätten wir je zuvor ihresgleichen gesehen! Es ist, als hätten sie allen Saft von allen Blumen in sich gesogen, die uns gemalt beglückt haben, als wären sie beglänzt mit dem Glanz unaussprechlich seliger Zeiten, die wir einst durchlebt, als wären Abgründe von Wonne eingesenkt zwischen ihren strahlenden Augen, Gefilde der Seligen ausgebreitet auf jedem seidigen Blütenblatt. Hier ist nicht länger Groß und Klein aufgerichtet als eine Schranke zwischen den Geschöpfen: solche Seligkeit durchschüttelt das träumende Ich zwischen seinen geträumten Blumen, als nur von einer Riesenblüte ausgehen kann für ein winziges, mückenhaftes Wesen: ganze Golfströme der Seligkeit, in die sich das Ich hineinwirft, die Ufer der Realität hinter sich lassend, in Wirbeln von Duft und Glanz von der Blüte an sich gesogen wie ein winziges Insekt. Und wer heißt den, der eine Bühne aufbaut, zwischen selig wandelnden Menschen und den Blumen die Schranken von Groß und Klein aufrichten, welche die Wirklichkeit – die Wirklichkeit? – einhält!

Es muß die Magie kommen, mit welcher der aus der Seele hervorbrechende Blick begabt ist: einen Lichtstrahl, der von oben her auf die dunkle Bühne fällt, muß er sich in sich mit dem Blick vorzustellen vermögen, mit dem der Gefangene den *einen* goldenen Lichtstrahl auffängt, der von oben her durch einen Mauerspalt in seine Nacht fällt, einziger Bote der Welt, der strahlenden, die draußen liegt, *ein* Mantel von Glanz, herabflutend von Gottes Thron. So unerträgliches Entzücken vermag ein einziger Lichtstrahl, die Nacht durchbohrend, in einen Traum zu bringen, der mit der Bangigkeit jahrzehntelanger finsterer Kerkerqual erfüllt ist, daß der Traum darüber zerfließt und wir vor Freude erwachen. Und der Meister der Bühne, der solche Strahlen in der Hand hat, der ihrer einen von oben her, einen Strahl des Grausens, ein funkelndes Schwert, in des betenden Gretchens Seele zu bohren vermag, indes sich die fürchterlichen Töne der Orgel wie Ketten umschnürend um sie zusammenziehen, und der dann in die fahle Todesluft des gestaltlos wuchtenden Kerkers aus höchster Höhe her den Strahl der Seligkeit, honigfarben, überirdisch, zu werfen vermag, den Strahl, dem alles Dunkel weicht, vor dem alles Grausen sich löst – er, der solche Blitze zu werfen vermag, sollte sie zu werfen vergessen und lieber einen Dom aufbauen, einen bestimmten, gotischen, mit Schnitzwerk aus gemalter Leinwand und wuchtenden Bogen, die schaukeln, wenn ein Kleid sie streift, und dann einen Kerker, einen »wirklichen«, mit Stroh auf dem hölzernen Bühnenboden, mit papiernen Gitterstäben, anstatt in den unbestimmten dunkelumhüllten Raum, den geheimnisvollen, von der Magie des Ungewissen bewohnten, seiner Lichter voll unsäglicher Traumkraft fallen zu lassen?

Wenn er aber Mauern aufzubauen hat, so werden sie von einer Einfachheit sein, von einer erstaunlichen Einfachheit. Ihr ganzes Leben werden nicht die nachgeahmten Realitäten bilden, nicht die Zierate, nicht die Künsteleien der Stile, nicht alles das, was in der Wirklichkeit nur erträglich ist, weil es Gewordenes ist und umschwebt ist von Vergangenheit, behaucht vom ewigen Sterben, unendlich voll Ausdruck, weil echt, weil wirklich, weil nur sich selber gleichend – nein, seine Mauern werden denen gleichen, die der Traum in uns aufbaut, und ihr ganzes Leben wird das unerschöpfliche Spiel des Lichts sein, das einmal jene lieblichen, Vertrauen einflößenden Mauern, jene trügerischen Mauern, hinmalen wird, die der arglose Duncan begrüßt, an deren Zinnen, Schießscharten und Wasserspeiern der liebliche Vogel, der reine Luft erkennt, sein Nest gebaut hat, und ein nächstes Mal die fürchterlichen Todesmauern, an deren untersten Blöcken die Geschöpfe Maeterlincks sich ihre Hände blutig schlagen, bevor sie, ungehört, verschmachten.

Wenn er seine Lichter auf seine einfachen gemalten Wände wirft, muß er die Kräfte der Seele in sich versammeln, mit denen der Gefangene, mit denen der Kranke hinüberstarrt durchs Fenster: da ist die Mauer des Gefängnishofes, da ist die getünchte Wand der Hospitalskapelle; und auf ihr ein Hauch, eine fliegende Röte, ein schwellendes Gelb, ein Gelb, als bräche es durch Wände von Topas, dann ein Purpur, ein Violett, ein verhauchendes Violett, ein Dunkeln. Und er, der hinüberstarrt, geschmiedet in Ketten oder gebäumt auf seinem Sterbekissen, er hat an dem Farbewechseln jener getünchten Wand mehr Herrlichkeit als zehntausend Gesunde, die von Waldesklippen die Sonne sinken sehen und Bucht und Tal aufglühen sehen in Purpur, Gelb und versinken in Nacht. Denn die Welt ist nur Wirklichkeit, ihr Abglanz aber ist unendliche Möglichkeit, und dies ist die Beute, auf welche die Seele sich stürzt aus ihren tiefsten Höhlen hervor.

Wer die Bühne aufbauen wird, muß durchs Auge gelebt und gelitten haben. Tausendmal muß er sich geschworen haben, daß das Sichtbare allein existiert, und tausendmal muß er schaudernd sich gefragt haben, ob denn das Sichtbare nicht, vor allen Dingen, *nicht* existiert. Der Anblick des wohlbekannten Baumes, den der Vollmond verwandelt, zum König über seinesgleichen erhebt, muß ihn erschüttert haben. Er muß Liebe, Haß und Furcht gelitten haben und gespürt haben, wie Liebe, Haß und Furcht ein vertrautes Tal, ein gewohntes Haus, ein höchst gewohntes Gemach verwandeln, daß es jener Höhle des Hades gleicht, deren Wände sich grinsend verzerren, wenn der blutschänderische Muttermörder sie betritt. De Quincey, Poe, Baudelaire sind seine Lieblingsbücher. An ihren dauernden furchtbaren feierlichen Träumen mißt er die Macht und die Farbentiefe seiner eigenen Träume. Und in seine stärksten feierlichsten Trunkenheiten, deren fieberhafte Erregung nach oben hin von dunkler strahlender Glätte überwölbt ist, wie die von strahlender Ruhe bedeckten Meere, deren inneren Abgrund schlaflose Stürme zerreißen, in seine tiefsten Trunkenheiten gießt er die Worte des Dramas aus, läßt sie in seine flutende, von Lichtern durchwogte Seele fallen, sich lösen, riesige geheimnisvolle Scheine werfen nach oben und unten. So geht er hin und baut die Bühne für den »Lear«; und zündet die Altarflamme für den »Ödipus« an, deren Schwelen und Qualmen, deren blutrotes Züngeln und Zucken, deren befreites Hochaufbrennen die Zuckungen und die Läuterungen dieses Dramas beleuchtet und in sich selber widerspiegelt…

Seine Kraft muß groß sein und sich jedem seiner Gehilfen aufprägen: und wem das Pochen, das Pochen an die Hoftür im »Macbeth« übertragen ist, das Pochen nach dem Mord, das ungeheure Pochen, mit dem eine Welt, die Welt der Lebenden, an das Tor einer anderen namenlosen Welt, an das Tor eines Pandämoniums, zu schlagen scheint, von dem würde ich wünschen, er legte in dieses siebenfache Pochen – es gleicht jenem äußersten grausenvollen Letzten eines Traumes, welches so stark ist, daß der Traum damit eben aufhört und wir erwachen – alle die Kunst, alle die Phantasie, nein alle die tiefste Kraft seiner Seele, mit der ein großer Geiger am Rand eines Beethovenschen Abgrunds der Finsternis fahle Streifen geheimnisvollen wesenlosen Lichtes entblühen läßt.

[VORREDE FÜR DAS WERK
E. GORDON CRAIGS]

Die theatralischen Künste sind auseinandergefallen und vereinigen sich nur mehr in merkwürdigen seltenen Individuen, die am seltensten uns Deutschen angehören. Nach dem sinnlichen Reiz wahrhaftigen Tanzes, wie nach dem pathetischen, ruft ein sehnliches Verlangen und bleibt ungestillt. Wir bewunderten auf der Variété-Bühne Künstler, deren leibliches imprévu, deren mimische Gewalt einem aristophanischen Stück das schönste Leben eingehaucht hätten, während sie sich hier an platten und kurzatmigen Erfindungen in einer gemeinen Umgebung verschwendeten. Uns an Aufzügen zu erfreuen, wird uns weder auf der Straße noch im Theater zuteil. Ein durch stärkstes, bestimmtestes Talent berechtigter Künstler, vom Vater her der Architektur, von Mutterseite dem Theater nächstverwandt, verlangt das Zerfallene wieder zusammenzubringen. Er erweist uns die Ehre, mit beharrlichem Zutrauen Deutschland für den Boden zu halten, der solchen Unternehmungen günstig sei: die freilich ein Publikum erwarten, das fähig wäre, ein zusammengesetztes Ganzes mit reiner und vorurteilsloser Empfänglichkeit zu genießen. Denn hier wird sich, wie stets von Dezennium zu Dezennium vor einer neuen Erscheinung, das Sonderbare ereignen, daß die Philister die Maske der Kunstbeflissenen vornehmen, und sondern werden, wo nichts zu sondern ist, exkludieren, wo nichts zu exkludieren ist. Er, schöpferisch, fragt nicht nach Vorbildern: seinem Kopf entsteigen Phantasien, mächtige Treppen, wuchtige Verliese, Turmgemach, Terrasse, Hafen, Zelt und Loggia: die menschliche Gestalt bringt er dazu in herrliche Verhältnisse – dem Claude Lorrain, dem Turner, ohne nähere Verwandtschaft, hier vergleichbar –: ein bloßes Dastehen der einzelnen Gestalt, ein schöngewendeter feierlich schreitender Zug, eine dunkle Gruppe, im Dunkel lauernd, ist schon ein nahezu vollendetes Gedicht. Bezögen sich mehrere solcher aufeinander, versuchte die Poesie, die Musik diese Situationen ohne Ängstlichkeit zu verbinden und überließe es der aufnehmenden Phantasie, allfällige Lücken sich selber auszufüllen: wer könnte ein solches Schauspiel abweisen, es sei denn er habe sich von vorneherein vorgesetzt, hier nicht zu genießen; wer könnte leugnen, daß hier ein Bedürfnis der Einbildungskraft befriedigt wird, das kein geringerer als unser höchster Dichter mächtig und wiederholentlich in uns aufgerufen hat? Wie erfreulich wäre ein solcher Helfer ihm gewesen, als er die Pandora, den Epimenides, als er jene Architektur- und Landschaftsträume des greisen Faust ans Licht brachte und ihm das deutsche Theater fast alles schuldig blieb. An Richard Wagner noch, an die unzähligen mit innigstem Drang von ihm ausgebildeten Herein- und Hinauszüge, mit Wundertönen begleiteten Wandlungen der Landschaft, jenen Wechsel von links nach rechts, von oben nach unten, von Dunkel zu Hell, hier nur zu erinnern, erregt schon inneres Widerstreben: denn wozu soll das Schöne noch der Nothelfer bedürfen – oder muß es wirklich ausgesprochen werden, daß hier nichts vergewaltigt, nichts verdrängt werden soll, daß das Gegeneinander der nur in Wort und Miene flüchtig lebenden Leidenschaften, daß alle psychologischen Künste und Reichtümer der Ibsen-Bühne hier nicht vom Hauch eines Angriffes berührt werden, – da doch im Bereich der Kunst wie in dem der Natur Gebilde neben Gebilde seinen Platz findet.

DIE UNVERGLEICHLICHE TÄNZERIN

Sie heißt Ruth St. Denis. Oder sie heißt irgendwie und nennt sich Ruth St. Denis. Es ist möglich, daß sie eine Kanadierin ist, in der sich französisches Blut mit angelsächsischem mischt und dazu noch ein Tropfen fremderen Blutes, eine Großmutter aus indianischem Geblüt, etwas vom Geheimnis und von den Kräften einer Urrasse, die schwindet. Oder sie ist vielleicht eine Australierin, wie die Saharet, mit der sie übrigens so wenig wie möglich Ähnlichkeit hat. Es ist mehr als wahrscheinlich, daß sie Indien kennt und die dunkleren Länder hinter Indien; daß sie javanesische Tänzerinnen oft und viel gesehen hat; daß sie die Pagode von Rangoon kennt und »den liegenden Buddha mit dem unsäglich rührenden Lächeln«, und andere heilige Stätten, beschattet von tausendjährigen Mangobäumen, türmend auf heiligen Bergen, zu denen uralte Pilgerwege hinanführen und Treppen, gebrochen in den Stein, geglättet und betreten zu einer Zeit, als die göttlichen Figuren des Parthenon noch in der unberührten Flanke eines Berges schliefen.

Jedenfalls hat sie diese ewigen Dinge des Ostens gesehen, und nicht mit gewöhnlichen Augen. Ob sie unter ihnen gelebt hat, jahrelang oder stundenlang – was hat Zeit mit diesen Dingen zu tun! Es ist durchaus der Augenblick, an den das Produktive gebunden ist; wie der Blitz fällt die Möglichkeit der Kunst in die wenigen Seelen, die dafür geboren sind, und so mag eine ganze Jugend, eingetaucht in den Traum des Orients, sich zu diesen nicht zu vergessenden Gebärden, diesen Tänzen verdichtet haben, oder die Intuition einer Sekunde, der Anblick einer einzigen Tempeltänzerin, eines einzigen Bildwerks.

Ich glaube nicht, daß in einer minder raffinierten, minder komplexen Zeit als die unsere etwas möglich war wie die Tänze, die dieses Mädchen auf einer europäischen Bühne tanzt; ich glaube nicht, daß dergleichen noch vor einem Jahrzehnt im Bereich des Möglichen lag; ich meine, etwas so durchaus Fremdes und das sich seiner geheimnisvollen Fremdheit in keiner Weise schämt; das keine Vermittlung sucht, keine Brücke; das nichts mit Bildung zu tun haben will, nichts illustrieren, nichts nahebringen. Das ein völlig Fremdes vor uns darstellt, ohne die Prätension des Ethnographischen, des Interessanten, einfach nur um seiner Schönheit willen. Ich fühle dieses Schauspiel bis zum äußersten imprägniert mit dem Aroma des ganz einzigen Moments, in dem wir leben. Ich fühle, wie hier flammenhaft etwas ins reale sinnliche Leben hineinschlägt, das seit wenigen Dezennien in der geisterhaften Sphäre des geistigen Genießens da ist und nun plötzlich da und dort, so unerwartet als möglich, in inkommensurablen Kunstwerken sich realisiert, eine Durchdringung der europäischen Phantasie mit asiatischer Schönheit. Dieses Mädchen und ihre Tempeltänze sind durchaus das Kind dieses Augenblicks, in dem Söhne von Brahmanen in den Laboratorien von Cambridge und Harvard der Materie die Bestätigung uralter Weisheiten entringen, in dem durch die Presse von Benares und Kalkutta Inder und Japaner in englischer Sprache durch meisterhaft abgefaßte, wundervoll konzentrierte Bücher unsere Bibliotheken bereichern, in dem ein Amerikaner, dessen Mutter eine Griechin war, in einer Reihe hinlänglich berühmter Bücher uns das innere Leben Japans entschleiert und dabei unsere eigene Antike, unsere eigene Gegenwart so neu als zauberhaft erleuchtet, in dem ein deutscher Jude, Zeltgenosse von Tataren und Tschungusen, von den undurchdringlichsten, erhabensten aller heiligen Bücher des Ostens eine doppelte Übersetzung anfertigt, zuerst französisch, dann deutsch, jede ein bewunderungswürdiges Meisterwerk lapidarer Sprache, »Urworte orphisch« aneinanderreihend...

Aber ich will von meiner Tänzerin reden. Doch ich werde kaum versuchen, ihr Tanzen zu beschreiben. Was sich von einem Tanz beschreiben ließe, wäre immer nur das Nebensächliche: das Kostüm, das Sentimentale, das Allegorische. Hier ist nichts sentimental, nichts allegorisch, und auch das Kostüm, diese glitzernde Verhüllung, die unter dem Zauber der

rhythmischen, anschwellenden Bewegung einer plötzlichen
Nacktheit weicht, deren Vision geheimnisvoll ist durch die
fremde Färbung des Lichtes, und ernst, streng wie die Vision
einer hüllenlosen, heiligen Statue im verschlossenen Tempel-
raum, auch dieses Kostüm aus starrendem Goldstoff (oder
was sie sonst an anderen Abenden tragen mag) ist von unendlich untergeordneter Bedeutung. Es könnte nicht da sein und
ihren Leib völlig ohne eine andere Hülle lassen als das Geheimnis seiner fremden Farbe mit dem helleren Gesicht, den
hellen Innenflächen der Hände, oder es könnte diesen Leib in
schleierige Gewebe so dicht einhüllen wie die kleinen Tänzerinnen von Tanagra, immer wäre dies sehr nebensächlich, und
es bliebe ihr Tanzen, die unbeschreibliche Schönheit ihres
Tanzens. Von dieser aber zu reden, werde ich nicht versuchen. Auch wird man sie hier sehen.
Ich sah sie an einem Abend, eine Viertelstunde lang. Die
Bühne war das Innere des indischen Tempels. Weihrauch
stieg auf, ein Gong wurde angeschlagen. Priester kauerten an
der Erde, berührten mit der Stirn die Stufen des Altars, übten
im Halbdunkel irgendwelche Bräuche. Das ganze Licht, ein
blaues, starkes Licht, fiel auf das Standbild der Göttin. Ihr Gesicht war wie aus blaugefärbtem Elfenbein, ihr Gewand blau-
funkelndes Metall. Sie saß, sie kauerte in der heiligen Haltung
des Buddha auf der Lotosblume: die Beine gekreuzt, die Knie
weit auseinander, die Hände vor dem Leib vereinigt, die
Handflächen fest aneinandergepreßt. Nichts an ihr regte sich.
Ihre Augen waren offen, aber die Wimpern schlugen nicht.
Irgend eine unsägliche Kraft hielt den ganzen Körper zusammen. Es währte die volle Dauer einer Minute, aber man hätte
die zehnfache Zeit diese regungslose Gestalt vor sich sehen
wollen. Es hatte keine Ähnlichkeit mit der Nachahmung einer Statue durch ein menschliches Wesen. Es war keine er-
zwungene künstliche Starrnis darin, sondern eine innere seelische Notwendigkeit. Es strömte aus dem Innersten dieses
sitzenden Mädchens in diese starren Glieder etwas von dem
Fluidum, das die großen Gebärden der Duse über jede Möglichkeit, sie anders zu denken, hinaushebt. Und aus dieser
Stellung steht sie auf. Dieses Aufstehen ist wie ein Wunder.

Es ist, als hübe sich eine regungslose Lotosblume uns entgegen. Sie steht, sie steigt die Altarstufen herunter, das Blau verlischt, ihr Gesicht ist bräunlich, doch heller als ihr Leib, ihr Gewand fließendes Gold mit Edelsteinen; an den Knöcheln der schönen, statuenhaften Füße sind silberne Glöckchen. In ihren regungslosen Augen ist stets das gleiche geheimnisvolle Lächeln: das Lächeln der Buddhastatue. Ein Lächeln, das nicht von dieser Welt ist. Ein absolut nicht weibliches Lächeln. Ein Lächeln, das irgendwie dem undurchdringlichen Lächeln auf den Bildern des Lionardo verwandt ist. Ein Lächeln, dem die Seele seltener Menschen zufliegt, und das ihr vom ersten Augenblick an und bleibend die Herzen der Frauen und die sinnliche Neugierde sehr vieler Männer entfremdet. Und nun beginnt ihr Tanz. Es sind Bewegungen. Es sind Bewegungen, die in unaufhörlichem rhythmischem Fluß ineinander übergehen. Es ist das gleiche, was man im Jahre 1889 in Paris die kleinen Javanesinnen hat tanzen sehen, und in diesem Jahr die Tänzerinnen des Königs von Kambodscha. Es ist natürlich das gleiche, was alle orientalischen Tänze suchen. Eben den Tanz, den Tanz an sich, die stumme Musik des menschlichen Leibes. Ein rhythmischer Fluß unaufhörlicher und, wie Rodin sagt, richtiger Bewegungen. (Man hat hier vor kurzem die Pantomimen Severins gesehen: seine Gebärden waren unaufhörlich, sein Spiel hatte keinen toten Punkt, so wie auf einem unendlich höheren Niveau das Gebärdenspiel der Duse keine toten Punkte hat. Das Wort »richtige Bewegungen« gebrauchte Rodin von den Tänzerinnen aus Annam. »Was verstehen Sie unter richtigen Bewegungen, Meister?« fragte ihn der Interviewer. »Muß ich das wirklich erklären?« antwortete Rodin. »Die Bewegungen dieser Frauen, wenn sie tanzen, sind richtig. Die Bewegungen der europäischen Tänzerinnen sind falsch. Man kann das nicht erklären, aber es ist gar nicht zu diskutieren, man fühlt es mit dem Auge, so wie man falsche Noten mit dem Ohr fühlt.«) So also tanzt sie. Es ist die berauschendste Verkettung von Gebärden, deren nicht eine an die Pose auch nur streift. Es sind unaufhörliche Emanationen absoluter sinnlicher Schönheit, deren nicht *eine* Konvention ist, zumindest nicht europäische Konvention, sondern allenfalls die Konvention höchsten, strengsten, hieratischen, uralten Stiles. Der Fortgang dieses Tanzes ist unschilderbar. Die Schilderung müßte sich an Details hängen, die ganz unwesentlich sind, und das Bild wäre verzerrt. Sie gibt sich im Laufe des Tanzes ab mit einer Perlenschnur, mit einer Blume, mit einer hölzernen Trinkschale. Aber sie gibt sich durchaus nur symbolisch damit ab. Diese Dinge dürfen in ihrem Tanz mitschwingen, aber sie verlieren ihre Eigenleben dabei. Man wird an das merkwürdige Wort von Goethe erinnert, daß Tizian, als er ganz reif und auf der Höhe seines Könnens war, »den Samt nur mehr symbolisch gemalt habe«. So widmet sie dieser Blume, dieser Perlenschnur, dieser Trinkschale durchaus keine Zärtlichkeit, kein Interesse, das über die Rolle hinausgeht, die diesen Instrumenten in der rhythmischen Verschlingung des Tanzes zugeteilt ist. In dieser ungeheuren stilisierenden Kraft – seltsame Verbindung eines seltsamen lebendigen Wesens mit uralten Traditionen – ist jede Spur einer Sentimentalität weggetilgt. Dies ist so wie ihr Lächeln. Dies ist, was ihr vom ersten Augenblick an die Herzen der Frauen und die sinnliche Neugier der meisten Männer entfremdet. Und gerade das ist, was sie hält, und ihren Tanz zu etwas Unvergleichlichem macht. Er geht an die Grenzen der Wollust und er ist keusch. Er ist ganz den Sinnen hingegeben, und er deutet auf Höheres. Er ist wild, und er ist unter ewigen Gesetzen. Er könnte nicht anders sein, als er ist. Es kommt alles darin vor. Ich habe sie eine Viertelstunde lang gesehen, und ich erinnere Bewegungen, wie das Hinfallen, das Küssen ihrer eigenen Finger, das Aussaugen der Trinkschale, die sich in der gleichen Stelle des Gedächtnisses eingraben wie ein erhabenes Detail der Elgin Marbles, eine Farbe des Giorgione.

Es ist unbeschreiblich schön. Aber ich weiß nicht, ob es den Leuten sehr gefällt. Sie drängen sich hin, sie füllen das Theater, wo sie tanzt, Abend für Abend. Man wird sie hier sehen, und auch hier wird das Theater Abend für Abend gefüllt sein. Aber es werden nur wenige Menschen sie wirklich goutieren. Am wenigsten die Frauen. Schon um dieses enigmatischen Lächelns willen, an dem so gar nichts Weibliches ist, so gar nichts Schmelzendes, nichts Zärtliches. Aber sie wird ihre Stellung haben, hier wie dort und überall, wo sie auftritt. Die ungeheure Unmittelbarkeit dessen, was sie tut, diese strenge, fast abweisende Unmittelbarkeit, dies Kommentarlose, der grandiose Ernst ohne Spur von Pedanterie, alles dies schafft um sie herum den leeren Raum, den das Außerordentliche immer um sich hat. Man wird von ihr sagen, was man von der Duncan sagte: »Sie darf es tun. Sie darf alles tun.« Aber was man von der Duncan sagte, weil sie sehr geschmackvoll, sehr klug und sehr anständig war, wird man von ihr sagen, weil sie großartig, undefinierbar und elementar ist. Im übrigen wird kein Anlaß sein, sie mit der Duncan zu vergleichen. Die Duncan, so charmant sie ist, wirkt neben ihr unendlich sentimental. Es war das Geheimnis der Duncan, daß sie wußte, was Tanzkunst ist. Diese da ist eine geborene große Tänzerin. Das Tanzen der Duncan, an diesen inkalkulablen Gebärden gemessen, war ein Zeigen, fast ein Demonstrieren. Diese tanzt. Die Duncan hatte etwas von einem sehr gewinnenden und leidenschaftlich dem Schönen hingegebenen Professor der Archäologie. Diese ist die lydische Tänzerin, aus dem Relief herabgestiegen.

ÜBER DIE PANTOMIME

Die alte Schrift des Lukian, welche den gleichen Gegenstand behandelt, würde man auch heute nicht ohne Nutzen und Vergnügen durchlesen.

Ihr Titel Περὶ ὀρχήσεως durfte dem Sinne nach in den oben stehenden Worten übertragen werden. Ebensowohl hätte die Überschrift lauten mögen: »Über den Tanz.« Es ist vom darstellenden Tanz zumeist die Rede; doch kann niemand auch den primitivsten Formen des Tanzes ein darstellendes, pantomimisches Element absprechen. Das Pantomimische andererseits wäre undenkbar, ohne daß es durch und durch vom Rhythmischen, rein Tanzmäßigen durchsetzt wäre; fällt dies weg, so befinden wir uns in einem Schauspiel, dessen Darsteller sich absurderweise der Hände bedienen, anstatt ihrer Zunge; also in einer mit Willkür unvernünftigen Welt, in der zu verharren beklemmend wirkt. Dagegen in eine Haltung, eine rhythmische Wiederholung von Bewegungen einen Gemütszustand zusammenfassen, darin ein Verhältnis zu umgebenden Personen, gedrängter, und bedeutender als die Sprache es vermöchte, auszusprechen, etwas an den Tag zu geben, was zu groß, zu allgemein, zu nahe ist, um in Worte gefaßt zu werden: diese Ausdrucksform ist einfachen heroischen Zeiten, ja besonders dem urweltlichen Zustand geläufig, und wiederum aus unserer bis zur Verworrenheit vielfachen, übergreifenden Gegenwart hebt sich, wie alles Menschliche beharrender Art ist, das gleiche unzerstörbare Bedürfnis hervor, welches zu stillen, da der Lebensboden ungünstig ist, die Kunst eine ihrer uralten Formen zu einer neuen Belebung uns darbietet.

»Die frommen Inder«, sagt Lukian, »begnügen sich nicht, die aufgehende Sonne nach Art der Griechen durch den Kuß der eigenen Hand zu verehren; nach Osten gewandt grüßen sie schweigend den Gott durch eine Folge bewegter Gebärden, durch welche dessen eigener Tageslauf über das Gewölbe des

Himmels darstellend gemeint ist; und durch diesen panto-
mimischen Ersatz für unsere Gebete, Opfer und Chorlieder
versichern sie sich seiner Gunst bei Anfang und Ende seines
täglichen Kreislaufes. Weiter gehen noch die Äthiopier und
tanzen auch während der Schlacht; der Pfeil, den ein Äthiopier aus der Federkrone seines Hauptes zieht, die ihm statt des
Köchers dient, wird nicht von der Senne fliegen, ohne daß
rhythmische Bewegungen, worin sich das Gefühl der eigenen
Kraft mit der dem Feinde zugedachten Todesdrohung verbindet, sich zwischen die einzelnen kriegerischen Handgriffe
einschieben.«
Auf Zeremonie läuft alles hinaus, in ihr stillt sich ein tiefstes
Bedürfnis, urtümlich religiöser Sphäre; hier ist nichts von
leer, mit welchem Beiwort die im Schwang befindliche Ta-
gessprache gerne das Wort Zeremonie zu behängen pflegt. Es
sind, wie bei jenen Sonnenanbetern und Kriegern, die erfüll-
testen Momente des Daseins, ehrfürchtige Hingenommen-
heit oder die Ekstase des Kampfes, in welchen aus innerer
Überfülle sich ein gehaltenes zeremoniöses Gebaren entbindet. Zur Zeremonie kann die einfachste Handlung erhoben
werden: das Schütteln von Speer und Schild, ebenso wie das
Darreichen einer Trinkschale, und keine wäre so einfach, daß
sie nicht in gereinigtem Sinne als erhaben erscheinen könnte.
So haben wir Ruth St. Denis hervortreten sehen und im Gewand eines im Tempel dienenden Mädchens, die Schale mit
dem Feuer in Händen, in einer langen Folge der einfachsten
Gebärden, mit Schreiten und Neigen, Entzünden und Weihen, eine unermeßliche Wahrheit, geistige Schönheit entfalten. So ist der große Tänzer Nijinsky und vermag in der Gebärde eines, der mit hohler Hand am Quell sich Wasser
schöpft, alle Reinheit und Erhabenheit der unverderbten
menschlichen Natur zu offenbaren. So waren die Zeremonien
der Sada Yakko, eingeschoben zwischen den Dialogen einer
uns fremden Sprache in langwierigen Dramen, deren Handlungen uns unverständlich waren; und haben wir nicht
gleichfalls von der großen europäischen Schauspielerin dergleichen Momente erlebt, in denen sie aus der Nüchternheit
der Vorgänge einer »Kameliendame« gleichsam auf eine ganz

andere, die eigentliche Bühne trat und sich für uns in Augenblicke eines wahrhaft tragischen Tanzes der Gehalt, nicht
mehr des abgegriffenen Theaterstückes, sondern menschlich
ewiger Situation zusammendrängte?

Die Erfindungen, durch welche allenfalls der Theaterdichter
solchen Offenbarungen einer hohen seelisch-sinnlichen Begabung zu Hilfe kommen kann, indem er sich ihr in auserwählten Fällen mit Freude unterordnet, bewegen sich auf einer anderen Ebene als das Drama. Es sind wohl Schauspiele,
was hier zu geben versucht wird, aber keine Dramen. Der
Aufbau bleibt schematisch, den Figuren muß das Individuelle
mangeln, welches nicht anders als durch die Sprache zu geben
ist. Ein geistiger, bedeutender, ja unendlicher Inhalt wird aber
nur scheinbar fehlen. Denn die Kunst wie die Natur ist in ihrem Bereich unerschöpflich an Auskunftsmitteln, jedem ihrer
Geschöpfe einen unendlichen Lebensreichtum zu sichern,
und unbedingt ist ihr Vermögen, alles schließlich wieder ins
Gleichgewicht zu setzen. Ist die Erfindung der Situationen
nur derart, daß sie den Tänzer schnell in sein eigentliches
Element hinüberführen: sein allgemein Menschliches aus der
Fülle seiner Natur herauszugestalten, so steht auch hier wie
nur je im Wortgedicht ein Unendliches vor uns. Kein Neigen
des Hauptes, kein Heben des Fußes, kein Beugen des Armes
gleicht dem andern; hier ist Kunst, und wie Natur ist sie nach
unendlichen Arten unendlich. Eine reine Gebärde ist wie ein
reiner Gedanke, von dem auch das augenblickliche Geistreiche, das begrenzte Individuelle, das fratzenhaft Charakteristische abgestreift ist. In reinen Gedanken tritt die Persönlichkeit vermöge ihrer Hoheit und Kraft hervor, nicht eben allen
sogleich faßlich. So tritt in reinen Gebärden die wahre Persönlichkeit ans Licht und über die Maßen reichlich wird der
scheinbare Verzicht auf Individualität aufgewogen. Wir sehen einen menschlichen Leib, der sich in rhythmischem Fluß
bewegt nach unendlichen Modifikationen, die in vorgezeich-
neten Bahnen ein innerer Genius leitet. Es ist ein Mensch wie
wir, der sich vor uns bewegt, aber freier, als wir jemals uns
bewegen, und dennoch spricht die Reinheit und Freiheit seiner Gebärden das Gleiche aus, das wir aussprechen wollen,

wenn wir gehemmt und zuckend uns innerer Fülle entladen. Ist es aber nur Freiheit des Körpers, was uns hier beglückt? Enthüllt sich nicht hier die Seele in besonderer Weise? Entlädt sie sich nicht hier wie in den Tönen, aber noch unmittelbarer, noch zusammengefaßter, der inneren Fülle? Worte rufen eine schärfere Sympathie auf, aber sie ist gleichsam übertragen, vergeistigt, verallgemeinert; Musik eine heftigere, aber sie ist dumpf, sehnsüchtig ausschweifend; die von der Gebärde aufgerufene ist klar zusammenfassend, gegenwärtig, beglückend. Die Sprache der Worte ist scheinbar individuell, in Wahrheit generisch, die des Körpers scheinbar allgemein, in Wahrheit höchst persönlich. Auch redet nicht der Körper zum Körper, sondern das menschliche Ganze zum Ganzen.

»Das ist wahr«, heißt es beim Lukian, »der Pantomime muß gewappnet sein von Kopf zu Fuß. Sein Werk muß in Harmonie ausgesonnen sein, vollkommen im Gleichgewicht und in den Verhältnissen; eins in sich selber, jedem Gegner gewachsen. Da dürfen keine Flecken daran sein; da muß alles vom Besten sein: ein schöner Einfall, ein tiefer Kunstverstand, vor allem wahre Menschlichkeit. Wenn jeder Einzelne von den Zusehern eins wird mit dem, was sich auf der Szene bewegt, wenn jeder Einzelne in den Tänzen gleichsam wie in einem Spiegel das Bild seiner wahrsten Regungen erkennt, dann – aber nicht früher als dann – ist der Erfolg errungen. Solch ein stummes Schauspiel ist aber auch nicht weniger als eine Erfüllung jenes delphischen Gebotes: ›Erkenne dich selbst‹, und die aus dem Theater nach Hause gehen, haben etwas erlebt, das erlebenswert war.«

ERNST HARTMANN ZUM GEDÄCHTNIS

Unendlich leid tut es einem um Hartmann. Es ist in diesem Leid etwas so Persönliches und dabei so Allgemeines, so Öffentlich-Privates, wie es jemand, der außerhalb der Wiener Atmosphäre aufgewachsen wäre, kaum begreifen könnte. Es ist dies: man weiß nun mit einem Male, daß das Burgtheater, jenes alte, das sich ins neue doch und trotz allem hinüberlebte, nun wirklich gestorben ist. Die Grenze war verschwimmend. Je nachdem man mit härterem oder milderem Blick hinschaute, konnte man etwas von dem alten Glanz um eine gute Vorstellung schimmern sehen. Aber nun erscheint die Grenze ganz hart und scharf gezogen.

Ich suche Hartmann in meinem Gedächtnis und sehe zahllose Gestalten. Lebendig springen sie hervor, sein Clarence und sein Mercutio und sein König Heinrich und sein Leon und seine kleineren Rollen. Sein Franz Lerse, der ganz Einfachheit und Natur war, mit einem diskreten Glanz wie gehämmertes Gold, und seine pompösen Rollen, wie der verarmte Edelmann und die nicht zu vergessenden Episoden, mit denen er den inneren Reichtum Schnitzlerscher Stücke an den Tag zu bringen half, die Rollen im »Grünen Kakadu«, den alten Herzog im »Medardus« und dahinter die Flut der anonymen französischen Stücke, aus deren Gedränge sich nur zufällig eine bezaubernde Figur, nein, eine bezaubernde Leistung, eine bezaubernde Gegenwart, eine bezaubernde Schauspielerei entgegenhebt, »der zündende Funke«! Sicherlich, sein Gedächtnis lebt in allen diesen Rollen. Eine reiche, unendlich liebenswürdige Natur wirkte sich in ihnen aus.

Aber an ihm war mehr als alle diese Rollen miteinander. Die Erinnerung an ihn erschöpft sich nicht in Bildern, sie ist am heftigsten in einem Gefühl. Das Stärkste an ihm war seine Atmosphäre. Es war ein Fluidum um ihn, an das man mit lebhafterer Sehnsucht denkt als an irgendeine einzelne Gestalt.

In ihm war etwas unendlich Verbindliches, Verbindendes, Beziehungsvolles. Vor unserem inneren Auge steht nicht nur seine Geste, sondern auch die Geste seiner Partner. Wir hören seine Stimme nie allein, sondern immer im Dialog. Sein Blick geht hinüber zu anderen Figuren, seine Hände verbinden die Schatten anderer Figuren rastlos mit dem seinigen. Die Hohenfels, die Gabillon gibt ihm eine Replik, zwischen Lachen und Weinen antwortet ihm seine Frau, seine wundervolle Partnerin.

Ja, er war ein entzückend beziehungsvoller Schauspieler, und mit ihm erst stirbt wahrhaft eine Welt, keine wahre Welt und doch keine lügnerische, eine gesteigerte Welt, eine Feiertagswelt. Herzog, Edelmann, Bürger und Bedienter standen droben, alle waren sie pompös und gewinnend, alle waren sie im heimlichen Einverständnis miteinander, und ihr Zusammensein war ein Ganzes, auf dem viel Glanz lag. Man nannte es das Burgtheater.

NIJINSKYS »NACHMITTAG EINES FAUNS«

Rodin hat über dies belebte Gebilde, dies Stück aufgelöster Skulptur das Entscheidende und das Bleibende gesagt, und es bleibt kaum möglich, nach ihm etwas zu sagen, das nicht überflüssig erschiene. Aber dieser mimische Versuch weicht so sehr von allem ab, was die »Russen« bisher gebracht haben, verläßt so völlig die Linie des Prunkvollen, des barbarisch Phantastischen, des rhythmisch Leidenschaftlichen, auf der wir diese außerordentlichen Darbietungen sich bewegen zu sehen gewohnt sind, daß er befremden wird. Zu befremden ist das Los und das Vorrecht des Neuen, des Bedeutenden in der Kunst. Man ist gewohnt, in Nijinsky den geniehaftesten und ebendarum den faßlichsten aller Mimen zu genießen. Hier aber handelt es sich nicht mehr um den Tänzer, den Mimen, den Interpreten, sondern um den Urheber eines Ganzen, um eine Funktion dieses außerordentlichen Menschen, für die nur der Name fehlt: ein Etwas zwischen dem Regisseur, dem Darsteller und dem Erfinder, alle diese drei Funktionen in eins zusammenfassend: es handelt sich um Nijinsky als Autor des choreographischen Gedichtes, und vielleicht ist Nijinsky eher den *schweren* als den *leichten* Autoren zuzuzählen.

Ich entsinne mich hier einer Stelle aus dem Aufsatz zu Ehren Hauptmanns, mit welchem Moritz Heimann eines der letzten Hefte der »Neuen Rundschau« schmückte; darin war gesagt, ein Werk wie »Fuhrmann Henschel« (das jeder Mensch zu verstehen meint) sei im Grunde ebenso schwer zu verstehen wie »Pippa«. Dieser Satz, ausgesprochen von einer so stillen und großen Autorität, scheint mir auch die vorliegende Materie zu erleuchten. Ein Kunstwerk kann auf den ersten Blick schwer faßlich erscheinen, und es kann auch einem wirklichen durchdringenden Verstehen einen gewissen Widerstand entgegensetzen, nicht durch allegorische Geheimnisse oder sonstige Dunkelheiten, sondern durch die *Dichtigkeit des Ge-*

webes, welche eben seine hohe Qualität ausmacht; dies scheint mir hier wie dort, bei dieser winzigen Szene wie bei jenem Trauerspiel, der Fall zu sein.

Es sind sieben oder acht Minuten einer strengen, ernsten, rhythmisch zurückhaltenden Pantomime, auf eine Musik von Debussy, die berühmt und von jedermann gekannt ist. Aber diese Musik ist durchaus nicht der Schlüssel zu diesem Ballett, wie etwa Schumanns Musik der Schlüssel und der völlig passende Schlüssel zu dem Ballett »Karneval« ist. Der »Karneval« scheint jedesmal wie eine Improvisation aus seiner Musik hervorzuströmen. Neben der strengen inneren Kraft von Nijinskys kurzer Szene dagegen scheint mir die Musik von Debussy zurückzutreten, ein begleitendes Element zu werden, ein Etwas in der Atmosphäre, nicht die Atmosphäre selbst. Auch das berühmte Gedicht von Mallarmé, dessen Titel und Grundstimmung die Musik übernommen hat, ist nicht der Schlüssel; eher vielleicht der eine Vers des Horaz: Faune, »nympharum fugientium amator« in seiner Konzentration, die den Vorgang eines Basreliefs in vier Worte schließt.

Dieses Äußerste an Konzentration, diese skulpturale Konzentration, dieses Basrelief sind es, die ich in der mimisch–dichterischen Arbeit von Nijinsky wiederfinde. Eine Vision der Antike, die ganz die unsrige ist, genährt von den großen statuarischen Gebilden des fünften Jahrhunderts, dem delphischen Wagenlenker, dem archaischen Jünglingskopf des Akropolismuseums, mit einer Schwingung von Schicksal und Tragik bis ins Bukolische hinein, gleich fern der Antike Winckelmanns, der Antike Ingres' wie der Antike Tizians.

Die uralte simple bukolische Situation »Faun und Nymphen«, eines der ewigen Grundmotive der Weltphantasie, streng in ihre wesentlichen Teile zerlegt.

Der Faun schlafend, die Nymphen in seiner Nähe spielend. Er erwacht, nähert sich: ein Tier des Waldes, halb scheu, halb begierig. Sie erschrecken, flüchten. Ein Teil des Gewandes, ein Tuch, eine Schärpe, von der jüngsten, schönsten verloren, bleibt ihm zurück. Er spielt damit tierhaft, zärtlich, trägts in sein Versteck, legt sich nieder. In der Ausführung die gleiche

Simplizität und Strenge. Jede Gebärde im Profil. Alles auf das Wesentliche reduziert, zusammengepreßt mit einer unglaublichen Kraft: Haltungen, Ausdrücke, die wesentlichen, die entscheidenden.

Ein Aufstehen, ein Heranlauern, ein Faunssprung, ein einziger...

»Wenn ich den ganzen Faun nicht in einem Sprunge geben kann, bin ich ein Stümper vor mir«, fühlt man Nijinsky sich sagen. Man spürt etwas Heldenhaftes am Werk. Die Erinnerung an eine Gestalt, an ein Streben wie Feuerbach, wie Marées blitzt auf. Nichts darf sich wiederholen. Es gibt nichts Nebensächliches. Einzigkeit ist Gesetz.

Ein grandios Gebundenes tritt uns entgegen. Das Gebundene ist gebändigter Reichtum der Erfindung, das Bindende ist Reichtum des bildenden Gemütes. Wir sind hier auf dem Boden der höchsten Kunst, und ich wage es auszusprechen, daß Goethe im Genuß einer Darbietung wie dieser die Freude empfangen hätte, der ein Element von Ehrerbietung nicht fremd ist.

BILDENDE KÜNSTE UND MUSIK

BILDENDE KUNST UND MUSIK

BILDER

... Dann fiel das heiße, letzte Licht des sterbenden Tages auf ein Bild, das ich niemals gesehen hatte. Es war ein Bild des Lebens, reich und bewegt. In der Mitte war Meer, auf dem die Sonne lag, in verrinnenden goldenen Kreisen, in blendenden Purpurflecken und flimmernden Streifen. Und links und rechts vom Meer liefen ungeheure Dämme dahin, bedeckt mit Menschengewimmel, mit Früchten und Reichtümern. Hochbordige Galeeren mit vergoldetem Schnitzwerk schwankten heran; die schönen nackten Leiber der Ruderer glänzten im Sonnengold. Auf der breiten Steintreppe, deren unterste Stufen die laue Flut bespülte, spielten blühende Bettelkinder in farbenglänzenden Lumpen und haschten einander; und andere Kinder, so schön wie sie, aber ganz nackt und aus blinkendem Erz, waren am Gittertor eines hohen Palastes, von Schnörkeln und Ranken umgeben, spielend mit goldenen Früchten. Auf der Treppe und auf den Dämmen war unabsehbares Getummel, über der Stadt aber lag goldiger Dunst wie eine Wolke des Segens. Und wie ich noch hinaussah auf das wimmelnde Meer, darüber Barken schwebten, hochbordige Galeeren und goldene Wolken, da wurde es dunkel. Noch einmal zuckte die Sonne im letzten Glanze auf und ich sah ein Wort unter dem Bilde stehen. Dann stand ich in grauer Dämmerung, in meinen Augen aber flimmerte purpurn das Wort nach: *Morituri*.

Und Jahre vergingen und es war Nacht und ich stand wieder in der stillen Kapelle. Da glitt ein Strahl des Mondes über ein Bild, das ich niemals gesehen hatte. Es war das weite öde Meer, leise atmend mit grünlichem Schimmer; dann brach der Mond durch die Wolken und streute Phosphorglanz über die rieselnden Wellen und der Nachtwind schwieg und das Geflimmer rann zusammen zu blinkenden Tupfen und sil-

bernen Kreisen. Da tauchte ein feuchter Schimmer empor,
der blasse Widerschein einer versunkenen Stadt. Aufwärts
glitten zitternd geborstene Dämme, mächtige Dämme, weiß-
leuchtende Säulen, zersprengte Gewölbe; und ich sah hinab in
einen öden Palasthof, dessen Gitter lag am Boden und blau-
grüne Flechten hielten die nackten Knaben und die goldenen
Früchte umschlungen. Dazu kam ein seltsamer Laut aus der
feuchten Tiefe, wie leises Weinen. Da fiel der Strahl des Mondes auf goldene Buchstaben, die unter dem Bilde standen und
ich las: *Resurrecturi*. Da trat eine Wolke vor den Mond, ich
stand in Nacht.

DIE MOZART-ZENTENARFEIER IN SALZBURG

Dreifachen Sinn hatte das Fest. Nicht ungeziemend mag man von drei mystischen Stufen, drei Weihen der Erkenntnis unter den Hörenden sprechen; galt es doch dem Meister der mystisch klingenden Loge »Zauberflöte«, unter allen Deutschen dem gewaltigen Herrn der Form.

Ein Akt kulturgeschichtlicher Höflichkeit: in diesem Sinne haben es wohl die meisten gefaßt. Es galt, einer Autorität, einer versteinten Größe, die heute konservativ wirkt, schuldige Ehrfurcht zu erweisen. Und es kamen Hofräte, Offiziere salutierten, hohe Beamte und Priester lächelten offiziell, und Exzellenzen fühlten sich gehoben. Es galt zudem einem Sohne Salzburgs, der Lokalpatriotismus band seine weißeste Krawatte um, und aus Gemeinderäten, Notaren und Feuerwehrkommandanten wurden Tenore, flinke Komiteemitglieder und lächelnde Wirte. Es gab einen wirklichen Fremdenverkehr, im Café Tomaselli drängten sich wirkliche Korrespondenten wirklicher Weltblätter, ein wirklich begabter Dichter schrieb einen wirklich hübschen Epilog, ein wirklicher Professor hatte zwei Riesenbüsten gesandt; Salzburg, *»cette coquette petite ville au Tyrol autrichien«,* fand sich in einem Boulevardblatt gelobt und strahlte vor Vergnügen.

Zwischen Fremden und Eingeborenen, abgelegten Berühmtheiten, Sommer- und Provinz-Stars und den sonstigen Vielzuvielen der ersten Stufe wandelten in einsamer Koketterie die Jünger des zweiten Grades. *Chercheurs de sensations,* mit dem Blick für Ensemble und abgetönte Farben, fanden sie wohl die allerreichste Beute. Die Stadt ist ja so schön, so tausendfach schön, in allen frauenhaft wechselnden Nuancen, von der prangenden herrischen Pracht des sonnigen Wachens bis zur matten verwischten und verweinten Anmut des dämmernden Grau in Grau.

Für die von der zweiten Weihe war das Ganze eine große Meiningerei, das Galvanisieren eines erloschenen Stils in einer passenden Umgebung.

Barock und Rokoko haben in Salzburg noch immer das
Übergewicht über moderne Stillosigkeit. Und die souve-
ränen Herren von Salzburg haben in ihrer kirchlich-weltlichen
Eleganz das Repräsentieren immer verstanden. Es ist leicht,
aus der charakterlosen Bürgerstadt die alte Tyrannenstadt
herauszuschälen. Über den vornehmen Stiegenhäusern, den
manierierten Sandsteingruppen, den überornamentierten
Gartenhäuschen liegt der Duft einer wirklichen Individualität. Dieser Duft weht aus Mozarts jugendlichen Singspielen:
aus diesem Gewirr von galanten Treppen und Sakristeitüren,
Boudoirs und Klostergängen kam der Knabe, der in Rom
vormittags das »Miserere« aus dem Gedächtnis niederschrieb
und abends mit einer hübschen Schauspielerin in der Blu-
mensprache korrespondierte. *»Faut êtr' abbé pour comprendr'
ça«* heißt ein Liedchen aus der Zeit.
Aber die Stadt hat so viel Seelen, daß ein Abbé nicht aus-
reicht, alle zu verstehen. Die polierte Anmut eines lichten
Platzes, wo bläulicher Weihrauchdampf aus offenen Kirchen-
toren über eine Gruppe galant lächelnder Tritonen hin-
schwebt, verschlingt ein dunkles Gewölbe, das feuchtkalt
und glitschig emporführt zu Fallgittern und eisenbeschla-
genen Zinnen, zu moderigen Verließen und der ganzen düsteren Deutschheit von Akens Bildern voll Kobolden, Mar-
tergeräten und plumpen, phantastischen Waffen. Und wieder
in schwindelnder Metamorphose aus dem Mittelalter hinab,
Wendeltreppen, Felssteige nieder zum rauschenden Fluß, wo
sich rote schmale Häuschen an die Felswand schmiegen, mit
efeuumrankten Loggien, halbnackten, spielenden Kindern,
Heiligenbildern, farbigen Lumpen, Schmutz... die Straße eines italienischen Dorfes. Dazwischen die gurgelnde, spru-
delnde, unbändige Salzach und drüben die neue Stadt, modernes Gewimmel, Frack, Uniform, auf offenem *break-coach*
ein Halbdutzend junger blonder Mädchen, das schimmernde
Viereck voll lichter Schultern und scheinender Köpfchen,
hinschwankend zwischen grünen Bäumen und Pferdeköp-
fen. Und nachts auf dem gelbschäumenden Wasser der un-
stete Widerschein bengalischer Lichter, tanzender Fackeln,
gespenstische Schatten an den fahlroten Mauern hinzuckend,

dazwischen zerrissene Akkorde, Glockenläuten, verwehte Chöre; Leben, wimmelndes Gedräng auf den Plätzen und Treppen, die engen Straßen mit wehenden Farben erfüllt, die finsteren Tore grün umwunden; farbige Lichter an den phantastischen Gruppen barocker Helden und Göttinnen, jeder Schimmer Sensation, jede Straßenecke Bild; akustische Mauern, nachtönende Gewölbe, die ganze Stadt mit leise vibrierender, unaufhörlicher Musik erfüllt, ein enges Theater mit der drückenden, aufregenden Menschenfülle, die wir Großstädter nicht mehr kennen, jetzt glitzernde Sternennacht, in einer Stunde Gewittersturm, heulend und prasselnd... das war dieses Fest für die Jünger des zweiten Grades, ein großes, reiches und seltenes Fest.

Des dritten kenne ich kaum einen. Aber aus der Festrede des Dr. Hirschfeld habe ich hie und da herausgehört, wie es so einem zumute sein müßte. Nur hie und da... denn ein gescheiter Mensch spricht nicht für sich und wenige, sondern für die Menge, welche vor ihm sitzt. So hat auch Robert Hirschfeld viel für gute Österreicher und gute Fachmenschen gesprochen, aber auch ein weniges für gute Europäer. Es ging manchmal durch seine ruhigen, klaren Worte – denn das Pathos trägt Lüge und Banalität mit sich, wie der angeschwollene Fluß sein Geschiebe – eine Ahnung von dem, was an Wolfgang Amadeus Mozart unsterblich, weil lebendig wirksam war, ein Erfassen des großen Künstlertums in Mozart, der Form.

Beethoven ist die Rhetorik unserer Seele, Wagner ihr Fühlen, Schumann vielleicht ihr Denken: Mozart ist mehr, er ist die Form. Das stellt ihn zu Goethe und Shakespeare. Was er errungen hat, ist unser Ziel; dahin müssen wir, zu ihm, nicht durch ihn. Das Vollendete ist tot, und was von Mozart für uns lebt, ist nicht seine lichte Lehre, die heute wissenschaftlich erkannt wird, ist einzig die sinnliche Schönheit seiner Form. Ein Zurück zu Mozart ist ebenso unmöglich wie zu den Griechen; uns fördert heute nur Lebendiges, werdend wie wir, ringend, stammelnd, wechselnd wie wir. Gewordenes können wir nicht verstehen; nur den Willen, auch einmal etwas Vollendetes zu werden, kann es uns verleihen.

Bewegung ist alles: Mozarts lichte Lehre aber ist tot, tot wie der herrlich schimmernde Kristall. Dagegen läßt sich nicht ankämpfen. Es ist.

Darum ergreift uns Geringeres tiefer, Unvollkommeneres lebendiger; und was von ihm auf uns lebendig wirkt, ist nicht sein Bestes, ist Unvollendetes, Weitergärendes. Das gilt für die Menge, für uns als Generation, als drittes Geschlecht seit Mozarts Tod. In diesem Sinne war die Rede Hirschfelds das Sophisma eines geistreichen und ehrlichen Menschen.

Es stünde schlimm um die Welt, wenn die Ideen, die in der Zeit sind, erst nach der Zeit verstanden würden. Der ersten Generation wird durch den Genius das eigene dämmernde Wollen erlöst, gedeutet; die kommende, die dritte mag überschauen, bewundern, nachverstehen, feiern, es bleibt immer eine Totenfeier. Die Totenfeier eines Unsterblichen. Das war vielleicht der große, traurige, erhebende, der dritte Sinn dieses Festes. Als ich aus der Festversammlung ging, fiel mir das Wort des Zeno ein: »Es tun diejenigen übel, die da meinen, sie verstünden das Vergangene. Und die großen Männer der Vergangenheit ehren wir zwar um das, was sie in Licht erlöst haben, aber uns geziemt es nur, des Dunkels zu gedenken, darin sie uns noch zurückließen.« Und die Heilige Schrift sagt: »Ein jedes Licht leuchtet seine Zeit; gedenket des erloschenen und zündet ein neues an und wandelt.«

DIE MALERISCHE ARBEIT
UNSERES JAHRHUNDERTS

R. MUTHER, »GESCHICHTE DER MALEREI
IM NEUNZEHNTEN JAHRHUNDERT«

Der Hirthsche Kunstverlag in München bietet das erfreuliche Bild eines Instituts, das seine eigenen Wege geht und in seinen Publikationen bemüht ist, lebendiges Kunstgenießen dem großen Publikum nach Möglichkeit zugänglich zu machen.

Durch seinen »Formenschatz« hat sich der Verlag bemüht, im Sinne Gottfried Sempers den allzu lockeren Zusammenhang zwischen der sogenannten großen Kunst und dem sogenannten Kunstgewerbe zu befestigen; durch sein »Kulturgeschichtliches Bilderbuch« suchte er dem lebendigen Erfassen der Vergangenheit, dem intimen Verstehen ihrer Lebensformen, wie es unsere Geschichtsauffassung beherrscht, nachzuhelfen.

Die heute vorliegende Hirthsche Publikation endlich scheint außerordentlich geeignet, lebendiges Interesse an der modernen Malerei in weiten, sehr weiten Kreisen zu verbreiten. Behandelt sie doch einen fast unabsehbaren Stoff, die gesamte europäische Malerei des Jahrhunderts von Chodowiecki bis auf Franz Stuck, von David bis auf Félicien Bops; und versteht sie doch, aus dieser unendlichen Vielheit von Einzelerscheinungen ein lebendiges Ganzes zu machen, eine Entwicklungsgeschichte des malerischen Geistes, übersichtlich und fesselnd, ja aufregend und gewissermaßen dramatisch.

Herr Richard Muther ist, wenn ich nicht irre, Kustos am Königlichen Kupferstichkabinett in München. Er wird entschuldigen, wenn ich konstatiere, und mit Vergnügen konstatiere, daß man ihm das nicht anmerkt, weder seinen Anschauungen noch seinem Stil. Es gibt sehr viele Königliche und sonstige Museen, sehr viele Königliche und sonstige Kustoden, und diese gelehrten und ehrenhaften Menschen schreiben unendlich viele gescheite und gewissenhafte Bücher über lebendige und tote Maler. Aber es ist kein Vergnügen, diese Bücher zu lesen. Es ist eigentümlich, die jüngsten lebendigen und die ältesten toten Maler bekommen in diesen Büchern etwas Gemeinsames: sie interessieren einen genau gleich wenig. Es ist alles mit einer gleichförmigen Kruste akademischer Leblosigkeit überzogen, gleichsam eingewickelt in selbstverständliche Bewunderung und gedankenlose Kritik. Es ist, wie wenn Schatten zu Schatten über Schatten redeten. In der Erzeugung dieser Kruste, in dem Hervorbringen dieses schattenhaften Tones haben die Ästhetiker mit ihren ausgezeichneten Kollegen, den Philologen, eine Ähnlichkeit, die beide Teile ehrt. Auch die Philologen verstehen es, Heinrich Heine genau so langweilig zu machen wie den vortrefflichen Johann Elias Schlegel.

Das Buch des Herrn Muther hat also gar nichts »Offizielles«. Es ist kein »Schiffskatalog«, keine trockene Aufzählung von Namen und Daten: es versteckt das solide Knochengerüst seiner Gründlichkeit unter blühendem, lebendigem Fleisch.

Herr Muther hat weder den Stil eines beliebten Verstorbenen, noch den Stil aller Welt, sondern seinen eigenen: einen knappen, scharfpackenden, graziösen Stil. Wenn er Details bringt, so sind sie wirklich charakteristisch, aufhellend, wie jene Blitze, bei deren Schein man weit, weit Bäume und Zäune, die Glocken im Turm hängen sieht und die Rauchfänge auf den fernsten Hütten zählen kann. Er hat den Instinkt für das wertvolle Zitat, für die charakteristische Anekdote, und er hat, bis zu einem in Deutschland sehr seltenen Grade, die Gabe der prägnanten Worte, der Metaphern, die haftenbleiben. Wenn ich nicht fürchten müßte, Herrn Muther dadurch bei seinen Kollegen zu kompromittieren, würde ich die Vermutung aussprechen, daß er gerade in dieser Beziehung viel von Jules Lemaître, dem Kritiker der »Débats«, gelernt hat, oder auch von Ludwig Speidel, der manchmal diese ungemein lebendigen, sinnlich wirksamen Metaphern prägt.

Gleichviel, das Buch des Herrn Muther ist *geschrieben,* wirklich geschrieben; das ist ungeheuer erfreulich.

Ebenso erfreulich ist die Weite des Horizonts, die sich in diesem Buch auftut. Wir hatten eine Menge Dinge gern, empfingen von einer Menge Dingen malerische, direkt malerische Farben- und Formenoffenbarungen, aber wir waren so sehr an die hochmütige akademische Exklusivität gewöhnt, daß wir gar nicht mehr daran dachten, in einer »Geschichte der Malerei« etwas anderes zu finden als Referate über Bilder, große anerkannte Bilder, Wiedergabe der auf Historienbildern dargestellten Anekdoten, allenfalls ein paar Worte über Einfluß der Venezianer oder der Spanier auf das Kolorit dieses oder jenes Meisters.

Und hier, in diesem freien und lebendigen Buch, finden wir auf einmal alles, wovon wir nur je Formen- und Farbenoffenbarungen empfingen, finden das lebendige Porträt neben der lebendigen Karikatur, Lenbach neben Wilhelm Busch, die farbensprühenden Ballettfigurine neben der hysterischen Schönheit des Gabriel Max, die grelle, freche Straßenannonce des Chéret neben den frommen Bilderbüchern Ludwig Richters, das Makart-Bukett neben den »Münchener Fliegenden«.

Ja, unsere Lieblinge, diese Parias, sitzen in der besten Gesellschaft auf den rotsamtenen Fauteuils der garantierten Unsterblichkeit. Ja, die »Parodie des Kusses« von Oberländer thront so hoch wie die »Medea« des Feuerbach. Ja, Gavarni, Gavarni der Karikaturist, Gavarni der Herausgeber eines Modejournals, sitzt höher als Cornelius, höher als der göttliche Cornelius, höher als Overbeck und Führich und Wilhelm Kaulbach, und viel höher als sämtliche Pilotys der Welt.

Wir hatten also möglicherweise doch Recht, wenn wir die rundliche Schönheit, die deklamatorisch leeren Köpfe Kaulbachscher Gestalten insipid fanden und beim Durchblättern eines alten Jahrgangs des »Punch« oder des »Charivari« vor tiefempfundener Wahrhaftigkeit, zappelnd gepackter Tatsächlichkeit schauerten; wir hatten möglicherweise Recht, wenn uns die harte, kalte Farbengebung manches Rahl und manches Ingres an einen Öldruck erinnerte, während wir Orgien von Licht, Dunkel, Bewegung, Leidenschaft genossen vor den Bildern eines Delacroix, der nicht immer ganz korrekt zeichnete und den seine akademischen Freunde »einen mit betrunkenem Besen malenden tätowierten Wilden«

nannten; wir waren vielleicht keine verächtlichen Barbaren,
wenn wir Kurzbauer einen langweiligen Anekdotenerzähler
fanden und den mittelmäßigen Maler, aber wundervollen,
farbentrunkenen Arrangeur Makart hoch über Piloty, Munkácsy und ähnliche Illustratoren der Weltgeschichte stellten.
Vielleicht... Der Genius von Herrn Muthers großangeleg-
tem Buch ist klare, ruhig lodernde Freude an der Kunst, deren
Chronik er schreibt, tiefe Freude am Aufnehmen rein malerischer Schönheit. Diese Grundstimmung, diese Liebe zur dargestellten Sache macht die Darstellung so wohltuend tempe-
ramentvoll, dieses rege ästhetische Gewissen gibt dem Urteil
eine bewundernswerte innerliche Sicherheit. Gerechtigkeit
widerfährt dem Hans Makart, der schlecht zeichnete, dessen
Menschenleibern alle Durchseelung, alle Poesie des Psychi-
schen mangelt, dessen dämonisches Farbengenie sich aber in
wundervollen koloristischen Akkorden auslebte, wie in jenem Übergang von warmem Braun zu lichtem Blau, zwischen denen das tiefe, glühende Makartrot vermittelt; und
gleiche Gerechtigkeit widerfährt dem Schwind, an dessen
zarten Bildern die Farbe nebensächlich, fast störend ist, dessen Kunst sich auslebt in der keuschen Anmut der Linien und
der Märcheninnigkeit der Erfindung; Gerechtigkeit widerfährt dem nüchtern ehrlichen Chodowiecki und dem mystischen Max, dem gewaltigen Dekorateur Paul Baudry und
dem brutalen Romantiker Rochegrosse.

Gerechtigkeit widerfährt jeder Eigenart, jedem Temperament, das intime und lebendige Beziehung zur Wirklichkeit
sucht; aber unerbittlich ausgesondert, erbarmungslos zur
Seite geworfen wird alles Gemachte und Absichtliche, alles
Anempfundene und Manierierte. Wie Spreu vor dem Kehr-
besen zerstiebt da die geleckte Puppenhaftigkeit der Kaulbach, der Thumann und der Bouguereau, diese »ins Große
übertriebene Porzellanmalerei mit großen Glasaugen und
glattem rosigem Fleisch, dieses juste milieu zwischen Raphaels Galatea und Friseurpuppen«; von dieser taghellen scharfen
Kritik allzu grell beleuchtet, steht die Muse der in den Sechzi-
ger- und Siebzigerjahren so gefeierten Historienmalerei da
wie eine aufgedonnerte, schlechtgeschminkte Megäre, um-

geben von ihren theatralischen Egmonts, Wallensteins, Cäsars, Bianca Cappellos, Cromwells, Robespierres und sonstigen illustren Geköpften, Vergifteten oder Erwürgten; und nicht besser ergeht es der klassizistischen Manier, die unter dem Vorwande der Darstellung lebendiger Menschen den einförmigen Schönheitstypus antiker Statuen tausendfach kopierte.

So wird alle Malerei aus zweiter Hand, alles, was der großen Kunstkrankheit des Jahrhunderts, dem Eklektizismus, verfallen ist, alles, was durch fremde Augen in eine tote stilisierte Welt schaut, zur Seite geschoben, und bedeutend und erfreulich hebt sich aus dem Gewühle nur das Wahre und Eigenartige, die wirkliche Leistung der Epoche, das, was künftiger Zeit einmal als »das Werk« des neunzehnten Jahrhunderts vorschweben dürfte, unsere ehrliche Kunst.

Die Entwicklung dieser selbständigen Kunst des neunzehnten Jahrhunderts knüpft Herr Muther in ein paar feinen und gründlichen Einleitungskapiteln an Hogarth und Watteau, die neu und geistreich als die direkten Vermittler zwischen der intimen Natur- und Lebensbeobachtung des siebzehnten und der des neunzehnten Jahrhunderts aufgefaßt erscheinen, als die Vermittler zwischen den Mieris, den Breughel und Hals einerseits und den Menzel, den Pettenkofer und Dagnan-Bouveret andererseits.

In den darauffolgenden Kapiteln des vorliegenden (ersten) Bandes wird das ganze Gebäude des Eklektizismus Mauer für Mauer umgeworfen. Das antikisierende Ideal, die »klassische Marmorbraut«, das Ideal der Historiker, »Karnevalsfiguren, mit Perücke und Bart, mit theatralischen Gesten als Wallenstein oder Egmont drapiert, unwahr bis zur Hilflosigkeit«, die »Düsseldorfer Wolfsschluchtromantik«, das kostümierte Sittenbild, alle diese Ideale von einst erweisen sich als recht abgelebte, verschossene Idole, wahre Vogelscheuchen.

Aber während sich so die »große« Malerei der ersten Hälfte des Jahrhunderts mehr und mehr dem lebendigen Leben entfremdet, im Kolorit alter Meister nach historischen Anekdoten leblose Puppen in schönkomponierten Gruppen darstellt, bemächtigt sich unscheinbar der Bleistift der Zeichner und

Karikaturisten des wirklichen Lebens, hält seine Gebärden und Grimassen, seinen charakteristischen Ausdruck in Lust und Schmerz fest und zieht zuerst das moderne Leben in den Kreis der Kunst.

Jetzt werden auch die Maler Welt und Leben wiederentdek-ken: zuerst die Landschafter, dann die Maler des Genre, des intim beobachteten, von der Theaterschablone befreiten Kleinlebens; zu der neueroberten Stoffwelt wird sich eine neue Farbenanschauung finden; man wird diese lebendige Welt nicht mehr im Galerieton sehen, sondern in freier, atembarer Luft; und wie im Freien wird auf den Bildern das Medium der Luft Harmonie zwischen den einzelnen Lokal-farben hervorbringen.

Wie ein frischer Stoß vom Morgenwind, der, den Nebel ver-drängend, ein ganzes Tal mit kühler Helligkeit erfüllt, wirkt am Ende des ersten Bandes dieses Hereinbrechen des Moder-nen, des Alleinlebendigen, in die Stickluft von Ateliers, voll von antiken Gipsabgüssen, braunen Kopien, drapierten Mo-dellen und Theatermöbeln.

Die ausführliche Darstellung dieses mühseligen Sieges der modernen Technik ist dem zweiten und dritten Bande vor-behalten. Soll doch das große Werk bis über den Naturalis-mus eines Bastien-Lepage oder Liebermann, bis auf den Neuidealismus, auf Klinger, Stuck und Félicien Rops hinauf-geführt werden, eine Entwicklungsphase der modernen Ma-lerei, die zum Beispiel dem Wiener Publikum kaum dem Namen nach bekannt sein dürfte, es sei denn durch ihre Zu-sammenhänge mit der großen Gestalt Böcklins. Der erste Band schon enthält so viel mit seltener Weitsichtigkeit Ge-schautes und mit glänzender Knappheit Ausgesprochenes, daß sich dem Buch ohne Kunst schon jetzt der lebhafteste An-teil vieler Menschen, starke Anfeindung und ein ehrlicher Er-folg vorhersagen läßt.

Das waren schöne Stunden. Allerdings viel Bilder, beängstigend, abspannend viele: diese zahllosen Eindrücke, Schwingung auf Schwingung ineinander verrinnend, erzeugten etwas wie die überwache Erregtheit und Empfänglichkeit nach schwarzem Kaffee und Nachtwachen. Denn schale, nicht lebendige Eindrücke verwischen einander; viel schlechte Bilder schlagen auch ein verirrtes gutes tot, niemals anderseits kommt ein mittelmäßiges zu unverdienterer Geltung als unter vielen guten. Und da gab es verwirrend viel des Guten, Meistermäßigen, das keinem anderen gleichsieht. Da waren die traumtiefen Bilder des Böcklin, heidnisch wie Hymnen des Orpheus und unheimlich wie das Märchen vom Machandelboom; und da waren die taciteisch scharfen, rücksichtslosen Menschenköpfe des Stauffer-Bern; da war der grelle Mittag mit heller heißer Luft, flirrendem Licht und Sonnenkringeln auf Kieseln des Baches; und da war die faszinierende Dämmerung des Abends, mit braunen stillen Weihern, auf die lautlose schwarze Schatten fallen, mit stiller, feuchter durchleuchtender Luft von traumhaftem Schmelz. Da waren Brücken im Nebel, Heiden im Morgenduft, Gärten im Dunst; den verschwimmenden, den verhauchenden, den kämpfenden Farben waren ihre erregenden Reize abgelauscht; die farbendurchsickerte, farbenatmende lebendige Luft war nachgeschaffen. Da war Leben, da grüßte Kunst die Kunst und Ruhm den Ruhm; da waren, ergreifender als alles, die, an denen »Anmaßung uns wohlgefällt«, die, so ihre Hände mit bebenden feinen Fingern nach dem Besitz der Welt ausstrecken, die Jungen, deren Namen morgen leuchten und glühen werden.

Man hat erraten, daß keinesfalls von Wien die Rede ist. Wir reden von den beiden Internationalen Ausstellungen dieses Sommers in München.

Auch unsere alljährlichen Weihnachts- und Frühjahrsausstel-

lungen sind sozusagen international. Aber in Wahrheit ist
diese unsere große Stadt in Kunstsachen wie ein erkaltendes
Glied, dem der Blutzulauf unterbunden ist. In Wien hat die
Kunst keinen Markt. Gewiß nicht, besonders nicht im Vergleich mit dem nur allzu regen Marktgetriebe in München. In
München sagt man, geht eine junge, vom Fieber des Lebens
zappelnde, wachsweiche neue Begabung zugrunde an der
Überfülle der Anregungen, am Hinaufschrauben, Tschinel-
lenschlagen, tap-à-l'œil. Marktschreien verdirbt die Stimme.
Hier aber geht auch der Lebendigste am völligen Mangel an
Anregungen und geistreicher Konkurrenz zugrunde; hat er
erst seine zwei, drei Jahre Paris vergessen, so schlafen ihm erst
die Gedanken, dann die Augen, endlich die Hände ein, zuerst
das Streben, dann das Schauen, endlich die Technik, und hintereinander gereiht, schlummertrunken wie trübselige Kom-
fortabelpferde, zugedeckt mit der warmen Pferdedecke bür-
gerlicher Ehrbarkeit, stehen Kritiker, Künstler und Publicus,
und wenn sie nicht von Zeit zu Zeit ein Hund anbellt, vergessen sie am Ende noch stehenzubleiben und fallen um. »Wien
ist kein Markt für die Kunst.« Aber das ist ja kein unentrinn-
barer Fluch, kein Schicksalswort aus sibyllinischen Blättern;
das ist ein Schlagwort, das der Wind von gestern zusammen-
geblasen hat und der Wind von morgen auseinanderblasen
kann. Man soll sich hüten, dergleichen Schlagworte dem Publikum oft vorzusagen; es glaubt am Ende selber daran.
Nur müssen die Leute wieder Bilder sehen, Bilder, keine mit
der Hand gemalten Öldrucke; sie müssen sich wieder erinnern, daß die Malerei eine Zauberschrift ist, die, mit farbigen
Klecksen statt der Worte, eine innere Vision der Welt, der rätselhaften, wesenlosen, wundervollen Welt um uns übermittelt, keine gewerbliche Tätigkeit; daß Malen etwas mit Denken, Träumen und Dichten zu tun hat und nichts, gar nichts
mit der Anfertigung hübscher Pfeifenköpfe, geschmackvol-
ler Friseurpuppen und ähnlicher Gegenstände, die nur sehr
indirekt mit der Kunst zusammenhängen.
Unser Publikum setzt sich vor einem Bild zu allen möglichen
Nebensächlichkeiten des Kunstwerkes in Beziehung, nur
nicht zur Hauptsache, zum eigentlich Malerischen; es interes-

siert sich für die Anekdote, für kleine Mätzchen und Kunststückchen, für alles, nur nicht für das eine Notwendige: ob hier eine künstlerische Individualität die freie Kraft gehabt hat, eine neue, aus lebendigen Augen erschaute Perzeption des Weltbildes in einer Weise darzustellen, die sich der Seele des Betrachters zu übertragen geeignet ist.

Das Publikum an sich ist weder gut noch böse und hat gar keinen Geschmack, nicht einmal einen schlechten: aber im Innern, wenn auch verdumpft und verschüchtert durch angeflogene Weisheit, borniert Schlagworte und falsche Begriffsangliederungen, lebt doch in jedem ein Trieb nach dem Lebendigen hin, nach dem, was mit neuem kräftigem Zauber versunkene, verwachsene Falltüren der Seele aufsprengt. Die Theorie aller liebt das banale, abgegriffene Wort, das halbwahre durchschnittliche Denken und das schlechte Kunstprodukt, das genau in die bestehenden Formeln paßt und über das sich bequem mit einem Schein von Selbständigkeit urteilen läßt. Denn der Esel trägt mit Vergnügen die königliche Haut des Löwen als Überzieher.

Aber unter dem Bildungsphilister, unter dem Produkt aus Gymnasial-, Zeitungs- und Lexikonsbildung ist in fast jedem Menschen ein dämmerndes Wesen, das vegetiert, träumt, von Angst, Rausch und Sehnsucht lebt und sich wegen seiner vermeintlichen Niedrigkeit und Häßlichkeit nie an den Tag traut, schamvoll bewußt, daß es auf Instinkte gestellt ist und nicht auf Prinzipien. Diese dämmernde Welt in uns liebt die Aufregung, die das Nicht-Gemeine gibt, und schauert zusammen, sooft ein wirklicher, ein schaffender Künstler vorübergeht. Und in diesem Schauer liegt so ziemlich alles, was der Künstler braucht, um unter den Menschen zu atmen. Denn die Welt schenkt er sich selbst.

Seit anderthalb Jahrzehnten fällt von der großen europäischen Kunst so viel Licht auf den Wiener Boden wie durch eine Türritze in ein dunkles Nebenzimmer. So wie dem Olm in der ewigen Dämmerung der Grotten, ist uns der Blick für das Wesentliche der Malerei matter geworden und stumpfer. Ja es gibt Leute, denen es wie ein Paradoxon erschiene, wollte man ihnen das Selbstverständliche sagen, daß die Kunst der Farben

an Gewalt über die Seele gleich ist der Kunst der Töne, daß in
Bildern, wie in den wundervollen Werken der Musik, Offenbarungen und Erlebnis enthalten ist. Das ist es, worauf in diesen Blättern eigensinnig und unnachgiebig immer wieder zu-
rückgekommen werden soll.

»Geistreich« scheint mir das beste Wort zu sein, um den Zeichner und Maler Stuck zu kennzeichnen. Er hat, wenn ich nicht irre, ungewöhnlich viel künstlerischen Verstand. Lange bevor man von ihm ein Gemälde kannte, hat er sich durch das Zeichnen von Karikaturen, Vignetten, Tischkarten und Tanzkarten einen Namen gemacht. Das ist ungefähr wie Feuilletonschreiben: es gibt dem Geist ein verblüffendes und unwahres Verhältnis zu den Dingen des Lebens, ein Verhältnis voll Koketterie, voll Pointen und Antithesen, voll ironischer Frühreife, voll altkluger Skepsis, im tiefsten unwahr und unsäglich verführerisch. Der feuilletonistische Geist arrangiert das Leben mit derselben spöttischen Melancholie, derselben resignierten Halboriginalität, wie man heute Ateliers einrichtet: man nimmt Dolche, um Zeitungen aufzuschneiden, und Kruzifixe, um Photographien zu halten; hölzernen Engelsköpfen steckt man Zigaretten in den naiven Mund und macht aus abgeblaßten byzantinischen Meßkleidern eine Mappe für grelle Chansonnetten; von allen diesen Möbeln, diesen latenten Kontrasten hebt sich die vage Verstimmung einer leidenden dumpfen und boshaften Lebensphilosophie: »Das ist deine Welt! das heißt eine Welt!«
Es ist in der Tat die Abbreviatur des feuilletonistischen Weltbildes. Für die Technik im weitesten Begriff, für die des Dichters wie des bildenden Künstlers, ist diese feuilletonistische Vorschule, wenn sie nur nicht ins Wesentliche der Lebensanschauung dringt, von unvergleichlichem Vorteil. Er lernt den symbolischen Wert des Details begreifen, jeden Schnörkel, jeden Fleck verwerten. Er lernt im besten Sinn absichtlich zu werden. Ich meine jene hohe Absichtlichkeit des großen Künstlers, die unter dem Schleier des scheinbar Zufälligen sinnreich wirksam verborgenliegt, nicht jene unbeholfene, als Aufdringlichkeit empfundene Absichtlichkeit, ihr schlechtes Zerrbild. Für Stuck war das Zeichnen von Karika-

turen, Allegorien und Emblemen eine solche Vorschule. Er
lernte hier das Lebendige ornamental und das Ornament lebendig verwenden. Er lernte auf dem Kern der Dinge fußen,
auf dem tiefen Sinn ihrer Form, dem unmittelbar erschauten;
er lernte »den Banden des Hörensagens« zu entspringen, naiv
zu sehen. Ein Helm war ihm nicht länger ein Helm, ein Pokal
nicht länger ein Pokal. Für Kinderaugen und die entbundenen
ins Wesen schauenden Augen des Künstlers ist die Helm-
krone genau so gut ein Gartentopf, aus dem Rosen wachsen
können, oder ein zinnengekrönter Wartturm, von dem Putten
niederschauen; und ein Pokal ist nichts anderes als eine ge-
höhlte, oben offene Ananas oder ein dicker funkelnder
Schlangenkopf. Oder die Silhouette einer nackten Frau, mit
zurückgeworfenen Armen im Grase schlafend, gegen den
Abendhimmel scharf konturiert: für ein ganz unbefangenes,
nicht, wie unsere Augen, blitzschnell unbewußt kombinie-
rendes und interpretierendes Auge, ist hier nichts, was Knie,
Brust und Stirn bedeutet: es ist nichts da als eine geschwun-
gene Linie gegen den Abendhimmel, eine bloße Form, wie sie
sich einem unbefangenen Auge vor einer Bergformation darstellt, wo andere so sehr gewöhnt sind, ein Napoleonsprofil
oder dergleichen herauszudeuten, daß es sich ihnen jetzt
schon von selbst darbietet, gleichsam wirklich vorhanden zu
sein scheint. Indem der Künstler so die Formen ihres banalen
Sinnes entkleidet, steht er wieder in seiner eigentlichen Lebensluft, ein Mythenbildner inmitten der chaotischen, namenlosen, furchtbaren, leuchtenden Wirklichkeit.
Diese wichtige künstlerische Eroberung, die Dinge unbe-
schadet ihrer konventionellen Bedeutung als Form an sich zu
erblicken, verdankt Stuck, wenn ich nicht irre, dem wohltätigen Zwang, damals bei der Komposition von Allegorien und
Vignetten die symbolischen Figuren und Geräte auf ihren ornamentalen, also reinen Formgehalt prüfen zu müssen. Von
der Karikatur[1] besitzt er die Gabe der eindringlichen, über-
eindringlichen Charakteristik. Das ist ja das Wesen der Kari-

---

[1] »Hans Mime, der große Schreier«, ein Epos. Zahlreiche Beiträge zu verschiedenen Jahrgängen der »Münchener Fliegenden«.

katur: ganz eine Eigenschaft, ganz ein Zustand zu sein, ganz Borniertheit zu sein, borniert vom Gesichtsausdruck bis zum Ausdruck der Spitzen der Schuhe, oder ganz Staunen, nichts als Staunen, mit erstaunter Nasenspitze, verblüfften Ohren und höchlichst verwunderten gegeneinander schielenden Rockknöpfen. Hier hat Stuck viel von den Japanern. Nach jahrelanger Arbeit mit einem witzigen, pointierenden, linienklugen Zeichenstift erwachte in Stuck naturgemäß eine starke Sehnsucht nach der Farbe, nach Farbentrunkenheit. Je spitzer, geistreicher er früher gearbeitet hatte, desto mehr trieb ihn eine begreifliche Reaktion dem Unbestimmten, Verschwimmenden, in Stimmung Aufgelösten zu.

Das starke dichterische Ingenium in Stuck war der gezeichneten Witze und geistreich ausgedeuteten Allegorien müde und verlangte, sich dithyrambisch der Natur entgegenzuwerfen, in die ahnungsvolle Naivetät des Märchenhaften unterzutauchen. So entstand eine Landschaftsmalerei voll phantastisch sinnlicher Lyrik. Das »Schummerige, Farbenträumerische« einer gewissen Abendstunde zog ihn besonders an. Jener Abendstunde, wo die Dinge ihr Körperliches verlieren und bebenden voll dunkler Farbe gesogenen Schatten gleich in die feuchte Luft gewebt erscheinen. Durch diese mystisch schwimmende Dämmerung dann glühende Lichter stechen zu lassen: als verirrte Sonnenflecke, als opaline unheimliche Satansaugen, als Stücke tiefblauen Abendhimmels zwischen schwarzen Baumstämmen, als phosphoreszierender Paradiesesglanz hinter einer feuchten schwarzen Felsenspalte, ist eine tiefe echte Malerfreude. Neben dieser Abendstunde liebt Stuck den grellen heißen Tag; hinter den in Sonnenlicht gebadeten Strand legt er dann gern einen Streifen Meeres von jenem eigentümlich penetranten Blau, das Böcklin gefunden hat. Diese Antithese vom feuchten satten Dunkel und blendendem oder weichem Weiß erscheint dann in interessanten Variationen: als schwarzsamtener Schlangenleib um weiße Frauenkörper geschlungen oder zwischen weißen Blüten auf weichem Rasen hingleitend. Zur Staffage seiner phantastischen Landschaft, gleichsam als lebendiges Symbol ihres lyrischen Gefühlsinhaltes, nimmt Stuck jene von Böcklin über-

lieferten, von der Antike schon völlig losgebundenen Fabel-
wesen: Zentaur und Zentaurin, Faun und Paniske. Sie erlauben ein Reflektieren der Stimmung ohne Sentimentalität, was
bei menschlicher Staffage schwer zu erreichen ist. Sie erlauben auch in ihrer naiven Tiermenschlichkeit eine an die Karikatur streifende Eindringlichkeit und Simplizität der Charakteristik. Wo er sich dieser bedienen darf, ist Stuck interessant:
so in der Hintergrundsfigur des gebückten Mörders, in den
Figuren laufender, hockender und aufgebäumter Faune; für
die Gebärde komplizierterer Wesen schien er bis vor kurzem
keinen eigenen Stil zu haben: in der Figur der Eva ist gewollte
Naivetät des Trecento, in der Märchenprinzessin etwas von
der altklugen Grazie der Kate Greenaway, im Samson, in der
Pallas Athene eine Rekonstruktion griechischer Malerei. In
einer anmutigen Allegorie scheint Stuck angedeutet zu haben, daß einer gewissen lyrischen Epoche des Künstlers die
Menschendarstellung noch fremd ist, daß seine Menschen
gleichsam nichts Erlebtes an sich haben, lebendig gewordene
Traum- und Kunstdinge sind: wenigstens ließe sich so das
reizende kleine Bild deuten, wo ein grünbronzener kleiner
Genius, in den erhobenen Armen eine Nautilusschale tragend, gleichsam zum Leben erlöst süß lächelt und zu sagen
scheint: »Sind nicht wir künstlichen Kleinen die wahren
Offenbarer des Lebens und Boten Gottes, wir aus Bildern,
wir aus Büchern, wir aus Mythen, wir aus Träumen?« Und
ich glaube, daß fast aller jungen Künstler Geschöpfe dasselbe
sind wie dieses gemalte Bild einer Bronzestatuette: Abbilder
von Geschöpfen der Kunst, der Ahnung, des Traumes, eines
Spiegelbildes Spiegelbilder.

Aber für Stuck gilt dies alles nicht mehr: er hat eine starke
»Kreuzigung« gemacht und eine ergreifende »Pietà«, und er,
der lange die Elemente der Form besitzt und den Zauber der
Stimmung bannen kann, wird jetzt das Tiefe, das Wesentliche
mit großen Griffen an sich reißen. Man darf ihm heute ruhig
»Meister« sagen; rechtfertigt den Namen doch leicht das
nächste Werk.

Ich habe mir erlaubt, von den Bildern und Zeichnungen
Stucks als von bekannten Dingen zu reden, weil er einer der

wenigen modernen Künstler ist, deren gesamtes Werk dem
Wiener Publikum in einer Spezialausstellung gezeigt worden
ist. Es erübrigt nur noch zu erwähnen, daß der E. Albertsche
Kunstverlag dieses gesamte Werk in ein schönes anregendes
Bilderbuch vereinigt und daß Otto Julius Bierbaum dazu einen gescheiten, nur ein wenig manierierten Text geschrieben
hat.

INTERNATIONALE KUNST-AUSSTELLUNG 1894

I
ENGLAND, AMERIKA, HOLLAND, BELGIEN

Die Engländer nehmen diesmal die erste Stelle ein: sie haben das beste Bild, den geringsten Bruchteil von ganz schlechten Sachen und noch etwas Wichtigeres: sie haben Eigenart, nicht zu verwechselndes nationales Gepräge. Allerdings fehlen auch hier gerade die merkwürdigsten Meister: der große englische Stilist Burne-Jones und der große schottische Impressionist Whistler. Aber das scheint ja der leitende Gedanke bei unseren internationalen Kunstausstellungen zu sein, daß man, um den inländischen Mittelmäßigkeiten nicht den Markt zu verderben, aus den ausländischen Glashäusern gerade die wundervolle Blüte der Aloe, die nur alle hundert Jahre einmal aufspringt, *nicht* herbeiholt. Gerade das Besonderste, Lebendigste der fremden Produktionen bei uns zu zeigen meidet man mit einer Sorgfalt, die sich doch leichter aus zünftiger Mißgunst als aus einer kaum glaublichen Ungeschicklichkeit erklären läßt.

Die Engländer, wie gesagt, mit ihren symbolischen Bildern ohne konventionelle Kälte, ihren Genreszenen ohne manierierte Lieblichkeit, ihren wundervoll feinen Landschaften, ihren starken geistreichen Porträts, ihrer großen Technik und ihrer nationalen Besonderheit sind als Gruppe allen andern überlegen. Dafür spricht am besten, daß einem in dieser Abteilung ein virtuos gemaltes, aber innerlich schales und seelenloses Bild wie die »Fredegunde« von Alma-Tadema beinahe physisch wehtut, wie eine grelle Dissonanz, während einen dasselbe Bild, unter die Oberflächlichkeiten und kalten Manieriertheiten mancher anderen Säle gehängt, sicher nicht beleidigen würde.

Mit dem obigen Ausdruck »virtuos gemalt« sind übrigens nicht etwa koloristisches Genie oder wirklich tiefe malerische Qualitäten gemeint, sondern die niedere Stufe technischer Fertigkeit, die Schmuckkästchen-Virtuosität, die man gehabt haben müßte, um sie verlieren zu dürfen, während sie bei uns nur wenige überhaupt erreichen.

Der »clou« der englischen Abteilung, wie überhaupt der ganzen Ausstellung, scheint uns das Genrebild »Master Baby« von Orchardson zu sein. Die Bezeichnung Genrebild tut dem Bild eigentlich im vorhinein Unrecht. Es ist gar nicht genrehaft, hat keine Absicht, sucht keine Pointe, erzählt keine Anekdote: es ist einfache Menschendarstellung und dazu Malerei allerersten Ranges. Baby liegt auf dem Rücken, schaut aus großen dummen Puppenaugen und strampelt; die Mutter ist schwarz angezogen und hat ein müdes Lächeln und einen Zug unsäglich schmerzlicher Resignation um Augen und Mund. Sie erinnert an die Duse, nicht an eine bestimmte Rolle, sondern an das, was das Bleibende unter den verwandlungsfähigen Mienen der Duse zu sein scheint: Müdigkeit, Traurigkeit, frierendes Verlangen nach Liebe und Güte. Das Bild hat in einem seltenen Grad »schlichte Größe«.

Von Herkomer fehlt gerade das bedeutendste Bild, welches offenbar mit in den gegen die Münchener »Sezession« geschleuderten Bann gefallen ist: die »Magistratssitzung in Landsberg«; hinge es hier, »Master Baby« gegenüber, so gäbe das ein gutes Einsehen in die fromme englische Art, das Tiefe des Menschen, aber mit strenger Ausscheidung des Problematischen, zu ergreifen: einerseits die Mutter in ihrer typisch heiligen Funktion, andererseits den Mann im Rat.

Immerhin ist Herkomer durch ein paar kleine Szenen voll echt englischer Heimlichkeit und schöner Intimität der Landschaft vertreten, sowie durch ein gutes männliches Bildnis. Ein noch bedeutenderes Porträt ist der »Cardinal Manning« von W. W. Ouless, ein Seelenbild, während der »Lord Kannen« von Theodore Blake Wirgman mehr Repräsentationsmalerei ist; in dem Bild eines »Alten Matrosen« von Grace ist die Erfassung der Individualität bis zur Hinstellung des anonymen Typus hinausgetrieben; alles übrigens in diesem Fach von kontinentalen Meistern beeinflußt.

Die schottischen Landschafter, vor allen Nisbet und Stevenson – leider fehlen wieder die besten Namen –, erzählen die unerschöpflichen Wunder der Dunst- und Dämmerstimmungen ihrer Moorlandschaften. Sie sind die Führer der modernen Landschaftsmalerei geworden, weil sie einfach und

genial versuchen, den komplizierten Lichtspielen eines malerischen Märchenlandes gerechtzuwerden. Dergleichen greift
dann weiter: »Diana und Endymion« von Symons ist zum
Beispiel ein seltsamer Versuch, Stilinspirationen der Renaissance mit ganz modernen Dämmerstimmungen zu verschmelzen.

Die englischen Stilisten, aus einer absichtlichen Nachahmung
des Trecento, der primitiven luftlosen Malerei hervorgegangen, setzen die Lokalfarben hart und kalt nebeneinander: sie
sind alle nicht in eigentlich malerischem Sinne, sondern als
eine merkwürdige Art zeichnender Dichter interessant.

Unseren einheimischen Kunstkritikern, denen ja noch aus
dem Gymnasium her, de dato Winckelmann, Cornelius und
Genelli, eine grenzenlose Ehrfurcht vor dem »Zeichnen« im
Blut liegt, müßten diese englischen Präraphaeliten eigentlich
ungemein gefallen. Leider sind sie durch den in ewige Stil-
kompromissen und unveränderter Porzellanmalerei schwel-
genden Sir Frederick Leighton (Baronet, Präsidenten der Königlichen Akademie etc. etc.) sowie durch die ein bißchen manierierte Dame Marianne Stokes nur sehr mangelhaft
vertreten, besser durch eine Allegorie von Walter Crane.
Trotzdem lassen sich auch an den Bildern der beiden ersten
einige Elemente der Schule ganz gut empfinden: das Alt-
klug-Puppenhafte, die naive Behandlung der Landschaft, die
Vorliebe für das Schmale, alles das zwischen Sandro Botticelli
und Kate Greenaway. Aber es fehlen die mystischen Augen
der Frauen von Burne-Jones, es fehlt die faszinierende perverse Schein-Naivetät der Dante Gabriel Rossettis und die
heidnisch-christliche Märchenphantasie der Watts. Es fehlt
wieder eben das Merkwürdigste.

Kein Realist und kein Stilist, aber ein Maler, hinter dessen
Wirklichkeitsbildern ein unheimlicher Zauber eine E. Th. A.
Hoffmannsche Welt voll phantastischen Grauens gewissermaßen ahnen läßt, ist John Reid. Diesmal hat er zwei solcher
undefinierbarer Bilder: »Des Fischers Tochter« und »See-
manns Hochzeit«. Wenn man oberflächlich hinsieht, sind das
nichts als Strandszenen mit gescheit charakterisierten modernen Figuren. Aber die unheimliche Nähe des Meeres, die

kleinen Häuschen wie aus der Spielereischachtel, die etwas übertriebenen wie im Traum gesehenen Gesten der Figuren geben plötzlich eine Stimmung von Klabautermann und Gespensterschiff.

Die amerikanische Malerei steht viel weniger unter dem Einfluß des Mutterlandes als unter dem von Frankreich und Japan. Die kleinen kondensiert stimmungsvollen Pastell-Landschaften von Frank Currier sind ganz japanisch, die »Venezianischen Fischer« von Rolshoven sind ebenso vorzüglich und ebenso französisch wie sein Porträt der »Frau Jane Hading« im Münchener Glaspalast 1893, und die impressionistischen Beleuchtungsstudien von Eduard Grenet (die man recht hoch gehängt hat, wahrscheinlich weil sie sehr klein und sehr interessant sind) erinnern ganz an experimentelle Arbeiten der Corot und Manet.

Auch die Holländer besitzen, wie die Schotten, eine nationale und moderne Landschaftsmalerei. Israels dominiert noch immer. Er hat diesmal eine phantastische alte Bettlerin, mit Hund und Handwägelchen über die Heide humpelnd, lautlos, traurig, in trübsinnigem Nebel. Die andern malen Gassen, Grachten, Heide, Strand, am liebsten in der Abenddämmerung. Ein »Sommerabend am Damplatz in Amsterdam« von G. Breitner ist da, so bezwingend gemalt, daß man die müde, laue, verstaubte Luft zu riechen glaubt, in der sich die vom Abendzauber etwas stilisierten Menschen und Wagenpferde zwischen schwarzen weichen Schatten und über nachfunkelnden Tramwayschienen sommertrunken bewegen. Im zweiten kleineren holländischen Zimmer scheinen uns zwei kleine naive Aquarelle von van Horssen eine gewisse kindliche Stimmung und eines von de Jong die kahle Totentanz-Atmosphäre des Herbstnachmittags meisterhaft auszudrükken.

Erstaunlich unmodern präsentieren sich die Belgier. Sie sind so ziemlich die einzigen (Ausländer!), die das ganz überflüssige, ganz geistlose Kostümbild in drei widerwärtigen Gartenlaube-Prämienexemplaren mit sich führen. Ohne sie wären wir diesmal von Patriziern, Goldschmiedstöchtern, Hofnarren, Falknern und ähnlichen Entlehnungen aus der Theater-

garderobe verschont geblieben. Die prächtige »Nadel-
holzpflanzung« von Lamorinière und »Rückkehr von der
Wallfahrt« von Leemputten trösten einigermaßen. Was die
belgische Abteilung zu der aufregendsten und erstaunlichsten
im ganzen Haus machen könnte, die phantastisch-spukhafte
Technik des Fernand Khnopff mit ihren unergründlichen
sphinxhaften Frauen und andererseits die symbolischen
Kunstwerke des Félicien Rops, diese Allegorien voll Größe,
Frechheit und Meisterschaft, das – fehlt natürlich.

II

FRANKREICH, DEUTSCHES REICH

Die Franzosen wissen wenig von Ost-Europa und haben ein
bißchen für den Geschmack von Kiew oder Jassy ausgestellt.
Durch das Herschicken von gegen hundert Bildern, die sie bei
Beschickung etwa einer Münchener Ausstellung schön zu
Hause gelassen hätten, haben sie das Kunststück zustandege-
bracht, in einer europäischen Ausstellung nicht die beste Sek-
tion zu bilden. Verstimmend wirken vor allem die vielen
nackten Damen in Bonbontechnik auf rosa oder blaßblau,
vortreffliche Affichen für einen Parfumeur oder eine Masseu-
se, die sich lancieren will, aber sehr schlechte Bilder. Ob man
dann in ganz alter Manier oder in schlecht kopiertem Japa-
nismus malt, ob *sie* ein Fez aufhat oder ein Irrlicht, ob die
rosige Beleuchtung von oben durch ein Bienengewölbe her-
einkommt oder von der Seite oder von nirgends her, ob man
Ferrier heißt oder Dubufe oder sogar Carolus Duran, ist ziemlich gleichgültig. Nur wenn man zufällig Henner heißt und
ein sehr großer Künstler ist, wird es anders: dann malt man in
die goldigbraune Dunkelheit der alten Spanier so wundervoll
körperliche, warme, leuchtende nackte Formen hinein, oder
besser, läßt sie aus ihr herausspringen, daß die nackten Puppen rundherum noch wächserner und puppenhafter aussehen. Aber dieses Verdienst des Henner ist fünfundzwanzig
Jahre alt. In dem kleinen Oktogon (Saal XI) hängen zwei Bilder von bescheidenen Dimensionen, vielleicht die interessan-

testen nicht nur der französischen Abteilung, sondern der Ausstellung überhaupt: »Café concert« von Béraud und »Sonne im Nebel« von Baillet. »Café concert« hat die Stimmung, die Luft des Tingeltangels, diese Luft voll Gasgeruch, welken, geschminkten und gefirnißten Sachen, voll Dunst und unruhigen Reflexen, gleichzeitig angefüllt mit Apathie und Überreiztheit. Der Baillet daneben ist von einer unsäglichen »Morgenlichkeit«, Zartheit, Duftigkeit. Über das zart schauernde, helle, fast weiße Meer schwimmen im Morgenduft weiße Gänse. Hinten verschweben die duftigen Ufer in gelblich und rosa angehauchtem Dunst und Licht. Das ganze Bild *riecht* nach Reinheit und Kühle. So malen lernt man vielleicht von Whistler oder von gar niemandem. Daneben bestehen annähernd nur noch ein paar moderne Bilder: der »Sommerabend in der Provence« von dem verstorbenen Muenier, von einer merkwürdigen komprimierten Kraft der Stimmung, und die feinen übereinander hängenden Porträts: »Kleines Mädchen mit Korb« von Jacques Blanche, Manier des Gainsborough ins Moderne übersetzt, und das darüber von Frau Demont-Breton. Die »Dame im Ballkleid« von Bonnat ist ehrenwert und die »Junge Frau mit Muff« von Gervex sogar sehr ehrenwert: nur hat schließlich jedes Land ein, zwei Meister, die das können.

Deutsches Reich. Es fehlen ohne Ausnahme die jungen Künstler der Münchener Gruppe, von Albert Keller angefangen bis zu den jüngsten bizarren Stilisten Hengeler und Th. Heine; es fehlen die jungen Berliner, vor allen Skarbina und L. von Hofmann. Es fehlt der Einzelne, der originalste Künstler, den Deutschland zu besitzen die Ehre hat, Max Klinger zu Leipzig. Nicht anders als verbotene Flugblätter in aufgeregter Zeit gehen die radierten Blätter dieses unseres neuen Dürer, diese tiefsinnigen Evangelien neugeborener Schönheit, durch die Hände einiger weniger Menschen in unserer Stadt. Mancher bringt von einer Reise den herben entzückenden Nachgeschmack so seltener Früchte mit. Dem oder jenem jungen Menschen ist im Kaffeehaus beim Durchfliegen irgend welches Kunstblattes aus einer schlechten Reproduktion so blitzartige Offenbarung einer neuen ergreifenden Schönheit auf-

geflogen, daß es ihm wie einen klingenden Stich ins Herz gab
und manche Phantome seiner Sehnsucht seitdem Gestalt gefunden haben. Dr. Brahms freilich, der kennt ihn; zum Dank
für tönende Erlebnisse der träumenden Seele hat der in Leipzig dem in Wien ein paar Bogen voll stummer Phantasmata
geschenkt, »Brahmsphantasien« oder wie es heißt. Billroth
mag ihn auch gekannt haben; wenigstens liebte er so einen
Klingerschen Stil, das Leben zu leben; oder ist das nicht ein
Klingerblatt?: der alte weise Arzt, wie er in seinem Garten
sitzt und sich süßtönende, schwermütig selige Gartenmusik
vorspielen läßt, gleich unbekümmert um den Tod, der mit
bösen Augen im Wipfel eines Baumes sitzt, und um die eitlen
und herrischen Göttinnen, die hinter der Gartenmauer in seltsam geformten Galeeren über ein dunkel leuchtendes Meer
fahren... Also Klinger fehlt auch diesmal und im großen und
ganzen kennt ihn in Wien kein Mensch.
Die Ausstellung des Deutschen Reiches ist leicht zu charakte-
risieren: die wenigen wirklichen Meister, in ihrer Eigenart, *re-
lativ* mittelmäßig vertreten: zwei Menschenköpfe von Lenbach, Affen und Somnambulismus von Gabriel Max, Landschaften von Achenbach; die berühmte »Frau mit Ziegen«
von Liebermann, schon lang in der Pinakothek, nimmt sich
etwas verirrt aus, wie immer Galeriebilder in Ausstellungen
oder geflügelte Worte in historischen Theaterstücken. – Porträts: von Fritz August Kaulbach, gefällig, geschmackvoll,
äußerlich; von Koner, hart, kalt und kräftig; eines in Pastell
sehr fein; die interessantesten von Seydewitz, in einer an Holbein erinnernden rücksichtslos zupackenden Manier. – Das
Sittenbild oder Anekdotenbild mit und ohne Kostüm ist noch
immer in bedauerlicher Anzahl vertreten; unglaublich
schlecht gemalt, ja gewissermaßen gar nicht gemalt, mit der
medusenhaft ertötenden Kälte eines Öldruckes ausgestattet
ist unter andern der Defregger. Den Übergang von diesen
Arrangeuren lebender Bilder zu denen, die versuchen Bilder
des Lebens zu geben, bildet Walter Firle, ein achtenswerter
Künstler, vielfach abhängig, am meisten von Uhde. – Den
Versuch, Menschen in die freie Luft zu stellen, nicht gruppierte Schauspieler vor eine Dekoration, machen, nebst dem

Triptychon von Dettmann, Frithjof Smith in dem etwas
derben Abendsonnenbild und die feinfühligen, fast allzu far-
bensensitiven Künstler Pietschmann (»Dämmerung«) und
Rieß (»Letzte Sonne«). Die beiden letztgenannten Bilder zusammen mit dem Pastellporträt von Koner und den meistermäßigen Aquarellen von Dettmann und Bartels machen aus
dem Saal V, dem deutschen Oktogon, eine kleine salle carrée,
wie Béraud und Baillet aus dem gleichgelegenen französischen Oktogonalsaal.

III

SPANIEN, ITALIEN, ÖSTERREICH–UNGARN

Zu den »geschätztesten« und regelmäßigsten Gästen unserer
Ausstellungen zählen die Spanier; die Spanier mit den guten
Namen und der virtuosen Technik, diese Alvarez, Villegas
und Benlliure y Gil und Viniegra y Laso; sie haben keine Phy-
siognomie; wenn man ihre sechzig oder siebzig Bilder gesehen hat, bleibt einem selten ein individueller Eindruck zurück; sie malen Toreadores, Dogen, Taufen, Prozessionen, in
verschiedenen Formaten, aber im Grund einer wie der andere; aber sie können wenigstens malen, man spürt doch, es interessiert sie, wenn auch nicht wiederzugeben, wie Gottes
große wesenlose Natur einem tiefsinnigen Künstler vor-
kommt, so zumindest, wie für ein feines Auge leuchtende
Wachskerzen einen feinen zitternden Schleier bläulicher Luft
erzeugen, wie Stickereien auf Samt und Blumen in Gläsern
und Waffen auf dem Erdboden und Spitzen und Bänder auf
menschlicher Haut Ton gegen Ton zur Geltung kommen.
Die Ehrfurcht vor dem Handwerk zumindest ist im höchsten
Sinne gewahrt. Dem Detail wenigstens stehen diese Herrn als
Maler gegenüber, nicht als Erzeuger von Wachspuppen und
Pfeifenköpfen. Insofern also hat man alles Recht, selbst diese
in der großen Kunstentwicklung zurückgebliebenen Spanier
gegenüber Leuten wie Veith, Zewy, Probst, Gisela, Moll etc.
etc. sehr hochzustellen.
Da bei uns seltsamerweise der Rang, den ein Bild in der all-

gemeinen Beurteilung einnimmt, nach dem Format vergeben
wird, so erscheint das umfangreiche Kostümbild von Villegas »Einzug der Dogaressa Foscari« gewissermaßen als der
auch symbolisch in die mathematische Mitte des Gebäudes
eingesetzte mystische Kern dieser Ausstellung. Es enthält auf
vielleicht vierundzwanzig Quadratmeter Leinwand: 1. einen
frech und virtuos gemalten Laufteppich aus grellrotem Rouge; 2. sieben oder acht hübsche blonde kokette venezianische
Gesichtchen à la Eugen Blaas, vielleicht etwas feiner gemacht;
3. eine Menge kostümierter Figuren, flach, leer und konven-
tionell. – »Tod des Stierkämpfers«, von demselben Meister,
in denselben Dimensionen im Stiegenhaus an Stricken bau-
melnd, ist bei aller meiningerischen Tableauhaftigkeit stärker
in der Stimmung, außerdem durch wirklich wirkungsvolles
fahles Oberlicht ausgezeichnet. – Höher steht Pradilla, der
leider diesmal nicht vertreten ist; sein kleines Bild in der letzten Weihnachtsausstellung: »Karneval in Rom«, wollte nicht
bloß Einzelheiten, es wollte eine Stimmung wiedergeben und
gab sie, gab wirklich die präzise Stimmung farbiger, unruhiger Festfreude.

Die italienische Abteilung enthält leider nicht *ein* bemer-
kenswertes Bild.

Österreich. Die Wiener Malerei speziell hat erstaunlich wenig
Charakter; die Engländer sind durch und durch englisch, die
Holländer geben präzis die Stimmung ihres flachen, traurigen
Landes, bei den Franzosen ist wenigstens einiges, wie die Frau
des Gervex und das Tingeltangel von Béraud typisch, parise-
risch – bei uns sucht man in Porträt und Straßenbild fast
umsonst das bezwingend »Unserige«. Und doch sind diese
Menschen und doch ist diese Stadt so sehr besonders! Die
wundervolle, unerschöpflich zauberhafte Stadt mit dieser
rätselhaften, weichen, lichtdurchsogenen Luft! Und unterm
traumhaft hellen Frühlingshimmel diese schwarzgrauen Ba-
rockpaläste mit eisernen Gittertoren und geschnörkelten
Moucharabys, mit Wappenlöwen und Windhunden, großen,
grauen, steinernen! Diese alten Höfe, angefüllt mit Plätschern
von kühlen Brunnen, mit Sonnenflecken, Efeu und Amoret-
ten! Und in der Vorstadt, diese kleinen, gelben Häuser aus der

Kaiser Franz-Zeit, mit staubigen Vorgarterln, diese melancholischen, spießbürgerlichen, unheimlichen kleinen Häuser!
Und in der Abenddämmerung diese faszinierenden Winkel
und Sackgassen, in denen die vorübergehenden Menschen
plötzlich ihr Körperliches, ihr Gemeines verlieren und wo
von einem Stück roten Tuchs, vor ein schmutziges Fenster
gehängt, unsäglicher Zauber ausgeht! Und dann, später
abends, die Dämmerung der Wienufer: über der schwarzen
Leere des Flußbettes das schwarze Gewirre der Büsche und
Bäume, von zahllosen kleinen Laternen durchsetzt, auf einen
wesenlosen transparenten Fond graugelben Dunstes aufge-
spannt und darüber, beherrschend, die drei dunklen harmonischen Kuppeln der Karlskirche! Und alles das, soviel Größe
und soviel Reiz, soviel liebliche Anmut, so sehnsüchtige
Durchblicke, so konzentrierte sinnreiche Schönheit, alles das,
so wahr, so wirklich, so gegenwärtig und so tiefsinnig, Stoff
genug, die komplizierten Seelen einer ganzen Generation
damit auszudrücken, soll keiner sehen, keiner spüren?
Carl Moll (»Naschmarkt mit der Karlskirche«) mag ähnliches gemeint und gesucht haben; das Bild, wie es ist, läßt aus
Mangel an Individualität, Durchseelung, Intimität, kurz aus
Mangel an all dem Undefinierbaren, das Wert gibt, völlig
kalt. – Ribarz (»Wien vom Belvedere aus gesehen«, eigentlich
ein Ausschnitt ferner Kuppeln und Dächer über zwei aufge-
blühte Pfingstrosen hinüber gesehen), hat Stimmung, wie alles, was sich geistreich und frei einer japanischen Kunstidee
bedient. Das größte landschaftliche Können, diesmal auf
dalmatinisches und venezianisches Lokal angewandt, zeigen
die zwei Bilder von Robert Ruß, mit prachtvoll durchsichtiger Luft und vielerlei sonstiger Schönheit.
Das Wiener Genre, wie es von den Konopa, Zewy, Friedlän-
der, Gisela, Kinzel usw. betrieben wird, bringt bekanntlich
keine Menschen, sondern die starren Figuren des schlechten
deutschen Lustspiels; unmögliche Menschen, unmöglich angezogen, in unmöglich arrangierten Situationen, unmöglich
dreinschauend, oder besser: hilflos dreinschauend, wie Dilettanten, die sich selbst auf der Bühne darstellen sollen und sich
unter qualvollen inneren und äußeren Verrenkungen bemü-

hen, natürlich und selbstverständlich zu sein. Unbegreiflich
ist nur, was den Maler am Ausarbeiten eines solchen Bildes
festzuhalten vermag: daß es weder Farbe, noch Beleuchtung,
noch Darstellung des Menschen ist, verraten diese Bilder
doch zu deutlich. Etwas höher steht vielleicht, bei aller Mittelmäßigkeit, die Gesellschaftsszene mit rotgedämpftem Ker-
zenlicht von Hans Temple. Der »Mariazeller Lichterum-
gang« des Goltz hat weder die starke noch die einheitliche
Stimmung, die ihm nottäte, vielleicht weil gleichzeitig ein
Beleuchtungsproblem, ein Problem symphonischer Grup-
pierung und eines realistischer Menschendarstellung zu lösen
versucht wird. Das einzige Wiener Bild, das die starke Fähigkeit verspricht, das Merkwürdige und Besondere *unseres* Lebens zu gestalten, ist »Kartenspieler« von Engelhart. Allerdings steht das Bild an sich nicht besonders hoch; aber es zeigt
die allerbeste Schule, die Gebärden und die Seele mitlebender
Menschen zu erfassen: die Schule der großen französischen
Karikaturisten von Forain bis Steinlen. Das ist gegenüber der
technischen Hilflosigkeit unserer Maler unendlich viel: nur ist
eben vorläufig nichts da als die Fähigkeit, zu sehen und hinzustellen, was die Steinlen, Raffaelli und Dannat annähernd so
gesehen und hingestellt haben. Wird Herr Engelhart imstande sein, sich ins Wienerische im tiefsten Sinne einzuleben,
ohne darüber auch nur ein Atom seiner für unsere Verhältnisse
höchst seltenen und kostbaren technischen Überlegenheit zu
verlieren, so wird Österreich einen starken wertvollen
Künstler besitzen. Daß ihn nicht nur die scharfe Charakteristik interessiert, worin die Verführung läge, sich ins übermäßig Scharfe, Witzelnde, Karikaturistische zu verlieren, sondern daß ihn auch das rein Zuständliche reizt, dafür spricht erfreulich die prächtige Aktstudie im Saal XXIV, mit ihrem
meisterhaft luftigen, sommerhellen Hintergrund. Diese Studie ist neben den russischen Landschaften so ziemlich der
»clou« der österreichischen Abteilung.
Schließlich die Porträts: Ein interessantes, im großen Saal,
von der in München sehr geachteten Polin Olga von Boz-
nanska; ein sehr offizielles großes und ein sehr hervorragen-
des kleines von Angeli, einige in der schon bekannten hoch-

mütig negligierten Stellung, mit der Pochwalski allzu freigebig und in verwischender Einseitigkeit alle möglichen Herren charakterisiert, und viele schlechtere bis ganz hinunter zu Mehoffer.

Die Ungarn, teils altmodisch, teils modern angehaucht, aber alle recht grell, unintim: sozusagen oberflächliche Malerei. Aber Munkácsy hat von Watteau, Gainsborough und anderen großen alten Herren eine charmante Technik des harmonisch gestimmten, verwischten, gobelinartigen Hintergrundes gelernt.

ÜBER MODERNE ENGLISCHE MALEREI

RÜCKBLICK AUF DIE INTERNATIONALE AUSSTELLUNG WIEN 1894

Man empfing von den in dieser jüngsten Internationalen Ausstellung unseres Künstlerhauses enthaltenen Bildern der englischen Schule nicht ohne einige Überraschung einen starken
und besonderen Eindruck. Dieses Erstaunen konnte sich in
einem kleinen, mit Reproduktionen behängten Nebensaale
steigern: hier fanden sich beiläufig dreißig Photogravüren
von nicht zu übersehender Eigentümlichkeit, Nachbildungen
der vornehmsten Werke eines Edward Burne-Jones, den
nicht viele kannten. Die Begierde, sich diese Werke in der
Farbenwirkung des Originals erratend vorzustellen, war
minder stark, als sie sich für gewöhnlich vor solchen grauen
Schattenbildern einzustellen pflegt: so völlig waren Phantasie
und Verstand mit der Aufnahme dieser wundervoll geistreichen Linien, dieser archaistischen und doch raffiniert suggestiven Mimik, dieser gedankenvollen Symbolik beschäftigt
und eingenommen. Man sah eine Welt, die gleichzeitig antik,
ja mythisch und doch durch und durch christlich, ja englisch
anmutete, Gestalten mit einer fast mystischen Traurigkeit in
den sehnsüchtigen Augen, mit den naiven puppenhaften Gebärden kindlicher Kunstepochen und dabei in allegorischem
Handeln und Leiden von unendlicher Tragweite befangen.
Man erblickte da Wesen, deren schlanke, dann und wann
hermaphroditische Anmut für den ersten Blick nichts Unir-
disches hatte, und man erblickte sie mit den Geräten und
Symbolen weltlicher Eitelkeit zierlich beschäftigt: begriffen,
ihre lichte Schönheit in lebendigen Wassern zu spiegeln, sich
in wildem, verträumtem Rosengebüsch zu bergen oder einander mit den zierlichen Gebärden höfischer Miniaturen zu
grüßen und zu geleiten. Dem aufmerksameren Blick aber er-
schloß sich tatsächlich mehr. Diese schönen Wesen hatten ein
intensives, wenn auch eng begrenztes Innenleben. Sie waren
traurig und verwundert. Sie waren dabei sehr einfach, einfacher als Menschen sind, so einfach wie tiefsinnige Mythen, so

einfach wie die mythische Gestalt, deren Traumleben und Irr-
fahrten und Metamorphosen jeder in sich unaufhörlich aus-
spinnt: Psyche, unsere Seele. Selbstvorstellung, ahnend
träumen, wie die eigene Seele unbegreiflich einsam die unsäglich schauerlichen Gefilde des Daseins durchwandelt, unwis-
send, von wo sie komme und wohin sie gehe, im Tiefsten
schaudernd vor unendlichem Staunen, vor Sehnsucht und
Traurigkeit, das ist die tiefste Funktion aller Phantasie. Diese
primitive Anschauung des Daseins, in welcher Staunen das
erste und größte Element ist, redete aus allen den Bildern;
Psyche, die jüngling-mädchenhafte, die nichts erlebt hat als
ihr eigenes rätselhaftes Auf-der-Welt-Sein, die aus unergründlichen Augen bange schaut, sie ist in diesen Jünglingen
und Mädchen mit den naiven, gleichsam verlegenen Bewegungen, den von nichts wissenden Körpern. Sie ist die aus der
Starre erwachte, sehnsüchtig-bange Galatea, sie der Pilgrim,
der zwischen träumenden Teichen dem Haus der Trägheit
zuschreitet, sie die Circe, die sich zu dem demütigen verzauberten Leoparden niederbeugt, die selber verzauberte Zaube-
rin, unheimlich ohne Schuld. Diese Wesen haben sich untereinander nichts zu sagen; sie fügen einander kein Gutes und
kein Schlimmes zu; daß sie sind, ist alles, was sie voneinander
wissen. Die Region des Dramatischen liegt anderswo, der
Oberfläche näher; hier in den dämmernden Tiefen des einsamen Seins treten andere Gegenspieler auf, die kosmischen
Gewalten, die Herren des Traumes und des Todes, Pan, der
unreif geborene Gott, aus dem Unterleib der Erde geschnitten, nicht Mensch, nicht Tier, nicht Mann, nicht Weib, mit
wildem wehendem Haar und plumpen gutmütigen Händen
und traurigen Augen, und andere göttliche, wundervolle Per-
sonifikationen des sehnsüchtigen, des drohenden, des berauschenden, des tödlichen Daseins. Nirgends ist der Zauber
der Allegorie weiter getrieben als im Werke des Burne-Jones.
»Seine wesentliche Veranlagung und Denkart drängt zur Personifikation«, sagt Ruskin von ihm[1]; »das erste Kapitel der
Genesis zu illustrieren, würde ein anderer Adam und Eva ma-

[1] »The Art of England«

len, er sicherlich die Allegorie eines Tages der Schöpfung.« Geradezu den malerischen Niederschlag einer platonischen Idee zu suchen, etwa den sechs Schöpfungsengeln ein durchsichtiges Becken in die Hände zu geben, angefüllt mit solchem Farbenzauber, als geeignet ist, die Vorstellung des Tages der Blumen und Bäume, des Tages der Vögel und Fische, des Tages der Wasser und Winde hervorzurufen, liegt seiner Kühnheit nicht zu ferne. – – –

Wir stehen einer raffiniert geistreichen Malerei gegenüber, einer Beherrschung der Ausdrucksmittel, die an Manier grenzt. Das Ganze hat etwas Künstliches, zumindest Gehegtes, nicht ganz Wildgewachsenes. In der Tat ist die Malerschule, die England seit vierzig Jahren beherrscht und deren Ausläufer Burne-Jones wir betrachten, eine von großen und fruchtbaren Kritikern durch die verführerischeste und geistreichste Interpretation vergangener italienischer Kunst zu einer künstlichen Wiederholung der Renaissance heraufgezogene. An Dante, Botticelli und Lionardo ist diese ganze Kunst heraufgewachsen, wie junge Reben an alten Stecken. Das Seltsamste ist, daß Dante hier wirkt wie ein Maler. Er ist in der Tat in unglaublicher Weise von malerischen Elementen durchsetzt. An tausend Stellen der »Divina Commedia«, mehr noch der »Vita Nuova« hat man den Eindruck, Schilderungen aus zweiter Hand zu lesen, geschilderte Bilder. Ich meine nicht nur die fast immer malerisch, direkt im Stil des Giotto und Fiesole beschriebenen allegorischen Figuren, Aufzüge, Gruppierungen und so weiter (übrigens, im Vorbeigehen erwähnt, hat das Genie Dantes dann und wann fast die ganze Entwicklung der Renaissance antizipiert und an gewissen Stellen des »Inferno« auch noch die Inspiration Michelangelos deutlich vorgefühlt); aber die Gestalt der Beatrice, jedes Schreiten, Neigen, Grüßen und Winken an ihr ist in seiner subtilen Expressivität dem Stil der primitiven Madonnen entnommen, nur noch raffinierter. Raffiniert ist das einzige Wort für diese in kaum glaublicher Weise gesteigerte Fähigkeit, innere Vorgänge, namentlich bei Frauen und Jünglingen, durch naive, fast linkische Bewegungen des Körpers zu verraten, wie sie sich bei den Malern des Quattrocento und bei Dante findet. (Allenfalls Goethe hat hie und da etwas Ähnliches erreicht, etwa in der naiv ausdrucksvollen, unbewußten Mimik der Mignon und der Ottilie.) Wie ja überhaupt Eindringlichkeit, sparsame scharfe Prägnanz das nicht auszuschöpfende Element der Kunst Dantes.

Das Versenken in Dantes Kunstgeheimnis bildete nun in glücklichster Weise den Kern der Tradition der englischen »Präraphaeliten«. Sie alle kommen von Dante her, ihr erster Meister, Gabriel Rossetti, der Sohn eines Danteforschers, führt, ein Symbol, den Vornamen Dante von Kind auf, mit tieferem Recht als etwa Raphael Mengs den seinen. Beatrice und die anderen Frauen mit mystischen Augen und schmalen Händen wurden der Inhalt ihrer Malerei; daneben antiquarische Geräte, Blumen, Tiere voll einer merkwürdigen Symbolik. Schließlich erschien das Trecento zu einfach. Die verwirrende Frauenschönheit des Botticelli und die komplizierte Psychologie, die man hinter den seltsam, spöttisch und resigniert lächelnden Köpfen Lionardos in bebender Faszination vermutete, wurde wiederum gleichzeitig von geistreichen und schöpferischen Kritikern und ebenso geistreichen Künstlern ergriffen und so variiert, daß eine bei aller Künstlichkeit doch bestrickende Reihe von Bildern entstand.

Alle diese Maler, mehr Dichter als Maler, sagten doch in ihrer Manier manches, wofür die Poesie kein Organ hat. Wenn sie auch mehr interpretierten als schufen, so lag doch gerade in ihrer Interpretation so essentielle Poesie, eine so geistreiche Beherrschung und Beseelung der körperlichen Dinge! Kunst ist schließlich Natur auf Umwegen; Quellwasser auf dem Umweg durch Wurzel und Rebe heißt Wein und ist nicht schlimm. Wir fahren nachts übers Meer. Fern ist das Land, und wir sehnen uns nach dem Gemurmel süßen Wassers, nach Gärten und Wegen der Erde. Da wirft der Wind einen feinen, süßen, scharfen Duft im Wehen über uns. »Rosen!« ruft der eine halb im Schlaf und lächelt. Aber es gibt keine Rosen weit und breit. Der Duft flog herüber von einem Schiff, das im Dunkel vorüberglitt, einem Schiff persischer Männer, geladen mit köstlichem betäubendem Öl, dem ausgekochten süßen Blut glühender Rosen, das durch Ritzen sickert und in der Nachtluft lebt. Solche süße, zur Hälfte natürliche Trunkenheit haben diese englischen Künstler aus den Blüten der Renaissance ausgekocht. Wie Kinder aus Kleeblüten den Honig saugen, so saugen sie die feine Essenz der seelischen Schönheit aus den Gebärden der Beatrice, aus dem rätselhaften Lächeln der Gioconda.

»Wir alle kennen das Gesicht und die Hände dieser Frau, auf ihrem marmornen Stuhl, von einem phantastischen Felsenkreis umgeben, in einem matten Licht wie auf dem Grund des Meeres. Das Wesen, das so rätselhaft da neben dem Wasser aufgetaucht ist und dasitzt, ist der konzentrierte Ausdruck dessen, wonach die Menschen während tausend Jahren sich zu sehnen gelernt hatten. Es ist eine von innen heraus dem Körper angeschaffene Schönheit, der langsame Niederschlag, Zelle für Zelle, von seltsamen Gedanken, phantastischen Träumereien und adeligen Leidenschaften. Stellen Sie dieses Wesen einen Augenblick neben eine jener weißen Göttinnen oder schönen Frauen der Antike; wie würden Sie verwirrt von dieser Schönheit, die von der Seele und allen ihren Krankheiten durchtränkt ist! Alle Erfahrung und alles Denken der Welt hat hier daran geformt und gefeilt, soweit dergleichen Macht hat, menschliche Form suggestiv und ausdrucksvoll zu machen: die vegetative Naivetät von Griechenland, die römische Orgie, die Sehnsucht, und die asketische Ehrsucht und die platonische Liebe des Mittelalters, das Wiedererwachen des Heidentums und die Sünden der Borgia. Sie ist älter als die Felsen um sie; wie ein Vampir war sie mehr als einmal schon tot und kennt das Geheimnis des Grabes; und ist untergetaucht in Meerestiefen, und immer schwebt davon um sie dieses fahle Licht; und hat mit Kaufleuten aus dem Osten um seltsame Gewebe gehandelt: und war Leda, die Mutter der Helena, und Anna, die Mutter der Jungfrau; und alles dies war ihr nur wie Schall von Leiern und Flöten und lebt nur fort in der seltsamen Feinheit, die es ihren Zügen verliehen hat, und in der Farbe ihrer Hände und Augenlider.«[1] Diese »von innen heraus dem Körper angeschaffene Schön-

---

[1] Walter Pater, »The Renaissance«

heit«, dieselbe, die Goethes Sinn beim Anblick der kühnen und edlen Linien von Schillers Totenschädel tief ergreift, diese von innen heraus notwendige Schönheit, gleichsam eine so vollendete Durchseelung des Leiblichen, daß sie wie Verleiblichung des Seelischen berührt, diese höchste, veredelte, individuelle Schönheit suchen die englischen Präraphaeliten; ihr Idealismus, so ziemlich das Gegenteil des aus der abstrakten (von der antiken Statue abgeleiteten) Schönheitserkenntnis hervorgehenden klassizistischen Idealismus, der bei uns einmal Winckelmann geheißen hat und jetzt Paul Thumann zu heißen bedauert.

Man pflegt hier nicht ohne einige Verwunderung zu erwähnen, was man als die zweite Phase in Ruskins geistigem Leben zu bezeichnen gewohnt ist: die Abwendung des großen Ästhetikers von Problemen der Kunst und sein Aufgehen in moralischen, ja geistlich agitatorischen Gedanken. Der Übergang von intensiver Beschäftigung mit der Kunst zu irgendwelchem anderen hohen und priesterlichen Beruf sollte doch niemals wundernehmen. Zumal diese englische Kunst der psychisch-leiblichen Schönheit ist durch und durch ethisch. Diese Kunstwerke reden eine veredelnde Sprache direkt, viel direkter als edle Musik oder tiefsinnig gemalte Landschaft. Diese gemalten Menschen erziehen die Seele durch das Beispiel ihres edlen Betragens. Ich möchte versuchen, diesen etwas hölzernen Satz verständlicher und tiefer zu machen, und komme nochmals auf den Stil Dantes zurück und auf die ganz verwandte edle Mimik der Danteschen Figuren: in den zahllosen Gesprächen Dantes mit Verdammten, Büßenden und Seligen findet sich auffallend oft die Erwähnung eines Traurigwerdens, verlegenen Lächelns, flüchtigen Erblassens oder Erzürnens bei den redenden Männern oder Frauen; und nicht selten wissen wir uns nicht sofort Rechenschaft über den Grund dieser Emotion zu geben. Nach einigem Nachdenken wird es uns blitzartig klar, und wir schauern zusammen vor ehrfurchtsvollem Staunen über das subtile und unerbittlich wahrhaftige Eigenleben dieser kleinen Gestalten; die Ursache ihrer Emotion war in den meisten Fällen die, daß sie in einem Wort, einem Eigennamen, der etwa im Gespräch unterlief, einer Sentenz, die zufällig fiel, mit der Luzidität hochbegabter überlegener Menschen eine Anspielung erkannten oder die Analogie mit einem solchen Ereignisse spürten, das in ihrem vergangenen sittlichen Leben verhängnisvoll war.

Um aber diese Analogie herauszufühlen, bedarf es in ungewöhnlichem Maß dessen, was man im höchsten Sinne »Takt« nennen kann. Darin beruht die tiefe sittliche Wirkung der Mimik Dantescher Gestalten; sie verrät ein Seelenleben, darin die geistreichste energievollste Begabung im Dienste der intensivsten moralischen Wachheit und des unnachgiebigsten Strebens nach Wahrheit steht.

Diese Wesen sind durch und durch echt; sie paktieren nicht mit dem Dasein, sie betäuben sich nicht, sie kümmern sich nicht um fremde Dinge, sie vergessen nichts, sie leben nicht provisorisch, nicht bildlich und nicht in Unwahrheit; sie haben *eine* Angst, *eine* Sehnsucht, *ein* Erzürnen: die Angst, die Sehnsucht, das Erzürnen, das ihrem Wesen wesentlich ist. Was sie reden, winken und blicken, ist anmutig und erhaben, weil es notwendig ist. Wer bei den Zeilen der »Göttlichen Komödie« und des »Neuen Lebens« den Sinn dieser Betrachtungen besser und deutlicher, als sie hier stehen, gefühlt hat, wird vor den Bildern der Rossetti und Holman Hunt, der Watts und Burne-Jones nicht leugnen, daß etwas Ähnliches angestrebt wird. Ihm wird für eine Zeitlang vielleicht alle andere Kunst neben dieser reizlos und unvornehm, ja etwa leer und gemein vorkommen. Und auch wenn er dann wieder in die elementaren Offenbarungen des Genius, als sind Landschaften von Whistler, Menschenköpfe von Rembrandt, Musik von Mozart, mit atmenden Freuden hinabgetaucht ist, wird er bekennen, es gibt ursprünglichere Weise, dem Herrn zu dienen, aber nicht edlere, noch reinere.

AUSSTELLUNG DER MÜNCHENER »SEZESSION« UND DER »FREIEN VER-EINIGUNG DÜSSELDORFER KÜNSTLER«

I

Als vor drei oder vier Jahren eine Gruppe jüngerer und älterer Künstler aus dem Glaspalast wegging und anfing, auf eigene Faust internationale Ausstellungen zu veranstalten, hatte sie in ihrer Mitte zwei große Namen: Böcklin und Uhde, das neuromantische und das naturalistische Programm. Die Jüngsten aber, die mitgingen, hatten neben diesen schon ein paar neue Götter im Kopf: Besnard und die Luministen, Whistler, die Schotten und das Japanisieren.

Auch hatte ihre deutsche, in Böcklin wurzelnde Auffassung der neuen Romantik durch die lateinische, Puvis de Chavannes, Moreau, Khnopff, eine Erweiterung gewonnen. Auf diese sieben oder acht Elemente, davon einige mehr die malerische Auffassung, andere mehr die Technik berühren, ist auch heute die Malerei in Deutschland gestellt; glückliche Entwicklungen haben die Künstler dieser Zeit wieder nach dem Großen und Wahren gezogen und hoch, wie niemals seit dem Ausgang der Holbeinzeit, steht das Niveau der deutschen Malerei. Seit damals hat es bei uns keine Epoche gegeben, wo nicht im Durchschnitt entweder schal oder verlogen gemalt worden wäre. Raphael Mengs, Cornelius, Feuerbach waren sicherlich keine Künstler höchsten ewigen Wertes; aber man denke, welches Gewirr von Nichtigkeiten erst hinter ihnen im Schatten steht.

Sehr viel Häßliches und Leeres liegt hinter uns; es wäre unheimlich und wundervoll, wenn man eine Anschauung hätte, groß genug, um ganz zu begreifen, wie die Kunst eines Volkes für Zeiten, von Dürer und Holbein, auf Piloty und Knaus fallen konnte. Jetzt besinnen sich die Künste auf ihre Hoheit und die Menschen auf ihre Seele. Wir können dreihundert deutsche Bilder nacheinander anschauen, ohne etwas über Wallensteinische Elenkoller zu erfahren oder die erlogenen

Mätzchen von Postillons, Chocolatièren, Invaliden und anderen Operettenstatisten auf einem schlechten Hintergrund in schlechter Technik zu genießen. Vielmehr dem Dunklen, Dräuenden der Natur, die uns ihre stummen Geschöpfe stumm entgegenstreckt, und den Gebärden der Menschen, die, im Dasein verloren, auf sich selber vergessen, werden wir auf die Spur geführt.

Auch der eine oder der andere Unwahre läuft so mit. Was tut Rocholl unter denen, »qui secessionem fecerunt in montem sacrum«? Er hat immer öde, panoramenhafte Kürassiere und Zuaven gemacht und niemand dachte beim Anschauen an Malerei. Es erinnerte einfach an das große, glorreiche, grauenhafte Ding »Krieg«, so wie etwa ein Uniformierungsgeschäft auf der Gasse daran erinnert, durch äußerliche Ideenassoziation. Warum stellt er auf einmal so einen großen öden Kürassier mitten in einen Wald, der sich so viel unbeholfene Mühe gibt, modern und luministisch auszusehen, daß der Kürassier nur noch öder und noch hölzerner aussieht?

Wo Albert Keller eigentlich hingehört, ist schwer zu bestimmen; er, der so viel kann, scheint leider sehr wenig innerliche, wesentliche Bedeutung zu haben. Er scheint ein Gentleman, man sagt, er verachte die Rücksichten auf Geschäft und Publikum; auch zu den Jüngsten gehört er nicht mehr und sollte endlich seiner Kunst eine Form zu finden imstande sein. Um einen Effekt von starkem Mondlicht auf nacktem Fleisch herauszubringen, hängt er ein Modell in der Art des Gabriel Max auf ein Märtyrerkreuz, ohne sich mit dem Thema selber innerlich auch nur im geringsten abzufinden, nicht einmal in der hysterisch-schablonenhaften Manier des Vorbildes; eine sehr hübsche Studie von Licht und hellem Wasser in einem Badezimmer möbliert er mit einer jener Ebers-Römerinnen, die doch die Fabriksmarke Alma-Tadema tragen und schon durch ihre Geschmacklosigkeit vor Nachahmung geschützt sein sollten; dann macht er eine Kreuzigung, roh, seelenlos und, was schlimmer ist, absichtlich in ihrer Brutalität; dann einmal ein kleines Bild »Nach dem Diner«, so unbedeutend in der Idee und so ausgezeichnet in der Technik, daß es schnell ziemlich berühmt wird; nächstens eine große Maschine: die

Gesichter phantastischer Nonnen in unheimlichem Fackellicht um die Bahre einer toten jungen Schwester gedrängt, die
Stimmung von Maeterlinck und wieder nur der viele Geist
der Ausführung von Keller. Warum hat ein Mensch so viel
Geist und Kunstverstand und so wenig Seele oder Individualität? Wie ist das überhaupt möglich?

Ähnlicher Opportunismus bei minderer Begabung heißt
dann Paul Höcker: eine zeitlang das harmloseste, eher süßli-
che kostümierte Genre und jetzt plötzlich eine stigmatisierte
Heilige, gemalte Ekstase, die sublimste mystische Erscheinungsform des sublimsten Innenlebens. Ja, wir wissen, die
Murillo und Zurbaran haben neben ihren Verzückten auch
Gassenbuben und andere harmlose Dinge gemacht, o ja, wir
wissen das...

Auch an den Bildern von Herterich scheint irgend etwas nicht
ganz echt; man weiß selbst nicht recht, was einen mißtrauisch
macht. Hie und da muß etwas Gefühltes mit etwas Nachge-
fühltem verwoben sein, das gibt dann dem Beschauer diese
Nervosität. Aber es ist in diesem Hubertusbild, diesem Bild
mit den lichten Birken und dem dritten, wo ein junges Mädchen in einer wundervollen Dämmerung Klavier spielt, immerhin so viel tiefes Erleben von Farbe und Licht, daß sie wie
schöne gute Kunst berühren.

Bei Volz sind Geschmack und Unselbständigkeit so merkwürdig verbunden, daß seine Bilder, besonders »Frau Musi-
ca« und der »Reigen«, eben dadurch einen perversen Reiz bekommen, daß sie an Cranach, Schwind, Thoma und sonst-
wen gleichzeitig erinnern, aber man wird hier nicht wie bei
Keller verstimmt, denn keines dieser Bilder verlangt oder
heuchelt ein unmittelbares Ergreifen der Natur.

Als der größte Künstler der ganzen Schar gilt dem Publikum
der einunddreißigjährige Franz Stuck. Zumindest ist er wohl
der Kräftigste, am meisten ein Schöpfer, wenn auch nicht
der mit der größten Feinheit und Eindringlichkeit des
Empfindens. Von seiner Anschauung der Welt zu reden,
wäre verfrüht. Vor ein paar Jahren scheint er überhaupt nur
das lebendig erfaßt zu haben, was Böcklin und Klinger schon
angerührt hatten. Dann fand er sich eine kleine neue Note

dazu: dämmerige Abendlandschaft, verschwimmende Bäume, schwarze Teiche. Dann gefiel ihm, der eine starke sinnliche Kraft hat, in dem Dunkeln das Spiel von Lichtern, Augen, glühenden Blumen, weißen Leibern. Die Leiber hatten anfangs ziemlich unbedeutende, oder archaistisch stilisierte Gesichter. Allmählich bekamen sie Leben; offenbar hatte der Künstler, der viel Karikaturen für die »Fliegenden Blätter« zeichnete, inzwischen die Schönheit der Menschen zu spüren angefangen und gelernt, in den Gesichtern die Seele zu suchen. So entstanden sehr merkwürdige Köpfe, wie der hermaphroditische der Sünde, mit dem eigentümlichen Lächeln, fast einem Renaissancelächeln. Jetzt hat er hier eine große Allegorie »Krieg«. Andere haben wohl schon erwähnt, daß das schwere und hinstampfende Roß aus dem »Abenteurer« von Böcklin ist und die lässige Haltung der Lanze aus »Ritter, Tod und Teufel« von Dürer. Gleichviel, das Bild hat Ton, Einheit, Größe und ist eben meilenweit von einem Akademiebild, trotzdem es nichts, gar nichts *äußerlich* Modernes an sich hat. Eine kleine Abendlandschaft mit dämmerig verschwimmendem Reiter, schummerigen Raben und schummerigen Bäumen, nachlässig gemalt und allzusehr Stuck, zeigt die Seite, wo der Künstler maniert wird; einige weibliche Studienköpfe, kräftig, sinnlich und scharf gepackt, die Seite, wohin er wächst. Er wird noch sehr schöne, starke Kunstwerke machen, hoffen wir.

II

Zwei sind groß, echt und ganz reif: der Realist Kalckreuth und der Romantiker Thoma; so reif, daß man von ihnen wie von Toten reden kann. Oder auch nicht reden, denn das in seiner Weise Vollendete genießt sich am besten unberedet. Von Kalckreuth liegt alle einfache Kraft und Größe und kernhafte Erfassung des Menschlichen gleichmäßig in den beiden alten Weibern, die stumpf und großartig in die gleitenden Wolken starren, und in den jungen Ährenleserinnen, mit ihrer hageren bettelhaften Anmut, und dahinter der prunkvolle eintönige Abendhimmel. In beiden Bildern ist ein Mensch, dessen Weltgefühl nicht unbedeutend sein kann.

Thomas beste Kraft ist in dem »Märchenerzählenden Großvater« versammelt, einem Kunstwerk von sehr deutschem Wesen, mit der wundervollen Stubenheimlichkeit und ganz besonderen sehnsüchtigen Konzeption eines großen Vollmonds hinter dem Walde, wie sie in unsere Kindheit wirklich eingewoben ist neben anderen sinnlichen und heiligen Vorgefühlen des Daseins. Daneben verwischen sich zwei andere Bilder von Thoma, »Der Sämann« und eine »Heilige Cäcilie«; auch etwas Hartes in der Farben- und Luftbehandlung kann man an ihnen nicht übersehen, trotz aller Poesie der inneren Ausführung; man wird an die so zarten und lieblichen und doch im Ton so dürren, kahlen kalten Schwinds bei Schack erinnert.

Von denen, die noch erobern, erregt wohl Becker-Gundahl die reichste, vielfältigste Erwartung. Man kann noch kaum erraten, was er je nicht können wird. Er hat ein paar rücksichtslos wahrhaftige und nicht seelenlose Menschenköpfe, eine ganz kleine, ohne alle Manier höchst besondere Landschaft, eine Rätselzeichnung, die alt scheinen soll und verschleiert in einer geheimnisvollen trauerreichen Schönheit atmet, ein totes junges Mädchen mit einer sehr schönen ornamentalen Ruhe und großen stilisierten Einheit des Tones. So hat er uns köstliche Früchte und seltsam duftende Gewürze hergeschickt, die große Begierde nach einem neuen verschleierten Land erwecken.

Neben ihm erscheint Benno Becker sehr expressiv, aber begrenzt. Er ist in einer Inspiration, die von Böcklin herkommt, von der »Villa am Meer« und anderen Verherrlichungen der dunklen Flut, der schwarzen Pinien, der weißleuchtenden Marmortreppen in der dunkelblau webenden südlichen Nacht. Nur ist er, wie dies in aufsteigenden Epochen sich trifft, dem großen Meister an Eindringlichkeit der Nuance, an »Herausbringen«, an eigentlich malerischer Kraft überlegen. Seine Bilder heißen: »Marmorbank«, »Römische Villa« und »Landhaus«, und sind in *einer* Note.

Von Hugo König haben wir neben einer einfachen Kin-

derfigur eine höchst merkwürdige Madonna. Sie ist sehr
jung, in ganz weiße reiche Tücher wie in Grabtücher einge-
hüllt, und unsäglich einsam mit dem unwissenden nackten
Kind im Arm; neben ihr aus der kahlen Mauer brechen ge-
schwollene dunkle Trauben mit üppigen, wie Tierleiber
prunkenden Ranken und Blättern. Es ist eines von den seltenen elementaren Bildern: man muß dabei an die Kraft und erdrückende Achtlosigkeit des unbewußten Lebens denken
und an die Hilflosigkeit und das Rührende des Menschen. Die
zweimal variierte Heilige von Hierl–Deronco mit dem asketi-
schen Gesicht, dem Heiligenschein und dem violetten
Schleier unter nächtlichen Bäumen erscheint als kein so starkes Kunstwerk, wenn auch nicht ohne Rang und Wert.
Der von Whistler ausgehenden Inspiration des Schwebenden,
Schattenhaften, Vibrierenden im Leben gibt sich Winternitz
hin. Das Bild heißt »Dämmerstunde«. Den Namen des Ma-
lers wird man sich zu merken anfangen müssen.
Und wird man anfangen müssen, den Namen Exter zu vergessen? Haben die recht, die ihn für einen Parasiten, einen
Epigonen der Zeitgenossen, einen manierierten nichtigen
Gecken halten? Die Waage schwankt. Diese »Mutter« hat
doch so viel herbe Hoheit, strenge Schönheit, wenn auch ihre
Herbheit, ihre Strenge, ihre Linien an Feuerbach, an Böcklin
wiederum erinnern. Aber jenes andere Bild, die grellrote Gestalt gegen den ultramarinfarbenen See grell und taktlos geworfen, das ist nicht jugendlich, nicht suchend, sondern leider geschmacklos und schlimmer: hohl, verlogen. Wird man
müssen?
Ludwig von Hofmann ist wohl derjenige unter allen jungen
Malern heute in Deutschland, der den größten Stil hat, die
weiteste und herrlichste Weise, Schönheit zu gestalten. Oder
eigentlich: er hat alles das noch nicht, aber man weiß genau,
daß er es haben wird, morgen oder übermorgen, auf jeden
Fall und ohne Zweifel, und daß man dann vor seinen Bildern
weder an die Nachahmung des Puvis de Chavannes denken
wird, noch an ziegelrote Baumstämme und anderes Unreife,
sondern nur an die große Schönheit, die darin sein wird. Die
Ansätze zu ganz Neuem und ganz Großem sind in dieser

traumhaft absichtslosen Weise, die Gestalten von Menschen auf hellgrünen Wiesen zu verstreuen; und nur die sehr großen Maler drücken Dinge aus, die man zuerst vag empfindet, dann auf eine Formel bringt und am Ende erfunden zu haben glaubt, während sie doch in dem Bild sind: wir meinen die Art, wie in dem »Dekorativen Entwurf« der Jüngling mit dem rotschimmernden Haar und den schlanken Lenden den Zauber der Jugend ausdrückt mit ihrer Sehnsucht und Anmut und Kühnheit, wie in seinem metallenen Haar und seiner triumphierenden Hagerkeit etwas Ergreifendes und Rührendes ist. Und doch stellt das Bild absolut nichts vor, will nichts, redet nichts: es gehen wenig Pedanten und Krämer vorüber, die es nicht insultieren, teils durch Beschimpfungen, teils durch die Art, wie sie es ansehen, das schweigend Schöne. Ja, es ist nichts, was Malerei nicht auszudrücken vermöchte, wofern sie nur nicht versucht, ihrem edlen *schweigsamen* Wesen untreu zu werden: wie ein Alchimist kann sie aus dem Leben die farbige Wesenheit herauskochen, und die hält den ganzen Wunderkreis des Daseins so in sich, wie die Gesamtheit der Töne oder Worte.

In den Landschaften steht die Feinheit des Erfassens und die Technik des Wiedergebens fast allgemein so hoch, daß man sich kaum erlauben darf, eine Rangordnung herstellen zu wollen.

An die allerschönste beseelteste Wiedergabe der Natur wird hier angeknüpft: an Böcklin, an die Japaner, an Hobbema, an Corot und die Schule von Fontainebleau. Hat Benno Becker die reichsten Organe, den Zauber der dunkelblauen südlichen Nacht sich zu assimilieren, so atmet auf drei Bildern von Riemerschmied dreifach das schöne Leben des deutschen Sonnenunterganges: einmal die Kuppen überglühend, einer phantastischen Stimmung nahe, dann durch rotbraune Stämme in stummer flacher Glut blinkend, dann als milder Glanz auf gelbgrünen dichten Wipfeln. Der »Herbstabend im Nymphenburger Park« von Eichfeld hat eine konzentrierte ruhige, feine, seltsame Schönheit; das eine »Tal« von Schultze-Naumburg eine sehr besondere, melancholisch-kindliche. Ein »Bach im Winter« von Otto Reiniger bietet unsern nach-

empfindenden Augen ein der öden Natur ganz neu abgerisse-
nes Stück; auf den Bildern von Dill haben ein paar Quadratmeter Mauern einer alten Baracke alle Größe und Traurigkeit, die andere mit den Ruinen Roms vergeblich zu be-
schwören suchen; und die Namen Meyer-Basel und Currier
und Hänisch und Bredt seien nur so hingestreut; denn eben
daß das Niveau der mittleren Talente sehr hochsteht, das illu-
striert eine in der Kunst gute Zeit.

In einem großen Saale hat man alle oder fast alle seiner Bilder
aufgehängt und an eine Wand seinen Kopf gestellt, eine weit
überlebensgroße Büste. Es gibt vielleicht augenblicklich in
Wien nichts Besseres zum Anschauen und zum Nachdenken
als diese hundertfünfzig Bilder und diesen großen Kopf. Es ist
der Kopf von einer ganz bestimmten Art von österreichi-
schem Infanterieoffizier. Man sieht diese Gesichter hie und da
in der Tramway zwischen so vielen anderen Gesichtern,
stumpfen, leeren, harten und nichtigen: und sie sind anders als
alle andern: sie sind manchmal sehr jung und hübsch,
manchmal knochig, manchmal wie die von ärmlichen Schul-
lehrern, aber in den Augen liegt das Besondere und in unnennbaren Dingen unter den Augen, um die Lippen, an der
Stirn. Ihre Augen sehen nicht brutal gerade die Objekte, die
rund herum sind, es sind weder die Augen junger vergnügter,
noch alter mißtrauischer Tiere, sondern sie sehen weit mehr;
sie vermögen auch – wenn sie so geruhen –, das, worüber sie
hinschauen, gar nicht zu sehen. Das ist etwas ziemlich Hohes
und Seltenes, diese Gabe, ohne Affektation über etwas hin-
wegsehen zu können.
Wenn man ihren Reden zuhört, so liegt ihr Besonderes in
dem geringeren Gewicht der Worte als bei anderen Leuten:
sie reden nicht mühsam und doch kein Zeitungsdeutsch, keines von den vielerlei Zeitungsdeutsch; es liegt in dem Niederfallen der Worte dasselbe wie in dem Schauen der Augen: daß
es mit dem, was man sehen und reden kann, doch nicht ganz
getan ist, daß es doch wohl dahinter auch noch etwas gibt. Ich
werde nicht versuchen, diese Gesichter zu beschreiben; das
wäre eine zu große Sache; auch haben sie vielerlei äußere
Formen, nur bloß die innere Form bleibt sich gleich. Man
kann hingehen und diesen Kopf anschauen. Wenn man dann
die innere Form davon erfaßt hat, wird man sie wiedererken-
nen. Es stehen manchmal drei oder vier solche beisammen an

der Planke von irgendeinem Exerzierplatz, während die Rekruten »Vergatterung« machen oder sonst etwas. Denn in manchem Regiment sind ihrer drei oder vier, in manchem vielleicht einer oder gar keiner. Zwischen ihnen und den anderen, die anders sind, besteht eine leichte, verschleierte Antipathie. Man nennt sie »hochmütig«, weil sie sehr gutmütig sind; oder auch »Egoisten« oder »affektiert«. Man fühlt ihnen an, daß sie nicht im Metier aufgehen. Und doch fallen einem ihre Gesichter fast zuerst ein, wenn man darüber nachdenkt, ob unsere große Armee ein wirkliches und starkes Ding ist, oder ein Scheinding. Man weiß über allen Zweifel bestimmt, daß diese Gesichter die Blässe großer Stunden wundervoll tragen werden, mit einer Bescheidenheit und Nonchalance, die größer ist als großes glorreiches Rufen: –Vive l'Empereur!«; man braucht diese eher schüchternen, zurückhaltenden Menschen nur in der Hand des Todes zu denken, um spontan zu wissen, daß sie die Überlegenen sind.

Inzwischen aber stehen sie nicht dem Tod gegenüber, sondern einem sogenannten Leben. Und zwar einem rein formalen Dasein: der Form »Dienst«, deren Seele, der »Ernstfall«, eben nicht da ist; dem Scheinleben der »andern«, die nach einer beiläufig erhaschten Schablone »jung« sind, »leichtsinnig« sind, »elegant« sind, und so weiter, und so weiter; wo sie aber nach andern Lebenskreisen hinhorchen, erwischen sie wieder den leersten Schein, das Hörensagen. So werden gewisse Menschen unglücklich, sonderbar, oder stark. Ihre Augen gewöhnen sich, über die Dinge hinwegzuschauen, auch hie und da wie erstarrt steckenzubleiben, ganz in sich hineinzuschauen. Das ist der undefinierbare Blick von Projektenmachern, Phantasten, starrsinnigen Suchern.

Sie wollen endlich etwas wissen, worin Kraft ist. Sie fangen an, in merkwürdigen fanatischen Übertreibungen gewisse Dinge anzubeten: die englische Kolonialarmee oder eine amerikanische Erfindung, oder das Geld, oder Frauenzimmer, oder Seiltänzer, oder berühmte Verbrecher, irgendein Phänomen, das seinen Willen und die Kraft, ihn durchzusetzen, in sich hat. Verhaßt ist ihnen nichts, als was allgemein und was pro forma ist: das aber wie der Tod, nämlich wie der schlechte Tod. Wenn sie eine Kunst auszuüben liebgewinnen könnten, so müßte es die männlichste sein, die härteste, die am wenigsten »dergleichen tut«. So finde ich den Weg von der großen Büste mit dem Ausdruck der Augen, der vage, fast unter der Schwelle des Bewußtseins, eine Erinnerung an das edle Sterben des Don Quijote hervorruft, zu den hundertundfünfzig Bildern an der Wand. Man war so feinfühlig, sie nach der Zeit ihrer Entstehung zu ordnen. Die paar ersten sind Kopien oder so gut wie Kopien nach älteren Landschaften der Wiener Schule. Hart und kalt wie Blech. In den tiefen Geheimnissen des ersten Lernens, des ganz elementaren Anschauens und Nachahmens muß da die Freude gelegen sein, nicht im Hinsetzen dieser luftlosen konventionellen Zeichen für Bäume und Berge. Dann aber kommt sehr bald ein Bild – ich glaube, es hat Nummer 7 oder 8 –, in dem zwei Elemente so streiten, daß man unglaublich stark spürt, was da in dem Menschen vorgegangen sein muß. Es ist ein Bild mit einem arrangierten Vordergrund – romantische Bäume, Hohlweg, kostümierte Bauern oder Räuber um ein offenes Feuer oder dergleichen – und einem Hintergrund von Gletschern im stärksten, allerstärksten Mondlicht. Aus dem Vordergrund hat damals alles geredet, was verlockend war. (Heute ist er nur hölzern und halb peinlich, halb rührend.) Damals lag darin das »Interessante«, das, was etwas gleichsieht, alle Tradition und tausend mitschwingende Verführungen. Denn in der herrschenden Schablone jeder Kunst liegen immer als verborgene Assoziationen sämtliche schöne Lügen einer Zeit, ihre sämtlichen moralischen, sozialen und intellektuellen Verführungen zur Unwahrheit. Aus dem Hintergrund aber redet, was neben sich keinen Herrn verträgt. Der Vollmond ist sehr stark auf diesen weißen Feldern von Schnee und Eis, die grimmige weiße Wahrheit des Lichtes in der Nacht auf der weißen Wahrheit der schweigenden Flächen. Zugleich die Einsamkeit, die völlige Stille, die höchste Höhe: endlich Kräfte, über die man nicht hinauskommen kann, eine Luft, in der das Dergleichen-Tun elend erstickt. Das Bild ist nicht besonders groß, man muß es aufmerksam ansehen. Wenn man will, kann man es als die Akme in diesem ganzen Menschenleben ansehen, als den göttlichen Augenblick. Oder auch nicht, das ist ja gleichgültig: also ein bißchen früher oder ein bißchen später. Vor dem Verschwinden eines Hohlweges im Halbdunkel, vor dem Hineinstarren der Frühlingsbäume in den kraftdurchströmten Himmel, oder vor einem einzigen Ast oder einem einzigen Schneefleck; irgendwo kam das über ihn, das Wissen, daß es etwas gibt, woran einer sein ganzes Leben setzen kann, und schöpft es doch nicht aus. So war er, den die Schalen der Dinge so viel gekränkt hatten, endlich bei der, die »weder Kern noch Schale« hat. Da er die Natur einmal erfaßt hat, kann er nicht mehr unglücklich sein. Schön geht dieses Leben aus, wie gesetzmäßige Musik. Und die reißt nicht ab, sondern stirbt an der Erfüllung ihres Sinnes. Und ist er nicht wahrhaftig seinen eigenen Tod gestorben? »An einer Erkältung, zugezogen durch Freilichtstudien im Schnee.« Man hat dafür eine beiläufige Phrase: »Wie der Soldat am Schlachtfeld.« Viel deutlicher müßte man das sagen: »Wie der geborene Soldat in seiner notwendigen, gerade nur von ihm geschaffenen Episode einer großen Schlacht.« Und viel schöner müßte man das sagen, um eine so große Sache nicht zu erniedrigen.

ENGLISCHER STIL

EINE STUDIE

Eine ganz bestimmte Seite von englischem Stil, oder wenigstens die traumhafte Evokation davon für kontinentale Menschen, liegt in den Dingen, die England in diesem Jahrzehnt herüberstreut: café-concert-Mädeln wie die Barrisons, Bilderbüchern für kleine Kinder wie die von Walter Crane, Vorlagen für Tennisanzüge, und Chippendale-Möbeln. Alle diese Dinge sind sehr englisch und sehr 1890. Alle sehen sie sehr einfach und kindlich aus. Und in alle sind Motive von ziemlich verschiedenen und ziemlich fernliegenden Kulturen mitverwebt und erhöhen durch ihr inkongruentes Dabeisein den komplizierten Reiz dieser merkwürdigen Kindlichkeit.

Wenn die Barrisons auftreten, erwartet man, daß auf der staubigen Tingeltangel-Bühne hinter ihren gelben Haaren und kindischen Schultern auch einmal der Mond aufgehen wird, der übergroße japanische Vollmond, so wie in den Bilderbüchern von Kate Greenaway hinter den fünf Schulmädeln mit gelben Haaren, Baby-Hüten und rosa Kleidern. Für den ersten Anblick sind sie auch darin echte halberwachsene englische Schulmädel, daß sie sehr stark an Buben erinnern, besonders wenn sie jemanden auslachen und einander mit den Augen zuwinken. Das englische junge Mädchen, als Produkt halb des Lebens, halb der poetischen Tradition, hat einen sehr starken Einschlag von Knabenhaftem. Die ganz jungen Herren in den Stücken von Shakespeare und Ford und Fletcher sind im Ton von ihren Zwillingsschwestern kaum zu unterscheiden. Deswegen können sie auch so leicht miteinander Kleider tauschen und verwechselt werden. Es gibt ein Stück von Ford, »Palamon und Arcite«, wo zwei Freunde völlig so miteinander reden, wie Helena und Hermia im »Sommernachtstraum«. Und dieses Durcheinanderweben kann kein Zufall oder keine Trockenheit der Charakteristik sein bei einer Dichterschule, die alle Nuancen des Redens so wunder-

voll herausbringt, alles Feine und Gemeine, ja selbst die unglaublichen Kleinigkeiten im Tonfall, die das naive Atmen
und das Hervorkommen der Stimme aus einer ganz jungen
Kehle zu verraten scheinen. In diesen Schäfern und Schäferinnen sind, wie in dem »Fräulein von Maupin«, Jünglinge
und Mädchen zugleich geliebt worden. Aber wir sind sehr
weit von diesen Gestalten entfernt. Sie sind von einer fast bu-
kolischen Einfachheit, und der Reiz, der von den Barrisons
ausgeht, ist unendlich kompliziert. Immerhin ist irgend etwas
von der Miranda und der Imogen darin. Miranda und Imogen
sind nämlich etwas anderes geworden, als sie ursprünglich
waren. Sie sind so oft gemalt worden, haben sich in so vielen
Teichen gespiegelt! Heute existiert von ihren Spiegelbildern
fast nur mehr das, welches uns die Romantik überliefert hat.
Shelley, Keats, Charles Lamb: empfindsame Seelen, von einer subtileren Trunkenheit als andere, schon von dem zarten
Licht der Sterne so beherrscht wie andere von der sehnsüchtigen Gewalt des Mondes. Von ihnen geht eine Durchdringung der ganzen Welt mit Sehnsucht und Feinheit aus, gleichsam mit feinem belebenden Licht und einer unirdischen
Wachheit und Geistigkeit. Imogen und Miranda verlieren fast
ihre ganze naive Kraft. Ihre Knöchel werden so zart, ihre Finger so schwach, daß sie keine größere Last mehr heben können als die Narzissen und Veilchen ihrer traumhaften Gärten.
Ihre großen sehnsüchtigen und fragenden Augen stehen immer weit offen, und die Lider sind so fein, daß sie gar keine
wirkliche Ruhe und Dunkelheit verschaffen können. Ihre
Schläfen sind fast durchscheinend, und man findet nichts in
ihrem Gesicht als den bis zur Leere gesteigerten Ausdruck der
Reinheit und Jugend. Denn der romantischen Überlieferung
war die intensive Bezauberung aller Geister durch die flo-
rentinischen Maler des Trecento zu Hilfe gekommen und
hatte diesen Trieb zum Verkindlichen und Vergeistigen gesteigert.

Poesie und Malerei verliebten sich beide in ein und dasselbe
Geschöpf und warfen es zwischen sich hin und her. Jede
Kunst gab es der andern mit einem neuen Raffinement ge-
schmückt zurück. Die Malerei stilisierte, und die Poesie

schilderte. Das englische junge Mädchen ging durch das Medium von Dante und Giotto. Es schritt über die »goldene Stiege«, es beugte sich als »seliges Fräulein« über die Himmelsmauer. Man gab ihm mystische Blumen in die Haare, in die zarten kinderhaften Hände fremdartige Musikinstrumente, schmale Harfen, übermäßig schlanke Lauten, wie sie passen, um vor Gottes Thron Musik zu machen. Aber man war immerhin sehr weit von Fra Angelico und Cimabue. Man hatte weder die Strenge noch die selige Geschlossenheit, noch die wirkliche naive Anmut. Man hatte anderseits auch nicht den alten großen englischen Stil. Zwar die Dichter schrieben die englischen Mädchennamen über ihre Gedichte, und die Maler schrieben diese Namen dann unter ihre Bilder, wirklich oder wenigstens in Gedanken: Lilian und Vivian, Mabel und Maud. Aber die Gedichte und die Bilder waren unendlich viel weniger schön als diese Namen, die etwas Wirkliches, Gewordenes sind und in denen der ganze feuchte Glanz der englischen Landschaft und die ganze naive Lieblichkeit der altenglischen Poesie lebt.

Jene unnaive gesteigerte Mädchenhaftigkeit aber, das »Lovely«-Genre, läuft auf etwas Puppenhaftes hinaus. Es hat sich um diese Wesen herum ein ganzer sentimentaler Puppenstil gebildet: verträumte Landschaften mit Lämmern und Vollmond, stilisierte Puppenhäuser aus der Empirezeit und stilisierte Puppenkleider, halb Babyhemd, halb feierliches Kostüm. Wenn man diese Dinge lang ansieht, erregen sie eine ungeheure Begierde nach dem wirklichen Leben. Sie beruhigen nicht, wie die großen Kunstwerke, die durch das Leben durchgedrungen sind, sondern in ihrer manierierten Unberührtheit und Unwissenheit haben sie etwas Aufregendes. An sich sagen sie einem sehr wenig, aber der Kontrast zwischen ihrer altklugen künstlichen Einfalt und der umwölkten Schwere des großen Lebens ist ein so merkwürdiges Ding als nur eins auf der Welt. Das konnte irgend jemand finden, genau mit demselben kombinierenden Sinn, wie man eine neue Mischung von Parfums findet: er hat die Barrisons erfunden. Er hat fünf oder sieben solcher stilisierter Puppen, die irgendwie an präraphaelitische Engel erinnern und irgendwie an hundert andere fremdartige Wesen, auf die Bühne einer Singspielhalle oder eines Wintergartens gestellt, in das brutalste grelle Licht, in die mit der vielfältigen bösen Schwere des Lebens angefüllte, von Lärm und Unruhe bebende Atmosphäre. Vivian und Gertrud, Mabel und Maud: nicht mehr von nichts wissende Wesen und mondhelle Hügel haben sie um sich, sondern die überwachen, vom Leben zerarbeiteten Gesichter der Menschen, die viel zu viel wissen und viel zu viel wollen. Vorher ist vielleicht ein entsetzlicher Zwerg dagewesen, der auf den Händen ging, die verkrüppelten Beinchen in die Luft hielt und mit einem ganz alten Gesicht grinste. Nachher werden vielleicht Chansons aufgesagt werden, in denen die übermüdete grimassierende Lustigkeit der Boulevards liegt. Und da kommen sie herein, die von allen diesen Dingen nichts wissen können, und halten einander bei den Händen und haben so unglaublich kleine Puppenhände wie in dem Bilderbuch »Flora's Feast« die, welche aus den Kelchen der Blumen hervorgekommen sind. Sie fangen an ein Lied zu singen: »Linger longer, Lucy«, ein halb sentimentales Ding, etwas altmodisch Verliebtes, was man von der Straße zum Balkon hinaufsingt. Es paßt zu ihren feinen Augen und zarten Lippen, zu den Haaren, und dazu, daß sie so gar nicht an frauenhafte Frauen erinnern. Wenn nur eine allein singen würde, müßte man es ganz ernstnehmen. Aber sie stehen alle fünf nebeneinander, und darin liegt eine zarte und versteckte Parodie. Denn scheinbar kümmern sie sich gar nicht umeinander; aber diese fünffache Wiederholung macht aus einer ein wenig manierierten Sentimentalität etwas grenzenlos Scheinheiliges. Mit einem Schlag sind diese kleinen Mädchen ungeheuer überlegen geworden. Je komplizierter die Traditionen waren, über die sie sich lustig machen, und je weniger sie sich ihrer Überlegenheit bewußt zu sein scheinen, desto größer ist ihr Sieg. Mit einer Gassenbubenbewegung ihrer spitzen kleinen Finger, mit einem verächtlichen Herumwerfen ihrer kinderhaften Schultern, mit einem einzigen Aufschlagen ihrer ahnungslosen Augenlider haben sie sich über eine riesige Konvention hinweggesetzt. Und ihre Schwäche macht aus ihrer Überlegenheit und Unverschämtheit etwas so Reizendes,

wie es nur dann entsteht, wenn Kinder sich über konventionelle Lügen hinwegsetzen. Es ist dann kaum mehr notwendig, daß sie auch noch wirklich unverschämte Lieder singen
und von der Bühne herunter mit einem verblüfften alten Herren im Parterre Gespräche über das Seelenheil anfangen. Das
ist nur die Vollendung ihres Triumphes. Niemand hätte einen
bei aller Manieriertheit doch von der Anbetung des Jungen
und Lieblichen herkommenden Stil so verspotten dürfen, als
wer seiner Erfüllung selbst so nahe kommt. Selbst in der Art,
sich wegzuwerfen, liegt eine spöttische Überlegenheit, die
Unberührbarkeit der Kinder. Unmögliche Sachen zu reden,
geht ihnen eigentlich gerade so wenig nahe, als mit den Schäf-
chen herumzugehen und Federball zu spielen. Ihre Allwis-
senheit liegt ebensowenig schwer auf ihnen wie ihr verträumtes Prinzessintum. Aber es kam doch sehr darauf an, sie endlich einmal ihre verzauberten Gärten verlassen zu sehen und
zu hören, wie sie mit einem Kutscher, einem Gymnasiasten,
einem alten Glatzkopf reden würden. Es kam darauf an, sich
zu erinnern, daß aus dem verworrenen umwölkten Dasein
und nirgends andersher diese Geschöpfe aufgestiegen sind,
diese freien hellen Stirnen, diese ganze Anmut, diese spöttische siegreiche Überlegenheit und große Kraft der Jugend.
Es war nun erst doppelt schön, sie dann wieder von ihren
leichtfertig-vertraulichen Liedern und ihrem vielwissenden
Lachen verstummen und still und feierlich wie kindische
Priesterinnen eine alte Gavotte tanzen zu sehen. Denn im
Tiefsten vermag uns keine andere Anmut zu rühren als die
durch das Leben durchgedrungene. Nichts war schöner als
nach diesen Gassenliedern die gehaltene Zierlichkeit der Gavotte. Langsam bewegten sie sich zu zweien und dreien, gaben sich die Hände und gingen wieder auseinander. In den losen Falten ihrer weichen weißen Kleider waren ihre tiefen
Knickse so lautlos und so ungezwungen, daß man nicht wußte, ob es die Grüße von Hofdamen oder von Hirtinnen waren.
Wenn mit verschlungenen Händen eine die andere emporhob
und sie dann wieder lautlos auseinanderglitten, schien es, als
hätte eine innere Bewegung ihnen die blonden Haare aufge-
schüttelt und um die Schultern gestreut. Denn in den Gebär-

den war soviel Freiheit nicht gewesen. Manchmal stand eine
für einen Augenblick allein, während zwei Paare sich leise
fanden und lösten. Dann war die Alleinstehende am schönsten anzuschauen. Denn wie die Musik sich neigte, hatte auch
sie sich geneigt, daß ihre Hände fast den Boden berührten,
und die Musik hob sie wieder empor, und ihre beiden Hände
begegneten einander, und gleichzeitig schlossen sich die halboffenen Lippen, und die Augen gingen groß auf wie im
Traum. Gleich aber verschleierte ein Lächeln und ein Neigen
des Kopfes wieder diese durchsichtige Bewußtlosigkeit, sie
verlor sich in den andern, und eine andere stand allein. Und
eine selige Unfreiheit führte sie immer wieder aus der Einsamkeit heraus, in die Einsamkeit zurück. Sie schienen die
Sklavinnen der Musik, und die Herrinnen des Lebens.
Ich finde alle Veränderungen, die dem alten spanisch-franzö-
sischen zeremoniösen Tanz widerfahren, wenn ihn diese
schlanken englischen Mädchen mit flutenden weißen Kleidern und offenen hellen Haaren tanzen, in der Entwicklung
wieder, welche der aus Frankreich eingeführte Möbelstil in
England jedesmal durchgemacht hat, um englischer Möbelstil zu werden, sei es Louis-Seize, sei es Empirestil. Französisches Louis-Seize ist weder steif noch unjugendlich. Ja es ist
eine unsäglich rührende, morbide Kindlichkeit darin. Geht
man aber der Masche mit herabhängenden Bändern, dem
Emblem des Louis-Seize, auf englischen Möbeln nach, so
findet man diese doch undefinierbar jugendlicher, sozusagen
mädchenhafter. Es ist dasselbe später beim Empire, wo es ist,
als wären die Franzosen einer Inspiration des strengsten römischen Geistes gefolgt und die Engländer der eines griechischen Freigelassenen, voll von Erinnerungen an Bion und
Moschos, an leichten Klang von Flöten und das geliebte Zir-
pen der Zikaden in hellen Nächten. Es ist der Geist des englischen Lebens, der dem englischen Möbel die Schwere genommen und die Gestalt gegeben hat: es ist für die kleinen
zeltähnlichen Räume der Landhäuser und für die Kabinen der
Schiffe bestimmt. Das hat diese Schlankheit und Leichtigkeit
der Formen hervorgebracht. Sie fassen gerade das Nötige: ein
paar ernste und schöne Bücher, oder ein paar Krüge. Ihre

schmalen Lehnen sind durchbrochen; sie erinnern an Zimmer in einem schönen Park, wo die Fenster fast immer offenstehen, alle Elemente spielen herein, Wind und Sonne und der Duft von feuchtem Gras. Man sitzt in seinem kleinen Zimmer und sieht die Sonne hinauf- und hinuntergehen, sieht die alten Bäume sich in einem tiefen leise fließenden Wasser spiegeln und die Wege sich zwischen den Hecken verlieren. Man lehnt der offenen Landschaft gegenüber, wie einer in einem Schiff, das nahe der Küste vorbeifährt. Ein fortwährender Verkehr mit den einfachen Formen der Schiffsgeräte, mit den Hecken der Gärten und kleinen hölzernen Brücken zieht die Formen immer wieder zur Natur zurück. Das glänzende Holz, der Lack, die Fayencen streben den Blättern der Bäume und den geschorenen Rasen nach, die niemals schöner sind, als wenn nach einem Regenguß die Sonne scheint. Gleichsam das Mädchenhafte, reinlich Offene, sich stilisiert bespiegelnd, macht den Charakter aus. Die Spiegel sind zu klein, als daß man sich anders als flüchtig anschauen könnte, die Stühle sind nicht da, daß man plaudere oder sich bewundern lasse, sondern daß man sich kurz ausruhe, wenn man vom Tennisspielen sehr müde ist. Die Formen erinnern vag an jene stilisierten altertümlichen Musikinstrumente »lute« und »harpsichord«. Aber sie erinnern anderseits an die Ruder, an die Tennisrackets; sie haben eine Anmut, die mit dem Ernstnehmen der Spiele und der Anbetung der Jugend im engsten Zusammenhang steht. Ihre wenig komplizierten Formen sind fast das einzige, was dem konfusen Leben von heute mit einer Art von griechischer Naivität gegenübersteht. Sie scheinen wenig zu wissen, mit dem Wenigen aber so sicher und gebietend, so angeboren königlich zu schalten wie jene jungen Schüler bei Platon, die immer bescheiden schweigen, auf geziemende Fragen aber, errötend, doch ohne Furcht und Verwirrung antworten, »wie Leute, die es wissen«.

Es wird sicher einige Leute geben, welche mit allen diesen Gedanken sehr unzufrieden sind. Sie werden sagen, daß ich Dinge durcheinanderwerfe, die miteinander nichts zu tun haben. Sie werden sagen, daß die Barrisons gar keine Engländerinnen sind, sondern Amerikanerinnen, und die englischen

Empiremöbel nicht besonders verschieden von den französischen; daß ich von lebendigen Artistinnen geredet habe, als ob es wertvolle tote Kunstgegenstände wären, und von Stühlen, als ob es Menschen wären; daß alle diese Dinge nicht zusammengehören, daß aus dieser ganzen Konfusion nichts weiter folgt und daß es nichts Willkürlicheres und Anmaßenderes gibt, als solche Gruppen zu schaffen, denen nichts Wirkliches zugrunde liegt. Diesen sei nur weniges geantwortet, und was sie ohnehin nicht verstehen werden:

Ja, es gehört wirklich nichts zusammen. Nichts umgibt uns als das Schwebende, Vielnamige, Wesenlose, und dahinter liegen die ungeheuren Abgründe des Daseins. Wer das Starre sucht und das Gegebene, wird immer ins Leere greifen. Alles ist in fortwährender Bewegung, ja alles ist so wenig wirklich als der bleibende Strahl des Springbrunnens, dem Myriaden Tropfen unaufhörlich entsinken, Myriaden neuer unaufhörlich zuströmen. Mit den Augen, die uns den Springbrunnen vorlügen, müssen wir das Lben der Menschen anschauen: denn die Schönheit ihrer Gebärden und ihrer Taten ist nichts anderes als das Zusammenkommen von Myriaden Schwingungen in einem Augenblick. Es ist ein Springbrunnen, der einmal aufspringt und wieder in sich hinsinkt. Für einen Augenblick durchgleitet jeder Niederstürzende die unsterblichen Stellungen der antiken Gladiatoren, für einen Augenblick machen sieben durcheinandergehende Erinnerungen und der Anblick der sinkenden Sonne das Bewußtsein eines Menschen dem eines alten und starken Gottes gleich. Die Völker aber erkennt man, wenn man viele Einzelheiten aufeinanderbezieht. Man muß zu ihnen gehen wie einer, der an einem Sommerabend in den Strom hinabsteigt und der untergehenden Sonne nachschwimmend auf Kopf und Schultern eine leise Wärme fühlt, während rückwärts ihn das dunkelnde Wasser anschauert, hoch im Licht ein leichter Wind die ahnungslosen Wolken treibt, unten die Formen der Berge sich verändern und er, zwischen so ungeheurer Bereicherung, so unwiederbringlichen Verlusten, sein Auge nicht groß genug, alles aufzufassen, seiner selbst unsicher wird und nur eines gewaltigen Daseins grenzenlos versichert.

[NOTIZEN ZU EINEM AUFSATZ ÜBER PUVIS DE CHAVANNES]

seine Inspiration: die durch das Leben geschlungenen silbernen göttlichen Fäden perennis aureae filae: die Pause (im ludus pro patria) wo alle (der alte, das Kind, die mitlebenden, am Leben mitleidenden) dem glücklichen Speerwurf zusehen, momentanes Beharren: wie die 2 ringenden Buben das Ernten in verschiedenen Formen (Frucht vom Baum brechen, Früchte des Wassers aus der Tiefe heben.

die höchste Komplikation unseres Lebens hat eine darüber schwebende Einfachheit geboren, der solche Philosophème wie die des Heraklit und Anaximander wieder anstehen

so lösen sich in unserem Leben ab: die Veilchen und die gefrorenen blinkenden Teiche, die Gespräche in den Häusern und die Wege auf den Bergen; das schwere Gedicht geht von Hand zu Hand und achtlos, völlig ohne die Gebärde des sich hingebens, giebt einer dem andern mehr als sich selbst. vergleichen könnte man das Leben mit einem schönen Garten, wo in der Erde vergrabene Slaven ein schönes Spiel Äolsharfen und Wasserkünste bewegen

das Verhältnis des Menschen zur Landschaft hier antik: es ist ihr Land (z. B. bei Rubens ist das ganz anders.)

Frauen hier *neben* den Männern dahin lebende Geschöpfe.

l'enfance de Sainte Geneviève.
   die Heilige der Ile de France. Harte Arbeit und Glauben

sein Thema: la Manifestation d'âme d'une collectivité
   wie unser Begriff: englisches Wesen, ital. Wesen

Landschaft des Puvis de Chavannes: unromantisch, das was sich vom Menschen noch beherrschen läßt. Wie von einem Feldherrn und von einem wassertragenden Mädchen übersehen nicht das Hingeben an Übermächtiges. das ist das Auflösende, der Zusammenhang mit den allzunahen allzu schwer zu fassenden Göttern dem Übermächtigen.

Die heroische Landschaft ist für die heroischen Figuren was die Handlung für die Charaktere des Dramas: ein nur scheinbar anderes

synthetische Landschaft: die Hügelformation der einzelnen Länder

wir stehen durch die Schnelligkeit der Reisen der Landschaft *so* generalisierend gegenüber

Trionfi, die sich dieses Charakters nicht bewußt sind, unbewußte Feierstunden des Lebens

diese Antike ist nicht ein Kostüm, sondern das Resultat der absoluten Beschränkung auf das Natürliche und Notwendige in Gebärde und Farbe.

Kunst eines beherrschten Gemütes

die schwebenden Musen (Museum von Boston)
der Aufschwung des Gemütes durch die Wissenschaft
= was der antike Rausch und die Gottbegeisterung war

PROLOG ZU
LUDWIG VON HOFMANNS »TÄNZEN«

Diese Blätter sind lieblich zusammen wie ein Heft Mozartscher Sonaten. Ihre Einheit liegt in dem rhythmischen Glück, das sie hergeben, und das die Seele so willig ist durchs Auge wie durchs Ohr in sich zu saugen. Diese Gestalten erzählen nichts als ihre Nacktheit: sie erfüllen rhythmisch den Raum, und die Einbildungskraft kann sie durchspielen, Blatt für Blatt, und wiegt sich auf ihnen, wie dort auf jenen Folgen beseligter Töne. Ein ganz weich zurückgebogener Nacken; ein weiblicher Arm, so steil emporgereckt, daß die Höhlung unter der Achsel flach wird; ein faunisches Reiten nackter schlanker Glieder auf nackten Schultern; ein Hocken an dem Boden, tierhaft, die Hand bei der Ferse; Weiberkörper an einen Stierleib gedrängt; ein Reigen von Mädchen, nackt bis an den Gürtel: aber von der Wollust aller dieser Dinge ist die Üppigkeit weggeschnitten, und frühlingshaft sind sie aus *einer* Welt mit den jungen Bäumen, die sich auf Frühlingshügeln gegen reinen Himmel heben, und mit den Konturen der Inseln, die aus leierförmigen südlichen Buchten auftauchen im Duft des Morgens. Aber der Bleistift, der diese lebenden Linien schafft, ist so mächtig wie ein üppiger Pinsel. Auch hier ringt eine Seele um ihre Welt. Es ist eine griechische Seele, die in sich das Glück dieser Rhythmen gefunden hat, eine vereinzelte griechische Seele unter uns, den Griechen so nah als sonst nur die einzigen, die in Wahrheit ihnen nahe sind: die Franzosen. Der diese Mappe schuf, hätte dürfen »Daphnis und Chloe« illustrieren oder den Theokrit oder von den wundervollen Komödien des Aristophanes jene zarteste, deren Chor ein Gezwitscher von Vögeln ist: ich möchte von ihm die Nachtigall gezeichnet sehen, ein junges Geschöpf, eine Tänzerin und Sängerin, in durchsichtigem Gewand, eine Vogelmaske über dem schlanken Hals und vogelhaft alles an ihr, ihr Hüpfen, ihr Tanzen, und doch ein Weib zugleich. Denn was wäre griechisch, was dürfte uns griechisch heißen, wenn nicht dies:

eine Wollust des Daseins, der ihre Schwere genommen ist, genommen alles, was üppig herumfließt wie überschwere Luft, darin sich zu viele Düfte und auch Verwesendes und Erstickendes löst und mischt – eine Wollust, in der so viel Bewegung ist, daß sie langsamen Augen, schwerblütigen Sinnen keusch erscheint wie stürzendes Wasser und tanzende Sterne; aber Gegenwart des nackten menschlichen Leibes überall – nicht da und dort schwer sich lösend aus schwülen Hüllen – nein, überall, und mit dem nackten menschlichen Leib jedes Gebild der Erde sich begegnend, an ihm sich messend, wie wenn zweie im Tanz sich begegnen, umschlingen, wieder lösen: hier das geschweifte Schiff und der sich nackt ins Schiff schwingt, das geblähte Segel und der gespannten Leibes es rafft; hier das Mädchen, umrankend den Stamm der Olive, hier der Krug und der Leib der Tragenden; ein Adler und eines Knaben Leib; ein Nackender und ein hohler Schild, der ihn birgt; ein Wasserstrahl aus dem Fels hervor und ein schlanker Leib an ihm trinkend, und so hin, zur Rechten wie zur Linken, in der Schule, wo sie ringen, auf dem Markte, wo sie Gemüse kaufen, an dem Strande, wo sie wettlaufen, am heiligen Tempel, wo sie in Weihezügen nackt hinschreiten, und im Walde das gleiche Spiel ihrer Götter und ihrer Hirten und gegen den Himmel ihre goldenen Statuen erhöht, daß das Auge noch die Sternbilder ausmessen kann an dem Abstand vom Gürtel zur Brust nackter Göttinnen. Wie vieles aber muß sich verändert haben, welch innere Spannungen und Entspannungen, Umwandlungen von Leere zu Fülle, von Sehnsucht zu Besitz setzt dies voraus, daß heute ein Deuscher dergleichen aus sich heraus zu schaffen vermag, so ohne Prätension und ohne Sentimentalität, wortlos gleichsam. – So kommen wir da und dort langsam ans Licht, winden uns still und kraftvoll nach oben, und von einem zum andern verbreitet sich eine Lust an dem, was gleichzeitig ist, und eine Kunst freut sich der andern.

Man fühlt in diesem Augenblick, daß hier eine erhöhte
Freude an Gärten existiert. Solche Phänomene kommen und
gehen und drücken irgendwie das innere Leben eines Gemeinwesens aus, wie irgendwelche Liebhabereien bei einem
Individuum. Das Besondere ist immer nicht so sehr, daß etwas getan wird, als der Rhythmus, in dem es sich vollzieht,
die Gefühlsbetonung. Dies nun geschieht im Augenblick
freudig. Die große Stadt entledigt sich nicht mürrisch und
amtsmäßig der hygienischen Verpflichtung, kleine Flecke
von Grün in ihren graugelben Gesamtaspekt aufzunehmen,
sondern sie wühlt ihre Ränder mit Lust in das Bett von endlosen natürlichen Gärten und gartenhaften Hügeln, in denen sie
liegt, und ist entzückt, wenn an zwanzig Stellen in ihr neue
Büschel von Grün und Farbe aufbrechen. Man eröffnet jedes
Vierteljahr immer neue Gärten, der Bürgermeister hält kleine
Reden, die unvergleichlich sympathischer sind als das meiste,
was irgend bei öffentlichen Anlässen geredet wird, und man
kann wirklich hoffen, daß mit der Zeit die Büsche von Jasmin
und Flieder und Berberitzen, die großen Tuffen von Rhododendron und die Ranken von Klematis und Kletterrosen den
größten Teil der unerträglichen Denkmäler zugedeckt haben
werden, die wie steingewordene Phrasen einer halbvergangenen Ära in jeder Ecke herumstehen und so sehr beitragen
diejenigen, denen sie gesetzt sind, in Vergessenheit zu bringen.
Dieses Ganze ist ja ein ungeheurer Garten, zusammengesetzt
aus Tausenden von kleinen Gärten und aus wilden, aber gartenhaften Hügeln. Und dieses Ganze reicht von Baden im Sü-
den bis zu jener Donauecke im Norden, auf der Klosterneu-
burg thront und die so schön ist, daß Napoleon sie nach
Frankreich mitnehmen zu können wünschte. (Diese kleinen
Tatsachen scheinen mir von denen zu sein, die niemals ganz
vergessen werden können: daß er dieses Kloster über den

Strom nach Frankreich mitnehmen wollte; daß er verbot, der
Stadt Pistoja ihre Mauern wegzunehmen, weil diese zu engen
und zu hohen Mauern wie ein finsterer Küraß die ganze
Schönheit dieser Stadt ausmachen; daß er in Venedig auf jener
äußersten Landzunge, die das Bild schließt, den einen großen
öffentlichen Garten anlegen ließ. Daß er bei diesem Tempo
des Lebens solche Liebe aufbrachte für irgend einen Fleck
Erde da und dort, das wird bleiben, vielleicht verdichtet zu
einer Mythe, wie jene von Xerxes, daß er befohlen habe, einer
unvergleichlich schönen alten Platane seinen goldenen Hals-
schmuck umzuhängen.) Das Kostbarste dieser Anlage, wofür
das Budget keiner Großstadt ausgereicht hätte, hat die Natur
auf sich genommen: die Erdbewegungen. Diese Zehntau-
sende von kleinen, wundervoll variierten Erhöhungen und
Senkungen, von Kuppen und Rücken und Wällen, von
Abhängen, Klüften, Mulden, Terrassen, Hohlwegen, Über-
schneidungen – ich glaube, es gibt nicht einen älteren mit-
telgroßen Garten in Heiligenstadt oder Pötzleinsdorf, in
Döbling, in Dornbach, Lainz oder Mauer, der an diesem
unerschöpflichen Reichtum nicht seinen Anteil hätte. Hier
kann keiner klagen, daß sein Garten klein ist. Denn es ist nicht
ein Stück flachen Bodens, an dem man nach Belieben rechts
und links hätte einen Streif mehr haben können, sondern fast
jeder von diesen unzähligen Gärten ist ein Individuum und
kann eine Welt für sich werden.

_____

Es ist ganz gleich, ob ein Garten klein oder groß ist. Was die
Möglichkeiten seiner Schönheit betrifft, so ist seine Ausdeh-
nung so gleichgültig, wie es gleichgültig ist, ob ein Bild groß
oder klein, ob ein Gedicht zehn oder hundert Zeilen lang ist.
Die Möglichkeiten der Schönheit, die sich in einem Raum
von fünfzehn Schritt im Geviert, umgeben von vier Mauern,
entfalten können, sind einfach unmeßbar. Es können im Hof
eines Bauernhauses eine alte Linde und ein gekrümmter
Nußbaum beisammenstehen und zwischen ihnen im Rasen
durch eine Rinne aus glänzenden Steinen das Wasser aus dem
Brunnentrog ablaufen, und es kann ein Anblick sein, der
durchs Auge hindurch die Seele so ausfüllt wie kein Claude

Lorrain. Ein einziger alter Ahorn adelt einen ganzen Garten, eine einzige majestätische Buche, eine einzige riesige Kastanie, die die halbe Nacht in ihrer Krone trägt. Aber es müssen nicht große Bäume sein, sowenig als auf einem Bild ein dunkelglühendes Rot oder ein prangendes Gelb auch nur an einer Stelle vorkommen muß. Hier wie dort hängt die Schönheit nicht an irgend einer Materie, sondern an den nicht auszuschöpfenden Kombinationen der Materie. Die Japaner machen eine Welt von Schönheit mit der Art, wie sie ein paar ungleiche Steine in einen samtgrünen, dicken Rasen legen, mit den Kurven, wie sie einen kleinen kristallhellen Wasserlauf sich biegen lassen, mit der Kraft des Rhythmus, wie sie ein paar Sträucher, wie sie einen Strauch und einen zwerghaften Baum gegeneinanderstellen, und das alles in einem offenen Garten von soviel Bodenfläche wie eines unserer Zimmer. Aber von dieser Feinfühligkeit sind wir noch weltenweit, unsere Augen, unsere Hände (auch unsere Seele, denn was wahrhaft in der Seele ist, das ist auch in den Händen); immerhin kommen wir allmählich wieder dorthin zurück, wo unsere Großväter waren, oder mindestens unsere naiveren Urgroßväter: die Harmonie der Dinge zu fühlen, aus denen ein Garten zusammengesetzt ist: daß sie untereinander harmonisch sind, daß sie einander etwas zu sagen haben, daß in ihrem Miteinanderleben eine Seele ist, so wie die Worte des Gedichtes und die Farben des Bildes einander anglühen, eines das andere schwingen und leben machen.

Ein alter Garten ist immer beseelt. Der seelenloseste Garten braucht nur zu verwildern, um sich zu beseelen. Es entsteht unter diesen schweigenden grünen Kreaturen ein stummes Suchen und Fliehen, Anklammern und Ausweichen, eine solche Atmosphäre von Liebe und Furcht, daß es fast beklemmend ist, unter ihnen allein zu sein. Und doch sollte es nichts Beseelteres geben als einen kleinen Garten, in dem die lebende Seele seines Gärtners webt. Es sollte hier überall die Spur einer Hand sein, die zauberhaft das Eigenleben aller dieser stummen Geschöpfe hervorholt, reinigt, gleichsam badet und stark und leuchtend macht. Der Gärtner tut mit seinen Sträuchern und Stauden, was der Dichter mit den Worten tut:

er stellt sie so zusammen, daß sie zugleich neu und seltsam
scheinen und zugleich auch wie zum erstenmal ganz sich
selbst bedeuten, sich auf sich selbst besinnen. Das Zusammenstellen oder Auseinanderstellen ist alles: denn ein Strauch
oder eine Staude ist für sich allein weder hoch noch niedrig,
weder unedel, noch edel, weder üppig, noch schlank: erst
seine Nachbarschaft macht ihn dazu, erst die Mauer, an der er
schattet, das Beet, aus dem er sich hebt, geben ihm Gestalt
und Miene. Dies alles ist ein rechtes ABC, und ich habe
Furcht, es könnte trotzdem scheinen, ich rede von raffinierten
Dingen. Aber ein jeder Blumengarten hat die Harmonie, die
ich meine: seine Pelargonien im Fenster, seine Malven am
Gatter, seine Kohlköpfe in der Erde, das Wasser dazwischen-
hin, und, weil das Wasser schon da ist, Büschel Schwertlilien
und Vergißmeinnicht dabei, und wenns hochkommt, neben
dem Basilikum ein Beet Federnelken, das alles ist einander
zugeordnet und leuchtet eins durchs andere. Gleicherweise
hat jeder ältere Garten, der zu einem bürgerlichen oder adeligen Haus gehört, seine Harmonie, ich rede von Gärten, die
heute mehr als sechzig Jahre alt sind: da hat jeder größere
Baum seinen Frieden um sich und streut seinen Schatten auf
einen schönen stillen Fleck oder auf einen breiten, geraden,
rechtschaffenen Weg, die Blumen sind dort wo sie wollen
und sollen, als hätte die Sonne selbst sie aus der Erde hervor-
geglüht, und der Efeu hat sich mit jedem Stück Holz und
Mauer zusammengelebt, als könnte eins ohne das andere
nicht sein. Das ist aber nicht bloß der edle Rost, den die Zeit
über die angefaßten Dinge bringt, sondern auch die Anlage,
deren selbstsichere Simplizität die paar Elemente der ganzen
Kunst in sich hält.

- -

Es hat nicht jeder einen alten Garten bei seinem Hause, und
wer heute baut, soll nicht einen alten Garten kopieren, sondern ihm seine paar Wahrheiten ablernen. Wer heute einen
Garten anlegt, hat eine feinfühligere Zeit darin auszudrücken,
als die unserer Urgroßväter Anno Metternich und Bäuerle
war. Er hat eine so merkwürdige, innerlich schwingende, geheimnisvolle Zeit auszudrücken, als nur je eine war, eine

unendlich beziehungsvolle Zeit, eine Zeit, beladen mit Vergangenheit und bebend vom Gefühl der Zukunft, eine Generation, deren Sensibilität unendlich groß und unendlich
unsicher und zugleich die Quelle maßloser Schmerzen und
unberechenbarer Beglückungen ist. Irgendwie wird er mit der
Anlage dieses Gartens seine stumme Biographie schreiben, so
wie er sie mit der Zusammenstellung der Möbel in seinen
Zimmern schreibt. Der Ausgleich zwischen dem Bürgerlichen und dem Künstlerischen (es gibt im Grunde nichts, was
dem Dichten so nahesteht, als ein Stück lebendiger Natur
nach seiner Phantasie umzugestalten), der Ausgleich zwischen dem Netten und dem Pittoresken, der Ausgleich zwischen dem Persönlichen und der allgemeinen Tradition, dies
alles wird unseren neuen Gärten ihre nie zu verwischenden
Physiognomien geben. Sie werden da sein und werden ganz
etwas Bestimmtes sein, eine jener Chiffren, die eine Zeit zu-
rückläßt für die Zeiten, die nach ihr kommen. Es werden Gärten sein, in denen die Luft und der freigelassene Raum eine
größere Rolle spielen wird als in irgendwelchen früheren Zeiten. Nichts wird ihre ganze Atmosphäre so stark bestimmen
als die überall fühlbare Angst vor Überladung, eine vibrierende, nie einschlafende Zurückhaltung und eine schrankenlose Andacht zum Einzelnen. Es wird unendlich viel freie Luft
nötig sein, um diesem Trieb für das Einzelne so stark nachzuhängen, als er mächtig sein wird. Denn er wird zunächst die
ganze Sensibilität dessen ausfüllen, der einen Garten anlegt.
Fürs erste wird nichts da sein als ein unendlicher Hunger
und Durst nach dem Erfassen der einzelnen Elemente der
Schönheit. Man wird sich besinnen, daß man niemals den
einzelnen Strauch genossen hat, niemals die einzelne Staude,
niemals die einzelne Blume, kaum jemals den einzelnen
Baum. Denn immer hatte die Gruppe den einzeln blühenden
Strauch verschlungen, das Boskett alles zu einem formlosen
Knäuel von Grün vermengt. Die Reaktion gegen diesen gärt-
nerischen Begriff der »Gruppe« wird heftig sein und von unberechenbarer Fruchtbarkeit, denn man wird erkennen, daß
die »Gruppe« den ganzen Reiz der individuellen und so bestimmten Formen verschluckt hat, um an seine Stelle ihre ei-

genen schablonenhaften Formen zu setzen. Die Gärtner der neuen Gärten aber werden für sich mit Leidenschaft zunächst die einfachsten Elemente, die geometrischen Elemente der Schönheit, wiedererobern. Dieser Leidenschaft wird fürs erste alles andere weichen, selbst das Bedürfnis nach Schatten. Man möchte schon heute wünschen, es möge die Periode nicht zu kurz sein, in der eine frisch geweckte Feinfühligkeit sich satt trinkt an der Schönheit des Einzelnen: die gefühlte Form eines überhängenden Busches, die gefühlte Form des noch blütenlosen Schaftes der Taglilie, die gefühlten Formen der einzelnen Rispe, der einzelnen Staude, des einzelnen Blümchens, gefühlt mit der äußersten Intimität des Mannes, der jeden Keim in seinem Garten kennt, an jedes glänzende Blatt mit dem Auge gerührt, jeden jungen Trieb in zarten Fingern gewogen und um seine Kraft gefragt hat: auf diesen Elementen wird die zarte, zurückhaltende Harmonie des neuen Gartens ruhen, und die Farbe wird nur das Letzte an Glanz hineinbringen, wie das Auge in einem Gesicht. Eine nie aussetzende respektvolle Liebe für das Einzelne wird immer das Besonderste an diesem Garten sein. Nicht leicht wird sich die Farbe eines leuchtenden Beetes wiederholen, und ein schön blühender Strauch wird nirgends da und dort seinen Zwillingsbruder haben.

Ich weiß nicht, was bedeutender und schöner sein kann, als wenn den noch mächtigen, starrenden Strunk eines abgestorbenen Baumes eine wuchernde Rose oder eine dunkelrote Klematis überspinnt; dies ist ein Anblick, in dem etwas Sentimentales sich mit einem ganz primitiven Vergnügen mischt, das Tote vom Leben zugedeckt zu sehen. Aber wenn ich das in einem Garten dreimal finde, so ist es degradiert, und mir wäre lieber, man hätte den Strunk ausgehauen und die Rose an der Stallmauer hinaufgezogen. Ich weiß aus der Zeit, da ich fünf Jahre alt war, was für die Phantasie eines Kindes der Strauch mit den fliegenden Herzen ist. Wären ihrer sechs davon in dem Garten gewesen statt des einen, der in einer Ecke stand, unweit eines alten, unheimlichen Bottichs, unter dem die Kröte wohnte, aus den sechs hätte ich mir wenig gemacht: der eine war mir wie der Vertraute einer Königstochter. Wir dürfen in diesen Dingen keine abgestumpftere Phantasie haben als ein fünfjähriges Kind und müssen fühlen, wie die Vielzahl ein Zaubermittel ist, das wir brauchen dürfen, um den Rhythmus zu schaffen, das aber alles verdirbt, wo wir sie gedankenlos wuchern lassen.

––––––––––––––––––––––––––––––––––––––

Vor längerer Zeit fragte mich eine ältere gebildete Dame, ob ich die gefüllte Pelargonie nicht eine ordinäre Blume fände. Ich glaube, heute gibt es niemanden mehr, der eine Blume ordinär findet. Wir haben eine lebendige Sensibilität für alle Blumen und wissen mit Akelei, Fingerhut und Rittersporn auch etwas anzufangen. (Nach und nach werden wir wieder reich genug sein, um aus dem Garten zurückzukommen und in ein großes Glas alle Blumen zusammenzustecken, die auf einem schönen holländischen Blumenstück sind.) Dazu akklimatisieren wir den Rhododendron und die Azalee, machen den Flieder doppelt, färben die Hortensia blau und die Schwertlilie blaßrot und werden von Jahr zu Jahr reicher. So müssen wir uns doch nicht länger mit der abscheulichen Gewohnheit schleppen, so fremde und unglückliche Geschöpfe in unsere Gärten zu tun, wie es die Palmen sind, sowohl die Fächerpalme als die von der Gattung Phönix. Das gleiche meine ich von der Musa, der Yukka und anderen Gewächsen, die in unseren Gärten vorkommen wie die gräßlichen exotischen Fremdworte in den Gedichten von Freiligrath, die wir im Gymnasium lesen mußten. Es ist zu denken, daß diese tristen Geschöpfe zugleich mit dem Kultus der »Gruppe« aus unseren Gärten verschwinden werden, deren Krönung sie ja bilden. Jedenfalls wird der Geist, dem die »Gruppe« so unerträglich sein wird, wie einer gewissen Epoche der Malerei der Begriff der »Komposition« war, dieser Geist wird solche Fremdlinge jedenfalls hinaustreiben. Denn sie sind so entsetzlich und unheilbar heimatlos bei uns, daß sie einen ganzen Garten traurig und häßlich machen, wenn auch nur ihrer zwei oder drei darin herumstehen. Es gehört eine besondere Stumpfheit dazu, um nicht zu fühlen, daß alles an ihnen, die Nuance ihres Grün, das Gewebe ihrer Wedel, ihr ganzes Dastehen, in den lautesten Tönen gegen die Umgebung schreit,

gegen den Rasen, aus dem sie nicht hervorgewachsen sind,
gegen die Büsche und Bäume, mit denen sie nichts gemein
haben, gegen das Licht, das ihnen zu wenig stark ist, in dem
sie nicht flirren und schwimmen, ja gegen die Luft selber, die
sie hassen. Ich spreche von ihnen sowohl um ihrer selbst willen und ihrer verstimmenden Gegenwart, die in einen kleinen
Garten alle Traurigkeit eines mit falschem Luxus möblierten
Zimmers bringt, als auch wie von einem Symbol. Denn in
dem Garten, in dessen Anlage nur irgend etwas gefühlt ist,
dessen Wiener Luft und dessen Wiener Boden von dem empfunden werden, der noch keinen Strauch und keine Staude in
den kahlen, erwartungsvollen Grund gesetzt hat, wird für sie
kein Platz mehr sein.

Muther wird möglicherweise unverdient und unverhältnis-
mäßig schnell vergessen werden. Aber diese Möglichkeit,
auch wenn man sie ins Auge faßt, mindert nicht im geringsten seine Bedeutung. Er gehört durchaus nicht zu der Klasse
von literarisch Arbeitenden, die ihr geistiges Selbst, ausgeprägt zu einer schwer zerstörbaren Statue, gleichsam neben
der großen Heerstraße, auf der ihre Generation marschiert,
hinstellen, unbekümmert, ob die Marschierenden Zeit haben,
einen Blick auf diese Statue zu werfen oder nicht. Ja, die Deutschen werden dieser Standbilder häufig erst hinterher gewahr, bei irgend einer viel späteren Krümmung des Weges.
Menschen von der Art Muthers werfen ihr Ganzes in die Bewegung der Geister, die eben vor sich geht, im Augenblick,
wo sie ankommen. Und als er ankam, waren wir auf dem
Wege, ganz gewaltig auf dem Wege, wir sind es heute noch,
und es läßt sich nicht entfernt abschätzen, ob dies nicht noch
durch eine oder zwei Generationen so fortgehen wird, mit
einer immer stärkeren Akzeleration.
Im allgemeinen war es, innerhalb einer sehr komplizierten
Schiebung und Lageveränderung, die das deutsche Volksbe-
wußtsein in diesen Dezennien mit sich vornimmt, der Teil,
den man als die Aneignung des Sinnlichen bezeichnen kann,
in den Muther seine ganzen Kräfte hineingab und dem er mit
seinen Kräften einen sehr fühlbaren Ruck gab. Ja hier, kann
man sehr wohl sagen, hat er mit seinem Temperament, mit
einem glücklichen Elan und einem glücklichen Zurecht-
kommen für ein ganzes Teilgebiet ganz persönlich einen
Durchbruch herbeigeführt. Sein Buch, sein großes Buch, das
eine Buch, auf dem sein Ruhm beruht und das er nicht zu
überbieten brauchte, weil es auch heute, nach sechzehn Jahren, nicht aufgehört hat als eine lebendige Kraft zu existieren,
seine Geschichte der Malerei des neunzehnten Jahrhunderts
erschien nicht nur im richtigen Augenblick, sondern alles

daran war richtig: der Ton, der lebendig war, vom Leben
sprach, ans Lebendige sich wendete, und für diese den Deutschen nicht traditionelle Materie ganze Schichten von Menschen zu interessieren wußte; das Volumen, das gewichtig
war, und, man wußte kaum wie, durch die geschickte Behandlung des Stoffes dem Leser in ein Nichts sich auflöste;
und, am meisten vielleicht, die aufregende Menge von Bildern, an die wir heute gewöhnt sind, die aber damals als ein
ganz neues Erregendes wirkte, ein direkteres, gleichsam ver-
botenes Stimulans der Phantasie, als man irgend gewohnt
war. Der Grundton des Buches war nicht wissenschaftliche
Feststellung, auch nicht fachmännische Belehrung der Laien:
der Grundton war anonymes, leidenschaftliches Verlangen
nach einem lebendigen Genuß. Und dieses persönliche Pathos, das der Autor in sein Buch hineingab, stimmte in er-
staunlicher Weise überein mit einem dunklen Bedürfnis, das
in der Generation lag und sich zu manifestieren verlangte.
Es ist sehr charakteristisch, es ist sehr deutsch, daß es sich dabei nicht um die Sache allein handelte, von der die Rede war
oder zu sein schien; weder dem Verfasser des Buches noch
den Tausenden von Lesern, die das Buch schnell berühmt
machten, handelte es sich um Malerei allein; sondern mehr
oder weniger bewußt handelte es sich da und dort um noch
andere, geistigere und gleichzeitig materiellere, jedenfalls zu-
sammengesetztere Dinge, die hinter jenen Bildern lagen und
bei jener enthusiastischen Ästhetik im geheimen mitschwan-
gen. Es handelte sich um die Kulturbesitztümer, die in aller
guten Malerei ihre höchst komplette und definitive sinnliche
Ausprägung gefunden haben. Hier atmet das Buch einen sehr
liberalen eklektischen Geist, der eben jenem Moment höchst
opportun war. Französisches und englisches Wesen, die
scharfe und bunte nationale Atmosphäre, aus der ein Goya
hervortritt, oder auch das altväterische ältere deutsche Wesen
– dessen Popularität, gleichfalls zu gutem Teil von jenem
Buch initiiert, seitdem so sehr ins Breite und Seichte geraten
ist – sprechen hier auf doppelte Weise an: durch schöne, gut-
gewählte Bilder, und durch den Kommentar, der lebendig,
anekdotisch, weitherzig, universell, enthusiastisch und klug
war. Einer Epoche, deren tiefstes, damals noch unausgespro-

chenes Trachten auf sinnliche Aneignung gestellt war, wurde
das tiefste Ziel ihres Trachtens vor die Augen gebracht, und
nicht in dürren Aphorismen oder historischen Formeln,
sondern in der schmeichelnden, sehnsuchterregenden Form
verklärter Spiegelbilder. Auf Aneignung war auch das Buch
selber gestellt: die Aneignung des Schönen und dessen, was
hinter dem Schönen liegt, als sein Zeugungsgrund: eine harmonische Welt oder eine harmonische Seele. Eine Seele wie
Corots Seele, einen Mann wie Delacroix, eine Epoche wie das
Rokoko mit einer wahren Inbrunst, einer wahren Gier, sich
anzueignen, und in diesem Aneignen kaum eine Grenze zu
kennen; neben Delacroix den Goya, den Turner, den Hogarth, aber auch Schwind und aber auch Burne-Jones; das
achtzehnte Jahrhundert und die zwanziger Jahre des neunzehnten Jahrhunderts und die dreißiger Jahre und die fünfziger Jahre – das war die Signatur des Buches, und es war ein
Bruchteil der Signatur des ganzen geistigen Lebens jenes Au-
genblickes. Mit seiner eklektischen Neugier nach links und
rechts und rückwärts, seiner Lebensgier, seiner Gier nach
dem intimen Detail, nach der kaum sichtbaren, feinsten
Flamme, nach dem Leben des Lebens hatte der Autor in seinem Buch eine Haltung, die ganz und gar die Haltung einer
breiten Minorität – jener wichtigen Minorität, die das Wetter
macht – unter seinen Zeitgenossen war.
Er brauchte bloß dem Gefälle seiner persönlichsten und
heimlichsten Neigungen innerhalb und außerhalb seines en-
geren Berufes zu folgen, um etwas zu geben, was explosiv
wirkte, um ein Buch ins Publikum zu werfen, das eine journalistische Leistung von erstem Range war. In dieser Weise
zeitgemäß zu sein, ist eine Genialität wie jede andere; aber
diese besondere Form, die journalistische Genialität, atomi-
siert sich, indem sie wirkt, und läßt keinen ehernen Block hinter sich. Und ihre eigentliche Leistung vermögen nachkom-
mende Generationen nicht zu ermessen, weil wir die Wider-
stände nicht kennen, deren Wucht sie überwunden hat; denn
vermöge der Brisanz, die ihr innewohnt, verändert sie mit die
geistige Landkarte ihrer Epoche, wirft trennende Gebirge
übern Haufen und verbindet Getrenntes: verwischt somit die
Spuren ihres eigenen Wirkens.

GESCHICHTE UND POLITIK

DIE REDE GABRIELE D'ANNUNZIOS

NOTIZEN VON EINER REISE IM OBEREN ITALIEN

Vicenza, den 19. August [1897]

In den Pässen, die vom großen Gebirge in dieses Land herab-
führen, in den Dörfern, die übers Hügelland verstreut sind, in
diesen Städten des venezianischen und lombardischen Gebietes ermüde ich die Augen am Anblick der ehernen und steinernen Gedenktafeln, womit man das Andenken der für die
Befreiung des Landes von Österreich Gefallenen ehrt. Ich
finde diese Tafeln in die Mauern der kleinen Pfarrkirchen eingelassen, an die Balkone der Rathäuser geschmiedet; Land-
zungen, die in einen See hineinschneiden, Brückenköpfe, Tal-
engen, die Säulengänge der alten kleinen Städte, abhängende
Wände im Bergland sind mit ihnen behängt. Dem Österreicher, der hier wandert, scheint die dämmernde Abendluft beladen mit den Nachgesichten seiner sorg- und grauenvollen
Zeit. Wachtfeuer scheinen ihm aufzuglühen, rote Flammen
spendend, und der Boden den Widerschein vergossenen Blutes zu hauchen. Keiner kleinen Herberge fehlt ein Korridor,
der in schlechten, farbigen oder grauen Bildern, altmodisch
eingerahmt, mit der Erinnerung an diese Kämpfe geschmückt ist. Tritt man näher, die Namen zu lesen: Monte
Berico, Novara, Mortara, Peschiera, Varese, Brescia... so
haucht das Bild dieser Straßenkämpfe, dieser zerschossenen
Friedhofsmauern, bedeckt mit den verwundeten Leibern
schöner junger Menschen und Leichen von Adeligen, Bür-
gerssöhnen, Gelehrten, Dichtern, Handwerkern, einen leisen
Duft von Moder aus, und das mit schönem Blut und den brechenden Blicken junger Helden bedeckte Papier ist in seinen
Rändern gelblich geworden.

Bergamo, den 24. August

Von den bunten Marmorfliesen der Kapelle, in welcher der
berühmte und große Söldnerkapitän Bartholomäus Colleoni,
seine junge Tochter Medea und ihr zahmer Sperling begraben
liegen, fällt in diese enge alte Gasse nur jetzt unter der heißen

Sommersonne ein Abglanz. Hier ist ein langer, wurmstichiger Tisch, mit rostigen Ketten in der Mauer befestigt und über und über mit alten Büchern bedeckt. Ich glaube, es sind alle Bücher hier, die in Italien von Anfang bis gegen das Ende dieses Jahrhunderts berühmt waren. Ich sehe den berühmten Roman von Manzoni, das Buch, in dessen Helden die jungen Männer und die jungen Frauen Italiens sich selbst erkannten, während die Pest und die Herrschaft der Fremden den dunklen Hintergrund bilden. Ich sehe das unsterbliche Gedicht von Foscolo, welches »Die Gräber« heißt, das Gedicht, in welchem der Zorn Dantes, das Gebet der Elektra und die Prophezeiung der Kassandra in düsterer Glut ineinander verflochten sind, und daneben liegen jene »Letzten Briefe des Jacopo Ortis«, die man dem »Werther« vergleichen dürfte, wenn nicht glühende Empfindung für das Vaterland in ihnen einen solchen Raum einnähme. Ich sehe die furchtbare Klageschrift des Pellico, »Meine Gefängnisse«. Und daneben, durcheinander hingewühlt, die zahllosen Bücher, in denen das Denken der Denker, das Dichten der Dichter seinen eigentlichen Stoff verläßt, den Abenteuern vergangener Zeiten, den Spielen des Zufalls und der Liebe, den Rätseln der Erkenntnis immer mehr und mehr die Schultern zuwendet und die beiden offenen fieberhaften Augen nur auf dies eine heftet: das Land, die Leiden des geliebten Landes und die Möglichkeiten seiner Freiheit und seines Glückes. Sie liegen hier übereinander, diese berühmten Bücher, mit keiner anderen Gebärde, als dort auf den Gedächtnisbildern die Leichen der jungen Leute auf geborstenen Kanonen und zerschossenen Mauern. In jeder ihrer Tausenden und Tausenden von Zeilen atmen sie Tat, nichts als Tat, die eine Tat, an der alles Glück, alle Würdigkeit des Daseins zu hängen schien.

Varese, den 26. August

Ich finde eine neapolitanische Zeitung, die in sieben riesigen Spalten den Text der Rede enthält, welche der größte, der einzige große Dichter des gegenwärtigen Italiens vorgestern gehalten hat, vor den Leuten eines mittelitalienischen Bezirkes, seiner Heimat, damit sie ihn als Abgeordneten ihres Landstriches nach Rom schicken.

Die Pfeiler des großen Saales, in dem er redete, waren mit Gedenktafeln geschmückt. Diese enthielten nicht die Namen der Männer, welche für das Vaterland gestorben sind, auch nicht die Namen der Tage, an welchen berühmte Städte oder Königreiche ihre früheren Besitzer verjagten und sich als einen Teil des geeinigten Italiens bekannten, sondern sie trugen die Namen der acht oder zehn Bücher, welche seit fünfzehn Jahren Gabriele d'Annunzio aus den schönsten Worten der italienischen Sprache zusammengesetzt und mit den vielfältigsten, geheimnisvollsten und ergreifendsten Gedanken angefüllt hat.

Ich versuche den Gang dieser merkwürdigen Rede anzudeuten, wobei ich ihr großen Schaden tue, da sie ein Ganzes ist, ein rhetorisches Kunstwerk, zwischen dessen einzelnen Teilen notwendige und unnachahmliche Beziehung herrscht:

»Ihr Leute aus meiner Heimat, ich habe mit euch von den Banden zu reden, die den Geist eines Dichters mit dem Boden seines Landes verknüpfen. Ein Genosse dieser ungeheueren Zeit, vermag ich in meiner Kunst doch nichts auszudrücken, als indem ich es mit dem Leuchten der reifen Früchte, mit den schwanken Ähren, mit dem Summen der Bienen vermenge, mit dem sanftmütigen Schauen der Kinder, mit der lieblichen Krümmung unserer Buchten, mit dem Blinken unseres Pfluges. Indem ich meinen Blick auf den schimmernden Strohhalm im Staub hefte, vermag ich in eine schwere Wahrheit einzudringen. Glühende Gedanken erweckt in mir die Gebärde des Mannes, der das schwellende, duftende, frische Brot in den Ofen hebt, Wundervolles taucht in mir auf, wenn ich das junge Lamm saugen sehe und aus dem Schatten her das Tönen des Bienenstockes mich umschwebt. Ich will mich rühmen vor euch, ihr Männer aus meinem Lande. Zwischen die verbrannten und schwieligen Hände des Bauern, in denen er in der feierlichen Stille des Sonntags unter dem Eichbaum sitzend einen heiligen Text zu halten gewohnt ist, möchte ich dasjenige von meinen Büchern legen, in welchem ich mit der grausamsten Kühnheit das langsame Sterben eines der Liebe und des Lebens unwürdigen Menschen geschildert habe.« (Hier meint er eines seiner berühmtesten Bücher, den

»Triumph des Todes«.) »Und wenn das geschriebene Wort durch ein Wunder sich in die greifbaren Dinge verwandeln könnte, deren Gedankensymbole es enthält, so müßte es geschehen, daß der Mann, von ungeheuerem Staunen getroffen, das volle Gewicht seiner eigenen ländlichen Welt auf der flachen Hand zu tragen meinte, wie auf alten Bildern die Kaiser eine Weltkugel tragen. Sein Haus aus Lehm und Stroh, sein Wasser, sein Brot und die Lieder seiner Töchter bei der Arbeit, dies alles müßte nun vor seinen Augen heiliger scheinen als zuvor. Und wenn ich an irgendeinem Abend etwa in sein Haus zu treten käme, er würde sich mit Ehrfurcht erheben, nicht als vor seinem Herrn, doch als vor einem, der eine große und gute Macht über sein ganzes Dasein hat. Und er würde sprechen: ›Dieser kennt mich wohl und zeigt mir mein Gutes.‹

Dessen rühme ich mich. Wie das Wasser und das Brot, so halfen die Gleichnisse, die mein Griffel hinschreibt, das Leben unseres Stammes erhalten. Und wenn einem jeden von euch mein ganzes Werk völlig unbekannt wäre, und wenn keiner von euch meine Sprache verstanden hätte, ich euch ein Fremder schiene, aus unbekannten Ländern hergewandert: mein Wort würde deswegen nicht weniger leuchtend ausdrücken, was in eurem Denken dämmernd liegt, – und wenn keiner in mir den Offenbarer des ewigen Strebens anerkennen wollte, des dunklen unsterblichen Strebens, das unser Volk nach seinen Schicksalszielen hindrängt, so wäre darum meine Gegenwart nicht minder voll einer erhabenen und wohltätigen Bedeutung.

Es liegt in der Menge eine Schönheit verborgen, der nur der Dichter und der Held Blitze zu entlocken vermögen. Das Wort des Dichters, wenn es über das Gedränge hinfliegt, ist Tat, wie die Gebärde des Helden. Einmal kommt der Augenblick, wo für den Dichter die Materie des Lebens nicht länger nur durch ungreifbare Symbole hervorgerufen wird, sondern wo sich ihm das Leben als Ganzes offenbart, der Rhythmus seiner Satzgefüge sich zu atmenden berührbaren Gestalten entbildet, die Idee sich in der Fülle der Kraft und Freiheit verkündet.

Hier nun ist endlich Tat. Die männliche Tat, nach der es unseren Seelen verlangt, nach der wir uns bis zu schmerzlicher Verstörtheit sehnen, wir alle, die wir zwischen den Ruinen des Vaterlandes unsere betrogene Jugend hinabsinken sehen... So bin ich dahingekommen, Tragödien zu schreiben: Um in einigen zornigen und edlen Gebärden etwas Erhabenheit und Schönheit aus dem flutenden zudringlichen Schwall des Gemeinen zu retten, der heute die auserlesene Erde bedeckt, auf der Leonardo seine gebietenden Madonnen und Michelangelo seine niebezwungenen Helden bildete. Und so bin ich ferner dahingekommen, vor euch hinzutreten und aus eueren Händen eine bürgerliche Macht zu verlangen. Es gibt Leute, die über diesen meinen Entschluß allzu verwundert tun. Es ist Zeit, albernen Fabeln ein Ende zu machen und ein falsches Bild von mir zu zerstören. Es ist nicht mehr die Zeit, einsam im Schatten des Lorbeers und der Myrte zu träumen.

Die Geistigen müssen nun alle ihre Kräfte zusammennehmen, um so wie in einem Kriege die Sache des Geistes gegen die Barbaren zu verteidigen. Wenn sie leben wollen, so ziemt es ihnen von nun an, jedem Zwiespalt zwischen Denken und Tuen ein Ende zu machen. Erringen müssen sie den Platz, der ihnen gebührt zuoberst in der Ordnung der Stände. Den Waffen, den Religionen, dem Reichtum folge in der Herrschaft die Kaste, für die noch kein Name geprägt ist, in der die Bedingungen des höchsten geistigen Daseins vereint sind.

Ist dies die Stunde für solchen Umschwung?

Erinnert ihr euch des wundervollen Traumes, den wir einmal träumten? Wir alle, die wir – es ist lange her, wir waren Kinder, die wir heute Männer sind – aus unseren kleinen Betten aufgeschreckt wurden, an einem Abend im September, wundervoll aufgeschreckt durch trunkenes Geschrei und jubelnde Fanfaren: sie verkündeten die ungeheuerste Eroberung[1], und in die erschreckte kleine Seele warf man uns zugleich mit der jähen Röte der Fackeln den Namen Rom, und unsere Päd-

---

[1] Der 20. September ist, wie man weiß, der Gedenktag der Eroberung Roms durch das geeinigte Italien.

agogen lehrten uns die blutigen Gestalten der Kämpfer verehren, und wir vermischten sie mit jenen, die klirrend und funkelnd aus den Seiten des Plutarch hervorsahen, und mit unendlichem Zutrauen wandten wir unsere Gesichter dem Leben zu... Erinnert ihr euch? Wie vielen ist nun eine blühende Jugend öde und unfruchtbar geworden! Wie viele klare Augen wurden krank und konnten den Anblick der Sonne nicht mehr ertragen! Wie vielen fiel ihr eigener männlicher Wille vor die trägen Füße und blieb dort liegen, wie die abgehauenen Hände, die Herodot vor den Füßen der Kolosse zu Sais liegen sah.

Wessen die Schuld? Wenn sie fast alle hingingen, ihre Traurigkeit zu pflegen in einem einsamen Garten, wenn der sich in seine Zelle einschloß und die Glut seines Denkens auf seine Seele heftete, um sie zu zergliedern, wenn jener andere seinen Ekel mit leeren Spielen zu betrügen suchte, wenn ein anderer endlich seinen Traum verleugnete und eine Maske vors Gesicht band, sich der Menge preiszugeben, ... wessen die Schuld? Alle vielleicht waren größer als ihr Geschick. Aber zu schwer entmutigte und empörte sie die plötzliche Enttäuschung. An der Schwelle der Jugend, die Hände angefüllt mit dem Samen der Hoffnung, voll Vertrauens in die Wunderkraft eines Bodens, den das reichste Blut ihres Volkes getränkt hatte, vermochten sie jenseits ihrer Betrübnis nichts zu sehen als elenden Kot, in dem sich eine verächtliche Menge bewegte und feilschte, als in ihrem natürlichen Elemente.

Wessen die Schuld? Wahrlich, wahrlich, es hätte geziemt, einzig hätte es gefrommt, die Männer, die man Befreier nannte, zu nehmen und zu opfern und dann unter die Grundfesten des dritten Roms sie zu werfen und nach dem alten Totenbrauch auch zu ihren Füßen und ihnen zur Seite und in ihre Befreierhände alle die Dinge zu legen, welche sie liebten und werthielten, und aus den Falten der Berge die schwersten Blöcke von Granit loszureißen und herbeizuwälzen, ihre ehrwürdigen Gräber für immer, für immer zu verschließen. Dann sähen wir sie mit den Augen der Seele immerfort von den Flammenwirbeln der Revolution umgeben, und ihre schöne Gebärde wäre uns von weitem eine heroische Mahnung fürs Leben.

Sie aber, in Wahrheit, treten mit erblindeten Augen aus der Flamme hervor. Sie konnten die Gedanken nicht mehr lesen, mit denen die göttliche leuchtende Stirn des Vaterlandes beladen war, als man den Staub, den Schweiß und das Blut von ihr weggewischt hatte. In ihren Pulsen war das großmütige Fieber erloschen, und sie erschienen uns in aller Erniedrigung ihres greisenhaften Verfalles; aber ihre Hände, wenn auch schwach und zitternd, behielten doch noch gerade Kraft genug, umd die einzig anbetungswürdigen Dinge anzurühren und ihnen Gewalt anzutun.

Wer von den Männern, die zur Regierung Italiens berufen wurden, hat bis heute gezeigt, daß er die Idee begriffen hätte, der unser Volk durch die tausendjährigen Wechsel hindurch von seinem Genius entgegengeführt wird?

Dieses ist die Wahrheit, welche ich stolz und froh bin, einem Volke, das mir zuhört, entgegenzurufen, des Lachens der Philister in großer Verachtung bewußt: – das Schicksal Italiens ist nicht zu trennen von den Geschicken der Schönheit, deren Mutter Italien ist. Dies ist die erhabene Wahrheit, zu der wir aufschauen als zu einer Sonne. ———

Weh, wie wurde durch blöde und unreine Hände alles entstellt und heillos erniedrigt! ———

Begreift mich, nehmt meine wahrhaftige Rede auf, liebe Landsleute, liebe Brüder. Die Wahrheit, die sich auf meinen Lippen formt, ist den Wurzeln eures Wesens schon eingeritzt: sie ist in Urworten dem Boden entsprungen: sie ist eins mit dem Wesen des Landes und der Leute. Wie ich das Leben sehe, das kommt nirgend anderswo her als aus den Zeugnissen eines früheren, schöneren und gewaltigeren Lebens, denen, welche ich im Lande und im Volke erkenne. Unzerstörbar ist in uns die Seele der Väter, und noch immer brauchen wir unsere Kräfte unter der unbewußten Herrschaft der uralten Instinkte. ———«

(Hier redet d'Annunzio von vielen Ereignissen der italienischen Geschichte, in welchen er unaufhörlich die Offenbarung zweier großer Kräfte erkennt: eines konservativen und eines erobernden Instinktes. Er erwähnt eine scheinbar neue, in Wahrheit uralte Lehre, die Kraft und Besitz des einzelnen völlig dem Gemeinwesen unterordnen will, und verwirft sie.)

»Preisen wir aufstrebendes Leben! preisen wir Wahrheiten, welche befreien! Es ist kein Heil und keine Schönheit außerhalb des Ringens, in welchem ein Mensch, gebadet in Freiheit, alle Kräfte seines ganzen Wesens hergibt und bis zum letzten Atemzuge das tut, was die unfehlbare Stimme in seinem Blute, der Genius seines Stammes ihn tun heißt. Er gleicht jenem Helden der alten Lieder, dem zu der eigenen Stärke die Stärke aller Krieger hinzuwuchs, die von seiner Hand gefallen waren.

So laßt uns noch einmal mit lauter und fester Stimme die befreienden Wahrheiten wiederholen: Um soviel tugendhafter ist ein Mensch, als er sich mehr bemüht, sein Dasein zu steigern. Das Geschick Italiens ist untrennbar von den Schicksalen des Schönen, dessen Mutter Italien ist. Lateinischer Geist wird nicht anders seine Vorherrschaft in der Welt zurückgewinnen als unter der Bedingung, daß der Kult des ungebrochenen Willens wiederhergestellt wird und daß jenes Empfinden unangetastet bleibt, dem zu Ehren das alte Latium ein tiefsinniges Fest, das Fest der Grenzsteine, besaß.

Euch sicher ist dieses Empfinden heilig, ihr Bauern aus meinem Land, die ihr mit sorglicher und beharrlicher Mühe um den Rand eures Ackers die zähe Hecke zieht. Ich sage es euch, ihr Ackersleute, niemals genug zäh und dicht und dornig und lebendig ist die Hecke, womit ihr den fruchtbaren Boden einschließt, den euer Eisen aufwirft und euer Schweiß befruchtet. Stärket sie noch; macht, daß sie festere Wurzeln, stärkere Knoten treibt, denn einer droht sie zu entreißen, sie niederzuschlagen, sie auszureißen, keine Spur von ihr übrigzulassen, und er fürchtet nicht, den unterirdischen Göttern dafür zu verfallen.

Schön und vom Himmel beschützt ist die Hecke, die um das geackerte Feld läuft, ihr Bauern; ihr liebt sie, und ich liebe sie, wenn sie weiß erblüht ist, wenn sie von roten Blüten leuchtet. Aber kann sein, ihr wisset selber nicht, so wie ich es weiß, *wie* lebendig sie ist. Wenige Dinge in dieser Welt sind so lebendig, so unverletzlich wie die Hecke, die das gepflügte Feld umschließt, ihr Bauern.

Und da ihr in meinen Augen meine Liebe für dieses lebendige
und heilige Ding lest, so lächelt ihr mir über die Blüten und
Beeren hin zu, wenn ich den Rain entlanggehe. Und mehr als
einmal bin ich stehengeblieben, die Pracht euerer Hecke zu
loben. Und ihr waret zufrieden, und doch wußtet ihr nicht
von dem Lichte, in dem ich sie erblickte, und von dem göttlichen Sinn, der in meinem Lob verborgen lag. Ihr freut euch,
wenn ich an eurer Arbeit vorübergehe. Jedesmal kommt euer
Gruß mit Freudigkeit zu mir. Es lebt in euch eine natürliche
Ehrfurcht für den Dichter, der die Dinge der Erde liebt, mit
reinem Sinne den Sterz des Pfluges anrührt, mit Demut auf
die jungen eingehüllten Blätter hinsieht.

Und da ihr mich wie einen Freund geheißen habt, in euere
Häuser zu treten, und mir Früchte und Brot an euerem Tisch
geboten habt, so habe ich euch den Rat wiederholt, den ein
längst verstorbener Dichter mit Namen Hesiod einem längst
verstorbenen Ackersmann mit Namen Perses gegeben hat:
›O Perses, dies bewahre in deinem Sinn: Der Neid, der sich
am Übel freut, möge dich nie von deiner Arbeit fortlocken,
nie mögest du dein Ohr dem Gerede des Marktplatzes hingeben…‹ Und noch fügt Hesiod hinzu: ›Töricht alle, die nicht
wissen, daß manchesmal die Hälfte mehr wert ist als das
Ganze und welch ein großes Gut die Malve und der Asphode-
lus sind…‹ Und ihr habt mich verstanden, und einer von euch
hat mir mit weißen Zähnen lächelnd einen Oleander hingehalten, der ein Lorbeer mit Rosenblüten ist.

Versteht auch ihr mich, nehmet auch ihr meine ehrliche Rede
auf, ihr Leute aus den Städten!

Meine Einsamkeit ist nur ein Schein. Meine Rede ist nicht die
Rede dessen, der einzeln steht: sie ist der Widerhall eines Cho-
res, den ihr nur darum nicht hört, weil er aus eueren innersten
Fibern hervordringt. Nehmt mich auf, ihr alle. Ich sage euch,
ihr habt mich verstanden. Was bedeutet die Beschimpfung,
die einer von euch mir zuschleudert, weil er mich noch nicht
erkannt hat? Was schadet der Haß, der noch in irgendeines
Augen funkelt? Eines Tages – vielleicht heute, vielleicht bevor noch diese Sonne hinuntergeht – werde ich in das Haus
dieses Menschen eintreten, und er wird sich lächelnd erheben,

meiner Sanftmut entgegenzugehen. Ich werde in seiner Kammer das Licht anzünden. Er wird sich an mich als Kind erinnern. Ich werde ihm das Wort auf die Lippen legen, das er nicht auszusprechen vermöchte…«

Venedig, im September
D'Annunzio ist gewählt; übrigens wird die Wahl angefochten. Ich habe vieles gelesen, was die Leute in den Zeitungen über seine Rede geschrieben haben.
Sie wissen nichts an den Dingen zu sehen als das Vorderste. Sie lachen, daß er zu den Bauern und Handwerkern in Gleichnissen vom Wert des Daseins gesprochen hat und nicht von Steuern, Vizinalbahnen, diebischen Bankdirektoren, Rekrutenaushebungen und dem anderen, was rings über Italien das Wirkliche, das Leben auszumachen scheint. Man nennt den Inhalt dieser Rede lächerliche Ideologie. Man sollte nicht vergessen, daß Ideologie in allen großen Revolutionen eine furchtbare und gewaltige Macht war und daß die größte aller Revolutionen in jedem ihrer Augenblicke ebenso reich an Deklamation wie an Tat war…
Aber auch hier, in dieser geheimnisvollen, unzerstörbaren Stadt, ist man geneigt, anders über diese unwägbaren Dinge zu denken. Der gewählte Fürst und Feldherr dieser Stadt, der Doge, der seine Flotten in allen Meeren hat und seine Gesandten an allen Höfen, kniet vor einem geflügelten Löwen, oder vielmehr: er kniet vor einem Buch, das der Löwe in den Pranken hält. Und der Palast des Rates und die Hallen der Zünfte, diese Häuser, in denen alles wirkliche, alles greifbare Leben eines überaus mächtigen Gemeinwesens zusammenfloß: aufgehäufter Reichtum, Prunk und Stolz des Handwerkes, Überblick der Welt, ungeheures Selbstbewußtsein, alle diese Hallen und Häuser sind auf eine geheimnisvolle Weise mit ihren Beschützern, den Heiligen, verknüpft, so als wie mit lebendigen Wesen, nicht bloß mit jenem einen, dem Herrn des geflügelten Löwen, dem immerwährenden, unsichtbaren Dogen, sondern auch mit vielen anderen Heiligen, und eine ungeheuere, kaum mehr faßbare Ideologie umschwebt diese marmorne Stadt, strebt aus den wundervoll leichten Wolken

nieder, liegt rings im glänzenden Meer verborgen, scheint das ganze geheimnisvolle Gebilde aus Brücken, Palästen und Türmen mit geistigen Kräften schwebend zu halten, wie in jener Sage des Koran die unsichtbaren Hände der Engel den heiligen Stein zwischen Himmel und Erde schwebend erhalten. Hier in leise fiebernder, durchleuchteter Luft, aus der einst königliche Willenskraft und unerhörte Macht herflog, wie der Blitz aus einer leichten, goldigen Wolke, ist es schön und leicht, der Seelenverfassung eines bedeutenden Künstlers unserer Zeit nachzudenken, der mit so neuen befremdlichen Tönen im Durcheinanderspiel der verworrenen Weltmächte seinen Platz begehrt, einen Platz, für den heute noch kein Name geprägt ist.

KAISERIN ELISABETH

ÜBERSETZUNG

Das Sterbliche der Kaiserin, die nicht rasten konnte, ist hinabgesunken in eine dunkle und kalte Gruft, da der Zwang der geheiligten Gebräuche stärker war als das letzte Wort des unbeugsamen Willens, der, solange er lebte, sich Freiheit schuf. »Sanft über mein Grab, sacht, Efeu, klettere hin und dehne die grünen Glieder; die Rosen sollen ihre Kelche öffnen auf meinem Grab; mit den schönen Trauben, den schönen Gehängen soll die Rebe es umschlingen.« Sie hatte die Worte des Grabepigramms vor sich hingesprochen, voll Ahnung des Endes; sie hatte ihr Grab mit innerem Auge gesehen, überhängend die sagenberühmten Wasser, hinabgeneigt zu den Lippen ohne Zahl des Meeres, das nicht altert.

In der augenlosen Grufthöhle löst sich ihr Leib; aber den Dichtern lebt der Leib ihres Traumes immer und wandelt die ionischen Gestade hin, umwandelt Corcyra, den schönen Strand, wo ihre zerschmetterten Hoffnungen und ihre grausamen Leiden zu traumhaften Dingen wurden, »gleichend den Zartheiten der Frühlingswoge«. Der Rhythmus, in dem sich ihre wundervolle Seele bewegte, vermengt sich mit jenen großen Melodien, denen sie lauschte, in Gräsern gebettet oder im Sand, unter den Sternen, hinstarrend auf das Strömen maßloser Ströme, auf das Schwellen und Fallen der ungeheuren Meere als auf ein Ebenbild ihrer Schmerzen.

Es liegt in dem Tode der Elisabeth von Österreich eine Vollkommenheit, die mich über mich selbst hinaushebt. Unter der Gewalt dieses unfehlbar gezielten Todesstoßes enthüllte sich unseren Augen plötzlich die geheime Schönheit dieses kaiserlichen Lebens, scharf und funkelnd sprang sein Umriß an den Tag, wie plötzlich und funkelnd die unsterbliche eherne Statue dasteht, wenn wilde Schläge eines befreienden Hammers die Lehmhülle zersplittern. Ich weiß von Herzen, die von trunkener Erregung zuckten, als sie gewisse bewundernswerte Einzelheiten des blutigen Hinscheidens erfuhren und bedachten. Unter so vielen nutzlosen Klagen, unter den Ausbrüchen eines blöden Zorns ist des erhabenen Opfers nur eine Gebärde nicht ganz unwürdig: die an sich haltende Ergriffenheit der Geister, die mit Kraft und Freiheit hier unter geheimnisvollen Fügungen des Zufalls eine erhaben reine Lebenslinie in furchtbarer Verkürzung enden und ein Menschenbild unter der Berührung des Todes zu unvergänglicher Schönheit und Gewalt erstarren sehen.

»Ein harmonischer Tod zur Stunde, die ihm ziemt...«

Waren sie nicht reif, ihr Schmerz und ihr Traum, reif wie die Früchte des September, von denen sie aß, hingelagert auf einsamen Steinen des Ufers, die Augen auf die Schönheit lichtblauer Wasser geheftet? Das Geschick, das mit so ungeheuren Blitzen die Gipfel dieser einsamen Seele erleuchtet hatte, ergriff sie mit den gleichen unwiderstehlichen flammenden Händen, da es die Stunde gekommen sah, sie aus vollem Licht hinwegzuheben und sie dem Gedächtnis der Menschen einzutreiben mit dem einen wuchtigen Schlag des unerhörten Ereignisses.

Es war, als vollzöge sich ein mystisches Gelübde. Hatte sie nicht den plötzlichen, blitzartigen Stoß herabgefleht, den uralten »guten Tod«, den Artemis verlieh, einen unsichtbaren Pfeil in die auserwählte Brust schleudernd? Hatte sie nicht einen plötzlichen Tod »unter der Herrlichkeit des Himmels« erbeten? Die Poesie ihrer Wünsche wird übertroffen von der funkelnden Verwirklichung, von dem die Seele blendenden Prunk ihrer letzten Augenblicke. »Erfüllung, schönste Himmelstochter«: dieses Wort ist in dem Schweigen ihres vom Blut geröteten Mundes. Stahl und Blut, die in den Seelen der Sterblichen – das eine gräbt ein, das andere durchglüht mit Farbe – die wunderbaren Bilder derer erschaffen, die nicht vergessen werden sollen, der Stahl und das Blut haben den Umrissen ihrer Gestalt die unverletzliche Erhabenheit eines Kunstwerks verliehen, haben aus der gestaltlos dumpfen Substanz des Lebens ein Wahrzeichen herausgerissen, das vielleicht keiner gesehen hätte, zwänge nicht alle Grauen und Mitleid jetzt, hinzustarren.

Alles scheint mir seltsam fern in den Erzählungen. Ist es nicht, als hätten wir das vor langen Jahren in einem alten Buch gelesen?...

»Als ihre Zeit gekommen war, stieg sie die Ufer eines flutenden Sees hinab, um ein Schiff zu besteigen. Da trat hinter einem Baum der elend geschaffene Sklave des Geschickes hervor, der sie töten sollte. Er hatte die Arme und den gebogenen Leib eines Lastträgers, die niedrige Stirn eines Tieres und die flackernden Augen eines Verzückten. Er lief auf sie zu und stieß zweimal nach ihrer Brust, daß sie umsank.

Aber sie richtete sich wieder auf und trug ihren Tod dreimal dreißig Schritte weit, wie, einen Wasserkrug tragend, mit erhabenem Schreiten die Königinnen dahingehen, die auf den Flanken uralter Sarkophage gemeißelt sind.

Als sie ihren Fuß auf das Schiff gesetzt hatte, fiel sie hinter sich.

Fremde Frauen lösten die Flechten ihrer kaiserlichen Haare auf, besprengten sie mit Wasser, fanden auf ihrer Brust zwei Tropfen topasfarbenen Blutes und in ihren Augen das starrende Erfassen jenseitiger Dinge.

Einige Männer trugen sie auf einem Segel in das stillste Zimmer einer Herberge und legten sie auf ein Bett, wo sie starb.«

Alle diese Einzelheiten scheinen mir beladen mit Bedeutung und voller geheimer Ordnung, wie in einem Mythos. Keiner Beachtung wert sind die Umstände des Mordes, keiner Beachtung wert der Sklave, der seinen mörderischen Dienst so gut zu tun wußte. Durch den Dunst der Scheinbarkeiten hindurch erkennt das Auge eine wundervolle Gestaltung von Traum und Tod.

Sie stirbt zur panischen Stunde, zur flammenatmenden Stunde, dies Geschöpf, das keinen Schlummer fand, das jeden Morgen vom Rand eines Schiffes oder von den Abhängen eines Vorgebirges herab mit den Worten der Iphigenie grüßte: »Es ist nichts lieblicher, als das Licht zu schauen.« Sie wird getroffen, da sie noch einmal gegen den Strand zuschreitet, noch einmal hinab zu dem wunderreichen, tröstlichen Wasser, das sie immer zu sich zog mit dem murmelnden Versprechen tie-

ferer Visionen, versteckterer Königreiche. Angefüllt schon
mit dem Schweigen der Ewigkeit, die Seele schon geblendet
von den Dingen, die durch den zerrissenen Schleier aufleuchten, verfolgt sie ihren Weg; sie tritt an das Ufer, sie steigt zu
Schiff, sie setzt ihren Fuß auf das hohe Schiff, kaiserlich; und
man lichtet die Anker. Navigare necesse est, vivere non est
necesse. Unversehens verliert dieses Schiff alle gemeine
Wirklichkeit und wird ein Ding erhabener Art; die Furche,
die sein Kiel zieht, scheint unvergänglich, denn Traum und
Tod sind das Element, worin sie eingeschnitten wurde.
So, da sie die Wirklichkeit nicht für mehr geachtet hatte als für
eine Sklavin, vermochte diese Frau sich im Angesicht des Todes mit der unverwelkten Blüte ihrer Seele zu bekränzen.
Und wahrhaft kaiserlich vom Diadem hinab bis zur Ferse
steht sie vor uns, ein wundervolles Vorbild von Einsamkeit,
Macht und Freiheit. Im Inneren sucht diese Kaiserin und Königin ihre Kaisertümer und Königreiche. Nie hat jemand auf
der Welt einen sichereren Beweis gegeben, daß er das Wort
Lionardos erfaßt und völlig angenommen habe: »Es gibt
keine größere Herrlichkeit als über sich selber.« Dort
herrschte sie und niemand als sie. Der Wunsch erschuf ihr Va-
terländer. Die Hast war ihre Trunkenheit. Das Pferd im wil-
desten Lauf, das Segel, das sich bläht, gaben ihr den Wahn von
Flügeln. Der Tau auf den Steppen kannte sie, und der salzige
Sand, und das wimmelnde Meer, und die Winde, und der
stürzende Regen, und der Adler, und die kaum sichtbaren
Fußsteige, und die verlockenden Gefahren. Sie liebte es, zu
sehen, wie sich ein Zaum, wie sich ein Schiffsbug mit Schaum
bedeckte, während ihr Schmerz wuchtig wurde wie die Erde
und wieder tosend wie das Meer.
Es war das Land der schönumhüllten Nausikaa, es war das
Meer des Odysseus, der neun Jahre zu Felde lag um Helena,
die weißarmige, eines Gottes Tochter. Wie der Laertiade
hatte diese pilgernde nördliche Frau, »von vielerlei Elend hin
und her geworfen«, ihre Zuflucht in einer henkelförmigen
ionischen Bucht gefunden. Ihre Augen, die meist an einem
baltischen Strand, gegen eine stumpfe Sonne, Stücke von
Bernstein anschauten und darin Dinge des Lebens einge-

wachsen fanden, diese selben Augen entdeckten im glühenden Sand Fußstapfen eines erhabenen Lebens und sahen unter
der rhythmischen Welle die noch lebendigen Wurzeln der uralten Fabeln schwimmen. In diesen Augen war die Kraft des
Blickes zur Kraft einer ununterbrochenen tiefen Vision geworden. Glaubten sie nicht, in der Dämmerung das hohle
Schiff vorübergleiten zu sehen, schneller als ein Sperber, das
den Mann trug, dessen Gedanken den Gedanken der Götter
glichen? Und sie erkannten, an einem Abend im Sommer,
den Leib der Sappho, bleicher als verblichenes Gras, ausge-
laugt von der Maßlosigkeit des Wünschens, wie er dahintrieb
im heißen Salz, das um die Lippen des jäh atmenden Meeres
schäumte.

Es ziemt sich, daß ein Dichter des lateinischen Stammes das
Lob dieser wandernden Kaiserin singe, dieser Halbgöttin des
Traumes. Sie wußte sich eine Welt zu schaffen und darin zu
leben nach den Kräften ihrer losgebundenen Seele. Es ziemt
sich, sie zu verherrlichen. Vielleicht wäre sie in der Vergeß-
lichkeit der Menschen untergesunken, wenn durch die Kraft
des Stahles nicht ihr purpurnes Bild mit beängstigender
Pracht aus dem Schatten hervorgesprungen wäre. Es ziemt
sich, die Schönheit ihres Antlitzes zu verherrlichen, den
Standbildern des geheimnisvollen Hermes verwandt, mit
unbeweglichen Zügen unter dem Prunk herbstlichen Glanzes, der ihr geflochtenes Haar belud, und ihre Blässe, wie eine
verhaltene Flamme bedrängt vom Schatten des Blutes, das in
den großen Lidern ihrer Augen dunkelte, und das Schweigen
ihrer scharfgepreßten Lippen, auf denen das Süße von aus-
gesogenen Früchten die Herbigkeit der Tränen linderte, und
ihre Seele, ihre geheimnisreiche Seele, die im Kern jenes
Haupt der Meduse trug, womit die Göttin Pallas ihren goldenen Schild wappnete, so daß er unverletzlich war.

AUS EINEM ALTEN VERGESSENEN BUCH

EINLEITUNG ZU EINIGEN SEITEN
AUS DEM SCHÖNHOLZSCHEN BUCH

Ein altes und vergessenes Buch, das daliegt unter verwahrlostem Gerümpel, seine Lettern zur Hälfte erblindet unter gelblichen Flecken, gleicht dem blinden und tückischen Spiegel, den das junge Mädchen in einer modrigen Truhe findet: statt des eignen Gesichtes starrt ihr die Ahnin entgegen und ein Duft wie des Grabes umschlägt sie; doch findet sie in dem unheimlichen Gesicht so viel von sich selber, daß sie nicht los kann und, im tiefsten gebunden, nicht fühlt, wie die Stunden vergehen. So mag in ein paar Büchern, an die niemand mehr denkt, Österreich sein altes, längst zerfallenes Antlitz phosphorisch aufleuchten sehen, mag seinen Namen darin mit einem Klang aussprechen hören, der ihm selbst fremd in die Ohren klingt wie ein unendlich vertrautes und doch rätselhaftes Wort aus einem beklemmenden, verworrenen und üppigen Traum.

Die »Traditionen zur Charakteristik Österreichs unter Franz dem Ersten«, welche zu Leipzig 1844 ohne Namen des Verfassers erschienen sind, hatten zum Autor einen 1845 im Hospital zu Leipzig verstorbenen Freiherrn Friedrich Anton von Schönholz. Diesem Mann entging nicht das Ungeheuerliche, das vielfach Unheimliche einer Zeit, an deren Bild man einseitig das Behagliche hat bemerklich machen wollen. Der nahe Anblick gewaltiger Umstürze und die kaum zu erwartende und dennoch schnell vollzogene Wiederherstellung des Alten hatte ihn zu einer heiteren Duldung ohne Wehmut und ohne Zynismus, zu einer weltmännischen, gleichmütigen Aufmerksamkeit auf die Vielfalt des menschlichen Getriebes geführt. So enthalten seine Aufschreibungen das ganze Österreich jener Tage: in einer unruhigen, überlauten Darstellung drängen sich die Stände, die Völker, die Landschaften an dem erleuchteten Glase vorüber, gleiten über eine Wand, rastlos einander verzehrend. Der Prunk und die geschlossene Größe des Adels, das Durcheinanderwogen halb-

barbarischer Völkerstämme, Hereinschlagen einer tiernahen
Wildheit, die Verzerrungen sonderbarer Existenzen der bürgerlichen und Pöbelwelt, die dumpfe altväterische Vertraulichkeit der Stände und wieder die wilde erbarmungslose
Blindheit des Nächsten für den Nächsten; unendliche Überlieferung, Starrheit, Gesetzlichkeit, umspült von Umsturz,
Verwüstung, Verschwendung, Albernheit, Trunkenheit;
und dies alles in seinem wüsten Hin- und Widerschwanken
sich selbst in Gleichgewicht haltend: eine solche Welt ist in
diesem Buch des breiten geschildert, aus tausend Zügen mu-
sivisch zusammengesetzt.

Sei es gestattet, manches daraus in einem etwas ruhigeren
Tone vorzubringen.

Das Haus der Großeltern

*Im Hause meines Großvaters hatte sich seit 1780 nichts verändert.
Da sah man noch Tapeten mit ungeheuren Kürbissen und indianischen Raben bemalt, verschossene Gobelins, weißlackierte Stühle
auf Bocksfüßen, Schränke aus Holzmosaik, Gardinen von chinesischem Zitz, Bettschirme mit ausgeschnittenen Kupferstichen be-
klebt, Pagoden über den Kaminen, ausgestopfte Vögel zwischen
Statuetten aus Meissener Porzellan und jene schweren Stukkatur-
decken, von deren kaltem Geschnörkel die Kronleuchter aus Glas-
kristall wie Eiszapfen herabhingen. In diesen unmodischen, trotz
ihres Vielerlei doch kahlen, bunten und doch altersblassen Räumen
bewegte sich ein Dutzend Menschen so pünktlich nach der Uhr, daß
jeder, je nach seiner Stellung im Hause, nur die notwendigsten Bewegungen machte, und schwieg, wenn er nicht reden mußte; Geräusch war verpönt; was hier gehorchte, schritt auf lautlosen Sohlen.
Es war auch den Kindern nur zu gewissen Stunden gestattet, den
Eltern zu nahen; die Anrede war »Euer Gnaden!«; die tiefe
Verbeugung und der Handkuß besiegelten Gruß und Abschied,
Bitte und Dank. Bevor man hier eintrat, legte man sein Gesicht in
ernst-gefällige Falten, spannte den Rücken geradewärts, zog
den rechten Handschuh ab und hütete sich dann wohl, wenn man
saß, im Stuhl zu lehnen oder Bein über Bein zu schlagen. Ein*

betroffenes Verstummen der Anwesenden hätte empfindlich ge-
mahnt.

Großmutter nahm ihr Dasein wie ein lebenslängliches Amt, das
keine Abwechslung duldet, keine Ausnahme von der Regel kennt.
Ihre einzige Leidenschaft war ihre Liebe gewesen; seit diese im
Laufe der Ehe zu Achtung und Zuneigung gekühlt war, hatte das
Blut keine Macht mehr über sie. Nie lachte sie, niemand hatte sie
jemals anders gesehen als in stiller Heiterkeit; nie besuchte sie das
Schauspiel. Sorgen waren ihr Notwendigkeit, Zerstreuungen tö-
richter Überfluß; nur eines war ihr Bedürfnis: den Tee in Gesell-
schaft einiger Bekannten zu trinken. Diesen Charakter konnte lie-
ben, wer ihn wissentlich begriff; die Kinder konnten dies nicht. So,
verzagt an Empfindungen, hatten sich alle Töchter vermählt ohne
Liebe. Man sah einen Mann am Teetisch der Mutter; er kam nach
acht Tagen ein zweites Mal. Jetzt fragte man, wer er sei? Ein drittes
Mal kam der Mann vor Tische, ging zur Mutter, dann zum Vater.
Jetzt fragte man sich: Was mag der Mann wollen? Nach Tische ließ
die Mutter die Tochter vor sich befehlen und sagte ihr: »Mein Kind!
du bist Braut.«

Die Kinderstube

Im Elternhause reichten sich alte und neue Zeit zum sonderbaren
Bund die Hände. Mode und Philosophie herrschten im Saal, Erfah-
rung und Aberglauben in den Hinterstuben; der Besitz wurde als
eine Annehmlichkeit des Lebens und das Geld als Rechenpfennig be-
trachtet.

Möbel mit Nußholzmaser belegt, hatten das Kirschholz verdrängt,
ja selbst Mahagoni prunkte als Erzeugnis unbekannter Länder. Ve-
nezianische Alabastervasen, französisches Spiegelglas, sogar gegos-
senes Glasgeräte aus England, italienische Wachsblumen unter
Glasstürzen, Uhren mit beweglichen Figuren, welche die Stunden-
schläge hämmerten, Potpourris, gestickte Tischdecken und Spuck-
näpfe mit Lavendel gefüllt huldigten den Revolutionsideen des Ge-
schmackes. Da saß ein Papagei auf glänzendem Messinggerüste, ein
Affe im Fenster an der Kette; zwischen Kaktus und Oleander, da-
mals noch Seltenheiten, plauderte eine graue Perroquette; zwei In-

séparables verschliefen ihr Dasein in einer kleinen Einsiedelei. Da enthielt ein Tisch ein Spielwerk, ein anderer ein Becken mit Goldfischen, darein aus einer winzigen Grotte sich Wasser ergoß zwischen schwimmenden Pflanzen; in einer Glaskugel, mit Wasser gefüllt, schnellten sich schwarze, purpurgelb gefleckte Salamander. Auf einem Korallenbäumchen saß ein Flug ausgestopfter Kolibris neben seltenem Konchyl, Metallstufen, Seepferdchen, Ammonshörnern, Elendsklauen, chinesischem Elfenbeinschnitzwerk, Bronze-Antiken, Nürnbergerwaren. Da war ein Männchen, welches die Zahl der Liebschaften oder die Altersjahre einer Person auf einer Glocke angab; eine Zuckerdose, daraus eine Maus sprang. Da war ein Heronsbrunnen; eine Ente von Blech, welche sich, auf Wasser gesetzt, schwimmend bewegte; Gläser und kartesianische Teufelchen; kleine Theater, Laterna magicas.

Die Hinterstuben waren die Travestie davon; hier war alles vorhanden, was im Salon ergötzte, nur in trivialer Beschaffenheit. Hier vertrat ein Querpiano den Flügel, ein haarloses persisches Hündchen den Affen. Hier gab es Grillen in niedlichen Häuschen, einen Springbrunnen mit Gründlingen, Hanswurste, Schaukelpferde, Trommeln und Zimbeln. Durch solch ein Irrsal schiefer Eindrücke, Fabeln und Possen schleppt das geheimnisvolle Schicksal einer Epoche die Jugend, läßt sie ein wirres und planloses Abenteuer nach dem andern bestehen – und vielleicht nicht ganz nutzlos.

Cécile, die Bonne, war ein lustiges, dabei verständiges und gebildetes Frauenzimmer. Ihre braven Eltern hatten zu Brüssel in Diensten des Statthalters, des als Prinz, Edelmann und Bürger gleich ausgezeichneten Schwagers des Kaisers, Herzogs Albert von Sachsen-Teschen, gestanden und dann ihr Vaterland aus Pietät für ihren ehemaligen Dienstherrn mit Wien vertauscht. Zu den Freuden, welche mir Céciles Talent verschaffte, gehörten die hübschen Sachen, die sie aus Papier zu schneiden verstand, und die Randzeichnungen, welche sie mit dem Bleistift zu den Erzählungen der alten Böhmin entwarf, die ich sogleich einführen werde. Cécile sang auch artige Liedchen und fingerte leidlich das Piano. Da wurden Groschenkupferstiche, welche die Leiden der heiligen Genoveva oder jenes nicht minder verehrten sechzehnten Ludwig darstellten, auf das Notenbrett gestellt und nun diese rührenden Schicksale in einer Art von improvisierter Ballade unter Musik behandelt. Kam es zu einem Äußersten, zur Sterbestunde jenes Königs, so durfte ich, mit den Fäusten in die Tasten schlagend, das grauenvolle Trommeln, womit Santerre die letzten Worte des Königs übertäuben ließ, den eigenen entsetzten Sinnen vorrufen.

Der Tag war die Zeit solcher Vorstellungen, dagegen in das Hereindämmern des Abends, in die unbeschreibliche Zwielichtstunde vor dem Anzünden des Lichtes die Romanzen und Schäferlieder verlegt wurden. Da mußte der schon halbgroße Knabe an die Brust der in Ahnung, Wünschen und Sehnsucht wie eine Nachtigall sich erschöpfenden Sängerin, deren Lieder alle von Rosen dufteten, von dem »Rose chérie, aimable fleur« bis zu »Malbrough s'en va-t-en guerre«, wobei der sehnsuchtsvolle Ruf: »Mon page, mon beau page!« mehrmals wiederholt ward, bis ich einschlief.

War im Saale der Tee serviert, die Herrschaft im Theater oder sonstwo, so versammelten sich die Honoratioren des weiblichen Dienstpersonals: die Köchin und das sogenannte »Extramädchen« mit dem Strickstrumpf, das Stubenmädchen mit der Putzarbeit, bei Mamsell Cécile. Plötzlich verstummten alle, jedes nahm seinen Platz ein, die Tür öffnete sich und herein trat, den Wachsstock ausblasend, eine riesige Greisin, knorrig wie ein Eichstamm, rückte sich den Schemel an den Ofen, faltete die Hände im Schoße und heftete den Blick an die Decke. Susanna versah die Geschäfte des Kartenlegens, Traumdeutens, Wahrsagens aus dem Kaffeesatz, gegossenem Wachs und Blei, den Lineamenten der Hand; sie mußte Wetter prophezeien, sympathetische Kuren machen, Kranke warten und erzählen am Krankenbette. »Tausendundeine Nacht« ist eine phantasielose Flugschrift im Vergleich zu dieses merkwürdigen Weibes Erfindungsgabe, epischem Talent und grenzenlosem Gedächtnis. Bevor die Alte begann, lüftete sie die Haube, zog den Kamm aus dem schweren eisengrauen Haar, lockerte die Flechte, als hemmte der Zwang der Kleidung mit der ursprünglichen Naturfreiheit auch die inneren Kräfte; dann lief der Faden vom Zauberrocken bunt, glänzend, endlich glühend auf die Spule. Königin Libussa spießte an den geschnäbelten Eisenschuhen eine Unzahl schöner Freier; Burggraf Rabatta köpfte und torquierte; zauberische Rosse stürzten mit Rittern in die Schlacht; im Walde hauste der greuliche Zwack, fingerlang, aber mit einem Schnurrbart von sieben Ellen, nachts durch die Mauselöcher in die Häuser kriechend, ein Fenster öffnend, das schlafende Kind in den Bart wickelnd und es entführend: Vampire, Druden mordeten und quälten den Schlaf; Zauberer, Schwarzkünstler, Wettermacher, Viehbesprecher, Hexen versehrten und vernichteten das Gut der Menschen. Im Getreide Brand, Asche im Obst, blutmelkende Kühe, Seuchen und Aussatz; feurige Schwerter am Himmel. – Aus der Böhmin sprach urslawische Weltanschauung: das Dasein als Widerstreit zweier Gewalten genommen. Die christliche Mythe war diesem Grundgedanken nur angehaucht. So entsprach dem schwarzen in ihrem Sagenbuche auch ein weißes Blatt: kindlich fromme Geschichten, voll stiller Häuslichkeit, aber stets mit Weh und Tränen durchweicht, wie mit unvermeidlichem Jammer alles Irdischen. Eine gütige Fee, ein Heiliger, Mutter Maria spenden endlich kärglichen Lohn, der die Dulder immer entzückt, den weniger genügsamen Zuhörer niemals befriedigt.

Geistige Sphäre und Lehrjahre

Die Aufklärung, wie sie aus tausend teils unbewachten, teils unverschließbaren Quellen in das weite Stromgebiet des modernen Staatslebens sich ergoß, und wie man erst die ihr entgegenstehenden Schleusen und Wehren wegzuräumen, dann, erschreckt über die reißende Eile der schwellenden Ideenflut, sie wieder nach allen Seiten hin einzudämmen sich angelegen sein ließ, hatte das ruderlose Schifflein der Volksbildung in die Stromschnellen einer aus chaotischen Elementen zusammengezogenen Literatur getrieben, ganz geeignet, die Intelligenz auf Kosten der Gesinnung zu fördern und so jener ungleichmäßigen Entwicklung der Verstandes- und Gemütstätigkeiten reichliche Nahrung zu liefern, bei der die öffentliche Sittlichkeit wie die Privattugenden niemals ihre Rechnung gefunden haben.

Eine politische Literatur war so gut wie nicht vorhanden; was das Ausland zu bieten hatte, konnte in seiner Dürftigkeit kaum in Betracht kommen. Die Umbildungen der französischen Staatsformen, der britische Parlamentshader ergötzte allermeist anekdotisch; man faßte das mehr von der persönlichen als von der sachlichen Seite auf. Den Staat zum Mittelpunkte seines Interesses, seiner Bestrebungen, seines Ideenkreises zu machen, wem konnte das beifallen? Der Staat, das war der Hof; man gehorchte und steuerte dem Kaiser; Gunst und Ungunst der Zeiten verschafften ihm gleich unverdienten Tadel wie Lob. Die Gesellschaft kannte ihre Organisation, ihre Obliegenheiten und Kräfte wenig, warf ihre Rechte und Anmaßungen, ihre Pflichten und Opfer, die Schatzkammer und den Staatshebel zusammen in einen Topf und beurteilte den Gehalt der Staatseinrichtungen und Regierungsmaßregeln je nach ihren handgreiflichsten Wirkungen. Dies eine der schwachen Seiten des Patrimonialsystems.

Der »Staat« als solcher konnte nicht groß interessieren, denn man hatte niemals eine Anschauung von ihm gewonnen. Die Gesellschaft erschien als ein Komplex ungleichartiger Partikular-Interessen, der sich um irgend einen hypothetischen Mittelpunkt gestaltet hatte, als dessen Symbol man die Person des Kaisers annahm. Das Bedürfnis unbedingter Untertanentreue war im österreichischen Volkscharakter schon zu tief gewurzelt, als daß eine tiefgehende Kritik sich an das verehrte Haupt gewagt hätte, daher selbst gewisse Antipathien sich zu einer Anhänglichkeit hinaufreizten, welche, an und für sich ziemlich wertlos, dennoch später sich im Unglücke bewährt hat. Der Unterricht behandelte den künftigen Bürger im Sinne des Staatszweckes, ohne diesen klar erkennen zu lassen. Auf dem Gymnasium kam er kaum zum Anblicke des »Staates« im blassen Spiegelbilde des Altertums; die Universität, der Staatsdienst endlich gaben vom Staatsleben und seiner Behandlung – Aphorismen. Die anderen Lebensberufe gingen an ihm vorbei, ihrem besonderen Zwecke nach, und fanden ihn zufällig in den Zeitungen, worin sie Neuigkeiten suchten.

Insoweit ich mich dessen deutlich besinne, betrieb man in meiner Familie und dem umfangreichen Kreis ihrer fast aus allen Ständen gemischten Bekanntschaft das damals noch unverfängliche Geschäft der Aufklärung mit der diesen Zuständen entsprechenden Konfusion. Es war da eine Kreuzung der Ansichten, ein Durcheinanderfahren eklektischer Gesinnungen und enzyklopädischen Wissens. An Lehrstoff war Überfluß, denn eben damals verstand die Wissenschaft den schwierigsten, für das Leben wichtigsten Teil ihrer Auf-

gabe: sich populär zu machen. Nur die Methode, die wegweisende Anleitung fehlte; bei nur etwas mehr Umsicht hätte die Schule diesen Moment ergreifen und der jetzt zählenden Generation [um 1840] förderlich werden können, eine höhere Stufe, als sie im allgemeinen einnimmt, zu erreichen. Bis zu Buffon, Pestalozzi, Kant ist das Publikum mitgegangen, später hat sich die Gelehrsamkeit vom Leben, die Gesellschaft von der Wissenschaft getrennt. Sobald diese in jene höhere Sphäre sich hinaufgetrieben hatte, wo das Naturreich in mikroskopischer Auflösung, die Ideen im philosophischen Äther zerfließen, konnte die Teilnahme des Laien ihr nicht mehr folgen; die Schnelle, mit welcher sie jetzt ihre Erwerbungen machte, ihre Gebiete erweiterte, ließ die Masse des Publikums nicht mehr Schritt halten. Endlich hat der Journalismus die Bande gesprengt, welche den Fleiß des Selbstunterrichts an das Buch fesselten. Der Zusammenhang der Dinge, die Disziplin des Wissens ist in der Vielwisserei, im Stückwerk der Tagesliteratur untergegangen; wie in der Gesellschaft die Personen, verkehren Tatsachen und Gedanken in ihrem Bewußtsein als vereinzelte Atome.

Wie hoch stand damals die Literatur! Diejenigen, welche die Deutschen jetzt als ihre Klassiker ehren, besorgten die belletristische Tagespresse. Die revolutionäre Literatur, die verneinende, zerstörende, war durch die schaffende, bejahende verdrängt worden. Campes Reise nach Paris hatte Cooks »Reise um die Welt«, Rousseaus »Émile«, Pestalozzis Erziehungslehre, Blumauers travestierte Äneide der »Ilias«, Borns Pasquill auf das Mönchstum den im Geschmacke der »Stunden der Andacht« geschriebenen Erbauungen des Hofrates von Eckartshausen weichen müssen. Kants »Kritik der reinen Vernunft«, Mendelssohns »Phädra«, Hufelands »Makrobiotik«, Lavaters »Physiognomik«, Linnés »Einteilung des Naturreiches« und Buffons »Naturgeschichte«, Galls und Mesmers wunderbare Systeme mußte beachtet haben, wer sich unter die Gebildeten zählen wollte. Die genannten und noch hundert andere mit Gier verschlungene Schriften, wie »Don Quixote«, »Gil Blas«, »Tristram Shandy«, Swift, Youngs »Nachtgedanken«, Thomsons »Jahreszeiten«, Ariosts »Roland«, Wielands »Amadis«, »Goldener Spiegel« usw., Spieß' Biographien der Selbstmörder und Wahnsinnigen, Engels »Lorenz Stark«, Florian usw. wanderten von Hand zu Hand. Das air de la bonne société bestand jetzt zunächst aus dem extrait de mille fleurs dieser Geister.

MADAME DE LA VALLIÈRE

Das Schicksal der La Vallière findet sich in diesen beiden Briefen der Pfalzgräfin Elisabeth Charlotte (an die Prinzessin von
Wales):

»Madame de La Vallière war keine leichtfertige Maitresse. Sie
hatte soviel Tugend an sich als die Montespan Laster. Daß sie
die einzige Schwäche für den König gehabt hat, war ihr wohl
zu verzeihen: der König war jung, galant, schön; alle Menschen haben ihr dazu geraten und geholfen. Und sie war sehr
jung. Aber im Grunde war sie modest und tugendsam und
hatte ein gutes Gemüt. – Der König hat die La Vallière vergessen, als wenn er sie sein Leben weder gekannt noch gesehen hätte. … Auf Anstiften der Montespan hat er die Vallière
so übel traktiert, Madame de La Vallière hat es für eine Buße
gehalten, bei der Montespan zu bleiben. Sie (die Montespan)
hat sie übel traktiert, ja den König verpflichtet, hart mit der
Duchesse de La Vallière zu verfahren. Der König mußte
durch diese Kammer gehen, wenn er zu der Montespan wollte.
te. Er hatte ein schönes Epagneulhündchen… Da nahm der
König auf Antrieb der Montespan das Hündchen und warf es
der Duchesse de La Vallière zu und sagte: ›Da, Madame! Da
ist Gesellschaft für Euch!‹ Das hat sie alles mit Geduld ausge-
halten.«

Der zweite:

»Wie sie den Nonnenhabit nahm, als die Zeremonie aus war,
kam sie zu mir, tröstete mich und sagte, ich solle mich mehr
miterfreuen als sie beweinen: denn nun sie anfing, glücklich
zu werden… Ich war neugierig, zu wissen, warum sie bei der
Montespan so lange als eine Dienerin geblieben wäre. Gott,
sagte sie, habe ihr Herz gerührt, ihr ihre Sünde zu erkennen zu
geben. So hätte sie gedacht, sie müsse Buße tun, also leiden,
was ihr am schmerzlichsten wäre gewesen: des Königs Herz
zu teilen und von ihm verachtet zu werden. In den drei Jahren
nach des Königs Liebe hätte sie wie eine verdammte Seele ge-

litten und Gott alle ihre Schmerzen aufgeopfert für ihre begangenen Sünden. Denn wie ihre Sünde hätte auch ihre Buße öffentlich sein müssen und alles am gleichen Ort.«

Dies ist so schön, daß die Schönheit keiner erfundenen Erzählung ihm nachkommen kann. Auf den ersten Blick scheint es den Stoff eines ganz einzigen Schauspiels in sich zu schließen, aber es ist viel zu vollendet, viel zu ganz, als daß ihm irgend etwas hinzugedichtet, irgend etwas daran umgeformt werden dürfte. Es gehört einer höheren Ordnung der Dinge an als selbst die höchsten und reinsten Kunstwerke. Es braucht nichts, als gekannt zu sein, um nie mehr vergessen werden zu können.

Die Eingebung eines weiblichen Herzens, ohne einen Schrei, ohne eine Gebärde, ohne die leiseste Verzerrung ihres engelhaften Gesichts sich den Himmel zur Hölle umzuschaffen, alle Schwerter der Welt lautlos sich ins Herz zu bohren und zu niemandem dann zu reden als zu Gott; diese unglaubliche Eingebung, als die Dienerin der Rivalin zu bleiben, zu bleiben in denselben Gemächern, dieselben Treppen zu steigen, dieselben tausend Menschen zu streifen wie früher, Tag für Tag, wie früher, Fest um Fest über sich ergehen zu lassen, in die Karossen des Königs zu steigen, hinter der anderen am Tische des Königs zu sitzen, schief gegenüber der anderen, und auf dies alles mit den sanften Augen der Nonne zu blicken, aus begrabenem Herzen auf dies alles zu lächeln – ich weiß nicht, was man für Legenden in die Erbauungsbücher setzen kann, die lieblicher, einfacher und großartiger wären als diese Anekdote.

Die Gebärde dieser Frau, die mit einem schmerzlichen Zusammenziehen ihrer Brauen für sich über Versailles die Sonne auslöschen macht und die Beleuchtung des Fegefeuers hereinruft, diese Gebärde, die auf einmal die Tore ins Jenseits aufreißt und in diese Welt eine andere hereinbrechen läßt, es gibt vielleicht nichts, was ihr an die Seite zu stellen wäre, als vielleicht, weit zurück, in flackerndem, unsicherem Fackellicht, jene so ganz andere Todesgebärde des Antinous, jenes so ganz andere Geheimnis des Knaben, der sich aus der kaiserlichen Barke, aus dem Arme Hadrians in den nächtlichen Nil gleiten ließ – auch um eines Lichtes willen, das aus dem offenen Tor einer anderen Welt in seine Seele hinüberfiel?

Diese Schicksale gehören einer anderen Ordnung der Dinge an als die Kunstwerke der Dichter. Das Schicksal des Antinous melden die Inschriften unter den Bildsäulen seines vergötterten, mit den Abzeichen der Götter geschmückten Leibes. Das Schicksal der La Vallière findet sich in den beiden Briefen der Elisabeth Charlotte.

ZUKUNFT

Über Zukunft kann der nicht reden, der sie irgendwo draußen ahnt: aber in unseren stärksten Stunden ist sie wie in der dämmernden Weite unseres Inneren wie ein glühender Stern im Nebel. In uns erzeugt sie sich. Unser Unbewußtes bildet an ihr, nährt sie. Ihr Weben in unseren Tiefen ist ein fortwährendes Ineinander-Verwandeln des scheinbar Fremden: Leben und Tod setzt sich ineinander um. Zuweilen ringt sich aus dieser Tiefe ein Etwas los, eine grundlose Seligkeit, ein unbegreifliches Triumphieren über Tod und Leben durchdringt uns im Aufsteigen und zergeht an der Oberfläche, dort, wo der äußere Spiegel unseres Denkens ist.

Es hat keinen Sinn, zu denen, die klug sind und viele Vergangenheit in sich tragen, zu sagen: »Ihr seid die Späten, ihr seid ohne Zukunft«. Denn dort wo im jungen Gras abgestorbene Blätter vom vorigen Jahre liegen, dort hat sie der Gärtner sorgfältig zusammengetragen, um unter den geheimen Kräften ihrer Verwesung das Kostbarste zu bergen: Samen, aus dem er junge Bäume ziehen will.

LUDWIG GURLITT

Der entlassene Steglitzer Gymnasialprofessor Ludwig Gurlitt. Ein Mann, ein deutscher Mann, ein lebendiger Mensch, eine Natur. Ein ziemlich berühmter Mann heute in Deutschland. Und ein einigermaßen dramatischer Mann, durch seine Schicksale, durch seine Haltung dem Leben, den Menschen, den Behörden gegenüber. Dies Dramatische aber gerundet, nicht geglättet, durch eine wundervolle Menge von Vitalität und Humor. Ein runder Mann, kein glatter Mann. Ein runder, lebendiger, feuriger, zorniger, fröhlicher Mann. Eine Natur also: ein Mann, der sich sagt: Was meine Linke tut, davon muß meine Rechte wissen (oder ich sei ein Schuft); der nicht eine andere Haltung hat, wenn er vor dem Herrn Schulrat steht, und eine andere, innerlich, wenn er daheim seinen Lagarde liest; der einige klaffende Widersprüche unserer Existenz einfach nicht erträgt, weil er selbst aus ganzem Holz ist; für den vieles Scheinhafte, das für scheinhafte Menschen eine »Autorität« bildet, gar nicht existiert, weil er so organisiert ist, daß er es einfach nicht *sieht*. Der sein Handwerk treibt wie ein Künstler, mit ganzer Seele.
Sein Handwerk nun wurde durch eine Fügung des Lebens das Gymnasiallehrfach. (Er hätte ebensogut Blumenzüchter werden können, oder Landschaftsmaler, oder ein tüchtiger Bildhauer: er hat es in sich.) Und er trieb es: mit Leib, mit ganzer Seele, mit der ganzen Breite seiner Natur; trieb es vom Standpunkt des Lebens, nicht vom Standpunkt der »Vorschrift«, trieb es mit innerer Freiheit, mit der Rundheit seines Wesens, mit Feuer, Fröhlichkeit, Humor, Rücksichtslosigkeit. Erzielte ausgezeichnete Resultate natürlich, aber geriet in Widerspruch mit der Behörde, natürlich, weniger durch das, was er tat, lehrte, forderte (und nicht forderte) als durch das, »wie ers tat«. Geriet zum Lehrkörper, zum Direktor, zur vorgesetzten Behörde in ein »unhaltbares Verhältnis«. Das Ministerium dachte daran, einzugreifen und den Mann hin-

zustellen, wohin er vielleicht gehört hätte: an eine einflußreiche Stelle: ihn zum Vortragenden Rat zu machen. Doch unterblieb die Sache. (Es liegt in der Natur von Behörden, daß gewisse Dinge meist unterbleiben.) Schließlich wurde das Verhältnis ganz unmöglich, der einzige lebendige Mensch, der einzige Mann unter Lehrbeamten, Drillmaschinen, Flachsmanns – flüchtete in die Öffentlichkeit und schrieb Bücher. Schrieb Bücher, die acht, zwölf, fünfzehn Auflagen hatten. (»Der Deutsche und seine Schule«, »Der Deutsche und sein Vaterland«, »Erziehung zur Mannhaftigkeit«.) Schrieb seine Bücher, wurde berühmt, und wurde entlassen. Auf diese Weise wurde das Steglitzer Gymnasium bedeutend ärmer und Deutschland bedeutend reicher: um einen ganzen Mann.

Diesen Mann nun wird man reden hören. Er redet, wie er schreibt, er schreibt, wie er lebt. Seine Beiträge, seine Bücher sind – was sein mündlicher Unterricht war (und hoffentlich wieder werden wird) – Vitalität. Leben, traktiert vom Standpunkt des Lebens. Worte des Lebens, gesetzt aus der sicheren Fülle einer ganzen und heiteren Natur. Die Begriffe, mit denen er hantiert, am Leben erprobt, Institutionen an seinen Erlebnissen, Theorien an seinem Gefühl. Anekdote, Analyse, Zitat, Humor, Geschwätzigkeit, Feuer, Dialektik, Menschentum. Ein Fachmann – und gar kein Fachmann. Ein Mann, der ein Deutscher ist bis an den Rand des Chauvinismus und nach England reist und sich entzückt. Das Gegenteil ungefähr von einem Liberalen nach der Schablone – und ein sehr liberales Gemüt. Der sich seine Informationen über Dinge des Lebens von Kindern holt, von Künstlern, von Leuten auf der Tramway, von links und von rechts.

Kein Fremder schließlich. Besonders uns kein Fremder. Der Sohn von Hebbels sehr teurem Freund, dem Landschaftsmaler Gurlitt. Der Bruder von Cornelius Gurlitt und jenem verstorbenen Dritten, dem ganze Generationen von jungen Grazern übers Grab hinaus anhängen. Der Schwiegersohn des alten Schrotzberg, der halb Wien und der unsere Kaiserin in ihrem schönsten Moment gemalt hat. Also wirklich kein Fremder.

Und er kommt in einem Augenblick, da Österreich lebendiger ist als je. Ich wüßte niemanden, der in dieser Atmosphäre, die keine Schablone verträgt, erfreulicher wirken könnte als dieser Mann (dessen ganzes Dasein die Negation der Schablone ist) – sei es für eine Stunde, sei es für lange.

Wenn etwas den platten Begriff »Zufall« wie mit Sprengpa-
tronen in der Luft zu zerstäuben vermag, so ist es ein Ereignis
wie dieses. Nichts an dieser Katastrophe mutet »zufällig« an;
der Augenblick, in dem sie hereinbricht, ihr ganzer Aufbau
muß auch dem stumpfsten Sinn etwas von dem Weltgefühl
vermitteln, dessen tiefes und unerschöpfliches Reservoir für
jeden, der sie zu lesen versteht, die Tragödien Shakespeares
sind. Es ist gefährlich, den trügerischen und schillernden Begriff des Schicksals hereinzuziehen; aber man wird ohne
Zweideutigkeit von einem Kampf des Individuums mit den
chaotischen oder zumindest namenlosen und verschleierten
Mächten reden können, die uns umlagern. Es gibt einen Weg
der Betrachtung, der völlig frei ist von Unklarheit und Exaltation, und der doch zu dem Resultat führt, diese Katastrophe
eher mit einem Schauer der Gehobenheit aufzunehmen als
mit Trauer oder Mitleid. Nie konnte irgend eine Art von un-
getrübtem Erfolg das Genie dieses Mannes in solcher Weise
krönen wie diese von keiner Phantasie zu überbietende Verbindung von Triumph und Katastrophe. Auf keine Art
konnte das Heroische an der Figur dieses tapferen alten Menschen und das ganze Pathos seines Daseins so blitzartig in die
Gemüter von Millionen von Menschen geschleudert werden
als durch diese während einer halben Minute aufschlagende
Riesenflamme. Die Materie, über die er triumphierte, hat ihm
in ihrer Weise zu huldigen verstanden, man kann es nicht anders sagen.

Die Essenz dieses Mannes ist Mut. Zuerst, als er jung war, der
Mut des Soldaten. Es ist nichts Geringes, unter den Hunderten von Mutigen, Ausdauernden und Aufopfernden, die 1870
auf Patrouille ritten, sich so hervorzutun, daß ein dauernder
Nachhall, eine Berühmtheit davon übrigbleibt. Dann aber,
durch mehr als ein Menschenalter, die unendlich gesteigerte,
geläuterte Form des Mutes: die Geduld. Nur der sehr mutige

Mensch kann Außerordentliches an Geduld und Ausdauer leisten. Beide wachsen aus *einer* Tiefe des Gemüts. Aber es ist nichts an einem Mann von keuscherer und verborgenerer Natur als sein Mut. Eines Mannes Mut ist so ganz und gar seine Sache, seine geheime Sache. Seine Liebe geht auf in menschliches Wesen und bedarf des Ausdruckes. Sein Mut ist eine stumme Angelegenheit zwischen ihm und dem Leben. Homer hat den Mutigsten und den Klügsten besungen, und man sagt, der große Alexander habe darüber geweint, daß seine Taten keinen Homer finden würden. Aber der Dichter kann alles schildern, was um eine Sache herum ist, nur das »Eigentliche« der Dinge bleibt ihm verschlossen. Alles Seelische und Sinnliche, das um jenes »Eigentliche« rotiert, ist seine Sphäre. Das »Eigentliche« aber übermittelt sich nur im Medium des Lebens. Das »Eigentliche« der Mutterschaft ist in den Herzen der Mütter und strömt von ihnen hinüber zu denen, die sie geboren haben. Das »Eigentliche« des Mutes ist im Herzen der Mutigen. Aber durch die Tat und das Leiden fließt der individuelle Gehalt ins Bewußtsein der Allgemeinheit. Nie hätten uns Gedichte und Gedanken den Mut Zeppelins so nahegebracht, als da wir jetzt, Mitlebende, ihn tun und leiden sehen. Dieses Pathos ist ungeheuer, weil es stumm ist. Das Medium der Worte ist ausgeschaltet. Anklingend ans Tragische, genießen wir hier das Glück, Mitlebende und Gegenwärtige zu sein. Unsere geheimnisvollste Funktion, schrankenlos in uns das Auseinanderliegende zu verbinden, fühlt sich gewaltig aufgeregt. In einem augenblicklich pathetischen Anempfinden, dessen Rhythmus beseligend ist, vollziehen wir eine Synthese zwischen sittlicher Kraft und Materie. Ein Mensch wie dieser macht für einen Augenblick Mutige aus uns. Das ist die »Produktivität der Taten«, von der Goethe zu Eckermann redet, als dieser sich verwundert, daß man ein Phänomen wie Napoleon ebenso kostbar finden könne als ein Phänomen wie Kant. Ein Mensch dieser Art tut mehr für das Sittliche der Generation, die ihn erlebt, als sich abmessen läßt. Die paar hundert Männer und Frauen, die vor Schmerz und Bewunderung aufschrien, als der alte Mann im Automobil sich den Weg durch ihre Menge bahnte, um sein verkohltes Werkzeug wiederzusehen und darüber zu weinen, haben, als Stellvertreter für ein ganzes Volk, aus einem Becher getrunken, der nicht alle Tage kredenzt wird.

ANTWORT AUF DIE »NEUNTE CANZONE«
GABRIELE D'ANNUNZIOS

Wien, 1. Februar [1912]

Sie sind es müde, d'Annunzio, Ihre Rhetorik in den Dienst schöner Dinge zu stellen. Diese letzten zwanzig Jahre hindurch haben Sie es für Ihr Vorrecht gehalten, der Herold reiner, schöner und glorreicher Erinnerungen zu sein. Sie waren die öffentliche und melodische Stimme Ihres Landes, wenn der Geburtstag eines Ihrer bezaubernden Musiker sich nach hundert Jahren erneuerte oder wenn einem anderen großen Sohne Italiens ein Denkmal geweiht wurde. Man hörte Ihre Stimme, wenn ein Schiff vom Stapel lief und wenn ein alter Kirchturm einstürzte. Ihre Hymnen waren ohne Zahl, aber keine entbehrte eines würdigen Gegenstandes. Der Lobspruch war Ihr eigentliches Metier. »Lobsprüche« ist der Titel Ihres schönsten Buches. Ihre Kandidatenrede, als Sie Parlamentarier werden wollten, war ein Lob des Ackerbauers, gewürzt mit Zitaten aus Hesiod und Virgil; und Sie wurden gewählt; und als Sie im Parlament aus Ihrer Bank aufstanden, um sich, kurz entschlossen, auf den Bänken der Gegenpartei niederzulassen, so zweifle ich nicht, daß Sie an diesem Tage zwei unvergleichliche Lobreden gehalten haben: die eine auf die Partei, der Sie den Rücken kehrten, die andere auf die, der Sie sich zuwandten. Sie haben seitdem die wundervollen Städte Ihres Landes, eine nach der andern, verherrlicht: ihre Türme und ihre Mauern, ihre Rathäuser und ihre Tore; die dunklen und erhabenen Erinnerungen ihrer Geschichte, die Mienen ihrer Frauen. Nach den großen Städten haben Sie die kleineren Städte gepriesen und dann die einzelnen Punkte der Landschaft. Sie haben die liebliche Mündung des Arno verherrlicht und die Fischerhütte am ravennatischen Strand, in der Garibaldi sich verbarg; die Schluchten des Apennin und die reiche Ebene um Bologna; die Biegungen der Küste, die Linien der Flüsse, die Straßen und die Kreuzwege, die Bäume, die Aquädukte, die Viehherden, die Lavaströme, die Friedhöfe, die Aussichtspunkte. Ihre Poesie vereinigte zuweilen den

Schwung Pindars mit der Zuverlässigkeit des Baedeker, und
man war erstaunt und beunruhigt, wenn man gelegentlich
unter einem Ölbaum saß oder in einen Feldweg einbog, den
Sie nicht für die Ewigkeit festgehalten hatten.

Damals waren Sie ein Dichter, ein bewundernswerter Dichter,
ein bewundernswerter italienischer Dichter. (Nicht so sehr
vielleicht der Nachfolger des erhabenen Leopardi oder des
reinen, großen Manzoni, als die kompletteste Wiedergeburt
eines Francesco Redi oder Giambattista Marini, die beide
große, schwelgerische, bewundernswerte und bewunderte
italienische Dichter waren.) Dann kam eine Phase, da waren
Sie der lateinische Dichter, der lateinische Dichter katexo-
chen. Später dann waren Sie, das fällt ins vorige Frühjahr,
Franzose und französischer Dichter. Zwischendurch waren
Sie, glaube ich, argentinischer Dichter. *Ich weiß nicht, was Sie
heute sind.*

Ich weiß wirklich nicht, wer oder was man sein muß, um
diese Neunte Canzone zu schreiben oder, wenn man das Unglück gehabt hat, sie zu schreiben, um sie dann nicht in derselben Stunde zu verbrennen. Ich weiß wirklich nicht, wer
oder was man sein muß, um an einem Produkt dieser Art
festzuhalten, wenn man einen Verleger hat, der Menschen-
verstand genug besitzt, dieses Produkt mit beiden Händen
von sich abzuwehren, wenn eine Redaktion, mit der man hinlänglich liiert ist, einem die Publikation dieses Produktes
rundweg ablehnt, wenn die Regierung des eigenen Landes
dieser Redaktion und diesem Verleger durch ein Verbot zu
Hilfe kommt und wenn die ernsthaftesten patriotischesten
Zeitungen des eigenen Landes der Regierung zubilligen, sie
habe bei dieser Beschlagnahme »mehr aus menschlichem
Schamgefühl als aus politischer Vorsicht« gehandelt.

Ich frage mich, wer oder was man sein muß, um in einem so
ernsten Moment so unrecht und so unpolitisch, so wenig
menschlich und zugleich so grotesk zu handeln. Ich frage
mich, wie es möglich ist, ohne Haß die Gebärde des Hasses zu
grimassieren, ohne Erregung die Grenzen des Anstandes zu
überschreiten und mit den Erinnerungen einer höchst ernsthaften Vergangenheit ein solches Spiel zu treiben. Ich frage

mich, wie man, wenn man Tyrtäos spielt, so viel vom Pulci-
nella an sich haben kann, wie man die alberne Anekdote, die
stereotype alte Lüge, die Gebärde des Komödianten und die
infime Beredsamkeit des agent provocateur durcheinander-
mischen und wie man es darauf anlegen kann, durch Terzinen
mit dem Effekt des »patriotischen« Kinematographen zu
wetteifern.

Vor allem aber, wie man in einem für sein eigenes Volk kriti-
schen und ernsten Augenblick mit bewußter Unaufrichtig-
keit die Vergangenheit mit der Gegenwart vermengen kann.
Diese Vergangenheit ist so sehr Vergangenheit als nur etwas,
sie ist welthistorische Vergangenheit. Sie umfaßt ein Jahrtausend: denn sie ist ein Block von Legnano bis Pavia, von Pavia bis Lodi, von Lodi bis Custozza. Wir sind gestanden, wo
unsere historische Mission uns hingestellt hatte, und hundertundfünfzig Schlachtfelder bezeugen – Schlachtfelder, von
denen Sie für hundertundfünfzig Oden Gebrauch machen
können –, daß wir ziemlich fest gestanden sind. Wir hatten
dieses Land als Erbe der Vergangenheit und haben uns betragen, wie es unsere Schuldigkeit war. Als das Geschick, das
diesen tausendjährigen Kampf gewollt hatte, auch sein Ende
wollte, vermöge der im Innern des Geschehens tätigen Kräfte, deren Hervortreten wir die geschichtlichen Ideen nennen,
da löste sich diese Umklammerung. Diese Lösung hat einen
welthistorischen Namen; aber durch eine geheimnisvolle Fügung, die durch ihre symbolische Tiefe und Zartheit gelegentlich Ihrer Poesie eine Lektion geben könnte, führt dieses
Ende einen Namen, der weder Ihnen noch uns wehtut: denn
es heißt nicht Custozza und Lissa, sondern Königgrätz.

Ohne Schmerz und mit keinem anderen Gefühl als Ehrfurcht
bleiben wir auch, d'Annunzio, in Ihren Dörfern vom Cadorin
bis zur Brianza vor den Marmortafeln stehen, auf denen die
Namen der braven Leute zu lesen sind, die im Kampf gegen
brave Leute für die Freiheit und Einheit von Italien gefallen
sind. Nicht als Fremde gehen wir dort umher, wahrhaftig
nicht als haßerfüllte Fremde stehen wir auf dem blutgetränk-
ten Hügel bei Vicenza oder in dem Gefilde von Peschiera, wo
so viele Tote lagen; denn in diesem Jahrtausend ist viel Blut

durcheinandergeflossen, auf Schlachtfeldern viel und auch bei
Hochzeiten, und vielleicht fließt mehr von Dantes Blut, von
dem lombardischen Blut des großen Dante in den Adern des
einen oder andern von uns als in den Ihrigen. Denn wirklich,
denke ich Sie in diesem Augenblick, Sie als einen lebendigen
Menschen und diesen Menschen als den, der diese »Neunte
Canzone« ausgesonnen und hingeschrieben hat, so fühle ich
nichts von einem Italiener, nichts von wahrem italienischem
Geist mir Aug in Auge. Auch dieser Geist ist ein historisch
Gegebenes: er blickt uns an aus den Gesichtern großer welt-
kluger Päpste; er sieht aus den Zügen des Machiavell, und in
dem Sohn der Lätitia Bonaparte ist viel von ihm. Italienisch
sein heißt hart und fein und klar sein, das Gegebene sehen, wie
es ist, mit uralten Bauernaugen, und sich das Beste davon
nehmen. Italienisch ist der zarte und strenge Kontur des Man-
tegna, italienisch die kühne, aber irdische Spekulation des
Lionardo, italienisch das Argument eines Paolo Sarpi, italienisch die Politik von Cavour und Mazzini. Italienisch ist die
strenge, scharfe Linie in der Poesie des Alfieri, des Giusti. Italienisch ist es, klar zu wollen, hartnäckig festzuhalten, mit
Einfachheit zu leben, und wenn es sein muß, mit Anstand, in
Bescheidenheit zu sterben, so wie jetzt von braven Männern
in der Cyrenaika gestorben wird.
Schreiend schlecht passen Ihre Terzinen zu allen diesen Dingen. Wer das Unglück hatte, sie in die Hand zu bekommen,
hat nichts in der Hand, was italienischen Geist atmet. Ich sehe
nicht das Endglied der Reihe, an deren Anfang Dante steht.
Ich sehe keinen italienischen Dichter und keinen italienischen
Patrioten. Ich sehe Casanova, den das Spielerglück verlassen
hat, Casanova mit fünfzig Jahren, Casanova in keinem glücklichen Moment, Casanova kriegerisch geschminkt und über
dem notdürftig zugeknöpften Schlafrock die Leier des Tyrtäos.
Und indem ich nichts zu sehen vermag, was zu der Reihe
würdiger und vornehmer italienischer Gesichter paßt, welche
die Erinnerung spontan mir heraufgerufen hat, frage ich
mich, wessen Züge mir da wie aus einem halberblindeten
Spiegel entgegenkommen, frage mich: ist dies nicht das

zweite italienische Gesicht, symbolisch wie das erste – ein Gesicht, das einmal existierte, aber verschwunden zu sein schien –, das Gesicht des Pasquino, das Gesicht des Pietro Aretin, und diese Gebärde der »Neunten Canzone«, diese Schmähung aus dem Dunkeln, dieser Dolchstoß in den Rücken des alliierten Mannes, dieses Höhnen und Provozieren unter dem Schutze anderer, dieses Ausnützen einer durch die Situation gegebenen Straflosigkeit, diese ganze würdelose Gebärde des Pasquillanten – ist dies nicht die symbolische Gebärde zu diesem symbolischen Gesicht? Aber dieses zweite italienische Gesicht gehört den Jahrhunderten an, die Ihr die Jahrhunderte der Sklaverei nennt – und nun, da Ihr die Herren seid in Eurem Lande, ist es *unmöglich* geworden, dieses Gesicht, und niemand und nichts dürfte heute in Italien so *unmöglich* sein, sich als so unmöglich fühlen wie der Mann, aus dessen Versen heraus, wie aus einem bösen Traum hervor, sich dieses Gesicht im zwanzigsten Jahrhundert nur für einen Augenblick zeigen konnte.

GELEGENTLICHE ÄUSSERUNGEN

AN ERNST BERNHARD

*Haben Sie bei der Konzeption Ihrer Werke zuerst ein fertiges Bild,
etwa die Komposition in Umrissen, das Aussehen der vorkommen-
den Personen vor Augen, und stellt sich dann erst alles Gedankliche
ein, oder ist der Prozeß ein umgekehrter, dominiert eine bestimmte
Idee, die sich eine kontinuierliche Bildkette, die ihr adäquate Form,
nachträglich schafft?*

Rodaun bei Wien, 6. Dezember [1901]

Solche Fragen ordentlich zu beantworten, ist sehr schwer: die
Selbstbeobachtung ist sehr trügerisch, und außerdem belügt
man sich selbst auf diesem Gebiet nicht ungern.

Ich glaube:

mich reizt vag eine gewisse Vorstellung, Vorstellungsgrup-
pe, vorgestellte Atmosphäre, die in ihrer Vagheit unendlich
inhaltreich und auch gegen andere Vorstellungsgruppen ganz
scharf abgegrenzt ist – aber sie selbst ist begrifflich gar nicht
faßbar: sie selbst ist z. B. heroische Atmosphäre, patriarchali-
sche Atmosphäre, bürgerlich-eingeschränkt-idyllische Atmosphäre – alle diese Bezeichnungen sind aber viel zu be-
griffsmäßig, zugleich zu eng und zu weit. Denn die Atmosphäre ist viel nebelhafter, ist nicht etwa Landschaft, nicht
etwa Vision menschlicher Zustände, nicht etwa zeitlich-hi-
storisch gefärbt – sie enthält ein schwebendes Durcheinander
aller dieser Elemente.

Andererseits ist sie viel bestimmter als alle diese Worte, ist
ganz einheitlich von einem bestimmten Duft durchsetzt, von
einem bestimmten Lebensrhythmus beherrscht, sie ist eine
Möglichkeit ganz bestimmter Gestaltungen, die miteinander
ganz bestimmte Rhythmen bilden können und keine andern –
dann tritt, oft nach Tagen oder Wochen, aus dieser Atmosphäre ein einzelnes heraus, wie die Fichte am Bergeshang,
wenn der Morgennebel sich klärt: dieses einzelne ist dann eine
Gestalt mit bestimmter Gebärde, ein Ton (Ton eines Mono-

logs, Ton einer Unterredung, einer Massenszene) oder eine
ganz kleine Anekdote, mit deutlich scharfgesehenen Details.

Diese präzise Vision läßt sich dann verstehen. Sie ist immer
Symbol, wie alles im Leben, wenn man es in einem günstigen
Augenblick tief genug erblickt. Dann verzweigt sich das Begriffliche, formt den Stoff in seinen Teilen, und aus jener vagen schwelenden Atmosphäre, in die der Gedanke immer
wieder taucht, holt er sich seine ihn völlig umhüllende Metaphorik, worunter ich Gestalten, Hintergründe, Rede und Gegenrede und alles verstehe.

Ich mußte so ausführlich schreiben, weil Sie fragen, ob α oder
β? während es eigentlich, wie mir scheint, sowohl α als β ist.

[LILIENCRON]

Liliencron als Menschen kenne ich nicht – er ist übrigens gewiß ein prächtiger Mensch –, als Dichter verkenne ich nicht den Hauch von Genie, ich freue mich hie und da an seinen Sachen sehr, ähnlich wie an den Strophen der Droste, ähnlich wie an Gedichten von Mörike (nur ist die Freude über Mörike stärker).

AN KARL KRAUS

Sehr geehrter Herr Kraus,
von einer kleinen Reise zurückgekehrt, erhalte ich durch Dr.
Rudolf Kassner, den ich seit vierzehn Tagen nicht gesehen
hatte, die Nachricht von einer Affäre, die ich deswegen nicht
ignorieren will, weil durch mein Schweigen Detlev von Liliencron – um meine privaten Ansichten über ihn handelt es
sich in dieser Klatschgeschichte – in der Vermutung bestärkt
werden könnte, daß ich so über ihn und seine Arbeiten denke,
wie man es ihm geklatscht hat. Es werde, so verständigt mich
Dr. Kassner, kolportiert: ich habe meinen Beitrag zu einer in
Wien von einem Herrn Donath herausgegebenen Huldi-
gungsschrift mit einer für Liliencron sehr verletzenden Motivierung verweigert. Ich fühle einen ziemlichen Ekel bei dem
Gedanken, daß ein privater Brief, den ich an Herrn Donath zu
richten die überflüssige Freundlichkeit hatte, den Anlaß und
das Material zu dieser Geschichte hergegeben hat. Dieser mir
im übrigen unbekannte Herr Donath schrieb mir mehrmals
im Laufe des Winters, einen Beitrag zu der von ihm herausgegebenen Festschrift erbittend. Mein sehr ausgesprochener
Widerwille gegen derlei vom Zaun gebrochene Festlichkei-
ten, mein sehr ausgesprochener Ekel, mich mit zwei Dutzend
Literaten, die ein beliebiger Faiseur zusammengetrommelt
hat, sozusagen an einen Tisch zu setzen, mag mich veranlaßt
haben, die erste und vielleicht auch die zweite dieser Zuschrif-
ten zu ignorieren. Einer weiteren Zuschrift ließ ich die Ehre
einer motivierten Ablehnung widerfahren. An den Wortlaut
dieses Briefes kann ich mich selbstverständlich nicht erinnern, sehr lebhaft aber an die degoutierte Stimmung, an den
mich ganz ausfüllenden Wunsch, Ruhe davon zu haben. In
dieser Laune mag ich etwas sehr Ungeduldiges gegen Liliencron hingeschrieben haben. Ich glaube, es gibt einige Wiener
Literaten, die mich durch die Einladung, mich an *ihren* Huldi-
gungen, an *ihren* für einen verehrten Gast veranstalteten Ban-

ketten zu beteiligen, dazu veranlassen könnten, zurückzu-
schreiben: Goethe, oder Shakespeare, kann mir gestohlen
werden. Ich würde aber in diesem Falle immer meinen, es sei
zu lesen, daß mir jemand anderer gestohlen werden könne.
Sehr bedaure ich aber doch den Kopf, der hingeht und dem
gefeierten Gast, dem geliebten Dichter zu seinem sechzigsten
Geburtstag nichts anderes zu erzählen weiß, als: der X. X. hat
uns einen Brief geschrieben, wenn ich Ihnen den Brief zeigen
würde…!
Nein, es ist nicht Liliencron, der mir gestohlen werden kann,
es sind andere Leute.
Soll ich mich hinsetzen und sagen, daß ich Gedichte wie den
»Maibaum«, wie »Kurz ist der Frühling«, wie das »Schlacht-
schiff Téméraire« und zehn, und zwanzig und hundert andere
so wundervoll finde, so überaus wundervoll, daß ich wirklich
die Worte, sie richtig zu verherrlichen, nicht in einem Atem
hinsprechen möchte mit den trivialen und ungeduldigen
Worten, die zu gebrauchen mich soeben eine häßliche Sache
gezwungen hat?
Als ich diesen langen Brief zu schreiben mich anschickte,
hatte ich nur das vor Augen, den Anschein, als hätte ich Liliencron auf so häßliche Weise verletzen wollen, aus der Welt
zu schaffen. Nun, wo er geschrieben ist, erscheint es mir unmöglich, daß Liliencron bei dem unmeßbaren Abstand, der
zwischen seines und meines Niveaus einerseits und solchen
Herren anderseits besteht, auch nur einen Augenblick solchen
Klatsch habe glauben können. Ich glaube nicht, daß Gutsher-
ren, ob ihre Jagdgründe nun aneinanderstoßen oder weit aus-
einanderliegen, durch den Klatsch von Bedienten verhetzt
werden können.
Finden Sie aber Gelegenheit, in einem Brief an Liliencron
diese Angelegenheit zu erwähnen, so bitte grüßen Sie ihn von
mir aufs freundlichste.

Ihr aufrichtig ergebener
Hofmannsthal

PS. Ich habe oben jenen Herrn Donath als mir unbekannt bezeichnet. Nun macht mich Dr. Kassner aufmerksam, daß er

zufällig Zeuge war, wie sich der genannte Herr mir gelegentlich einer Vorlesung in einem öffentlichen Lokal vorstellte. So muß ich also das obige Adjektiv zurücknehmen. Es gibt bis jetzt keine Form, wie man sich ohne die äußerste Brutalität jenes einseitigen Wunsches, Bekanntschaft zu schließen, erwehren könnte.

[SCHILLER]

Ich glaube, daß ich zu keiner Zeit meines Lebens, vom fünfzehnten Jahr an, den Kontakt mit Schiller und seinen Produkten irgendwann verloren habe. Eine Zeitlang bestand eine
leidenschaftliche Vorliebe für die in Prosa verfaßten Dramen,
dann gerade für die stilisierten. Jetzt lese ich am liebsten einzelne Aufzüge, deren grandioser Aufbau nur von einem Menschen, der selbst dramatisch zu arbeiten versucht, ganz bis auf
den Grund genossen werden kann: den letzten Akt von »Wallensteins Tod«, den Akt von »Kabale und Liebe«, in dem der
Präsident in die Wohnung des Musikus kommt, den Rütli-
Akt und das, was dem Geßler-Mord vorausgeht, aus dem
»Tell«.
Der Goethe-Schiller-Briefwechsel gehört zu den Büchern,
die ich, wenn man unter allen existierenden Büchern eine
geringe Zahl auswählen müßte, am schwersten vermissen
würde.
Ob ich den künstlerischen oder den geistigen und sittlichen
Einfluß seiner Arbeiten auf meine Entwicklung höher an-
schlage, läßt sich nicht entscheiden, da diese Dinge ineinan-
derfließen: die ungeheure sittliche Kraft eines Menschen wie
Schiller wirkt heute stärker durch die Schwungkraft seiner
Reden und architektonische Kraft des Szenariums als durch
die direkten »Ideen« und Reflexionen.

Ich glaube, es handelt sich bei der Gesellschaft der deutschen Theaterschriftsteller um eine Sache, die früher oder später gemacht werden muß. Ich persönlich bin mit der Wahrung meiner Interessen durch die Theaterabteilung des Verlages S. Fischer in einer Weise, die jeden Tadel oder Wunsch einer persönlichen Änderung ausschließt, zufrieden. Aber es gibt Dinge, die der einzelnen auch noch so klug und energisch geleiteten Agentie durchzuführen unmöglich sind: die Abschaffung gewisser eingewurzelter Inkorrektheiten in der Formulierung der Verträge von seiten gewisser größerer Theater und vieles Ähnliche, was alles durch eine Zentralabteilung im Laufe einiger Jahre beseitigt wäre. Es wäre eine sekundäre Frage, ob man sich nicht einer schon vorhandenen Organisation von der Tüchtigkeit der Fischerschen Theaterabteilung als Geschäftsstelle der Gesellschaft zunächst zu bedienen opportun finden würde. – Ich glaube, man wird der »Schaubühne« sehr dankbar für die Aufrollung der ganzen Frage sein.

[MAXIMILIAN HARDEN]

Ich höre, die Wendungen eines Prozesses, den ich als Ausländer nur sehr von ferne verstehen konnte und um des deutschen Ansehens willen sehr bedauern mußte, hätten es mit sich gebracht, daß man Herrn Harden von links und rechts desavouiert und eine Art von Ostrazismus an ihm vollstrecken will.

Ich kann es nicht gut verstehen, wie ein einziger, vielleicht unglückseliger, immerhin in seinen Motiven ganz unpersönlicher Schritt, eine einzige, vielleicht unglückliche aber keinesfalls unehrenhafte Gebärde sollte die Lebensarbeit eines außerordentlichen Publizisten auslöschen können, eines Mannes, dessen Stellung im Leben und in der Politik immer schwer zu definieren und leicht zu verleumden war, dem aber ganze Konventikel erbitterter Gegner niemals Schlimmeres nachweisen konnten, als daß er einsam, reizbar und unbestechlich ist. Ich weiß, daß ich die unvergleichliche Arbeitskraft, das stupende und stets gegenwärtige Wissen und die aufs Große gerichtete publizistische Allüre des Herausgebers der »Zukunft« bewundert habe, lange bevor ich irgend Ursache hatte, ihm für sein Verständnis und seine Haltung meinen Artikeln gegenüber dankbar zu sein, und ich bedaure nicht die Nötigung, nur die Ursache, die mich nötigt, diese beiden Gefühle, die ich Privatbriefen mehr als einmal anvertraut habe, nun in einem nicht privaten Briefe auszusprechen.

Ich bin sehr froh, daß Sie es veranlassen, daß eine Anzahl von anständigen Menschen bekannten Namens sich gegen diesen abscheulichen Unfug* auflehnt. Es ist schwer, sich vorzustellen, daß über diesen Punkt verschiedene Anschauungen herrschen könnten: doch scheint es ja immerhin der Fall zu sein, wenn irgendwelche »literarische« oder »psychologische« Scheinmotive einen so äußerst achtenswerten und ernsthaften Verlag zu einer solchen Publikation verführen konnten. Die Person des Herrn Hartleben beiseite, so stößt man in der biographischen Behandlung, die bedeutenden verstorbenen Deutschen von seiten unserer Zeitgenossen widerfährt, auf Schritt und Tritt auf ähnliche empörende Indiskretionen und Taktlosigkeiten. Ich weiß nicht, wo diese pseudo-philologische Anmaßung und subalterne Ahnungslosigkeit den Mut hernimmt, sich, sobald ihr die Feder in die Hand kommt, publice über die primitivsten Gesetze des Anstandes hinwegzusetzen, deren analoge Verletzung in keinem Bürger- oder Bauernhaus straflos durchginge. Wenn Sie in der reinlichen Atmosphäre Ihrer Zeitschrift diese Sache nicht so bald aus der Hand lassen und die abscheulichen Anschauungen dieses öffentlichen Vorganges sich selber und Ihren Lesern entwikkeln, so wird es Ihnen und denen, die sich neben Sie stellen, sicherlich möglich sein, in die entartete literarische Konvention in diesem Punkt wieder so viel Anstand und Zurückhaltung hineinzubringen, als unentbehrlich ist: nämlich genau das gleiche Quantum, als wir im Privatleben zu fordern gewöhnt sind und nötigenfalls mit scharfen Mitteln aufrechterhalten.

---

* Die Veröffentlichung von Hartlebens Privatbriefen. [Anm. d. Hrsg.]

ZU TOLSTOIS ACHTZIGSTEM GEBURTSTAG

Wien, 7. September 1908

Es ist unendlich schwer, das geistige Gesicht dieses Mannes zu fixieren. Es war seine Signatur, einen doppelten Schein zu werfen.

Sein europäisches und sein russisches Gesicht treten wechselnd vor das innere Auge. Keines kann erblickt werden, ohne daß das andere durchschaut wird.

Der stumme und wundervolle naturhafte Künstler und der bis zur Geschwätzigkeit beredsame christliche Reformator sind gleich schwer zu vereinigen und auseinanderzureißen.

Der majestätische Block seines Werkes ist voll eines mystischen Heidentums, aber dem Künstler fehlte vielleicht eine letzte Aufrichtigkeit, und hier traten die Formeln des vorhandenen Christentums an Stelle einer letzten geheimnisvollen Eigenwahrheit, einer visionären Wahrheit, die zu geben einem Dostojewski verliehen war.

Die Analogie zu Rousseau als dem großen pathetischen Vorläufer einer großen Umwälzung schien manchmal so auffallend, wie die parallele Formung zweier Gipfel im Hochgebirge, aber sie ist nur vag.

Tolstoi ist einer der größten Gestaltenschaffer aller Zeiten, und als Künstler reichte der große Orator nie so hoch. Aber Rousseaus Gestalt steht in einer klaren Atmosphäre, die Tolstois erhebt sich auf einem Hintergrund von barbarischer Grandiosität. Seine Legende als eines russischen Rousseau wäre dürftig und unzulänglich. Er ist eine so geheimnisvolle Erdgestalt, als nur je zwischen uns Staunenden gewandelt, und wenn die Legende so groß und vollsaftig im Schaffen ist, wie er selbst ist, wird sie ihm viele Züge des Jägers Jeroschka aus seiner wundervollen Erzählung »Die Kosaken« leihen müssen, der zugleich ein Mensch, ein Russe und ein Naturdämon ist.

Was dankt man nicht diesen kleinen Bändchen: unter der
Schulbank, im Grünen, in der Sacktasche auf Manövern –
wo hätten sie uns nicht begleitet und zu tausend Stunden erfreut und beschenkt! So zwischen Fünfzehn und Zwanzig!
Aus dieser Lebenszeit könnte ich das »Reclam-Büchel« so
wenig wegdenken als irgend etwas.

GUSTAV MAHLER

Wo Geist ist, dort ist Wirkung. Wo immer er sich festsetzt, er gerät in einen Streit mit der Materie; die Trägheit, der Halbverstand, der Mißverstand setzen sich ihm entgegen, aber er bezwingt sie, und die Atmosphäre um einen solchen Kampf herum ist schon das Interessante: hier braucht es nicht erst hineingetragen zu werden. Ein chaotisches, wahrhaft heterogenes Ganzes gliedert sich rhythmisch und wäre es auch unter Zuckungen; die feindseligen oder stumpfen Teile treten zueinander in Verhältnis und Gegenwirkung, die kaum zu ahnen war, und der Freund der Künste wird mit Entzücken, der Philister mit staunendem Widerwillen gewahr, daß aus vielen toten Elementen ein Lebendiges zu werden vermöge, aber freilich nur durch das Wunder eines schöpferischen Geistes. Ein solches Schauspiel war die Direktionsführung Gustav Mahlers an der Wiener Oper.

TOLSTOIS KÜNSTLERSCHAFT

Überlegt man, worauf das ganze Gebäude dieses Weltruhmes ruht, so ergibt sich, daß nicht eine aufsehenerregende und undurchsichtige geistige Haltung, durch welche Tolstoi in den letzten zwanzig Jahren die Aufmerksamkeit der Welt auf sich gezogen hat, die Basis davon sein kann, sondern etwas Solideres: eine das ganze Mannesalter hindurch ausgeübte höchste Künstlerschaft oder eigentlich das köstlichste Element jeder Künstlerschaft: *Gestaltungskraft*.

Das Apostolat Tolstois ist bestenfalls eine ephemere und dazu eine national-russische Angelegenheit, der die Neugierde des schwankend orientierten Europa eine Bedeutung gegeben hat, über die man sich in zehn Jahren wundern wird. Aber dieser zweite Franz von Assisi, zweideutigen Angedenkens, trug etwas von Homer in sich, und dies wird auch in hundert Jahren für den wahr sein, der ein Buch wie die »Kosaken« aufschlägt.

[ZU FLAUBERTS TAGEBÜCHERN]

Rodaun, den 7. Juli 1911

Sehr geehrter Herr Cassirer!

Die Flaubertschen Tagebuchauszüge in den beiden mir zuge-
sandten Nummern des »Pan« habe ich gelesen, und habe Ihnen dafür dankbar zu sein, daß mir die Bekanntschaft dieser
ganz außerordentlichen Blätter dadurch vermittelt wurde.

Ohne den Inhalt des von Ihnen zitierten Paragraphen des
deutschen Strafgesetzes zu kennen, kann ich wohl annehmen,
es liege eine Subsummierung der Flaubertschen Aufzeichnungen unter die Rubrik »unzüchtige Schriften« vor. – Ich
kann mein Erstaunen hierüber nicht lebhaft genug aussprechen. Der Beamte, von dem ich annehmen zu dürfen wünsche, er habe optima fide gehandelt, muß – vielleicht unbewußt – im Augenblick der Lektüre innerlich anders dispo-
niert gewesen sein, als dies bei einem ernsthaften, erwachse-
nen und gebildeten Mann, dem Leser einer literarischen Zeitschrift, vorauszusetzen ist. Sonst könnte ihm nicht entgangen
sein, daß hier Beobachtungsobjekte der verschiedensten
Sphären nicht nur mit einer stupenden Prägnanz, sondern
auch mit einer unbedingten Ernsthaftigkeit, nein mehr als
das, mit einer transzendenten, wahrhaft philosophischen
Wucht nebeneinandergestellt sind. Nicht die Zugehörigkeit
zum œuvre eines großen Schriftstellers rechtfertigt diese Seiten – dies wäre allenfalls ein bloß literarischer Standpunkt,
von dem der gemeine Nutzen nichts zu wissen braucht –,
sondern in sich selbst tragen sie, was über jeden Bedarf der
Rechtfertigung hinaus ist. Die Stimmung, die sie zwingend
hervorrufen, ist die des äußersten Ernstes. – Es müßte fast angenommen werden, daß hier Ungeübtheit in der Lektüre von
Werken einer höheren geistigen Sphäre vorläge. Vor eine
lebendige Person gestellt, würde der gleiche Beamte einen
Ton, aus dem höchster Ernst, Würde und Autorität sprechen,
wohl nicht in gleicher Weise verkannt haben.

Daß irgendein unreifer Bursche die Lektüre dieser Zeilen in

mißbräuchlichem Geiste betreiben könnte – genau wie die
eines beliebigen Absatzes des Alten Testaments oder eines beliebigen Abschnitts eines gelehrten Nachschlagebuches, kann
wohl nicht zur Diskussion stehen.

Ich bin, mit den besten Empfehlungen,

Ihr ganz ergebener Hofmannsthal

[ZU GERHART HAUPTMANNS FÜNFZIGSTEM GEBURTSTAG]

Ein schöner äußerer, doch keineswegs äußerlicher Anlaß läßt viele Stimmen zusammenklingen. Wo ein beständiges Verhältnis der Hintergezogenheit vorhanden ist, mit den Jahren wechselnd und vertieft, ergibt sich schwerer der Übergang zur plötzlichen Manifestation einer beharrenden selbstverständlichen Gesinnung. Wollte ich in diesen Tagen zu einem einzelnen Werke Hauptmanns mir ein gleichsam festliches Verhältnis besonders hervorrufen, so geschähe es zur »Pippa« und zum »Emanuel Quint«: beide Märchen und geschautes Dasein in einem und mir besonders teuer. Hinter beiden, durch beide hindurch ist es freilich das gesamte Werk, das vor die innere Sinne tritt und in dem Werk der Dichter, den ich herzlich und bewundernd grüße.

Rodaun, im November 1912.

BIBLIOGRAPHIE

POESIE UND LEBEN (1896). Erstdruck: Die Zeit, Wien, 16. 5. 1896. Erste Buchausgabe: Loris. Die Prosa des jungen Hugo von Hofmannsthal. S. Fischer Verlag, Berlin 1930.

ANSPRACHE IM HAUSE DES GRAFEN LANCKOROŃSKI (1902). Erstmals als Privatdruck (Wien 1902) mit dem Titel ›Ansprache gehalten von Hugo von Hofmannsthal am Abend des 10. Mai 1902 im Hause des Grafen Karl Lanckoroński‹. – Dieser Druck war mit einem Satz von Keats als Motto versehen: »There dwelt a gentle lover of all arts: a Lord was he of castles fair and strong.« Erste Buchausgabe: Hugo von Hofmannsthal, Die Berührung der Sphären. S. Fischer Verlag, Berlin 1931, unter dem Titel ›Ansprache im Hause eines Kunstsammlers‹.

[NOTIZEN ZU EINEM GRILLPARZERVORTRAG] (1903). Erstdruck: Corona, 10. Jahr, 5. Heft, München, Berlin, Zürich 1942. Erste Buchausgabe: Hugo von Hofmannsthal, Gesammelte Werke in Einzelausgaben, Prosa II. S. Fischer Verlag, Frankfurt am Main 1951. – Die Notizen bilden wohl nur Unterlagen zur Einleitung des Vortrags ›Das Verhältnis der dramatischen Figuren Grillparzers zum Leben‹, den Hofmannsthal in der Grillparzer-Gesellschaft in Wien am 15. 1. 1904 gehalten hat. Die Verse auf Seite 29 sind aus Grillparzers ›Jugenderinnerungen im Grünen‹, die auf Seite 30 aus Hebbels Epigramm ›Philosophen-Schicksal‹:
»Salomons Schlüssel glaubst du zu fassen und Himmel und Aufzuschließen, da löst er in Figuren sich auf,   [Erde Und du siehst mit Entsetzen das Alphabet sich erneuern, Tröste dich aber, es hat während der Zeit sich erhöht.«

SHAKESPEARES KÖNIGE UND GROSSE HERREN (1905). Erstdruck: Jahrbuch der Deutschen Shakespeare-Gesellschaft, 41. Jahrgang, Berlin 1905. Teildrucke: Die Zeit, Wien, 29. 4. 1905; Die Zukunft, Berlin, 51. Band, Nr. 31, 29. 4. 1905. Erste Buchausgabe: Hugo von Hofmannsthal, Die prosaischen Schriften, Erster Band. S. Fischer Verlag, Berlin 1907. – Der Festvortrag wurde von Hofmannsthal auf der Generalversammlung der Deutschen Shakespeare-Gesellschaft am 29. 4. 1905 in Weimar gehalten. Dabei ließ er sich von Walter Paters Essay ›Shakespeare's English Kings‹ anregen.

DER DICHTER UND DIESE ZEIT (1906). Erstdruck: Die Neue Rundschau, 18. Jahrgang. 3. Heft, Berlin, März 1907. Erste Buchausgabe: Hugo von Hofmannsthal, Die prosaischen Schriften, Erster Band. S. Fischer Verlag, Berlin 1907. – Hofmannsthal hielt diesen Vortrag im Dezember 1906 in München, Frankfurt, Göttingen, Berlin und 1907 in Wien.

VOM DICHTERISCHEN DASEIN (1907). Nachlaß. Hier zum ersten Mal veröffentlicht.

ZUR PHYSIOLOGIE DER MODERNEN LIEBE (1891). Erstdruck: Die Moderne, 1. Jahrgang, Nr. 2/3, Berlin, 8. 2. 1891. Erste Buchausgabe: Loris. Die Prosa des jungen Hugo von Hofmannsthal. S. Fischer Verlag, Berlin 1930.

THÉODORE DE BANVILLE † (1891). Erstdruck: Moderne Rundschau, 3. Band, 1. Heft, Wien, 1. 4. 1891. Erste Buchausgabe: Loris. Die Prosa des jungen Hugo von Hofmannsthal. S. Fischer Verlag, Berlin 1930.

»DIE MUTTER« (1891). Erstdruck: Moderne Rundschau, 3. Band, 2. Heft, Wien, 15. 4. 1891. Erste Buchausgabe: Loris. Die Prosa des jungen Hugo von Hofmannsthal. S. Fischer Verlag, Berlin 1930. – Rezension von: Hermann Bahr, ›Die Mutter‹, Drama in drei Akten. Sallis'scher Verlag, Berlin 1891.

DAS TAGEBUCH EINES WILLENSKRANKEN (1891). Erstdruck: Moderne Rundschau, 3. Band, 5./6. Heft, Wien, 15. 6. 1891.

Erste Buchausgabe: Loris. Die Prosa des jungen Hugo von Hofmannsthal. S. Fischer Verlag, Berlin 1930. – Hofmannsthal setzt sich mit Henri-Frédéric Amiel (1821–1881), ›Fragments d'un journal intime‹, Genève 1882 (2 Bände), und damit dem Problem der Selbstanalyse auseinander.

MAURICE BARRÈS (1891). Erstdruck: Moderne Rundschau, 4. Band, 1. Heft, Wien, 1. 10. 1891. Erste Buchausgabe: Loris. Die Prosa des jungen Hugo von Hofmannsthal. S. Fischer Verlag, Berlin 1930. – Dieser Rezension liegen die drei Romane von Barrès zugrunde: ›Sous l'œil des barbares‹, Paris 1888; ›Un homme libre‹, Paris 1889; ›Le jardin de Bérénice‹, Paris 1891.

ENGLISCHES LEBEN (1891). Erstdruck: Moderne Rundschau, 4. Band, 5. und 6. Heft, Wien, 1. und 15. 12. 1891. Erste Buchausgabe: Loris. Die Prosa des jungen Hugo von Hofmannsthal. S. Fischer Verlag, Berlin 1930.

FERDINAND VON SAAR, »SCHLOSS KOSTENITZ« (1892). Erstdruck: Deutsche Zeitung, Wien, 13. 12. 1892. Erste Buchausgabe: Loris. Die Prosa des jungen Hugo von Hofmannsthal. S. Fischer Verlag, Berlin 1930. – Den Dichter Ferdinand von Saar (1833–1906) lernte Hofmannsthal 1892 im Hause Wertheimstein kennen. Er widmete ihm im selben Jahr sein erstes Versdrama ›Gestern‹ mit einem Gedicht.

ALGERNON CHARLES SWINBURNE (1892). Erstdruck: Deutsche Zeitung, Wien. 5. 1. 1893. Erste Buchausgabe: Loris. Die Prosa des jungen Hugo von Hofmannsthal. S. Fischer Verlag, Berlin 1930.

DIE MENSCHEN IN IBSENS DRAMEN (1892). Erstdruck: Wiener Literaturzeitung, 4. Jahrgang, Heft 1, 15. 1. 1893; Heft 2, 15. 2. 1893; Heft 3, 15. 3. 1893. Erste Buchausgabe: Loris. Die Prosa des jungen Hugo von Hofmannsthal. S. Fischer Verlag, Berlin 1930.

VON EINEM KLEINEN WIENER BUCH (1892). Nachlaß. Erstdruck:
Die Neue Rundschau, 82. Jahrgang, 4. Heft, Berlin 1971. –
Es handelt sich um die geplante Rezension von Arthur
Schnitzlers ›Anatol‹.

DAS TAGEBUCH EINES JUNGEN MÄDCHENS (1893). Erstdruck:
Die Presse, Wien, 13. 1. 1893. Erste Buchausgabe: Loris. Die
Prosa des jungen Hugo von Hofmannsthal. S. Fischer Verlag,
Berlin 1930.

MODERNER MUSENALMANACH (1893). Erstdruck: Deutsche
Zeitung, Wien, 1. 2. 1893. Erste Buchausgabe: Hugo von
Hofmannsthal, Gesammelte Werke in Einzelausgaben,
Prosa I. S. Fischer Verlag, Frankfurt am Main 1950.

GABRIELE D'ANNUNZIO (1893). Erstdruck: Frankfurter Zeitung, 9. 8. 1893. Erste Buchausgabe: Loris. Die Prosa des jungen Hugo von Hofmannsthal. S. Fischer Verlag, Berlin 1930.
– Mit dem italienischen Dichter Gabriele d'Annunzio
(1863–1938) setzt sich Hofmannsthal in den Neunziger Jahren
wiederholt kritisch und schöpferisch auseinander.

EDUARD VON BAUERNFELDS DRAMATISCHER NACHLASS (1893).
Erstdruck: Frankfurter Zeitung, 6. 12. 1893. Erste Buchausgabe: Loris. Die Prosa des jungen Hugo von Hofmannsthal.
S. Fischer Verlag, Berlin 1930. – Der dramatische Nachlaß
von Eduard von Bauernfeld (1802–1890), dem österreichischen Dramatiker und Freund Josephine von Wertheim-
steins, war von Ferdinand von Saar bei Cotta, Stuttgart 1893,
herausgegeben worden.

PHILOSOPHIE DES METAPHORISCHEN (1894). Erstdruck:
Frankfurter Zeitung, 24. 3. 1894. Erste Buchausgabe: Loris.
Die Prosa des jungen Hugo von Hofmannsthal. S. Fischer
Verlag, Berlin 1930. – Rezension des Buches ›Die Philosophie
des Metaphorischen. In Grundlinien dargestellt von Alfred
Biese‹. Hamburg und Leipzig 1893.

WALTER PATER (1894). Erstdruck: Die Zeit, Wien, 17. 11. 1894, unter dem Pseudonym Archibald O'Hagan, B. A. – Old Rookery, Herfordshire. Erste Buchausgabe: Loris. Die Prosa des jungen Hugo von Hofmannsthal. S. Fischer Verlag, Berlin 1930.

GABRIELE D'ANNUNZIO (1894). Erstdruck: Die Zeit, Wien, 1. 12. 1894. Erste Buchausgabe: Loris. Die Prosa des jungen Hugo von Hofmannsthal. S. Fischer Verlag, Berlin 1930.

FRANCIS VIELÉ GRIFFINS GEDICHTE (1895). Erstdruck: Die Zeit, Wien, 23. 11. 1895. Erste Buchausgabe: Loris. Die Prosa des jungen Hugo von Hofmannsthal. S. Fischer Verlag, Berlin 1930. – Der französische Dichter Francis Vielé Griffin (1864–1937) hatte 1895 in Paris einen Band ›Poèmes et poésies 1886–1893‹ veröffentlicht.

DER NEUE ROMAN VON D'ANNUNZIO. (1895). Erstdruck: Die Zeit, Wien, 11. 1. 1896. Erste Buchausgabe: Loris. Die Prosa des jungen Hugo von Hofmannsthal. S. Fischer Verlag, Berlin 1930.

GEDICHTE VON STEFAN GEORGE (1896). Erstdruck: Die Zeit, Wien, 21. 3. 1896. Erste Buchausgabe: Loris. Die Prosa des jungen Hugo von Hofmannsthal. S. Fischer Verlag, Berlin 1930.

EIN NEUES WIENER BUCH (1896). Erstdruck: Die Zukunft, 4. Jahrgang, 16. Band, Nr. 49, Berlin, 5. 9. 1896. Erste Buchausgabe: Hugo von Hofmannsthal, Die prosaischen Schriften, Zweiter Band. S. Fischer Verlag, Berlin 1907. – Gemeint ist das Buch ›Wie ich es sehe‹ von Peter Altenberg (Pseudonym des Wiener Feuilletonisten Richard Engländer, 1859–1919).

ÜBER EIN BUCH VON ALFRED BERGER (1896). Erstdruck: Die Zeit, Wien, 7. 11. 1896. Erste Buchausgabe: Loris. Die Prosa des jungen Hugo von Hofmannsthal. S. Fischer Verlag, Berlin 1930. – Hofmannsthal schätzte Alfred Freiherrn von Berger (1853–1912) als Kritiker und später als Direktor des Burgtheaters. Während seiner Studienzeit besuchte er regelmäßig seine Vorlesungen über Ästhetik.

BILDLICHER AUSDRUCK (1897). Erstdruck: Blätter für die Kunst, 4. Folge, 1./2. Band, Berlin, November 1897. Erste Buchausgabe: Loris. Die Prosa des jungen Hugo von Hofmannsthal. S. Fischer Verlag, Berlin 1930. – Das Motto in griechischer Sprache ist Platons ›Phädon‹ entnommen. In Edgar Salins Übersetzung lautet es: »danach erwog ich, daß ein Dichter, sofern er wahrhaft ein Dichter ist, Mythen, nicht Lehren zu dichten hat«.

DICHTER UND LEBEN (1897). Erstdruck: Blätter für die Kunst, 4. Folge, 1./2. Band, Berlin, November 1897. Erste Buchausgabe: Loris. Die Prosa des jungen Hugo von Hofmannsthal. S. Fischer Verlag, Berlin 1930.

FRANZÖSISCHE REDENSARTEN (1897). Erstdruck: Die Zeit, Wien, 6. 11. 1897. Erste Buchausgabe: Hugo von Hofmannsthal, Die prosaischen Schriften, Zweiter Band. S. Fischer Verlag, Berlin 1907. – Es handelt sich um das Buch ›Gentillesses de la langue française‹ seines Sprachlehrers Gabriel Dubray, der Hofmannsthal auf der Reise nach Südfrankreich 1892 begleitet hatte.

ÜBER DEN SPRACHGEBRAUCH BEI DEN DICHTERN DER PLEJADE (1898). Erstdruck: Rudolf Hirsch, Hofmannsthal und Frankreich. Zwei Beiträge. In: Etudes Germaniques, 29ᵉ Année, Numéro 2, Avril–Juin 1974. – Teil der Einleitung zur Dissertation des Dichters. Die einzige Handschrift der Dissertation wurde nach dem Zweiten Weltkrieg aus dem Archiv der Philosophischen Fakultät der Wiener Universität entwendet und ist seitdem verschollen. Unsere Wiedergabe des Textes der Einleitung erfolgt nach einer zuverlässigen Abschrift.

»DER ENGELWIRT, EINE SCHWABENGESCHICHTE« VON EMIL
STRAUSS (1901). Erstdruck: Die Insel, 2. Jahrgang, 2. Quartal,
Nr. 4, Berlin, Januar 1901. Erste Buchausgabe: Hugo von
Hofmannsthal, Gesammelte Werke in Einzelausgaben,
Prosa I. S. Fischer Verlag, Frankfurt am Main 1950.

STUDIE ÜBER DIE ENTWICKELUNG DES DICHTERS VICTOR HUGO
(1901). Erstdruck: Habilitationsschrift an der philosophischen Fakultät der Universität Wien zur Erlangung der venia
legendi für das Gebiet der romanischen Philologie. Verlag
von Dr. Hugo von Hofmannsthal, Wien 1901. Teildrucke:
Deutsche Rundschau, 28. Jahrgang, 6. Heft, Berlin, März
1902; Westermanns Monatshefte, Braunschweig, Heft 546,
März 1902; Neue Freie Presse, Wien, Mai 1902. Erste Buchausgabe: Verlag Schuster und Loeffler, Berlin 1904.

»DES MEERES UND DER LIEBE WELLEN« (1902). Erstdruck:
Neue Freie Presse, Wien, 18. 10. 1902. Erste Buchausgabe:
Hugo von Hofmannsthal, Die prosaischen Schriften, Zweiter
Band. S. Fischer Verlag, Berlin 1907. – Einleitung zu ›Des
Meeres und der Liebe Wellen‹, Trauerspiel in fünf Aufzügen
von Franz Grillparzer, in der Pantheon-Ausgabe, S. Fischer
Verlag, Berlin 1903.

DIE BRIEFE DES JUNGEN GOETHE (1904). Erstdruck: Die Neue
Rundschau, 15. Jahrgang, 10. Heft, Berlin, Oktober 1904;
Frankfurter Zeitung, 28. 9. 1904. Erste Buchausgabe: Hugo
von Hofmannsthal, Die prosaischen Schriften, Zweiter
Band. S. Fischer Verlag, Berlin 1907. – Imaginärer Brief
Hofmannsthals an seinen Freund Edgar Karg von Bebenburg
zu einem 1901 bei Cotta, Stuttgart, erschienenen Band
Goethe ›Briefe‹. Ausgewählt und in chronologischer Folge
mit Anmerkungen herausgegeben von Eduard von der
Hellen. I. 1764–1779.

DER ROMAN EINES JUNGEN MANNES (1904). Erstdruck: Verlag
Bruno Cassirer, Berlin 1904. – Einleitung zu Flauberts
›Léducation sentimentale‹, übersetzt von Alfred Gold und

Alphonse Neumann. Erste Buchausgabe: Hugo von Hofmannsthal, Die Berührung der Sphären. S. Fischer Verlag, Berlin 1931.

LAFCADIO HEARN (1904). Erstdruck: Die Zeit, Wien, 2. 12. 1904. Erste Buchausgabe: Hugo von Hofmannsthal, Gesammelte Werke in Einzelausgaben, Prosa II. S. Fischer Verlag, Frankfurt am Main 1951. – Geschrieben unter dem Eindruck vom Tode Lafcadio Hearns als Vorwort zu ›Kokoro‹, Frankfurt 1906.

ZU ›LAFCADIO HEARN‹
     Anekdote. Übersetzung aus dem Buch ›Kokoro‹. Erstdruck: Hugo von Hofmannsthal, Sämtliche Werke, Kritische Ausgabe, Band XXIX, Erzählungen 2, herausgegeben von Ellen Ritter. S. Fischer Verlag, Frankfurt am Main 1978.

DER TISCH MIT DEN BÜCHERN (1905). Erstdruck: Der Tag, Berlin, 3. 3. 1905. Erste Buchausgabe: Hugo von Hofmannsthal, Die Berührung der Sphären. S. Fischer Verlag, Berlin 1931.

SEBASTIAN MELMOTH (1905). Erstdruck: Der Tag, Berlin, 9. 3. 1905. Erste Buchausgabe: Hugo von Hofmannsthal, Die prosaischen Schriften, Zweiter Band. S. Fischer Verlag, Berlin 1907. – Sebastian Melmoth hieß das Pseudonym, unter dem Oscar Wilde nach seiner Entlassung aus dem Zuchthaus ›The Ballad of Reading Goal‹, London 1898, und ›De Profundis‹, London 1905, veröffentlichte. Hofmannsthal bezieht sich in seiner Rezension auf eine deutsche Übersetzung des zweiten Titels: Oscar Wilde, ›De profundis. Aufzeichnungen aus dem Zuchthause zu Reading‹. S. Fischer Verlag, Berlin 1905.

DIE BRIEFE DIDEROTS AN DEMOISELLE VOLAND (1905). Erstdruck: Der Tag, Berlin, 19. 3. 1905. Erste Buchausgabe: Hugo von Hofmannsthal, Die prosaischen Schriften, Zweiter Band. S. Fischer Verlag, Berlin 1907.

»DER BEGRABENE GOTT«, ROMAN VON HERMANN STEHR (1905). Erstdruck: Der Tag, Berlin, 9. 4. 1905 und Verlagsprospekt S. Fischer. Erste Buchausgabe: Hugo von Hofmannsthal, Gesammelte Werke in Einzelausgaben, Prosa II. S. Fischer Verlag, Frankfurt am Main 1951.

SCHILLER (1905) [I]. Erstdruck: Die Zeit, Wien, 23. 4. 1905. Erste Buchausgabe: Hugo von Hofmannsthal, Die Berührung der Sphären. S. Fischer Verlag, Berlin 1931.

SCHILLER (1905) [II]. Erstdruck: Berliner Tageblatt Nr. 18. Der Zeitgeist. Beiblatt zum ›Berliner Tageblatt‹, 1. 5. 1905. Erste Buchausgabe: Hugo von Hofmannsthal, Gesammelte Werke in Einzelausgaben, Prosa II. S. Fischer Verlag, Frankfurt am Main 1951.

EINES DICHTERS STIMME (1905). Erstdruck: Die Neue Rundschau, 16. Jahrgang, 6. Heft, Berlin, Juni 1905. Erste Buchausgabe: Hugo von Hofmannsthal, Die Berührung der Sphären. S. Fischer Verlag, Berlin 1931. – Besprechung zweier im Insel Verlag erschienener Gedichtbände des Freundes Rudolf Alexander Schröder (1878–1962): ›Empedokles. Ein Gedicht‹, Leipzig 1900, und ›Sonette zum Andenken an eine Verstorbene. In zehn Büchern‹, Leipzig 1904.

»DAS MÄDCHEN MIT DEN GOLDAUGEN« (1905). Erstdruck: Der Tag, Berlin, 9. 5. 1905. Erste Buchausgabe: Hugo von Hofmannsthal, Die prosaischen Schriften, Zweiter Band. S. Fischer Verlag, Berlin 1907. – Besprechung von Balzacs Erzählung, übertragen von Ernst Hardt. Insel Verlag, Leipzig 1904. Der französische Titel: ›La fille aux yeux d'or‹ (1833). Die dritte der ›Scènes de la vie parisienne‹ aus der Trilogie ›Histoire des Treize‹ der Comédie humaine.

»TAUSENDUNDEINE NACHT« (1906). Erstdruck: Der Tag, Berlin, 25. 11. 1906. Erste Buchausgabe: Hugo von Hofmannsthal, Die prosaischen Schriften, Zweiter Band. S. Fischer Verlag, Berlin 1907. Hofmannsthals Aufsatz erschien als

Einleitung zu: ›Die Erzählungen aus den Tausend und ein Nächten. Erste vollständige deutsche Ausgabe in zwölf Bänden auf Grund der Burtonschen englischen Ausgabe besorgt von Felix Paul Greve‹. Erster Band. Insel Verlag, Leipzig 1907.

BRIEF AN DEN BUCHHÄNDLER HUGO HELLER (1906). Erstdruck: Vom Lesen und von guten Büchern. Eine Rundfrage veranstaltet von der Redaktion der ›Neuen Blätter für Literatur und Kunst‹. 1. Heft, Hugo Heller, Wien, Dezember 1906. Erste Buchausgabe: Hugo von Hofmannsthal, Gesammelte Werke in Einzelausgaben, Prosa II. S. Fischer Verlag, Frankfurt am Main 1951.

UMRISSE EINES NEUEN JOURNALISMUS (1907). Erstdruck: Die Zeit, Wien, 5. 4. 1907. Erste Buchausgabe: Hugo von Hofmannsthal. Die prosaischen Schriften, Zweiter Band. S. Fischer Verlag, Berlin 1907.

BALZAC (1908). Erstdruck: Der Tag, Berlin, 22. und 24. 3. 1908. Erste Buchausgabe: Hugo von Hofmannsthal, Die Berührung der Sphären. S. Fischer Verlag, Berlin 1931. – Hofmannsthal schrieb seinen Aufsatz als Einleitung zu einer deutschen Ausgabe von Balzacs ›Menschlicher Komödie‹. Er erschien im 1. Band, ›Ein Junggesellenheim‹, Insel Verlag, Leipzig 1908.

VORWORT ZU EINER MARLOWE–ÜBERSETZUNG (1911). Erstdruck: Süddeutsche Monatshefte, 9. Jahrgang, 1. Band, Berlin, Dezember 1911. Erste Buchausgabe: Hugo von Hofmannsthal, Gesammelte Werke in Einzelausgaben, Prosa III. S. Fischer Verlag, Frankfurt am Main 1952. – Die von Hofmannsthal mit einem Vorwort versehene Tragödie ›Eduard II.‹ des englischen Dichters erschien in der Übersetzung von Alfred Walter Heymel 1912 im Insel Verlag, Leipzig.

»LEBENSFORMEN« VON W. FRED (1911). Erstdruck: Der Tag, Berlin, 2. 12. 1911. Erste Buchausgabe: Hugo von Hofmannsthal, Gesammelte Werke in Einzelausgaben, Prosa III. S. Fischer Verlag, Frankfurt am Main 1952.

»WILHELM MEISTER« IN DER URFORM (1911). Erstdruck: Neue
Freie Presse, Wien, 24. 12. 1911. Erste Buchausgabe: Hugo
von Hofmannsthal, Die Berührung der Sphären. S. Fischer
Verlag, Berlin 1931. – Rezension von: J. W. v. Goethe, ›Wilhelm Meisters theatralische Sendung nach der Schult-
hess'schen Abschrift zum ersten Mal herausgegeben von
Harry Maync‹, Cotta, Stuttgart und Berlin 1911.

EIN DEUTSCHER HOMER VON HEUTE (1912). Erstdruck: Neue
Freie Presse, Wien, 7. 4. 1912. Erste Buchausgabe: Hugo von
Hofmannsthal, Die Berührung der Sphären. S. Fischer
Verlag, Berlin 1931. – Der Gegenstand dieser Rezension
ist Rudolf Alexander Schröders Übertragung von Homers
Odyssee, erschienen im Insel Verlag, Leipzig 1911.

DEUTSCHE ERZÄHLER (1912). Erstdruck: Deutsche Erzähler.
Ausgewählt von Hugo von Hofmannsthal. Erster Band. Insel
Verlag, Leipzig 1912. Als Einleitung. Erste Buchausgabe:
Hugo von Hofmannsthal, Rodauner Nachträge, Dritter Teil,
Amalthea Verlag, Wien 1918. – Erste Notizen bereits im
Herbst 1910. Am Ende des Weltkriegs plante Hofmannsthal
eine Erweiterung um einige Titel beziehungsweise Autoren,
wie aus Notizen hervorgeht: »Lehrlinge zu Saïs [Novalis];
Hebel; Oberhof [Immermann]; Meyer: Hochzeit des
Mönchs; Zwischen Himmel und Erde [Ludwig]; Rosegger:
Aus dem Handwerkersleben; Storm: Immensee; Spitteler:
Leutenant Conrad«.

DIE PERSÖNLICHKEIT ALFRED VON BERGERS (1912). Erstdruck:
Neue Freie Presse, Wien, 25. 8. 1912. Erste Buchausgabe:
Loris. Die Prosa des jungen Hugo von Hofmannsthal.
S. Fischer Verlag, Berlin 1930.

BLICK AUF JEAN PAUL (1913). Erstdruck: Neue Freie Presse,
Wien, 23. 3. 1913. Erste Buchausgabe: Hugo von Hof-
mannsthal, Rodauner Nachträge, Dritter Teil, Amalthea
Verlag, Wien 1918.

GOETHES »WEST-ÖSTLICHER DIVAN« (1913). Erstdruck: Neue
Freie Presse, Wien, 25. 12. 1913. Erste Buchausgabe: Hugo
von Hofmannsthal, Rodauner Nachträge, Dritter Teil,
Amalthea Verlag, Wien 1918.

GOETHES OPERN UND SINGSPIELE (1913/1914). Erstdruck: Pan-
dora-Klassiker. Goethes Sämtliche Werke, achter Band.
Letzte Dramen, Singspiele, Theaterreden, Maskenzüge. Mit
Einleitungen von Ernst Hardt und Hugo von Hofmannsthal.
Ullstein Verlag, Berlin 1923. Erste Buchausgabe: Hugo von
Hofmannsthal, Die Berührung der Sphären. S. Fischer Ver-
lag, Berlin 1931.

WILHELM DILTHEY (1911). Erstdruck: Der Tag, Berlin,
19. 10. 1911. Erste Buchausgabe: Hugo von Hofmannsthal,
Die prosaischen Schriften, Dritter Band. S. Fischer Verlag,
Berlin 1917. Nachruf anläßlich von Diltheys Tod am
1. 10. 1911. – Hofmannsthal hatte Dilthey 1906 in Berlin getroffen, ihm danach seine lyrischen Dramen geschickt, von
denen dieser sagte: »Ich habe viel nachgedacht über diese an
Goethes Jugenddichtungen anknüpfende dramatische Form,
der Sie nun ein neues, aus Ihrem eigensten Wesen stammen-
des Leben gegeben haben. Eine Form, die direkter als jede
andere Sinn, Wert, Bedeutung des Lebens auszusprechen
möglich macht und doch dabei rein poetisch bleibt.«

ROBERT VON LIEBEN (1913). Erstdruck: Neue Freie Presse,
Wien, 9. 3. 1913. Erste Buchausgabe: Hugo von Hofmanns-
thal, Die prosaischen Schriften, Dritter Band. S. Fischer
Verlag, Berlin 1917. – Nachruf auf den österreichischen
Naturforscher und Erfinder Robert Lieben (1878–1913),
einen Jugendfreund Hofmannsthals. In den Notizen zu
›Das kleine Welttheater‹ wird er mit der Gestalt des Wahn-
sinnigen assoziiert.

RAOUL RICHTER, 1896 (1914). Erstdruck: Raoul Richter zum
Gedächtnis. Im Auftrag des Insel Verlags gedruckt, Leipzig
1914. Erste Buchausgabe: Hugo von Hofmannsthal, Die pro-

saischen Schriften, Dritter Band. S. Fischer Verlag, Berlin
1917. – Hofmannsthal begegnete Raoul Richter, dem Vetter
Leopold von Andrians, in Aussee im August 1896. Als Dank
für die Gespräche schenkte ihm Richter die 50 Jahre zuvor erschienene Ausgabe Hölderlins mit der Eintragung:

> Wer Großes, Größtes will ersehn,
> Der muß als Mensch zu Grunde gehn
> Doch wollen wir ihn deshalb schelten?

ELEONORA DUSE. EINE WIENER THEATERWOCHE (1892). Erstdruck: Das Magazin für Literatur, 61. Jahrgang, Nr. 11, Berlin
und Stuttgart, 12. 3. 1892. Erste Buchausgabe: Loris. Die
Prosa des jungen Hugo von Hofmannsthal. S. Fischer Verlag,
Berlin 1930. – Die Duse gastierte vom 20. bis 27. Februar in
Wien, Hofmannsthal sah sie als Fedora, Nora und Kameliendame, verfaßte ein Gedicht auf sie und versuchte sich an
einer Novelle. Er notierte sich hierzu: »ihre Legende machen,
sie mit dem Ahasveros-Mythos verweben, sie kann einem
fremd, und doch Sinn und Seele eines ganzen Lebens sein.«

ELEONORA DUSE. DIE LEGENDE EINER WIENER WOCHE (1892).
Erstdruck: Moderne Kunst, 6. Jahrgang, 17. Heft, Berlin,
Frühlingsnummer 1892. Erste Buchausgabe: Loris. Die Prosa
des jungen Hugo von Hofmannsthal. S. Fischer Verlag, Berlin 1930.

EINE MONOGRAPHIE (1895). Erstdruck: Die Zeit, Wien,
21. 12. 1895. Erste Buchausgabe: Loris. Die Prosa des jungen
Hugo von Hofmannsthal. S. Fischer Verlag, Berlin 1930. –
Hofmannsthal bespricht die Monographie ›Friedrich
Mitterwurzer‹ von Eugen Guglia, Wien 1896. 1897 verfaßte er hymnische ›Verse zum Gedächtnis eines Schauspielers‹ (vgl. den Band Gedichte – Dramen I dieser Ausgabe).

DIE DUSE IM JAHRE 1903 (1903). Erstdruck: Neue Freie Presse,
Wien, 17. 4. 1903. Erste Buchausgabe: Loris. Die Prosa des
jungen Hugo von Hofmannsthal. S. Fischer Verlag, Berlin
1930.

DIE BÜHNE ALS TRAUMBILD (1903). Erstdruck: Das Theater, 1. Jahrgang, 1. Heft, Berlin, Oktober 1903. Erste Buchausgabe: Hugo von Hofmannsthal, Die Berührung der Sphären. S. Fischer Verlag, Berlin 1931.

[VORREDE FÜR DAS WERK E. GORDON CRAIGS] (1906). Nachlaß. Erstdruck: Oswalt von Nostitz, ›Hugo von Hofmannsthal und Edward Gordon Craig. Zu einem unbekannten Hofmannsthal-Text‹. In: Jahrbuch des Freien Deutschen Hochstifts, Tübingen 1975. – Dieser Text ist als Einleitung für das Werk des großen Bühnenbildners E. Gordon Craig ›Die Kunst des Theaters‹ konzipiert.

DIE UNVERGLEICHLICHE TÄNZERIN (1906). Erstdruck: Die Zeit, Wien, 25. 11. 1906. Erste Buchausgabe: Hugo von Hofmannsthal, Die Berührung der Sphären. S. Fischer Verlag, Berlin 1931. – Hofmannsthal war der amerikanischen Tänzerin Ruth St. Denis freundschaftlich verbunden und entwarf für sie ein Ballett ›Salome‹.

ÜBER DIE PANTOMIME (1911). Erstdruck: Süddeutsche Monatshefte, 9. Jahrgang, 1. Band, München, Oktober 1911. Erste Buchausgabe: Grete Wiesenthal in ›Amor und Psyche‹ und ›Das fremde Mädchen‹. Szenen von Hugo von Hofmannsthal. S. Fischer Verlag, Berlin 1911.

ERNST HARTMANN ZUM GEDÄCHTNIS (1911). Erstdruck: Die Zeit, Wien, 11. 10. 1911. Erste Buchausgabe: Hugo von Hofmannsthal, Gesammelte Werke in Einzelausgaben, Prosa III. S. Fischer Verlag, Frankfurt am Main 1952.

NIJINSKYS »NACHMITTAG EINES FAUNS« (1912). Erstdruck: Berliner Tageblatt, 11. 12. 1912. Erste Buchausgabe: Hugo von Hofmannsthal, Die Berührung der Sphären. S. Fischer Verlag, Berlin 1931. – Vaclav Nijinsky (1890–1950) war Erster Tänzer der von Serge Diaghilew geleiteten »Ballets Russes«. Von ihm selbst stammte die Choreographie zu dem von Claude Debussy vertonten Gedicht Mallarmés, ›L'après-midi d'un faune«. Hofmannsthal nannte Nijinsky in einem Brief an Strauss »das größte Genie der Mimik, das die heutige Bühne kennt, neben der Duse, und als Mimiker über der Duse«. Im Sommer 1912 wurde mit ihm, Diaghilew und Graf Kessler die ›Josephslegende‹ geplant, in der Nijinsky dann nicht auftrat.

BILDER (VAN EYCK: MORITURI – RESURRECTURI) (1891). Erstdruck: Moderne Rundschau, 3. Band, 5./6. Heft, Wien, 15. 6. 1891. – Im Juliheft der Modernen Rundschau erschien die Berichtigung: »Statt van Eyck muß es zweimal heißen: Hieronymus Aeken«. Gemeint ist Hieronymus Bosch. Erste Buchausgabe: Loris. Die Prosa des jungen Hugo von Hofmannsthal. S. Fischer Verlag, Berlin 1930.

DIE MOZART-ZENTENARFEIER IN SALZBURG (1891). Erstdruck: Allgemeine Kunst-Chronik, 15. Band, Nr. 16, 1. Augustheft, Wien 1891. Erste Buchausgabe: Loris. Die Prosa des jungen Hugo von Hofmannsthal. S. Fischer Verlag, Berlin 1930.

DIE MALERISCHE ARBEIT UNSERES JAHRHUNDERTS (1893). Erstdruck: Deutsche Zeitung, Wien, 8. 7. 1893. Erste Buchausgabe: Hugo von Hofmannsthal, Gesammelte Werke in Einzelausgaben, Prosa I. S. Fischer Verlag, Frankfurt am Main 1950. – Es handelt sich um eine Rezension von: R. Muther, Geschichte der Malerei im 19. Jahrhundert. G. Hirth's Kunstverlag, 1. bis 3. Lieferung, München 1893.

DIE MALEREI IN WIEN (1893). Erstdruck: Neue Revue (Wiener Literatur-Zeitung), 5. Jahrgang, 1. Band, Nr. 1, Wien, 20. 12. 1893. Erste Buchausgabe: Hugo von Hofmannsthal, Gesammelte Werke in Einzelausgaben, Prosa I. S. Fischer Verlag, Frankfurt am Main 1950.

FRANZ STUCK (1893). Erstdruck: Neue Revue (Wiener Literatur-Zeitung), 5. Jahrgang, 1. Band, Nr. 5, Wien, 17. 1. 1894. Erste Buchausgabe: Hugo von Hofmannsthal, Gesammelte Werke in Einzelausgaben, Prosa I. S. Fischer Verlag, Frankfurt am Main 1950.

INTERNATIONALE KUNST-AUSSTELLUNG 1894 (1894). Erstdruck:
Neue Revue (Wiener Literatur-Zeitung), 5. Jahrgang,
1. Band, Nr. 13, 14, 16; Wien, 14. und 21. 3. 1894, 4. 4. 1894.
Erste Buchausgabe: Hugo von Hofmannsthal, Gesammelte
Werke in Einzelausgaben, Prosa I. S. Fischer Verlag, Frank-
furt am Main 1950.

ÜBER MODERNE ENGLISCHE MALEREI (1894). Erstdruck: Neue
Revue (Wiener Literatur-Zeitung), 5. Jahrgang, 1. Band,
Nr. 26, Wien, 13. 6. 1894. Erste Buchausgabe: Loris. Die
Prosa des jungen Hugo von Hofmannsthal. S. Fischer Verlag,
Berlin 1930. – Ein Rückblick auf die Internationale Ausstel-
lung Wien 1894.

AUSSTELLUNG DER MÜNCHENER »SEZESSION« UND DER »FREIEN
VEREINIGUNG DÜSSELDORFER KÜNSTLER« (1894). Erstdruck:
Neue Revue (Wiener Literatur-Zeitung), 5. Jahrgang, Nr. 52,
Wien, 12. 12. 1894, und Nr. 54, 26. 12. 1894. Erste Buchausgabe: Hugo von Hofmannsthal, Gesammelte Werke in Einzelausgaben, Prosa I. S. Fischer Verlag, Frankfurt am Main
1950.

THEODOR VON HÖRMANN (1895). Erstdruck: Wiener Allgemeine Zeitung, 7. 12. 1895. Erste Buchausgabe: Loris. Die
Prosa des jungen Hugo von Hofmannsthal. S. Fischer Verlag,
Berlin 1930. – In einem Heft, das er ›Künstlerempfindungen‹
(Wien 1892) nannte, berichtete Hörmann (1840–1895) über
seine Erlebnisse in der Landschaft. Die von Hofmannsthal be-
sprochene Nachlaß-Ausstellung machte seine Werke einem
größeren Kreis bekannt.

ENGLISCHER STIL (1896). Erstdruck: Frankfurter Zeitung,
3. 4. 1896. Erste Buchausgabe: Loris. Die Prosa des jungen
Hugo von Hofmannsthal. S. Fischer Verlag, Berlin 1930.

[NOTIZEN ZU EINEM AUFSATZ ÜBER PUVIS DE CHAVANNES] (1898?).
Nachlaß. Erstdruck: Bernhard Böschenstein, Hofmannsthal
über Puvis de Chavannes. In: Für Rudolf Hirsch. S. Fischer
Verlag, Frankfurt am Main 1975.

PROLOG ZU LUDWIG VON HOFMANNS »TÄNZEN« (1905). Erstdruck: Insel Verlag, Leipzig 1905. Erste Buchausgabe: Hugo
von Hofmannsthal, Die Berührung der Sphären. S. Fischer
Verlag, Berlin 1931. – Ursprünglich als Gespräch zwischen
Meier-Graefe, einer Schauspielerin und dem Dichter geplant.

GÄRTEN (1906). Erstdruck: Die Zeit, Wien, 17. 6. 1906. Erste
Buchausgabe: Hugo von Hofmannsthal, Die Berührung der
Sphären. S. Fischer Verlag, Berlin 1931. – Möglicherweise
hat Paul Schultze-Naumburgs Buch ›Kulturarbeiten, Band 2:
Gärten‹, herausgegeben vom Kunstwart (Callwey Verlag,
München o. J.), anregend gewirkt.

RICHARD MUTHER (1909). Erstdruck: Die Zeit, Wien,
11. 7. 1909. Erste Buchausgabe: Hugo von Hofmannsthal,
Gesammelte Werke in Einzelausgaben, Prosa II. S. Fischer
Verlag, Frankfurt am Main 1959.

DIE REDE GABRIELE D'ANNUNZIOS (1897). Erstdruck: Die Zeit,
Wien, 2. 10. 1897. Erste Buchausgabe: Loris. Die Prosa des
jungen Hugo von Hofmannsthal. S. Fischer Verlag, Berlin
1930.

KAISERIN ELISABETH (1898). Erstdruck: Die Zukunft, 25. Band,
Nr. 3, Berlin, 15. 10. 1898. Erste Buchausgabe: Hugo von
Hofmannsthal, Gesammelte Werke in Einzelausgaben, Prosa
I. S. Fischer Verlag, Frankfurt am Main 1950. – Übersetzung
des Nachrufs, den Gabriele d'Annunzio auf die 1898 ermor-
dete österreichische Kaiserin Elisabeth, Gemahlin Kaiser
Franz Josephs, verfaßt hatte.

AUS EINEM ALTEN VERGESSENEN BUCH (1902). Erstdruck: Neue
Freie Presse, Wien, 25. 9. 1902. Erste Buchausgabe: Hugo von
Hofmannsthal, Gesammelte Werke in Einzelausgaben,
Prosa II. S. Fischer Verlag, Frankfurt am Main 1951. – Der
anonyme Verfasser des bald nach Erscheinen verbotenen Bu-
ches ›Traditionen zur Charakteristik Österreichs, seines

Staats- und Volkslebens unter Franz dem Ersten‹, 2 Bände, Leipzig 1844, war Friedrich Anton von Schönholz (1801–1860?). Auf Hofmannsthals Einleitung folgen einige von ihm gekürzte und leicht überarbeitete Seiten aus den ›Traditionen‹.

MADAME DE LA VALLIÈRE (1904). Erstdruck: Die Zeit, Wien, 25. 12. 1904. Erste Buchausgabe: Hugo von Hofmannsthal, Die Berührung der Sphären. S. Fischer Verlag, Berlin 1931.

ZUKUNFT (1905). Erstdruck: Die neue Gesellschaft, 1. Band, Nr. 5, Berlin, 3. 5. 1905. Erste Buchausgabe: Hugo von Hofmannsthal, Gesammelte Werke in Einzelausgaben, Prosa II. S. Fischer Verlag, Frankfurt am Main 1951.

LUDWIG GURLITT (1907). Erstdruck: Die Zeit, Wien, 19. 11. 1907. Erste Buchausgabe: Hugo von Hofmannsthal, Gesammelte Werke in Einzelausgaben, Prosa II. S. Fischer Verlag, Frankfurt am Main 1951. – Radikaler Reformpädagoge (1855–1931) im Sinne einer individualistischen Erziehung.

ZEPPELIN (1908). Erstdruck: Die Zeit, Wien, 9. 8. 1908. Erste Buchausgabe: Hugo von Hofmannsthal, Die Berührung der Sphären. S. Fischer Verlag, Berlin 1931. – Hofmannsthal verfaßte den Aufsatz unter dem Eindruck des Untergangs eines Luftschiffes des Grafen Zeppelin (1838–1917) am 4. August, dem Tag des Unglücks.

ANTWORT AUF DIE »NEUNTE CANZONE« GABRIELE D'ANNUNZIOS (1912). Erstdruck: Neue Freie Presse, Wien, 2. 2. 1912. Erste Buchausgabe: Loris. Die Prosa des jungen Hugo von Hofmannsthal. S. Fischer Verlag, Berlin 1930.

AN ERNST BERNHARD (1901). Erstdruck: Unveröffentlichte Briefe über die dichterische Inspiration. In: Die literarische Welt, 8. Jahrgang, Nr. 23, Berlin, 3. 6. 1932. Erste Buchausgabe: Hugo von Hofmannsthal, Briefe 1890–1901. S. Fischer Verlag, Berlin 1935.

[LILIENCRON] (1904). Erstdruck: Detlev von Liliencron im Urteil zeitgenössischer Dichter. Dem Dichter der ›Adjutanten-ritte‹ und des ›Poggfred‹ überreicht von Dr. Fritz Böckel. Berlin und Leipzig 1904. Erste Buchausgabe: Hugo von Hofmannsthal, Gesammelte Werke in Einzelausgaben, Prosa II. S. Fischer Verlag, Frankfurt am Main 1951. – Hofmannsthal schätzte Liliencron als Dichter nicht. In einem Brief vom 23. 1. 1904 schreibt er: »ich kann für eine Liliencronnummer darum nichts schicken, weil er mir als Künstler aufs äußerste gegen den Strich geht, weil mir bei ihm – der fast Genie hat – manchmal eine gewisse deutsche Art zu arbeiten, oder besser nicht zu arbeiten, aufs degoutanteste entgegentritt«.

AN KARL KRAUS (1904). Erstdruck: Zur Liliencron-Feier. Die Fackel, 6. Jahr, Nr. 162, Wien, 19. 5. 1904. Erste Buchausgabe: Hugo von Hofmannsthal, Gesammelte Werke in Einzelausgaben, Prosa II. S. Fischer Verlag, Frankfurt am Main 1951. – Hofmannsthal wollte mit diesem offenen Brief an Karl Kraus den Verleumdungen, die der Herausgeber einer Huldigungs-schrift an Liliencron über ihn verbreitete, entgegentreten.

[SCHILLER] (1905). Erstdruck: Hundert Jahre nach Schillers Tod. Stimmen und Bekenntnisse. Das literarische Echo, 7. Jahrgang, 15. Heft, Berlin, 1. 5. 1905. Erste Buchausgabe: Hugo von Hofmannsthal, Gesammelte Werke in Einzelausgaben, Prosa II. S. Fischer Verlag, Frankfurt am Main 1951.

BUND DER BÜHNENDICHTER (1906). Erstdruck: Die Schaubüh-ne, 2. Jahrgang, Nr. 14, Berlin, 5. 4. 1906. Erste Buchausgabe: Hugo von Hofmannsthal, Gesammelte Werke in Einzelausgaben, Prosa II. S. Fischer Verlag, Frankfurt am Main 1951.

[MAXIMILIAN HARDEN] (1907). Erstdruck: Morgen. Wochen-schrift für deutsche Kultur, 1. Jahrgang, Nr. 28/29, Berlin, 19. 12. 1907. Erste Buchausgabe: Hugo von Hofmannsthal, Gesammelte Werke in Einzelausgaben, Prosa II. S. Fischer Verlag, Frankfurt am Main 1951.

ZU HARTLEBENS BRIEFEN (1908). Erstdruck: Die Rheinlande, 8. Jahrgang, 10. Heft, Düsseldorf, Oktober 1908. Erste Buchausgabe: Hugo von Hofmannsthal, Gesammelte Werke in Einzelausgaben, Prosa II. S. Fischer Verlag, Frankfurt am Main 1951. – Der Herausgeber der Zeitschrift, Wilhelm Schäfer, richtete an einige Schriftsteller die Anfrage, ob sie einen derartigen Abdruck wie den der Privatbriefe Hartlebens (1864–1905) grundsätzlich billigen könnten.

ZU TOLSTOIS ACHTZIGSTEM GEBURTSTAG (1908). Erstdruck: Neue Freie Presse, Wien, 8. 9. 1908. Erste Buchausgabe: Hugo von Hofmannsthal, Gesammelte Werke in Einzelausgaben, Prosa III. S. Fischer Verlag, Frankfurt am Main 1952.

[RECLAMS UNIVERSAL-BIBLIOTHEK] (1908). Erstdruck in: Widmungsblätter an Hans Heinrich Reclam beim Erscheinen der No 5000 von Reclams Universal-Bibliothek, Philipp Reclam Jun., Leipzig 1910. Erste Buchausgabe: Hugo von Hofmannsthal, Gesammelte Werke in Einzelausgaben, Prosa II. S. Fischer Verlag, Frankfurt am Main 1951.

GUSTAV MAHLER (1910). Erstdruck in: Gustav Mahler. Ein Bild seiner Persönlichkeit in Widmungen. R. Piper u. Co. Verlag, München 1910. Erste Buchausgabe: Hugo von Hofmannsthal, Gesammelte Werke in Einzelausgaben, Prosa II. S. Fischer Verlag, Frankfurt am Main 1951.

TOLSTOIS KÜNSTLERSCHAFT (1910). Erstdruck: Neue Freie Presse, Wien, 22. 11. 1910. Erste Buchausgabe: Hugo von Hofmannsthal, Gesammelte Werke in Einzelausgaben, Prosa II. S. Fischer Verlag, Frankfurt am Main 1951. – Zum Tode Tolstois am 20. 11. 1910.

[ZU FLAUBERTS TAGEBÜCHERN] (1911). Erstdruck: Pan, 1. Jahrgang, Nr. 18, Berlin, 15. 7. 1911. Erste Buchausgabe: Hugo von Hofmannsthal, Gesammelte Werke in Einzelausgaben, Prosa II. S. Fischer Verlag, Frankfurt am Main 1951.

[ZU GERHART HAUPTMANNS FÜNFZIGSTEM GEBURTSTAG] (1912). Erstdruck: Berliner Tageblatt, 11. 11. 1912. Erste Buchausgabe: Hugo von Hofmannsthal, Gesammelte Werke in Einzelausgaben, Prosa III. S. Fischer Verlag, Frankfurt am Main 1952.

LEBENSDATEN

Die in Klammern gesetzten Daten hinter den Bühnendichtungen geben die Zeit von den frühesten Einfällen bis zur Vollendung eines Werks an, bzw. Ort und Tag der Uraufführung.

1874	Am 1. Februar wird Hugo Laurenz August Hofmann, Edler von Hofmannsthal in Wien, Salesianergasse 12 geboren. Als einziger Sohn des Hugo August Peter Hofmann, Edler von Hofmannsthal (1841–1915) und der Anna Maria Josefa von Hofmannsthal, geborene Fohleutner (1852–1904).
1884–1892	Nach gründlicher Vorbereitung durch Privatlehrer Besuch des Akademischen Gymnasiums in Wien (Maturitätszeugnis ›mit Auszeichnung‹ vom 6. 7. 1892). Mit achtzehn Jahren hatte er alles gelesen, was der großen antiken, französischen, englischen, italienischen, spanischen und deutschen Literatur entstammt – auch kannte er die Russen schon als halbes Kind.
1890	Veröffentlichung des ersten Gedichts, des Sonetts:

FRAGE Weitere Gedichte desselben Jahres:

SIEHST DU DIE STADT?, die Sonette:

WAS IST DIE WELT?

FRONLEICHNAM, die Ghasele:

FÜR MICH, GÜLNARE;

Erste Begegnung mit Richard Beer-Hofmann und Arthur Schnitzler.

1891   Bekanntschaft mit Henrik Ibsen; im
                       Literatencafé Griensteidl mit Hermann
                       Bahr und, am gleichen Ort, mit Stefan
                       George.
                       Hofmannsthal veröffentlicht unter den
                       Pseudonymen Loris Melikow, Loris,
                       Theophil Morren. Erste dramatische
                       Arbeit in Versen, ein fertiger Einakter
                       (»beinah ein Lustspiel«):

GESTERN (Wien, Die Komödie, 25. 3. 1928). Frühe-
           ste Prosaarbeiten, vor allem Buchbe-
           sprechungen zeitgenössischer Autoren
           wie Bourget, Bahr, Amiel, Barrès. Zum
           Beispiel:

ZUR PHYSIOLOGIE DER MODERNEN LIEBE

DAS TAGEBUCH EINES WILLENSKRANKEN

Gedichte u. a.:

SÜNDE DES LEBENS

DER SCHATTEN EINES TOTEN

1892   DER TOD DES TIZIAN. Erstdruck in Georges ›Blätter
           für die Kunst‹, Heft 1, Oktober 1892.
           (München, Künstlerhaus, 14. 2. 1901,
           mit einem provisorischen Schluß und
           neugeschriebenen Prolog: ›Zu einer
           Totenfeier von Arnold Böcklin‹).

ASCANIO UND GIOCONDA (Vollendung der beiden
           ersten Akte einer Fragment gebliebenen
           »Renaissancetragödie«).
           Reise durch die Schweiz nach Südfrank-
           reich, zurück über Marseille, Genua,
           Venedig.

ELEONORA DUSE (I, II)

SÜDFRANZÖSISCHE EINDRÜCKE. Gedichte:

VORFRÜHLING

ERLEBNIS

LEBEN

PROLOG ZU DEM BUCH ›ANATOL‹

                       Bekanntschaft mit Marie Herzfeld und
                       Edgar Karg.

1893   ALKESTIS (München, Kammerspiele, 14. 4. 1916).

DER TOR UND DER TOD (München, Theater am
Gärtnerplatz, 13. 11. 1898).

IDYLLE

DAS GLÜCK AM WEG – AGE OF INNOCENCE (eine stark
autobiographische, unveröffentlicht ge-
bliebene Studie). Gedichte:

WELT UND ICH

ICH GING HERNIEDER

Freundschaft mit Leopold von Andrian.
Plan eines »ägyptischen Stücks... mit
recht tüchtigen, lebendigen kleinen Puppen« (Das Urteil des Bocchoris).

1894   Tod der mütterlichen Freundin Josephine von Wertheimstein.

Gedichte:

TERZINEN I – IV

WELTGEHEIMNIS

Arbeit an einer freien Übertragung der
›Alkestis‹ des Euripides.

Erstes juristisches Staatsexamen.

Ab Oktober Freiwilligenjahr beim
k. u. k. Dragonerregiment 6 zunächst in
Brünn, dann in Göding.

1895   DAS MÄRCHEN DER 672. NACHT

SOLDATENGESCHICHTE. Gedichte:

EIN TRAUM VON GROSSER MAGIE

BALLADE DES ÄUSSEREN LEBENS

Reise nach Venedig.

Beginn des Studiums der romanischen
Philologie.

1896   GESCHICHTE DER BEIDEN LIEBESPAARE

DAS DORF IM GEBIRGE. Gedichte:

LEBENSLIED

DIE BEIDEN

DEIN ANTLITZ...

MANCHE FREILICH...

1897

Erste Begegnung mit Eberhard von Bodenhausen, dem engsten lebenslangen Freund des Dichters.

Im August Radtour über Salzburg, Innsbruck, Dolomiten, Verona, Brescia nach Varese. Hier Aufenthalt von drei Wochen, eine glückliche ungemein produktive Zeit.

DIE FRAU IM FENSTER

DIE HOCHZEIT DER SOBEIDE

DAS KLEINE WELTTHEATER

DER WEISSE FÄCHER

DER KAISER UND DIE HEXE

DER GOLDENE APFEL

1898

Erste Theateraufführung eines Stücks von Hofmannsthal. DIE FRAU IM FENSTER in einer Matinée-Vorstellung der ›Freien Bühne‹ des Deutschen Theaters in Berlin, 15. Mai (Otto Brahm).

Bekanntschaft mit Harry Graf Kessler und erste Begegnung mit Richard Strauss.

Abschluß seiner Dissertation »Über den Sprachgebrauch bei den Dichtern der Pléjade« und Rigorosum im Hauptfach Romanische Philologie.

Radtour mit Schnitzler in die Schweiz, dann allein nach Lugano, später über Bologna und Florenz (Besuch bei D'Annunzio) nach Venedig.

DER ABENTEURER UND DIE SÄNGERIN (zusammen mit der HOCHZEIT DER SOBEIDE, gleichzeitig: Berlin, Deutsches Theater, Otto Brahm, und Wien, Burgtheater, 18. 3. 1899).

REITERGESCHICHTE

1899

Reisen nach Florenz und Venedig.

DAS BERGWERK ZU FALUN

Bekanntschaft mit Rilke.

1900   In München erste Begegnung mit Rudolf Alexander Schröder und Heymel, den Herausgebern der ›Insel‹, in Paris mit Maeterlinck, Rodin, Meier-Graefe u. a.

DAS ERLEBNIS DES MARSCHALLS VON BASSOMPIERRE
VORSPIEL ZUR ANTIGONE DES SOPHOKLES

1901   DIE »STUDIE ÜBER DIE ENTWICKELUNG DES DICHTERS VICTOR HUGO« legt Hofmannsthal der Wiener Universität als Habilitationsschrift vor, verbunden mit dem Gesuch um die venia docendi.

DER TRIUMPH DER ZEIT (Ballett; März 1900 bis Juli 1901, für Richard Strauss bestimmt, der aber wegen einer anderen Arbeit absagt).
Am 1. Juni Eheschließung mit Gertrud Maria Laurenzia Petronilla Schlesinger. Am 1. Juli Übersiedlung nach Rodaun bei Wien, wo Hofmannsthal bis zu seinem Lebensende wohnte.
Beginn der Arbeit an POMPILIA (dem ersten »großen Trauerspiel... von solchen Dimensionen und von solchen Anforderungen, wie ich sie noch nie gekannt habe«). Das Problem des Ehebruchs, die Geschichte des Guido von Arezzo und seiner Frau Pompilia, findet Hofmannsthal in Robert Brownings ›The Ring and The Book‹.
Erste Pläne einer Bearbeitung von Sophokles' ›Elektra‹ und Calderons ›Das Leben ein Traum‹.
Zum Jahresende zieht Hofmannsthal sein Gesuch um eine Dozentur zurück.

1902   EIN BRIEF (Chandos-Brief)
In Rom und Venedig Vollendung der ersten Fassung des GERETTETEN VENEDIG.

ÜBER CHARAKTERE IM ROMAN UND IM DRAMA
Geburt der Tochter Christiane.
Erste Begegnung mit Rudolf Borchardt.

1903   DAS GESPRÄCH ÜBER GEDICHTE

           Erste Begegnung mit Max Reinhardt.
           Von ihm angeregt schreibt er

    ELEKTRA (September 1901 bis September 1903; Berlin, Kleines Theater, 30. 10. 1903, Reinhardt).

           Erste Sammlung AUSGEWÄHLTE GEDICHTE im Verlag ›Blätter für die Kunst‹.

           Geburt des Sohnes Franz.

1904   Tod der Mutter (22. März).

    DAS GERETTETE VENEDIG (August 1902 bis Juli 1904; Berlin, Lessing-Theater, 21. 1. 1905, Brahm).

1905   ÖDIPUS UND DIE SPHINX (Juli 1903 bis Dezember 1905; Berlin, Deutsches Theater, 2. 2. 1906, Reinhardt).

    KÖNIG ÖDIPUS (Übersetzung des Sophokles; München, Neue Musikfesthalle, 25. 9. 1910, Reinhardt).

    SHAKESPEARES KÖNIGE UND GROSSE HERREN (Festvortrag in Weimar).

    SEBASTIAN MELMOTH

1906   Folgenreiche Begegnung mit Richard Strauss, der die ELEKTRA vertonen will.

    UNTERHALTUNG ÜBER DEN ›TASSO‹ VON GOETHE

    UNTERHALTUNG ÜBER DIE SCHRIFTEN VON GOTTFRIED KELLER

    DER DICHTER UND DIESE ZEIT (Vortragsreise München, Frankfurt, Göttingen, Berlin).

           Geburt des Sohnes Raimund.

1907   Reise nach Venedig.

           Früheste Beschäftigung mit dem ANDREAS-Romanfragment und den Komödien SILVIA IM ›STERN‹ und CRISTINAS HEIMREISE.

    DIE BRIEFE DES ZURÜCKGEKEHRTEN (Juni bis August 1907).

    »TAUSENDUNDEINE NACHT«

1907	SILVIA IM ›STERN‹ (Abschluß des Fragments). Mitherausgeber der Zeitschrift ›Morgen‹ (Abteilung Lyrik). Bis 1908.
1908	Reise nach Griechenland (Athen, Delphi) mit Graf Kessler und Maillol.

Scheitern der Arbeit am FLORINDO, der ersten Fassung von CRISTINAS HEIMREISE. Davon erschienen 1909 revidiert im Druck:

FLORINDO UND DIE UNBEKANNTE und
DIE BEGEGNUNG MIT CARLO

1909	Uraufführung der Oper ELEKTRA in Dresden.

CRISTINAS HEIMREISE (Juli 1907 bis Dezember 1909; Berlin, Deutsches Theater, 11. 2. 1910, Reinhardt).

DIE HEIRAT WIDER WILLEN (Übersetzung des Molière; München, Künstler-Theater, 20. 9. 1910, Reinhardt).

Herausgeber des Jahrbuchs ›Hesperus‹, gemeinsam mit Schröder und Borchardt.

1910	Aufführungen der neuen, gekürzten Fassung von CRISTINAS HEIMREISE in Budapest und – mit großem Erfolg – in Wien. Als Variation eines Komödien-Szenariums entsteht die Erzählung

LUCIDOR (September 1909 bis März 1910).

DER ROSENKAVALIER (Februar 1909 bis Juni 1910; Dresden, Königliches Opernhaus, 26. 1. 1911, Reinhardt).

1911	ARIADNE AUF NAXOS (Februar bis April 1911; Stuttgart, Königliches Hoftheater, 25. 10. 1912, Reinhardt, in Verbindung mit Molières Komödie DER BÜRGER ALS EDELMANN, von Hofmannsthal bearbeitet).

JEDERMANN (April 1903 bis August 1911; Berlin, Zirkus Schumann, 1. 12. 1911, Reinhardt;

1911   Erstaufführung auf dem Salzburger
                    Domplatz unter Reinhardt am 12. 8.
                    1920).

1912   JOSEPHSLEGENDE (Pantomime für Diaghilews ›Rus-
                    sisches Ballett‹; von diesem uraufgeführt
                    in der Pariser Oper am 14. 5. 1914).
                    Aufzeichnung einer Übersicht zum AN-
                    DREAS-Roman und Niederschrift des An-
                    fangskapitels.
                    Zusammenstellung und Einleitung des
                    Bandes
        DEUTSCHE ERZÄHLER.

1913   Ausführliches Szenarium und Ausarbei-
                    tung des ersten Akts zur Oper DIE FRAU
                    OHNE SCHATTEN. Beginnende Arbeit an
                    der gleichnamigen Erzählung. Neues
                    Vorspiel zur ARIADNE und Weiterarbeit
                    am ANDREAS-Roman.

1914   Kriegsausbruch.   Einberufung   Hof-
                    mannsthals als Landsturmoffizier nach
                    Istrien (26. 7. 1914). Durch Vermittlung
                    Josef Redlichs beurlaubt und dem
                    Kriegsfürsorgeamt im Kriegsministe-
                    rium zugewiesen.
                    Veröffentlichungen in der ›Wiener
                    Neuen Presse‹ zum geschichtlichen Au-
                    genblick:
        APPELL AN DIE OBEREN STÄNDE
        BOYKOTT FREMDER SPRACHEN
        DIE BEJAHUNG ÖSTERREICHS
        WORTE ZUM GEDÄCHTNIS DES PRINZEN EUGEN
        BÜCHER FÜR DIESE ZEIT

1915   Intensiver Gedankenaustausch mit dem
                    Freund und Politiker Josef Redlich. In
                    politischer Mission Dienstreisen in die
                    besetzten Gebiete, nach Südpolen (Kra-
                    kau), Brüssel und Berlin. Weitere Äuße-
                    rungen zur Zeit:

1915   WIR ÖSTERREICHER UND DEUTSCHLAND
GRILLPARZERS POLITISCHES VERMÄCHTNIS
DIE TATEN UND DER RUHM
GEIST DER KARPATHEN
UNSERE MILITÄRVERWALTUNG IN POLEN
ANTWORT AUF DIE UMFRAGE DES ›SVENSKA DAGBLA-
DET‹
Die ›Österreichische Bibliothek‹, mit-
herausgegeben von Hofmannsthal, be-
ginnt zu erscheinen.
DIE FRAU OHNE SCHATTEN (Februar 1911 bis Sep-
tember 1915; Wien, Staatsoper 10. 10.
1919, Franz Schalk).
Tod des Vaters (10. Dezember).

1916   DIE LÄSTIGEN (Frei nach Molière) und
DIE GRÜNE FLÖTE (Ballett. Beide Stücke zusammen
uraufgeführt: Berlin, Deutsches Theater,
26. 4. 1916, Reinhardt).
AD ME IPSUM (Aufzeichnungen zum eigenen Dich-
ten).
ARIADNE AUF NAXOS (neu bearbeitet, uraufgeführt
an der Wiener Oper, 4. 10. 1916).
Arbeit am SOHN DES GEISTERKÖNIGS.
Dienstreise nach Warschau.
Vortragsreise nach Oslo und Stockholm.
Vergleiche dazu
AUFZEICHNUNGEN ZU REDEN IN SKANDINAVIEN.

1917   DER BÜRGER ALS EDELMANN (erneute freie Bearbei-
tung des Molière; Berlin, Deutsches
Theater, 9. 4. 1918, Reinhardt).
Intensive Arbeit an dem Lustspiel DER
SCHWIERIGE; zwei Akte bereits vollendet.
Beginn des Briefwechsels mit Rudolf
Pannwitz, den Hofmannsthal »als
schicksalhaft für sein Leben bezeichnet«.

1918   Hofmannsthal »beschäftigen fast pau-
senlos« folgende Arbeiten: das Märchen
DIE FRAU OHNE SCHATTEN, der ANDREAS-

1918   Roman, DER SCHWIERIGE, SILVIA IM
               ›STERN‹, LUCIDOR (als Lustspiel) und eine
               SEMIRAMIS-NINYAS-TRAGÖDIE. Außerdem
               systematische Lektüre Calderons im
               Hinblick auf mögliche Bearbeitungen.
       DAME KOBOLD (freie Übersetzung des Calderon;
               Berlin, Deutsches Theater, 3. 4. 1920,
               Reinhardt).
               Tod seines besten Freundes: Eberhard
               von Bodenhausen.
               Erste Begegnung mit Carl Jakob Burck-
               hardt.

1919   DIE FRAU OHNE SCHATTEN (Erzählung, Dezember
               1913 bis August 1919).
       DER SCHWIERIGE (Juni 1910 bis November 1919;
               München, Residenztheater, 8. 11. 1921).

1920   Beginn der intensiven Arbeit am TURM.
       BEETHOVEN-REDE in Zürich.

1921   Intensive Arbeit am TURM (bis an den
               5. Akt) und am SALZBURGER GROSSEN
               WELTTHEATER.

1922   BUCH DER FREUNDE (Sammlung von Aphorismen
               und Anekdoten, eigene und anderer).
       DAS GROSSE SALZBURGER WELTTHEATER (September
               1919 bis Juni 1922; Salzburg, Kollegien-
               kirche, 12. 8. 1922, Reinhardt).
       DER UNBESTECHLICHE (Mai bis Oktober 1922; Wien,
               Raimundtheater, 16. 3. 1923).
               Als Herausgeber der ›Neuen deutschen
               Beiträge‹ (1922–1927) schreibt Hof-
               mannsthal ein Vorwort und eine An-
               merkung zum ersten Heft.
       DEUTSCHES LESEBUCH, eingeleitet und herausgege-
               ben von Hugo von Hofmannsthal.

1923   Der fünfte Akt des TURM wird auf eine
               »vorletzte« Fassung gebracht, dann aber
               die Arbeit abgebrochen.
               Filmbuch für den ROSENKAVALIER (Ur-

1923   aufführung des Films am 10. 1. 1926 in Dresden).

1924   DIE ÄGYPTISCHE HELENA (Dezember 1919 bis März 1924; Dresden, Oper, 6. 6. 1928). Italienreise, mit Burckhardt in Sizilien. Beschäftigung mit dem Lustspiel TIMON DER REDNER.

        DER TURM, 1. Fassung (Oktober 1918 bis Oktober 1924).

1925   Reise über Paris nach Marseille, von dort mit dem Schiff nach Marokko (Fès, Salé, Marrakech):

        REISE IM NÖRDLICHEN AFRIKA.

        Beschäftigung mit dem ANDREAS-Roman und Vollendung des ersten Akts von TIMON DER REDNER.

1926   DER TURM (Ausarbeitung und Fertigstellung der neuen, fürs Theater bestimmten Fassung; München, Prinzregententheater, 4. 2. 1928, Kurt Stieler).

        DAS SCHRIFTTUM ALS GEISTIGER RAUM DER NATION (am 10. 1. 1927 in der Münchener Universität gehaltene Rede).

1927   Reise nach Sizilien. Fortführung der Notizen AD ME IPSUM und ANDENKEN EBERHARD VON BODENHAUSENS. Szenarium zur ARABELLA und Niederschrift des ersten Akts der ersten Fassung.

1928   ARABELLA (Nach der Niederschrift der dreiaktigen lyrischen Oper von April bis November 1928 entschließt sich Hofmannsthal, den ersten Akt zu ändern).

1929   Neufassung des ersten Akts der ARABELLA und Übersendung an Strauss. Dessen Antwort-Telegramm: »Erster Akt ausgezeichnet. Herzlichen Dank und

1929

Glückwünsche«, erlebte Hofmannsthal nicht mehr. (Uraufführung der ARABELLA am 1. 7. 1933 in Dresden.)

Am 13. Juli nimmt sich sein ältester Sohn Franz, zuhause in Rodaun, das Leben. Am 15. Juli, beim Aufbruch zur Beerdigung, erleidet Hofmannsthal einen Schlaganfall, an dem er wenige Stunden später stirbt. Er wird beigesetzt auf dem nahen Kalksburger Friedhof.